KB177120

Child Art Therapy

25th Anniversary Edition
by Judith Aron Rubin

아동 미술치료

모든 아이들의 성장과 이해를 돕는 미술치료

초판발행 2010. 08. 30

초판4쇄 2020. 02. 10

원제 Child Art Therapy : 25th Anniversary Edition

지은이 주디스 아론 루빈

옮긴이 고빛샘

펴낸이 김광우

편집&교정 김정연 · 최지영 · 박은영

디자인 장아영

관리&마케팅 권순민 · 박장희

펴낸곳 知와사랑

경기도 고양시 일산동구 중앙로 1275번길 38-10, 1504호

전화 (02)335-2964

팩스 (031)901-2965

등록번호 제10-1708호

등록일 1999. 6. 15

ISBN 978-89-89007-48-7   93180

값 33,000원

www.jiwasarang.co.kr

일러두기

1. 이 책에 수록된 도판은 원서에 수록된 도판 외에 원서에 딸린 DVD에 수록된 자료 가운데 동영상을 제외한 도판 대부분을 포함하여 컬러로 제작하였습니다. DVD의 동영상은 화질 및 번역상의 어려움이 있어 따로 제작하지 않았으니 지와 사랑 홈페이지(www.jiwasarang.co.kr)를 통해 문의해주시기 바랍니다.

2. 본문에 언급한 아이들의 나이는 만 나이를 기준으로 한 것입니다. 그림설명에 기재한 나이는 아이가 그 그림을 그린 시점을 표기한 것입니다.

25주년 기념판

아동 미술치료

모든 아이들의 성장과 이해를 돕는 미술치료

주디스 아론 루빈 지음

고빛샘 옮김

知와 사랑

차례

3부 가족 및 집단

263

6부 일반적인 문제들

499

한국어판 서문

미술치료 관련 컨설팅과 교육을 위해 한국에 세 차례 방문해 즐거운 시간을 보냈던 기억이 납니다. 한국을 방문할 때마다 관련 협회를 설립하고 운영하는 분들의 헌신에 깊은 감명을 받았습니다. 미술치료 심포지엄, 워크숍, 트레이닝에 참여해 내 말을 경청했던 학생들의 진지한 태도도 인상적이었습니다. 미술치료에 대한 한국인들의 열정과 순수한 태도에 보람과 즐거움을 느꼈습니다.

첫 방문은 2002년에 한국표현예술심리치료협회Korean Expressive Arts Psychotherapy Association(KEAPA) 소속 김진숙 박사의 초대로 성사되었습니다. 김진숙 박사는 내 친구이자 동료들인 프랫 대학의 아서 로빈스Arthur Robbins, NYU의 에디스 크레이머Edith Kramer, 로리 윌슨Laurie Wilson과 함께 미술치료를 공부하였습니다.

저는 첫 한국 방문에서 짧은 시간이나마 한국 학생들을 가르치고 열렬한 환대를 받으며 잊지 못할 시간을 보냈습니다. KEAPA에서는 숙소를 리츠칼튼 호텔로 잡아주었는데, 대학과 미술치료협회에 몸담고 있던 저로서는 누리기 힘든 호사였습니다. 특히 아침 식사가 매우 훌륭했습니다. 처음에는 한국 음식이 익숙하지 않았지만, 여정이 끝날 무렵에는 서양식보다 한국식 식사를 선택하는 경우가 많았습니다. 김진숙 박사가 전통 한국 음악, 무용, 연극을 관람할 수 있는 곳에서 저녁 식사를 대접해주었던 일도 좋은 추억으로 남아 있습니다. 한 마디로, 첫 한국 방문은 한국 문화의 진수를 맛본 축제와도 같은 경험이었습니다.

그 이듬해에는 한국미술치료학회Korean Art Therapy Association 소속 최외선 박사의 초대를 받아 경주에서 열린 컨퍼런스에 참석했습니다. 2003년에는 서울과 사뭇 다른 지역에 가게 된 것이지요. 두 번째 방문 때도 처음과 마찬가지로 엄청난 환대를 받았습니다. 이번에도 친절한 배려와 환대에 깊은 감동을 받았습니다. 컨퍼런스를 한국어로

만 진행해 참석할 수 없었던 날에는 학생 세 명이 선뜻 나서서 저를 산사까지 안내해주고 훌륭한 해산물을 대접해주기까지 했습니다. 멋진 하루였습니다.

서울과 경주 방문 이후 한국 음식을 무척 좋아하게 되어, 생일이면 가족들을 이끌고 한국 식당에 가는 것이 연례행사가 되었습니다. 한국 친구들을 사귀고 아름다운 한국 문화를 접했던 것도 즐거운 경험이었습니다. 그래서 2006년에 일본에서 열린 컨퍼런스에 참석하게 되었을 때는 미리 김진숙 박사와 최외선 박사에게 연락해 이웃 나라에 방문할 예정이라는 소식을 알렸습니다. 덕분에 컨퍼런스가 끝난 후 대구에서 반가운 얼굴들을 만나고 그곳의 미술치료사들과도 친분을 쌓을 수 있었습니다. 정말 즐거운 여행이었습니다.

세 번째 한국 방문에서 가장 기억에 남는 점도 역시 저를 따뜻하게 맞아준 한국인들의 친절이었습니다. 대구에서 만난 학생과 교수들은 더 나은 미술치료사가 되고자 하는 열정과 헌신으로 똘똘 뭉쳐 있었습니다. 그들의 모습은 미술치료라는 분야가 생긴 지 얼마 되지 않았던 때의 미국을 떠올리게 했습니다. 당시 저를 비롯한 미국의 미술치료사들은 새로운 지식과 정보에 목말라하고, 비슷한 일을 하는 동료와의 교류를 갈망했습니다. 그야말로 모든 것이 새로웠지요.

저는 세 번의 방문을 통해 한국의 미술치료가 급격히 성장하는 모습을 목격할 수 있었습니다. 선구적인 학자들의 헌신과 젊은 세대의 도약 속에 한국의 미술치료는 앞으로도 계속 번성하고 발전하리라 믿어 의심치 않습니다.

1978년에 첫 선을 보이고 얼마 전 개정되어 재출간된 이 책이 한국어로 완역되어 한국 독자들을 만나게 된다니 무한한 영광입니다. 또한 한국어판 서문을 통해 아름다운 추억을 남겨준 한국인들에게 감사의 인사를 전할 수 있어 더없이 기쁩니다.

한국을 방문할 때마다 제가 준 것보다 훨씬 더 많은 것을 배워 왔습니다. 평화 봉사단으로 2년간 한국에서 의료 봉사 활동을 했던 사위가 한국을 그토록 사랑하는 이유가 무엇인지 이제 잘 알 것 같습니다.

주디스 아론 루빈

25주년 기념판 서문

배경

25주년 기념판의 탄생에는 흥미로운 사연이 얽혀 있다. 『아동 미술치료*Child Art Therapy*』는 1978년에 첫 선을 보인 후 몇 차례 개정판을 내는 동안 출판사 몇 곳을 옮겨다녔고 더불어 몸값도 뛰어올랐다. 책 가격은 어느새 이 책의 주 독자라고 할 수 있는 미술치료를 공부하는 학생들에게는 감당하기 어려운 지경이 되었다. 현 출판사인 와일리Wiley는 내가 쓴 다른 책인 『효과적인 미술치료*Artful Therapy*』(Rubin, 2005, 한국어판 『Rubin의 통합적 예술치료 읽기』, 2007)를 출판한 곳이다. 그 책은 통합 예술치료의 여러 장르와 기법을 소개하고 있다. 나는 새로 손보아 세상 빛을 보게 될 이 책 『아동 미술치료』가 내 첫 책을 출판한 곳에서 나왔으면 좋겠다고 생각했다.

다만 문제가 하나 있었다. 책값이 끊임없이 오르고 있었던 것이다. 그래서 와일리에서 일하는 페기 알렉산더Peggy Alexander가 이 책을 약간 손본 후 합리적인 가격에 내놓는 것이 어떻겠느냐고 제안했을 때 뛸 듯이 기뻤다. 나는 때마침 얼마 후면 초판이 나온 지 25년이 될 테니 그에 맞추어 기념판을 출간하자는 의견을 냈다. 페기와 나는 서로 뜻이 잘 맞았다.

페기는 부록으로 DVD를 제공하자는 내 의견에도 선뜻 동의했다. 당시 나는 "미술치료의 다양한 얼굴*Art Therapy Has Many Faces*"(Rubin, 2004)[1] 이라는 제목의 미술치료

---

1 "미술치료의 다양한 얼굴"은 Expressive Media에서 나온 VHS와 DVD로 만나볼 수 있다. Inc. at 128N. Graig St., Pittsburgh, PA 15213. , www.expressivemedia.org에서 구매 가능.

분야에 대한 동영상 자료를 만들고 있었다. 모두 기술 발달로 컴퓨터만 있으면 누구나 동영상을 편집할 수 있는 시대가 된 덕이다.

더군다나 지난 6년간 강의에서 동영상 자료를 활용하면서 그 효과가 탁월하다는 사실을 몸소 체험했던 터였다.

낮은 가격에 DVD까지 부록으로 줄 수 있다는 사실은 개정판을 내기로 결심하게 만든 주요 계기였다. 거기에 세 동료가 보내준 검토 자료를 읽고 나서는 책 수정 작업에 더 푹 빠져들었다. 감사하게도 그들은 강단에서 내 책을 가지고 강의하면서 느꼈던 점들을 꼼꼼히 기록해 보내주었다. 나는 그들의 의견을 모두 수용해 책을 수정했다.

이렇듯 뜻밖의 우연에서 시작했던 일은 점점 커지면서 진화했고, 나는 즐거운 마음으로 애정과 열정을 쏟아 부었다. 30년 전 썼던 학위논문에서 시작한 이 책을 다시금 펼쳐 읽는 일은 보람과 재미가 있었다. 책을 읽으면서 당시 나의 기본 가치관이 지금과 크게 다르지 않으며, 그동안 대체로 그 가치관에 맞게 살아왔다는 사실을 확인할 수 있어 안심도 되었다.

미술치료와 정신건강 분야의 변화

지난 30년간 세상이 엄청나게 변했다는 사실에는 의문의 여지가 없다. 오늘날과 같은 환경에서는 이 책에 종종 언급되는 것과 같은 장기적 치료를 하기 어려워졌다. 하지만 단기 치료라 해도 그 원칙은 예전과 다름없이 동일하게 적용된다. 다행스럽게도 25년 전에 비해 요즘에는 고통받는 어린이들이 심리치료를 받기 훨씬 쉬워졌다.

이 책의 초판과 재판을 냈던 5년 사이 미술치료 분야는 급속하게 팽창했으며, 그 후로도 20년 동안 미국에서뿐 아니라 전 세계적으로 성장세가 이어졌다. 그 덕택에 인용할 수 있는 자료와 문헌도 풍부해졌다.

또한 미술치료를 공부할 수 있는 프로그램도 양적·질적으로 성장했다. 그뿐만 아니라 공인된 미술치료사 자격시험도 생겼다. 미술치료를 공부한 사람이 협회에 등록을 하면 ATR(Registered Art Therapist) 자격을 얻게 되며, 이후 일정 요건이 갖추어지면 공인 미술치료사 자격인 ATR-BC(Registered Art Therapist-Board Certified)를 획득할 수 있다.

이러한 눈부신 발전 뒤에는 미국미술치료협회American Art Therapy Association(AATA)의 땀과 노력이 있었다. 하지만 그에 앞서 미술치료 기법 자체의 유익과 효능이 워낙 뛰어났기에 이 모든 일이 가능했다. 나는 미술치료를 잘 활용하면 다른 어떤 치료 기법으로도 불가능했던 일을 이룰 수 있다는 사실을 확인했다(이에 대해서는 본문 20장에서 더 자세히 다룰 것이다).

처음에 미술치료 기법은 정신병원이나 정신건강 클리닉에서 심리치료에 활용하기 위해 탄생했다. 하지만 이제 미술치료의 활용 범위는 실로 다양해졌다. 학교, 병원, 호스피스, 수용시설, 보호시설, 섭식장애나 약물 중독 치료를 위한 특수시설 등에서 미술치료사들이 활약하고 있다(Bush, 1997; Moriya, 2000/Bach, 1990; Furth, 1988; Malchiodi, 1999/Bertoia, 1993; Zambelli, Clark&Heegaard, 1989/Gussak&Virshup, 1997/Malchiodi, 1997). 또한 법의학 고문으로 활약하거나, 트라우마로 고통받는 청소년들을 돕고 있는 미술치료사도 있다(Cohen-Liebman, 2003/ Hagood, 2000; Klorer, 2000; Murphy, 2001; Steele, 2003).

하지만 미술치료와 정신건강 분야의 양적 · 질적 변화에도 불구하고 변하지 않는 사실이 있다. 25년 전과 다름없이 어린이들은 여전히 어린이들이며, 아이들이 겪는 심리적인 문제 역시 근본적으로 동일하다. 아이들의 심리적 고통은 대개 불안감이나 통제력 상실에서 비롯된다. 나는 과거 그 어느 때보다도 도움이 필요한 아이들과 함께하는 것에 편안함을 느낀다. 나는 어떤 사람을 만나든 상대를 친구로 여긴다. 내 경험상 그들이 겪고 있는 고통에 진단명을 붙여 분류하는 것은 결코 도움이 되지 않는다. 물론 치료를 위해 그들의 상태에 가장 잘 맞는 병명이 무엇인지 확인하는 것을 빼놓지는 않는다.

지난 25년 동안 여러 정신장애의 진단명은 변화했다. 예전에는 '학습장애learning disabled'가 있다고 불리던 아이들이 지금은 '주의력 결핍 장애attention deficit disorder'가 있다고 불린다. 신체적 · 인지적 장애가 있는 아이들을 지칭하는 용어 또한 바뀌었다. 하지만 의료기술 발달로 심각한 장애가 있는 아이들도 도움받을 수 있게 되었다는 사실을 제외하면, 아이들을 고통스럽게 만드는 문제의 원인은 달라지지 않았다(Evans&Dubowski, 2001). 우울증이나 양극성 장애 같은 정신과적 증후군은 아이들에게서 더 자주 발견된다. 그에 대한 약물치료는 도움이 될 때도 있지만 그렇지 않을 때도 있다. 아이들이 받는 고통이 얼마나 클지 어떻게 헤아릴 수 있겠는가. 아이들을 치료할 때는 아이들의 입장이 되어 공감해주고 지지해줄 필요가 있다.

성인 심리치료와 마찬가지로 아동 심리치료에도 시대별로 유행하는 흐름이 있다. 이를테면 미술치료를 할 때 어떤 양식을 사용하느냐 등은 끊임없이 바뀐다. 새로운 인지적, 행동적 전략도 다수 등장했다. 하지만 새로운 방식이나 전략이 아무리 신선하고 기발하다 해도 그 기본 토대는 누구나 익히 알고 있는 것들이다. 20여 년 동안 축적되어온 미술치료 관련 문헌들을 훑어보면서 문득 이런 생각이 들었다. 가장 효과적인 치료는 그 방식이나 기간과 상관없이, 사려 깊고 유연한 임상의학자가 어린이와 그 가족들에게 관심과 존중을 보여줄 때 가능하다는 점이다.

책의 구성 및 내용 변화

이번 기념판은 겉모습뿐 아니라 내용까지 상당히 달라졌다. 세 동료들이 보내준 검토 의견에 따라 구성을 개편하고, 새로운 자료를 추가하고, 더 이상 필요 없게 된 내용은 삭제했다. 원문 내용은 대부분 남아 있지만, 위치가 바뀌거나 제목이 달라진 부분도 있다.

내 또 다른 저서 『미술치료 총론 *Art Therapy : An Introduction*』(1999, 한국어판 『미술치료학 개론』, 2006)이나 『미술치료 접근법 *Approaches to Art Therapy*』(2판, 2001, 한국어판 『이구동성 미술치료』, 2001)과 달리, 처음 이 책을 쓸 때는 아동 미술치료 분야를 균형 잡힌 방식으로 그리는 데 치중하지 않았다. 당시 내가 경험하고 느낀 이 분야에 대한 생각들을 정리하고자 하는 목적이 컸다. 하지만 그 후로 개정판을 내면서부터는 아동 미술치료에 대한 다양하고 상세한 정보를 얻고자 하는 독자들을 생각해 이 분야 전반에 대한 균형 있는 시각을 담고자 노력했다.

감사의 말

여기 쓰인 내용은 고스란히 내 책임이지만 이 책을 쓰는 동안 나에게 가르침과 지지를 아끼지 않았던 많은 이들에게 감사를 표하고 싶다. 우선 사랑하는 가족에게 감사의 말을 전한다. 내 어린 시절을 장식해준 이해심 많고 다정했던 할머니, 나에 대한 기대를 놓지 않고 늘 사랑으로 지켜봐주셨던 자랑스러운 아버지, 늘 차분한 목소리로 나를 격려해주셨던 어머니, 그리고 항상 좋은 친구가 되어준 동생에게 사랑과 감사를 전한다.

지금의 가족들에게도 고마운 마음 금할 길 없다. 책을 쓰고, 교정하고, 출판을 준비하는 오랜 기간 동안 한결같이 내 곁을 지켜준 남편이 없었더라면 이 책은 빛을 보지 못했을지 모른다. 지금은 다 자라 각자 가정을 꾸리고 있는 세 아이들은 이 책을 쓰게 해준 영감의 원천이었다. 아이들이 어렸을 때 쓰고 그린 글과 그림은 이 책의 원동력이 되어주었다. 게다가 아이들은 이 책 초판의 타이핑을 해주고, 교정도 도와주었다. 또한 책에 신경 쓰느라 아이들에게 소홀할 때가 많았음에도 바르고 의젓하게 자라주어 고맙고도 미안하다. 그리고 미술치료의 유익한 점을 눈으로 확인할 수 있게 해준 손자손녀들에게도 사랑을 전한다. 손자손녀들은 기발한 생각과 그림들로 늘 내게 웃음을 준다.

또한 훌륭한 학식과 식견으로 나를 이끌어준 선생님, 동료, 친구들에게도 감사를 표한다. 그들이 있었기에 지난 40여 년간 나 자신과 어린이, 미술에 대해 배우고 깨달을 수 있었다. 지금은 세상에 계시지 않은 부모님처럼 그들 중 상당수도 하늘나라로 먼저 떠났다. 더 이상 그들을 만날 수 없다는 것은 슬프고 가슴 아픈 일이지만 이 책을 통해 그들이 남긴 가치를 다시금 떠올려볼 수 있다는 사실이 큰 위로가 된다.

늘 나를 자극하고 격려해주는 친구이자 동료인 엘렌 어윈Ellen Irwin이 있었기에 미술치료를 공부하고 연구하는 동안 외롭지 않았다. 이 책의 개정판을 낼 때 기꺼이 시간을 내 전문가로서 조언해준 에디스 크레이머Edith Kramer에게도 정말 감사드린다. 25주년 기념판을 내기 위해 준비하는 동안 전문 미술치료사로서 책을 검토해준 오드리 디 마리아Audrey Di Maria, 이쿠코 아코스타Ikuko Acosta, 조앤 필립스Joan Phillips에게도 고마움을 전한다. 그들의 세심하고 사려 깊은 제안들이 큰 도움을 주었다.

이 책의 초판과 두 번째 개정판을 출간해주었던 피츠버그 아동보호센터Pittsburgh Child Guidance Center와 피츠버그 대학 웨스턴 심리센터 및 클리닉Western Psychiatric Institute and Clinic에도 감사드린다. 책에 실린 멋진 참고 사진들을 찍어준 노먼 라비나비츠Norman Rabinovitz, 세일라 램지Sheila Ramsey, 짐 렌크너Jim Lenckner, 제이콥 말레지Jacob Malezi, 린 존슨Lynn Johnson에게도 고마움을 표한다. 책에 나온 사진들 중 선명하지 못하고 조악한 것이 있다면 아마도 구식 카메라로 내가 직접 찍은 사진일 것이다.

참고 자료 수집에 도움을 준 기관과 문헌들도 빼놓을 수 없다. 미국무용치료학회 American Dance Therapy Association, 미국맹인재단American Foundation for the Blind, 미국미술치료저널American Journal of Art Therapy, 미국 표현·미술·활동 정신병리학회 American Society of Psychopathology of Expression, Art and Activities, 정신치료협회Association for the Advance of Psychotherapy, 시각장애자교육협회Association for the Education of the Visually Handicapped, 비컨 하우스Beacon House, 브루너 루틀리지Brunner-Routledge, 닥터 프랭클린 퍼킨스 스쿨Doctor Franklin Perkins School, 하이 피델리티/뮤지컬 아메리카 High Fidelity/Musical America, 카거 출판사Karger Publishers, 정신건강 연구소 및 네이션 애커맨 가족문제 연구소Mental Research Institute and Nathan Ackerman Family Institute, 전미미술교육협회National Art Education Association, 페르가몬 출판사Pergamon Press, 피츠버그 유치원 협회Pittsburgh Area Preschool Association가 도움을 주었다.

무엇보다도 내게 가장 훌륭한 교사였던 어린이들과 그 가족들에게 무한한 감사를 드린다. 우리가 함께 작업했던 그림과 이야기를 실을 수 있도록 허락해주지 않았다면 이 책은 탄생할 수 없었다. 그들 덕에 더욱 많은 사람들이 미술치료를 통해 이해받고 성장할 기회를 얻게 되었다. 마지막으로 DVD에 자료를 담을 수 있도록 허락해준 다음 기관과 개인들에게 감사를 표한다.

ABC News Archives (Tony Brackett)_ "Tender Hearts"

Accessible Arts, Inc. (Paul Lesnik)_ "Access to the Arts"

Sandra Graves Alcorn, Ph.D._ Videotape of Interview with Child after Mother's Death

Simone Alter-Muri, Ph.D._ "Creative Arts Therapies at the Pace School"

American Art Therapy Association _ "Art Therapy : Beginnings"

Doris Arrington, Ph.D._ Videotape of Art Therapy with Russian Orphans

Robert Ault, M.F.A. and The Menninger Foundation _ "Art Therapy : The Healing Vision"

Dayna Block_ Videotape of Open Studio Process Group

Ian Brownell, Bushy Theater, Inc._ "Access to the Arts"

Janet Bush, M.A._ Videotape of an Art Therapy Session in a School

Norma Canner, ADTR _ "Access to the Arts"

CBS News Archives_ "The Big Picture" (60 Minutes), "Middletown, U.S.A." (48 Hours)

David Crawley, KDKA-TV _ "The Art of Healing"

Expressive Media, Inc._ "Art Therapy Has Many Faces," "Children and the Arts : A Film About Growing," "The Green Creature Within : Art and Drama in Group Psychotherapy," "'We'll Show You What We're Gonna Do!' Art With Multiply Handicapped Blind Children"

Family Communications, Inc., WQED-TV_ Excerpt from Mister Rogers' Neighborhood

Thomas Frank, M.D. and Kate Frank, Ph.D._ Photographs of Margaret Nawnburg (Frank)

Robert Frye, Bolthead Communications_ "The Journey of Butterfly"

Robin Gabriels, Ph.D._ Med*Source Program on Art Therapy for Asthma

Frank Goryl, Ph.D._ Videotape of Clay Workshop Led by Linda Gantt, Ph.D.

Janet Greenwood, Ph.D._ "Gestalt Art Experience with Janie Rhyne"

Richard Greenberg_ "Ventilator Dependent Children at School"

David Henley, Ph.D._ Videotape of Chimpanzee Painting

Chris Holmes, Chris Holmes Productions _ "Drawing From the Fire"

Paula Howie, M.A._ Videotapes of Art Therapy from the Walter Reed Army Medical Center

Simcha Jacobovici, Associated Producers, Ltd. _ "A Child's Grief"

Kit Jenkins, M.A._ Videotapes from RAW Art Works

Alice Karamanol _ "Classroom Closeups"

KQED-TV_ "Without Words"

Edith Kramer, D.A.T._ "Edith Kramer : Artist and Art Therapist"

Helen Landgarten, M.A._ "Lori : Art Therapy and Self-Discovery"

James Lenckner_ "Creating for Me" with Susan Aach-Feldman

Barbara Ann Levy, M.A._ Videotape of Dolphin Painting

Laura Loumeau-May, M.P.S._ "Tender Hearts" (ABC News Archives)

John A. Michael_ Audiotapes of Viktor Lowenfeld Lectures; Photographs of Viktor Lowenfeld

James Minson, M.A._ "The Transition of Indigenous Guatemalan Youth Living in Foster Care
     as Assisted by Glass Craft Training and Practice" (Master's Thesis DVD)

New Jersey Education Association_ "Classroom Closeups" (2 Shows on Art Therapy)

Aina Nucho, Ph.D._ "Luis and the Big Fish," "The Psycho-Cybernetic Model of Art Therapy,"
     "The Scribble"

Violet Oaklander, Ph.D._ "A Boy and His Anger : A Therapy Session"

Nina Viscardi Ochoa_ "Ventilator Dependent Children at School"

Ralph Rabinovitch, M.D._ "Stevie's Light Bulb : Graphic Art in Child Psychiatry"

Patti Ravenscroft, M.A. _ Family Art Evaluation

Mary Cane Robinson, ATR _ Photographs of Florence Cane

Diane Safran, Ph.D._ Videotape of ADHD Art Therapy Group

Max Solomon, MaxSound Productions_ "A Boy and His Anger : A Therapy Session"

Buddy Squires, Filmmaker_ "Listening to Children with Dr. Robert Coles"

Arthur Ulene, M.D._ "When Children Grieve"

Very Special Arts, Massachusetts _ "Multi-Arts Resource Guide"

Harriet Wadeson, Ph.D._ Videotape of Couple Art Therapy

Diane Waller, Ph.D. and John Beacham, Ph.D. _ "Children and Art Therapy"

Laurie Wilson_ Videotape of Art Therapy with a Young Boy

Olenka Woloszuk_ "Let Us Save the Children : Olenka's Workshop" (Ukraine)

1부

맥락

The
Context

1장

개인적 배경 및 직업적 동기

개인적 배경과 미술치료를 연구하게 된 동기가 정확히 일치하지는 않지만, 이 직업을 택하게 된 배경과 더불어 개인적인 이야기를 들려주면 이 책이 쓰인 맥락을 이해하는 데 도움이 되리라 믿는다. 그래서 어린 시절 미술에 관심을 두기 시작했던 계기와, 그 과정에서 미술이 심리치료에 도움이 된다는 것을 어떻게 깨닫게 되었는지로 이야기를 시작하겠다.

개인적 배경

미술에 대한 개인적 흥미와 관심은 그 뿌리가 매우 깊고도 오래되었다고 할 수 있다. 본격적으로 심리치료를 공부하기 시작한 이후에도 미술에 대한 관심과 흥미는 식을 줄 몰랐고, 당시에는 그것이 내게 어떤 의미인지 확신할 수 없었다. 단지 내가 시각적인 것에 즐거움을 느낀다는 사실만을 어렴풋이 느끼고 있었다. 어린 시절 나는 여느 아이들처럼 호기심이 많았다. 볼 수 없는 곳, 몸의 내부, 닫힌 문 뒤에 무엇이 있는지 궁금해했다. 그래서 눈을 크게 뜨고 미술작품들을 감상하곤 했다. 다른 것들은 오랜 시간 뚫어져라 쳐다보면 이상한 사람 취급을 받을 수도 있지만, 미술작품은 그렇지 않았기 때문이다. 지금도 나는 알 수 없는 힘에 이끌려 미술작품에 마음을 빼앗기곤 한다. 결국 미술작품이란 사적인 감상을 공적인 형태로 표현한 것 아니겠는가.

미술에 대한 나의 갈증을 누그러뜨리려면 일정 기간마다 새로운 미술작품을 접해야 했다. 그것은 시각적인 요리를 눈으로 먹고 마시는 나만의 의식이었다. 마음에 드는 작품을 바라보는 것은 맛있는 음식을 먹는 것만큼이나 내면을 충만하게 해주는 기쁨이었다. 미술작품 감상이 합법적인 관음증이라면 미술작품을 창조하는 것은 일종의 용인되는 노출증이라고 할 수 있다. 금지된 접촉, 온몸으로 느껴지는 감각의 기쁨 또한 마찬가지다. 우리는 성장의 대가로 그 기쁨을 접어두어야만 한다. 하지만 찰흙 반죽을 주무르고 파스텔을 문지르면서 그 기쁨을 다시금 맛볼 수 있다.

미술에서는 퇴행뿐 아니라 공격성 표출도 용인된다. 적개심을 표출하기 위해 종이를 자르거나, 나무를 조각하는 것 말이다. 많은 사람이 그렇듯 나 또한 미술을 통해 분노와 억눌린 감정을 해소하곤 했다. 종이를 자르거나 나무를 조각하는 행동에는 많은 상징적 의미가 담겨 있다.

몇 년 전, 나는 내가 5살 때 그린 그림을 우연히 발견했다. 그림은 5살 꼬마의 작품치고는 꽤 괜찮은 수준으로 그 시기의 인지 발달 단계를 잘 반영하고 있었다. 나는 사람의 몸을 비교적 정확하게 표현하고 있었고 그림 실력을 뽐내기 위해 애쓴 모습이 역력했다. 그 그림에서 가장 주목해야 할 부분은 당시 내가 결코 성취할 수 없었던 소망 두 가지가 거기에 상징적으로 표현되어 있다는 점이었다. 첫 번째로, 나는 아버지의 동반자가 되고 싶어했음이 분명했다. 5살의 나는 나를 공주처럼(혹은 왕비처럼) 그려놓음으로써 그런 바람을 표현하고 있었다. 두 번째로, 나는 아버지처럼 되고 싶어했다는 것도 분명했다. 그림 속의 나는 다리가 없었으며 아버지처럼 담배를 쥐고 있었다. 다리가 없는 것은 아버지에게 있는 것이 나에게 없음을 의미했고, 담배는 남근을 상징했다. 그 그림은 아버지를 위한 선물이었다. 아버지는 아마 그 선물을 받고 날 칭찬해주었을 것이다.

때로 그림은 받아들이기 힘든 정신적 외상, 즉 트라우마에 맞서기 위한 수단으로 활용되기도 한다(그림 1.1). 나 또한 그런 적이 있었다. 내가 열일곱이었을 때 내 친구 피터가 갑작스럽게 하늘나라로 갔다. 피터는 건강하고 잘생긴 청년이었다. 우리 반 반장이었던 그는 사고로 이 세상을 뜨지만 않았더라면 좋은 대

A

B

A. 피터가 죽은 뒤에
B. 악몽

학에 들어가 밝은 미래가 보장되었을 것이었다. 하지만 그는 콜로라도 산에 올랐다가 실수로 발을 헛디디는 바람에 추락사하고 말았다. 한 미술 캠프에 지도사로 가 있던 나는 그 소식을 듣고 망연자실했다. 그의 장례식에 참석하기 위해 서둘러 집으로 갔다가 다시 캠프로 돌아왔지만, 슬픔을 이기지 못하고 며칠 동안 고열에 시달렸다.

　슬픔에 잠겨 있던 당시, 나는 잠에서 깨어 있을 때면 숲으로 가서 그림을 그리고 싶은 강렬한 충동을 느꼈다. 그래서 첫 휴가 날 그 충동을 실행으로 옮겼고, 기분이 한결 나아졌다. 그때 내가 그린 것은 피터의 직접적인 모습은 아니었다. 나는 어두운 빨강, 진홍, 검정색 배경 속에서 피아노를 연주하고 있는 한 사람을 그렸다(1.1A). 그림에는 나의 눈물과 비명이 담겨 있었다. 그 그림은 이제 더 이상 이 세상에 없는 피터를 대체하기 위한 실체가 있는 무언의 상징이었다. 나는 그림을 그리는 동안 큰 위로를 얻었다. 상처와 아픔이 완전히 사라진 것은 아니

었지만 적어도 나의 분노는 잠재울 수 있었다. 그런 행동을 통해 당시의 복잡한 감정과 바람들을 형태가 있는 그림으로 표현했던 것이 도움이 되었던 것 같다.

그리고 밤새 나를 괴롭히던 악몽을 그림으로 표현했던 것 또한 나에게 도움을 주었다. 악몽을 형태가 있는 그림으로 그리고 나면 왠지 두려움이 덜해졌다 (1.1B). 그런데 몇 년 후 난 놀라운 발견을 했다. 무서운 꿈 때문에 잠을 이루지 못하던 어린 딸에게 꿈에 나온 내용을 그림으로 그려보라고 했는데, 그 이후 딸이 더 이상 악몽에 시달리지 않게 된 것이다(그림 1.2). 지금에 와서야 나는 감정을 형태로 표현함으로써 두려움을 잠재웠던 그 기적 같은 일의 원리와 역학을 이해하게 되었다. 그 원리는 고대의 주술사와 치유사들도 이미 알고 있었던 것이다. 두려운 대상을 실체가 있는 형태로 표현하고 나면, 우리는 그 두려움을 상징적으로 통제할 수 있게 된다.

꿈뿐 아니라 깨어 있는 동안 우리가 떠올리는 환상이나 공상을 화폭에 옮기는 것도 도움이 된다. 나는 예전에 수련 과정의 일환으로 정신분석을 받았던 적이 있다. 그때 마음속에 내재되어 있던 이상적인 어머니상을 향한 애증의 감정

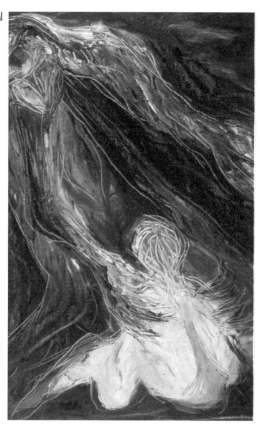

이 분출되면서 나도 모르게 매우 표현적인 그림 한 점을 빠르게 그려냈다(그림 1.3). 그 그림을 보면 아직도 마음속 긴장이 되살아나기는 하지만 감정을 그림으로 표현했던 것은 분명 위안과 이해를 주었다. 마음속 복잡다단한 갈등을 그림으로 그리면 심리적인 고통이나 번민을 줄이는 데 도움이 된다.

미술작품을 창작하는 것뿐 아니라 감상하고 이해하는 것 또한 내게는 대단히 중요한 의미로 다가왔다. 어린 시절 나는 거실 벽에 걸려 있던 반 고흐의 모사작을 오랫동안 응시하곤 했다. 우리 집 거실을 장식해주었던 〈해바라기 *Sunflowers*〉는 원본이 아니었음에도 정말 크고 생생하고 강렬해서 금방이라도 캔버스를 뚫고 나올 것만 같았다. 그랬던 내가 나중에 십대가 되어 고흐의 원작들로 가득한 미술관을 갔을 때의 기분이 어땠을지는 능히 상상이 될 것이다. 나는 휘몰아치는 색조와 빛의 향연에 흠뻑 취하고 말았다. 그림을 하나하나 볼 때마다 흥분은 점점 고조되었다. 그 아름다운 형태와 현란한 질감은 토머스 울프가 말했던 '들짐승 같은 포효barbaric yawp'를 떠오르게 했다(사춘기 때 나는 미술과 더불어 토머스 울프에 푹 빠져 있었다).

사춘기의 나는 주말이면 미술관으로 달려가 좋아하는 그림 앞에 못 박힌 듯 몇 시간이고 서 있곤 했다. 특히 피카소의 〈게르니카Guernica〉는 그 붓놀림 하나하나를 기억할 수 있을 정도다. 나는 아직도 그 그림을 보면 알 수 없는 힘에 압도당하는 느낌이다. 끝없이 통합되는 이미지들을 형상화한 미래파 화가의 그림 〈도시The City〉는 또 얼마나 매력적인가. 러시아 화가 첼리체프의 기괴하면서도 매력적인 〈숨바꼭질Hide and Seek〉은 또 얼마나 사람의 마음을 끌어당기는가. 분명 미술작품에는 화가뿐 아니라 보는 이들의 마음을 위로해주고 억눌렸던 감정을 해소시켜주는 치유의 효과가 있다.

마음속 이미지들을 선명하고 강렬한 색채를 통해 형상화하다 보면 자극으로 되살아난 감정들이 메아리치기 시작한다. 이런 내가 대학에 입학할 나이가 되어 웰즐리 대학에서 미술사를 전공하기로 결심한 것은 별로 놀라운 일도 아니다. 나는 그곳에서 앙드레 말로가 말했던 '담장 없는 박물관Museum Without Walls'을 실제로 경험했다. 어두운 방 안에서 프로젝터를 통해 비춰진 마술 같은 이미지들을 보면서 나는 그림과 함께 홀로 '존재'하는 듯한 느낌을 받았다. 물론 그곳에는 많은 학생들이 나와 마찬가지로 선생님이 들려주는 매력적인 이야기에 취해 있었다. 한 화가는 TV 인터뷰에서 이런 말을 했다. "미술작품은 두 영혼을 이어주는 다리입니다. 미술작품을 응시하다 보면 나와 필사적으로 소통하고 싶어 하는 누군가가 저 건너편에 있다는 사실을 느낄 수 있지요."

1.4 아내를 위한 기념물

직업적 동기

이러한 '그림의 마술적인 힘'은 고대부터 이어진 미술치료의 뿌리라 할 수 있다. 동굴에 벽화를 그리던 시절부터 미술은 치유를 위해 사용되었다. 하지만 정신건

A

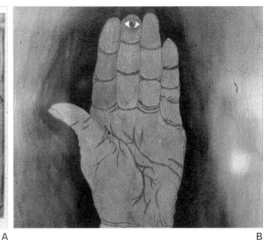

B

A. 달력 위에 그린 그림
B. 환자의 그림

강 분야 전체를 한 일가에 비유하자면 미술치료사라는 직업은 아직 젖도 떼지 못한 어린아이에 불과하다. 또한 미술치료 자체는 매우 정교하고도 복잡한 반면 그 뿌리인 미술은 매우 단순하며 자연적이다. 몇 년 전 나는 숲길을 산책하다 피터의 비극이 있었던 이후 내가 그렸던 그림을 떠올리게 하는 광경에 맞닥뜨렸다. 거기에는 젊은 나이에 세상을 떠난 아내에 대한 애도의 뜻으로 한 촌부가 나무 밑동을 깎아 만든 조각이 있었다(그림 1.4). 그는 내게 '무엇인가를 해야만 했기에' 조각작품을 만들었다고 설명했다. 왠지 실물보다 더 큰 조각작품을 만들면 아내가 떠난 공백이 메워질 것 같은 느낌이 들었다고 했다.

그처럼 상실로 인한 고통을 겪거나, 심각한 정신질환으로 혼란에 사로잡힌 사람들은 때로 회화나 조각 등을 창조하고 싶은 충동을 느끼기도 한다(그림 1.5). 미술 활동을 통해 나름의 방식으로 내면의 혼란을 잠재우고자 하는 것이다. 그런 사람들은 충동적으로 화장실 휴지나 벽에 그림을 그리기도 한다(1.5A). 이러한 그림들은 20세기 초, 정신과 의사들이나 미술사학자들의 호기심을 자극했다(Prinzhorn, 1922/1972). 그들은 혼란 상태에 빠진 사람들이 쏟아내듯 표현하는 미술작품들에 매료되어 그것들을 수집하고 연구했다(1.5B). 그러한 미술작품들을 통해 환자와, 환자가 앓고 있는 정신질환을 조금이라도 더 잘 이해할 수 있게 되기를 바라는 마음에서였을 것이다.

이후 프로이트와 융이 등장하면서 무의식이라는 새로운 개념이 소개되었고, 치료사들은 무의식 속 비논리적인 생각의 퍼즐을 풀기 위한 방법을 찾고자 했다. 그들은 꿈, 환상, 그리고 정신병자들이 만든 미술작품의 의미를 해독하려 노력했다(Jakab, 1956/1998; MacGregor, 1989). 그 과정에서 임상심리학이라는 새로운 학문 분야가 탄생했고, 로르샤흐 검사처럼 시각 자극을 이용해 진단을 내리는 투사 검사 기법도 발전했다.

정신건강 분야에서 그러한 발전이 이루어지고 있는 동안, 교육자들은 자유로운 예술적 표현이 큰 교육적 효과를 낼 수 있다는 사실을 발견했다. 진보주의 운동가들은 아이들의 건강한 발달에 창의적인 활동이 필수적이라는 주장을 펼쳤다(Naumburg, 1928; Cane, 1951). 특히 미술 교사들 중에는 정체성 문제로 고민하거나 좌절감으로 고통받는 아이들에게 미술을 통한 자기표현이 도움될 수 있다는 사실을 인지하고 있는 사람들도 있었다. 그 중 한 명인 빅터 로웬펠드Viktor Lowenfeld는 장애아들을 위한 '예술 교육 치료art education therapy'를 개발하기도 했다. 한편 당시 의료계에서는 미술을 활용한 치료가 서서히 도입되고 있었다(Hill, 1945/1951).

아동 미술치료의 기틀을 마련한 것은 병원과 특수학교에서 일하던 두 여성이었다. 마거릿 나움버그Margaret Naumburg와 에디스 크레이머Edith Kramer는 교육자로서의 경험을 바탕으로 미술치료라는 새로운 분야를 개척했다. 두 사람 다 프로이트 학파의 영향을 받았으나, 각자 사용한 정신분석 이론은 약간 달랐다.

나움버그는 미술작품이 마치 꿈처럼 무의식을 상징적으로 표현해준다고 생각했다. 자유 연상을 통해 자연스레 무의식이 발현된다는 것이다. 그래서 그녀는 미술을 무의식으로 가는 '지름길'로 여겼다. 언어나 통찰뿐 아니라 미술을 통해서도 진단과 치료를 위해 꼭 필요한 무의식의 상징적인 내용을 파악할 수 있다고 여긴 것이다.

반면 크레이머는 내면의 갈등과 충동을 통합해 심미적으로 승화한 형태가 바로 미술작품이라 보았다. 미술작품을 만들면서 창의성을 발휘하는 과정을 통해 자아를 통제하고, 관리하며, 통합할 수 있다고 여긴 것이다. 미술치료에 대한 두 사람의 견해는 여전히 이어지고 있다. 미술치료 분야는 지난 50년 동안 급속히 성장했으며, 빠른 발전은 그만큼 미술이 치료 도구로서 효용 가치가 높다는 사실을 반영한다. 실제로 나는 실습 과정 중인 서툰 학생들이 실시한 미술치료를 통해서도 큰 효과를 내는 것을 보고 놀라움을 금치 못할 때가 많다.

그래서 더더욱 미술치료를 전문적으로 배울 수 있는 기관과 공인 시험이 생겼다는 사실이 다행이라고 생각한다. 공식적인 기관이 생기기 전에는 '물감, 붓, 환자만 있으면' 누구나 자신이 미술치료사라고 선언할 수 있었다(Howard, 1964, p.153). 내가 미술치료 분야에 첫발을 들여놓았을 당시에는 어떤 공식적인 교육 기관도 없었기에 좌충우돌하면서 공부할 수밖에 없었다. 그 경험을 통해 미술과 교육 중 한 분야에 대한 배경지식만을 갖추고 있는 사람들을 위한 전문 임상 훈련 과정이 꼭 필요하다고 생각했었다.

개인적/직업적 변천사

앞서 말했듯 나는 어린 시절과 청소년기에 미술에 푹 빠져 지냈다. 그 영향으로 사춘기를 거쳐 성인이 되기까지 미술에 대한 다양한 일을 했다. 고등학교 때에는 이웃 아이에게 미술을 가르쳤고, 방학이면 여름 캠프 지도자로 참가해 미술 및 공작 시간을 담당했다. 대학에 들어가서는 미술을 전공으로 선택했고, 졸업 후에는 미술 교사가 되었다. 처음에는 아이들을, 나중에는 다른 교사들을 지도했다. 그러다 미술 관련 연구 활동을 했고, PBS 방송의 유명 어린이 프로그램 〈로저스 아저씨의 이웃*Mister Rogers' Neighborhood*〉에 출연하기도 했다. 그리고 미술 자문 일을 하다 결국은 미술 심리치료사가 되었다.

미술치료라는 분야가 있다는 사실을 처음 알았을 때, 나는 마치 자신이 더 이상 미운 오리 새끼가 아니라는 사실을 깨달은 백조가 된 듯한 기분을 느꼈다. 미술가였을 때 나는 계속 그림을 그리기에는 재능이 턱없이 부족하다는 자괴감에 시달렸다. 교사로 일하는 동안에는 관습적인 교육 방식에 실망하는 일이 종종 있었다. 예를 들어 동료들이 기름종이에 대고 다른 그림을 따라 그리도록 시킨다거나, 규율을 바로잡는다는 명목으로 매를 드는 것이 불편하게 느껴졌다.

1963년에 피츠버그 대학 아동발달학과에서 정신분열증이 있는 아이들에게 미술을 가르쳐달라는 의뢰를 받기 전까지, 나는 심리치료 분야를 전혀 접해보지 못했었다. 하지만 그 일을 하면서 보람과 기쁨을 느꼈고, 여러 사람들의 지지와 도움으로 새로운 분야에 발을 들여놓을 수 있게 되었다. 특히 앞서 언급한 미술치료 분야의 선구자, 나움버그와 크레이머의 조언이 큰 도움이 되었다. 둘은 내게 먼저 개인 분석personal therapy을 받아보라고 권했다. 전문가에게 상담을 받으면서 스스로에 대해 파악하는 것이 우선이라고 했다. 그런 다음에는 경험이 풍부한 임상심리학자 밑에서 수련을 받으라고 했다.

나는 운 좋게도 훌륭한 환경과 스승을 만나 필요한 기법들을 배우고 수련을 받을 수 있었다. 그렇게 심리치료 전반에 대한 것을 알아가고 있다고 느낄 즈음, 지금까지 배우고 훈련한 내용에 방점을 찍을 수 있는 획기적이고 집중적인 교육을 받고 싶다는 생각이 들었다. 나의 바람은 마침 대학원 과정의 일환으로 한 정신분석 연구소에서 성인 및 어린이 정신분석에 대한 집중 연구를 하게 되면서 충족되었다.

사실 이 책을 쓴 주목적은 박사학위 논문을 준비하기 위해서였지만, 내 내면의 긴장과 갈등에 대응하려는 이유도 있었다. 해결책을 갈구하는 근심과 문제가 내 마음속 깊은 곳에 자리하고 있었다. 창의적인 활동들이 대부분 그러하듯, 내면의 문제와 근심에 대한 지각이 나를 행동으로 이끌었다. 어느 순간부터인가 내 안의 혼란을 정리하지 않고서는 어느 방향으로도 나아갈 수 없는 상태가 되었다. 어지럽게 흩어져 있는 어린이, 미술, 발달에 대한 생각들을 가지런히 바로잡아 정돈해야 했다. 처음 글을 쓰기 시작했을 때는 빈 종이에 어떤 내용이 담기게 될지 확신하지 못했다. 그때의 기분은 빈 캔버스를 대했을 때 느껴지는 막막함과 비슷했다.

미술치료사로서 치료를 이해하는 데 도움이 되는 최고의 방법은 자기 자신이 했던 창의적인 활동들을 되돌아보는 것이다. 심리치료사가 된 직후 나는 온통 그림에 빠져 지냈던 과거를 돌아보았다. 그리고 그림에 모든 열정을 바쳤던 자신을 이해하고자 내 경험에 대한 글을 쓰기 시작했다. 당시 내가 썼던 글 중 일부를 다음에 발췌해놓았다.

창의성을 발휘했던 개인적 경험

"비언어적이고 형태가 없는 내 경험을 언어를 통해 명확한 형상으로 나타내 다른 사람들과 공유할 수 있도록 해보자. 나는 궁금하다. 내게 일어났던 일은 보편적인 것이었을까? 아니면 순전히 주관적이기만 한 경험이었을까? 또 나는 궁금하다. 그 경험이 심리치료에 미술을 활용하는 것의 의미에 대해 무엇인가를 알려줄 수 있을까?"

"지난여름에는 그림을 그리던 중 기이한 느낌을 받은 적이 있다. 불현듯 내 영혼의 여러 층이 같은 시간에 각기 다른 역할을 하고 있다는 자각이 몰려왔다. 침대에 누워 물을 가져다달라고 소리 지르는 아이에게 대답하는 나는 엄마였다. 원하는 효과를 내기 위해 팔레트에 새로운 물감을 짜고 붓을 바꾸는 나는 솜씨 좋은 기술자였다. 또 나는 창의적인 활동에 몰입하고 있는 화가이기도 했다. 그 순간 나는 여러 역할을 동시에 하고 있는 복합적인 존재였다."

"그때 내가 그리던 그림은 우리 아이들의 초상이었다. 내 마음속에는 아이들에 대한 사랑이 가득 차 있었다. 나는 탁자에 둘러앉은 아이들의 모습을 그리면서 그 생김새 하나하나와, 아이들이 자아내는 따뜻하고 뿌듯한 느낌을 하나라도 놓치지 않고 담아내기 위해 애썼다. 처음에는 아이들을 앉혀놓고 조심스럽게 사실적인 표현에 힘썼다."

"그러다가 밤이 되어 아이들은 잠자리에 들었고, 나는 계속 그림을 그렸다. 하지만 엄마노릇을 해야 했기 때문에 내 작업은 중간 중간 계속 방해를 받았다. 칭얼거리는 아이들을 재우기 위해 작업을 중단해야 할 때마다 화가 치밀어 올랐다. 하지만 그림을 그리는 동안 그보다 훨씬 더 크고 강력한 모순된 느낌이 표면으로 불쑥 드러나곤 했다. 확산적이면서도 파괴적인 충동이 붓놀림하는 내 손길을 자꾸 재촉했다. 나를 충동질하는 그 느낌은 자유의지로 통제할 수 없었다."

"예전의 나는 대상을 아름답게 표현하기 위해 붓질 한 번에도 시간과 공을 들였다. 하지만 이제는 빨리 그려야 한다는 압박감을 느끼며 작업한다. 내 안의 죄책감이 나를 그렇게 몰아대는 것 같았다. 나는 짧고 빠른 붓질로 형태를 수정하고, 일부는 지워버렸다."

1.6 내 아이들의 초상. 아크릴, 저자.

"옆에 있던 남편이 왜 매력적인 부분을 없애버렸느냐며 슬픈 목소리로 한마디 했다. 남편의 말은 이성적으로 따지자면 합리적인 비판이었다. 하지만 내 마음속에는 남편의 주제넘은 참견에 대해 분노가 일었다. 그러나 나는 별 대꾸도 하지 않은 채 그저 똑같이 빠른 속도로 그때 내가 해야만 했던 작업을 계속했다. 강박적인 충동과 흥분은 참기 힘들 정도였다. 그때의 기분은 짜릿했지만 동시에 고통스럽기도 했다. 팽팽한 긴장감이 급속도로 쌓여갔다. 내 안에는 사랑과 증오, 창조와 파괴, 기쁨과 고통이 공존하고 있었다."

"그래도 그림 속 인물들의 형태는 남아 있었다. 모호한 표현으로 덜 분명해 보이긴 했지만 느낌은 더 강렬해졌다. 나는 마음속 복잡다단하고 모순적인 감정들을 반영하고 있는 그 그림이 더 아름다워 보인다고 생각했다. 그림을 그리고 나자 다른 종류의 갈등이 찾아왔다. 마음속에서 파괴하지 않으면서 질을 높이고 싶은 바람과 수정하고 싶은 욕구가 팽팽히 맞섰다. 나는 거침없이 빠른 속도로 그림을 그리고 있었지만, 붓질 하나하나가 모두 소중하고 결정적이었다."

"작업에 열중하는 동안 모순되는 두 가지 느낌이 동시에 나를 찾아왔다. 자아를 통제하는 느낌, 그리고 그 통제를 위협하는 무의식적 힘과 소통하는 느낌. 그림이 거의 완성되어가면서 작업 속도는 느려졌다. 나는 조용하고 침착하게 한 발 뒤로 물러나 그림을 보면서 몇 가지를 수정했고 드디어 초상화가 완성되었다(그림 1.6)."

"그리고 몇 주가 지난 지금, 나는 그때의 일을 진지하게 돌아보고 있다. 그 경험은 마치 무의식에 잠자고 있던 비합리적인 감정들을 끄집어내 벼랑 끝에 매달아놓았던 것 같았다. 하지만 다행히도 나는 그 모든 상황을 엄격히 통제하고 있었다. 그것이 바로 미술을 통한 치료의 핵심이 아닐까. 통제를 상실하기 직전까지 가보는 경험을 하지 못했다면, 통제 상실에 대한 두려움을 극복하기 힘들었을 것이다. 인간은 모순되게도 가능

한 모든 것을 놓아보는 경험을 해야만 공상 속의 두려움이 근거 없는 것이었다는 사실을 배울 수 있다. 항상 의식의 고삐를 단단히 쥐고 모든 감정을 통제한다면, 위험을 겪을 일은 없다. 하지만 무의식 속에는 여전히 위험이 존재한다. 느끼지 못하고 알지 못하는 것이 많을수록 두려움은 커진다."

"통제의 속박을 늦추지 않고서도 자기 통제를 배울 수 있을까? 마음속 깊은 무의식까지 단단하게 뿌리박은 안정감을? 그 기분은 매슬로Maslow가 말했던 '절정 체험peak experience'과 유사하다. 절정 체험이란 흥분되면서도 두렵고, 높이 치솟으면서도 추락하는 것 같은 느낌을 말한다. 지극히 개인적이며 지극히 미적인 그 느낌은 그림을 그리고 나서 느끼는 기분과 비슷하다."

"모든 감정을 해방시켜 '놓아주면서도', 통제력을 잃지 않는 경험을 하고 나면 뜻깊은 교훈을 얻을 수 있다. 그림에 감정적인 내용이 담겨 있든 아니든, 창의성을 발휘하는 과정 자체의 역동이 강력한 학습 경험을 제공한다."

"통제 상실에 대한 두려움으로 이미 심하게 손상당한 사람을 도와주려면 감정의 고삐를 섣불리 풀어놓지 않도록 해야 한다고 주장하는 사람이 있을지도 모르겠다. 환자나 내담자의 안전을 위한다는 명목으로 그들의 활동을 제한하는 미술치료사는 실은 이런 메시지를 전달하고 있는 것이다. '통제 상실의 결과는 비참하고 끔찍해. 그러니 내가 너의 파괴적인 충동에 제동을 걸고, 한계를 정해줄게.' 하지만 스스로를 책임지는 법을 배우려면 의식적으로 긴장을 푼 상태에서 감정의 고삐를 늦추고, 그 결과를 자신이 감당해낼 수 있다는 사실을 직접 체험해보아야만 한다."

"감정을 놓아준다고 해서 고삐 풀린 망아지처럼 통제할 수 없는 상황이 벌어지지는 않는다. 오히려 미술 작업을 통해 감정을 드러내 표현하다 보면 속이 뻥 뚫리는 건설적인 해방감과 안정감을 동시에 느낄 수 있다. 미술을 통해 통제할 수 있는 상황에서 감정을 '놓아주는' 경험을 해보는 것은 건강한 발달과 치료에 필수적이다. 물론 미술에는 정해진 형식과 한계가 있다. 벽에 물감을 뿌리는 것은 격렬한 붓놀림으로 현란한 그림을 그리는 것과 같지 않다. 되는 대로 몸을 움직이는 것은 음악에 맞추어 몸을 흔드는 것과 같지 않다."

"그럼에도 불구하고 정신질환에 시달리는 아이들을 돕기 위해서는 어떤 방식으로든 그들의 억눌렸던 감정을 해방시켜 카타르시스를 느끼도록 해주어야 한다. 내 경험을 돌아보건대, 내성적인 아이든 활동적인 아이든 처음에는 미술의 형식이나 방식에 구애받지 않고 자신을 표현할 수 있도록 도와주어야 한다. 어떤 아이든 이 과정을 통해 감정을 분출하는 경험을 하고 나서야 진정한 미술 활동을 할 수 있다. 그것은 그렇게 한 후에만 경직되지 않은 자유로운 상태에서 스스로를 책임지며, 그 과정을 통제하고 있다고 느낄 수 있기 때문이다."

"나도 그때 그림을 그리면서 그러한 통제감을 경험했다. 그림 속 형상이 감정을 일깨 웠고, 다시 감정이 형상을 만들어냈다. 둘은 혼합되어 하나가 다른 하나를 불러일으켰 으며, 선후나 인과를 따질 수 없었다. 그때 내 그림은 다른 누군가에게 보여주기 위해 서가 아닌, 나 자신과 소통하기 위한 것이었다. 그림과 대화하면서 나는 점점 강렬하 게 그림에 빠져들었다. 그 과정은 감정을 정화시켜주면서 동시에 모순되는 감정들을 통합시켜주었다. 건설적인 힘과 파괴적인 힘 사이의 갈등과 상호작용만으로도 그것은 의미가 있었다. 그 과정을 통해 작품을 하나 완성했을 뿐 아니라 통찰을 얻었다는 점 에서 그것은 미적인 동시에 지적인 경험이었다."

그림을 통한 애도 표현

몇 년 후에는 정신분석 수련을 받고 나서 '심상을 활용한 자유 연상 기법Free Association in Imagery'에 흥미를 느끼게 되었다. 그래서 화가인 친구와 함께 정신 분석 연구소Psychoanalytic Center에 개설된 강좌를 듣기로 했다. 그 강좌는 마음 에 떠오르는 생각들을 자유롭게 연상해 말하는 정신분석의 '자유 연상 기법'을 빌려와, 자신이 원하는 재료를 가지고 즉석에서 떠오르는 심상들을 표현하도록

1.7 나의 애도 표현을 돕는 드로잉. 저자

J

A. 고통
B. 병실에 누워 있는 어머니
C. 엄마-가슴-사랑
D. 사랑해요, 나는 당신이 필요해요
E. 보이니?
F. 다시 함께
G. 절규
H. 춥고 외로운
I. 모두 함께
J. 영원한 내 안의 엄마

해주는 수업이었다. 심상을 활용한 자유 연상 기법의 효과는 놀라울 정도로 강력했다(Rubin, 1981a).

강좌를 듣는 동안 나는 심리적으로 매우 취약했던 상태였다. 공교롭게도 강좌 시작 1주일 전 어머니가 돌아가셨기 때문이었다. 첫 수업을 들은 후 다양한 재료를 활용해 자유 연상 기법에 따라 그림을 그리는 것이 어머니에 대한 애도를 표현하는 데 매우 도움된다는 사실을 깨달았다. 그 날 내가 그렸던 그림들을 차례로 보다 보면, 자유 연상 기법에 따라 그리는 그림이 어떤 치료 효과가 있는지 더 이해하기 쉬울 것이다(그림 1.7).

처음 그렸던 그림은 붉은색과 검은색의 앙상하고 날카로운 형상이었다. 나의 분노와 긴장을 표현한 그 그림의 제목은 "고통Pain"이었다(1.7A). 두 번째 그림은 산소 마스크를 쓰고 있는 어머니의 마지막 모습을 그린 "병실에 누워 있는 어머니My Mother in the Hospital Bed"였다. 그림 속 어머니의 모습은 꼭 갓난아기 같았다(1.7B).

세 번째 그림은 추상화로 시작해, 크고 붉은 젖꼭지가 달린 가슴의 모습이 되었다. 나는 그 그림에 "엄마-가슴-사랑Mama-Breast-Love"이라는 제목을 붙였다(1.7C). 네 번째는 웃고 있는 어머니에게 손을 뻗고 있는 어린아이 그림이었다. 이 그림을 보자 "사랑해요, 나는 당신이 필요해요I Love You, I Need You"라는 제목이 떠올랐다(1.7D).

뻣뻣하고 뾰족한 나무의 형상에서 시작한 다섯 번째 그림에는 자그마한 묘비도 그려져 있었다. 또 하늘 위에서 빛나는 태양과 눈이 아래를 내려다보고 있는 것 같았다. "보이니?Can You See?"라는 제목이 자연스레 떠올랐다. 이 그림을 그리고 나자 평소 이성적이고 회의적이었던 내 머릿속에서 논리 이전의, 희망적이면서도 두려운 기이한 생각들이 흘러나오기 시작했다(1.7E). 여섯 번째 그림은 이미 오래전 세상을 떠나신 아버지가 어머니를 반갑게 맞아주는 모습을 담고 있었다. 이 그림의 제목은 "다시 함께Together Again"였다(1.7F).

일곱 번째는 내면의 긴장과 고통을 보여주는 강렬한 그림이었다. 붉은색과 검은색 선으로 휘갈기듯 표현된 그림 속 얼굴은 입을 크게 벌린 채 분노와 배고픔으로 눈물을 흘리고 있다. 그림의 제목은 "절규Screaming"라 지었다(1.7G).

다음 그림은 흰색과 회색조로 된 쓸쓸해 보이는 풍경이다. 밤하늘에는 달과 별이 있지만 회색 선으로 가려져 있다. 그림 아래쪽 가운데에 축 늘어진 채 홀로 서 있는 사람은 가족과 떨어져 프랑스에서 홀로 지내는 큰딸의 모습이다. 딸아이가 혼자 지내는 동안 얼마나 외롭고 고통스러웠을까. 그림 오른편에는 나머지 우리 가족(나와 남편과 두 아이들)이 슬픔에 잠겨 서로 기대고 있다. 이 그림의 제목은 "춥고 외로운Cold and Lonely"이다(1.7H).

아홉 번째 그림에서는 여러 색의 선이 이리저리 얽혀 어지럽게 움직이는 모양을 표현했다. 그림의 제목은 "모두 함께All Together"이다(1.7I).

열 번째 그림은 우선 부드럽게 굽이치는 선으로 나무를 그리면서 시작했다. 물결 모양 선은 춤추듯 도화지 가운데로 옮겨가 빛나는 자궁이 있는 사람 형상이 되었다. 나는 자궁 속에 아기가 있다고 생각했다. 나에게 이 그림은 일종의 출산 과정과도 같았다. 이 그림을 그리면서 이전의 그림 아홉 장을 그리는 동안 경험했던 긴장이 일시에 해소되는 느낌이었다. 적어도 이 그림을 그리는 순간만큼은 마음이 가뿐하고 편했다. 다른 그림들과 함께 그림을 보면서 "영원한 내 안의 엄마Mom-Inside Me Forever"라는 제목을 생각해내자, 어머니를 떠나보낸 슬픔을 다독일 수 있었다(1.7J).

내가 그린 열 장의 그림 형태에 대해 설명하는 것은 비교적 쉬웠지만, 그림을 그리는 동안 느끼고 경험했던 감정을 말로 표현하기란 쉽지 않았다. 내가 참여했던 강좌에서는 첫째 주는 그림 그리기를, 둘째 주는 점토 만들기를, 셋째 주는 콜라주 만들기를 했으며, 마지막 네 번째 주에는 자신이 원하는 작품 하나를 만들도록 했다. 마지막 주에 나는 어머니의 초상을 그렸다.

열 장의 그림을 그리는 동안 머릿속으로 무엇을 그려야겠다고 의식하기보다는 주어진 재료를 가지고 마음속에 떠오르는 충동을 따랐다. 거의 항상 감정이 고조되면서 그리고 싶은 심상이 자연스럽게 생각났다. 떠오르는 심상들을 '표현했다'기보다는 '흡수했다'는 단어가 더욱 어울릴 법한 과정이었다. 그림을 그리는 동안에는 활력을 느꼈으며, 그림을 마칠 때면 '이제 다 마쳤다'는 느낌이 들었다. 내가 그린 것들이 미술작품이라는 생각은 들지 않았다. 사실 내가 그린 그림들은 미적으로 뛰어나다고 할 수 없었다. 하지만 일종의 시각적 사고 과정을 표현해놓은 그 그림들이 나와 강하게 연관되어 있다는 느낌은 들었다.

가장 중요한 점은 그 경험이 어머니에 대한 애도의 감정을 표현하는 데 무척 효과적이었다는 사실이다. 처음에는 어머니를 떠나보낸 지 얼마 되지 않은 상태에서 강좌에 참여하는 것이 썩 내키지 않았다. 그것이 짐이 되지 않을까 두려워하기도 했다. 하지만 막상 시작해보니 그 경험은 슬픔을 어루만져주는 큰 위로가 되었다. 다양한 재료를 활용한 미술적 표현이 일종의 카타르시스 작용을 했던 것 같다. 물론, 어머니를 잃은 슬픔이 그 강좌에 참여한 것만으로 모두 가셨다고는 할 수 없다. 나는 강좌가 끝난 이후에도 꽤 오랫동안 어머니를 그리며 마음 아파했다. 하지만 그 강좌가 슬픔을 해소하고 마음을 다독이는 데 놀라울 정도로 도움되었다는 사실만은 분명했다.

나는 이 경험을 통해 미술이 마음 치유에 강력한 효과를 발휘할 수 있다는 사실을 깨달았으며, 다른 사람들에게도 이러한 도움을 주고 싶다는 바람을 품게 되었다.

이 책에 대하여

이 책은 어린이, 미술, 성장에 대한 내용을 담고 있다. 어린이들이 어떻게 성장하는지, 그리고 어떻게 하면 미술을 통해 어린이들의 성장을 건강한 방식으로 도울 수 있는지를 그리고 있다. 이 책에는 미술을 통해 어린이들의 발달을 촉진시키고자 하는 사람들에게 전하는 메시지가 들어 있다.

아동 미술치료에서 무엇을 해야 하며, 무엇을 하지 말아야 하고, 그것을 언제 어떻게 해야 할지를 남들에게 전하기란 쉽지 않은 일이다. 그 내용을 배우려면 오랜 시간을 들여 직접 경험하고 사색해보아야만 한다. 그럼에도 이 책을 쓴 이유는 지금 내가 이해하는 바를 전함으로써 누군가에게 도움이 될 수 있다고 믿기 때문이다.

우선 아동 미술치료의 대상은 미술 재료들을 의미 있는 방식으로 사용할 수 있는 연령부터 더 이상 어린이라 불리지 않는 때까지의 어린이 모두이다. 성장과 발달을 위한 최상의 조건을 제공받을 필요가 있는 어린이라면 누구나 미술치료의 대상이 될 수 있다. 정상적이고 건강한 어린이들에게 미술치료는 스트레스에 대처하고, 스스로를 정의내리고, 표현하고픈 건강하고 정상적인 욕구를 해소하는 수단이 될 수 있다.

또한 미술치료는 특별한 관심과 세심한 손길이 필요한 아이들에게도 도움을 줄 수 있다. 장애로 고통받고 있다거나 견디기 힘든 상처로 힘들어하는 아이들, 건강한 방식으로 성장하지 못하는 아이들, 거부당하거나 사방이 꽉 막힌 듯한 기분에 괴로워하는 아이들, 그리고 일그러진 마음으로 자기 자신과 타인에게 분노를 토하는 아이들 모두 미술치료로 도움을 받을 수 있다.

아이들은 미술을 통해 창의성을 발휘함으로써 자기 본연의 모습을 찾고, 상처를 치유할 수 있다. 이 책은 그러한 모든 아이들과, 그들이 마땅히 누려야 할 기회에 대한 이야기를 담고 있다.

또 어떻게 보면 이 책은 우리 안의 아이에 대한 책이기도 하다. 타인의 성장을 돕는 과정에서 우리는 내면의 어린아이를 더욱 잘 이해하고 더욱 성숙한 사람이 될 수 있다.

이 책은 미술을 통한, 그 중에서도 특히 시각예술과 조형예술을 통한 성장을 다루고 있다. 때로는 타인이나 어린이 자신이 만든 예술작품을 마주했을 때 어떤 반응을 보이는지 지켜보는 것만으로도 미술치료가 이루어질 수 있다. 하지만 대부분은 아이들에게 재료를 주고 창의적인 표현을 해보도록 촉진하는 일이 주를 이룬다. 미술 재료와 어린이의 만남, 그 자체가 바로 미술치료라 할 수 있다.

미술치료는 미술 재료와 어린이 사이에 벌어지는 무언의 대화라고 할 수 있다. 조심스럽게 다가가, 솜씨 있게 다루고, 형태를 만들고, 다듬는 일 모두가 미술치료의 과정이다. 무엇인가를 만드는 데서 얻는 즐거움에서, 재료를 다루는 과정에서 경험하는 감각적 자극과 의도적인 구도 배치에 이르기까지 미술을 통해 경험할 수 있는 모든 면이 미술치료와 관련된다. 유아가 블록을 쌓는 것, 십대가 금속 조각을 만드는 것, 갓난아기가 모래성을 쌓는 것, 10살짜리 아이가 찰흙 반죽을 하는 것 모두가 미술치료가 될 수 있다.

이 책은 외면뿐 아니라 내면까지 성숙한, 더 크고 넓으며, 더 자유로운 성장을 이야기한다. 미술치료는 주로 정서적인 성장과 연관되어 있다. 다시 말해, 미술을 통해 스스로의 감정을 통제하고, 자각하고, 이해하고, 좋아할 수 있도록 돕는 일이 바로 미술치료이다. 미술 활동은 지각적, 운동적, 인지적, 사회적 발달에 모두 도움이 된다. 하지만 여기서의 주된 관심은 미술을 통한 정서적 성숙과 통합이다.

성장은 장소를 가리지 않는다. 미술 또한 마찬가지다. 집, 교실, 심리치료소 그 어디든 장소에 구애를 받지 않는다. 물론 어디에 중점을 두느냐는 조금씩 다를 수 있다. 미술교육은 주로 미술에 대한 개념과 기술을 습득하는 데 관심을 두지만, 미술치료에서 기술이나 개념은 단지 수단에 불과하다. 미술치료에서는 주로 성장에 관심을 둔다. 단단하면서도 유연하게 내면을 통제할 수 있는 능력, 창의성을 마음껏 발휘할 수 있는 능력을 개발하는 데 관심을 둔다. 하지만 교실에서 이따금 미술의 정서적 요소를 강조할 때가 있듯, 치료소에서도 기술 습득에 초점을 맞출 때가 있다. 두 맥락 속에서 가치 있게 여기는 발달이나 성장의 여러 요소들은 공통적이다.

성장과 마찬가지로, 도움은 여러 형태를 띨 수 있다. 미술을 통해 어린이의 성장을 도우려면 이야기해주거나, 보여주거나, 내주어야 할지 모른다. 미술치료는 또한 지켜보고, 때로는 기다려주는 것을 의미할 수 있다. 그리고 많은 경우 적극적으로 개입하고, 행동하고, 말하는 것을 의미한다. 때로 그것은 미술과의 창의적인 대화에 몰입하는 아이 옆에 그저 묵묵히 있어주는 것을 의미할 수도 있다. 도움이 여러 형태를 띨 수 있다지만, 어떤 경우든 상대에게 귀 기울여야만 한다는 점만은 분명하다. 상대가 자기 속도를 유지하며, 그 안에서 자유와 통제력을 누릴 수 있도록 존중하고 배려해야 한다.

지금까지 내가 이해한 바로는, 미술치료란 미술을 통해 누군가를 이해하고 돕는 것을 의미한다. 그리고 미술치료의 범위는 실로 다양하다. 미술치료에는 미술을 도구로 활용하는 것뿐 아니라 창의성을 발휘하는 과정 자체의 통합적인 면이 포함된다.

동일한 사람, 동일한 환경이라 해도 미술 활동은 순간순간 달라진다. 나는 미술치료 과정의 특징 몇 가지를 추려 기술하기란 불가능하다는 사실을 깨달았다.

미술 활동은 시간의 흐름에 따라 변화한다. 치료의 중심부에서 주변부로 이동했다가, 다시 보조수단에서 주요 도구가 된다.

그 과정에서 중요한 것은 매 순간 어떤 일이 벌어지고 있는지 명확히 인식하는 일이다. 미술 활동이 그 순간 치료 대상에게 어떤 의미를 차지하고 어떤 기능을 하는지 알고 있어야만 하는 것이다. 또한 치료사가 열린 마음과 유연한 태도로 치료 대상을 대하는 것도 그에 못지않게 중요하다. 그래야만 시간의 경과에 따라 물 흐르듯 자연스럽게 치료 방향을 바꾸어나갈 수 있기 때문이다. 그리고 치료사는 필요할 때 치료 방향을 고치거나, 흐름을 막는 방해물을 제거하거나, 흐름을 촉진시킬 수 있는 지혜와 창의성을 갖추고 있어야 한다.

어린이의 안녕과 행복에 관심 있는 모든 이들에게 이 책이 유용하게 쓰이기를 바란다. 이 책의 주요 독자는 미술치료사나 놀이치료사들이겠지만, 어린이들의 창의성 발휘 과정을 가치 있게 여기는 사람들과 그 가치를 추구하고 드높이는 데 관심 많은 사람들, 그리고 그 과정을 통해 어린이를 돕고자 하는 사람들이라면 누구나 이 책의 훌륭한 독자가 될 수 있다. 어린이를 치료하는 임상의, 카운슬러, 정신과 의사, 사회복지사, 심리학자, 레크리에이션 치료사, 언어치료사에서 교사(특히 미술 교사), 소아과 의사, 간호사, 아동복지사, 미술가 그리고 자녀 교육에 관심 있는 부모에 이르기까지 모두 이 책을 통해 원하는 바를 얻어갈 수 있기를 바란다.

다양한 분야에 속한 여러 사람들에게 내 경험과 생각을 전해주고 싶은 바람으로, 특정 분야에서만 사용하는 용어는 가능한 한 배제하고, 의도한 내용을 담고 있으면서도 이해하기 쉬운 언어를 사용하고자 노력했다. 그 때문에 깊이가 부족해지거나 내용이 과도하게 단순화될 수도 있다는 위험이 있기는 하다. 하지만 그를 통해 아동 미술과 직간접적으로 관련된 일을 하는 사람들 모두가 이 책에 담긴 내용을 쉽게 이해하고 접할 수 있다면, 그 정도의 위험은 감수할 만한 가치가 있다고 생각한다.

나는 이 책을 통해 어린이의 창의적인 발달을 촉진시키기 위해 필요한 조건들이 무엇인지, 아이들을 도울(치료) 뿐 아니라 더욱 잘 이해(평가)하려면 미술을 어떻게 이용해야 하는지 말하고자 한다. 이를 위해 개인치료, 가족치료, 집단치료 등의 다양한 상황에서 미술치료를 어떻게 적용하면 되는지 살펴볼 것이다. 또한 임상 현장만이 아니라 교육이나 놀이 현장에서 미술치료를 어떻게 응용하면 좋을지 제안할 것이다. 그리고 모든 임상적 활용의 근간이 되는 이론적 틀을 알아볼 것이다.

이 책의 초판이 세상에 첫 선을 보였던 1978년 당시, 미술치료는 일반인들에게 낯설고 새로운 분야였다. 지금은 미술치료에 대한 인지도가 높아지기는 했지만 여전히 그 정체성을 찾아가고 있는 중이다. 어떻게 보면 초판에 내가 썼던 '아직 꼭 맞는 이론을 찾지 못한 기법'이라는 말이 아직도 유효하다고도 할 수 있다. 미술의 다양성을 고려하면, 치료사들이 미술치료의 이론적 틀을 여러 심리학 이론에서 찾으려 노력했던 것은 당연하다고 볼 수 있다. 치료사들은 정신역학, 인본주의 심리학, 발달심리학, 인지심리학, 행동심리학, 해결 중심 상담, 이야기 심리학, 영성 심리학 등을 통해 미술치료의 이론적 토대를 마련하고자 시도했다 (cf. Malchiodi, 2003; Rosal, 1996; Rubin, 2001).

나 또한 40여 년간 미술치료 현장에서 일하면서 다양한 이론적 관점을 공부하고 적용해보았다. 한때는 미술치료의 이론적 틀을 찾기란 패치워크나 모자이크, 콜라주를 만드는 것처럼 다양한 이론에서 다양한 아이디어를 가져와 조각조각 이어붙이는 것과 비슷하지 않을까 생각했었다. 이런 식의 절충주의는 잠정적인 답이 될 수 있을지 모른다. 하지만 지금은 그러한 이질적인 개념의 혼합이 과연 유효하며 가치 있는지 의문이 든다.

이 책의 초판을 쓰던 당시에는 미술치료 분야가 점점 발전하다 보면 자연스레 바탕이 되는 이론이 생겨나지 않을까 생각했다. 다양한 관점의 요소들이 한데 어우러져 내부적인 통합을 이루리라 기대한 것이다. 실제로 미술에 기반을 둔 이론에서는 앨런Allen(1995)과 문Moon(2001)을 필두로 진전이 있었다.

하지만 미술치료라는 이륜차의 한쪽 바퀴가 미술이라면 또 다른 바퀴는 바로 치료이다. 두 바퀴가 함께 움직일 때에만 미술치료는 효과를 발휘한다. 미술과 관련해서는 내 두 번째 책『예술로서의 미술치료The Art of the Art Therapy』(1984, 한국어판 2008)에서도 다룬 바 있다. 하지만 치료와 관련된 이론이 미진하다는 생각에, 미술치료사 동료들에게 기고를 받아 1987년에『미술치료 접근법

: 이론과 기법*Approaches to Art Therapy: Theory and Techniques*』을 엮어 내기도 했다. 이 책은 2001년 새로운 접근법과 이론들을 담아 개정판을 출간했다.

『미술치료 접근법』의 말미에서도 지금의 이 주제에 대해 논의했었다. 그 책에서 내린 결론은 관찰된 현상의 다양한 면을 명료하게 파악하려면 매번 다른 렌즈를 끼워 넣어야 한다는 것이었다. 이는 마치 현미경 슬라이드 위에 놓인 유기체를 관찰할 때 중점적으로 볼 조직에 따라 다른 색의 광선을 비추어야 하는 것과 같다. 치료 경과와 내담자의 상태에 따라 여러 성격 이론과 심리치료 개념 중 맞는 렌즈를 갈아 끼워야 하는 것이다(cf. Hedges, 1983). 치료 대상자가 달라지면 다른 기법을 사용해야 함은 물론이다.

이 책을 처음 썼던 1978년에는 미술이나 치료에 대한 완성된 이론을 전개하고 진술하기에 아직 미흡하다는 느낌이 강했다. 이후 1984년에 미술치료에 대한 완성된 이론을 세우고자 시도해보기도 했다. 하지만 40여 년 동안 임상 현장에서 경험을 쌓고 난 지금에 이르러서야, 나는 그 어느 때보다도 어느 쪽에도 치우치지 않은, 실용적 이론을 전개할 준비가 되어 있다고 느낀다. 그리고 내가 정신분석 이론을 공부하고 가르치며, 가치 있게 여기기는 하지만 그것이 미술치료와 관련된 모든 물음에 답을 제공할 수는 없다고 생각한다. 정신분석 이론뿐 아니라 어떤 다른 이론이라 해도 그것은 마찬가지다.

이 책 초판에서 나는 다음과 같이 적었었다. "이 책을 쓴 목적은 미술치료에 대해 책, 논문, 스승, 동료, 어린이, 그리고 나 자신에게서 하나씩 하나씩 배우고 알아낸 것들을 돌이켜보고 정리하기 위함이다. 또한 나의 관찰과 경험, 학습을 이끈 가치들, 내가 성심을 다해 열정적으로 믿고 따른 가치들을 재음미하고자 함이다. 앞으로 내 경험과 지식이 축적되어가면 어린이, 미술, 성장에 대한 내 이해와 의견은 분명 더욱 진화할 것이다. 지금 여기에 쓰인 내용은 지금의 내가 알고 이해하는 최선임을 밝힌다." 이는 지금도 마찬가지다.

2장

자유를 위한 틀

어린이의 내면에 잠자며 기다리고 있는 창의성을 일깨워 인생이라는 캔버스에 선명하고, 밝고, 대담하고, 화려한 물감들로 자신을 마음껏 표현할 수 있도록 돕는 것은 어린 이를 양육하고 가르치는 모든 이들의 과제이다.

– 닉슨Nixon, 1969, p.301

1장에서 이야기했던 그림 강좌에 참여한 지 3년이 흐른 어느 날, 한 미술교육 세미나에 참석해달라는 요청을 받았다. 세미나 주최측은 '효과적인 인간 행동을 위한 미술 질서와 규율'이라는 주제로 글을 써달라고 했다. 그 주제를 받아드니 오래전 서랍 속에 넣어둔 채 잊고 있던 그림들이 나도 모르게 생각났다. 그리고 '질서'라는 개념에 대해 숙고하는 동안 이상하게 '자유'에 대한 생각이 자꾸 떠올랐다. 그래서 미술에서의 자유, 질서, 통제의 의미와 그것들이 아이들의 창의적인 발달에 필요한 조건과 어떻게 관련되어 있는지에 대해 다른 사람들은 어떻게 결론내렸는지 알아보기 위해 문헌을 조사해보았다.

그 과정에서 단순히 막연하게만 생각해왔던 주제를 더욱 정교하고 명확하게 다듬어 체계화할 수 있었다. 이 두 가지 경험은 형태만 달랐을 뿐 같은 원천에서 나온 것이었다. 하나의 문제를 해결하기 위해 거쳐야 했던 각기 다른 단계였을 뿐인 것이다. 나는 생각과 개념을 명료하게 정리했으며, 그때 정리했던 핵심적인 내용들은 33년이 지난 지금도 내게 중요하게 남아 있다.

내게 '질서'란 '자유'와 밀접하게 얽힌 개념이다. 인간은 혼돈과 무질서에서 질서정연한 세상을 창조한 신에게서 전능성을 본다. 질서의 극단 ― 경직성 ― 이나 자유의 극단 ― 대혼란 ― 은 모두 창의성 발휘에 기여하지 못한다.

그런데 심리학자, 미학자, 예술가들은 창의성에 대해 정의내리면서 양립할 수 없는 모순된 내용을 말하곤 한다. 환상과 현실, 분열과 통합, 무의식과 의식. 예술의 특징은 질서와 규율에 있다고 정의되지만 또한 예술은 무질서와 관련되어 있다(Peckham, 1965).

창의성에 있어 질서와 혼돈은 동전의 양면과도 같다. 둘 사이에 어떤 관계가 있는지에 대해 분명하게 설명할 수 있는 사람은 아직 없다. 하지만 그럼에도 우리는 역설적이거나 모순되는 표현을 자주 사용한다. 이를테면 '관조적 활동 contemplative action'이라는 표현에서는 고요한 마음으로 사물이나 현상을 관찰하거나 비추어 봄을 뜻하는 '관조'라는 단어와 몸을 움직여 행동함을 뜻하는 '활동'이 더해졌다. 또 '무의식적 탐색unconscious scanning'이라는 표현도 마찬가지다(Ehrenzweig, 1967). 자신의 생각을 검열하고, 경계하면서 동시에 상상력과 창의력을 마음껏 발휘하기란 불가능하다(Kubie, 1958, p.54).

에렌츠바이크Ehrenzweig는 「창조적 포기Creative Surrender」라는 비평문에서 자발성과 자유 뒤에는 질서정연함이 찾아온다고 말했다. "다시 말하자면, 자발적인 행동 뒤에는 심사숙고하는 태도가 등장한다. 완전한 수용 뒤에는 비판이 나온다. 직관 뒤에는 엄격한 사고가 등장한다. 대담성의 뒤에는 신중성이 나온다. 환상과 공상 뒤에는 현실의 검증이 이어진다. (…) 깊이를 향한 자발적 회귀는 이제 끝났다. 영감을 수동적으로 받아들이기만 했던 태도는 이제 활발한 움직임, 통제, 각고의 노력에 길을 내주어야 한다."(Maslow, 1959, p.92)

내 생각에 질서와 혼돈은 때로 동시에 존재하고, 또 어떤 때는 번갈아 나타나며, 또 다른 때는 연속적으로 잇따라 발생하는 것 같다. 이는 성인에게든 어린이에게든 마찬가지다. 창의적인 표현을 할 때 가장 중요한 것은 진정한 자유를 맛본 경험이 없다면 진정한 질서 또한 존재할 수 없다는 사실이다. 따라서 아동 미술치료를 시행하는 사람은 이 두 가지 면 사이의 생산적이고 통합적인 관계를 꼭 염두에 두고 있어야 한다.

배런Barron이 '자유와 규제의 역설'에 대해 논하면서 이 둘 사이의 관계에 대해 설명한 글을 보자.

"우리가 직면한 과업은 하나를 추구하기 위해 다른 하나를 희생시키지 않아야 한다는 점입니다. 우리는 규제를 이용해 더 큰 자유를 얻고, 유연성을 기르고, 더 큰 질서를 위해 무질서를 허용해야 합니다. 자유와 규제를 통합시키려면 혼란과 소요를 너그럽게 포용할 줄 알아야 합니다. 심지어 때로는 일부러라도 무질서를 불러일으켜야 합니다." (1966, p.86)

통제, 질서, 규제가 어떤 창조자의 내면에서 나왔다면, 그 창조자는 — 어린이든 어른이든 상관없이 — 혼란, 막연함, 내면의 현실과 직면할 수 있어야만 한다. 그래야만 창조물을 진정으로 이해하고 조직할 수 있다.

열정과 에너지가 없다면 어떤 재료를 가지고 작업하든 그것을 '예술'이라 부를 수 없을 것이다. 즐거움을 느끼며 자발적으로 작업하는 자유가 없다면 그 누구도 열정에 사로잡히거나(Dewey, 1934, p.65), 자신을 잃어버릴 정도로 작업에 몰입하는(Neumann, 1971) 경험을 할 수 없을 것이다. "예술과 비예술을 가르는 차이는 단순히 어떤 것을 목격하거나 수행하는 것에서 벗어나 우리가 주고받는 모든 것에 내재한 에너지를 느끼고, 그것에 동요되고, 그로 인해 변화되는 것에 있다. 그렇다면 미술교육 그리고 더 나아가 미술치료란 그림 그리는 사람에게 그러한 살아 있는 각성을 일깨워주는 것을 의미한다."(Arnheim, 1967, p.342)

나는 나 자신의 경험, 그리고 다른 이들과 함께 작업해본 경험을 통해 창의적인 과정에 몰입하려면 '놓아주는' 법을 배워야 한다고 믿는다. 스스로의 창의성에 대한 자신감을 잃은 사람들을 도와주면서, 그들의 창의성이 파괴된 것이 아니라 단지 내면에서 잠자고 있었던 것뿐이라는 사실을 배웠다. 그들의 창의성은 언제든 다시 깨워주기만을 기다리면서 내면에 웅크리고 있었다. "창의성의 표현은 잠시 약화될 수도 있고, 잠시 침묵할 수도 있지만 그 능력은 없어지지 않고 남아 있다."(Barron, 1972, p.162)

그런데 어째서 어린이들을 치료하는 과정에서 놀이, 음악, 그림 등과 같은 비언어적 감각의 상징화에 대한 타고난 한계를 그토록 자주 발견하게 되는 것일까?(Barron, 1966, p.87) 아이들이 한계를 놓아버리고 형태와 내용 모두를 자유롭게 표현하도록 돕는 일이 어째서 그렇게 어려운 것일까? 일과 놀이에 대한 엄격한 청교도적 가치가 원인 중 하나일지 모른다. 하지만 내 생각에는 인간의 본성과 관련된 더욱 근본적인 문제가 있는 것 같다. 바로 '혼란에 대한 두려움fear of chaos' 말이다(Ehrenzweig, 1967). 우리는 스스로나 우리가 아끼는 사람이 자아를 상실할 때 어떤 결과가 벌어질지 두려워한다. 우리는 융합, 분열, 해체, 퇴행을 두려워한다.

퇴행은 분열만큼 끔찍하게 느껴지지는 않지만, 우리 내면에 무질서한 유아적 행동에 대한 두려움이 자리 잡고 있는 것만은 분명하다. 우리는 '퇴행' 하면 스트레스를 연상한다. 퇴행은 심리학자 베아트리체 란츠Beatrice Lantz가 그림을 통해 어린이들의 조정 능력과 발달 정도를 판단하기 위해 개발한 '이젤 에이지 스케일Easel Age Scale' 중 혼란과 동요를 나타내는 'Q'에 해당한다. 하지만 우리는 스트레스를 받는 동안 창의적인 생산성 또한 증가한다는 사실을 잊고 있다. "살아가면서 맞닥뜨리는 모든 고난과 위기는 인간을 새로운 창의적 행동으로 이끌기도 한다. 우리는 창의성이 생물학적 격변의 시기와 밀접하게 연관될 때가 많다는 사실을 잊지 말아야 한다."(Meerloo, 1968, p.11)

우리는 주기적으로 초기의 행동으로 돌아가는 과정을 거쳐 그림 실력이 발달한다는 사실을 잊고 있다. "아이들은 더욱 능숙한 조작을 할 수 있게 될 때마다 만족과 기쁨을 느끼지만, 이따금씩 더 미숙했던 과거의 희열을 찾기 위해 예전으로 돌아가기도 한다. 이는 정상적인 성장 과정의 일부이며, 미술에서도 마찬가지다."(PeIler, 1955, p.3) 우리는 학습자가 새로운 그림 재료를 접할 때 이전에 익힌 실력이 흔들릴까 봐 두려워한다. 하지만 나이가 몇이든 새로운 재료를 가지고 그림을 그리려면, 즐겁고 자유롭게 새로운 재료를 탐색하고 실험해보는 시기를 거치는 것이 당연하다. 창의성 발현 과정에서의 퇴행은 "자아 기능의 증대를 위한 퇴행regression in the service of the ego"이라고 할 수 있다(Kris, 1952). 다시 말해 자발적이며, 상징적이고, 통제된 퇴행이라는 것이다. 우리는 또한 구조를 새로이 바꾸기 위해서는 어떤 식으로든 기존 구조를 부수는 과정이 필요하다는 사실을 잊고 있다. 게슈탈트 심리학자 루돌프 아른하임Rudolf Arnheim은 아이들이 그림을 그리면서 혼란스러워하는 과정을 수차례 겪고 나서야 비로소 3차원 투시법을 이해하게 된다고 밝혔다. 그는 모험과 성장을 위해서는 어느 정도의 '보기 흉한ugliness' 단계를 거칠 수밖에 없다고 강조했다.

어린이에게 미술을 가르치는 사람이라면 어린이들이 성장하기 위해 일시적이든 장기적이든 퇴행의 시기를 겪는 상황을 많이 목격했을 것이다. 대개 퇴행은 신중하다 못해 강박적이기까지 한 행동에 대한 반작용으로 나타난다. 그런 아이들은 재료를 가지고 장난치며 노는 시기를 거쳐야 한다. 너무 어린 나이부터 깨끗하게 정리 정돈하도록 강요받은 아이들은 물감이나 찰흙을 가지고 정돈된 그림을 그리거나 모양을 만들면서 즐겁게 노는 법을 알지 못한다. 그런 아이들은 우선 미술 재료를 가지고 잔뜩 어지럽히면서 아수라장을 만드는 경험을 한 뒤에야 비로소 제대로 된 미술 활동을 할 수 있다. 이와 유사하게 "내면에 분노가 쌓인 아이는 그 분노를 직접적으로 토해내고 난 후에야 마음을 잡고 미술 활동에 전념할 수 있다"(Kramer, 1971, p.160).

지나치게 내성적이거나 지나치게 활동적인 아이가 있다면 솔직하고 자유롭게 창조하는 기쁨을 누리도록 해주어야 한다. 그 경험을 통해 아이들은 내면의 충동이나 욕구를 통제하면서도 스스로를 표현할 수 있다는 사실을 배울 수 있다. 그들은 혼돈에 사로잡히거나, 해를 끼치지 않으면서도 감정을 놓아버릴 수 있다는 사실을 깨닫는다. 미술을 통해 상징적으로 놓아버리는 경험을 하고 나면 아이들은 어느새 훌쩍 더 성장한다.

퇴행과 공격성은 누구에게든 다루기 힘든 주제다. 우리는 아이들의 공상 못지않게 공격성을 두려워한다. 정서 장애가 있는 아이들의 공격적 행동이나 불결함을 마주하게 되면 아무리 전문적인 임상 수련을 받은 사람이라 해도 때로 공포나 역겨움을 느끼게 된다. 이럴 때 가장 좋은 방법은 자기 분석이나 상담을 통해 스스로의 두려운 감정과 욕구를 솔직히 인정하고 바라보는 것이다. 사실 나는 두 눈을 크게 뜨고 평화로운 마음으로 스스로의 내면을 직시하지 못하는 사람은 아직 아이들을 도울 준비가 되지 않은 것이라고 굳게 믿고 있다.

자기 내면의 파괴적인 기질과 가장 추악한 환상을 받아들일 수 있는 사람들만이 안전하게 타인의 자유를 촉진할 수 있다. 밀너Milner가 자신의 창의성에 대해 말했던 내용은 어린이를 위해 적절한 환경을 제공할 필요에도 동일하게 적용된다. "살아 있는 유기체의 자연스러운 충동은 계획된 행동이 아닌 계획된 틀에 의해 발생한다. 그리고 그 계획된 틀 내에서 자유롭고 무의식적인 표현이 나타난다."(1969, p.263) "계획된 틀을 마련하기 위해서는 환경적 보호 장치가 필요하다. 이는 마음을 비우고 멍하게 있다가는 위험에 처할 수 있는 경우가 너무 많기 때문이다. 신체적으로나 정신적으로 안전하게 마음을 비울 수 있게 해주는 환경이 필요하다."(1957, pp.163~164)

자유를 위한 틀을 만들 때 유의해야 할 핵심은 한계를 설정하고 구조를 만드는 것이다. "한계는 관계의 범위가 어디까지인지를 정해준다. 그리고 현실 감각을 유지하게 해주며 안정감을 준다. 또한 동시에 아이들이 그 안에서 안전하고 자유롭게 활동할 수 있도록 해준다."(Moustakas, 1959, p.11) 적절한 한계가 없다면 "규제되지 않은 무의식의 분출로 겁을 먹거나 당황하게 될 수도 있다."(Bettelheim, 1964, p.44) 미술치료사들은 때로 "아이들이 자유롭게 활동할 수 있도록 해주는 안전한 틀을 제공하는 것에서 그치지 않고, 스스로 아이들의 활동을 통제하려 들기도 한다."(Milner, 1957, p.105) 치료사로서 하지 말아야 할, 통제보다 더 좋지 못한 행동은 특정 활동을 아예 금지하는 것이다. 그렇게 했다가는 섣부르게 아이의 세상을 제한하고 옥죄어 아이에게 혼란을 초래할 우려가 있다. 베텔하임Bettelheim도 말했듯 그러한 치료사는 "아이들이 스스로 생각하고 행동하도록 허용하기를 두려워하고 있는 것"이라고 할 수 있다(1964, p.60).

나는 자유/질서 방정식에서 가장 결정적인 심리적 변수는 미술치료사의 심리 상태라고 믿는다. 즉 치료사가 신뢰를 주는 태도로 대하는지 불신감을 주는 태도로 대하는지, 긍정적 기대를 가지고 상대를 대하는지 부정적 기대를 가지고 대하는지, 상대에게 공감하고 감정이입하는 성격인지 반대로 상대와 거리를 두는 성향인지가 중요하다. 아이의 성장을 돕고 싶다면, 그 아이를 한 인간으로서 신뢰하는 법을 배워야만 한다. 아이 내면에 완성된 인간으로 성장하고 질서를 찾으려는 능력이 있다고 믿어야 한다. "아이에게 잠재력을 스스로 펼칠 수 있는 능력이 있다는 믿음이 없다면 스스로 선택하고, 독립심을 발휘하고, 주도적으로

의사 결정을 내릴 기회를 제공할 수 없다."(Haupt, 1969, p.43)

　심각한 정신분열증을 앓고 있는 어린이들을 치료할 때의 일이다. 나는 아이들에게 미술치료 도구를 직접 선택하게 했다. 자아 경계가 명확하지 않았던 아이들은 한결같이 손가락 그림용 물감처럼 불안정한 도구를 피하는 경향이 있었다. 그 아이들은 공격적인 과잉 행동 경향을 억누르기 위해 나름의 대비를 했다. 예컨대 12살 난 한 소년은 항상 의자를 바싹 끌어당겨 이젤 앞에 앉곤 했다. 그 소년은 동양화 화가처럼 팔을 위아래로 리드미컬하게 움직이는 반복적인 동작을 통해 스스로를 진정시켰다.

　앞이 보이지 않는 데다 발달 지연 증상을 보이던 또 다른 아이, 빌은 쟁반을 이용해 손가락 그림에 대한 두려움을 극복하기도 했다. 빌은 손가락 그림을 처음 그리기로 하고 무척 설레어했다. 하지만 한편으로 종이 밖에다 물감을 칠할지도 모른다는 생각과, 익숙하지 못한 질감 때문에 두려워했다. 첫 그림을 그리고 나서 빌은 기분이 언짢은 듯 종이를 찢어버렸다. 담당 소아 정신과 의사는 손가락 그림을 그만두는 것이 좋겠다고 조언했다. 하지만 그 다음 주에 빌은 손가락 그림을 다시 그리고 싶다고 했다. 대신 다른 미술 활동을 해보자는 말에 빌은 크게 소리 지르며 한바탕 소란을 피웠다. 급하게 교내 식당에서 쟁반을 빌려와 끈적끈적한 물감을 쥐여준 후에야 겨우 빌을 진정시킬 수 있었다(그림 2.1A). 그런데 막상 손가락 그림을 시작하자 빌은 내내 놀라울 정도로 조용하고 평안한 모습을 보여주었다. 쟁반의 네 모서리가 불안감을 누그러뜨려주는 것 같았다. 꺾여 올라간 쟁반 모서리 덕에 원치 않는 곳에 물감을 칠하게 될지도 모른다는 불안감이 없어지면서, 빌은 물감의 찐득한 질감에서 오는 감각적 즐거움을 만끽했다. 그 이후에도 손가락 그림을 즐겨 그렸음은 물론이다. 언젠가 찰흙 놀이를 하면서 빌이 침대에서 부드럽고 말캉한 느낌이 나는 벌레를 실수로 눌러 죽인 적이 있다는 말을 무심코 흘렸던 적이 있다. 처음 손가락 그림을 그리고 나서 불안한 모습을 보였던 것은 그때의 안 좋은 기억을 떠올렸기 때문인지 모른다. 하지만 모서리가 달린 쟁반을 통해 안전하게 통제된 환경을 제공해주자 빌은 그때의 기억을 극복할 수 있었다.

　앞이 보이지 않는 또 다른 소년, 래리는 물과 찰흙을 섞다가 주변을 엉망으로

A

B

만들어버릴지도 모른다는 두려움을 그릇을 이용해 극복했다(2.1B). 앞이 보이지 않는 아이들에게 손가락 그림을 종이에 그리고 싶은지, 쟁반 위에 그리고 싶은지 물어보면 열이면 열 구부러진 모서리가 있는 쟁반을 선택했다. 한 아이는 이런 대답을 했다. "쟁반에다 그리면 어디서 멈추어야 하는지 알 수 있어요."

약시로 앞이 잘 보이지 않았던 13세 카를라는 자신이 "자아 점토덩이 personality globs"와 "마음의 그림mind pictures"이라고 부르는 것들을 어떻게 만들고 그리는지 선뜻 보여주었다(그림 2.2). 카를라는 점토를 만들거나 그림을 그릴 때 눈을 감고 잠시 멈추어 생각한 후 "마음과 손이 이끄는 대로" 찰흙으로 모양을 만들거나, 펜으로 선을 긋는다고 했다.

카를라는 이런 식으로 사실적인 표현이나 모양에 신경 쓰지 않고 편안하게 그린 그림(2.2A)과 실제 모양을 염두에 두고 긴장된 상태로 그린 그림(2.2B) 사이에는 분명한 차이가 있다고 말했다.

"모양에 신경 쓰지 않고 그림을 그릴 때 더 저 자신이 된 것 같고, 더 자유로운 느낌이에요. 전 그 편이 더 좋아요."

이렇듯 미술이라는 상징적 수단을 통해 아이들을 치료할 때는 시간, 공간, 자

A. 쟁반에 손가락 그림을 그리고 있는 빌
B. 그릇에다 찰흙과 물을 섞고 있는 래리

2.2 자신을 자유롭게 한 카를라. 13세

A. 밤의 쇼핑센터
B. 집

A

2.3 정신분열증 소년이 자신을 정리하는 그림. 11세

A

B

A. 죽은 왕
B. 씨앗에서 어떻게 호박이 자라는가

B

아의 경계를 구체적으로 명확히 설정해주는 것이 좋다. 미술 그 자체는 일종의 보호막이 있는 틀을 제공해준다. 아이들은 미술을 통해 안전하게 자기 자신을 시험해보고, 모험심을 발휘해 자신들의 환상을 표현할 수 있다. "사람은 심리적인 보호벽이 있는 환경에서만 마음 놓고 내면의 불균형, 긴장 등을 표출할 수 있다. 미술은 그런 보호벽을 제공해주는 훌륭한 수단이다."(Peckham, 1965, p.313)

동생을 해치고 싶다는 강박적인 충동 때문에 고통받던 10살 소년, 돈도 미술치료를 통해 도움받은 훌륭한 사례다. 처음에는 찰흙으로, 그 다음에는 물감으로 내면의 긴장을 마음껏 표출하고 난 후 돈은 안정을 찾았다(그림 13.4 참조).

심각한 언어장애가 있었던 10살 소녀, 도로시의 경우도 그러했다. 처음에 도로시는 몇 주가 지나도록 연필로 새의 그림만을 반복적으로 그렸다. 도로시는 자신을 새와 동일시하고 있는 듯했다. 그러던 어느 날 늘 사용하던 연필을 놓고 용기 있게 물감과 붓을 집어 들었다. 그러고는 무의식적 환상을 그림으로 표현하기 시작했다. 도로시가 그린 그림에는 새와 괴물들이 등장했다. 말할 수 없는 자신을 표현한 듯한 그림들이었다. 도로시는 몇 주에 걸쳐 폭발하듯 유사한 그림을 계속 그렸다. 그러다가 도로시의 그림 속에는 점점 도로시가 살아가는 현실 속 대상들이 등장했다. 고양이, 옷, 치료소의 아이들 등이(그림 8.2 참조).

정신분열증을 앓고 있던 11세 소년의 치료 사례도 흥미로웠다. 미술치료를 하던 어느 날, 소년은 갈색 물감을 신중하게 섞기만 하면서 무려 1시간 반을 보냈다. 사실 여러 색을 섞기 시도한 것도 그 날이 처음이었다. 1시간 반 후 원하는 색을 만들었는지 이제는 커다란 흰 종이를 모두 갈색으로 칠하기 시작했다. 그 모습은 리드미컬하면서도 강박적으로 보였다. 그렇게 내면에 엉켜 있던 무엇인가를 분출하고 난 후, 소년은 비로소 중심 문제였던 오이디푸스 콤플렉스를 정교한 이야기가 담긴 그림으로 표현하기 시작했다(그림 2.3).

소년은 땅 속에 묻힌 관을 그린 "죽은 왕The Dead King"에 대해 길고도 복잡한 이야기를 들려주었다(2.3A). 이야기를 요약하자면 왕이 뜻밖의 죽음을 맞은 후 그의 아들인 왕자가 왕위를 계승한다는 것이었다. 그렇게 내면에 간직하고 있던 은밀한 바람을 표출하고 나자, 현실 세상에 눈을 돌릴 수 있게 되었다. 이후 소년은 "씨앗에서 어떻게 호박이 자라는가How a Pumpkin Grows from a Seed"처럼 개

넘, 장소, 과정을 표현한 도식적 그림도 그릴 수 있게 되었다(2.3B).

아이들은 미술이나 놀이를 통해 불가능한 내면의 바람을 이룰 수 있다. 미술이나 놀이는 직접적인 대가를 치르지 않고도 부정적인 충동이나 긍정적인 희망을 상징적으로 충족할 수 있게 해준다. 아이들은 미술치료를 통해 생각과 감정을 표현하고, 도구와 재료를 능숙하게 다룸으로써 현실세계를 통제하는 법을 배울 수 있다. 미술치료는 과거의 트라우마를 상징적으로 불러내 안전한 상태에서 몇 번이고 재현해 앞으로 나아갈 수 있게 해준다. 아이들은 상징적인 트라우마를 안전하게 통제하고 다룸으로써 자신감을 얻을 수 있으며, 그 자신감은 현실세계로도 이어진다.

그런데 나는 그림의 구조를 치료 대상인 아이가 직접 그리지 않는다면, 그 아이는 스스로를 통제하고 조직하는 법을 배울 수 없다고 믿는다(그림 2.4). 그림 2.4A처럼 윤곽이 이미 그려진 그림을 주고 색칠만 하게 해도 아이들에게 도움이 될지에 대한 논란이 있었다. 혹자들은 색칠하기가 아이들의 운동근육 통제력 발달에 도움이 되므로 유용하다고 주장한다. 하지만 아동의 미술 발달 과정을 유심히 지켜보면, 특정 단계에 이른 아이가 자연스레 그림의 경계나 외곽선을 그리기 시작한다는 것을 알 수 있다(2.4B) 그러다가 또 아이들은 특정 연령이 되면 자연스레 그 경계선 안에 원하는 색을 채워 넣은 훌륭한 그림을 그리기 시작한다(2.4C).

신경발달장애가 있었던 테디의 사례를 보자. 테디는 추상적인 그림을 통해 혼란스러운 자신의 몸에 대한 고민에서 탈출하고자 했다. 믿을 수 있고 세심한 치료사의 도움하에 테디는 자신의 혼란을 그림으로 표현하면서 생각을 명료하게 정리할 수 있었다(그림 2.5).

작고 연약한 존재인 어린이들에게는 자유롭고 안정적인 신체적, 심리적 환경을 제공해줄 어른이 필요하다. 어른의 보호하에서만 아이들은 마음 놓고 스스로의 질서와 통제를 찾을 수 있다. 아이들에게는 이해해주고, 정서적으로 지지해주고, 거울로 비추어줄 어른이 필요한 것이다. 어른은 아이들이 감정과 환상을 마음껏 분출할 수 있는 '그릇'이 되어주어야 한다. 그리고 아이들의 표현에 민감하고 명료하게 대답해주는 목소리가 되어야 한다. 그래야 아이들이 자신의 내면

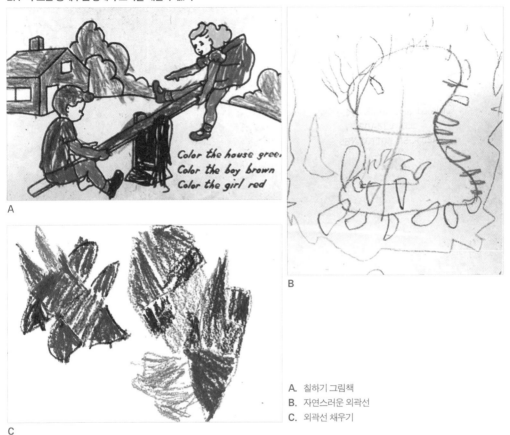

A. 칠하기 그림책
B. 자연스러운 외곽선
C. 외곽선 채우기

에서 벌어지는 일을 납득하고 머릿속을 정화할 수 있다.

따라서 미술치료사는 아이들이 마음껏 움직이고, 사고하고, 공상할 수 있는 틀을 제공해야 한다. 아이들을 의존적으로 만들고, 통제하고, 강요하는 틀은 성장에 도움되지 않는 구속복과 다름없다. 그러한 구속복은 여러 형태를 취할 수 있다. 테두리를 미리 그어놓은 그림, 단계별로 따르기만 하면 되는 교구에서부터 '옳은' 방식에 대해 이미 정해놓은 규칙에 이르기까지 아이들의 성장을 저해할 수 있는 구속은 실로 다양하다. 미술치료에 단 한 가지의 옳은 방식이 있다는 오만한 생각은 미술치료의 기본 바탕을 무시하는 처사다.

물론 미술치료사는 아이들이 치료 도구를 파괴하거나 위험한 미술 재료를 먹

2.5 뇌가 손상된 소년 테디가 그린 사람. 9세

지 않도록 관리할 책임과 권리가 있다. 하지만 미취학 아동이 아직 미숙하다고 해서 수채화 물감만을 사용하고 템페라 물감은 만질 수 없도록 제한하기까지 할 권리는 그들에게 없다(Gräzinger, 1955, p.91). 인지장애가 있는 아이들의 경우 능력이 제한되므로 지속적인 감독이 필요하다고들 말한다. 하지만 적어도 창의 적인 활동을 할 때만큼은 감독과 제한을 최소화하도록 노력해야 한다(Wiggin, 1962, p.24).

모든 인간의 내면에 아직 개발되지 않은 창의력이 잠자고 있다고 믿는 사람 들이 아직 많다는 사실은 참으로 다행스러운 일이다. 이해가 느린 학생들을 가 르치면서 "사랑과 수용을 통해 아이들의 잠재력을 일깨울 수 있다고 확신하는 사람들이 많기에 우리에게는 희망이 있다"(Site, 1964, p.19).

하지만 단지 사랑만으로는 충분하지 않은 경우도 있다(Bettelhcim, 1950). 아 이들의 잠재력을 일깨우기 위해서는 자유로운 성장을 가능케 해주는 안전한 지 원 틀이 필요하다. 밀너는 스스로 그림을 그리면서 다음과 같은 사실을 깨달았 다. "강요된 권위에 — 그것이 외부에서 비롯되었든 내부에서 비롯되었든 — 굴

종하거나, 통제력을 완전히 포기해버리는 것 모두 답이 될 수 없다." 대신 밀너는
"창의적인 힘이 자유롭게 뛰놀 수 있는 틀을 제공할" 필요가 있다고 결론내렸다
(1957, p.101). 밀너의 이러한 생각은 미술교육뿐 아니라 미술치료에 적용하더라
도 그 의미와 타당성이 퇴색되지 않는다.

창의성 발달을 위한 조건

위에서 논한 자유를 위한 틀은 창의성 발달을 촉진시켜주는 조건 중 하나라고
할 수 있다. 자유를 위한 틀은 내면의 창의적인 잠재력을 발휘할 수 있게 도와준
다. 자유를 위한 틀을 제공하려면 어떠한 물리적, 심리적 환경을 조성해야 할까?
어떻게 해야 아이들이 진정한 자신의 모습을 찾도록 도울 수 있을까? 적절한 환
경을 제공하려면 시간, 공간, 재료에 대해 신중하게 생각해보아야 한다. 그림 그
리기나 점토 만들기를 불편하게 느끼는 아이가 있다면 때로는 음악이나 심리극
같은 다른 표현 도구를 제공해야 할 수도 있다.

각자에게 어울리는 방식을 찾도록 도우려면 아이들이 진정한 자신의 목소리
를 내고 자신의 의지에 따라 행동할 수 있는 환경을 만들어주어야 한다. 아이들
을 있는 그대로 받아들여야 하는 것이다. 그래야만 아이들의 개성과 독창성을
담보할 수 있다. 또한 아이들의 독립성과 자율성을 자극하고 강화해, 아이들이
각자의 방식으로 사고하고 기능하며, 위험을 감수할 수 있게 해주어야 한다.

미술 도구 미술 도구는 무척이나 다양하다. 연필이나 색연필, 크레용, 파스텔,
마커, 초크, 목탄 같은 드로잉용 도구에서 손가락 그림용 물감, 다양한 크기의
붓, 템페라 물감, 수채화 물감, 아크릴 물감, 유화 물감 같은 채색용 도구, 찰흙, 나
무로 된 도예 용구, 점토 채색 용품, 다양한 콜라주 용품, 가위, 풀 등의 조소용 도
구 등이 있다.

이 모든 도구를 갖추어야 할 뿐 아니라 마음껏 미술 활동을 할 수 있는 공간
또한 확보해야 한다. 함께 미술 활동을 하는 치료사가 애정 어리게 돌보아준다

면 아이들은 이 도구들을 친구로 여기고 존중하게 될 것이다. 미술 도구 준비와 관련해 명심해야 할 가장 중요한 것은 아이들에게 저마다의 독특한 표현방식을 허용해야 한다는 점이다. 미술치료를 할 때는 통일된 단 하나의 방식이나 규칙에 얽매여서는 안 된다. 다양한 미술 도구를 접하게만 해주면 아이들은 스스로 좋아하는 표현 도구와 방식을 찾아갈 것이다.

다양한 도구들이 갖추어진 환경을 제공받기만 한다면, 창의적인 충동은 어떤 좌절이나 지연도 없이 자연스레 발휘되고 실현된다. 따라서 치료사는 아이의 발달 단계, 근육 조절 능력, 이전의 경험, 흥미, 필요를 고려해 질 좋고, 내구성 있는 재료를 준비해야 한다.

공간 치료 공간과 관련해서는 공간의 넓이뿐 아니라 그 안을 어떻게 꾸미고, 재료를 어떻게 보관하고, 어떻게 뒤처리할지에 대해서도 고려해야 한다. 재료와 장비는 늘 지정된 자리에 두는 것이 좋다. 그래야 아이들이 원하는 재료를 편안하게 가져다 쓸 수 있기 때문이다. 도구들을 가지런하고 깔끔하게 정리해두어야 함은 기본이다. 그래야 아이들이 도구를 쉽게 선택할 수 있다. 아이들이 도구가 있는 자리를 잘 알고 독립적으로 가져다 사용할 수 있다면 치료사는 과도하게 개입할 필요가 없다.

아이 한 명마다 밝기가 적당하고, 방해받지 않을 수 있는, 그리고 필요하다면 폐쇄된 공간이 필요하다. 그 공간에서 아이는 꾸지람을 듣거나 눈총받을 두려움 없이 마음껏 쏟고 어지르며 미술 활동을 할 수 있어야 한다. 아이가 미술 도구뿐 아니라 공간을 선택할 수 있다면 금상첨화다. 열린 공간이 좋을지 닫힌 공간이 좋을지, 다른 아이들과 함께 하는 것이 좋을지 혼자 하는 것이 좋을지 아이에게 선택권을 주라.

시간 미술치료 시간은 흥미를 유지하면서 진정한 창의력을 발휘할 수 있을 만큼 충분히 길어야 한다(그림 2.6). 미술 도구들이 갖춰진 공간에 처음 들어가면 아이들은 낯설어할 것이다. 미술 도구들과 공간에 익숙해지려면 시간이 필요하다. 아이들은 미술 도구를 친숙하게 느낄 때에만 손을 뻗어 만지고 시험 삼아

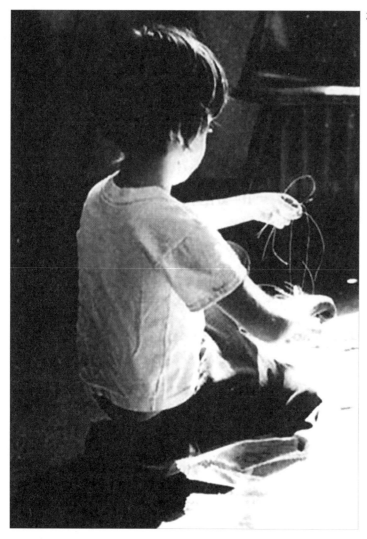

사용해볼 것이다. 그런 식으로 시험 삼아 도구를 이용해본 경험이 쌓여가면서 아이들은 점점 능숙해진다.

어떤 환경에서 미술치료를 시행하든 — 혼자 미술 활동을 하든, 여럿이 하든, 가족과 함께 하든 — 아이에게 미술치료 시간이 언제 끝나는지 미리 알려주어야 한다. 그래야 언제쯤 마무리를 하면 좋을지 알 수 있기 때문이다. 아이들은 대개 미술치료 시간을 끝내는 것을 좋아하지 않는다. 우리는 아이들에게 이제 그만 마치고 떠날 시간이라는 사실을 납득시켜주어야 한다.

규칙 규칙이란 미술 도구와 치료 공간, 시간을 일관되고 명료하게 정해두는 것을 의미한다. 규칙을 정해놓으면 아이들에게도 도움이 된다. 내면의 질서와 체계가 아직 잡히지 않은 아이들에게는 규칙이 꼭 필요하다. 미술치료는 아이들에게 매우 평화롭고 안정된 경험을 줄 수 있다. 집단 미술치료라 해도 마찬가지다. 아이들은 어느 누구의 방해도 받지 않는 편안한 공간에서 미술 도구들을 활용해 작품을 만들어야 한다. 미술치료를 시행할 때는 물리적 보호뿐 아니라 심리적 안정감을 주는 것이 중요하다. 치료사는 아이의 감정을 존중하고 배려해야 한다.

안전 미술치료에서 안전이란 어떠한 종류의 표현이든 모두 수용하는 것을 의미한다. 미술 표현이 현실적이건 기괴하건, 진보적이건 회귀적이건, 긍정적인 주제건 부정적인 주제건 상관없이 모두 받아들여야 한다. 이때 아이들에게 표현의 한계가 어디까지인지 알려주는 것이 좋다. 내면의 충동을 표현할 때 초크를 문질러 바르거나, 파괴적인 환상을 그림으로 그리는 것은 괜찮지만, 다른 사람의 몸을 더럽히거나 도구를 망가뜨려서는 안 된다는 사실을 명확히 해야 한다.

치료사는 내면의 심리적 위험뿐 아니라 외부의 심리적 위험 요인들로부터 아이들을 보호해, 창의력 발달을 저해하지 않도록 유의해야 한다. 내가 생각하기에 외부에서 부과되는 가장 큰 위험 요인은 아이들에게 특정 기준을 부과해 무엇을 해야 하고, 어떻게 해야 하는지 가르치려 드는 것이다. 그러한 태도는 아이들의 창의력 발달에 해를 끼칠 수 있다.

존중 아이에 대한 존중은 미술 활동에 참여할지 참여하지 않을지 선택할 자유를 주는 것에서 시작한다. 그러면 아이는 관심이 가는 활동들을 조금씩 해보다가 마침내 깊이 열중할 대상을 찾게 될 것이다. 또 어떤 재료로 어떤 주제에 대한 미술 활동을 할지에 대한 선택도 아이의 몫으로 남겨두어야 한다. 혼자서 할지 다른 아이들과 함께 할지도 마찬가지이다. 아이가 자신의 방식으로 자기 속도에 맞추어 탐색하고 실험하도록 두라. 표현방식도 아이 스스로 찾게 해야 한다. 그래야 아이의 개성을 존중해줄 수 있다. 선호하는 도구와, 주제, 스타일을 스스로 탐색하도록 하라.

미술 활동을 하는 동안에는 아이의 목소리에 귀 기울이며 아이의 의견을 존중해주어야 한다. 또한 아이가 결과물이나 미술 활동 과정에 대해 자신의 생각을 표현하도록 용기를 북돋아주어야 한다. 또한 아이가 자신만의 목표와 기준을 세우고, 그것을 달성했는지 스스로 평가할 수 있도록 장려해야 한다. 아이를 독립적인 예술가로 대접해야 하는 것이다. 아이가 만든 작품을 대할 때도 조심스런 손길로 만지고, 보존하고, 전시해야 한다. 작품은 아이의 연장이기 때문이다.

관심 아이와 아이의 미술 활동, 미술작품에 대한 관심은 진실해야 한다. 아이들은 거짓에 극도로 민감하기 때문에 진심이 담겨 있지 않으면 금세 알아차린다. 아이에게 진정한 관심을 보이려면 아이를 세심하게 관찰하고, 아이의 말을 경청하고, 부드러운 목소리로 말을 건네야 한다. 미술 활동을 하는 도중 아이가 도움이나 인정을 바라는 표현을 하면 언제든 즉시 따뜻한 관심을 보여야 한다.

지원 아이 내면의 창의적인 열망을 지원해주려면 위에서 이야기했던 조건들을 늘 일관되게 준비해두고 있어야 한다. 지원적인 태도는 수동적으로 팔짱을 낀 채 아이가 하는 대로 내버려두는 방관자적 태도와 다르다. 방관자적 태도는 관심 부족에서 비롯된다. 지원적 태도는 아이가 어떤 미술 발달 단계에 해당하는지 세심하게 인지하고, 다음 단계로 넘어갈 수 있도록 돕는 것이다.

미술 발달 단계와 관련해 아동 미술치료사가 갖추어야 할 지원적 태도에 대해서는 3장 '미술 발달 이해'에서 더 자세히 다루겠다. 또 아동 미술치료사가 이해하고 있어야 하는 미술치료 단계에 대해서는 4장 '치료 과정'에서 더 깊이 있게 알아보겠다. 미술치료를 통해 아이들을 돕기 위해서는 각 아동의 발달 상태와 심리 상태, 즉 '준거 틀frame of reference'에 대한 지식이 있어야 한다(Henley, 1992; Lowenfeld, 1957). 그 틀을 기준으로 미술치료가 잘 진행되고 있는지를 판단할 수 있다. 8장부터 등장할 사례들을 보면 미술치료를 할 때 어떻게 준거 틀을 활용하면 되는지 이해하기 쉬울 것이다. 8장에 등장하는 사례는 정신병으로 말을 하지 못하는 여자아이와, 유분증Encopresis이 있는 남자아이의 이야기이다.

16장에서는 앞이 보이지 않는 아이들 — 불안 증상을 보이는 여자아이 두 명, 경계성 인격장애가 있는 소년 등 — 의 사례를 소개할 것이다. 14장에서는 청소년 두 명의 사례를 중점적으로 살펴볼 것이다. 정신분열 정동장애로 진단받은 샘의 이야기와 우울증으로 고통받았던 짐의 이야기이다.

정신장애로 고통받는 아이들을 돕기 위해서는 특별히 주의 깊은 이해와 지원이 필요하다. 예컨대 겁 많고 소심한 아이가 있다면 옆에서 함께 미술 활동에 적극 참여하는 게 도움될 수 있다. 또 그런 아이들에게는 미술 재료들을 만져도 좋다고 명확하게 표현해주는 것이 좋다. 사실 미술치료사가 상상력과 유연성만 발휘한다면 도움을 줄 수 있는 방법은 무수히 많다. 책 곳곳에 등장하는 사례들을 통해 어떤 방법이 좋을지 참고할 수 있을 테지만, 특히 5장에 어떻게 하면 아이들의 표현을 촉진할 수 있는지 자세히 소개했다.

넓은 의미에서, 미술치료를 통해 아이들의 성장을 돕고자 하는 사람은 아이들에게 진심으로 공감할 수 있어야 한다. 그리고 아이들의 표현력 발달을 강화하는 데 적절한 방법으로 아이들과 소통할 수 있어야 한다. 나는 치료사의 주된 역할은 타인의 성장을 촉진하는 것이라고 믿는다. 외적인 모양과 형태는 대상이 되는 아이에 따라 천차만별일 수 있다. 아이의 창의성 발달을 가로막는 큰 장애가 없다면 위에서 설명했던 조건을 갖추는 것만으로도 아이는 자신의 창의성을 꽃피울 것이다.

하지만 크고 심각한 장애가 있다면, 그 장애를 회복시키기 위한 노력이 선행되어야 할 것이다. 그 노력은 대상 아동의 능력과 필요에 따라 형태를 달리할 것이다. 지금까지 내 경험을 돌이켜보건대 그 과정은 예측하기 어렵고 까다로우며, 창의성을 요했다. 새로운 아이를 치료할 때마다 새로운 퍼즐을 푸는 기분으로 접근해야 한다. 모든 아이들에게는 저마다의 개성과 아직 개발되지 않은 잠재력이 있다.

3장

미술 발달 이해

정상적인 미술 발달 과정

19세기 이래 수많은 미술교육가, 발달심리학자 등의 전문가들이 아동의 정상적인 미술 발달 과정을 밝히고자 아동들을 관찰하고, 자료를 수집하고, 정리해왔다. 실용적인 이유 때문에 그들의 연구 대상은 주로 도식적 그림 표현에 한정되어왔으며, 현재도 그러한 경향은 이어지고 있다(Arnheim, 1954; Cox, 1992/1993/1997; Di Leo, 1970/1974/1977/1983; Dubowski, 1984; Gardner, 1980/1982; Golomb, 1974/1992/2002; Goodnow, 1977; Harris, 1963; Koppitz, 1968/1984; Lowenfeld, 1957; Malchiodi, 1998; Mortensen, 1991; Thomas&Silk, 1990; Van Sommers, 1984; Winner, 1982).

최근 들어 회화와 더불어(Alschuler&Hattwick, 1947; Lantz, 1955; Simon, 1992; Smith, 1981), 점토 등의 조형적 표현에 관심을 기울이는 학자들이 늘고 있기는 하지만(Brown, 1975; Golomb, 1974, 2002; Hartley, Frank&Goldenson, 1952), 그 수는 아직 미미하며 그 방식도 중구난방이다. 현재 여러 학자 가운데에도 미술교육학자 로웬펠드가 구분해놓은 미술 표현 발달 단계가 가장 쓸 만하다고 여겨지고 있다. 나 또한 그가 고안한 방식이 도식적 그림 표현 발달 단계를 개념화해 파악하는 데에는 유용하다고 동의한다. 하지만 로웬펠드의 방식은 그림과 조소 등 모든 조형 표현에 적용하기에는 무리가 있다. 따라서 2차원과 3차원 미술 표현에 모두 적용할 수 있는 더 넓은 범위의 미술 발달 단계를 고안할 필요가 있다.

미술 발달 단계를 설명하고자 한 모든 학자들은 아동의 미술 표현이 대개 예측 가능한 순서에 따라 발달한다고 동의했다. 즉 앞뒤로 움직이거나, 넓게 늘렸다가 수축시키는 등의 움직임이 일정 주기에 따라 발달한다는 것이다. 동일한 표현이나 움직임이라 해도 그에 대한 논리와 설명, 시각은 학자에 따라 다르다.

나는 미술치료사로서 미술 행동의 인지적, 정서적인 면에 주로 관심을 두고 있다. 또한 미술 활동 과정과 더불어 결과물에 대한 설명을 할 수 있는 미술 발달 단계 구분이 필요하다고 생각한다. 그리고 발달이 지연되거나 고르지 못한 아동들을 치료하면서 미술 발달의 시작점을 상세하게 이해할 필요가 있다고 느꼈다. 이와 관련해 몇몇 학자들의 논문이 도움되었다(Gardner, 1980; Grözinger, 1955; Kellogg, 1969; Rutten-Sarris, 2002). 하지만 다른 학자들이 고안해놓은 발달 단계를 그대로 미술치료에 적용하기에는 어려움이 있었다. 미술 발달의 시작 단계를 상세히 설명해놓거나, 모든 미술적 표현에 적용할 수 있도록 단계를 구별해놓은 방식은 없었기 때문이다. 그래서 결국 미술치료에 적합한 아동 미술 발달 단계를 직접 개발하기로 했다.

아동 미술 발달 단계의 복잡성과 아동별 특이성을 고려하면, 미술 발달 과정을 고작 몇 단계로 분류한다는 것은 과도한 일반화의 우려가 있기는 하다. 그래서 나는 아동의 정상적인 미술 발달 단계를 기존과는 약간 다른 방식으로 구별하기로 했다. 드로잉, 회화, 소조, 조각 등에 모두 적용 가능하면서 발달 초기 단계를 상세하게 다루는 방식을 고안코자 했다. 그 단계는 다음과 같다. 조작 Manipulating, 형성Forming, 명명Naming, 표상Representing, 내포Containing, 시험 Experimenting, 통합Consolidating, 친숙화Naturalizing, 개인화Personalizing.

현실에서 이 단계들은 자로 긋듯이 명확히 구별되지는 않는다. 사실 매 단계는 겹치기도 하며, 어떤 특징은 몇 단계를 넘어가더라도 사라지지 않고 남아 있기도 한다. 예컨대 조작은 미술 재료를 사용할 때면 언제나 나타난다. 단지 아이가 성장함에 따라 주된 초점이 다른 특성으로 향할 뿐이다. 각 단계는 각 시기별로 가장 중심적인 발달 양상을 나타낸다. 각 단계별 특징은 복합적이고, 다층적이며, 영속적이다. 따라서 단계 구별은 사실 편의를 위한 인위적인 장치라고 할 수 있다. 즉 정상적인 성장과 발달의 연속 과정 중 두드러지는 특성들을 추린 후 시기별로 나누어 기술하고 개념화해놓은 것이라고 보면 된다.

어린이의 미술 활동이 언제부터 시작되는지 논하는 작업은 무의미할지도 모른다. 하지만 아이가 오감을 통해 세상을 바라보기 시작하면서 미술 활동이 시작된다는 점만은 분명하다(J. Erikson, 1988). 딸랑이를 입에 넣고 빨던 아이가 막대기로 모래 위에 선을 긋기 시작해 종이 위에 크레용으로 그림을 그리기까지, 아이의 미술 발달은 어느 한순간 도약하기보다는 꾸준한 연속선상에서 점진적으로 이루어진다.

모든 아이는 각기 다른 박자와 속도로 성장한다. 운동, 지각, 언어 등 모든 발달이 그러하며, 물론 미술 발달도 마찬가지다. 발달 속도나 양상은 환경적 요인뿐 아니라 유전적 요인의 영향을 받는다. 어떤 경우든 정상이라 여길 수 있는 평균 구간은 폭이 매우 넓다고 할 수 있다. 그래서 다른 관련 변수들을 참조하지 않은 채 그림만으로 발달 단계를 진단하는 것은 문제가 될 수 있다.

하지만 사람들은 연령별로 어떤 단계에 해당하는지 구체적으로 알려주기를 원한다. 예전에는 그런 요청을 받더라도 묵살하곤 했다. 연령 범위는 매우 대략적인 지침일 뿐 워낙 그 가변성이 크기 때문이다. 하지만 이번 개정판을 내면서는 이해를 돕기 위해 단계별 해당 연령을 기술해놓았다. 단, 기술한 연령에서 전후로 각각 1년 이상의 차이가 날 수 있다는 점을 유의하기 바란다.

조작(Manipulating, 1~2세)

미술 발달의 첫 번째 단계는 재료를 조작할 수 있는 대상으로 여기는 것에서 시작한다. 물론 찰흙을 입에다 넣는다거나 벽에다 크레용으로 낙서를 하는 것처럼 조작이라고 표현하기 부적절한 경우도 있다. 아이의 관점에서 그런 행동들은 전혀 잘못되지 않았다. 하지만 어른의 관점에서 그러한 행동은 잘못되었다고 여겨진다. 어린이용 높은 의자에서 음식을 짓이기거나 마당에서 모래 장난을 하는 것은 허용되지만, 크레용으로 벽을 엉망으로 만들거나 찰흙을 먹는 것에는 제재

가 가해진다(어린아이에게 찰흙은 음식과 비슷하게 느껴질 수 있다). 어른들은 보통 유아
기 아이들이 자연스레 접할 수 있는 물질들을 만지거나, 문질러 더럽히거나, 그
것들로 무엇인가를 만들더라도 내버려둔다. 하지만 아이들이 제대로 조작할 수
있기 전까지는 미술 재료들에 손대는 것을 엄격히 제한하는 경향이 있다.

조작 단계의 아이에게 가장 중요한 것은 여러 물질을 통해 다양한 감각적 자
극을 경험하는 것이다. 물감이나 찰흙이 주는 느낌, 모래나 나무의 질감 등을 통
해 감각기관이 발달하게 된다. 감각 발달 못지않게 중요한 것이 운동신경을 발
달시키는 것이다. 아이는 낙서를 하고, 모양을 만들고, 사물을 뒤섞어놓으면서
손과 팔, 온몸의 운동신경을 발달시켜간다. 찰흙을 주무르거나 크레용으로 낙서
하는 유아를 유심히 관찰해보면, 근육 및 운동 발달 정도가 미술 활동에 얼마나
중요한 역할을 하는지 알 수 있다.

찰흙을 찌그러뜨리거나, 종이에 흔적을 남긴 것이 바로 자기 자신이라는 사

실을 인지한 아이는 점점 그 경험의 시각적인 면에 흥미를 보이게 된다. 찰흙의 모양이나 낙서의 색에 신경 쓰게 되는 것이다. 아이는 만드는 과정이 아닌 자신이 만드는 것에 초점을 두기 시작한다. 하지만 이 단계의 아이는 아직 완성된 결과물에 크게 신경 쓰지 않는다. 개인별 편차가 크기는 하지만 대개 이 단계는 1세에서 2세까지 지속된다.

형성(Forming, 2~3세)

지적으로나 생리학적으로 발달이 진전되면서 아이는 점점 스스로의 움직임을 통제할 수 있게 되어간다. 그리고 찰흙이나 크레용을 이용해 점점 자신의 의도를 정확히 표현할 수 있게 된다. 아이들은 특정 동작을 반복함으로써 손에 쥔 재료를 통제하기 시작한다. 이 단계에 해당하는 아이는 세로 선을 긋거나 동그라미를 그릴 수 있으며, 찰흙을 말거나 판판하게 만들 수 있다. 아이들은 의도에 따라 재료를 솜씨 있게 다루기 시작한다. 물방울 무늬를 그리거나, 선을 긋거나, 쾅쾅 두드리거나, 꼭 쥐고 주무를 수 있게 되는 것이다. 단순히 집어 들었다가 내려놓을 수만 있었던 예전에 비하면 장족의 발전이다.

이제 아이들은 게슈탈트Gestalt, 즉 따로 떨어져 존재하는 분리된 형태를 만들기 시작한다. 이 단계의 아이들은 표상적인 표현까지는 아니더라도 의도적인 형태를 만들 수 있다. 한 점에서 뻗어나가기 시작해 원래의 점에서 끝나는 선, 즉 울타리를 만들 수 있다는 것에는 큰 발달적 의미가 담겨 있다. 이를 통해 아이들은 독립된 형태를 만들고, 그것을 다른 선이나 형태와 연관 지을 수 있다. 개인별 편차가 크기는 하지만 대개 이 단계는 2세에서 3세 사이에 발생한다.

명명(Naming, 3~4세)

이 단계의 아이들은 자신이 그리거나 만든 대상에 이름을 붙이기 시작한다. 이는 아이들이 스스로 '무엇을' 만드는지 생각할 수 있게 되고, 아이가 그리거나 만든 것이 무엇인지 어른들이 궁금하게 여기기 때문인 것으로 보인다. 하지만 어른들은 아이들의 대답에 종종 곤혹스러움을 느끼곤 한다. 아이들의 대답과 아이들이 만든 작품 사이에 공통점을 찾기 힘든 경우가 많기 때문이다.

하지만 3세경의 아이들에게는 장난감 블록이 자동차나 권총을 상징할 수도 있다는 사실을 잊지 말아야 한다. 이 시기의 아이들은 창조물의 겉모양뿐 아니라 그 밖의 여러 특성을 매우 유연하게 적용하는 경향이 있다. 이 단계는 앞의 형성Forming 단계와 중복되는 경우가 많으며 보통 3세에서 4세까지 나타난다.

표상(Representing, 4~6세)

아이들은 조작, 형성, 명명 단계를 거쳐 비로소 진정한 의미의 표상을 할 수 있는 단계에 접어들게 된다. 하지만 어른들은 아이가 이 단계에 접어들었다는 사실을 알아차리지 못하는 경우가 많다. 겉보기에는 예전과 다름없는 그림을 그리거나 점토를 만들기 때문이다. 하지만 아이의 입장에서 보자면 사물의 특징을 상징하는 그림을 그리거나 점토를 만든다는 점에서 예전과 확연한 차이가 있다.

예컨대 어린아이들이 그린 오징어나 낙지처럼 생긴 사람 그림에는 머리와 몸통을 표현한 형태가 분명 존재한다. 또한 알아보기 힘들지는 모르나 팔과 다리를 의도한 형태와, 눈·코·입과 닮은 모양도 찾아볼 수 있다(그림 3.2). 또 한 소녀가 그린 두족류 인간 그림(3.3A)과 동일한 소녀가 그로부터 8개월 후 그린 사람 그림(3.3B)을 보라.

표상 단계 초기의 아이가 창조한 그림이나 조각, 구조물은 그 모양이 이상하고 기묘해 보일 수 있다. 하지만 그것들은 모두 의도한 대상을 의미 있는 방식으로 표현하고자 노력한 결과물이다. 이 단계의 아이들이 창조한 결과물이 기괴하거나 이상해 보이는 이유는 무엇일까? 이에 대한 한 가지 설명은 아이들이 눈에 보이는 대로가 아닌, 자신이 알고 있는 대로 그린다는 것이다. 이 설명은 어느 정도 옳다. 아이들은 무엇인가를 그리거나 만드는 그 순간 자신에게 가장 중요하

3.3 형태 표현의 단계

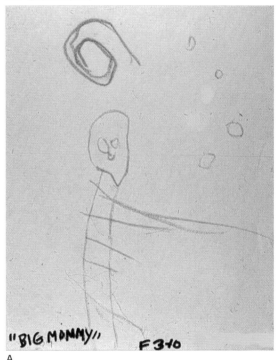

A

B

3.4 스스로 그린 그림에 색칠하고 있는 약시 어린이

A. 몸통과 머리(두족류를 닮은) 모양. 크레용. 3세 10개월
B. 사람(엄마). 크레용. 8개월 후

게 와 닿는 대상의 특성에 주목하는 경향이 있다. 3~5세경의 아이들은 눈에 보이거나 자신들이 알고 있는 것을 표현할 수 있는 능력이 아직 부족하다. 그래서 이 시기의 아이들은 자신의 흥미를 끄는 부분에 주목해 대상을 매우 상징적으로 간략하게 표현한다.

또한 아이들은 이 시기에 선이나 덩어리를 배치할 수 있게 될 뿐 아니라 선 안의 면을 채색하고 경계를 만들 수 있게 된다. 아이들의 발달과 성장은 솜씨를 기르는 것뿐 아니라 내면의 강한 충동을 통제하는 것과도 연관이 있다.

이 시기의 아이들은 선 밖으로 삐져 나가지 않게 색칠을 하는 데에서 큰 만족과 즐거움을 느낀다. 그래서 외곽선을 그리고 그 안을 칠하는 행동이 거의 동시에 나타난다(그림 2.4 참조). 스스로 형태를 그리고 색칠하는 행위는 창의성 발달 측면에서나 심리적인 면에서 인쇄된 칠하기 그림책에다 색칠하는 것보다 훨씬 더 건강한 방식이다(그림 3.4).

표상 단계 초기의 아이들은 조작 단계와 유사하면서도 상이한 행동을 보인다. 아이들은 어떻게 하면 예전과 다른 방식으로 행동하고, 만들고, 말할 수 있을지 탐구한다. 아이들이 가장 선호하는 주제인 사람 그림을 보면 그들의 탐구 능

3.5 제니가 그린 다양한 표상 단계의 사람 그림. 4세경

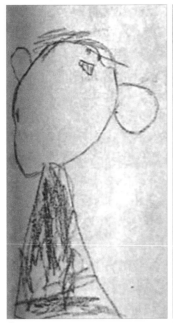

A

B

C

A. 4세
B. 4.5세
C. 5세

력이 얼마나 자유롭고 유연한지 알 수 있다. 로웬펠드는 이 시기를 전도식기(前圖式期, pre-schematic stage)라고 명명했다. 전도식기는 특정 대상에 대한 '도식', 즉 상징을 표현하려는 욕구가 왕성하지만 아직 완전하게 표상을 할 수 없다는 이유로 붙인 이름이다.

하지만 나는 이 시기의 아이들이 단순히 도식적 표현방식을 탐색하는 데에서 그친다고 생각하지 않는다. 나는 이 연령대의 아이들이 지적으로나 발달의 모든 측면에서 실제로 표상 능력을 확장시킨다고 믿는다. 아이들은 이 시기를 거치면서 날개를 활짝 펴고 환경을 탐색하며 능력을 신장해나간다. 표상 단계 초기의 아이들은 정신적, 시각적으로 다양한 경험을 통해 사고하고 발견을 한다. 이는 표상 과정과 다를 바 없다. 제니라는 소녀가 그린 사람 그림의 변천을 보면 이해가 더 쉬울 것이다(그림 3.5). 제니가 4세에서 5세에 이르는 동안 6개월 간격으로 그린 세 장의 사람 그림에는 동일한 시각적 요소들이 표현되어 있다. 표상 단계는 보통 4세에서 6세 사이에 시작된다. 물론 이 단계가 나타나는 시기는 다른 단계들과 마찬가지로 개인적 편차가 크다.

통합(Consolidating, 6~9세)

아이들이 초등학교에 입학할 나이가 되면 발달의 다른 측면들에서도 그러하듯, 미술 발달에서도 일종의 통합이 일어난다. 아이들은 예전처럼 다양한 방식을 탐구하고 시험하기보다는 선호하는 방식의 회화적 표현법을 찾아 그것만을 반복하는 경향이 있다. 이러한 선호 도식 혹은 상징은 단순할 수도 복잡할 수도 있다. 예컨대 앞서 나온 제니의 그림에서는 사람의 모습이 단순하게 도식화되어 표현되어 있다. 반면 존의 그림에서는 대상 간의 관계를 표현하기 위해 딛고 서 있는 땅을 기준으로 복잡한 표현을 해놓았다(그림 3.6A)

존의 그림에서는 사물의 배치가 비교적 현실적이지만, 어떤 아이들은 그림 3.6B나 그림 3.6C에서처럼 속이 모두 보이는 이른바 'X-ray' 그림이나 시점이 뒤죽박죽인 입면도를 그리기도 한다. 이렇듯 이 시기 아이들의 그림은 생소하고

A

B

C

A. 집 앞에 서 있는 아빠. 존. 마커. 5세
B. 'X-ray' 그림. 엄마와 뱃속의 갓난아기. 마커. 5세
C. 둘러앉아 저녁 식사 중인 가족. 마커. 6세
D. 공을 던지는 한쪽 팔
E. 풍선을 쥔 한쪽 팔

이상하게 보일 수 있다. 예컨대 그림 3.6D의 왼쪽 두 야구선수를 보면 공을 사용하는 팔은 선명하게 그려진 반면 사용하지 않는 반대쪽 팔은 모두 생략된 것을 알 수 있다. 이러한 표현법은 사실적이지는 않지만 아이들 나름의 논리를 반영했다고 볼 수 있다. 이러한 표현방식이 얼마나 지속되는지는 아이들에 따라 다르다(3.6E). 그리고 얼마나 유연한 방식으로 대상을 표현하느냐 ― 로웬펠드가 '조작적schematic'이라 칭한 특성 ― 또한 아이에 따라 상당히 편차가 크다. 이 단

D

E

계의 아이들은 채색을 즐기지만, 색채 사용이 현실적이지는 않다.

아이들이 자기중심성에서 벗어나 사회적인 관점으로 사물과 그림을 볼 수 있게 되면서 도식적 상징과, 그 상징들을 서로 관련시키는 방식 또한 변화한다. 발달 단계 초기에 대부분의 아이들이 선호하는 그림 주제는 바로 사람의 형상, 그 중에서도 자기 자신이나 가족 구성원의 모습이다. 하지만 세상을 바라보는 시각이 넓어지면서 아이들은 점차 다른 사람들, 나무, 식물, 집, 자동차 등을 그리기 시작한다. 그러다 결국 멀리 떨어져 있거나 인접해 있는 사람이나 장소를 그리는 단계까지 이른다. 문화에 따라 아이들이 자연적으로 가장 선호하는 주제가 약간씩 달라지기도 하지만, 아이의 창의적 시야가 넓어짐에 따라 그 대상이 가까운 곳에서 점점 확대된다는 점만은 어느 문화권에서나 동일하다. 통합 단계는 대부분 6세에서 9세 사이에 발생한다.

친숙화(Naturalizing, 9~12세)

조작, 형성, 명명, 표상, 통합의 단계를 거치면서 아이들의 그림 실력은 점점 세련되고 정교해지며, 아이들은 미술 활동에 점점 익숙해지게 된다. 사람을 그릴 때 신체 비율이 점점 현실에 가까워지고, 공간 배치도 점점 정확해져 간다. 마찬가지로 사물의 크기와 색상도 현실적이 되어간다. 같은 아이가 6세와 8세 때 각각 그린 "오즈의 마법사Wizard of Oz" 그림을 비교해보자(그림 3.7A, 3.7B).

친숙화 초기 단계에는 아이들의 그림이 오히려 어색하고 서툴러 보일 수 있다. 이는 익숙하고 편안하지만 더 이상 맞지 않는 예전 도식을 버리고 새로운 방식에 익숙해지기 위한 과도기적 현상 때문이다. 아이들은 비율과 명암에 신경 쓰고, 선과 면을 제어하기 위해 혼신의 노력을 한다. 사물을 사실적으로 그리기 위해 2차원적 표현과 3차원적 표현에 대해 고민하기 시작하는 것이다. 이전까지 아이들은 대부분 자신이 만든 결과물에 만족하고 미술 활동을 즐겼지만, 이제는 그렇지 않다. 친숙화 단계에 접어든 아이들은 자신이 만들어낸 결과물에 불만족스러워하며, 낙담하고, 자기 비판적이 된다. 머릿속으로 생각한 표상과 눈앞에 그려놓은 시각적 형상 간의 불일치는 대부분의 아이들을 비참하게 만든다. 그래서 이 단계의 아이들은 사물을 있는 그대로 표현하고자 시도하는 과정에서 불안과 좌절을 경험하게 된다. 아이가 자신의 노력에 만족하는 경우는 매우 드물다.

이러한 내면의 불만족이 발생하는 연령은 개인마다 다르다. 하지만 불만족이 복합적인 인지적, 정서적, 사회적 원인에서 비롯된다는 사실만은 동일하다. 그것이 어디에서 비롯되든, 불만족과 좌절은 피할 수 없는 정상 발달 과정의 일부라 할 수 있다. 이 시점에서 많은 아이들이 낙담한 채 미술을 포기하고 조금 더 다루기 쉽고, 적당하다고 느끼는 표현 도구로(주로 언어적 도구로) 돌아선다. 이 단계는 보통 9세에서 12세까지 이어진다.

하지만 낙담한 아이들이 계속 미술 활동을 하도록 도울 수 있는 방법들이 있다. 물론 가장 좋은 방법을 찾기 위해서는 시행착오를 거쳐야만 하지만, 우선 시도해볼 수 있는 몇 가지 방법을 소개하겠다. 첫 번째는 이전과 다른 새로운 미술 도구로 바꾸어보는 것이다. 새로운 도구를 사용하면 결과물의 성과에 대한 기대가 낮아지므로 도움이 될 수도 있다. 새로운 종류의 점토를 사용해보는 것에서, 인형을 만드는 등의 완전히 새로운 활동을 해보는 것, 도자기 만들 때 사용하는 녹로를 바꿔보는 것에 이르기까지 그 방법은 다양하다.

아니면 잡지나 3차원 재료를 활용해 콜라주나 조소를 만들어볼 수도 있다. 무에서 유를 창조하는 것이 아닌, 이미 존재하는 요소들을 결합해 작품을 만드는 활동은 모두 이에 해당한다. 이러한 방식은 자신의 표현력 부족에 낙담한 아이들에게 덜 위협적으로 느껴지기 때문에 도움이 될 수 있다. 게다가 대부분의 사춘기 아이들은 이러한 방식으로 자신을 표현하는 것에 매력을 느낀다.

또 다른 방법은 재료에 구애받지 않고 자기 자신과 관련된 도안이나 상징 등을 추상적으로 표현해보는 것이다. 그 밖에 낙서한다는 기분으로 마음속으로 상상하는 내용을 휘갈겨보는 것도 좋다(그러면 사실적으로 그리거나 만들어야 한다는 걱정을 떨칠 수 있다).

어떤 때는 역량이 부족하다는 감정에 직접적으로 대응하는 것이 도움되기도 한다. 정물이든, 사람이든 또는 사진이든 보고 그릴 대상을 앞에 놓고 그려보는 것이다. 이때 잘 사용하지 않는 손, 다시 말해 오른손잡이라면 왼손으로, 왼손잡이라면 오른손으로 그림을 그리면 잘 못할지도 모른다는 두려움을 덜 수 있다(B. Edwards, 1979/1986; Rogers, 1993).

3.7 친숙화 단계의 그림

A. 오즈의 마법사. 6세
B. 오즈의 마법사. 8세

A

B

개인화(Personalizing, 12~18세)

대부분의 아이들은 초등학교 고학년에서 사춘기까지 상당히 오랜 기간 친숙화 단계를 밟는다. 이 기간 동안 충분한 지도 편달을 받고, 노력한 성과를 거둔 아이는 어떤 도구가 주어지든 자연스럽게 원하는 바를 표현할 수 있을 정도의 솜씨를 갖추게 된다. 또 친숙화 단계를 제대로 거치지 못했다 해도 미적인 감각이 뛰어난 아이는 추상적인 작업이나 비회화적 재료를 통한 창의적 활동을 선호하게 된다. 예컨대 운동신경이 발달한 아이는 공예품 등의 실용적인 작품 만들기 등에 열중하는 경우도 있다.

3.8 개인화 단계의 그림

A

A. 자화상
B. 자신의 스타일을 발견하는 청소년
C. 그녀의 그림 한 점

B

C

사춘기까지 미술에 의욕을 보이는 아이들은 의도적으로 작품을 개인화함으로써 사춘기에 겪게 되는 여러 문제를 극복하고자 시도하기도 한다. 예를 들면 자신의 정체성을 표현하는 한 방법으로 미술을 이용하는 것이다. 주된 관심이 무엇이든, 십대는 스스로의 내면과 외부 세상을 바라보는 개인적인 관점을 표현하기 위해 자신만의 특정 도구나 주제를 찾는 경향이 있다(그림 3.8A).

작품의 질에 대한 자기비판과 걱정이 증가하면서, 십대들은 사실적 표현뿐 아니라 심미적인 목표에도 초점을 맞추게 된다. 십대들의 작품은 단순할 수도 복잡할 수도, 화려할 수도 황량할 수도, 구상적일 수도 비구상적일 수도 있다. 이토록 다양해 보이는 십대들의 미술 활동을 아우르는 특징으로는 작품의 질에 대한 신중한 태도와 자의식을 들 수 있다. 그들의 작업방식이 자유로운 편인지 아닌지와 관계없이, 그들은 그 어느 때보다도 신중하고 계획적으로 미술 활동에 임한다. 이는 자각하지 않은 채 자연스레 미술에 열중했던 어린 시절과 대조된다(3.8B).

사춘기 아이에게 세상과 관련된 걱정이나 관심은 부차적인 문제이다. 그들의 주된 관심사는 바로 자기 자신이다. 미술 활동의 주제에도 그러한 자기중심성이 반영된다. 누구를 그리든, 어떤 재료를 선택하든 상관없이 사춘기 아이는 기본적으로 자기 동조적인 주제와 방식을 찾는다(3.8C). 개인화 단계는 사춘기 전반에 걸쳐 지속된다.

발달 지연 혹은 천부적 재능

아이들은 대부분 정상 범위 안에서 성장하고 발달한다. 하지만 평균을 훨씬 앞지르는 아이도, 평균보다 뒤처지는 아이도 늘 있게 마련이다. 이러한 편차를 어떻게 보아야 할까? 이 문제는 무척 민감하고 복합적이어서 섣불리 건드리거나 결론내리기 힘들다. 하지만 미술치료사라면 꼭 생각해보고 넘어가야 할 문제이기도 하다.

또래에 비해 미술 발달이 현저히 뒤처지는 아이가 있다면, 치료사는 우선 두

가지 질문에 대한 답을 찾아보아야 한다. 첫째, 그 아이의 미술 발달 지연이 앞으로도 계속될 것으로 보이는가, 아니면 아직 변화의 여지가 있다고 여겨지는가? 두 번째 질문은 조금 더 까다로울 수 있다. 발달 지연이 신경 손상 같은 기질적 결함에서 비롯된 것인가, 아니면 내면의 갈등이나 불안 같은 심리적인 문제에서 비롯된 것인가? 치료사는 이 두 가지 질문에 대한 답이 무엇인지에 따라 다른 접근법을 취해야 한다.

또래에 비해 미술 발달 수준이 현저히 앞서는 아이의 경우에도, 마찬가지로 여러 가지를 고려해야 한다. 아이가 앞으로도 일관되게 뛰어난 능력을 보여주리라 예상되는지, 아니면 가변성이 있다고 여겨지는지 우선 생각해보아야 한다. 미술적 재능을 타고난 경우라면, 그 아이는 정상적인 발달 단계를 순식간에 훌쩍 뛰어넘을 것이다. 예술 분야의 뛰어난 재능은 보통 선천적이라 여겨지지만, 그 재능을 꽃피우게 하려면 환경 또한 뒷받침되어야 한다. 재능이 있다고 해서 모든 아이가 예술가가 되는 것은 아니다. 또한 예술가가 된다고 해도 모두가 명성을 얻는 것도 아니다. 세계적으로 유명한 화가들이 대부분 아주 어렸을 때부터 비범한 실력을 보였던 것이 사실이기는 하지만 말이다.

한편, 발달 지연 아이들 중에는 어느 한 분야에서 특출한 재능을 보이는 경우도 있다. 나디아라는 소녀도 그러했다. 자폐증을 앓고 있던 나디아는 일명 서번트 증후군Savant Syndrome의 당사자였다. 서번트 증후군이란 뇌 장애를 가진 동시에 특정 분야에서 천재적인 재능을 보이는 이들을 일컫는 말이다. 나디아는 언어 능력을 비롯한 다른 기능이 또래 수준에 비해 떨어졌지만, 매우 정교한 수준의 그림을 그릴 수 있었다(Selfe, 1977). 인지장애가 있으면서도 특정 분야에서 놀라운 재능을 보여주는 현상을 설명하기 위해 노력한 학자는 많았지만 아직까지 이렇다 할 합의는 이루어지지 않았다(Golomb, 1992/2002).

발달 지연 증상을 보이는 아이가 있다면, 발달 단계를 잘게 쪼개어 한걸음 한걸음씩 앞으로 나아가도록 격려하고 이끌어주는 신중한 접근법이 도움될 수 있다(Aach-Feldman&Kunkle-Miller, 2001; Malchiodi, Kim&Choi, 2003; Roth, 2001).

재능이 있는 아이에게는 별다른 도움이 필요 없기에, 미술치료사는 아이가 만들어내는 매력적인 작품을 보는 호사를 누릴 수 있다. 천부적인 재능이 있는 꼬마 예술가와 함께하는 작업은 미술치료사에게 큰 기쁨을 줄 것이다. 하지만 치료사가 그 기쁨에 빠져 아이가 만드는 성과에만 치중했다가는 위험스러운 결과를 초래할 수 있다.

재능 있는 아이와 함께하는 치료사는 미적인 이득을 취하려는 생각을 접고 미술 활동을 하는 아이와, 그 아이가 겪을지도 모르는 문제에 집중해야 한다. 나 또한 수백 명의 미술치료사들을 관리하고 지도해보기 전까지는 이 문제의 심각성을 깨닫지 못했었다. 하지만 지금은 미술적 재능이 있는 내담자를 도우려면 치료사 자신이 심미적 기쁨에 치중하지 않기 위해 항상 경계하고 각성해야만 한다고 확신한다.

발달과 관련된 쟁점들

심상의 원천

발달과 관련된 쟁점들 중에는 모든 발달 단계에 두루 영향을 미치는 안건이 몇 가지 있다. 예컨대 아동의 미술적 심상이 어디에서 비롯되는지에 대한 문제가 그러하다. 어떤 학자는 아동의 상상력이 조작 단계 초기의 운동신경 발달과 관련 있다고 여긴다(Grözinger, 1955; Kellogg, 1969). 하지만 시각보다는 신체감각과 주관적 정서에 더욱 민감하게 반응하는 촉각형Haptic Type 인간도 있다는 로웬펠드의 주장이 청소년에게는 더욱 잘 들어맞는다. 미술적 심상을 불러일으키는 자극은 대개 인간 내면이나, 몸의 주요 기관, 처리 과정 내에 존재하는 것 같아 보인다. 이를테면 본능적 충동도 그러하다(Erikson, 1950). 반응적이고 생산적인 표상 행위에 영향을 끼치는 신경생물학적인 원천 또한 중요한 역할을 하는 듯하다(Berlyne, 1971; Horowitz, 1983).

게다가 사람마다 타고난 선호 감각 양식이 있으며, 인류의 보편적인 원시적 심상을 뜻하는 '원형archetypes'이 존재할지 모른다는 자극적이고도 솔깃한 주장을 펼치는 학자들도 있다(Jung, 1964; J. Kellogg, 1978; R. Kellogg, 1969; Robertson, 1963) 인지적 성숙을 비롯한 주요 발달 요인들이 미술적 표상에 영향을 끼친다고 말하는 이들도 있다(Arnheim, 1954; Piaget, 1950, Piaget&Inhelder, 1956, 1971). 혹은 단계별 발달 과업이나(Colarusso, 1992; Erikson, 1950; A. Freud, 1965; Tyson&Tyson, 1990), 방어기제를 통해 설명하는 학자도 있다(A. Freud, 1936; Levick, 1983).

　내부 요인 이외에도 여러 외부적 힘이 어린이의 미술적 심상에 영향을 미친다. 어머니, 아버지, 형제, 친구 등 가까운 주변인의 영향력하에 있는 아이는 그들을 기쁘게 해주거나, 그들과 경쟁하기 위해 심상을 만들어내려 할 수 있다(Cassidy&Shaver, 1999; Lowenfeld, 1957; Kramer, 1958; Wilson&Wilson, 1978 참조).

　또한 당연히 시각적 세상 그 자체가 아이들의 심상의 원천이 될 수 있다. 여기서 주목해야 할 점은 내면의 압력이 어떤 식으로 외부 심상을 인지하고 선택하도록 만드느냐이다. 아동심리학자로 시작해, 미술치료 분야의 선구자적 역할을 하고, 『미술심리치료Art Psychotherapy(현 The Arts in Psychotherapy)』 저널을 창시한 에른스트 함스Ernst Harms 박사를 만난 적이 있다.

　함스 박사는 벨뷰 병원 정신과 병동에 입원한 아이들이 그린 물 위에 떠 있는 배 그림이 어머니로부터의 분리를 상징한다고 설명한 아동 정신과 의사 로레타 벤더Lauretta Bender의 주장에 코웃음을 쳤다. 그는 빈정거리는 표정으로, 아이들이 배를 그린 이유는 그 병원이 강가에 위치하고 있으며, 아이들이 창밖으로 본 것이라고는 배밖에 없기 때문이라고 지적했다. 그러한 회의론적 주장은 일견 설득력이 있는 것 같다. 하지만 선택할 수 있는 대상이 여럿임에도 불구하고, 굳이 그 중 하나만 선택한 이유를 어떻게 설명할 수 있을지 질문하면 회의론은 입을 다물고 만다.

　아동 미술치료에 대한 연구에서 가장 매혹적인 부분이 바로 외부 자극과 내부 욕구의 이러한 상호작용이다. 미술 활동을 하는 아이들은 각자 선호하는 심상을 발달시킨다. 아이의 개인적인 감정이나 경험과 결합된 그러한 심상에는 강력한 힘이 담겨 있는 경우가 많다(McFarland, 1978). 아이가 성장하면서 선호하는 심상의 겉모습이 바뀔 때도 있기는 하지만, 거의 모든 연령대의 아이들이 선호하는 심상을 가지고 있다는 점만은 동일하다.

아이가 성장함에 따라 미술 활동의 의미가 달라진다는 사실에는 의심의 여지가 없다. 3살짜리와 13살짜리의 '올바른' 미에 대한 기준과 숙련된 솜씨나 질서에 대한 시각은 다를 수밖에 없다. 시간의 흐름에 따라 관심을 기울이는 면이 달라지고 몸과 마음이 성장하기 때문이다. 정서와 인지 같은 변인들의 상호작용은 매우 복잡하다. 그림을 그리거나 조각을 하는 것 같은 다면적 행위에서 그러한 변인들을 서로 분리시키는 것은 부자연스러우며 인위적인 일이다.

분명, 자신이 하고 있는 행동에 대해 스스로 어떻게 느끼는지는 주제나 재료의 선택에서 작업방식 적용에 이르기까지 여러 가지 면에 영향을 끼친다. 3세 혹은 13세 아이가 차분하고 침착하게 미술 활동을 하는지, 아니면 충동적이고 단정치 못한 방식으로 미술 활동을 하는지는 인지적인 요인보다는 정서적인 요인과 관련 있는 경우가 많다. 4세 아이들이 10세 아이들에 비해 일반적으로 그림을 그릴 때 더 규칙에 얽매이지 않는 편이기는 하지만, 각 연령 집단 내의 편차도 무시하기 힘들 만큼 크다. 이때 발달 수준뿐 아니라 성격 요인도 큰 작용을 하는 것이다.

2세 혹은 12세 아동이 그림을 그릴 때 공간을 얼마나 크게 활용하는지는 인지 발달이나 운동신경 발달 수준보다는 성격 요인을 반영할 가능성이 높다. 평가의 관점에서 볼 때 여기서 중요한 점은 인지, 정서, 운동신경 발달 수준 등의 관련된 모든 변인을 이해하는 것이다. 그런 후 대부분의 아동에게 일반적으로 적용되는 발달적 특징과, 특정 아이에게서만 발견되는 특성을 함께 고려해야 한다.

이 장에서 중점을 두는 부분은 미술치료사들이 진단을 내리거나 치료를 할 때 근거로 삼을 수 있는 정상적인 미술 발달 과정에 대한 내용이기는 하지만, 그러한 지식이 정상적인 아동 발달 전반에 대한 준거 틀 내에 속해 있다는 점을 잊지 말아야 한다. 아동을 상대하는 치료사라면 누구나 이 내용을 명심해야 할 것이다(Lewis&Blotcky, 1997).

미술 발달 퇴행

어린이의 미술 활동이 어디에서 시작되며 어떤 식으로 작용하는지 이해하려면 주기적이면서도 변화무쌍한 정상 발달 과정의 특성을 고려해야 한다. 아이들이 성장해가면서 미술 능력 또한 발달하는 경우가 대부분이지만, 때로는 퇴행의 징후를 보이기도 한다. 발달은 단순한 직선 움직임이 아니다. 아이들의 발달에는 '이보 전진, 일보 후퇴'라는 오래된 말이 딱 들어맞는다(A. Freud, 1965). 아이들의 미술 실력은 시간의 흐름에 따라 변화를 보인다(그림 3.5).

'두족류 인간(그림 3.3A)'이나 속이 훤히 보이는 이른바 'X-ray' 그림(그림 3.6B), 시점이 뒤죽박죽인 입면도(3.6C), 현실적인 비율에 따라 그리기보다는 자신이 중요하게 여기는 부분을 가장 크게 그린 그림(3.6A) 등처럼 불합리하고 기이해 보이지만 발달적인 측면에서 볼 때는 정상적인 특징과 퇴행 징후를 구별하려면, 정상적인 발달 기준에 대해 자세히 알고 있어야 한다. 정상적인 성장 및 미술 실력 발달 과정에 대한 이해라는 넓은 준거 틀과, 아이 개개인의 과거와 현재의 특성에 대한 좁은 준거 틀을 모두 고려해야만 비로소 퇴행의 개념을 의미 있게 바로 세울 수 있다. 신체장애가 있는 5살 지미가 그린 그림 3.9A와 3.9B를 비교해보자. 3.9A의 광대 그림처럼 섬세하고 꼼꼼한 표현을 할 수 있는 아이가 3.9B처럼 형태를 알아보기 힘든 그림을 그렸다면, 퇴행을 의심해볼 수 있다. 다리를 쓸 수 없어 휠체어에 의지해야 했던 지미는 자신의 초상을 그린 후 이렇게 말했다. "풀밭에서 다리를 잃어버렸어요." 지미는 자기 몸에 대한 슬픔과 혼란스러운 생각을 담아 그런 그림을 그린 것이었다.

형태가 잘 갖춰진 광대 그림은 지미가 또래에 비해 인간의 신체를 훌륭하게 표현할 수 있다는 사실을 보여준다. 두 그림 사이의 현격한 표현력 차이는 지미가 자신의 장애를 지각하고 있을 뿐 아니라, 그 상태에 대해 분노나 무력감을 느끼고 있음을 보여준다. 지미가 자신의 초상과 광대 그림을 연이어 그렸다는 사실 또한 주목해야 할 부분이다. 광대는 걸을 수 있을 뿐 아니라, 껑충껑충 뛰고, 재주를 넘을 수도 있다. 심지어 서커스를 할 때 공중 그네를 타고 하늘을 날기도 한다.

3.9 퇴행을 보여주는 그림. 지미. 5세

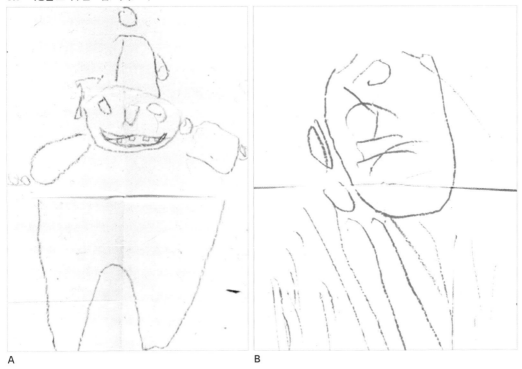

A

B

어린이들의 미술 발달 퇴행은 형태, 내용, 구성, 사고 과정의 네 가지 면으로 나타난다. 이 중 어린 시절의 표현방식으로 되돌아가는 형태의 퇴행이 가장 흔하게 일어나며 알아차리기도 쉽다. 내용의 퇴행이란 발달 초기와 관련된 상징적 재료로 돌아가는 것이다. 내용의 퇴행은 15세 멜라니가 그린 공격적인 모습의 배고픈 독수리 그림(그림 6.2)에서 볼 수 있듯 비교적 뚜렷이 나타나는 편이지만, 때로는 상징적이거나 추상적인 표현 속에 의미를 감추고 있는 경우도 있다.

구성의 퇴행은 수평적이기보다는 수직적인 면이 강하다고 할 수 있다. 다시 말하자면, 의식에서 무의식을 향해 아래방향으로 점차 깊어진다(이에 반해 형태나 내용의 퇴행은 과거로 회귀한다는 점에서 수평적이라 할 수 있다). 구성의 퇴행은 형태의 분열, 무질서 등을 특징으로 한다.

마지막으로 구성의 퇴행과 연관이 있는 사고 과정의 퇴행은 정신병적인 상태나 몽상·환상에 사로잡힌 상태를 특징으로 한다. 프로이트가 정의한 '일차 과

A. 지미가 그린 광대 그림. 크레용
B. 지미 자신

3.10 스트레스로 인한 퇴행. 리사. 5세

A

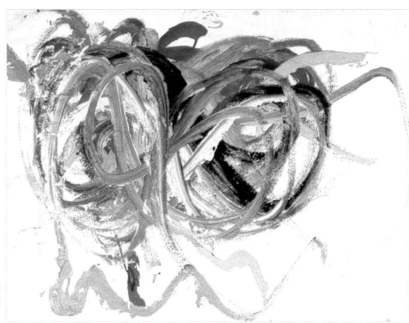

A. 리사가 보통 때 그리던 그림
B. 혼란스러움을 표현한 리
사의 그림

B

정Primary Process'이 이에 해당한다. 일차 과정이란 원하는 바나 욕구를 어떤 수고나 노력도 거치지 않고 곧장 얻고자 하는 마음을 일컫는다. 사고 과정의 퇴행을 보여주는 그림으로는 가족 구성원들의 특징적인 면을 모아 하나의 얼굴에 표현한 한 십대의 그림이나(그림 10.3A), 샘이 그린 기괴한 모습의 얼굴을 들 수 있다(그림 14.4D). 어떤 아이가 실제적인 시간이나 공간 개념에서 벗어난 초현실적이고 몽환적인 느낌의 그림을 그렸다면 사고 과정의 퇴행을 의심해보아야 한다. 이는 원시적이고 비논리적인 사고방식을 반영하기 때문이다.

아이들이 만든 결과물만을 보고 미술 활동의 발달이나 퇴행을 알아차리기란 쉽지 않다. 물론 아이들이 만든 작품을 보는 것만으로도 그 아이에게 공격적-파괴적 충동이 있음을 추측할 수 있는 때도 있다. 하지만 그러한 충동은 자율성을 추구하는 건설적인 욕구에서 비롯된 것일 수도 있다.

퇴행의 원인

퇴행이 나타나는 원인은 다양할 수 있지만, 여기서는 여러 이유 가운데 가장 흔하고 일반적인 원인들을 소개해보겠다. 우선, 때로는 새로운 미술 도구를 사용하는 것 같은 외부 자극으로 인해 퇴행이 나타나기도 한다. 예컨대 주로 크레용을 가지고 미술 활동을 하던 아이에게 초크를 주면 경계선을 흐릿하게 표현하는 경향이 나타나기 쉽다. 한 소년이 그린 그림 6.7A와 6.7B를 비교해보라.

아이들의 미술 활동은 가까이 있는 타인에게 큰 영향을 받기도 한다. 예를 들어 항상 사람의 형태를 깔끔하게 그리던 팀이라는 소년은 집단 미술치료에 함께 참여하는 옆자리 친구가 시작하고 나서야 자신도 미술 활동을 시작했다. 또 미술 활동을 할 때 늘 신중한 태도를 보이던 바바라는 조이스 옆자리에 앉을 때만은 평소와 다른 모습을 보였다.

피로 같은 내부적인 요인도 퇴행을 유발할 수 있다. 4살 소년이 연속으로 그린 그림 16점 중 마지막 두 점과 처음 두 점을 비교해보면 그 표현력이나 형태가 현격히 차이 난다는 사실을 알 수 있을 것이다. 아이들의 내부 요인 중 퇴행을 유발하는 가장 흔한 원인은 스트레스이다. 예컨대, 늘 구조가 잘 짜인 장식적인 그림을 그리던 5살 난 리사는 어머니가 동생을 낳기 위해 병원에 갔던 날 평소에 비해 혼란스럽고 질서가 없는 그림을 그렸다(그림 3.10A와 3.10B 비교.)

하지만 형태의 퇴행을 유발하는 가장 큰 요인은 때묻지 않은 순진한 논리라고 할 수 있다. 안이 훤히 들여다보이는 집을 그린 제니의 그림을 보자(그림 3.11). 집 안에서는 가족들이 각자의 할 일을 하고 있는데, 제니의 어머니를 제외한 다른 가족 구성원은 모두 단순하고 불분명하게 표현되었다. 제니에게는 어머니가 가장 중요했기에 어머니를 가장 크고 가장 정교하게 그렸다. 디 레오Di Leo는 이러한 현상이 아동의 '인지-감정 비율cognitive-affective ratio' 변화에서 기인한다고 여긴다. 자신에게 더 중요한 대상인 아버지를 집보다 더 크게 그린 존의 그림에도 동일한 논리가 적용된다(그림 3.6A). 현실이 아닌 자신의 심적 상태가 그림에 반영되는 것이다. 공을 던지는 한쪽 손만을 강조해 그린 그림(3.6D), 풍선을 들고 있는 손만을 그린 그림(3.6E)도 마찬가지다.

모순되게 느껴질 수도 있지만, 어린이 미술에서 나타나는 퇴행의 또 다른 주요 원인은 발달 혹은 성장이다. 낡은 도식을 버리고 새로운 도식을 습득하는 과정에서 두서없고 어색하거나 서투른 표현이 나타나기도 한다. 심리학자 아른하임은 이 현상을 다음과 같이 설명하기도 했다. "어린이 미술 활동에서 나타나는 무질서는 언뜻 보기 흉할 수도 있지만, 실은 그 아이가 무엇인가를 끊임없이 추구하고 있다는 사실을 보여주는 증거이다."(1969, p.266)

미술치료사는 때로 일부러 퇴행을 유도해야 할 수도 있다. 아이의 억압된 마음을 해제시켜 마음껏 상상력을 발휘하도록 이끌어주는 것이다. 도로시는 그러한 도움이 필요한 아이였다. 도로시는 몇 주가 지나도록 연필로 신중하게 틀에 박힌 모양의 새만을 그렸다(그림 8.2E). 나는 도로시를 위해 도화지에 물감을 덕지덕지 색칠하며 즐겁게 놀 수 있는 시간을 마련했다(8.2F). 그 이후 도로시는 자신의 상상에 상징적 의미를 담아 분명하게 표현할 수 있게 되었다(8.2H, I).

억압 성향이 있는 아이에게는 안정된 환경 속에서 마음껏 퇴행해볼 수 있도록 이끌어주는 것이 큰 도움이 되기도 한다. "억압에서 해방되어 일시적으로나마 날것 그대로의 공격성을 마음껏 표출해보는 경험은 정서적인 승리라 할 수

있다."(Kramer, 1971, p.161) 다시 말해, "일시적인 퇴행은 모든 창의적 활동을 할 때 필수적으로 거쳐야 할 단계이다"(Kramer, p.14). 특히 무의식과 전(前)의식에 도달하려면 일시적 퇴행을 꼭 경험해야 한다.

의식적 통제의 굴레를 벗어던지고 놀이하듯 창조하는 행위는 "퇴행이 아니라 용기 있는 진전이다"(Barron, 1972, p.162). 심리학자 에른스트 크리스Ernst Kris가 말한 '자아를 위한 퇴보regression in the service of the ego'는 예술가들의 창조성에서 발견되는 특징을 설명하기 위해 고안된 용어지만, 어린아이들에게도 적용된다. 의도적으로 의식의 작용과 통제에서 벗어나 자신을 마음껏 표현하려는 아이는 '자아를 위한 퇴보'를 실현하고 있는 것이라 할 수 있다. 2장에서 소개했던 시각장애가 있는 13살 소녀 카를라의 경우가 이에 해당한다(그림 2.2).

퇴행이 자유와 해방의 징후인지, 아니면 단순히 무질서와 분열의 징후인지 판단하려면, 이후에 나타나는 아이의 행동과 아이가 만든 작품을 관찰해야 한다. "건강한 퇴행은 에너지를 방출시켜 이후의 성장과 발달을 촉진한다. 건강하지 못한 퇴행은 성장을 저해한다."(Rabin&Haworth, 1960, p.29) 건강한 발달을 촉진하는 퇴행과 그렇지 못한 퇴행의 차이는 퇴행이 발생하는 동안과 그 이후를 관찰하면 바로 확인할 수 있다. 다시 말해, 아이들의 작품에서 형태, 내용, 구성, 사고 과정을 주의 깊게 관찰해야 한다. 그런데 아이의 미술 활동이 퇴행하고 있는지 발달하고 있는지 신경 쓰면 쓸수록, 아이의 작품이 더욱 복잡해 보일 수도 있다. 그럴 때는 아이의 행동을 함께 관찰하는 것이 도움된다.

퇴행은 내·외부적인 다양한 원인에 의해 발생할 수 있다. 재료나 사회적 맥락 같은 외적 요인과 더불어 아동이 얼마나 경계심을 느끼고 있는지, 얼마나 피로한지, 얼마나 스트레스를 받고 있는지, 얼마나 편안하게 느끼는지 같은 내적 요인, 그리고 성장 그 자체 등이 퇴행을 유발할 수 있다. 퇴행은 아동이 스스로 통제하는 경우도 있지만(이러한 퇴행은 건강하며 유익한 현상이라 할 수 있다), 반대로 아이 스스로 통제할 수 없는 경우도 있다(이러한 퇴행은 파괴적이고 혼란스러우며, 두려운 현상이라 할 수 있다). 퇴행에 선행하거나 뒤따라 일어나는 모든 현상은 아동 발달 전반과 관련된 일반적인 맥락과 더불어 미술 발달의 맥락을 모두 고려해 평가되어야 한다.

정상적인 아동 발달 단계

표현 미술치료사 동료들과 부모교육을 실시하면서 쉽게 인지하고 기억할 수 있도록 정상적인 발달의 주요 특징들을 정리했다. 18장에 설명해놓았지만, 우리가 정리한 내용은 임상 아동심리학자, 정신과 의사 등을 훈련시킬 때에도 도움이 되는 것으로 밝혀졌다. 표 3.1에 우리가 정리한 내용을 담았다.

표 3.1 정상적인 아동 발달의 주요 특징

	신뢰 대 불신
I. 유아기 Infant	감각-운동 탐색
	자아와 비자아 분화
	입과 혀를 통한 자극과 욕구 충족에 집중

II. 걸음마기 **Toddler**	충동 조절
	자율성
	어머니와의 권력 싸움과 이에 따른 어머니에 대한 모순되는 감정과 태도
	운동신경 통제
III. 취학 전 아동기 **Preschooler**	호기심
	포함/배제
	라이벌 및 경쟁
	환상 놀이
	보복과 처벌에 대한 걱정
	성역할 동일시
IV. 학령기 **School-age child**	학습을 통한 지식과 능력 습득
	또래 집단 상호작용 및 수용
	동성 집단
	규칙과 기준 확립
V. 사춘기 **Adolescent**	오이디푸스 콤플렉스 재생
	의존성/독립성
	자율성 및 통제
	사생활 침해에 대한 경계
	미래와 직업 선택
	성역할 방향 확립
	정체성에 대한 관심
	자의식
	자아 정의
	자존감

4장

치료 과정

아이를 키우다 보면 성장 과정 중 심리적인 문제가 생기기도 하며, 때로는 그 문제가 심리치료사의 도움을 받아야 할 정도로 심각할 때도 있을 것이다. 심리적인 문제는 거의 대부분 해결되지 않은 싸움, 즉 갈등에서 비롯된다. 갈등은 아이와 아이를 둘러싼 환경 사이의 문제에 원인이 있을 때도 있다. 그런 경우에는 부모나 교사들과 함께 치료받아야 할 수도 있다. 하지만 외부 세상과의 문제로 생긴 아이의 갈등이 내면화되는 경우도 많다.

그런 아이들을 이해하고 도우려면 발달적인 측면과 역동적인 측면을 모두 고려해야 한다. 그 문제가 충동과 억압 사이의 갈등에서 비롯된 것인가? 만약 그렇다면, 그 갈등은 보살핌이나 안정감 문제 같은 유아기나 걸음마기에 흔하게 발견되는 문제인가? 아니면 경쟁이나 정체성 문제 같은 학령기나 사춘기에 흔하게 발견되는 문제인가? 아이는 그 문제에 어떤 식으로 맞서고 있는가? 다시 말해 어떠한 종류의 방어기제를 사용하고 있는가? 그리고 아이의 대응방식은 미숙한가 아니면 정교한가?

내 경험상 갈등의 특성과 증상의 의미를 파악하는 데에는 정신분석적 관점이 가장 유용했다(Blos, 1962; Cassidy&Shaver, 1999; Erikson, 1950/1959; Fraiberg, 1955; A. Freud, 1965; Sarnoff, 1976; Tyson&Tyson, 1990; A. Freud, 1936/1946/1965).

사실 아이의 문제를 이해하기 위해 어떤 준거 틀을 이용하는지는 그다지 중요하지 않다. 중요한 점은 일관적이면서도 다양한 문제를 다루고 있는 준거 틀을 사용해야 한다는 것이다. 아이가 전달하는 메시지 혹은 상징을 해석하는 데 참조할 개념적인 틀이 없다면, 평가나 치료는 방향성이나 목적성을 상실한 채 혼돈 속에서 헤매게 될 것이다. 아이들이 보내는 신호는 대개 불분명하고, 오해하기 쉬우며, 비일관적이다. 치료사는 그러한 신호를 명확하게 해석하기 위해 노력해야 한다.

르네상스 시대의 그림을 감상하는 법을 생각해보면 도움이 될지 모르겠다. 르네상스 시대의 그림을 제대로 감상하려면 그 시대에 쓰였던 배경색의 의미, 원근법, 도상법 등을 알고 있어야 한다. 아이들의 작품을 볼 때도 그 이면에 무엇이 감추어져 있는지 식별할 수 있어야 한다. 그러한 식별력이 없는 치료사는 어둠 속에서 갈피를 잡지 못하게 마련이며, 아이에게 도움이 되기는커녕 해를 끼칠 수도 있다. 확신컨대, 아이를 깊이 이해할수록 아이가 문제를 해결하는 데 더욱 힘이 되어줄 수 있다.

이러한 점들을 염두에 두고, 이제 미술치료의 일반적인 과정을 설명해보겠다(물론 어디에든 예외는 있기 마련이므로 내가 설명하는 과정이 모든 아이에게 적용되지는 않을 수도 있다는 점을 미리 인정한다). 1주일에 한 번씩 3개월에서 3년까지 나에게 치료를 받아온 수많은 아이들을 돌아보면, 개개인마다 드러나는 상태나 양상은 상당히 다양했지만 그럼에도 공통적인 유형을 찾아볼 수 있었다(참조 Betensky, 1973).

아동 미술치료의 과정을 일반화시켜보면 다음 아홉 단계로 나눌 수 있다. 시험Testing, 신뢰Trusting, 감행Risking, 소통Communicating, 직면Facing, 이해Understanding, 수용Accepting, 극복Coping, 분리Separating. 이 아홉 단계는 아동과 문제 사이의 관계뿐 아니라 아동과 치료사 사이의 관계 변화를 나타낸다. 또 미술 발달 단계와 마찬가지로, 미술치료 과정의 단계 구별은 인위적인 것에 불과하다. 다시 말해 어떤 단계들은 서로 겹치기도 하고, 이따금 이전 단계로 퇴보하기도 하며, 모든 과정을 거치는 동안 계속 유지되는 특징도 있다.

시험

새로운 어른을 만나 낯선 환경에서 새로운 관계를 시작할 준비가 얼마나 되어 있는지는 아이마다 다를 것이다. 새로운 관계를 시작할 때는 항상 어느 정도 불확실한 시험 단계를 거치게 마련이다. 어른의 관심과 인정, 온정에 목마른 아이라 해도 과거에 다른 어른에게 실망했던 경험 때문에 새로운 어른을 신뢰하기 어려워할 수도 있다. 불확실한 초기 단계에 아이는 새로 만난 치료사를 시험해보고자 할 때가 많다. 시험은 여러 형태를 띨 수 있다. 아이는 추가적인 관심이나 치료 용품을 요구하거나, 자신이 어디까지 행동해도 되는지 시험해보려고 하거나, 치료 시간이나 장소에 대해 물어보려 할 것이다.

치료사는 아동의 개인별 특성에 맞추어 치료 장소의 경계를 달리해야 한다. 아동 개개인이 편안하게 느끼는 장소의 한계나 분위기가 모두 다를 것이기 때문이다(Ginott, 1961). 또한 미술치료사 개개인의 성향이나 기준도 다양할 수 있다. 따라서 치료사는 자신의 성향과 기준, 한계를 명확히 인지하고, 어린이 내담자에게 그 사실을 정확히 인지시켜주어야 한다. 물론 그러한 내용을 전달할 때는 온화하고 공감적인 태도를 취해야 할 것이다.

내 경우 가장 중요하게 여기는 규칙 혹은 한계는 사람이나 사물을 대상으로 공격성을 파괴적으로 표출하지 않아야 한다는 점이다(이는 개인치료에서든 집단치료에서든 마찬가지로 적용된다). 아이가 공격적인 성향을 보일 경우, 나는 공격성을 허용되는 행동으로 표출하도록 유도한다. 예를 들면 점토를 공 모양으로 조그맣게 빚어 사람이 아닌 정해진 과녁에 맞히며 놀도록 해주는 것이다. 나는 한계나 규칙을 미리 말해주기보다는 아이가 특정 행동을 보이면 그때그때 대응하는 것을 선호한다.

한계나 규칙을 설정할 때와 마찬가지로, 치료사의 대응 방식은 많은 변수에 의해 좌우된다. 이를테면 사회적·제도적 기준,[1] 개인적인 선호, 그리고 어린이

---

[1] 내가 미술 교사로 처음 사회생활을 시작했을 때, 내가 편하게 느끼던 방식과 학교의 문화가 달라서 갈등을 겪었다. 1959년 당시 그 학교의 교장은 수업 시간에 회초리를 사용하지 않는다는 이유로 나를 꾸짖기까지 했다. 당시 피츠버그 공립학교에서는 대개 학생들의 기강을 바로잡기 위

가 겪고 있는 문제의 특성에 따라 대응 방식이 달라질 것이다. 치료사는 어린이의 특정 행동에 대응할 때도 명료하고 일관적이며, 단호하면서도 온화한 태도를 보여야 한다. 다시 말해, 분명하고 일관적인 메시지를 단호한 태도로 전달하되 어린이가 의사나 요구를 표현하면 언제든 즉시 대응해줄 준비 태세를 갖추고 있어야 한다.

이따금 아이가 한계나 규칙을 약간 어기더라도 관대하게 눈감아줌으로써 '좋은' 관계를 맺고자 하는 유혹이 생길 때도 있을 것이다. 하지만 그러한 태도로는 절대로 안정적이고 안심되는 관계나 분위기를 만들지 못한다. 그 직후 잠시 동안은 만족감을 얻을지 모르지만, 아이는 그러한 태도에 근본적인 위협을 느낀다. 아이에게 필요한 것은 마음껏 스스로를 드러내고 모험을 할 수 있는 안정적인 틀이다.

미술치료사라는 직업에 발을 내딛는 이유는 저마다 다양하겠지만, 공통적인 동기는 남을 보살피고자 하는 욕구와 관련 있다. 그래서 경험이 부족하거나 미숙한 치료사들은 종종 한계를 명확히 설정하지 못하거나, 아이의 즉각적인 요구나 필요에 늑장 대응하는 실수를 저지른다. 눈앞에 있는 상처받은 아이에게 무엇이든 해주고 싶은 마음이 드는 것은 어떻게 보면 당연한 일이다.

하지만 명확한 한계를 긋지 않고 아이가 원하는 대로 들어주는 행동은 장기적으로 보았을 때 안정적이고 신뢰 있는 치료사-내담자 관계를 악화시키는 요인이 된다. 이는 치료사로서 받아들이기 힘들지라도 명심해야 할 부분이다. 치료사는 처음부터 한계와 기준에 대해 단호한 태도를 취해야 한다(물론 내용을 전달할 때는 온화함을 잃지 말아야 할 것이다). 나는 오랜 임상 경험을 통해 이 진술의 타당성에 의문의 여지가 없다고 확신한다. 한계와 기준은 2장에서 설명한 안정적인 틀을 만드는 데 핵심적인 역할을 한다. 따라서 평가를 할 때나 치료를 할 때

한 체벌을 용인하는 분위기였다. 그러나 내가 가르치는 아이들은 미술을 좋아했고, 수업 시간에도 얌전했기 때문에 굳이 회초리를 들 필요가 없었다. 그리고 체벌에 대한 개인적인 거부감이 회초리를 들지 않았던 것에 한몫했던 것 또한 사실이다.

한계와 기준을 명확히 해두는 것이 중요하다.[2] 또한 아이들은 이 시작 단계에서 이 특별한 '놀이'의 규칙이 무엇인지, 즉 미술을 통해 어떤 식으로 자신을 표현하고 행동해야 하는지 배운다. 치료사는 익숙하지 못한 상황에 맞닥뜨린 아이들에게 치료가 어떤 도움이 될 수 있는지 깨닫도록 도와주어야 한다.

아이와 신뢰를 형성하고 긍정적인 관계를 맺기 위해서는 치료사로서 일관적인 태도를 보여야 할 뿐 아니라, 아이가 겁먹지 않도록 배려해야 한다. 아이의 미술작품이나 행동을 해석하고 문제와 대면하는 일은 나중 문제다. 처음에는 우선 분위기를 가능한 한 즐겁고 온화하게 조성하는 것이 중요하다. 시험 단계에서는 아이가 또 미술치료를 받으러 오고, 미술치료 활동에 참여하고 싶도록 만드는 것에 치중해야 한다.

이러한 우호적이며 유쾌한 분위기를 만들려면 아이의 '친구'가 되어야만 한다고 생각하는 사람이 있을지도 모르겠다. 물론 아이와 친화적인 관계를 맺기 위해서는 친구가 되는 것이 유일한 방법일 때도 있을 것이다. 하지만 일반적으로 치료를 할 때는 아이와 '친구'가 되는 것을 피해야 한다. 치료사는 지나친 친밀감을 내보이지 않으면서도 우호적인 태도를 취하고, 감정을 과장되게 표현하지 않으면서도 온화하게 대하고, 지나치게 간섭하지 않으면서도 관심을 보여주어야 한다.

또한 치료사 자신의 사생활을 노출시키는 것도 좋은 방법이 아니다. 아이와 신뢰를 쌓기 위해서는 '진정성'을 보여주어야 한다고 생각하는 사람이 있을지도 모르겠다. 하지만 진정성이란 상대방에게 성실하고 정직하게 대하는 것을 의미한다. 굳이 상대에게 자신의 감정이나, 상상, 사생활에 대해 세세하게 말해줄 필요까지는 없는 것이다. 아이가 치료사 개인 신상에 대해 물어볼 경우에는, 어떨 것이라 생각하는지 되물어보는 식으로 대응하는 것이 효과적이다. 그러면 처

---

2 그런데 나는 가족치료를 위한 평가를 할 때는 한계나 기준을 정하지 않는 편이다. 이는 부모가 아이와 어떤 식으로 상호작용하는지 알아보기 위해서이다. 하지만 평가를 마치고 일단 가족 미술치료 과정을 시작하면 부모가 정기적으로 함께하든 일시적으로 함께하든 상관없이 아이에게 한계와 기준을 명확하게 설명해준다. 시간의 흐름에 따라 아이의 부모가 '내' 공간에서 부과된 한계와 기준에 어떤 식으로 동참하는지 지켜보는 것 또한 흥미로운 치료 과정의 일부이다.

음에는 아이가 실망할지 모르지만, 아이가 어떤 생각과 환상을 품고 있는지 알고 나면 아이를 더욱 **효과적으로** 도울 수 있다.

일단 아이가 어떤 생각이나 상상을 품고 있는지 듣고 그 의미를 해석한 후에는 신상에 대한 정보를 조금씩 알려주는 것이 치료에 도움이 될 수도 있다. 하지만 그렇더라도 치료사는 자신의 개인적인 정보 노출이 아이와 아이의 치료에 미칠 수 있는 파급력에 대해 뚜렷이 인지하고 있어야 할 것이다.

신뢰

신뢰를 쌓는 데 걸리는 시간은 어떤 아이를 만나느냐에 따라 다르다. 신뢰 구축과 관련해 미술치료사가 갖추어야 할 **최고의 덕목**은 바로 인내심일 것이다. 치료 시간, 규칙에서 사용하는 재료, 공간, 상호작용하는 방식에 이르기까지, 치료사가 분명하고 일관적인 모습을 보여줌으로써 형성된 안정감은 계속적인 미술치료를 위한 **명료하고 견고한** 틀을 제공해줄 것이다.

미술치료는 정해진 시간에 일정한 장소에서 실시하는 것이 좋다. 또한 아이가 원하는 재료나 도구를 쉽게 찾을 수 있도록 물품 또한 동일한 장소에 정리해두어야 한다. 매 치료 시간마다 환영 인사하고, 마무리하고, 작별 인사를 나눌 때에도 아이가 늘 진행 과정을 예측할 수 있도록 정해진 방식을 따르는 것이 좋다. 미술치료를 받으러 온 아이는 불확실성과 불안으로 이미 고통받고 있을 것이기 때문이다. 일관성 없는 행동으로 아동의 불확실성이나 불안을 공연히 더해줄 필요는 없다.

또한 미술치료를 실시하는 동안에는 불필요한 외부의 개입이나 방해에 노출되지 않도록 아이를 보호해주는 것이 중요하다. 치료 시간과 공간을 오롯이 아이만을 위한 것으로 만들어야 하는 것이다. 또한 미술치료 중간 중간 메모하는 목적과 이유에 대해서도 아이에게 솔직하고 분명하게 이야기해주어야 한다. 그렇지 않으면 아이는 자신이 표현한 속마음이나 행동을 누군가 그 메모를 읽고 알게 되지 않을까 두려워할 수도 있다.

아이가 털어놓은 비밀을 치료와 관련 없는 다른 사람에게 언급하는 행위는 비윤리적이며 전문적이지 못한 처사이다. 치료사는 아이가 참여하지 않은 상태에서 아이의 사적인 정보를 부모, 학교를 비롯한 그 누구에게도 공개해서는 안 된다. 아이의 입장에서 생각해보면, 치료사와 나눈 이야기가 비밀에 부쳐질 것이라 믿는 것은 쉬운 일이 아니다. 따라서 치료사는 정보 노출에 대한 두려움으로부터 아이를 보호하기 위해 최대한 노력해야 한다. 또한 아이가 어떤 것을 걱정하고 두려워하는지 늘 신경 쓰고 보듬어주어야 한다.

학생 수련 등의 목적으로 아이와의 미술치료 과정에 누군가를 참관시키고 싶다면, 반드시 아이의 동의를 구해야 한다. 물론 아이가 알지 못하게 외부에서 아이를 관찰할 수 있는 방법은 많지만 이는 결코 윤리적으로 바람직하지 않다. 아무리 이상적인 환경을 제공해준다 해도 깊은 속마음을 드러내 보이는 것은 두렵고 쉽지 않은 일이다. 따라서 미술치료사는 엄격한 직업적 · 개인적 윤리 기준을 따라야만 한다.

신뢰는 일순간 생겨나지 않는다. 신뢰는 오랜 시간에 걸쳐 점진적으로 쌓여가며, 다른 모든 것이 그렇듯 스트레스를 받는 상황에서는 일시적으로 퇴보할 수도 있다. 신뢰 형성 여부는 아이의 행동과 치료사와의 상호작용에서 분명히 드러난다. 특히 아이가 마음 놓고 속마음을 이야기하는 것은 신뢰가 쌓였다는 증거이다. 또한 아이가 방어적이고 숨기는 태도에서 벗어나 솔직하고 표현적인 태도로 변화하는 것 또한 신뢰가 쌓였다는 명백한 증거라 할 수 있다.

8살 소녀 카를라는 미술치료를 받던 도중 생생한 악몽에 대한 두려움을 호소했다(그림 4.1). 카를라는 악몽에 등장하는 괴물들에 대한 공포에서 좀처럼 벗어나지 못하는 듯했다. 나는 치료사로서 감정과 생각을 낙서하듯 마음껏 분출하는 '난화법scribble drawing'을 시도해보기로 했다. 카를라는 낙서하듯 내면의 엉킨 감정과 생각을 표현한 이후부터 용기를 내어 악몽에 등장하는 괴물들의 그림을 그릴 수 있게 되었다(그림 5.1B; 그림 4.1A). 일단 시작하고 나자 다양한 재료를 활용해 온갖 모양과 크기의 괴물들을 봇물이 터진 듯 쉴 새 없이 그려냈다(4.1B). 처음에는 자신이 그린 괴물의 그림을 오려내 종이로 만든 우리 안에 넣어두었다. 그 우리는 카를라가 정성들여 만든 것이었다. 처음 2주 동안은 우리에

4.1 카를라와 그녀의 괴물. 8세

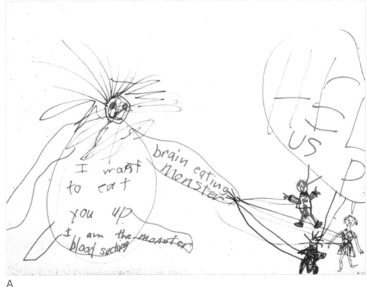

A

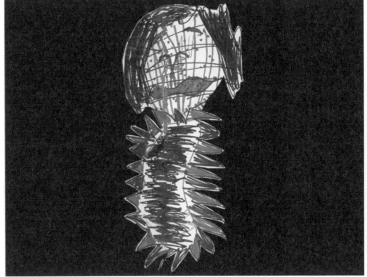

B

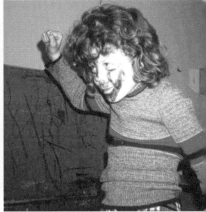

C

A. 괴물이 나오는 악몽
B. 또 다른 괴물
C. 괴물로 변해 나를 공격하는 카를라

간힌 괴물들을 내 책상 서랍에 넣어두어야 한다고 고집을 피우기까지 했다. 그 래야 괴물들이 달아나지 못한다는 것이었다.

카를라는 점차 자신이 그린 괴물 그림을 편안하고 익숙하게 느끼게 되었다. 그러더니 어느 순간부터 역할극 놀이를 통해 자신의 공상과 환상을 표현하기 시작했다. 하루는 물로 쉽게 지울 수 있는 비누 크레용으로 내 얼굴에 이리저리 칠을 하더니, 괴물인 척 흉내를 내보라고 했다. 그 다음 주에는 역할을 바꾸어 자 신이 괴물을 할 테니 내게는 겁먹은 아이 흉내를 내라고 했다(4.1C). 정확히 이 때부터 카를라는 더 이상 악몽에 시달리지 않게 되었다. 미술 활동은 카를라에 게 무시무시한 괴물에 직면할 수 있는 힘을 주었다. 또 역할극 놀이는 분노를 표 현하고 느낄 수 있는 기회를 주었다. 카를라는 그림 그리기와 역할극을 반복하 면서 두려움에 맞섰고, 그 두려움 속에 감추어져 있던 분노를 해소할 수 있었다.

감행

아이의 마음속 깊이 감춰두었던 생각과 감정을 털어놓는 과정은 더딜 수밖에 없다. 하지만 로라의 경우는 달랐다. 몇 년째 부모와 교사에게 마음을 꽁꽁 숨겨 왔던 로라는 미술치료를 받기 시작하자 매우 빠르게 마음을 열었다. 미술치료

4.2 로라가 그린 미친 과학자

첫 시간에 로라는 매우 정성들여 딱딱해 보이는 로봇을 만들었다(아마도 그 로봇은 자신을 나타낸 것이었으리라 생각한다). 그러고는 무척 주저하며 어렵게 로봇에 대한 이야기를 해주었다. 하지만 두 번째 시간에는 손가락 그림을 그린 후 더 이상 긴장하지 않고 그림 4.2의 미친 과학자 그림에 대한 공상과 환상이 담긴 이야기들을 홍수처럼 들려주었다.

하지만 세 번째 시간에는 갑자기 극도로 위축된 모습을 보였다. 미술 활동을 하는 내내 말이 거의 없었으며, 만든 작품에 대해 이야기하기도 꺼렸다. 로라는 이후 몇 주 동안 미술작품을 만드는 것 자체를 힘겨워하기까지 했다. 초기에 너무 이르게 생각과 감정을 터뜨린 이후, 다시 혼란스러운 내면을 드러내기까지 수개월이 걸렸다.[3]

소통

아이와 신뢰 있는 관계를 구축하고 아이가 내면의 두려움에 용기 있게 직면할수 있도록 도와주었다면, 다음으로 할 일은 양쪽 모두에게 의미 있는 소통방식을 찾는 것이다. 특정 아이에게 잘 맞는 언어와 이미지, 준거 틀을 찾으려면 시간이 걸린다. 때로는 그 과정에서 시행착오를 겪을 수도 있다. 특히나 말을 하지못하거나, 지능이 낮거나, 정신병을 앓고 있는 아이들에게 적절한 소통방식을 찾기란 더욱 까다로울 수 있다.

하지만 미술치료사는 치료에 참여하는 모든 아이들과 원활하게 관계 맺기 위한 언어적·비언어적 방법의 조합을 찾아내야만 한다. 또 그 조합은 시간의 흐름과 아이의 성장에 맞추어 면밀하게 조정되어야만 한다. 효과적이고 적절한 파

---

3 두 번째 시간에 로라가 성급하게 생각과 감정을 분출시키지 않도록 치료사인 내가 조절해주었어야 한다고 생각하는 사람도 있을지 모른다. 하지만 오랜 경험을 쌓고 난 지금도, 로라와 유사한 모습을 보이는 아이를 만난다면 나는 그때와 같은 방식으로 대처할 것이다. 봇물 터진 듯 자신의 이야기를 쏟아내는 아이의 말을 중단시키는 것은 아이에게 거절로 느껴질 수도 있기 때문이다. 거절의 고통을 느낀 아이는 더 이상 미술치료에 참여하지 않으려 할 수도 있다. 본격적으로 시작해보기도 전에 치료가 중단될 수도 있는 것이다.

장을 찾기란 쉽지 않으며 치료사의 창의성을 요구하는 일이다. 때로는 알맞은 방법을 찾기 위해 치료사로서 모험을 감행해야 할 수도 있다. 효과적인 소통 수단이 없다면 미술치료를 통해 어떤 진전도 꾀할 수 없기 때문이다.

말을 할 수 없거나, 하지 않으려는 아이와 소통하기 위한 방법을 찾는 것은 특히 힘겹고 까다로운 작업이다. 이런 경우 미술 활동의 주제를 명확히 하는 것이 큰 도움이 된다. 선택적 함묵증세가 있던 7살 제레미의 사례를 보자. '선택적 함묵증selective mutism'이란 정상적으로 말할 수 있는 능력이 있음에도 특정 환경에서나 특정 사람에게 말하기를 거부하고 말 대신 손짓이나 고갯짓 등으로 의사표현을 하는 것을 의미하며, 선택적 함구증이라 칭하기도 한다. 선택적 함묵증을 앓는 아동은 보통 부모 형제와 집에 있을 때는 정상적으로 말을 하지만 집 이외의 환경에서 선생님, 또래 등과는 대화를 하지 못한다. 제레미의 경우 부모를 포함한 모든 어른과 대부분의 또래 아이들에게 입을 열지 않았다. 하지만 미술치료 초기에 제레미가 그린 그림을 보면 숨겨진 상징을 통해 소통하고자 하는 의지와 마음을 읽을 수 있다. 제레미의 그림들은 미술에 내재된 소통 수단으로서의 가능성을 훌륭하게 보여준다.

갈등 관계에 놓인 가족 구성원들의 모습을 전형적으로 표현한 그림 4.3을 보자. 제레미가 가장 처음 그린 것은 도화지 양쪽의 도로와 그 사이를 갈라놓고 있는 물이다. 그 다음에는 물 위 공중에 엄마 것이라는 자동차를 그렸다. 자동차는 오른쪽 길 위에 놓인 삼각형 모양 돌 때문에 길에서 떨어져 밑의 물에 첨벙 빠질지, 아니면 무사히 공중을 날아 왼쪽 길 위에 닿을 수 있을지 모르는 위기에 놓여 있다. 제레미가 엄마의 자동차를 이런 식으로 그린 것은 어머니를 향한 공격적인 감정과 관련된 애증, 불안감을 반영한다.

제레미는 다음으로 왼쪽 도로 낭떠러지에 아슬아슬하게 걸쳐 있는 자동차를, 그리고 그 다음으로 헬리콥터를, 그 다음으로 도화지 왼쪽 윗부분에 비행기를 그렸다. 비행기와 헬리콥터에서는 낭떠러지에 있는 자동차를 향해 총알을 발사하고 있다. 제레미가 마지막으로 그린 것은 왼쪽 도로 위의 구조 차량이다. 구조 차량에서도 헬리콥터에 맞서 총을 쏘고 있다. 내가 질문을 던지고 제레미가 고개를 끄덕이거나 가로저어 답하는 방법을 통해 낭떠러지에 놓인 자동차에 여동

4.3 제레미가 그린 싸움과 전투.
마커. 7세

생이, 헬리콥터에는 아버지가, 구조 자동차에는 형이 타고 있다는 사실을 알아 냈다. 제레미 자신은 싸움에 개입하지 않은 채 공중에 높이 떠 있는 비행기 속에 있다고 했다. 내가 제레미의 몸짓을 잘 이해하지 못할 때는 제레미가 종이에다 단어를 적기도 했다. 제레미는 내내 입을 굳게 닫고 있었지만, 이야기가 담긴 그 림과 몸짓을 통해 간절히 자신의 메시지를 내게 전하고 싶어했다는 점만은 분 명했다.

직면

아이가 용기를 내서 어떤 이야기를 털어놓았지만 그 내용에 직면할 만한 준비 가 되지 않은 상태일 때, 심리치료사는 어떻게 대처해야 할지 몰라 당혹감과 난 처함을 느낄 수 있다. 내 경우는 토미를 치료할 때 그러했다. 토미는 어느 날 탐 욕 때문에 눈이 점점 보이지 않는 뱀에 대한 이야기를 들려주었다. 문제는 이야 기 속 뱀이 시력을 점점 상실해가고 있는 토미 자신을 상징할지도 모른다는 사 실이었다(그림 16.2 참조).

　이러한 경우라면 굳이 아이를 자신 내면의 생각이나 감정에 직면하도록 이 끌 필요는 없다. 특히 정신장애나 불안이 심하지 않거나 아주 어린 아이의 경우

4.4 자신의 분노를 깨달은 로리. 4세

A B

C

A. 로리가 그림을 그리는 모습
B. 로리의 그림
C. 로리가 손가락으로 그린 괴물

에는 직면하더라도 별다른 소용이 없을 수 있다. 대부분의 의사전달이 상징적인 수준에 머무를 것이기 때문이다(Klorer, 2000). 그림 4.4에 나오는 4세 소녀, 로리의 경우 부모의 이혼에 대한 죄책감과 두려움 그리고 엄마 아빠에 대한 분노를 미술과 역할극 놀이를 통해 해소했다. 그 과정에서 자신의 감정에 직접적으로 직면한 적은 드물었다(4.4B).

예컨대 어떤 날은 자신이 손가락으로 그린 그림을 가리키며 "괴물"이라고 말했다(4.4C). 그러고는 잠시 뒤 다시 그림을 가리키며 "밖에서 혼자 놀고 있는 남자아이"라고 했다. 로리는 자신의 오빠는 밥을 먹으러 집에 갔지만, 그 남자아이는 집에 가지 않았다고 말하며 그 이유를 이렇게 설명했다. "그 애는 자기 엄마가 만든 요리를 좋아하지 않아요." 내가 어째서 그런지 묻자 로리는 이렇게 대답했다. "그 애는 엄마를 싫어해요." 나는 남자아이가 무엇인가에 단단히 화가 나 있어서 엄마가 주는 음식을 먹지 않으려는 모양이라고 말했다. 그러자 로리는 싱긋 웃으며 "화내도 괜찮아요?"라고 물었다. 나는 물론 화내는 것은 괜찮지만, 화가 난다고 밥을 먹지 않으면 소년이 금방 배고파질 것이라고 답했다. 내 말을 들은 로리는 명랑한 목소리로 대답했다. "그럼 그 애는 이제 집에 들어가서 밥을 먹을 거예요!"

반면 래리라는 아이는 꽤 오랜 기간 동안 마음속 상처와 바람을 역할극을 통해 표현했지만 집과 학교에서 보이는 파괴적인 행동은 거의 달라지지 않았다. 래리에게는 투사적이고 비지시적인 방법보다는 해석적 접근법이 더 필요했다. 래리가 스스로의 감정과 감정 표출에 따른 결과를 인지적으로나 정서적으로 이해할 수 있도록 도와야 했다. 래리와 함께한 6년 동안의 치료는 길고도 힘들게 느껴졌다. 래리는 여러 차례 입을 다물거나 난폭한 행동을 하며 저항했다. 하지만 래리가 자신의 생각과 감정에 직면하도록 돕지 않는다면, 래리는 배우고 성장할 수 있는 기회를 잡지 못한 채 현실을 부인하고 공격성을 마구잡이로 표출하며 지낼 것이 분명했다. 래리의 사례는 15장과 16장에 더 자세히 나온다(그림 4.7 참조).

아이에게 미술이나 역할극을 이용한 승화된 표현을 통해 감정이나 생각을 분출토록 하는 것 이상이 필요할지 모른다고 미리 결정하기란 쉬운 일이 아니다.

미술치료가 다른 심리치료의 부수적인 요법으로 쓰인다면 단순히 감정과 생각을 상징적으로 표현하도록 해주는 것만으로도 충분하다. 하지만 미술치료사들은 미술적 표현 외에는 다른 방법으로 관계 맺을 줄 모르는 아이들과 독립적으로 일해야만 하는 때가 많다. 오로지 치료를 목적으로만 한다면 미술 활동만으로는 부족할지 모른다. 그럴 경우에는 치료의 깊이와 폭을 확장시켜야 한다. 예를 들면 역할극 놀이, 동작치료, 음악치료, 글쓰기 등의 방식을 적용해볼 필요가 있다. 미술치료를 하다 보면 아이들은 저마다 자신에게 잘 맞는 표현방식을 자연스레 찾아간다. 치료사는 창의성을 표출할 수 있는 방식을 제한하거나 금지해서는 안 된다.

예컨대 카를라가 꿈속에 나오는 괴물들을 그린 후 그것들을 가두지 않았다면, 그토록 두려워하던 공격성이 사실은 투사된 자신의 감정이었다는 사실을 깨닫지 못했을 것이다. 카를라는 역할극 놀이에서 괴물 역할을 함으로써 자기 자신의 분노를 경험할 수 있었고, 이후 꿈과 그림 속에 나온 화난 괴물들이 무서운 어른들을 상징하기도 하지만 동시에 자신의 분노에 찬 바람을 상징할 수도 있다는 사실을 깨달았다(그림 4.1).

미술치료사의 주된 도구는 미술 활동이지만 이야기 등의 표현적인 방식들도 편안하게 활용할 수 있어야 한다. 내면의 무시무시한 환상이나 감정에 대한 직면을 쉽게 만들어주는 도구는 아이에 따라 다를 수 있다. 모든 미술 양식은 어느 정도의 거리감과 가장을 가능케 해주기 때문에 투사적 접근법은 치료실 안팎 모두에서 더욱 나아지도록 도와준다.

아이가 표현한 내용과 자기 자신 사이의 관계를 깨닫도록 돕기 위해 적극적으로 개입해야만 할 때, 직면 과정은 고통을 가져올 수도 있다. 아이가 자신의 생각과 감정을 직면하도록 돕는 데에는 시간이 많이 걸린다. 아이들은 대개 그 과정을 회피하거나 저항하기 때문이다. 그럴 때는 아이가 어떤 방어기제를 사용하는지 이해하고, 스스로를 보호하고자 하는 아이의 욕구를 존중해주어야 한다. 또한 아이들이 방어하는 기이하고 '나쁜' 환상들을 받아들여주어야 한다. 나는 아이의 방어기제를 꼭 해제시켜야만 하는 상황이 아니라면, 그대로 두는 편이 낫다고 믿는다. 잘못된 갈등을 자각하고 스스로를 통제할 수 있도록 도와야 하기 때문이다. 용납하기 어려운 무의식적 바람과 생각들에 직면하기란 어른에게도 어려운 일이다. 하물며 어린아이가 상징적인 수준에 머무르던 생각과 바람들에 직접 대면하려면 얼마나 힘겹겠는가. 하지만 아이와의 신뢰를 바탕으로 신중하고 주의 깊은 태도로 내면의 생각과 감정에 직면하도록 도와주면, 아주 어린 아이라 해도 성취감을 느낄 수 있다(물론 그렇게 되기까지 불안해하거나 분노를 느끼는 순간을 수차례 극복해야만 할 것이다). 아이가 스스로의 내면을 얼마나 깊이 있게 이해할 수 있는지는 연령과 지능에 좌우된다. 하지만 내면의 생각과 감정에 직면하는 데에는, 새로 얻은 깨달음을 통해 내면을 변화시켜 더욱 긍정적인 방식으로 사고하고 느끼며, 행동할 수 있을 정도의 능력만 있으면 충분하다.

이해

마음속 자아의 갈등을 처음으로 인지한 후, 불안감을 느끼지 않고 내면의 생각과 감정을 받아들일 수 있게 되기까지는 꽤 오랜 시간이 소요된다. 첫 시간에 꿈속에 등장한 괴물 그림을 그리고 매주 한 번씩 만나 미술치료를 했던 카를라의 경우에는 꼬박 1년이 걸렸다(그림 5.1 참조). 치료가 끝날 날이 다가올 즈음, 카를라의 주요 관심사는 보살핌(그림 4.5A), 정체성, 분리(4.5B)로 옮겨갔다.

카를라는 마지막 날이 점점 가까워오는 걸 슬퍼했다. 무능력한 아버지와 의존적인 어머니 밑에서 네 아이의 첫째로 자라며 고통받았던 카를라에게 치료사와의 특별한 관계를 끝내기란 쉬운 일이 아니었을 것이다. 하지만 6개월 전 스스로 치료를 마칠 날을 정해두었던 카를라는 자신이 느끼는 분노와 상처를 훌륭히 극복했다. 물론 그것이 처음부터 쉽지는 않았다. 카를라는 미술치료 초기에 그렸던 꿈속 성난 괴물 이야기를 꺼내는 식으로 내게 버림받는 듯한 느낌에 대한 분노를 표현했다.

카를라는 마지막 미술치료 활동으로 동영상을 하나 만들겠다고 했다. 제목은 "어두운 신비의 괴물The Monster of Night Mystery"로 지었다. 내게 자신 같은 두려움을 느끼는 아이에게 그 동영상을 보여주면 좋겠다고 제안했다. 카를라는

4.5 카를라의 작별. 9세

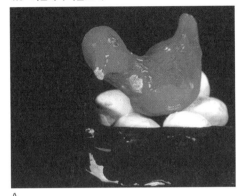

A

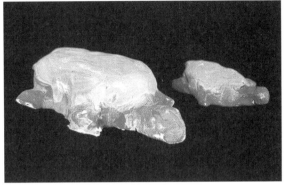

B

A. 둥지 속의 새
B. 엄마와 아기 거북이

8mm 카메라, 삼각대, 조명과 간단한 애니메이션 기술을 이용해 짤막한 이야기가 담긴 동영상을 만들었다(그림 4.6). 동영상의 내용은 다음과 같았다. 괴물 머리가 벽을 따라 움직이며 카를라를 위협한다. 겁먹은 카를라는 동생과 함께 내게 찾아와 도움을 청한다. 카를라와 동생, 내가 함께 괴물이 있는 곳으로 다시 간다. 카를라가 괴물 머리에 마법의 약물을 뿌려 그것을 사라지게 만든다.

카를라는 그런 창의적인 방식으로 치료를 받는 동안 자신에게 가장 걸림돌이 되었던 문제를 '복습'한 후 자신이 배운 내용을 되새겼다. 동영상 제작은 미래의 환자들에 대한 질투심에 대처하고, 이해를 제공하는 자료로 분노를 승화시키기 위한 방법이었다.

카를라가 악몽을 꾸지 않게 된 지 1년도 넘었지만, 그 악몽에 담긴 자기 자신의 공격적 충동을 스스로 깨닫고, 이해하고, 받아들이기까지는 꽤 오랜 시간이 걸렸다. 이 과정은 두려워하는 생각에 반복적으로 대면하고, 상징적인 주제에 대해 그림을 그리거나 역할 놀이를 하면서 점진적으로 이루어진다. 겉으로 보기에는 과정이 '정체된' 것처럼 느껴질 수도 있지만, 아이는 받아들이기 힘든 생각과 감정들을 차츰 편안하게 느껴가며 스스로를 치유해나간다. 어린이의 미술치료 과정은 알레르기성 반응을 없애기 위해 민감한 물질을 점진적 강도로 주입하여 치료하는 '탈감작 요법desensitization'에 비유할 수 있다.

4.6 애니메이션 제작을 위한 영상 촬영 모습

수용

앞이 전혀 보이지 않는 래리는 1주일에 한 번씩 거의 6년 동안 미술치료를 받았다(그림 4.7). 래리에게는 복잡하고 뿌리 깊은 문제가 있었다. 처음 1년 동안 래리는 줄기차게 의사 놀이만을 했다. 래리가 설정한 배경은 '치료소', '진료실', '병원' 등으로 다양했다. 역할극에 등장하는 인물은 의사와 환자, 치과의사와 환자(4.7A), 간호사와 환자(4.7B) 등이었다.

래리는 등장하는 인물을 모두 연기할 때가 많았으며, 이따금 나에게 어머니, 의사, 아이의 역할을 맡겼다. 래리가 설정한 인물은 래리의 나이와 동일하거나 래리보다 어린 아이였다. 래리가 만든 역할극 속 의사들의 성격은 다양했다. 때로는 친절하고 착한 의사가, 때로는 엄격하며 남에게 무신경한 의사가, 때로는 인자한 의사가, 때로는 까다로운 의사가 등장했다.

래리의 역할극에는 반복되는 내용이 많았다. 래리는 보통 물, 탈지면, 점토 만들기 도구를 가지고 역할극을 꾸며나갔다. 래리는 5살이 되기 전까지 50차례나 입원했다. 당시에 겪었던 정신적 상처와 충격을 극복하기 위해 반복적인 의사 놀이를 했던 것이 분명하다(Erikson, 1950). 래리에게는 단순히 예전의 사건이나 상황을 다시 체험하는 것 이상이 필요했다. 래리는 적극적인 역할을 맡음으로써 수동적으로 무기력하게 어른이 하는 대로 치료받는 동안 느꼈던 분노를 해소할 필요가 있었다.

4.7 래리의 의사 놀이

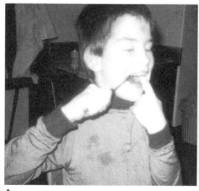

A.

B.

A. 치과에 가기
B. 주사 맞기

래리에게는 또 다른 정신적 외상이 있었다. 래리가 5살 되던 해에 여동생이 낭포성 섬유증으로 사망한 것이다. 그 전까지 래리는 여동생을 무척 시기하고 질투했다. 게다가 여동생 사망 직후 래리가 안구 적출 수술을 받았기에 래리의 정신적 상처는 더욱 깊고 복잡해졌다. 래리는 여동생 사망에 대해 무의식적 죄책감을 느끼고, 여동생을 좋아하지 않았던 것에 대한 벌로 눈을 잃었다고 생각한 것으로 보인다. 래리는 자신의 눈이 보이지 않는다는 사실과 '나쁜 마음(분노)' 모두를 받아들여야 했다.

극복

12살 피트는 1주일에 한 번씩 2년에 걸친 치료를 통해 스스로를 어머니와 치료사인 나로부터 독립한 존재로 바라볼 수 있게 되었다. 하지만 그 자각을 실제로 자율성이나 높은 자존감으로 통합시키기까지는 그 후로도 2년이 더 필요했다. 주눅 든 태도로 자기 목소리를 내지 못하던 피트는 처음에는 학교에서, 그 다음에는 친구들에게, 마지막으로 부모님 앞에서도 자신을 당당하게 표현할 수 있게 되었다. 치료를 받는 동안 피트가 미술 활동을 대하는 태도는 점진적으로 변화했다. 처음에는 마지못해 의무적으로 활동에 참여했으나 어느 순간부터 차츰 퇴보하는 모습을 보이다가 마지막에 드디어 공격적이고 과감한 충동을 드러냈다. 공격적 충동이 사라진 후 몇 달간은 역할극 놀이에 푹 빠져 지내기도 했다. 당시 피트는 찰흙 '폭탄'을 고무로 된 부모 인형에게 던지는 놀이를 즐겨 했다. 그 이후에는 나무토막으로 정교한 구조물들을 만들며 또 몇 달을 보냈다. 피트는 내 치료실에 놓여 있던 다른 아이들의 조각작품을 보고 경쟁심을 느끼는 듯했다.

어느 이른 봄, 피트는 내게 근처의 공원으로 산책을 나가자고 했다. 그곳에서 주변을 스케치한 후 치료실로 돌아와 스케치를 바탕으로 다른 재료를 가지고 다시 그림을 그렸다. 그 일이 있은 후 어느 날은 자기가 가장 좋아하는 음악을 가져와 치료실에 틀어달라고 했다. 그러더니 처음으로 자신과 자신이 살아온 이야기를 직접적으로 털어놓았다.

장장 4년에 걸친 치료 이후 피트는 어머니에게서 정서적으로 독립할 수 있을 만큼 성장했다. 하지만 치료를 그만두고 나와 헤어지는 것은 피트에게 불안을 가져오는 일이었다. 피트는 치료가 다 끝난 것에 대한 성취감과 이제 더 이상 나를 만날 수 없다는 사실에 대한 섭섭함을 솔직하게 털어놓았다. 피트가 주저하는 가운데 그렇게 몇 달이 흘러갔다. 그러던 어느 날 피트는 여름 동안 '잠시 쉬기로' 결정했다고 선언했다. 장족의 발전이었다. 가끔 전화통화만 하며 세 달이 훌쩍 흘러갔다. 피트는 기발한 방식으로 치료를 마무리하기 위해 돌아왔다.

피트는 그 후 넉 달 동안 책을 썼다. 매주 피트가 내게 와 책 내용을 구술하면 내가 그것을 타이핑했다(처음에는 피트가 직접 타이핑했으나 속도가 너무 느려 생각을 따라잡지 못했기 때문에 내가 대신 입력해주기로 했다). 피트는 매 시간마다 지난번 작성한 글의 마지막 부분을 다시 읽어본 후 시작했다. 피트에게는 주의력 결핍 장애가 있었지만, 책을 쓰겠다는 의지는 흔들리지 않았다. 피트가 쓴 책의 제목은 "우리가 뭘 해야 할까?What Will We Do?"였으며 내용은 집에서 도망친 두 소년의 이야기를 담고 있었다. 그 두 소년은 피트 자신의 두 자아를 상징했다. 하나는 예전의 피트처럼 신중하고 겁먹은 자아, 또 다른 하나는 피트가 소망하며 점점 그렇게 되어가고 있는 대담하고 용감한 자아였다. 피트는 몇 주에 걸쳐 온갖 우여곡절을 겪는 소년들의 이야기를 이어갔다. 자기 자신의 치료 과정을 상징적으로 돌아보는 듯한 느낌이었다. 이를테면 두 소년은 우물 속으로 들어가 더럽고 이상한 생명체를 만나는데, 그것은 피트의 무의식 속 환상들을 상징하는 것으로 보인다.

책을 거의 마칠 무렵, 피트는 치료를 끝낼 준비가 되었다고 선언했다. 그러고는 자신이 만들 미술작품들과, 치료실, 내 사진을 찍어서 자랑스레 기념품으로 가져갔다. 나는 피트가 언제, 어떻게 치료를 끝낼지 결정하는 데 참여했던 것이 치료의 성공에 중요한 역할을 했다고 믿는다.

타고난 장애 때문에 또래에 비해 발달이 늦되기는 했지만, 피트의 학업이나 친구들과의 관계는 눈에 띄게 나아졌다. 피트는 더 이상 악몽에 시달리지 않았으며, 더 이상 자살을 시도하지도 않았다(피트가 처음 나를 찾아온 것은 우울증으로 인한 자살 충동 때문이었다). 심각한 정신장애가 있는 어머니에게서 유전된 것으로 보이는 선천적 장애 때문에 피트의 치료에는 상당히 오랜 시간이 소요되었다. 하지만 피트는 자신의 문제에 과감하게 직면하고 스스로를 이해한 후, 자신을 받아들이고, 문제를 잘 극복해냈다. 피트의 이해력은 그다지 뛰어나다고 할 수 없었지만, 그것만으로도 충분했다. 피트가 만든 이야기 속에는 환상과 현실의 차이, 그리고 생각과 감정과 행동 간의 관계에 대한 이해가 충분히 반영되어 있었다.

분리

위에서 설명했듯, 피트는 장장 4년에 걸친 치료를 스스로 마무리하면서 분리와 관련된 문제들을 잘 처리했다. 그 기간이 얼마였든, 치료사와 함께 치료를 끝내기로 상의했든 일방적으로 통보를 받았든, 아이들은 인생에서 중요한 역할을 했던 치료사와 관계를 끝내는 것에 대해 모순되는 감정을 느끼게 마련이다.

어린 시절에 어머니의 품 안에서 벗어났던 때와 마찬가지로, 치료를 끝내는 것은 성장과 발전을 의미하기도 하지만 상실감을 자아내기도 한다. 아이들의 내면에서는 아직 치료사에게 의존하고 싶은 마음과 새롭게 떠오르는 다른 흥미거리들이 서로 충돌한다. 이를테면 다음과 같이 생각하는 것이다. '이렇게 화창한 날 내가 왜 굳이 치료받으러 와야 해? 밖에 나가서 공놀이하고 싶어!' 하지만 아이의 마음속에는 치료가 끝나는 날을 정해놓은 어른에 대한 분노도 여전히 존재한다. 그래서 정서적인 문제가 말끔히 해결된 아이라 해도 치료 종료에 대해 동요하거나 혼란을 느낀다. 7개월 동안 내게 치료를 받았던 로리도 그랬다.

로리와의 작별

당시 5세였던 로리는 치료 마지막 날, 오늘이 마지막 날이니 방 안에 있는 모든 물건을 사용해보고 가겠다고 했다. 로리는 이것저것 만져보다 물감통을 들다 실수로 엎지르고는 군림하는 태도의 엄마 역할을 연기하기 시작했다. "엄마가 시키는 대로 하랬지! 여기는 젖어 있으니까 저쪽으로 가 있어!" 그러더니 갑자기 꼼짝도 않고 멈추어버렸다(그림 4.8). 이러한 '놀이 중단play disruption'은 자신이 화났다는 사실에 대한 불안감에서 비롯된 것이었다. 놀이 중단은 아이의 감정이 너무 강렬하기 때문에 아이의 문제나 활동으로부터 잠시 떨어져 있을 필요가 있는 상황임을 보여주는 징후다(Erikson, 1950).

로리는 오늘은 '흉내 내기' 놀이를 하고 싶지 않다고 말하더니 내가 송곳을 숨겨놓은 게 아닌지 의심하기 시작했다. 우리는 꽉 막힌 물감 혼합기 구멍을 송곳으로 뚫곤 했었다. 하지만 늘 놓아두던 자리에 송곳이 있는 것을 발견하고는 그것을 들더니 갑자기 나를 찌르는 시늉을 했다. 그러면서 나를 진짜 찌르지는 않고 그러는 척만 하는 것이라고 말했다.

그 후에는 거울을 보면서 비누 크레용으로 자기 얼굴에 이리저리 색칠을 했다(4.8C). 거만한 목소리로 내게 절대 보지 말라고 명령하면서. "선생님은 절대 쳐다보면 안 돼요. 그랬다가는 밖으로 나가버릴 거예요!" 나는 오늘이 마지막 날이니 하고 싶은 대로 하다가 나가고 싶을 때 나가도 좋다고 말했다. 그러자 로리는 고개를 끄덕이며 이렇게 대답했다. "오늘이 마지막 날인 거 알아요. 나는 울 거예요. 선생님이랑 M선생님이 그리울 거예요." (4.8D)(M은 나와 함께 1주일에 한 번씩 로리를 치료하던 다른 치료사였다.)

로리는 나를 떠나는 상상을 하면서 말을 이어갔다. "나는 여기를 나가서 자동차를 몰고 떠나버릴 거예요. 나는 엄마도 떠날 거예요. 하지만 나는 나 자신을 잃어버릴지도 몰라요. 그러면 나는 다시 여기로 찾아와서 '나는 나를 잃어버렸어요!'라고 소리칠 거예요." 그리고 나서 로리는 자기 생일날 내가 놀이옷을 사줄지, 그리고 전화번호를 교환할 수 있을지 물어보았다. 다음으로 큰 종이에 되는 대로 그림을 그리더니 녹음기에 인사말을 남기겠다고 했다. "안녕히 계세요. 이제 선생님을 만나러 오지 않을 거예요. 하지만 선생님을 더 이상 보지 못하면 울어버릴 거예요." 나는 나도 로리를 그리워할 것이라고 말해주었다. 로리가 계속 녹음기에 대고 말을 했다. "선생님을 만나지 못하면 나는 울 거예요. 내가 말한 걸 들어보고 싶어요." 로리는 녹음한 테이프를 꺼내 자신의 목소리를 들으며 희미하게 미소를 지었다. 녹음 내용을 다 듣고는 작별 뽀뽀를 하자고 제안했다. 우

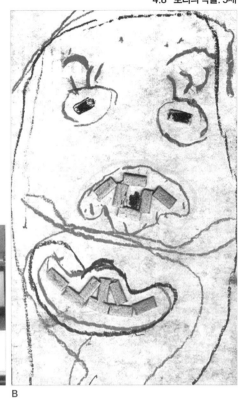

A

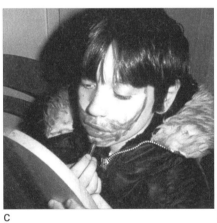

C

D

A. 로리와 미술치료사
B. 못생긴 루빈 선생님
C. 비누 크레용 칠하기
D. 슬픈 소녀

리는 그렇게 했다. 로리는 치료 마지막 시간에 자신의 감정(분노, 슬픔, 애정)을 진솔하게 모두 표현했다.

칩의 종결 과정

2년 동안 나를 만났던 칩이 치료를 마친 것은 로리보다 5살이 많은 10살 때였다. 칩은 그 2년 동안 치료 날짜가 아닐 때에도 치료소에 오곤 했다. 나는 서서히 이별을 준비하기 위해 마지막 두 달 동안은 2주에 한 번씩만 치료를 받으러 오도록 했다. 칩은 분노와 슬픔, 자부심이 뒤범벅된 미묘한 감정을 다스리기 위해 애썼다. 마지막 날에는 치료 과정을 시간 순서대로 나타낸 그림을 그려 그동안의 자신을 되돌아보았다. 칩은 도화지 왼편에 '6'이라는 숫자를 썼다. 칩의 문제가 시작된 나이였다. 칩의 모든 심리 문제는 칩이 6살 되던 해에 마음속 '여자친구'였던 엄마가 재혼하면서 시작되었다.

칩은 숫자 옆에 엄마 아빠와, 그 가운데에 서 있는 어린 자기 자신을 그렸다. 그러고는 그 위에 '결혼'이라고 썼다. 다음으로 그 오른쪽에 법원에 있는 판사를 그렸다. 엄마가 재혼하면서 양아버지의 성을 따르기 위해 이름을 바꿀 때 판결을 내렸던 판사라고 했다. 칩은 이에 대해 설명하는 동안 말실수를 했는데, 이는 칩의 오이디푸스 콤플렉스를 투명하게 보여주었다. "우리는 결혼했어요. 아, 제 말은 엄마랑 아빠가요. 그래서 저는 이름을 바꾸기 위해 법원에 갔어요."

칩이 다음으로 그린 것은 수술용 메스를 들고 있는 의사였다. "이건 칼과 갈퀴를 가지고 저를 수술했던 의사 선생님이에요." 칩은 잠복고환 때문에 수술을 받았는데, 공교롭게도 그 일은 적개심 어린 바람 때문에 언젠가 처벌받을지도 모른다고 생각하던 칩의 무의식적 두려움을 더욱 강화하는 요인이 되었다. 즉 사랑하는 엄마를 빼앗아간 라이벌이 자신의 성기를 없애거나 손상시킬 것이라는 '거세 불안castration anxiety'이 수술로 인해 현실화된 것이다.

칩이 마지막으로 그린 것은 건물의 형태였다. "그리고 나서 나는 학교에 다녔어요. 1학년, 2학년, 3학년, 4학년. 나는 이제 5학년이 될 거예요. 자, 여기에 굴뚝

달린 우리 학교 그림이 있어요. 우리 학교는 흰색이에요." 칩은 이 말을 하면서 학교 건물에 문을 그렸다. 이 그림의 제목은 "불가능한 꿈The Impossbile Dream" 이라고 지었다. 칩은 치료받는 동안 고질라가 자신을 공격하는 꿈처럼 무시무시한 꿈들과 직면해야 했다(그림 5.4). 또한 치료사인 나나 엄마가 여자친구였으면 하는 불가능한 바람을 탐색하고 포기해야 했다.

칩은 그림을 다 그린 후 자신의 치료 과정에 대해 솔직하게 말하기 시작했다. "처음에 저는 엄마 아빠 때문에 정말 걱정했어요. 가끔씩 엄마한테 정말 화가 났어요. 오늘처럼요. 하지만 지금은 엄마를 사랑할 수 있어요. 사실 저는 엄마 아빠가 나에 대해 신경 쓰지 않을까 봐 걱정했던 거였어요. 하지만 지금은 부모님이 저를 아끼고 신경 쓴다는 걸 알아요." 내가 칩과 치료실에 있는 동안 심리학자와 상담을 했던 칩의 어머니는 치료를 통해 가족들이 서로를 더욱 사랑하게 되었다고 말했다.

미술치료에는 수많은 '분리'의 과정이 수반된다. 망상과 사실의 분리, 환상과 현실의 분리, 그리고 궁극적으로는 불행을 야기한 갈등으로부터의 분리. 그 과정에서 미술치료사와 아이 사이에는 강력한 애착이 형성된다. 아이는 치료사를 신뢰하고 마음을 열게 되며, 그러한 관계 속에 아이의 무의식 깊숙이 숨겨져 있던 갈등이 수면 위로 떠올라 해결할 수 있게 된다. 심리학에서는 이 과정을 '전이 transference'라고 부른다(20장 참조).

무의식적 생각이나 충동이 미술 재료와 도구들을 이용한 미술 활동에 투사되는 것과 마찬가지로, 과거에 타인과의 관계에서 해결되지 못한 문제와 기대들이 중립적인 치료사에게 투사된다. 치료사는 미술 활동의 상징적 의미와 더불어, 아이와의 관계에서 드러나는 왜곡된 전이 반응을 이해하고 수용함으로써 아이의 내면세계를 들여다볼 수 있다. 아이는 정서적으로 강력하게 얽혀 있는 부모와 치료사를 동일시하던 전이에서 분리되어 나와야 하며, 동시에 미술을 통해 자신을 도와주었던 치료사와의 실제적인 분리도 준비해야 한다.

5장

표현을 촉진해주는 방법들

미술치료를 하는 동안 아이가 더욱 쉽게 자신을 표현할 수 있도록 도울 방법은 무척 많다. 여기서는 그 방법들을 환경적인 것과 개인적인 것으로 분류하겠다. 우선 환경적인 방법으로는 공간, 시간, 가구 배치, 조명, 미술 도구 등을 적절하게 조정하는 것이나 적합한 작업방식, 주제를 알려주는 것을 들 수 있다. 또 환경적 방법에는 아이의 상태에 맞추어 치료사의 태도를 변화시키는 것도 포함된다. 치료사는 상황에 따라 조용한 관찰자, 적극적인 질문자, 동등한 참여자, 함께하는 협력자 역할을 선택할 수 있다.

또한 컴퓨터, 녹음기, 악기, 꼭두각시 인형, 미니어처 장난감, 소도구 등을 갖추어두면 표현의 범위와 가능성을 넓힐 수 있다. 예를 들어 역할극을 할 때 마이크를 갖다 대며 공식적인 인터뷰를 하는 척하면 아이는 자신의 역할에 더욱 몰입하기 쉬울 것이다.

다양한 방법들 중 어떤 것을 선택할지는 아이가 어떤 문제를 겪고 있는지에 따라 달라진다. 아이가 특정 문제에서 좀처럼 헤어나오지 못할 때, 기존의 창의적인 재료나 도구에 덧붙여 특별 처방을 사용해보는 것도 좋다. 어떠한 새로운 방법을 사용하면 좋을지에 대한 실마리는 아이에게서 나온다.

미술치료를 하는 과정은 어떤 아이를 대상으로 하느냐에 따라 달라지고, 또 동일한 아이라 해도 매 순간 변화할 수밖에 없다. 하지만 아이가 일반적인 미술치료 단계 중 어디에 해당하는지, 연령에 따라 아이들이 겪는 일반적인 문제가 무엇인지를 고려하면 어떤 방법을 선택할지에 대한 고민이 조금 줄어들 것이다.

낙서

미술치료사들은 내담자들이 그림에 대한 낯섦을 극복하도록 도와주기 위해 낙서를 이용할 때가 많다. 특히 낙서는 특정 관념에 얽매여 상상력을 펼치는 데 어려움이 있는 아이들에게 도움된다. 아무것도 없는 상태에서 무엇인가를 만들어 내기란 누구에게나 쉽지 않은 일이다. 그럴 때 낙서로 시작하면 내면에서 웅크리고 있던 심상에 날개를 달아줄 수 있다.[4]

앞서 소개했던 카를라(8세)의 경우 어머니에 대한 반항적인 태도와 계속되는 악몽 때문에 어머니 손에 이끌려 치료소를 찾았다. 카를라는 미술치료 초기에 추상적이고 풍부한 색감의 그림을 통해 숨겨진 내면의 걱정을 표현했다. 당시 카를라가 그렸던 그림에는 줄무늬가 많이 등장했는데, 이는 꿈속에 등장하는 괴물들을 가두고 있는 '창살'을 표현한 것이었다(그림 5.1A). 그렇게 몇 주를 보낸 후 창살만 그리지 말고 괴물을 그려보는 게 어떻겠느냐고 묻자, 카를라는 너무 위험해서 안 된다고 대답했다.

나는 아이들의 미술 활동에 지시적인 개입을 하는 편이 아니었기에, 카를라의 내면에 잠자고 있는 심상들을 일깨울 수 있기를 바라면서 '낙서 놀이'를 한 번 해보는 것이 어떻겠느냐고 제안했다. 카를라는 '꿈속의 괴물들'을 상징적으로 표현할 준비가 되어 있음이 분명했다. 낙서에서 시작된 그림은 괴물이 등장하는 이야기가 있는 그림이 되어갔다(5.1B) 카를라는 그림에 대해 이야기하기 시작

---

4 영국의 정신분석가 위니콧Winnicott과 미국의 미술 교사 케인Cane도 낙서가 그림을 시작하기 위한 기동장치가 되어줄 수 있다고 말했다. 위니콧은 '이어그리기 놀이Squiggle Game'라고 이름 붙인 방식을 통해 심리 평가 대상인 아이를 쉽고 빠르게 평가하기 위해 낙서를 활용했다. 그가 심리 평가에서 낙서를 활용하는 목적은 미술작품 완성이 아닌 의사소통에 있었기 때문에, 도구로는 연필과 종이만을 사용했다. 반면 케인은 낙서를 통해 자유롭고 자발적인 미술적 표현을 촉진시키고자 했다. 그래서 그림을 그리기 위한 준비 단계로 숨을 크게 들이쉬었다가 내쉬고 여러 동작을 통해 몸을 푼 후, 커다란 종이에 파스텔로 손가는 대로 그림을 그리도록 했다. 이후 케인의 여동생인 마거릿 나움버그가 미술치료계에 도입해 널리 사용되고 있다.

5.1 카를라의 악몽. 8세

A

A. 악몽의 괴물을 우리에 가두는 창살

B. 카를라의 악몽 속 괴물. 낙서. 마커

B

했다. 그림 속에서 괴물은 한 소녀를 쫓아가 잡았다. 그러더니 또 다른 소녀를 잡았다. 마지막으로 카를라까지 괴물에게 붙잡혔다. 카를라는 괴물의 손아귀에 붙들려 있는 세 소녀를 그린 후, 그림에 "도와주세요!"라는 글자를 써 넣었다. 다음으로 붉은색 마커를 집어 들더니 도화지를 꾹꾹 누르며 점을 찍기 시작했다. 그 점은 괴물에게 붙들린 아이들을 구해줄 '군인들'이라고 했다. 카를라는 이야기가 있는 그림을 그려나가면서도 그 결말을 어떻게 내릴지 확신하지 못했다. 하지만 결국 군인들이 괴물을 모두 죽이고 승리했다고 선언하면서 그림 그리기를 마쳤다.

주제

어떤 주제로 그림을 그릴 것인가는 대개 아이들이 미술 활동을 하는 가운데 자연스럽게 드러난다. 하지만 때로는 아이에게 특정 주제를 제안하는 것이 도움될 수 있다. 청각장애로 우울증을 앓았던 십대 소녀 엘리너가 찾아왔을 때, 나는 간단한 심리 평가를 위해 자유롭게 그림을 그려보라고 시켰다. 엘리너는 가로 45cm, 세로 30cm 정도 되는 두꺼운 도화지에 색연필로 꽃을 그리기 시작했다. 엘리너의 태도는 매우 신중했다. 외곽선을 먼저 그린 후 그 안을 꼼꼼히 채워 색칠했다. 그리는 중간 중간 자신이 잘하고 있는지 확인하기 위해 내 얼굴을 쳐다보며 눈치를 보았다. 꽃을 다 그린 후 "장미"라고 제목을 붙이고는 더 이상 무엇을 그릴지 생각이 나지 않는다고 했다.

  나는 그림을 쉽게 이어가지 못하는 엘리너를 돕기 위해 '느낌'을 주제로 그려보는 게 어떻겠느냐고 제의했다. 엘리너 안에 뭉쳐 있는 감정 덩어리가 있지만 아직 미술을 통해 표현되지 못한 것 같았기 때문이었다. 하지만 엘리너는 여전히 자발적으로 표현하기를 주저했다. 그래서 내가 마음속 느낌에 어울리는 종이를 먼저 골라보자고 말했다. 그러자 엘리너는 미소 지으며 가로 45cm, 세로 30cm 크기의 붉은색 종이를 집었다. 엘리너는 시간이 얼마나 남았는지 물은 후 한 소녀의 그림을 그렸다. 엘리너가 그린 소녀의 눈과 입은 잔뜩 화가 났다는

것을 보여주고 있었다. 엘리너는 마지막으로 귀를 그린 후 그 옆에 "화난 소녀A Girl Was Mad"라는 제목을 썼다(그림 5.2). 내가 어째서 소녀가 화가 났는지 묻자 엘리너는 이렇게 대답을 적었다. "친구랑 싸워서요." 싸운 이유가 무엇인지 묻자 또 엘리너가 답을 적었다. "그 애가 친구의 지갑을 훔쳤어요. 친구는 그 애에게 무척 화가 나 있어요."

나는 소녀가 주로 어떤 일들에 화를 내는지 물었다. 엘리너가 글로 답했다. "학교예요." 그리고 "나쁜 욕." 나는 소녀를 화나게 만드는 사람이 있는지 물었다. 그러자 엘리너는 학교에서 일하는 한 교직원의 이름을 적었다. 하지만 내가 그 교직원이 나쁜 사람이냐고 묻자, 바로 이렇게 대답을 적었다. "아니에요, 이 사람은 착해요. 사람들에게 잘 설명해줘요." 엘리너는 분노의 대상으로 구체적인 사람을 거명한 것에 대해 불편해하는 듯했다. 하지만 내가 미술치료를 계속 받으러 오고 싶은지 묻자 즉시 그렇게 하고 싶다고 대답했다.

재료

아이에게 재료를 선택할 수 있는 자유를 주는 것이 가장 이상적이기는 하지만, 때로 재료를 정해주는 것이 도움되기도 한다. 이를테면 아이가 그린 밑그림을 채색할 때는 가는 붓이 더 적합하다든가, 아이가 생각한 모양을 만들 때는 물로 반죽한 점토보다는 쉽게 굳지 않게 하기 위해 기름이 첨가된 점토가 더 어울린다고 알려주는 것이다. 이러한 기술적인 조언을 위해 미술치료사는 각종 미술 재료와 그 특성에 대해 잘 알고 있어야 한다.

또 이따금 아이에게 특정 재료를 권하는 것이 심리적인 효과를 위해 나을 때도 있다. 나는 아이에게 어떤 '처방'을 내리는 것은 잘못되었다고 믿는다. 다시 말해, '심리적으로 위축되어 있는 아이에게는 반드시 손가락 그림을 그리도록 시킨다'라는 공식은 옳지 않다고 생각한다. 치료사가 그러한 식의 태도를 취하면 아이와의 관계가 권위적으로 변질되기 십상이며, 아이에게 불안감을 유발하는 부작용이 생길 수도 있다. 하지만 내담자와 치료사 간에 안정적인 신뢰 관계가 확립된 이후라면, 이유를 솔직하고 명확하게 설명해준 후 특정 재료를 권하는 것도 도움이 될 수 있다.

약시와 유분증으로 고통받던 소년 제리를 치료할 때 일이다. 제리는 점토로 얼굴 모양을 만들었다. 그런데 한 가지 색 점토로만 반죽하다 보니 제리의 약한 시력으로는 눈, 코, 입을 어디에 붙여야 할지 구분하기가 쉽지 않았다. 제리는 작품을 다 만든 후 속상해하면서 "엉망진창이 되었어요"라고 말했다(그림 5.3A).

그래서 나는 얼굴 반죽과 다른 색으로 눈, 코, 입을 만들어 붙이면 더 좋을 것 같다고 제안했다. 제리는 내 말을 듣고 다시 반죽을 빚어 커다란 남자의 얼굴을 만들었다. 그리고는 눈, 코, 입, 턱수염과 콧수염을 각기 다른 색 반죽으로 빚어 붙였다. 제리는 그 작품이 자기 아버지 얼굴이라고 했다(5.3B). 이번에는 첫 번째 작품을 만들었을 때보다 훨씬 더 만족한 눈치였다.

제리는 만들어놓은 두 작품의 차이를 이용해 창의성이 돋보이는 이야기도 만들었다. 제리는 우선 첫 번째 얼굴에는 "찌그러진 작은 얼굴의 찌그러진 작은 사람A Little Squished-up Man with a Little Squished-up Face", 두 번째 얼굴에는 "큰 얼굴의 큰 사람A Big Man with a Big Face"이라는 이름을 붙였다. 제리에게는 약시뿐 아니라 성장 호르몬 결핍증이 있었다. 찌그러진 작은 사람은 제리 자신을 상징하는 듯했다. 제리가 만든 이야기는 늘 비판적이었던 큰 사람을 작은 사람이 죽이면서 끝이 났다.

제리는 자신이 만든 작품 두 개를 이용해 내면에 억눌려 있던 아버지를 향한

A

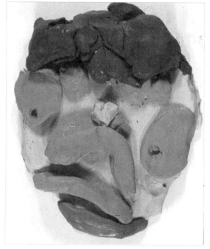

B

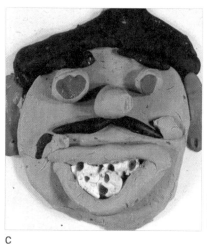

C

A. 점토로 만든 얼굴, 단색
B. 점토로 만든 얼굴, 여러 색
C. 치료 후기에 만든 얼굴

분노를 표출했다. 제리의 어머니는 남편과 다툰 후 집을 나간 상태였는데, 제리는 어머니의 가출이 아버지 책임이라고 느끼는 듯했다. 제리가 적절치 못한 장소에 반복적으로 대변을 보는 행위는 아버지에 대한 무의식적 적대감의 표현이었는지도 모른다.

그 날 치료 시간이 끝나갈 무렵, 제리는 이야기 속 작은 사람에게는 말하기 힘든 단어가 있다고 했다. 내가 그 단어를 말해도 좋다고 격려해주자, 제리는 잠시

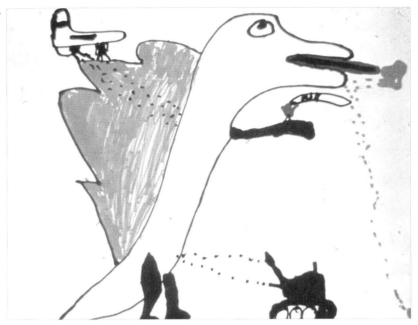

망설이더니 속삭이듯 말했다. "장님이요." 그러고 나서 또 말하기 힘든 단어가 있다고 했다. 그 단어는 "장애인"이었다. 나는 이야기 속 작은 사람이 그 단어들을 없애고 싶어하는지 물었다. 그러자 제리는 세차게 고개를 끄덕이며 그렇다는 의사를 표현했다.

나는 작은 사람에게 그런 문제가 생긴 이유를 아느냐고 물었다. 제리는 또 속삭이듯 "왜냐하면 작은 사람이 나빠서요!"라고 대답했다. 작은 사람이 큰 사람을 죽이고 싶어하기 때문에 나쁜 것이냐고 묻자 제리는 긍정의 뜻으로 고개를 끄덕였다. 이는 제리가 약시로 고통받는 것이 자신의 나쁜 마음 때문이라고 믿고 있다는 사실을 시사했다(15, 16장 참조). 나는 이후에도 비슷한 재료로 미술 활동을 해보도록 권했고, 제리는 또 비슷한 점토 작품을 만들어 동일한 속내를 드러냈다(5.3C). 제리는 자신이 만든 작품을 가지고 이야기를 꾸며내 무의식적 상상을 표출함으로써 갈등과 증상을 서서히 완화시킬 수 있었다.

꿈

때로는 꿈처럼 잠재적인 치료 효과가 있는 주제에 대한 미술 활동을 하도록 유도함으로써 아이에게 도움을 줄 수도 있다. 아이에게 자유롭게 미술 활동을 하게 한 후, 그에 대해 질문하는 것이 일반적인 미술치료 과정이라면, 여기서는 그 순서를 반대로 적용해보는 것이다. 다시 말해, 먼저 아이와 어떤 주제에 대해 이야기를 나눈 후 그와 관련된 미술작품을 만들어보도록 이끈다.

1주일에 한 번씩 미술치료를 받으러 오던 8살 꼬마, 칩이 어느 날 내게 무서운 꿈을 꾸었다고 했다. 나는 그 꿈을 그림으로 그려볼 수 있는지 물었고, 칩은 그림을 그리면 꿈에 대해 더 잘 설명할 수 있을 것 같다고 답했다. 그림 5.4의 "악몽"이 그때 칩이 그린 그림이다. 칩은 가로 60cm, 세로 45cm 크기의 종이에 마커로 정성들여 그림을 그렸다. "이 괴물은 고질라예요. 텔레비전에 나오는 괴물이요." 내가 칩이 말하는 내용을 노트에 적자, 칩은 그 내용을 치료사 H가 보게 되지 않을까 걱정하는 눈치였다(당시 칩은 치료 도중 내가 노트에 메모하는 것에 익숙해져 있었으며, H는 칩의 부모와 상담하는 담당 치료사였다). 칩은 내가 적은 내용을 의사, 내담자, 선생님을 비롯해 그 누구에게도 보여주지 않을 것이라 안심시켜주고 나서야 이야기를 이어갔다.[5]

그림 속 고질라는 팔과 검지를 뻗으며 "죽어!"라고 말하고 있으며, 그런 고질라를 비행기와 탱크가 공격하고 있다고 했다. 칩은 탄환이 어떻게 다시 튀어 탱크와 비행기를 맞추는지 설명했다. "이제 오른쪽에 폭파된 비행기를 그릴 거예요. 노란색으로요. F-11처럼 작은 비행기예요." 칩은 그림을 그리는 동안 연신

---

5 미술치료 도중 메모를 하기 시작한 것은 슈퍼바이저에게 치료 도중 벌어진 일을 상세히 보고하기 위해서였다. 4장에서도 언급했듯 내담자와 신뢰를 확립하고 유지하려면 사적인 정보 유출에 매우 유의해야 한다. 그래서 나는 아이가 원할 때면 언제든 내가 메모한 내용을 볼 수 있도록 해주며, 아이의 허락 없이는 그 누구에게도 그 내용을 공개하지 않는다고 분명히 알려준다. 치료 내용을 메모하는 것에는 두 가지 장점이 있다. 첫째, 어떤 순서로 그림을 그리거나 조각을 만들었는지 기록할 수 있다. 둘째, 미술치료 과정을 정성들여 기록하는 행동을 통해, 아이의 말이나 행동을 가치 있고 중요하게 여긴다는 느낌을 아이에게 전해줄 수 있다. 아이들은 기록을 남기는 것에 대해 처음에는 걱정했지만, 시간이 흐른 후에는 대부분 자연스럽게 여겼으며, 내가 메모를 하지 않으면 왜 기록을 하지 않느냐고 묻기까지 했다.

폭탄이 땅에 떨어지며 내는 소리를 입으로 냈다. "쾅, 쾅!" 왼쪽 위의 검은 비행기는 B52라고 했다. 이 비행기도 괴물을 공격하고 있었지만 괴물은 끄떡도 하지 않았다. 그 비행기에서 쏜 탄환도 역시 튕겨져 나왔다.

칩이 마지막으로 그린 것은 괴물 손아귀에 잡혀 있는 한 소년이었다. 소년은 "도와주세요!"라고 소리쳤지만 누구도 소년을 구해주지 못했다고 했다. 칩이 그린 무서운 꿈 그림에 대한 이야기는 고질라가 칩과 친구들을 모두 죽이면서 끝이 났다. 칩은 비극으로 끝나버린 이야기에서 오는 무력감을 방어하기라도 하려는 듯 "내가 선생님보다 훨씬 더 잘 그리죠! 조심하세요!"라고 말했다.

칩은 잠시 뒤 불쑥 "나랑 성 만들기 할래요?"라고 물었다. 나는 "그냥 네가 만드는 걸 지켜볼게"라고 답했다. 하지만 칩은 다시 한 번 "선생님이 도와주셨으면 좋겠어요"라고 말하며 같이 하자고 고집을 피웠다.[6] 나는 칩에게 무엇을 하든 내 도움을 바라는 경향이 있는 것 같다고 지적한 후, 이러한 경향이 어머니의 사랑을 확인하기 위해 어머니에게 도움을 청하던 습관에서 비롯된 것 같지 않느냐고 물었다. 칩은 내 말뜻을 이해한다는 듯 고개를 끄덕이더니 블록을 가지고 성을 만들기 시작했다. "인디언이 쳐들어올 때 피할 수 있는 장소예요." 칩은 그 안으로 들어가더니 소리쳤다. "우두둑! 그가 자살했어요!" 칩은 내게 자신이 들어가 앉아 있던 '손수레'를 밀어달라고 했다. 내가 뒤쪽으로 가서 손수레를 밀어주자 칩이 고개를 돌려 화난 목소리로 조롱하듯 소리쳤다. "얼른 성 밖으로 나와야지 뭐해!" 나중에 이때 내게 화를 냈던 것이 내가 성을 지을 때 도와주지 않아서

---

6 앞서 역할극 놀이를 같이 하자는 아이들의 요구에 응했던 사례를 몇 차례 언급한 바 있다. 4장에 소개했듯, 나는 카를라와 함께 괴물 역할 놀이를 하기도 했고, 로리와는 엄마 놀이를 한 적도 있다. 아이들이 요구하거나 지시하는 대로 따르는 것이 아이들 내면에 숨겨져 있던 생각이나 공상을 탐색하는 데 도움을 주기도 한다. 또 앞서 작별 인사를 원하는 로리의 요구에 응해서 포옹을 하고 뽀뽀를 하거나, 치료실 밖에서 자아를 끄집어내고 싶어하는 피트를 공원으로 데리고 갔던 일을 소개했다.

나는 아이들이 독립적으로 미술 활동을 하도록 장려하는 게 좋다고 생각하지만, 이따금 아이들의 미술 활동에 함께 참여하기도 했다. 예컨대 로리 옆에서 가면을 만들거나 엘렌과 함께 그림을 그리기도 했다. 하지만 칩의 경우 함께 하자는 요구에 응하는 것은 오이디푸스 콤플렉스를 더욱 강화할 우려가 있었다. 칩은 이혼한 어머니가 자신의 '배우자'가 되어주기를 바랐으며, 그러한 바람은 만족감과 불안감을 동시에 불러일으켰다. 칩의 증상은 모두 거기에서 비롯된 것이었기에 나는 칩의 요구를 따르지 않은 것이었다.

였느냐고 묻자, 칩은 그랬던 것 같다고 했다.

　칩은 꿈을 그림으로 표현해봄으로써 어머니를 보호해주고 싶은 충동과 어머니와 배타적인 관계를 맺고 싶은 충동을 이해하고 내면의 두려움에 명쾌하게 직면할 수 있었다.

　물론 어느 순간에는 분노를 자기 자신에게 돌리기도 했지만("그가 자살했어요!"라는 말에 분노의 내부 귀인이 드러난다), 결국에는 그 분노를 어른에게로 돌릴 수 있었다. 아이들은 보통 미술 활동을 하다가 자연스레 역할극 놀이를 하지만, 다음에 소개할 로리의 경우처럼 간단한 제안을 통해 그 과정을 촉진시킬 수도 있다.

가면

앞서 소개한 바 있는 로리는 미술치료를 받던 어느 날 가루 물감을 가리키며 소금과 후추 같아 보인다며 이런 말을 했다. "엄마는 계란에 후추를 쳐요. 그런데

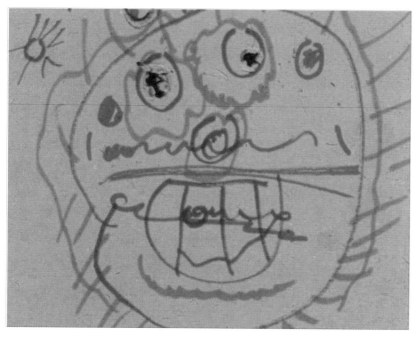

5.5 로리가 만든 무서운 괴물 가면. 마분지에 크레용. 5세

나는 후추가 싫어요." 그러더니 잠시 후 내게 고압적인 목소리로 "더 가져다주세요. 제가 말하면 더 가져다줘야 해요!"라고 말했다.

그런 후 '오렌지 주스'를 만든다면서 주황색 물감을 물에다 섞으며 "엄마는 지금 M선생님이랑 같이 있어요"라고 말했다. 내가 "엄마랑 M선생님이랑 같이 있는 게 어때서? 어떤 기분이 드니?"라고 묻자, 로리는 "기분 나빠요. 전 엄마랑 M선생님이랑 같이 있는 게 싫어요. 엄마가 나를 완전히 잊고 떠나버릴 것 같아요"라고 답했다. 몇 분 후에는 이런 말을 덧붙였다. "아까 말한 건 그냥 꿈 얘기였어요. 엄마가 나를 떠나는 꿈이요…. 선생님, 엄마가 날 여기 혼자 남겨두고 가버리면 저 데려가 주실 거죠, 네?"

로리는 버려질지도 모른다는 생각에 걱정하면서, 지난 시간에 했던 술래잡기 놀이 이야기를 꺼냈다. 그래서 나는 가면을 가지고 다른 숨기 놀이를 해보자고 제안했다.[7] 로리는 내 제안에 즐거워하면서 각자 '무서운 괴물 가면'을 하나씩 만들자고 했다. 로리가 마분지로 만든 가면이 그림 5.5에 나온다. 로리는 가면 뒤에 '행복한 괴물'이라고 적고는 내게 이렇게 말했다. "제가 선생님을 다치게 하면 선생님이 죽는 척하는 거예요. 진짜로는 말고요."

로리는 가면을 얼굴에 쓰더니 화난 괴물 연기를 하며 으르렁거리는 목소리로 다음 말을 반복했다. "널 죽여버릴 거야!" 그러면서 주기적으로 가면을 돌려쓰고 행복한(회유적인) 괴물 역할을 연기하기도 했다. 로리는 '행복한 괴물들' 가면을 몇 개 더 그리더니 내게는 '무서운 여자 가면'을 만들라고 시켰다. 로리는 역할극에 몰입해 있는 동안 이런 말을 하기도 했다. "으, 무서워졌어요. 괴물들처럼 무서워요."

로리는 진짜 괴물처럼 으르렁거리고 위협적인 몸짓을 흉내 내면서, 화난(무서운) 괴물과 행복한(회유적인) 괴물 역할을 오갔다. 역할극 놀이를 마치면서는 "이제는 더 화가 나지 않아요. 가끔씩 화가 나기는 하지만 만날 그런 건 아니에요"라

---

7 이때 술래잡기 놀이가 아닌 가면 놀이를 하자고 제안했던 것은, 로리가 어머니에 대한 분노(그리고 나에게 전이된 분노)를 자신과 분리시켜 볼 수 있도록 도와주기 위해서였다. 그리고 나도 함께 가면을 만들기에 동참했던 것은 가장하기 놀이를 통해 어떻게 분노를 표출하면 되는지 배울 수 있도록 하기 위해서였다.

고 말했다.

그 날 미술치료 시간이 거의 끝나갈 즈음, 로리는 점토를 가져다 세차게 두드리기 시작했다. 잠시 뒤 점토에다가 '행복한' 얼굴을 그리더니, 점토용 도구를 가지고 그 위에 여기저기 사정없이 구멍을 냈다. 그런 후 치료실에 들어왔을 때와는 사뭇 다르게 명랑하고 즐거운 기분으로 치료실 문을 나섰다.

로리는 자기 내면의 분노 때문에 어머니에게 버려질지도 모른다는 두려움을 느껴왔다. 부모가 이혼하기로 결정한 후 아버지가 자신을 떠났던 것처럼, 어머니도 언젠가 자신을 떠날지도 모른다고 생각했던 것이다. 로리는 괴물 가면을 만들어 역할극을 함으로써 상실에 대한 두려움과 분노를 겉으로 표출할 수 있었다.

표적

앞서 소개한 8살 소년 칩이 어느 날 잔뜩 화가 난 채로 치료실을 찾았다. 칩은 집단치료 때 사용했던 큰 방에 있는 샌드백을 치고 싶다고 했다. 나는 샌드백을 특정한 사람이라고 생각하고 대해보라고 제안했다. 칩은 내 제안에 열띤 반응을 보였다.

칩은 첫 번째로 샌드백이 자기 엄마라고 말하더니 샌드백을 안고 열정적으로 뽀뽀를 해댔다. "엄마 사랑해요, 엄마 사랑해요, 엄마 사랑해요." 칩은 몇 번이고 이 말을 반복했다. 다음으로는 샌드백이 새아버지라고 했다. 처음에는 뽀뽀를 하고 포옹을 했지만 곧 샌드백을 마구 두드리며 소리를 질렀다. 그러더니 이번에는 샌드백이 마오렐리라는 아이라고 했다. "마오렐리는 우리 동네에서 제일 못된 애예요. 나보다 나이가 많은데, 만날 날 때려요."

칩은 샌드백을 어머니나 새아버지로 여길 때보다 훨씬 편하게 온 힘을 다해 샌드백을 쳤다. 그러더니 다시 어머니로 돌아가 "엄마, 사랑해요"라고 말했다. 잠시 뒤에는 새아버지를 대상으로 사랑한다고 말했다가 화내기를 반복하더니 마지막으로 이런 말을 했다. "난 아빠랑 친구가 되고 싶어요. 아빠는 냉정하고,

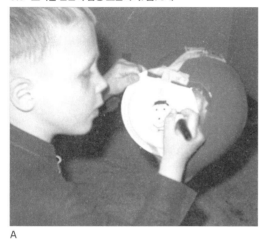

A

B

A. 분노의 대상 그리기
B. 그림을 붙인 후 샌드
백을 치는 모습

심술궂고, 잔인했지만 그래도 아빠랑 정말 친구가 되고 싶어요." 칩은 내게 고개를 돌리더니 자신의 부모가 얼마나 폭력적으로 싸웠는지, 얼마나 서로에게 화를 냈는지, 그리고 그때문에 자신이 얼마나 무서웠는지 이야기했다.

나는 예전에 분노의 대상이었던 또래 친구를 그린 후 거기에 찰흙으로 만든 총알을 던졌던 일이 기억나느냐고 칩에게 물었다. 칩은 그 말을 듣고 한 소년의 그림을 그린 후 샌드백에 그것을 붙이고 맹렬히 두드리기 시작했다(그림 5.6 참조). "사랑과 폭력은 함께할 수 없어요." 칩이 말했다. 나는 같은 사람이라 해도 때에 따라 사랑할 수도 증오할 수도 있으며, 또 심지어 동시에 애증을 느끼는 일도 있지 않느냐고 물었다. 칩은 내 말에 호기심을 보였지만 아직 그 내용을 온전히 수용할 준비는 안 되어 있었다. 계속해서 사랑과 증오는 함께할 수 없다고 주장했다.

칩은 다음으로 큰 종이에 물감을 흩뿌리면서 그것이 "온통 까만 상처가 있는" 친구의 그림이라고 했다. 내가 그 친구에게 어떻게 그런 상처가 생겼는지 묻자, 칩은 "어떤 사람한테 맞아서 그럴 거예요"라고 답했다. 잠시 후에는 방 안에 있던 타이어로 만든 그네를 타면서 내게 큰 소리로 물었다. "선생님은 폭력이 안 무서우세요? 그런 폭력을 어떻게 참아요?" 그 후 우리는 칩이 예전에 폭력적인 상황을 겪었을 때 얼마나 무서웠는지 함께 이야기를 나누었다.

칩이 그랬던 것처럼 특정 대상을 향한 적개심을 미술이나 역할극을 통해 드러내고 나면 내면에 지나치게 쌓여 있던 에너지를 해소할 수 있다. 표적을 만들어 대신 표출하는 것은 그 누구에게도 해를 끼치지 않는다는 장점이 있다. 하지만 치료사는 감정 표출의 대상이 되는 인물에게 단지 가상으로만 공격적인 행동을 하는 척하는 것이라고 분명히 주지시켜주어야 한다.

또한 미술치료사는 내면의 부정적인 에너지를 건설적인 방식으로 표현할 수 있는 법을 찾아내는 과정을 통해 더욱 성장할 수 있다는 사실을 아이가 깨닫도록 도와주어야 한다. 그리고 분노의 감정을 행동보다는 말로 푸는 법도 가르쳐주어야 한다. 아직 어린 칩에게는 받아들이기 어려운 내용이었지만, 사랑과 증오를 통합할 때에만 그 에너지를 건강하고 건설적인 방식으로 사용할 수 있다.

간혹 그런 식으로 현실의 구체적인 인물을 대상으로 분노를 표출하도록 유도하는 것이 실제로도 폭력적인 행동을 유발하지 않을까 우려하는 사람이 있을지 모르겠다. 하지만 40여 년간의 경험을 돌아보건대, 실제로 그런 일이 벌어졌던 적은 단 한 번도 없으며 부모나 교사에게 그런 상황을 보고받은 적도 없다. 오히려 내면의 부정성을 가상으로 표출해본 아이들은 타인을 향해서든 자기 자신을 향해서든 공격적인 행동을 하는 경향이 현저히 줄어들었다. 나는 이러한 관찰을 통해 미술치료에서 한계와 기준이 어떠한 역할을 하는지와(1장) 자유를 위한 틀이 어째서 필요한지에(2장) 대해 집필할 수 있었다.

모든 인간적 교류에서 그렇듯, 그런 제안이나 권유를 할 때는 전하는 '말' 속에 담긴 의미가 매우 중요한 역할을 한다. 나는 그러한 충동을 느끼는 것은 정상적이며, 상징적인 맥락하에서 그러한 충동을 발산하는 것은 괜찮다는 의미를 전달하고자 노력했다. 단, 현실에서 그러한 충동을 표현할 때는 파괴적이기보다는 건설적인 방법을 찾아야 한다는 점을 주지시켰다. 나의 이러한 관점은 어린이 TV 프로그램인 〈로저스 아저씨Mr. Rogers〉의 진행자 프레드 로저스Fred Rogers가 부른 노랫말에 영향을 받았는지도 모른다. "화가 날 때는 어떻게 하지? 정말 화가 나면 꽉 물어버릴 수 있어?"

그런데 내면의 갈등에 시달리는 아이들이 분노를 외부의 대상에게 표출하는 경우는 드물다. 그런 아이들은 대개 우울증이나 자살 충동에 시달린다. 그리고 분노나 반항심을 겉으로 드러내더라도 분명한 대상을 향하기보다는 마구잡이로 표출되다 보니, 문제아로 낙인찍히는 경우도 더러 있다. 그러한 아이들의 문제는 분노의 원인을 이해하고 그것을 받아들이기까지 반복되곤 한다. 그래서 치료사들은 아이들이 내면의 갈등을 이해하고 그것을 건강한 방식으로 표출할 수 있는 통로를 찾을 수 있도록 도와주어야 한다.

녹음기

자신이 만든 미술작품에 대해 편안하게 이야기하기 어려워하는 아이가 있다면 녹음기 같은 소품을 이용해보는 것이 도움되기도 한다. 자살 시도 때문에 치료를 받으러 왔던 11살 소년 글렌의 경우가 그러했다. 글렌은 심리 상담과 미술치료를 격주로 받으며 10개월가량 나를 만나왔다. 하지만 10개월이나 미술치료를 받아왔으면서도 자신이 만든 미술작품에 대해 이야기하는 것을 여전히 불편하게 여겨서, 짤막한 설명만을 하고 입을 다물기 일쑤였다.

하지만 내가 녹음기와 마이크를 가져오자 무척 좋아하면서 평소보다 그림에 대해 훨씬 상세하게 설명을 했다. 예컨대, 가로 60cm, 세로 45cm 크기의 흰 도화지에 연필로 그린 배 그림에 대해서 평상시와 확연히 다르게 긴 설명을 했다(그림 5.7). 글렌은 내게 마이크를 건네받더니 마치 방송을 하는 듯 쉬지 않고 다음과 같이 말했다.

"글렌 스미스가 막 완성한 미술작품에 대해 설명드립니다. 그림 속 USS 프리깃함인 콘스티튜션 호는 뒤편에 있는 미확인 영국 함선에게 공격을 받고 있습니다. 보시다시피 이 장면에서 콘스티튜션 호는 닻을 내린 채 움직이지 않고 있습니다. 저는 돛대 위의 망루는 그렸지만 사람들은 하나도 그리지 않았습니다. 영국 함선이 콘스티튜션 호를 공격하면, 콘스티튜션 호는 금세 경계 태세를 갖추고 닻을 올린 후, 뱃머리를 돌려 전투를 준비할 것입니다. 뒤쪽에 있는 배는 더 작게 그렸는데, 그게 더 나아 보입니다. 앞쪽 돛대에 국기를 그려 넣었는데, 실제 배에는 이런 식으로 국기를 달지 않습니다. 스

페인 함정만이 돛대에 국기를 답니다. 여기서 제가 그린 것은 미국 국기입니다. 저는 국기를 굉장히 크게 그렸는데, 예전에 배를 타보았을 때 거기에 걸려 있던 깃발이 매우 컸던 게 기억나서입니다. 배 앞머리에는 돛대를 감고 올라가는 로프가 보입니다. 제가 그린 그림에는 삭구가 많지만, 그래도 실제 배에 있는 모든 돛과 돛대, 로프 등을 다 그리지는 못했습니다."

"자, 이제 뒤편의 영국 배를 보면 대포 주변에 연기가 나고 있는 걸 알 수 있습니다. 연기는 방금 포탄을 발사했음을 보여줍니다. 포탄은 물을 튀기며 USS 콘스티튜션 호에 가까이 다가가고 있습니다. 콘스티튜션 호로 눈을 돌리면 맨 앞 돛대에서 내려오는 로프가 보일 겁니다. 뱃사람이 이 로프를 이용해 돛을 내리면 배는 최고 속력을 내며 달리게 됩니다. 배 뒤에는 키가 있습니다. 이 키를 조종하면 배를 앞이나 뒤로 회전시킬 수 있습니다. 저는 배 위에 포탄을 놓았습니다. 실제 콘스티튜션 호에는 포탄 두 데크가 있었지만, 여기서는 하나만을 그렸습니다. 그림이 작아서 두 개를 모두 그릴 수 없다 보니 하나를 그리는 것으로 만족해야 했습니다. 돛대에 달린 돛은 낮게 그렸습니다.

실제로 돛은 꼭대기에 달려 있습니다. 뱃사람들이 쉽게 돛을 내릴 수 있도록 하기 위해서 그렇습니다. 하지만 제 그림에서는 돛을 아래쪽에 그렸는데, 돛을 올릴 때 걸리는 시간을 줄이기 위해서입니다. 그리고 콘스티튜션 호 중간에는 구명정이 있습니다. 실제 콘스티튜션 호에는 구명정 여섯 대가 있었지만 그림에는 그렇게 많이 그릴 수 없었습니다. 지금까지 방금 그린 그림에 대해 설명한 글렌 스미스였습니다. 감사합니다."

마이크를 든 글렌은 너무나도 상세해서 약간 강박적이게까지도 느껴지는 설명을 쏟아냈다. 나는 그림에 표현된 글렌 내면의 갈등을 수면 위로 떠오르게 하기 위해 인터뷰 형식으로 글렌에게 몇 가지 질문을 했다(여기서 JR은 본인 주디스 루빈의 약자이다).

JR : 스미스 씨, 그림 속에서 벌어지는 전투에 대해 몇 가지 질문을 드리겠습니다. 콘스티튜션 호는 포탄을 맞게 됩니까? 포탄에 맞지 않는다면 어떤 일이 벌어집니까?
글렌 : 아, 네. 그림 속 포탄은 터지지 않습니다. 만약 포탄이 배에 명중한다면 배에 큰 구멍이 나거나, 돛대를 부러뜨려 배가 가라앉을 것입니다. 하지만 포탄은 배에 명중하지 못합니다.
JR : 그렇군요. 스미스 씨께서는 뒤쪽 배가 공격을 하고 있다는 사실을 깨달은 콘스티튜션 호가 뱃머리를 돌려 전투 준비를 할 것이라고 말씀하셨는데요. 그 전투의 결과는 어떻게 될까요? 다시 말씀드리자면, 어느 쪽이 승리하게 됩니까?
글렌 : 네, 당연히 콘스티튜션 호가 이기지요. 역사적으로도 콘스티튜션 호는 참가했던 모든 전투에서 승리했습니다. 수명을 다한 콘스티튜션 호는 지금 보스턴 항에 전시되어 있는데, 매년 많은 관광객들이 배를 보기 위해 몰려들고 있습니다.
JR : 만약 글렌 씨가 그림에서 벌어지는 장면 속으로 들어간다면 어느 쪽 배에 타서, 어떤 역할을 맡고 싶습니까?
글렌 : 글쎄요. 일단 콘스티튜션 호의 선장은 되고 싶지 않군요. 콘스티튜션 호의 선장은 여러 전투를 거치는 동안 갖은 고초를 겪었다고 알고 있습니다. 음, 이 질문은 답변하기 어렵군요. 저는 콘스티튜션 호의 선원이 되고 싶습니다. 하지만 구체적으로 어떤 임무나 역할을 맡으면 좋을지는 잘 모르겠습니다.

글렌은 각 지위와 위치별 선원들의 역할을 하나하나 상세하게 설명한 후, 드디어 마음의 결정을 내렸다.

"제 생각에… 저는 포병이 되는 게 좋겠습니다. 포병 중에서도 구체적으로 어떤 포병이 좋을지는 모르겠지만, 그건 중요하지 않습니다. 포병은, 포병이 하는 일은 매우 위험합니다. 역사적으로 유명한 전투가 벌어졌을 때 콘스티튜션 호와 적함은 서로 맞물려 격전을 치렀습니다. 그때 포병들이 막중한 일을 해냈습니다. 돛대를 타고 망루로 올라가 적함에 수류탄을 던지고 총을 쏘았습니다. 그들 덕에 콘스티튜션 호가 승세를 잡을 수 있었습니다. 그런 후 존 폴 존스가 기발한 술책을 내서 맞물려 있던 배를 떨어뜨린 후 적함 후미에 포탄을 쏘았습니다. 하지만 아깝게도 포탄은 빗맞았습니다. 하지만 다시 모든 화력을 동원해 사격을 했고, 결국 적함을 침몰시켰습니다."

나는 덕분에 역사적 사실에 대해 잘 배웠다고 논평한 후, 다시 질문을 했다. "그 전투의 현장에 있었다면, 어떤 일을 했으면 좋았을 것이라 생각하나요?" 글렌은 다음처럼 대답했다.

"정말 잘 모르겠군요. 그럼 사실 관계를 다시 짚어볼까요. 당시 콘스티튜션 호와 적함은 서로 맞물려 있었습니다. 교전 중 영국 배의 선장은 치명적인 부상을 입었습니다. 존 폴 존스와 칼싸움을 하다 그렇게 되었지요. 그들이 싸우는 동안 다른 선원이 — 영국 배의 선원이 — 실수로 아군 선장에게 총을 쏘았습니다. 이 전투에서 저는 용기와 강인함을 보여준 존 폴 존스가 되고 싶습니다."

바로 이 대목에서 글렌을 괴롭히던 마음속 갈등의 핵심이 나왔다. '실수로' 선장을 죽였다는 내용은 아버지를 없애고 싶은 글렌 내면의 충동이 반영된 것이었다. 글렌도 이를 인식한 듯 갑자기 "녹음한 내용을 다시 돌려봐요"라고 말했다. 이는 과시적이면서도 길었던 녹음 내용을 재음미하고자 하는 마음과 더불어 내면의 충동이 드러나는 걸 멈추고자 하는 바람을 나타낸다.

시

5.8 마이크 사용하기

자신이 만든 미술작품에 대해 설명하기를 꺼렸던 글렌에게는 녹음기와 마이크가 말문을 열게 해주는 기폭제가 되어주었다(그림 5.8). 남근을 상징하는 마이크가 글렌의 과시하고자 하는 욕구를 충족시켜주고, 인터뷰 형식의 놀이가 텔레비전에 등장하는 거물이 된 듯한 느낌을 주었기 때문이다. 그래서 평소에 그림에 대해 설명해달라고 해도 별다른 말을 하지 않던 글렌은 그 날 놀라울 정도로 상세하고 긴 이야기를 들려주었다.

어떤 아이들에게는 큰 소리로 말하는 것보다 글을 쓰는 것이 훨씬 나은 효과를 발휘하기도 한다. 6장에서 더 자세히 소개할 에블린의 경우, 자살 시도 후 병원에 입원한 동안 미술치료를 받으며 자연스레 시를 쓰기 시작했다. 에블린이 쓴 시는 그림 6.9A에 나오는 나무 그림처럼 단순하면서도 횡한 느낌이었다.

나는 울고 싶어
내 몸에 수분이 한 방울도 남지 않을 때까지
왜냐하면
제기랄
나는 두려워!

때로는 말하듯이 생각을 전하는 조금 더 복잡한 시를 쓰기도 했다.

마음은 안전하게 머무를 수 있는 장소
그곳에서는 누구도 나를 해칠 수 없지…
친구들조차도
진실을 말하면서
나를 믿어달라고
항변할 필요도, 구걸할 필요도, 울 필요도 없어!!!
빌어먹을!

이야기

에블린은 매우 똑똑한 소녀였다. 많은 사춘기 청소년들이 그렇듯, 에블린에게 시는 매우 매력적이고 의미 있는 표현 수단이었다. 사춘기를 앞둔 앨런에게는 학습장애가 있었다. 그 원인은 신경장애로 추정되었다. 앨런은 학교 수업을 따라잡지 못해 괴로워했으며, 미술치료를 통해 밝혀진 바로는 아버지를 향한 분노 때문에 혼란과 두려움을 느끼고 있었다. 앨런은 미술치료를 받던 어느 날 갑자기 이야기를 쓰고 싶다고 했다. 앨런은 타이핑 속도가 느렸기 때문에 앨런이 구술하면 내가 비서처럼 타이핑해주기로 했다. 앨런이 쓴 이야기는 다음과 같다 (앨런의 아버지는 한쪽 눈이 거의 실명 상태였다).

운 좋은 병사

병사가 전장에 들어서서 본 것은 단 두 가지였다. 벌판 가득 널린 시체와, 사방에서 쓰러지는 사람들. 병사는 너무 무서워서 낡은 오두막으로 도망쳤다. 몸을 숨긴 지 2시간이 지난 후, 독일 병사들이 오두막을 습격했다. 독일군 대위가 숨어 있던 병사를 발견했다. 병사는 대위에게 말했다. "제발, 절 쏘지 마세요." 대위가 대답했다. "50대 50의 기회를 주지. 어느 쪽 눈이 가짜인지 맞히면, 널 놓아주마. 틀리면 널 죽이겠다." 병사는 더듬거리다 마침내 속삭이듯 말했다. "왼쪽이요." 대위가 답했다. "너는 자유다! 다시는 돌아오지 마!"

이 무섭고도 희망적인 이야기 속에서 병사, 즉 소년은 위험한 독일군 대위, 즉 아버지에게서 도망친다. 하지만 현실 속 앨런은 무시무시한 아버지에게서 독립해 자율적으로 행동하고 싶은 바람을 실현시키지 못해 괴로워하고 있다. 앨런은 이야기를 짓고 그것을 다시 읽어보는 과정을 통해 예전에는 알지 못했던 자신의 마음을 깨닫게 되었다. 이야기를 다시 읽어보면서 자신의 감정과 바람을 알아차리고, 병사와 자신을 관련지어 말할 수 있었다.

복사기와 카메라

녹음기와 컴퓨터가 소리와 단어를 저장할 수 있게 해준다면, 복사기나 카메라는 영상이나 사진을 기록할 수 있게 해준다. 아이가 애착을 보이거나 누군가에게 선물로 주고 싶어하는 그림을 복사하거나 사진으로 찍어놓으면 아이의 미술 활동을 더욱 촉진시킬 수 있다. 게다가 자료를 보존할 수 있어 치료사와 내담자 모두에게 도움이 된다.

13세 소년 제임스는 위축된 모습을 보이는 수줍음 많은 아이였다. 그런데 제임스에게 그가 새로 쓴 "연필 도둑The Pencil-Snatcher"이라는 책을 복사해두면 어떻겠냐고 하자 평소의 수줍어하던 모습과 달리 뛸 듯이 기뻐했다. 책을 쓰기 전까지 제임스는 강박적인 태도로 자신과 관련 없는 그림만을 그렸다. 그렇게 해

5.9 제임스가 그린 몰래 도망가는 연필 도둑. 연필. 13세

서는 별다른 치료 효과를 볼 수 없기에, 고심 끝에 제임스가 글을 쓰도록 유도해보기로 했다. 어느 날 제임스가 스케치북이 갖고 싶다는 말을 꺼냈을 때 나는 의도적으로 스케치북 대신 종이 철을 건네주었다.

제임스는 그 다음 주에 종이 철에다 자신이 싫어하는 아이들과 교사를 익살스럽게 그린 그림을 그려서 가지고 왔다. 그러고는 마음속에 비밀스럽게 품고 있던 인물 — 아마도 자신을 상징하는 인물 — 에 대해 털어놓았다. 바로 '연필 도둑'이었다(그림 5.9). 한 주 한 주 시간이 흐르면서 연필 도둑과 그의 친구인 새에 대한 이야기가 만들어져갔다. 나는 그 그림과 이야기를 사진으로 찍어 남기자고 제안했다. 이를 통해 제임스에게는 자신이 쓰고 그린 글과 그림이 중요하게 여겨진다는 느낌을 줄 수 있었으며, 나는 필요한 자료를 보관할 수 있었다.

시력을 점점 잃어가는 토미에게 빛을 통해 사진이나 그림을 복사해 남기는 것에는 특별한 의미가 있었다. 토미는 자신이 그린 그림을 복사해 가족과 친구들에게 선물로 주고 싶어했다. 토미는 복사기 버튼을 눌러 그림을 복사하는 데서 큰 기쁨을 느끼는 듯했다. 토미가 그리는 그림은 수정체후방 섬유증식증이 악화되면서 경험하는 감정과 관련되어 있었다. 토미의 사례는 16장에서 더 자세히 소개하겠다.

손전등과 양초

예전에 어둠을 두려워하던 한 아이가 불을 모두 끈 후 손전등이나 양초만을 켜달라고 했던 적이 있다. 이때의 일을 통해 때로는 아이들이 아주 환한 방보다 작은 불빛만을 희미하게 켜둔 방에서 미술 활동이나 역할극을 통해 자신의 이야기를 더 쉽게 풀어낸다는 사실을 알게 되었다. 특히 아이들의 두려움이나 공상이 어둠 속에서 벌어지는 일일 때 더욱 그런 경향이 있다. 악몽 때문에 고통받던 카를라를 치료할 때도 양초와 손전등, 조명을 활용해 도움을 받았다.

카를라는 사람들이 모두 잠든 밤 동안 들리는 무서운 소리에 대한 그림과 이야기를 그리고 쓴 적이 있었다. 나는 그때 카를라의 표현을 촉진시키기 위해 어두운 조명으로 카를라의 이야기에 어울리는 분위기를 만들어주었다. 카를라는 겁에 질린 어린 아들을(카를라를 상징) 버리는 못된 어머니 역을 내게 맡겼다. 그러더니 나중에는 자기 자신이 어머니 역할을 맡았다. 카를라가 연기한 어머니는 처음에는 못되고 잔인한 성미였다가 차츰 친절하고 다정한 성격으로 바뀌었다. 어머니 역을 맡은 카를라는 배고픈 아이 역을 맡은 나를 달래주고 음식을 먹여주기까지 했다.

범위 확대

토미는 점점 나빠져가는 시력 때문에 괴로워했다. 하지만 그로 인한 분노를 말로 표현하기는 어려워했다. 그래서 분노를 해소하기 위한 방편으로 드럼을 두드리거나 실로폰을 치곤 했다. 그 과정에서 우리는 토미의 놀라운 리듬감과 음악적 재능을 깨닫게 되었다. 그래서 토미가 만든 곡과 연주를 테이프에 녹음하면서 큰 치료 효과를 보았다.

토미의 경우에서 볼 수 있듯 악기, 꼭두각시 인형, 축소 모형 등을 잘 활용하면 아이가 편안하고 즐겁게 자기 자신을 표현하도록 도울 수 있다(Irwin&Shapiro, 1975; Carey, 1999; Kalif, 1980; M. Lowenfeld, 1971/1979). 미술치료사는 치료 도구의 범위를 미술에 한정 짓기보다는 아이 개개인의 성향과 흥미에 맞추어 창의적이고 새로운 도구와 방법을 찾으려 노력해야 한다.

결론

이 책을 보면서 미술치료사의 작은 개입만으로 상태가 극적으로 개선된 상황이 이토록 많은지 의아하게 여기는 사람이 있을지도 모르겠다. 하지만 내 경험상 모든 표현 도구들은 서로 밀접하게 연관되어 있으며 작은 변화만으로도 큰 차이를 이끌어낼 수 있다. 특히 아이들을 대상으로 한 미술치료는 더욱 그렇다.

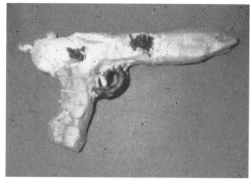
A

B

C

A. 점토총
B. 점토총 쏘기
C. 칼로 공격하기

미술치료를 할 때 어떤 한 도구나 형식에 얽매이게 하는 것은 자연스러운 표현의 흐름을 저해할 우려가 있다. 아이들을 대상으로 한 미술치료에서 어떤 도구가 적합할지는 카를라의 경우에서 그러했듯 대개 미술 활동을 하는 도중 자연스럽게 나타난다(그림 5.10). 아이들은 손가락 그림을 그리다가도 물감을 얼굴에 칠한 뒤 자연스레 역할극 놀이에 빠져들곤 한다. 또 점토로 막대기 모양을 만든 후, 그것이 총이나 칼인 양 공격하는 흉내를 내기도 한다. 때로는 점토로 사람 모양을 만든 후 인형 놀이를 하듯 점토의 입을 빌어 자신이 하고 싶은 말을 하기도 한다(Oaklander, 1988; Rogers, 1993). 또 아이들은 점토 반죽을 전혀 예상하지 못했던 물건으로 변신시키기도 한다. 예컨대 어떤 아이는 점토 반죽을 모자처럼 쓰기도 했다.

이 장에서 소개한 사례 중에는 아이들이 다양한 도구를 접할 수 있는 환경을

5.11 유연한 공간 사용

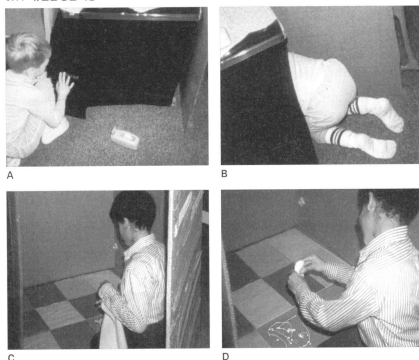

A
B

A. 은신처 만들기
B. 은신처에 숨기
C. 집 만들기
D. 집 장식하기

C
D

조성해주고 수용적인 태도를 보여준 것만으로도 표현의 범위를 확대시킬 수 있었던 경우가 많았다. 또 치료사가 적극적으로 나서서 아이가 내면의 생각이나 감정을 창의적으로 표현할 수 있도록 먼저 제안한 경우도 있었다. 한편 아이가 만든 작품에 대해 설명하도록 유도할 때는 특히나 치료사의 창의성이 매우 큰 역할을 한다. 이때 치료사는 창의성을 발휘해 자기 자신의 욕구가 아닌, 아이의 표현이나 이해 욕구를 충족시켜줄 도구와 방법을 찾는 데 집중해야 한다.

넓은 의미에서 볼 때, 미술치료사의 가장 중요한 과업은 어떤 자원을 어떤 때에 사용하는지 결정하는 일이다. 다시 말해, 치료사 자신과 주어진 공간, 도구를 어떻게 창의적이고 열린 방식으로 조합할지 생각해내야 한다(그림 5.11). 아이의 방어기제를 벗겨내는 편이 나을지 아니면 보호해주는 편이 나을지를 결정하려면 아이의 심리 상태나 시간에 따른 변화 등의 다양하고 복잡한 문제들을 고려해야 한다.

이때 가장 필요한 것은 아이가 스스로 필요한 방어기제를 적시에 사용할 줄 안다는 믿음이다. 한 아이와 오랜 시간 미술치료를 함께하다 보면, 그 아이가 자신의 불안이나 좌절감을 얼마만큼 스스로 통제할 수 있는지 파악할 수 있게 된다. 따라서 치료사는 개입해야 할 때와 스스로 처리하도록 놓아둘 때가 언제인지 분별할 수 있게 된다. 치료사가 이 분별력을 갖추는 것은 '제3의 눈'을 뜨는 것과도 같다.

미술치료사가 아이의 성장을 촉진시킬 수 있는 방법은 실로 다양하다. 그런데 언제 적극적으로 개입해야 좋을지 판단하기란 까다로울 수 있다. 치료사는 아이의 내부 동기와 외부 동기를 날카롭게 식별해야 하며, 그 개입이 아이의 치료에 어떤 효과를 낳을지 예측할 수 있어야 한다. 하지만 다행스러운 점은 아이와 치료사 사이에 공고한 신뢰가 구축되어 있다면, 몇 차례의 실수가 있다 해도 장기적인 치료에 크게 해가 가지 않는다는 사실이다. 따라서 미술치료에는 일반적으로 통용되는 정해진 공식이란 없으며, 시행착오를 통해 아이들 한 명 한 명에게 적합한 방법을 찾아가는 것만이 유일한 방법이다.

2부

개인

The
Individual

6장

미술 검사

배경

오래전부터 심리학자들은 아이의 발달 상태를 알아보기 위한 검사 도구로 미술을 활용해왔으며(Harris, 1963; Koppitz, 1968/1984), 그 과정에서 특정 주제로 그림을 그려보도록 하는 것이 아이의 성격 검사에 도움이 된다는 사실을 발견했다. 그 이후 많은 심리학자들이 그림의 어떤 특징이나 요소가 아이들의 정서나 심리 상태를 말해줄 수 있는지 알아내기 위해 정상적인 다양한 연령대 아이들의 그림을 표본으로 수집했다(Buck, 1948; Di Leo, 1974/1983; Drachnik, 1995; Klepsch&Logie, 1982; Machover, 1949; Malchiodi, 1998; Oster&Crone, 2004; Schildkrout, Shenker&Sonnenblick, 1972).

심리학자 하머Hammer가 그림을 통한 심리 검사를 할 때 주제와 도구를 '표준화'할 필요성이 있다고 역설한 이래 다양한 진단적인 프로그램이 등장했다. 우선 종이에 연필로 베껴 그리거나(Di Leo, 1970), 미완성 그림을 완성하도록 (Kinget, 1952) 하는 방식을 제안한 학자들이 있었으며, 주어진 주제에 따라 그림을 그리도록 하는 방식을 고안한 이들도 있었다. 학자들이 생각해낸 주제는 다양했다. 사람의 모습(Machover, 1949), 가족(Appel, 1931; Burns&Kaufman, 1970; Hulse, 1952), 동물(Levy&Levy, 1958), 집-나무-사람(Buck, 1948; Burns 1987; Hammer, 1958) 등이 있었다. 학자들은 대개 그림의 주제뿐 아니라 사용하는 도구 또한 지정했다.

어떤 학자들은 심층적인 평가를 위해 주어진 주제에 대한 그림과 더불어 자유로운 주제로 그림을 그려보도록 지시하기도 했다(Chimidl-Waehner, 1946; Cohen, Hammer&Singer, 1988; Levick, 1983/1989; Betensky, 1995). 아동을 면접할 때 연필이나 크레용 이외의 다른 도구를 사용하도록 했던 학자들도 있는데, 예컨대 나폴리Napoli는 손가락 그림을, 볼트만Woltmann은 점토를 가지고 미술작품을 만들어보도록 했다. 1983년에 에디스 크레이머와 질 셰르Jill Schehr는 그림 그리기, 점토 만들기 등의 다양한 활동들로 구성된 미술 검사 도구를 제안했다. 이후 1988년에 엘렌 호로비츠Ellen Horovitz도 세 가지 재료를 활용한 유사한 검사 도구를 고안했다(Horovitz-Darby, 1988). 엘렌 호로비츠가 고안한 방식에서 평가 대상자는 그림을 그리고, 채색하고, 조소를 만들어야 하며 주제는 자유롭게 선택할 수 있다(cf. Brooke, 2004; Silver, 2002).

주제를 자유롭게 선택할 수 있도록 하면서 도구와 재료를 다양하게 제공한 경우는 드물었다. 단, 자연스러운 조건에서 자발적으로 일어나는 미술 활동에 대해 연구하기 위한 경우는 예외였다(Alschuler&Hattwick, 1947; Bender, 1952; Elkisch, 1945; Hartley, Frank&Goldenson, 1952; Schmidl-Waehner, 1942). 외부 효과를 줄이기 위해 표준화할 필요가 있는 연구에서도 주제와 재료를 자유롭게 선택할 수 있도록 하는 경우가 드물었다(Dewdney, Dewdney&Metcalfe, 1967; Pasto&Runkle, 1955; Schmidl-Waehner, 1946).

그러나 어린이들을 교육하거나 치료할 때는 재료나 주제를 자유롭게 선택할 수 있는 환경을 조성하면 훨씬 더 나은 결과를 얻을 수 있다. 내가 아동보호센터 Child Guidance Center에서 일을 하기 시작한 직후 미술 검사 도구를 개발하라는 지시를 받았을 때, 처음에는 재료는 자유롭게 선택하도록 하되 주제는 정해주는 방식을 적용하려 했다. 자신이나 가족의 그림을 그리게 하면 더 용이하게 평가할 수 있으리라 생각했기 때문이었다. 하지만 새로이 고안한 방식으로 몇몇 아이들을 면접해본 후, 재료나 주제를 미리 부과하는 것은 불필요하며 오히려 왜곡된 간섭 효과를 낳기도 한다는 사실을 깨달았다. 아이들은 자기 자신에게 가장 어울리는 방식으로 자연스레 스스로를 드러냈다.

물론 간혹 주제나 재료를 정해주는 편이 더 적절한 때도 있기는 하다. 이를테면 가족 미술 검사나(10장 참조), 특정 연구 프로젝트를 수행할 때(21장 참조) 그러하다. 하지만 아이의 전반적인 심리 상태가 어떠한지, 아이가 가장 걱정하거나 신경 쓰는 점이 무엇인지, 그러한 걱정을 내부적으로 어떻게 처리하고 있는지 파악하려는 목적이라면 틀이나 규칙을 정해놓지 않고 자유로운 방식으로 접근하는 편이 가장 효과적이다.

내가 제안한 자유로운 접근법과 가장 유사한 방식을 찾자면 어린아이들을 대상으로 한 놀이 면접법을 들 수 있다(Axline, 1947; chazan, 2002; Gil, 1991; Haworth, 1964; Moustakas, 1953; Schaefer&O'Connor, 1983). 단, 놀이 면접법은 아주 어린 아이들에게만 적용가능하며, 미술 검사는 더 다양한 연령대의 아이들에게 적용할 수 있다는 점이 차이 난다.

표현 능력이 아직 발달하지 않은 어린아이들을 대상으로 사람이나 가족 그림을 통한 미술 검사를 실시할 수 없는 것과 마찬가지로, 십대를 대상으로는 인형이나 모래를 가지고 자유롭게 노는 행동을 통해 검사를 실시하는 놀이 면접을 실시할 수 없다. 하지만 발달 수준에 어울리는 미술 재료와 도구만 적절히 제공하면 다양한 연령대 아이들의 심리나 정서 상태를 평가해볼 수 있다. 다음으로 미술 검사를 할 때 어떤 일들이 벌어질 수 있는지 간략하게 알아보고 넘어가자.

검사 시작

나는 검사를 시작하기 전 대상 아동에 대한 최소한의 사전 정보만을 파악하고 가는 편이다. 그래야 아이가 하는 말을 최대한 열린 마음으로 들어줄 수 있기 때문이다. 그리고 나는 검사 대상 아이에게 '너에 대해 아는 바가 전혀(혹은 거의) 없다'고 솔직하게 말해주는 편이다. 그러면 아이들은 대개 자기 자신과 자신의 문제에 대해 더욱 적극적으로 이야기해준다. 나는 또한 치료소를 찾아온 부모를 먼저 면담하기보다는, 아이와 먼저 만나보는 편을 선호한다. 내가 아이에게 가장 관심 두고 신경 쓴다는 무언의 메시지를 전하고 싶어서이다. 나는 이러한 방식을 통해 아이의 연령과 상관없이 대개 순조로운 출발을 할 수 있었다.

미술치료사는 아이에게 적합한 물리적, 심리적 무대를 조성해 시작을 의미 있게 만들어줄 필요가 있다. 그러기 위해서는 아이가 필요한 재료나 도구를 쉽게 찾을 수 있도록 미술 재료와 도구들을 깔끔하고 일목요연하게 정리해두어야 하며, 아이가 편안하게 느끼는 공간을 선택할 수 있는 자유를 주어야 한다. 아이가 미술 활동을 시작하도록 권유하는 방법은 간단하다. 아이가 원하는 재료나 도구를 가져다, 아이가 원하는 무엇이든 해도 좋다고 말해주면 된다.

아이가 미술 검사를 실시하는 이유에 대해 물어보면, 나는 '너에 대해 알려주고 싶은 걸 말로 해주어도 되지만, 미술 활동을 통해 너에 대해 더욱 잘 알 수 있기 때문이다'라고 말해준다. 또 때로는 미술 검사를 통해 앞으로 미술치료를 해도 좋을지 알 수 있게 되기 때문이라고 덧붙이기도 한다. 그렇게 대답을 해주었는데도 어째서 그런지 재차 물어보면, 그림이나 조각의 이미지가 무의식을 이해할 수 있는 실마리를 제공해주기 때문이라고 설명해준다. 미술 활동을 '예술'로 여기기보다는 마음이 편안하게 느끼는 언어라고 생각해보라고도 이야기해준다.

미술치료사는 표현의 흐름을 촉진시키기 위해 아이들이 주어진 과업을 처리하는 과정을 관찰하면서 개입이 필요하다면 언제든 조언이나 제안을 할 수 있도록 준비하고 있어야 한다. 예컨대 아이가 선뜻 미술 활동을 시작하지 못한다면, 어떤 재료나 주제를 선택할 수 있는지 다시 설명해주거나, 결정을 내릴 수 있도록 상황에 맞는 질문을 던지면 된다. 또 아이가 그리거나 만들고자 하는 목표를 이룰 수 있도록 재료를 특정한 방식으로 사용해도 좋다고 명쾌하게 말해주거나, 기술적인 도움을 주어야 한다. 드문 경우이긴 하지만 아이가 혼란스러워하거나 산만한 모습을 보인다면 잠시 멈추고 쉬었다가 다시 시작하도록 유도해야 할 때도 있다.

내 생각에 가장 합리적인 원칙은 가능한 한 적게, 그리고 가능한 한 덜 제한적인 개입을 하는 것이다. 그래야만 진정한 표현의 흐름을 촉진할 수 있다. 특히 아이의 생각에 미묘한 영향을 끼치거나, 자율적인 의지를 방해해 검사 결과를 오염시키지 않도록 유의해야 한다.

꼭 개입해야 할 필요가 있을 때는, 개입이 검사 결과에 영향을 미칠 수도 있다는 사실을 명심하고 가능한 한 빨리 중립적인 관찰자의 역할로 돌아와야만 한다. 치료사가 예민하고, 면밀하며, 신중하게 관찰할수록 미술 검사를 통해 더욱 많은 정보를 얻을 수 있다(이에 대해서는 7장에서 더 자세히 다루겠다).

제이미의 사례

나는 겁에 질려 있던 6세 소년 제이미를 데리고 놀이방에 들어왔다. 제이미는 복도에서 나와 방금 만났음에도 불구하고 어머니에게서 쉽게 떨어져 나를 따라왔다. 방에는 이젤과 탁자, 다양한 색과 크기의 도화지들, 다양한 물감 종류들(손가락 그림용 물감, 소금 그릇에 담긴 가루로 된 템페라 물감, 액상 템페라 물감, 수채화 물감 등), 온갖 모양과 크기의 붓들이 잘 정리되어 있었다. 또 다른 탁자 위에는 누구에게나 익숙한 그림 도구들이 놓여 있었다. 초크, 크레용, 마커, 페인트스틱, 템페라 마커 등. 그 밖에 나무토막, 풀, 점토, 판지, 점토용 도구, 테이프, 가위도 있었다. 나는 제이미에게 어떤 재료를 사용해도 좋으니 원하는 것을 그리거나 만들어보라고 말해주었다.

제이미는 다양한 도구와 재료들을 신중하게 검토한 후 페인트스틱을 집어 들었다. 그러고는 가장 큰 도화지를 골라 탁자로 가서 각 면의 색이 다른 삼각형을 그렸다(그림 6.1A).

잠시 뒤 가루 물감을 물에 갠 후 도화지에 여러 색을 마구 뒤섞은 그림을 하나 그렸다. 그림을 그리는 동안 자신의 여동생에 대해 "나를 발로 차다니! 못됐어!"라고 말했다(6.1B). 다음으로 부드러운 손가락 그림물감을 손에 칠한 후 리드미컬하게 문지르며 "전에 경찰이 날 잡아가서 내가 그 사람 코를 잘라버렸어요"라고 내게 이야기를 꾸며 들려주었다(6.1C). 잠시 뒤에는 짐짓 비밀스러운 목소리로 "우리 엄마에게는 코 자르는 규칙이 있는데, 난 그 규칙대로 하지 않았어요"라고 말했다.

제이미는 싱크대로 가서 손을 씻으며 배수로로 흘러가는 물감에 대해 농담을 하고는 내게서 떨어져 바닥에 있는 나무토막과 풀을 가지고 꽤 큰 로켓을 만드

6.1 A~G 제이미가 미술 검사를 할 때 그린 그림들. 6세

A

B

C

는 데 집중했다(6.1D). 그러고는 또다시 가장 큰 도화지를 골라 가는 마커로 우주 비행사 그림을 그렸다. 그 우주 비행사는 달에 갔지만 지구에서 충분한 연료와 식량을 공급해주지 않아 굶주리고 있다고 했다(6.1E).

사용한 마커를 색상별로 신중하게 다시 상자에 넣어놓은 후, 이번에는 굵은 분필로 동화「헨젤과 그레텔」에 나오는 헨젤, 그레텔, 마녀를 그렸다(6.1F). 제이미가 들려준 이야기 속 마녀는 처음에는 얼굴이 찌부러진 채 죽음을 당하지만, 다시 살아나 헨젤과 그레텔을 오븐에 집어넣는다고 했다. 아이들이 죽은 것은 너무 욕심쟁이였기 때문이라고 했다.

그러고는 템페라 물감이 들어 있는 병을 모두 가져다 작고 납작한 붓으로 신

D

E

F

G

나게 다른 그림을 그리기 시작했다(6.1G) 제이미는 그리는 내내 이야기를 지어 들려주었다. 처음에 집과 불을 그리더니 "불이야! 도와주세요! 도와주세요!"라고 말했다. 집 안에 있는 어린아이가 도와달라고 소리치고 있다고 했다. 하지만 아이의 부모를 비롯해 다른 사람들은 모두 이미 죽었고, 아이만이 남아 있기 때문에 도와줄 사람이 없다고 했다.

제이미는 아이를 도와주기 위해 호스가 달린 소방차와 소방관 두 명, 경찰관 한 명을 그렸다. 모두 아이를 구하러 온 사람들이라고 했다. 제이미는 이야기를 어떻게 끝맺을지 한참 고심하더니 슬픈 결말을 지어냈다. 소방관과 경찰의 노력에도 불구하고 아이는 불 속에서 죽음을 맞이했다고 말했다. 내가 왜 집에 불이 났느냐고 묻자, 제이미는 그 아이가 장난을 치다 불을 냈다고 대답했다. 제이미의 이 말은 아이의 죽음이 버릇없는 충동을 억제하지 못한 것에 대한 처벌임을 암시한다. 제이미는 검사 시간 내내 그림과 이야기에 푹 빠져 있었다.

나는 제이미가 그린 그림과 들려준 이야기, 그리고 제이미가 보여준 행동을 통해 제이미에 대해 많은 정보를 얻을 수 있었다. 제이미는 많은 스트레스를 받으면서도 위협적이고, 불확실하며, 체계 없는 상황에 나름대로 건강하고 생산적인 방식으로 대처하고 있었다. 제이미가 그린 상징적인 그림을 보건대, 제이미는 자신의 연령에 적합한 발달 수준을 보였다. 제이미는 또한 그림이 뜻대로 그려지지 않더라도 좌절하거나 포기하지 않고 계속 노력하는 모습을 보였다. 다양한 크기의 나무토막들을 이용해 만든 복잡한 구조의 로켓은 제이미에게 눈과 손의 협응력이 상당한 수준까지 발달했음을 보여준다.

나는 관찰을 토대로 제이미가 집과 학교에서 문제를 겪고 있는 이유를 추측해볼 수 있었다. 제이미의 주된 걱정거리는 자신의 호기심과 충동을 통제하는 것과 연관이 있었다. 그리고 자신의 분노가 끔찍한 결과(부상, 죽음, 유기)를 초래할지도 모른다는 두려움을 느꼈다. 제이미는 처음에 신중하게 삼각형을 그리는 것에서 시작했지만, 점차 마음이 풀어지면서 자신의 내면을 상징적으로 보여주는 그림과 작품을 만들어냈다. 특히 마지막 세 작품은 제이미의 심리 상태와 정서 상태를 단적으로 보여주었다.

1시간 동안의 미술 검사가 끝날 시간이 가까워왔을 때, 제이미는 마치고 싶어하지 않았지만 상황을 받아들이고 미술 활동을 마무리했다. 제이미의 경우에 그러했듯, 미술 검사를 할 때는 아이가 위협을 느끼지 않고 재미있게 미술 활동을 할 수 있도록 이끌어주는 것이 중요하다. 미술치료사가 첫 검사 시간에 아이들을 훌륭히 이끌었다면, 아이들은 자연스레 또 와서 미술치료를 하고 싶다는 요청을 하게 마련이다. 치료사들은 대개 1시간 동안의 미술 검사만으로도 앞으로 치료를 어떤 식으로 진행해야 할지 결정하기에 충분한 정보와 자료를 얻는다.

시작하기

제이미의 경우에는 미술치료의 시작이 매우 순조로웠다. 사실 내가 만났던 대부분의 아이들은 특별한 조치를 하지 않더라도 제이미처럼 별 어려움 없이 미술 활동에 빠져들었다. 이는 아이들이 스스로 주어진 재료와 도구들을 재미있게 활용할 방법을 찾을 수 있을 것이라 확신한 나의 기대 때문이었는지도 모른다. 분명 나의 확신은 알게 모르게 아이들에게 전해져 행동에 영향을 끼쳤을 것이다. 간혹 주제를 정하지 못해 힘들어하는 아이도 있었지만, 나는 단 한 번도 구체적인 주제를 제안해본 적이 없다. 아무리 의존적인 아이라 해도 결국에는 스스로 무엇을 하면 좋을지 찾아냈다.

아이들은 대부분 치료사에게 질문을 하거나, 주어진 재료를 눈으로 보고 손으로 만지며 탐색하는 과정을 통해 무엇을 하면 좋을지 결정한다. 하지만 얼어붙은 듯 꼼짝도 하지 못한 채 시작조차 못하는 아이도 더러 있다. 그런 경우 어떤 재료들을 선택할 수 있는지 다시 한 번 분명히 말해주는 것만으로도 도움이 된다. 14살 된 도널드의 경우가 그러했다. 도널드는 처음 미술치료를 받으러 왔던 날 3분이 넘도록 꼼짝 않고 서서 조용히 재료들을 쳐다보기만 했다. 하지만 내가 그림을 그리고 싶은지, 색칠을 하고 싶은지, 아니면 조소를 만들고 싶은지 묻자 곧 조소를 만들겠다고 대답했다. 그런 후 매우 신중하게 공을 들여 나무로 된 구조물을 만들었다.

그리고 몇 천 명 중 한 명꼴로, 아주 드물게 낙서를 하면서 무엇을 그릴지 결정

한 후 그 이미지를 그려보도록 권할 필요가 있는 경우도 있다(어린아이는 이런 경우
가 거의 없으며 대개 청소년이나 성인에게 이런 조치가 필요하다). 많은 학자들이 낙서 같
은 모호한 자극을 통해 창조를 이끌어내는 이러한 방식을 사용했다(Cane, 1951;
Elkisch, 1948; Naumburg, 1947/1966; Winnicott, 1964~68, 1971b). 예컨대 하머는
내담자가 쓰거나 그린 낙서가 그 사람의 무의식을 나타내주는 로르샤흐 검사
그림과 같다고 주장했다.

15세인 멜라니는 처음에 그림 그리기를 꺼려했지만, 낙서에서 시작해 차츰
새 그림을 완성할 수 있었다(그림 6.2). 그림을 그린 후 처음에는 그것이 독수리
라고 했지만 나중에 다시 "아니, 이건 독수리가 아니라 매예요"라고 고쳐 말했
다. 그러고는 자신이 "새가 되거나 아니면 새를 돌봐주고 싶다"고 했다가 다시

"새가 되는 것보다는 새를 돌보는 게 낫겠어요"라고 말했다. 멜라니는 사람들의 무관심으로 독수리가 멸종될 위기에 처해 있으며, 독수리를 보호하는 일을 하고 싶다는 말을 계속 이어갔다.

내가 "새가 너와 관련이 있다고 생각하니?"라고 묻자, 멜라니는 고개를 끄덕이며 자신의 충족되지 못한 욕구에 대해 털어놓았다. 멜라니는 오빠와 함께 살고 있었지만 자신이 온전히 받아들여진다는 느낌을 받지 못해 괴로워했다. 나는 독수리/매의 그림이 멜라니의 심리적인 목마름을 상징하리라 추측했다. 화를 폭발시키듯 말하는 멜라니의 태도는 나의 추측을 더욱 굳혀주었다.

16세인 팀은 자신이 그림을 잘 그리지 못한다는 생각에 미술치료를 매우 불편하게 여겼다. 그래서 나는 편안하게 낙서를 해보라고 권했고, 팀은 낙서에서 시작해 슬퍼서 울고 있는 한 사람의 얼굴을 그렸다. 그 사람의 눈에서는 눈물이 떨어지고 있었다. "이 사람은 뭔가를 잃어버려서 울고 있을 거예요. 친구… 친구가 죽어서 울고 있는 거예요. 나이가 같은 친구요." 팀은 갑자기 어떤 생각이 떠오른 듯 큰 소리로 말했다. "아! 방금 생각이 났어요! 저는 저 자신에 대해 말하고 있는 거예요!" 그런 후 2년 전 마약 중독으로 죽은 한 친구에 대해 이야기했다. "그런데 하마터면 이번 주에 제 여자친구한테 똑같은 일이 벌어질 뻔했어요." 팀은 여자 친구에게 마약을 권했던 것 때문에 책임감을 느끼고 있었다.

팀은 법원의 명령으로 꽤 오랜 기간 상담을 받아왔지만, 내면의 저항이 심해 별다른 차도를 보지 못하고 있었다. 하지만 미술 검사를 하러 온 첫 시간에 그토록 대단한 자각을 했던 것이다. 이는 팀에게 자기 자신의 문제에 직면하고, 스스로를 돌아볼 수 있는 능력이 있음을 보여주는 희망적인 징후였다. 팀은 이후 2년 동안 미술-연극 치료에 참여하면서 상당한 변화를 이루었다.

볼트만은 다음과 같은 말을 남겼다. "내담자가 자유롭게 비언어적인 활동을 할 수 있는 환경을 조성할수록, 그 내면을 투사적으로 파악할 수 있는 가능성을 높일 수 있다." "그런데 모든 아이들이 모든 비언어적 활동에 뛰어난 것은 아니다." 나는 볼트만의 이 말에 동의한다. 그것이 후천적이든 선천적이든, 아이들의 능력이나 선호는 저마다 실로 다양하다. 따라서 미술치료사들은 아이들이 선택할 수 있는 도구나 재료의 범위를 확장시켜주어야 한다.

미술 재료

미술 검사를 할 때 신경 써야 할 부분 중 하나는 재료를 달리했을 때 아이의 반응 — 촉각적 · 운동적 · 시각적 · 언어적 — 이 어떻게 달라지는지 관찰하는 것이다. 또한 미술치료사는 아이가 각 재료를 어떤 식으로 활용하는지, 즉 재료의 쓰임새와 한계에 어떤 식으로 대응하는지 관찰해야 한다. "각 재료의 특징은 독특한 행동을 유발한다."(Ginott, 1961, p.55) 또한 "재료의 쓰임새는 저마다 다르기 때문에 어떤 재료냐에 따라 다른 결과물을 낳는다"(Dewey, 1934, p.226).

각 재료에는 저마다의 독특한 특징이 있다. 이 특징은 아이가 특정한 행동을 하도록 자극하고 일깨운다(cf. Kramer&Schehr, 2000; Lusebrink, 1990). 그래서 아이가 어떤 재료를 선택하며, 그 재료에 내재된 가능성과 한계에 어떤 식으로 대응하는지 관찰하면 상당히 많은 정보를 얻을 수 있다.

예를 들어 이젤에 도화지를 세워놓고 그리다가 물감이 뚝뚝 떨어지는 문제에 처했을 때, 아이들이 어떤 식으로 반응하는지는 상당히 다양할 수 있다. 예상치 못한 문제가 생겼을 때 아이가 어떤 식으로 대응하는지를 보면, 그 아이가 좌절

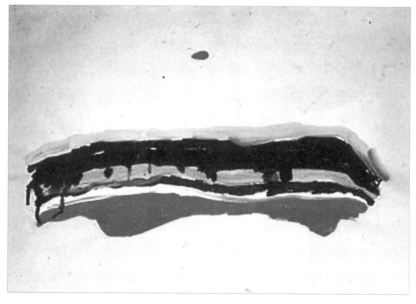

6.3 짐이 그린 "디자인", 나중에 "배 그림"이라고 부름. 템페라. 9세

감을 느낄 때 전반적으로 어떻게 반응할지, 또 융통성은 어느 정도인지 파악할 수 있다. 예컨대 9살 짐은 '배'를 그리면서 물감 색을 고를 때 매우 강박적인 태도를 보였다(그림 6.3). 짐은 매우 신중하게 색을 고른 후 차례로 평행선을 그었다. 짐은 계속해서 내게 다음으로 칠할 색을 골라달라고 청했지만, 나는 거절했다. 내가 요청을 들어주지 않자, 짐은 결국 자신만의 신비한 의식을 만들어 문제를 해결했다. "오카보카 소다 크로카 오카보카 부, 오카보카 소다 크로카, 자 이 색을 고르노라!" 짐은 이 주문을 반복하며 색을 골라 한 줄 한 줄 평행선을 그었다.

내가 자신의 요청을 들어주지 않자, 곧 다른 방법을 찾아낸 짐의 이러한 행동은 짐의 융통성이 얼마나 뛰어난지를 보여준다. 그림을 그리던 도중 일종의 '사고'가 발생했을 때 짐이 대응했던 방식 또한 짐의 뛰어난 융통성을 다시금 확인시켜주었다. 짐은 선을 긋다가 보라색 물감이 밑으로 흐르자 별일 아니라는 듯 "우"라고 말하고 씩 웃더니, 잠시 쉬었다가, 도화지 위에 리드미컬하게 붓질을 하며 흐른 보라색 물감 위를 덧칠해 얼룩진 자국을 감추었다.

손가락 그림물감과 점토는 주변이 온통 지저분해지며, 몇 번이고 형태를 바꿀 수 있다는 특징이 있다(그림 6.4). 점토는 마음껏 두드리거나 내리칠 수 있으며, 모양을 만들었다가 다시 점토를 뭉쳐 새로운 모양을 만들 수 있다. 손가락 그림물감으로는 그림을 그렸다가 싹 문질러 지운 후 새로운 모양을 그릴 수 있다. 그림 6.4A를 보면 6살짜리 여자아이가 그린 "이빨이 큰 화난 고양이Angry Cat with Big Teeth" 그림이 나온다. 그 아이는 손가락 그림물감으로 재빠르게 그림을 하나 그렸다가 재빠르게 문질러 지우고, 다시 다른 그림 그리기를 리드미컬하게 반복했다.

로제 : 손가락 그림에 담긴 이야기

5살 로제는 손가락 그림물감으로 다양한 이미지들을 그렸다 지우기를 반복한 끝에 최종적으로 "타코라는 이름의 말Taco the Horse" 그림을 그렸다(6.4B). 미술 치료실에 들어선 로제는 처음에 가루 물감이 담긴 용기를 쾅쾅 두드리며 이렇게 말했다. "이 병에게 누가 주인인지를 가르쳐줄 테다!" 그런 후 입으로는 손가락이 더러워지는 게 끔찍이 싫다고 말하면서도, 커다란 붓으로 가루 물감을 물에 개는 내내 손가락 그림물감 통을 흘끗흘끗 보았다. 로제는 물감을 다 갠 후 색칠을 하는 동안에도 청결에 대한 걱정을 계속 표현했다. "저는 어질러놓은 걸 모두 깨끗하게 치울 거예요. 조금 더러워질 때마다 계속 치울 거예요. 완전히 더러워진 뒤에 한꺼번에 치우려면 힘드니까요. 그런데 학교에서는 도저히 깨끗이 치울 수가 없어요. 애들이 전부 어지르고 오줌 싸는 통에 도저히 깨끗이 할 수가 없어요." 잠시 후 로제는 찐득한 손가락 그림물감과 광택 나는 종이를 가져오더니 상당히 모순되는 두 가지 행동을 했다. 종이 위에 페인트를 잔뜩 칠해 문지르는 동안 히죽히죽 웃으면서 동시에 "우웩!", "메스꺼워"처럼 혐오를 나타내는 단어들을 내뱉었다.

로제는 손가락 그림물감으로 낙서처럼 그림을 그리기 시작했다. 처음에는 종을 그렸다가 그 다음에는 하트 모양을 여러 번 고쳐 그렸다. 그 다음으로 구불구불한 선을 하나 그리더니 그것이 "똬리를 튼 뱀"이라고 했다. 그 후 "뽀뽀하는 뱀 두 마리"라며 얼굴처럼 생긴 동그라미가 달린 구불부불한 선 두 개를 그리고는 이런 말을 했다. "얘네 둘은 매일 똬리를 틀어요!" 로제가 다음으로 그리려 한 것은 '소년'이었다. 하지만 이번에는 생각처럼 잘 되지 않는 모양이었다. 몇 번이고 다시 고쳐 그리더니 불만족스러움을 표현하는 말을 쏟아냈다. "전 화가는 아니에요. 에잇! 나쁜 아이 같으니." 로제는 물감을 문질러 소년을 재빨리 지워버리고는 다시 뱀을 그리기 시작했다. 그런데 뱀을 그리던 도중 걱정스러운 투로 이렇게 말했다. "끝을 어디로 해야 하지. 이 뱀에는 꼬리가 없어. 이거 뱀보다는 말 같아 보이네."

그렇게 뱀에서 시작했던 그림은 결국 "타코"가 되었다. 로제는 나중에 이 그림에 대해 이렇게 설명했다.

"타코는 풀을 먹으려고 하는 소년 말이에요. 타코의 엄마가 빨리 저녁 먹으러 오라고 부르지만, 타코는 먹으러 가지 않아요. 타코는 왜 배가 고픈데도 먹으러 가지 않는 걸까요? 타코가 계속 가지 않으면 타코의 아빠가 엉덩이를 찰싹 때릴 거예요. 타코의 엄

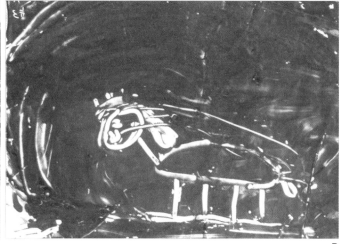

A

B

A. 이빨이 큰 화난 고양
이. 손가락 그림물감. 6세
B. 로제가 그린 손가락
그림 타코 말. 5세

마도 타코를 때릴 거예요. 타코는 더 이상 풀을 못 먹을 거예요. 왜냐하면 화가 나서 타
코가 아기 말을 때렸기 때문이에요! 타코가 엄마에게 아기 말을 때렸다고 말했고, 엄
마가 타코를 혼내줬어요. 다른 사람들이 타코 엄마에게 타코가 아기를 때렸다고 말할
거예요!"

로제가 연속적으로 그린 그림들과 로제의 행동을 요약해보면 다음과 같다.

로제는 손가락 그림을 그리고 싶어하면서도 지저분해질까 봐 걱정했다. 손가
락 그림물감에 대해 분노를 표했다. 뽀뽀하는 한 쌍의 뱀을 그렸다. 소년 그림과
뱀의 꼬리를 그리기 힘들어했다. 로제가 그린 꼬리 없는 소년 말은 배가 고픈데
도 엄마가 차린 저녁을 먹고 싶어하지 않았다. 소년 말은 엄마가 주는 음식은 안
먹고 다른 음식을 먹고 싶어한 데다 아기까지 때렸으니 나쁜 말이다.

우리는 이를 토대로 로제가 부모에게서 배제당한 듯한 느낌을 받고 있으며,
엄마와 아기 사이의 관계에도 질투를 느끼고 있음을 알 수 있다. 로제는 자신의
배고픔과 분노를 '나쁘다'고 여기고 있으며, 아기처럼 마음껏 어지르고픈 욕구
또한 '나쁘다'고 생각하고 있다. 실제로 로제에게는 태어난 지 얼마 되지 않은 남
동생이 있었다.

엘렌 : 찰흙으로 빚은 이야기

8살 엘렌은 수줍음 많은 소녀였다. 엘렌은 페달을 밟아 작동시키는 전기 물레 위에 붉은색 찰흙 한 덩이를 올려놓고 무엇인가를 만들기 시작했다(그림 6.5). 이윽고 물레를 돌리면서 집게손가락으로 가운데를 누르더니 "작은 구멍"을 만들 것이라고 했다. 잠시 뒤에는 찰흙을 위에서부터 꾹 눌러 평평하게 만들었다. 그러고는 찰흙을 꾹꾹 누르며 "나무통을 만들 거예요"라고 선언했다. 엘렌은 씩 웃으며 덧붙였다. "아, 부드러워. 찰흙 느낌이 좋아요. 저는 통을 만들어서 엄마한테 줄 거예요. 이 통은 맥주를 담는 통이에요. 엄마는 맥주를 좋아하거든요!"

6.5 전기 물레를 사용하는 엘렌. 8세

엘렌은 옆쪽에 생긴 구멍에 찰흙을 조금 가져다 붙이며 "구멍을 메우는 거예요"라고 말했다. 엘렌은 작업에 열중하는 동안 찰흙이 "진흙" 같다고 말하기도 했고, 통이 "점점 커지고 있다"고도 했다. 엘렌은 안쪽 구멍을 넓히기 위해 물레를 돌리면서 처음에는 손가락 하나를 넣었다가, 다음에는 두 개, 그 다음에는 네개를 넣었다. "이제 구멍이 깊어졌어요!" "이제 이건 통이 아니에요. 이건 병이에요." 그런데 이 시점에서 엘렌은 갑자기 만들어놓은 모양을 뭉개버린 후 이렇게 말했다. "처음부터 다시 할 거예요. 찰흙에서 냄새가 나요! 으, 지독한 냄새!"

하지만 물레 위에 놓인 찰흙은 엘렌이 생각했던 모양대로 잘 만들어지지 않는 눈치였다. "그냥 찰흙 모양이 만들어지는 대로 해야겠어요. 옆으로 기울어지면 기울어지는 대로 놔둘 거예요." 엘렌의 손놀림에 따라 찰흙이 점점 아무것도 아닌 형태로 바뀌어가자, 엘렌은 약간 걱정스러운 투로 말했다. "찰흙이 유령같이 됐어요. 유령은 싫은데. 유령은 만들지 않을 거예요. 종을 만들어야겠어요. 아, 모르겠다. 자, 보세요." 잠시 후 엘렌은 찰흙이 종처럼 보이지 않고 그냥 "혹" 같아 보인다고 불평했다.

그러고는 페달을 더욱 세차게 눌러 물레를 빨리 돌리더니 웃음 띤 목소리로 말했다. "이거 봐요. 훌라 댄스를 추고 있어요!" 내가 훌라 댄스를 추는 것이 남자아이인지 여자아이인지 묻자, 엘렌은 잘 모르겠다고 답했다. 엘렌의 두 손 사이에 있는 찰흙은 점점 막대기 모양이 되어갔다. 엘렌은 낄낄거리며 "어떤 사람이 목욕을 하고 있어요! 윽, 이상해! 이제 더 매끄럽게 만들 거예요!"라고 했다.

내가 "찰흙 키가 점점 커지네"라고 하자, 엘렌은 "이제 점점 작게 만들 거예요"라고 답했다. 그러고는 찰흙에 물을 붓고 안에 손가락을 넣어 나선형 모양을 만들더니, 마치 비난의 말이라도 들은 양 볼멘 소리로 이런 말을 했다. "나는 어린 애같이 유치하지 않아요!" 그 후 시간이 더 있는지 묻고, 그렇다고 답해주자 물레로 찰흙 반죽을 만들던 것을 그만두고 지난 주에 만들어둔 병에 색칠을 하겠다고 했다. 엘렌은 강박적으로 보일 만큼 몰입한 상태로 병에 색을 칠했다.

우리는 엘렌이 기껏 만들어놓은 모양을 뭉갠 후 "지독한 냄새가 난다"고 말했던 순간에 주목해야 한다. 그 이후 엘렌은 특정 모양을 만들지 않고 그냥 되는 대로 하겠다고 선언하며 스스로에게 여유를 주었다. 그런데 그 순간부터 자연스러운 표현의 흐름이 나타났다. 엘렌은 두려움(유령)을 호소한 후, 즐거움과 흥분(훌라 댄스와 목욕)의 감정을 표현했다. 그 직후 에릭 에릭슨Erik H. Erikson이 명명한 '놀이 중단play disruption' 현상이 나타났다. 잇따라 떠오르는 심상과 감정의 소용돌이에 두려움을 느낀 엘렌은 찰흙 놀이를 그만두고 예전에 이미 완성해놓은 병을 장식하겠다고 했다.

처음에 엘렌이 찰흙으로 맥주를 담을 나무통을 만들어 어머니에게 주겠다고 한 것은 어머니에게 인정받고 싶은 욕구를 나타낸다. 엘렌의 어머니는 알코올 중독자였으며, 네 자녀 중 엘렌에게 가장 무관심했다. 사실, 네 자녀 중 엘렌을 가장 싫어했다고 말하는 게 더 정확할 것이다. 어머니의 눈에 엘렌은 별나고 이상한 아이였다. 엘렌의 어머니는 엘렌과 어떤 식으로 관계를 맺어야 할지 모르겠다고 말하기도 했다. 어린 엘렌은 어머니가 취해 통제력을 상실했을 때 자신이 얼마나 두려움과 분노를 느끼는지 인지하지 못했다. 엘렌이 찰흙 반죽을 물레 위에 놓고 돌릴 때 보여주었던 두려움과 즐거움은 사실 알코올 중독에 걸린 어머니를 향한 감정이 투사된 것이었다. 엘렌의 어머니는 취했을 때에만 엘렌에게 사랑을 표현했다. 하지만 그 사랑은 매우 변덕스러웠다.

12세 소년 벤은 오랜 시간 동안 정성들여 점토로 사람 모양을 만들었다. 우선 신중하게 만든 받침대 위에 몸통을 놓은 후 거기에 다리를 붙이고 다음으로 팔을 이었다. 처음에는 자신이 만드는 조소가 "남자아이"라고 했는데, 머리와 목을 만들어 붙일 때쯤에는 34살 된 "여자아이"라고 말을 바꾸었다. "이 여자아이는

시끄럽게 굴지 않기 때문에 착하다"고도 했다. 벤은 이때부터 큰 소리로 불평하
거나 투덜대는 어른들에 대해 이야기하기 시작했다. 그러면서 몸통 부분을 주물
러 더 크고 날씬하게 만들었다. 그 후 돌연 만들어놓은 조소를 위에서부터 꾹 누
르더니, 씩 웃으며 주먹으로 내리쳐 뭉개버렸다.

　벤은 물을 가져와 점토에 섞으면서 남은 시간을 보냈다. 처음에는 섞인 반죽
이 "진흙 파이" 같다고 하더니, 가루 물감을 부어 문지르면서 "꼭 방금 태어난 사
람 같아요"라고도 했다. 미술치료 시간이 거의 끝나갈 때쯤 벤은 "다음 시간에는
남자를 만들 거예요"라고 말했다. 하지만 아까 만든 "방금 태어난 사람A Statue of
a Person Being Born"이 마음에 쏙 든다며 그것을 보관하겠다고 했다(그림 6.6). 벤
의 이 말은 퇴행하고 싶은 욕구를 반영한다.

공간

재료와 주제 이외에도 아이의 심리 및 정서 상태에 대한 실마리를 제공해줄 수
있는 단서는 더 있다. 그 중 하나가 바로 아이가 주어진 공간을 어떻게 활용하는
지 관찰하는 것이다. 어떤 재질의 도화지를 고르는지, 어느 자리에서 미술 활동
을 하는지, 앉아서 하는지 서서 하는지, 치료사와 얼마만큼 떨어져 자리 잡는지,
치료사에게 앞모습을 보여주는지, 뒷모습만을 보여주는지 등을 관찰하면 아이

A

B

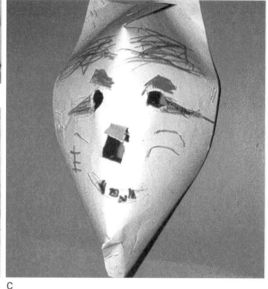

C

A. 농장 풍경
B. 알록달록한 구름
C. 화난 "괴물" 가면

에 대해 많은 정보를 얻을 수 있다. 검사를 받으러 온 아이들은 대개 치료사와 정면으로 마주 보고 있지 않을 때 더욱 긴장을 풀고 스스로를 자유롭게 표현하는 경향이 있다.

그림 6.7A에 나오는 한 소년의 그림을 보자. 그 소년은 내 옆에 있는 탁자에 앉아 신중한 태도로 깔끔하면서도 약간은 전형적인 농장 풍경을 그렸다. 그림 왼편에 농장이 있고 오른편 밭에는 호박들이 있었다. 첫 번째 그림을 다 그린 후에는 이젤 앞으로 가서 나를 등지고 앉아 두꺼운 초크로 조금 더 편안하게 두 번째 그림을 그렸다(6.7B). 소년은 부드러운 초크의 느낌이 좋은지 팔을 리드미컬하게 움직였다. 여러 색의 선들이 복잡하게 얽힌 그 그림을 다 그린 후에는 "알록달록한 구름A Colorful Cloud"이라고 제목을 붙였다. 내가 그 구름이 어떻게 느껴지는지 묻자, 소년은 온순하고 예절바른 목소리로 이렇게 답했다. "구름은 태양에

게 화가 나 있어요. 물을 모두 증발시켜버려서요." 대답을 마친 소년은 탁자로 돌아가 화난 "괴물" 가면을 하나 만들더니, 그것을 쓰고 확연히 커진 목소리로 자신의 속마음을 솔직하게 표현했다(6.7C).

미술치료 내내 한 자리만을 고집하는 아이들도 있기는 하지만, 대개는 한 활동을 하다가 다른 활동으로 넘어갈 때 자리도 함께 바꾼다. 대니얼이라는 소년은 첫 작품으로 종이와 점토를 이용한 조형물을 만드는 내내 내게 등을 돌린 채 작업했다. 그런 후 물감으로 색칠을 하겠다면서 내 앞에 있는 탁자로 왔다.

하지만 양면 거울 너머에서 지켜보는 사람이 있다는 사실을 알았던 대니얼은, 누군가 자신을 지켜본다는 사실을 지나치게 의식하고 편집증적인 모습을 보였다. 그래서 자신이 그린 그림을 거울에 재빨리 붙이고는 이렇게 말했다. "저 사람들이 몰래 감시할지도 몰라요." 내가 저쪽에 있는 사람들이 관찰한 내용을 누구에게 말할 것이라 생각하는지 묻자, 대니얼은 목소리를 낮추어 속삭이듯 대답했다. "엄마요!" 나는 관찰한 내용을 어머니에게 절대 알리지 않겠다고 안심시켜주었지만, 대니얼은 아랑곳하지 않고 남은 시간을 종이로 거울을 덮어버리는 데 소비했다. 심지어 거울 테두리의 쇠로 된 부분에 초크로 색칠하기까지 했다. 대니얼은 그래야만 방에서 어떤 일이 벌어지는지 "누구도 몰래 엿보거나 엿듣지 않을 것"이라고 했다.

미술작품에 대한 설명

미술치료 시간에 어떤 도구와 재료를 사용할지, 그것들을 언제 어떻게 사용할지 결정하는 것은 모두 아이의 몫이다. 그리고 미술작품을 만드는 동안 즉흥적으로 설명할지, 아니면 조용히 미술 활동에 몰입할지 선택하는 것도 마찬가지로 아이에게 달렸다. 나는 아이가 자신의 작품에 대해 별다른 설명을 덧붙이지 않으면, 관련된 생각과 감정을 말로 표현하도록 적극적으로 독려하는 편이다.

자의식이 지나치게 강한 아이들의 경우 미술 활동을 하는 동안 질문을 던져 만드는 작품에 대해 답하도록 하면 불안감을 훨씬 덜 느껴 방어적인 태도를 덜 보이는 경향이 있다. 예컨대, 한 십대 소년은 점토로 동굴을 만들면서 말하는 편이 훨씬 쉽다면서 이런 말을 했다. "선생님 눈을 보지 않아도 되기 때문에 훨씬 더 말하기 쉬워요. 제가 이걸 만드는 동안에는 우리 둘 다 점토로 만든 동굴을 보고 있으니까요. 선생님 눈을 똑바로 보면 하고 싶은 말을 다 하지 못하겠어요."

미술작품 하나하나를 완성할 때마다 그에 대해 이야기할지, 아니면 전체 미술치료 시간을 마무리하면서 한꺼번에 이야기할지에 대한 결정은 아이의 몫으로 남겨두어야 한다. 물론 미술작품을 만들면서 자연스레 그에 대한 이야기를 하는 아이들도 있지만, 아이의 내면을 더욱 심층적으로 파악하려면 작품을 완성한 후 아이가 자유로이 대답할 수 있는 질문들을 던지는 것이 좋다.

내 경험상 작품에 대한 공식적인 인터뷰를 실시하는 척했던 역할극 놀이는 항상 큰 도움이 되었다. 역할극의 효과를 높이려면 미술작품을 만든 후 시간 간격을 두고 다른 장소에서 실시하는 것이 좋다. 또 많은 경우 아이에게 다음과 같이 솔직하게 이야기해주는 것이 도움되었다. "네가 만든 작품을 함께 보면서 그에 대한 이야기를 나누면 네가 무엇 때문에 괴로운지 더 잘 알 수 있을지 몰라." 이때 치료사는 아이가 사용하는 어휘, 아이의 정신 능력, 관심사, 걱정거리 등에 대해 숙지하고 있어야만 한다. 그래야만 어린아이의 세계를 수월하게 이해할 수 있기 때문이다.

아이가 만든 작품을 이젤, 탁자, 바닥에 두거나 벽에 걸어놓은 채 이야기를 하는 것도 도움이 된다. 그렇게 하면 작품과 아이 사이에 미적, 심리적 거리를 확보할 수 있기 때문이다. 우선 아이에게 작품을 집중해 바라본 후 그것이 어떻게 보이는지 '목격자 진술'을 작성하듯 글을 써보라고 권하라(Allen, 1995). 이 방식은 미술치료사들 사이에 널리 쓰이고 있다. 그리고 "뭐가 보이니?"라는 간단한 질문 또한 유용한 대답들을 이끌어내는 데 도움이 된다(Betensky, 1995/2001).

인터뷰를 할 때는 아이가 자유롭게 대답할 수 있는 개방형 질문을 던져야 한다. 개방형 질문의 예로는 다음과 같은 것들이 있다. "그림에 대해 설명해주겠니?" "이 작품은 어떤 이야기를 담고 있을까?" "네가 만든 작품을 볼 때 어떤 생각이 떠올라?" "이걸 볼 때 뭔가 연상되는 게 있니?"

때로는 미술작품 속 특징들이 의미하는 바를 구체적으로 물어보는 것도 도움이 된다. 예컨대 그림에 등장하는 배경이 구체적으로 어떤 장소인지, 등장하는 인물의 연령과 성별 혹은 성격적 특성이 무엇인지, 등장인물이나 사물이 어떤 행동이나 활동을 하고 있는지 물어보는 것이다. 그리고 아이와 작품을 연관시켜 물어보는 것도 도움이 된다. 이를테면 다음과 같이 물어보는 것이다. "만약 네가 저 장소에 들어간다면, 어느 위치에 있을까?" "네가 이야기 속 인물이라면 누구일까?" 또한 아이가 표현한 내용을 확장시켜보도록 유도하는 질문도 도움이 된다. "여기 표현된 내용 전에는 어떤 일이 벌어졌던 것일까?" "여기 표현된 내용 다음에는 어떤 일이 벌어질 것 같아?"

아이가 만든 작품이 작은 입체 모형이라면 그것을 인형 놀이하듯 활용해 아이의 표현을 촉진시킬 수 있다. 하지만 이때 아이에게 인형 놀이를 하자고 의도적으로 유도해서는 안 된다. 특히 다음과 같은 질문들을 던져서는 안 된다. "네가 만든 _____(강아지, 사람)이 말을 할 수 있다면 무슨 말을 할까?" "이걸 가지고 인형 놀이를 해볼까? 인형이 무슨 말을 할까?" 이런 식의 유도는 불필요한 투사를 불러일으킬 수 있다. 치료사의 역할은 아이가 자신의 생각을 다시 한 번 돌아보고 그것을 확장할 수 있도록 도와주는 것에 한정되어야 한다. 그 과정에서 치료사 자신의 투사를 강요하는 일이 있어서는 안 된다.

소심했던 토미처럼 아무리 말수가 적은 아이라 해도 미술을 활용하면 스스로를 자유롭게 표현하도록 도울 수 있다. 8살 토미는 처음 미술치료를 받으러 왔던 날 방 반대쪽 끝에 자리 잡고 내게 등을 돌린 채 앉아서 나무토막과 접착제를 가지고 구조물을 만들었다. 시간이 조금 흐른 후 내 곁에 있는 탁자로 와서 점토로 무엇인가를 만들기는 했지만, 여전히 나와 눈 마주치는 것을 피했다.

내가 점토로 무엇을 만들고 있냐고 묻자, 토미는 처음에 "배"라고 답했다. 하지만 잠시 후 입으로 쉭쉭 소리를 내면서 "뱀"을 만들 것이라고 했다. 그 다음에는 "공" 모양을 만들었다. 그런 후 공 모양 점토를 탁자에 내리쳐 점점 납작하게 만들었다. "팬케이크"를 만들기 위해서라고 했다. 점토가 완전히 납작해지자 이번에는 몇 번 쿡쿡 찌르더니 "괴물 얼굴"이 되었다고 했다. 나는 토미가 괴물 얼굴을 통해 자신의 속 이야기를 할 수 있도록 격려해주었다. 토미는 괴물 목소리를 흉내 내며 자신을 '괴롭히는' 어머니와 여동생에 대한 분노를 표현했다.

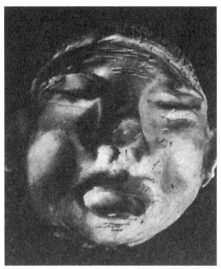

6.8 메릴린이 만든 남자의 얼굴. 점토. 16세

　어떤 아이들은 치료실에 들어선 순간부터 자유롭게 스스로에 대한 이야기를 하기도 한다. 16살 메릴린도 그러했다. 메릴린은 점토를 주무르며 촉감이 얼마나 좋은지, 점토를 가지고 노는 것이 얼마나 즐거운지 연신 이야기해댔다. "와, 느낌이 좋아요. 부드럽고 차가워요." 메릴린은 점토로 모형을 만드는 동안 자신의 혼란스러운 상태에 대해 솔직하고 자세하게 말해주었다.

　그림 6.8에 나오는 남자의 머리를 다 만든 후 그 남자에 대해 이렇게 묘사했다. "이 남자는 광대뼈가 튀어나왔어요. 그리고 비열해 보여요. 왜냐하면 두 눈 사이가 너무 멀기 때문이에요. 이 남자의 눈썹은 쑥 튀어나와 있어요. 꼭 저를 똑바로 쳐다보는 것 같아요. 왜냐하면… 제가 너무 우울해서요." 미술치료가 진행되면서 메릴린은 점점 속 안의 이야기를 털어놓았다. "이 남자가 저에게 카랑카랑한 목소리로 '똑바로 서'라고 말하는 것 같아요." 이어 메릴린은 그 인물을 이상적인 아버지-연인-구원자로 묘사했다. 자신을 질책하는 듯한 말이 나쁜 마음에서가 아닌 걱정과 사랑에서 나오는 것이라 설명했다. 한편, 메릴린이 만든 남자의 머리는 메릴린 자신을 상징하는 것으로 볼 수도 있다. 사이가 벌어진 눈과 입, 귀는 흡사 비명을 내지르는 듯 보이며, 이는 메릴린 내면의 공포, 불안, 공허함이 반영된 것이라 할 수 있다.

추상적인 미술작품

아이가 만든 작품이 추상적이어서 특정한 대상을 상징하지 않는 것처럼 보이더라도, 로르샤흐 검사 카드처럼 투사를 위한 자극으로 활용할 수 있다. 데릭이라는 소년의 사례도 그러했다. 데릭은 나무토막으로 추상적인 조형물을 만들었다. 내가 그것이 무엇을 나타내는 것 같은지 묻자, 데릭은 잠시 생각하더니 많은 사람들이 각자의 길을 가면서 고함을 치고 있는 것 같다고 답했다. 그렇다면 혹시 주위에 그런 사람들이 있는지 다시 묻자, 데릭은 대가족에 너무 바빠 서로 신경 쓸 틈도 없는 자신의 식구들이 떠오른다고 답했다.

또 캐슬린이라는 아이는 처음에 자신이 그린 것이 "그냥 디자인"에 불과하다고 말했지만, 다시 오랫동안 그림을 쳐다본 후 "꽃"이나 "태양" 같아 보인다고 답했다. 내가 꽃이나 태양을 사람에 비유해보면 어떨지 묻자, 바로 작은 쪽은 소녀이고 큰 쪽은 소녀보다 강한 성인 여성일 것 같다고 답했다. 주변에 그와 비슷한 사람들이 있느냐고 묻자, 캐슬린은 소녀는 자신 같고 성인 여성은 자신의 엄마 같다며 화난 투로 다음과 같이 내뱉었다. "사람들이 제게 군림하려는 것같이 느껴져요. 모든 사람들이 제 위에 군림하려 들어요!"

이와 유사한 9살 막스의 사례를 보자. 막스는 다양한 색의 템페라 물감으로 즐겁게 손가락 그림을 그리면서 "점심 때 먹은 음식"이 떠오른다고 말했다. 그런데 돌연 태도를 바꾸어 물감 묻은 손으로 내게 공격적으로 비웃는 듯한 손짓을 했다. 그 날 미술치료가 끝날 무렵에는 자신의 그림에 "무지개처럼 아름다운 것 Something Pretty, like a Rainbow"이라는 제목을 붙였다가, 다시 공격적인 제목으로 바꾸었다. 막스는 "폭발, 화산처럼 폭발하는 것Eruptions, Something Erupting, like a Volcano"이라는 제목이 더 어울릴 것 같다고 했다. 내가 "무엇이 폭발하고 있을까?"라고 묻자, 막스는 "여러 색 보석들이요. 까만색은 흑옥이에요. 파란색은 청금석이고, 빨간색은 루비, 흰색은 다이아몬드예요. 그리고 녹색은 에메랄드, 노란색은 토파즈예요." 라고 답했다. 막스는 이어서 화산이 폭발하면서 아름다운 보석들뿐 아니라 불꽃과 용암도 솟구쳐 나오고 있다고 덧붙여 설명했다.

곧 막스의 설명은 항문기의 충동을 연상케 하는 이미지들에서 구강기를 연상케 하는 이미지로 넘어갔다. 자신이 그린 다양한 색의 그림이 "과일 바구니" 같아 보인다고 했다. 막스는 각 색상을 하나하나 가리키며 설명했다. "자주색은 포도, 녹색도 포도, 검정색은… 음… 오래되어 썩은 바나나예요. 그리고 빨간색은 사과, 오렌지색은 오렌지예요." 내가 그 과일들 중 어떤 것을 먹겠느냐고 묻자, 막스는 "사과요"라고 대답했다. 그리고 바구니에 담긴 과일들을 누가 먹을 것 같은지 묻자, 자신의 할머니가 바구니를 벽난로에 던져버릴 것이기 때문에 할머니를 막지 않는 한 누구도 먹지 못할 것이라 답했다.

말보다 미술 활동이 편할 때

때로 여러 방법을 동원했지만 별다른 효과를 보지 못했을 때 최후의 방편으로 미술 검사를 실시하기도 한다. 매우 소심했던 사춘기 소녀 에블린도 미술 검사로 도움을 받은 경우다. 에블린에게 심각한 장애가 있었던 것은 아니지만, 에블린의 부모는 지나치게 내성적인 에블린의 성격을 걱정스러워했다. 그래서 에블린의 손을 이끌고 심리 상담소를 찾았지만 쉽사리 입을 열지 않는 에블린의 성격 때문에 소용이 없었다. 결국 심리 상담사는 미술 검사를 받아보는 것이 좋겠다고 판단했다.

미술치료실에 들어선 에블린이 커다란 흰 종이에 처음 그린 것은 거칠고 쓸쓸해 보이는 나무 한 그루였다(그림 6.9A). 내가 그 나무가 어떤 장소에 있는지 묻자, 에블린은 "좋은 곳"이라고 답하고는 자신도 그 나무 옆에 있고 싶다고 했다. 잠시 뒤에는 자신이 그 나무인지도 모르겠다는 말을 덧붙였다. 그 후 에블린은 끝이 뾰족한 마커를 골라 들고는 기괴해 보이는 사람 모습을 그렸다. 그 그림의 제목은 "프레드Fred"라고 붙였다(6.9B). 내가 프레드에 대해 이야기해달라고 하자, 에블린은 이렇게 대답했다. "프레드는 18살 여자아이예요. 다른 아이들은 프레드가 혼잣말을 한다며 미쳤다고 해요. 하지만 프레드는 다른 사람들과 말하는 것보다 혼자서 말하는 게 더 편해서 그런 거예요." 에블린이 마지막으로 만든 것은 점토로 된 거북이였다. 에블린은 그 거북이가 밖으로 나오는 게 두려워 껍

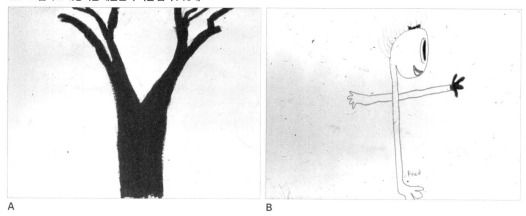

A

B

A. 나무. 마커
B. 프레드. 마커

질 속에 몸을 숨기고 있다고 했다. 그 거북이는 소심하고 겁 많은 에블린 자신을 상징했다.

에블린이 만든 미술작품들에 표현된 혼란과 위축된 모습을 본 심리 상담사는 생각했던 것보다 에블린이 심각한 상태임을 감지했다. 아니나 다를까 에블린은 미술 검사를 받은 지 얼마 지나지 않아 자살을 시도했다. 이후 에블린은 병원에 입원해 집중적인 치료를 받으며 미술치료와 무용치료를 병행했다. 미술치료와 무용치료는 에블린이 선택적 함묵증세를 보일 때 특히 도움이 되었다.

에블린이 그린 그림에 나타난 특징들 ― 두 갈래로 갈라진 나무, 단순하게 표현된 몸통, 프레드의 손에 씌워진 장갑 ― 은 심리적인 이상 징후를 보여준다. 그러한 이상 징후는 치료를 진행하면서 점점 분명해졌다.

미술작품의 수

아이들은 대부분 1시간 동안 실시되는 미술치료 시간에 평균 한 개 반에서 두 개의 미술작품을 만든다. 나이가 어린 아이일수록 다작하는 경향이 있으며, 나이가 많은 아이들은 한 작품에 더 많은 시간을 쏟는 편이다. 5세에서 17세 사이의 어린아이 50명을 표본으로 삼아 통계를 내본 결과, 13~17세 사이 아이들은 평

6.10 여러 작품을 하는 경우

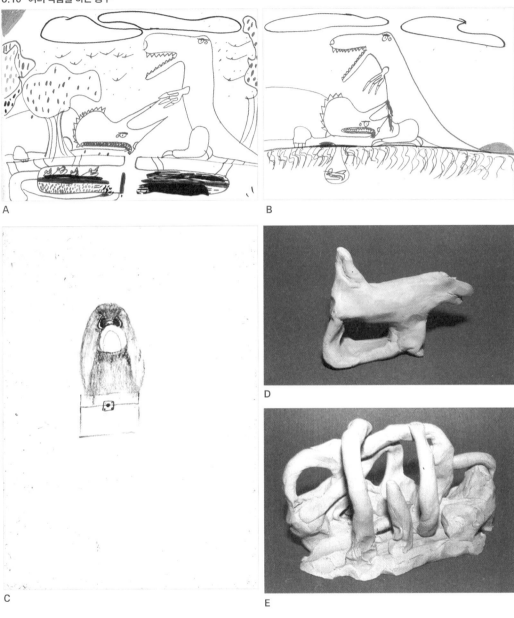

A. 공룡 두 마리
B. 공룡의 공격
C. 슬픈 강아지
D. 내쫓긴 개
E. 창살/감옥/곳간

균 1.76개의 작품을 만들었으며, 9~12세 사이 아이들은 평균 2.71개의 작품을 만들었고, 5~8세 사이 아이들은 평균 3.42개를 만들었다.

아이가 미술치료 시간에 한 작품 이상을 만들면 아이의 개인 내 변화를 감지하기 쉬워진다(R. Kellogg, 1969; Rubin, Schachter&Ragins, 1983). 이는 미술 검사시 둘 이상의 미술작품을 보고 판단할 것을 권고하는 신뢰성 기준과도 일치한다(그림 6.10). 확실히 한 아이가 만든 미술작품을 하나씩 따로 떼놓고 볼 때보다 모두 한꺼번에 볼 때 아이의 상태를 더욱 명확하게 알 수 있다.

비교적 나이가 어린 리사라는 아이는 치료실에 갖추어진 다양한 재료들을 보고 자극받아, 가능한 한 많은 작품을 만들려 했다. 리사처럼 어린 아이들은 동일한 시간 동안 훨씬 많은 작품을 만드는 경향이 있다. 아이들은 대개 시간이 흐를수록 감추어두었던 속마음을 드러내는 미술작품을 만든다. 선택적 함묵증세가 있던 한 소년은 자신의 장난감을 부수는 폭력성향 때문에 미술 검사를 받기 위해 치료소에 오게 되었다. 소년의 첫 번째 그림 6.10A를 보면, 공룡 두 마리가 싸울 태세를 취하고 있다. 그림 아래쪽에는 공룡이 딛고 있는 땅 밑으로 개미굴처럼 생긴 공간이 있고 그 안에 아기 공룡들이 들어 있는 것이 보인다. 두 번째 그림에서는 공룡들의 싸움이 시작되었다. 공격받은 공룡이 피 흘리는 것이 분명히 보인다(6.10B).

다음으로 성적 학대를 받은 후 자포자기 상태로 방탕한 생활을 했던 한 청소년기 소녀의 그림을 보자. 그 소녀가 처음 그린 것은 슬픈 강아지 그림이었다(6.10C). 그 다음으로는 점토로 된 "내쫓긴 개Dog Who Got Kicked Out"를 만들었다(6.10D). 그 개는 집에서 쫓겨났다고 했다. 소녀는 마지막으로 수직으로 된 막대가 여러 개 있는 점토 모형을 만들었다(6.10E). 처음에는 그것이 테두리 달린 "유아용 침대"라고 했다. 최근에 낙태한 자신의 아이를 떠올리는 듯했다. 하지만 잠시 뒤 소녀는 그 점토 모형이 "철창"이라고 말을 바꾸었다. 수양어머니와 함께 사는 자신처럼 그 철창 안에 누군가 갇혀 있다고 했다.

십대에 접어든 아이들은 대부분 미술 평가 시간 내내 한 작품에만 매달리는 경향이 있다(그림 6.11). 한 소년이 만든 머리가 둘 달린 용 모형을 보자(6.11A). 소년은 그 용이 착한 용인지 사악한 용인지 알 수 없다고 설명했다. 또 17세 청소

6.11 한 작품을 하는 경우

A

B

A. 머리가 두 개인 용
B. 앤디의 그림. 17세

년 앤디 또한 미술 검사를 받는 내내 한 그림에만 매달렸다(6.11B).

미술치료의 바탕을 다진 학자 중 한 명인 해리스Harris는 다음과 같이 결론내린 바 있다. "정해진 주제에 따라 그림을 그릴 때보다 자유롭게 원하는 주제를 선택해 그릴 때 심리적으로 더 의미 있다."(1963, p.53) 또한 미술 검사를 할 때 특정한 형식을 갖추지 않는 편이 낫다고 가정한 학자도 있다. "진단을 내릴 때는 내담자가 자신만의 독특한 반응을 펼쳐 보일 수 있는 '완벽한 자유'를 주는 것이 최상이다."(Harms, 1948, p.243). 미술 검사를 실시할 때는 아이가 무엇을, 어떻게 그리거나 만들지 스스로 결정하도록 한 후, 나중에 아이가 만든 작품들을 한데 모아 퍼즐 조각을 맞추듯 진단을 내려야 한다.

권고 사항

실제로 미술 검사를 실시하는 현장에 나가 보면 앞에서 설명했던 내용에 비해 주어진 재료나 도구가 부족할 수도 있고, 공간이 썩 훌륭하지 않을 수도 있다. 하지만 환경이 미흡하더라도 원칙만 동일하게 적용하면 된다. 아이들에게 선택의 자유를 주면 아이들은 스스로의 심리 상태를 자연스레 드러내 보여줄 것이다. 선택의 여지가 그리 크지 않더라도 어떤 도구를 사용할지 지정해줄 때보다 그렇지 않을 때 아이에 대해 더 많은 정보를 얻게 될 것이다. 미술 검사를 실시하려 한다면 기본적으로 아래와 같은 도구들을 준비하는 것이 좋다.

1. 도화지(흰 도화지와 색지 - 30cm×23cm, 46cm×30cm)

2. 드로잉 용품(마커, 오일 크레용, 파스텔)

3. 채색 용품(수채화 물감, 템페라 물감)

4. 조소 용품(다양한 색상의 지점토, 찰흙, 테라코타용 진흙)

5. 만들기 용품(잡지, 가위, 나무토막, 접착제)

6. 붓(납작 붓, 뾰족 붓, 손잡이가 짧은 붓)

그 밖에 도구를 더 갖추고 싶다면 다음을 고려해볼 수 있다. 다양한 크기와 색상의 도화지들, 가는 마커와 굵은 마커, 가는 초크와 굵은 초크, 색연필, 손가락 그림물감, 점토용 도구(철사, 뾰족한 나무 주걱, 톱니날 나무 주걱). 청소년을 대상으로 할 때는 성인들이 많이 사용하는 도구를 갖추는 것이 좋다. 목탄, 파스텔, 아크릴 물감, 과슈 물감 등(cf. Linesch, 1988; Moon, 1998; Riley, 1999).

미술 검사를 실시하려면 도구뿐 아니라 공간에 대해서도 신경 써야 한다. 공간이 부족해 이젤을 항상 밖에 내놓을 수 없다면 벽장에 보관했다가 필요할 때만 꺼내는 것도 괜찮다. 중요한 것은 어디에서 미술 활동을 할지에 대한 결정권을 아이에게 주는 것이다. 치료사 바로 옆자리에 앉든, 치료사에게 등을 보이든, 바닥에 주저앉든 아이가 하고 싶은 대로 할 수 있게 허용하라.

만약 검사 시간이 제한되어 있는 경우라면(예컨대 정신질환으로 병원에서 관리를 받고 있는 경우) 적절하다고 생각되는 주제와 더불어 아이의 초상, 동적 가족화(Kinetic Family Drawing, Burns&Kaufman, 1970)를 그려보도록 하는 것이 좋다. 이 밖에도 아이의 심리 상태를 읽는 데 도움이 되는 주제들을 여러 학자들이 제안했다. 다리 그림(Hays&Lyons, 1987), 나무에서 사과를 따는 사람 그림(Gantt&Tabone, 2003), 어머니와 아기 그림(Gillespie, 1994), 한 장소에서 무엇인가를 하는 두 사람의 그림(Gerber, 1996), 가장 좋아하는 날씨(Manning, 1987) 등.

내가 제안한 열린 방식이 어떤 미술치료사에게는 불편하게 느껴질 수도 있다. 사람마다 취향이 다를 수 있기 때문이다. 미술치료사 개개인이 훈련받은 방식과 편안하게 느끼는 방식을 적용할 때 최상의 결과를 얻게 되리라는 점은 너무나도 당연하다.

단지 미술치료사는 다음 사실을 기억해두기만 하면 된다. 미술치료 시간에 만들어진 미술작품들이 아이에 대한 정보를 얻을 수 있는 자료일 뿐 아니라, 아이를 비추어주는 거울이기도 하다는 사실 말이다. 크레이머가 쓴 글에도 이에 대한 내용이 나온다. "그림이 가치 있는 이유는 그것을 통해 어른들이 아이에 대해 속속들이 알 수 있기 때문이라기보다는, 아이들이 창조하는 행위 자체를 통해 스스로를 발견할 수 있기 때문이다. 이러한 자기 발견과 자기 수용의 과정이 미술치료의 핵심이다."(1959)

7장

미술작품에 담긴 상징 해독하기

미술 검사를 효과적으로 실시하기 위해서는 무엇을 어떻게 관찰하고, 그 관찰한 내용의 의미를 어떻게 파악할지 알아야만 한다. 미술 활동에 참여하는 아이들의 반응은 무의식적이며 순간적이다. 아이들은 다양한 방식으로 스스로의 내면을 드러내 보여주지만, 그 내용이 의식의 어떤 수준을 반영하는지, 어떤 겉모습으로 위장하고 있는지 알아내기는 쉽지 않다. 그것을 알고 싶다면 아이들이 말하는 내용과 더불어 아이들이 말하는 방식에 주의를 기울여야 한다(cf. Irwin&Rubin, 1976).

어떤 미술 검사에서든 첫 인사를 나누고 작별을 고할 때까지 함께 보내는 시간은 아이의 대인 행동 특성을 찾아내기에 충분한 시간이다. 미술 검사 시간 동안 아이가 보이는 반응과, 과업에 응대하는 방식에는 모두 의미가 담겨 있다고 보면 된다. 아이에게는 미술치료실에 앉아 있는 상황 자체가 매우 새롭고 신기한 경험일 것이기 때문이다. 미술치료사는 만들어진 미술작품의 형태나 내용에 담긴 의미뿐 아니라, 미술 활동을 하는 과정에 내재된 상징적 정보를 파악해야 한다. 아이들이 전하는 언어적·비언어적 메시지와 반응들은 직접적일 때도 있지만 대개는 본모습을 숨기고 있다. 그 실체를 알아내려면 다양한 질문을 던져 대답을 이끌어내고, 아이의 행동을 관찰하며, 상징을 해석하고, 많은 자료들을 서로 조합해야만 한다.

메모할 것인가 말 것인가?

미술 검사 시간에 반드시 메모해야 할 필요는 없지만, 미술작품에 대해 이야기했던 내용과 미술 검사 과정을 메모해두면 유용할 때가 많다. 메모가 상세하거나 깔끔할 필요는 없다. 보통의 기억력을 가진 사람으로서 아이가 그림을 그린 순서나, 아이가 특정 작품을 만들 때 어떤 표정을 지었는지 상기할 수 있게 해주는 정도면 된다.

물론 치료사는 아이에게 메모의 필요성에 대해 설명해준 후 동의를 얻어야 한다. 미술 활동을 하는 순서를 기억하기 쉽게 하기 위해서라고 설명하면 아이들은 대개 잘 이해하고 동의한다. 메모하는 것을 불편하게 여기는 아이가 있다면 메모 내용을 보여주고, 원한다면 아이가 직접 적거나 낙서할 수 있도록 해주는 것도 도움된다. 자료 보관을 위해서나 사적인 정보 보호를 위해 각 아이마다 개별 공책을 만드는 것이 바람직하다.

구두 의사소통

치료사가 던진 질문에 답하거나, 만드는 작품에 대해 이야기하는 구두 의사소통은 미술 검사에서 큰 부분을 차지한다. 치료사는 아이와 대화하는 동안 아이가 말하는 내용뿐 아니라 그 전달방식, 즉 아이가 말하는 특성에도 주목해야 한다. 이를테면 억양, 목소리의 높낮이, 말하는 속도, 악센트, 발음의 명확도, 그리고 전반적인 음색(자신감 있는지, 호전적인지, 소심한지) 등을 살펴야 한다.

아이가 자발적으로 하는 말, 특히 무엇인가를 그리거나 만들면서 하는 말은 감정이나 관념의 게슈탈트, 즉 그 맥락과 형태를 알 수 있게 해준다. 예컨대, 한 아이는 자신의 여동생이 어떻게 자신을 방해하는지 말하면서 만들던 점토 덩어리를 꼬집고 뭉개는 행동을 했다. 말이나 행동 모두에서 여동생에 대한 부정적인 감정과 공격적인 충동을 여실히 드러내 보인 것이다.

미술치료를 할 때는 적극적인 관찰만큼이나 적극적인 경청이 중요하다. 아이들이 미술 활동을 하는 동안 자연스럽게 하는 말의 내용이나 주제는 다양하다. 주로 자신이 만드는 작품에 대해 이야기하는 경우가 많지만, 그 밖에도 지난밤에 꾼 꿈이나 친구 혹은 선생님과 관련된 걱정에 대해 말할 때도 있다. 아이가 미술 활동을 하다가 어떤 말을 꺼낸다면, 아이가 자연스레 이야기를 이끌도록 독려하라. 아이가 하는 말이 처음에는 작품과 전혀 관련 없는 내용인 것처럼 느껴지더라도, 결국 아이는 더욱 편안함을 느끼고 자신이 만들고 있는 작품에 대한 속내를 드러낼 것이다.

말을 하는 것이 좋은가 하지 않는 것이 좋은가?

아이가 미술 재료를 이용해 무엇인가 그리거나 만들기 시작하면, 아이가 하고 싶은 대로 하도록 내버려두는 것이 좋다. 다시 말해, 아이가 조용히 작업한다면 굳이 말참견하거나 간섭하지 않는 편이 좋다. 반면, 아이가 먼저 말을 꺼낸다면 적극적으로 경청해주면 된다.

　미술치료사로서 해야 할 일은 아이가 재료를 가지고 미술 작업을 하면서 자연스레 표현하는 반응을 존중해주고, 그때그때 민감하고 따뜻하게 대응해주는 것이다. 40여 년간 미술치료 분야에서 일해오면서 한 가지 깨달은 사실이 있다. 이 현상을 설명해주는 직접적인 연구가 있는지는 모르겠지만, 어떤 아이들은 하나 이상의 표현 통로를 가지고 있는 것처럼 보인다. 그런 아이들은 동시에 두 통로 이상을 통해 감정이나 의사를 표현할 수 있다. 반면 한 번에 하나의 통로를 통해서만 스스로를 표현할 수 있는 사람도 있다. 이러한 선천적인 경향은 고칠 수 없는 것 같다. 나는 이것이 타고난 신경 배선의 차이에서 비롯되는 것이 아닐까 가정하고 있다.

　단일 통로를 타고난 예술가에게 누군가 질문을 던져 작업을 방해하면, 그들은 아마도 답을 하기 위해 작업을 멈추거나, 질문을 듣지 못한 채 작업에만 열중할 것이다. 반대로 점토 반죽을 주무르고 두드리다 보면 혀가 풀어져 말이 더 많아지는 사람도 있다. 따라서 창의적인 미술 활동이 자연스러운 언어 표현을 촉진하느냐 저해하느냐는 아이들이 타고난 성향에 따라 다를 수 있다.

어떤 경우든 비간섭적인 태도로 아이의 활동에 흥미를 보여주는 것이 좋다. 아이가 미술 활동을 하는 동안 꼭 질문했으면 좋겠다고 생각되는 일이 있으면, 아이에게 잠깐 이야기를 나누는 것이 집중하는 데 방해가 되지는 않는지 먼저 물어보라. 아이가 작품을 만들면서 자연스레 그것에 대한 이야기를 꺼내면, 아이가 이끄는 대로 따르는 것이 항상 가장 좋다. 이는 치료사가 던지는 질문이나 진술이 아이에게 가치 판단으로 느껴질 수 있기 때문이다. 치료사의 말이 최종 결과물에 영향을 끼쳐, 아이는 치료사가 중간에 개입하지 않았을 때와 전혀 다른 작품을 만들 수도 있다.

비언어적 의사소통

아이들은 언어 이외에도 다양한 수단으로 생각과 감정을 표현한다. 아이가 치료사를 한 번 흘긋 보는 단순한 행동에도 많은 의미가 담겨 있다. 치료사에게 허락이나 승인을 구하는 것일 수도, 치료사를 탓하거나 벌하는 것일 수도 있다. 치료사와 얼마나 거리를 두고 자리하는지, 어떤 자세를 취하는지, 어떤 표정을 짓는지, 어떤 동작을 하는지도 마찬가지로 많은 이야기를 해준다. 토미가 처음 치료실을 찾았을 때 내게 등을 보이고 앉았던 행동은 다음 같은 말을 전하려 했던 것일 수 있다. "나는 겁이 나요." "내가 하는 걸 보지 마세요." "당신을 믿을 수 없어요." "당신이 여기 있지 말았으면 좋겠어요." 마찬가지로 짐은 내 곁으로 의자를 바싹 당겨와 앉은 후 나무토막으로 작품을 만들었던 행동을 통해 내게 이런 말을 했던 것인지 모른다. "저는 선생님 옆에 있는 게 좋아요."

치료사와의 상호작용

아이가 성인인 치료사에게 어떤 식으로 접근하고, 치료사와 어떻게 상호작용하는지 관찰하면, 그 아이의 일반적인 태도와 기대를 파악할 수 있다. 치료실에 처음 들어섰을 때부터 당당하고 자신 있는 태도로 도움을 청하는 아이들이 있는가 하면, 반대로 주눅 들거나 겁에 질린 채 아무 말도 하지 못하는 아이들도 있다. 그런데 아이가 소심하건, 친화적이건, 억압적이건, 무기력하건 상관없이 공통적으로 적용되는 사실이 하나 있다. 아이들은 자신의 소망과 근심을 미술작품에 투사하듯이, 자신과 관련된 중요인물들에 대한 감정과 기대를 치료사에게 투사한다. 따라서 미술치료사는 아이가 치료사를 신뢰하는지 아니면 의심쩍어하는지, 위축된 모습을 보이는지 아니면 외향적이고 활달한 모습을 보이는지, 편안해하는지 아니면 두려워하는지, 적대적인지 아니면 우호적인지, 의존적인지 아니면 독립적인지 잘 관찰해야 한다. 또한 미술치료를 받으면서 그러한 태도가 변화하는지도 주목해야 한다.

과업에 대한 반응

아이가 창의적인 과업을 앞에 두고 어떤 반응을 보이느냐를 관찰하면, 새롭고 모호한 상황에 처했을 때 그 아이가 일반적으로 어떻게 대응하는지를 알 수 있다. 어떤 미술 재료로 무엇을 할지 결정하라고 청했을 때, 아이들이 보이는 반응은 매우 다양하다. 어떤 아이들은 매우 충동적인 반응을 보인다. 질의 경우도 그러했다. 질은 성급한 태도로 이것저것을 집어 들었다가 놓기를 반복하며 산만하게 작업했다. 반면 게리라는 아이는 다양한 재료들을 탁자로 가져온 후 그 중 무엇을 사용할지 매우 신중하게 골랐다. 아이가 어떤 재료를 고르느냐 못지않게, 재료를 어떻게 사용하느냐에도 중요한 상징적 의미가 담겨 있다.

재료에 대한 반응

아이들이 미술 도구와 재료에 보이는 반응 또한 매우 다양할 수 있다. 아이들은 열정적인 반응을 보이기도, 신중한 반응을 보이기도, 때로는 접근-회피 approach-avoidance 반응을 보이기도 한다. 이 중 접근-회피 반응을 자주 유발하는 재료로 손가락 그림물감을 들 수 있다. 6장에서 소개했던 로제의 경우 말로는 손가락 그림물감이 싫다고 하면서도, 실은 그 재료로 아주 어린 아이처럼 어지르며 놀고 싶어했다.

어떤 아이들은 '촉각형feeler'으로 분류할 수 있다. 촉각형 아이들은 갓난아이들이 감각기관을 통해 학습하듯 만지거나, 맛보거나, 냄새 맡는 등의 행동을 주로 한다. 그런 아이들은 재료에 대해서도 적극적으로 질문을 던진다. 재료를 누가, 어디에서 샀는지 낱낱이 캐묻는 행동은 호기심과 감각적 욕구에서 비롯된다. 어떤 아이들은 눈에 보이는 재료들을 몽땅 제 앞에 가져다 놓는다. 그러한 행동은 무엇인가가 '충분하지' 못하다는 불안감과 충동 조절 문제에서 비롯된다. 개중에는 심지어 미술 재료를 집으로 가져가도 되는지 묻는 아이도 있다. 그런 아이들의 욕구는 식을 줄 모른다.

일단 재료를 선택한 후 아이들이 어떤 행동을 하는지도 주의 깊게 관찰해야 한다. 점토를 손으로 꾹꾹 쥐어짜는지, 쾅쾅 내리치는지, 부드럽게 만지는지, 꼬집는지, 가볍게 토닥거리는지는 중요한 단서를 제공해준다. 아이가 작은 점토 덩어리를 힘차게 쥐어짠다든가, 크레용을 꾹 눌러 부러뜨리는 등의 행동에서 공격적인 충동을 엿볼 수 있다.

재료와 친숙해지는 과정은 새로운 사람을 사귀는 과정과 비슷하다. 처음에는 주위를 빙빙 돌며 탐색을 하다가, 서로를 응시하고, 한동안 직접적인 접촉 없이 관찰만을 한다. 그러다가 결국 시험 삼아 손을 뻗어 살짝 만져본다. 모험적인 시도의 결과는 두 가지일 수 있다. 서로 더 멀어지거나 가까워진다. 또 어떤 아이들은 첫 만남을 다분히 충동적인 방식으로 시작하기도 한다. 아무 망설임 없이 자신에게 익숙한 재료나, 새로운 재료를 선택하는 것이다. 이렇듯 재료와의 첫 접촉은 아이마다 다양하다. 재료를 무심코 집든, 신중하게 고르든, 충동적으로 잡아 들든, 가벼운 마음으로 선택하든 그 행동은 아이의 내면 상태에 대해 많은 정보를 줄 수 있다.

작업 과정

재료의 선택 양상만큼이나 작업 과정 또한 아이에 대해 다양한 정보를 밝혀준다. 따라서 미술치료사는 아이가 작업하는 태도와, 전반적인 작업방식, 그리고 시간에 따른 변화를 면밀히 관찰해야 한다. 시간에 따른 변화를 살펴봄으로써 아이만의 주기, 속도, 에너지 수준을 파악할 수 있다. 어떤 아이들은 미술치료 시간 내내 일관된 모습을 보여준다. 예컨대 조앤은 1시간 동안 차분하게 그림 세 점을 완성했다. 반면 질은 미술치료 내내 충동적으로 이것저것에 손대다가 결국 한 작품도 완성하지 못했다.

하지만 아이들은 대부분 미술치료 시간 동안 변화되는 모습을 보여주며, 보통은 시간이 흐를수록 긴장을 풀고 편안한 태도를 보이는 편이다. 그래서 대다수는 신체적으로나, 상징적, 그리고 언어적으로 내면의 생각이나 감정을 드러낸다. 이는 감정이나 생각을 자유롭게 표현해도 된다는 치료사의 암묵적 허락과 미술 재료를 통한 긴장 완화 덕분인 것으로 보인다.

하지만 어떤 아이들은 공상과 현실 사이의 경계를 넘나들다가 갑작스럽게 터져 나오는 감정에 압도되어 겁을 먹고 불안해하는 모습을 보이기도 한다. 특히 유동성이 강해 촉각적으로 강한 자극을 주는 손가락 그림물감이나 점토를 가지고 작업하던 도중 갑작스러운 퇴행이나 분열 징후를 나타내는 경우가 많다. 또한 사람의 신체 모양과 유사한 작품은 유아기의 기억이나 감정, 억압된 충동을 이끌어내는 방아쇠 역할을 할 때가 있다.

예컨대 15세 해나는 "다정한 오리"를 점토로 만든 후 오리로 치료사를 툭툭 치고 뽀뽀하는 흉내를 내며 장난 쳤다. 자신이 만든 작품에 대해 이야기하거나, 작품을 상징적으로 이용하는 대신 자신의 충동과 욕구를 직접적인 행동으로 표현한 것이다. 때로는 미술치료 도중 감정이 봇물 터지듯 쏟아져 나오면서 작품의 형태가 눈에 띄게 퇴행하기도 한다. 샘이 만든 기괴한 모습의 머리를 그 예로 들 수 있다(그림 14.4D). 샘은 미술작품의 퇴행 이외에도 노력 없이 욕구를 충족시키고자 하는 '일차 과정primary process'에서 벗어나지 못한 태도, 미성숙한 언어 사용, 망각 등의 징후를 나타냈다. 이는 모두 샘에게 자아 기능 장애가 있음을 보여준다.

샘이 미술 검사를 할 때 그린 그림에서도 연약한 자아 경계를 엿볼 수 있었다. 샘은 불안정하게 흐르는 듯한 느낌의 수채화를 그렸다. "이건 구름 낀 하늘에 거친 바다를 그린 풍경화예요. 남자인지 여자인지 모를 한 사람이 핸드백을 들고 바다로 뛰어들어요. 또 다른 사람이 붉은 목표물을 향해 달리고 있어요. 바이올린 같은 어떤 악기를 연주해요. 그 남자는 그리스 신화에 나오는 키르케처럼 유혹하며 서 있어요." 그림에는 샘의 불안정한 심리 상태가 고스란히 투사되어 있었다. 샘은 말을 이어갔다. "핸드백을 든 여자는 처음에는 닭과 비슷해 보였지만 나중에 물에서 빠져나와 하늘로 날아오르려는 고양이나 새가 되었어요."

이와 반대로 리처드의 작품은 시간이 흐를수록 점점 답답하게 작아졌다. 말을 할 때도 점점 위축되는 모습이 확연히 보였다. 한편, 드물기는 하지만 작업방식이 혼란과 명료함 사이를 오가는 경우도 있다. 피터의 경우가 그러했는데, 피터는 중간중간 산만하고 부주의한 모습을 보였지만, 일단 진정하고 차분히 앉아 작품을 만들기 시작하면 금세 집중했다.

시간의 흐름에 따라 아이의 작업방식이 어떻게 변화하든 ─ 점차 긴장을 풀든 더욱 긴장하든, 점차 폐쇄적인 모습을 보이든 마음을 열든, 두서없어지든 체계를 갖추어가든, 작업을 부드럽게 이어가든 단절된 모습을 보이든 상관없이 ─ 치료사가 할 일은 그 변화를 주의 깊게 관찰하고, 그 변화에 내재한 역동적 의미를 파악하는 것이다.

치료사는 미술 검사를 통해 아이의 내면을 동시에 다양한 차원에서 파악할 수 있다. 어떤 아이들은 미술 재료를 가지고 장난스럽게 혹은 계획적으로 작업하면서 자신의 실제적인 고민이나 상상 속 고민을 자유롭게 털어놓는다. 또 어떤 아이들은 재료를 가지고 의미 있는 방식으로 작업하지만 최종 결과물을 내놓지 않기도 한다. 도널드라는 소년은 점토를 결에 따라 잘 정돈한 후, 매끄럽게 매만지고는, 얇게 자르더니 나중에 그것이 "괴물"이라고 했다.

의식적인 에너지를 치료사와의 대화에 모두 쏟느라 자신이 미술 재료를 가지고 어떤 행동을 하는지 전혀 인지하지 못하는 아이도 있다. 셰리의 경우가 그러했는데, 셰리는 자신의 형제에 대해 언급할 때마다 반쯤 완성시켜놓은 점토 인형을 자신도 모르게 짓이겼다. 또 신디라는 아이는 어머니와의 불화에서 어떻게 벗어났는지 이야기할 때마다, 불상과 유사한 인형에 임신한 듯 부풀어 오른 배와 가슴을 만들었다가 없애기를 반복했다.

작품의 형태

미술을 통해 아이들의 내면을 이해하고자 하는 이론들은 아이들이 만든 최종 작품에 집중하는 경향이 있다. 아이들이 남긴 영구적인 기록에는 그 아이에 대한 많은 정보가 담긴 것이 사실이기는 하지만, 앞서 설명했던 작업 과정과 관련된 요소들 또한 중요한 단서들을 제공해준다는 사실을 잊지 말아야 한다. 선이나 구도 같은 미술작품의 형태적 요소들은 아동의 인지 체계와 내면을 이해하는 데 도움되는 주요 실마리를 제공해준다. 사실 형태 요소들은 아동의 발달 단계를 보여주는 가장 신뢰도 높은 지표이다.

그러나 특정한 형태 요소에 특정한 의미가 담겨 있다는 일반적인 생각에는 의문의 여지가 있다. 예컨대 지나치게 많은 그림자가 불안감과 관련 있다는 보편적 상징은 대개 타당하다고 볼 수 있다. 하지만 그림자가 항상 불안감을 나타내는 것은 아니며, 작은 그림이 반드시 심리적 위축을 상징하지는 않는다. 그러한 일반화는 엄청난 실수를 자아낼 수 있다.

성인이 그린 그림 속 각 형태의 의미를 하나하나 밝히고자 한 시도는 지금까지 그다지 성공적이지 못했다. 하물며 아직 발달이 완성되지 않은 아이들이 그린 그림 속 형태의 의미를 밝히기란 더욱 까다로울 것이다(Harris, 1963; Kaplan, 2003; Malchiodi, 1998; Swenson, 1968). 이 문제에 대한 가장 합리적인 접근법은 그러한 일반적인 상관관계가 존재한다는 사실을 인지하고, 필요한 경우 그 상관관계를 이용해 가설을 세우되 다른 가능성도 있음을 늘 염두에 두는 것이다. 미술치료사는 아이가 작품을 만드는 과정을 주의 깊게 관찰하면서 앞서 설명했던 비언어적 신호를 잘 포착해야 한다.

의미 있게 해석할 수 있는 작품의 형태적 특징으로는 어떤 것들이 있을까? 전반적인 구도, 형태의 명확함, 완성도, 좌우 대칭성, 동세, 색감 등을 들 수 있다. 이러한 특징들은 아이의 상태를 평가하고, 파악하며, 때로는 진단을 내리는 데 도움되기도 한다(Gantt&Tabone, 1998/2003; Mills, 2003). 하지만 형태적 특성을 지표로 삼을 때도 마찬가지로 신중해야 한다. 형태적 특성에 불변의 의미가 있다는 일반화를 경계하면서, 아이가 미술 활동을 하는 동안 나타나는 실제적인 맥락에 의지해 합리적인 판단을 내려야 한다.

지금까지 여러 문헌에서 각 색상에 상징적 의미가 있다고 여겨왔다(Lischer, 1969). 예컨대 검정색은 우울증과, 노란색은 기쁨과 관련시켜 생각해왔다. 하지만 흑인종 아이들에게 검은색은 자부심을, 노란색은 두려움을 의미할 수도 있다(Axline, 1964). 색상 선택의 의미를 평가할 때는 항상 미술 작업 과정 전체의 맥락을 고려해야 한다. 한 연구에서는 미취학 아동의 경우 색상을 팔레트에 놓인 순서대로(왼쪽에서 오른쪽으로) 사용하는 경향이 있음을 밝혔다(Corcoran, 1954).

색상 선택과 관련해 내가 들은 사례 중 매우 흥미롭고 인상 깊었던 이야기를 하나 소개하겠다. 그림을 그릴 때 늘 갈색만을 사용하는 아이가 있었다고 한다. 교양 넘치는 어머니는 딸에게 심리적인 문제가 있는 것은 아닐지 걱정되어, 딸의 손을 잡고 심리 상담소를 찾았다. 하지만 검사를 담당한 임상심리학자는 아이에게서 어떤 문제의 징후도 찾지 못했다. 아이는 시종일관 당당하고 자신감 넘쳤다. 그래서 심리학자가 아이에게 왜 늘 갈색만을 사용했는지 툭 터놓고 물었다. 그러자 아이는 바로 솔직하게 대답했다. "저는 교실 뒷줄에 앉는데, 크레용 상자가 제게 건네질 때쯤이면 갈색밖에 안 남아 있거든요."(Kaye, 1968, p.17)

아이가 깊이 생각한 후 의도적으로 색상을 고르는 경우 대개 중요한 의미가 담긴 것이 사실이다. 마찬가지로, 아이의 발달 수준에 따라 그림의 정교성에도 차이가 난다. 하지만 그림의 형태적 특성에 담긴 의미를 덮어놓고 일반화시키는 것 또한 미술치료사로서 지양해야 할 태도다. 모든 아이에게 적용할 수 있는 일반적인 기준이 있다고 가정하는 것은 어리석은 짓이며, 자칫하다가는 교육자, 임상의, 일반인의 오용이나 남용을 초래할 수도 있다.

'창조 과정'과 '최종 결과물'을 떨어뜨려 생각하는 것 또한 마찬가지로 어리석은 짓이다. 아이가 도화지에 어떤 그림을 그렸는지 확인하는 것도 중요하지만

(최종 결과물), 그보다 더 중요한 것은 도화지를 어떤 식으로 색칠하는지 과정(창조과정)을 관찰하는 것이다. 미술작품의 내용만큼이나 형태도 중요하지만, 미술작품을 어떤 순서에 따라 완성했는지도 최종 결과물의 특징 못지않게 중요하다.

아동이 창조한 미술작품의 형태적 요소를 관찰할 때는 무엇을 그리는지보다는 그 내용이 어떤 식으로 전달되는지에 주목해야 한다. 예컨대, 제인은 미술치료 시간 내내 매우 정성들여 그림을 그렸다. 그러한 태도는 제인의 심리적 갈등과 고민을 명료하면서도 상세하게 보여주었다. 반면 샐리는 여기저기 얼룩덜룩하게 문지르고, 지워버려 형태를 알아보기 힘든 그림을 그렸다. 이는 샐리의 혼란뿐 아니라 다른 누군가에게 이야기하는 것에 대한 주저함과 모호함, 갈등을 보여준다.

작품 형태와 작업 과정에 대한 종합적인 고려

모호하고 애매하게 표현되는 감정이나 생각을 파악하려면 단일 미술작품의 주제보다는 여러 작품에서 일관적으로 발견되는 형태나 전체적인 작업 과정을 관찰할 필요가 있다. 예를 들어 미키는 그림을 그릴 때마다 외곽선을 넘지 않고 채색하는 데 무척 신경 썼다. 이러한 행동은 자신의 충동을 조절하지 못할지도 모른다는 걱정이 반영된 것이다. 미키는 아무 문제 없어 보이는 그림을 그리면서도, 입으로는 분노와 처벌의 내용이 담긴 이야기를 했다. 이 또한 미키 내면의 충동 조절에 대한 걱정을 보여준다.

다른 예로 막스라는 아이는 손가락 그림 두 점을 완성한 후 그 위를 물감으로 덮어버렸다. 이는 합리화와 지성화를 통해 감정과 충동을 덮어버리는 태도와 일맥상통하는 면이 있었다.

또 도나라는 아이는 나무토막으로 도시 모형을 만들면서 점점 의자를 내 쪽으로 끌어와 앉았다. 모형을 만들기 시작하면서 나도 함께 해야 한다고 강력히 주장하는 바람에 나도 함께 탁자에 앉아 모형을 만들던 상황이었다(그림 7.1). 도나는 처음에 각자 따로 건물을 만들자고 했지만(7.1A), 다 완성한 후에는 둘을

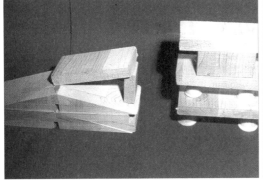 

A

B

A. 분리
B. 접촉

합쳐놓았다(7.1B). 완성된 작품만을 보았을 때는 도니의 심리 상태를 파악하기 어렵지만, 작업 과정에서 보여준 행동을 보면 의존하고 싶은 바람과 친밀감을 느끼고 싶은 욕구를 분명히 알 수 있다.

작품의 내용

미술작품의 내용을 통해 아동의 심리 상태를 파악하려면 다음 네 가지를 고려해야 한다.

> 1. 해당 작품을 만드는 동안 발생한 언어적·비언어적 의사소통(그 내용은 재료나 주제와 연관될 수도, 그렇지 않을 수도 있다).
> 2. 겉으로 드러난 표면적인 주제와의 연관성.
> 3. 작품을 만드는 동안, 혹은 작품 완성 이후 이야기한 내용, 제목, 투사된 이미지 등.
> 4. 형태의 왜곡, 과장, 생략 혹은 상징 선택 등에 함축된 내용.

내 경험을 돌아보건대, 프로이트가 제안한 심리학의 전제 중 하나인 '정신 결정론psychic determinism'이 유효한 것은 사실이다. 정신 결정론이란 무의식이 존재하며, 인간의 모든 심리 현상은 우연한 것이 아니라 과거의 경험과 무의식적인 동기에서 비롯된다는 가설이다. 아이가 미술 활동을 하는 동안 벌어지는 일련의 사건들이 아이의 심리 상태와 연관된다는 가정은 아이를 이해하는 데 큰 도움이 된다. 특정한 미술 활동을 하기 직전이나 직후에 내뱉은 말, 취한 행동에는 중요한 의미가 담겨 있다(cf. Baruch&Miller,1952).

과연 보편적인 상징이 존재하느냐의 문제에 대해서는, 그러한 연합이 어느 정도 유효한 것이 사실로 보인다. 그렇지 않다면 애초에 보편적 상징이 만들어지지도 않았을 것이기 때문이다. 내 경험을 돌아보아도, 태양은 아버지를, 집은 어머니를 상징하는 경우가 놀라울 정도로 많았다.

그럼에도 불구하고, 어떤 아이에게는 일반적으로 통용되는 상징이 적용되지 않는 경우도 분명 있다. 따라서 그러한 상관관계는 가설을 세우기 위한 용도로만 적용해야 한다. 예컨대, 대부분 쭉 뻗은 선은 남근을, 그릇 모양 형태가 여성성을 상징하는 것이 사실이지만, 특정 상징의 특유한 의미는 해당 아동의 전반적인 태도, 언어 사용, 몸짓 등을 고려해 신중하게 판단해야 한다.

일반적인 주제들

아이의 행동을 충분히 관심 있게 지켜보고 아이의 말에 귀 기울이기만 한다면, 치료사는 미술작품에 담긴 상징적 의미를 수월하게 파악할 수 있다. 물론 그 과정에서 치료사 자신의 상황이나 심리 상태를 투사하지 않도록 유의해야 한다. 일반적인 주제들은 보편적인 인간적 문제나 발달 과업과 연관되기 때문에 그 숫자가 그다지 많지 않다. 그 대부분은 분노나 애정에 대한 욕구와 관련 있다.

분노는 물어뜯거나, 게걸스럽게 먹는 모습처럼 구강과 관련된 형태로 표현되는 경우가 많다. 토미가 점토로 괴물 머리를 만든 후, 그 괴물이 앞길을 가로막는 어머니와 여동생을 모두 잡아먹었다고 했던 것이 그 좋은 예이다. 또한 분노는 폭발하듯 터져 나오는 항문기적 특성으로 표현되기도 한다. 맥의 경우 손가락 그림물감으로 화산을 그린 후 용암과 불꽃이 마구 쏟아져 나오고 있다고 말했다. 마지막으로 쑤셔 넣거나 찌르는 등의 남근을 상징하는 형태 또한 분노를 나타내는 경우가 많다. 예컨대 랜스가 점토용 칼을 가지고 적을 베는 시늉을 했던 것은 분노의 표현이었다.

또 권위 있는 대상에 맞서는 식의 표현을 통해 자율성을 추구하는 아이들도 있다. 예를 들어 에반은 남자와 여자가 있는 그림을 그린 후 이런 말을 했다. "이 여자가 집 주인이라고? 내 집에서는 내가 대장이야!" 대개 미술에서 그러한 분노는 직접적으로 표현되기보다는 잠재적인 힘이나 권력을 암시하는 식으로 나타나는 경우가 많다. 예컨대, 미키는 그림에 총알을 그려 넣은 후, 언제든 그 총알을 사용할 수 있다고만 말했을 뿐, 총알이 실제로 발사되었다고 말하지는 않았다.

성별과 관련해서, 아이들은 구강과 관련된 표현을 통해 신체적 보호 또는 양육을 나타내는 경향이 높다. 예컨대 신디는 지점토로 사람 모양을 만든 후 이렇게 말했다. "이 여자는 우리 엄마 같아요. 크고 둥글고 따뜻해요. 나를 행복하게 해줘요."

이와 상반되게 거절, 유기 등의 주제를 표현하는 아이들도 있다. 페기는 점토로 강아지를 만든 후, 그 강아지가 못된 고모에게 쫓겨났다고 말했다(그림 6.10D 참조). 미술작품을 통해 자신의 신체 부위에서 만족을 추구하는 전성기기 pregenital stage 욕구를 표현하는 아이도 있다. 이러한 욕구는 대개 두 대상을 결합시키는 형태로 나타난다. 예컨대 도니가 나무토막으로 만든 건물 두 개를 나란히 옆에 놓은 후 서로 뽀뽀하고 껴안는 것처럼 흉내 냈던 행동이 전성기기의 욕구를 나타낸다. 또한 미술작품을 통해 호기심을 주로 표현하는 아이도 있다. 미키는 자신이 그린 후크 선장의 배 창문을 들여다보고 싶다는 말로 호기심을 표현했다.

그 밖에 자주 표현되는 주제로는 경쟁관계를 들 수 있다. 경쟁의 대상은 대개 더 나이가 많고 강한 적으로 묘사된다(이는 오이디푸스 콤플렉스를 암시한다). 예컨대, 존은 머스탱 자동차를 한 대 그린 후 그 차가 자동차 경주에서 이겼다고 말했다. 또 어떤 아이들은 자신이 해를 입는 내용이 담긴 미술작품을 만든다. 그러한 내용의 미술작품은 분노나 성적 충동 때문에 자신이 벌 받을지도 모른다는 불안감을 나타낸다. 예컨대 에바는 한쪽 다리가 없는 사슴을 그렸고, 존은 적군과의 전투에서 격추당한 비행기를 그렸다.

아이들은 때로 자신의 성적 정체성에 대한 혼란이나 갈등을 미술작품에 표현한다. 예컨대 샐리는 자신이 그린 배 안의 노잡이가 남자아이라고 했다가 다시 여자아이라고 오락가락하며 말했다. 초크로 그린 그 그림 속 인물의 성별은 불분명해 보였다. 이따금 미술작품에 로맨틱한 성적 바람이 표현되는 경우도 있다. 헤더는 점토 덩어리 두 개를 만든 후, 두 사람이 결혼해 바로 아기를 낳는 상황극을 연출했다.

여러 미술작품에서 반복적으로 등장하는 주제는 그 아이에게 중요한 의미가 있다고 보아도 된다. 예컨대 존은 신체적 상해와 관련된 그림, 점토 모형을 연달아 만들었다. 또 도니는 나무토막으로 만든 건물 두 개를 접착제로 붙이고 난 후에는, "포옹하고 있는 두 사람"을 그림으로써 누군가와 함께하고픈 바람을 표현했다.

마지막으로, 하나의 상징에 둘 이상의 의미가 담긴 경우도 간혹 있다. 아니, 사실 그런 경우는 생각보다 비일비재하게 발생한다. 이는 아마도 다양한 수준의 복합적 의미를 한 가지 상징에 응축해 담을 수 있기 때문일 것이다. 예컨대 멜라니가 그린 독수리는 관심과 보살핌을 받고 싶은 심리적 욕구와, 내면에 억눌려 있던 분노와 공격성을 동시에 보여주었다(그림 6.2). 피트는 자신이 만든 뱀 모양의 추상적인 작품에 대해 설명하면서, 뱀에게서 멀리 떨어져 있고 싶다고도 하고 또 뱀이 되어 자신을 괴롭히던 사람들을 모두 물어버리고 싶다고도 했다. 두 설명은 각기 다른 내용이기는 했지만 모두 분노를 반영한다.

자아 표상

때로 아이들은 미술치료를 받는 1시간 동안 자기 자신을 상징하는 작품들을 연달아 만들기도 한다. 예컨대 8살 꼬마 소녀 에바는 점토로 새 모양을 만들고는 "꼬마 새 트윙클boy bird, Twinkle"이라는 제목을 붙였다. 에바가 들려준 이야기에 따르면 트윙클은 엄마 새와 아빠 새가 둥지를 떠났지만, 절망하지 않고 친구들과 함께 씩씩하고 행복하게 지냈다고 한다(실제로 에바의 아버지는 집을 나간 상태였다).

에바가 그 다음으로 만든 것은 뿔과 한쪽 다리가 없는 사슴이었다. 에바는 그 작품에 "슬픔에 빠진 늙은 사슴a Plain Old Deer"이라는 제목을 붙였다. 그 사슴은 에바의 입을 빌어 구슬픈 목소리로 이렇게 말했다. "나는 하찮고 보잘것없는 존재라네. 나는 8살인데 어떻게 걷는지도 모른다네." 사슴은 에바가 신체적으로나 심리적으로 얼마나 지치고 상처받았는지를, 그리고 꼬마 새 트윙클은 에바가 앞으로 어떻게 되고 싶은지를 상징적으로 보여주었다. 그 날 에바가 만든 세 번째 작품은 "꼬마 새 트윙클"처럼 희망적인 자아상을 담은 그림이었다. 그림의 제목은 "천사 소년a Boy Angel"이었다. 에바는 그림에 대해 천사 소년이 잃어버린 아버지를 찾기 위해 하늘로 날아가고 있다고 설명했다.

아이가 미술작품에 대해 이야기하던 도중 실제 자아를 언급하는 경우도 간혹 있다. 예컨대, 헤더는 점토 덩어리를 가지고 상황극을 연출하다가 내게 불쑥 "불쌍한 헤더"를 어떻게 생각하는지 물어보았다. 또 에바는 집을 그린 후 그 안에 "나랑, 우리 집 강아지랑, 친구들이 있어요"라고 말했다. 아이들이 표현한 자기 모습은 실제적인 모습을 반영할 수도, 환상을 투사해 보여줄 수도 있다.

위장

미술작품 속에 표상된 아이들의 자아는 언뜻 보아서는 알아차리기 힘든 경우가 많다. 용납되기 어려운 생각과 감정들을 보호하기 위해 상징적으로 위장하고 있기 때문이다. 마치 작품을 보여주지 않기 위해 이젤 뒤에 숨거나 등을 돌리고 앉는 것처럼, 추상적인 표현 뒤에 실제 전달하고자 하는 내용을 상징적으로 숨기는 것이다. 따라서 아이들이 비유를 통해 전하는 의미를 온전히 이해하려면, 치료사는 아이의 모든 행동을 세심하게 관찰하고, 아이의 말을 현명하게 이끌어낼 필요가 있다.

작품이 얼마나 왜곡되거나 위장되었는지 알아내기 위한 첫걸음은 작품이 표현적인지 아니면 추상적인지 판단하는 것이다. 작품이 표현적이라면 그 다음으로는 현실적인 내용을 담고 있는지 아니면 환상적인 내용을 담고 있는지 보아야 한다.

위장이나 왜곡 정도는 작품이나 아이마다 다양할 수 있다. 어떤 아이는 작품 속 인물이나 대상을 처음부터 "나"라고 지칭하며 자신의 내면을 솔직하게 드러낸다. 또 어떤 아이들은 작품 속 인물이나 대상을 자기 자신과 같은 성별이나 나이로 설정하기도 한다. 반면 위장이나 왜곡 정도가 심한 경우, 대상을 자신과 완전히 다른 나이나 성별로 설정하는 아이도 있다. 또 동물, 환상 속 생명체, 무생물, 혹은 추상적인 대상에 자아를 반영해 표현하는 경우도 있다. 하지만 위장이나 왜곡의 정도가 아무리 심하다 해도 아이의 말과 행동을 단서로 삼아 투사 과정을 차근차근 따라가다 보면 무엇이 아동 자신을 상징하는지 알아낼 수 있다.

작품에 대한 태도

자기 자신과 미술작품을 서로 연관시킬 수 있는 아이는 자기 성찰과 반성을 할 수 있는 능력이 있다고 볼 수 있다. 즉 치료사가 던진 질문에 대해 '관찰하는 자아'의 목소리로 대답할 수 있다는 것이다. 특히 미술 활동을 모두 마치고 작품에 대해 이야기하는 시간에 한 발 뒤로 물러서서, 관찰자의 시점에서 작품과 자기 자신을 성찰할 줄 아는 아이는 통찰 지향적 치료를 받을 준비가 된 상태라 할 수 있다.

아무 의미도 없던 재료들을 가지고 형태를 갖춘 미술작품을 만든 후에, 그것을 자신의 연장 혹은 일부처럼 느끼는 것은 지극히 당연한 일이다. 어떻게 보면 미술작품의 창조는 음식을 먹는 과정을 상징적으로 비유하는지도 모른다. 아이들이 재료를 입에 넣는다. 그런 후 손이나 도구들로 그 재료를 소화시킨다. 마지막으로 아이들이 만든 저마다의 독특한 창조물은 그들 몸을 구성하는 일부가 된다. 정도나 양상이 다양하기는 하지만 아이들은 모두 자신이 만든 작품에 대한 소유 의식이나 동일시를 보인다. 그래서 자신이 만든 작품에 대해 어떤 감정을 보이는지는 아이가 스스로에 대해 어떤 감정을 품고 있는지를 반영한다(그림 7.2).

따라서 아이들이 자신의 작품에 대해 어떤 감정을 가지는지는 아동의 자아상이나 자존감을 진단내릴 때 참고할 만한 유용한 정보가 될 수 있다. 아이들이 작품에 대해 어떤 감정을 느끼는지는 표정, 아이들이 하는 말, 작품을 다루는 방식을 관찰하면 잘 알 수 있다. 많은 아이들이, 특히 나이가 어리고 자신이 이룬 성과에 대해 덜 비판적인 아이일수록, 스스로 만든 작품에 대해 큰 자부심을 표현한다.

흡족해하는 미소는 자기 자신과 스스로 만든 작품에 대한 긍정적 감정을 보여주는 좋은 증거이다. 휠체어에 몸을 의지해야 했던 한 소년은 자신이 만든 작품을 매우 자랑스러워하며 "아름다운 항아리"라는 이름을 붙였다. 소년은 나중에 자신의 할머니가 그것을 얼마나 칭찬해주었는지 자랑하기도 했다.

예전에 시각장애를 비롯한 복합적인 장애가 있는 아이들을 모아 치유 프로그램을 실시했던 적이 있다. 우리는 프로그램의 일환으로 아이들이 손수 "우리가 무엇을 할 수 있는지 보여줄게요!We'll Show You What We're Gonna Do!"라는 제목의 영상물을 만들도록 독려했다. 참여한 아이들은 다른 사람들에게 보여줄 수 있는 무엇인가를 만들어냈다는 사실에 무척 기뻐했다. 약시였던 그레그는 신나서 자신이 그린 그림에 대해 한껏 뽐내는 목소리로 이렇게 말했다. "사람들이 실제로 볼 수 있는 걸 제가 그렸다고요!" 칼 또한 앞이 전혀 보이지 않는 상태에서도 촉각을 이용해 나무토막으로 건물과 길이 있는 도시 모형을 만들면서 무척 즐거워했다. 피터는 자신이 만든 그림과 조각이 무척 마음에 든 듯 시적인 제목을 붙였다.

반면, 미술치료소를 찾는 아이들은 대부분 자기 자신에 대한 부정적인 감정을 스스로 만든 미술작품에 투사하는 경향이 있다. 많은 아이들이 자신의 미술실력에 대한 걱정을 표한다. 에반이 한 말을 보자. "저는 화가가 아니에요. 에잇, 망쳐버렸어요. 이 그림은 엉망진창이에요… 망쳐버리다니. 그림이 마음에 안 들어요!" 또 많은 아이들이 자신보다 더 잘 그린다고 생각하는 다른 사람에 대해 언급한다. "우리 미술 선생님은 저보다 훨씬 더 그림을 잘 그려요. 저도 그 선생님처럼 잘 그렸으면 좋겠어요." "저는 그림을 못 그려요. 우리 형만큼 잘 그리지 못해요. 우리 형은 진짜 화가 같다니까요!" 어떤 아이들은 허풍과 과장을 통해 불만족스러운 감정을 포장하기도 한다. 예컨대 엘렌은 자신이 모든 면에 재능을 타고났다고 말함으로써 자신이 무능하다는 느낌을 없애려 했다. 또 짐은 학교에서 그린 그림에 대해 자랑을 늘어놓았다. "학교에 가면 제 그림이 다섯 개나 벽에 걸려 있어요. 제 그림이 걸작이라고 생각했나 봐요. 그림 다섯 개 모두 비슷한 시기에 그린 건데, 선생님이 모두 게시판에 걸어두었다니까요!"

아이가 스스로에 대해 직접 평가하는 말은 아이의 자존감이 어느 정도인지 확인할 수 있는 좋은 단서이다. 어떤 아이들은 "별로야" 혹은 "망쳤어"라고 중얼거리며 애써 만들어놓은 작품을 완전히 부수어버린다. 이러한 아이들의 행동은 매우 가치 있는 정보를 제공해줄 수 있기 때문에, 미술 검사를 하는 도중이라면 제지하지 않는 것이 좋다.

하지만 미술치료 시간에 아이가 지나치게 낙담해서 모든 것을 갈기갈기 찢어서 던져버리려고 한다면, 그 중 일부는 아이의 양해를 구해 남겨두는 것도 괜찮다. 치료사는 그런 행동을 통해 미술치료를 받는 동안에는 아이가 부끄럽게 여기는 부분도 기꺼이 수용되고 인정받을 수 있다는 메시지를 전해줄 수 있다. 물론 작품에 중요한 의미가 담겨 있음이 분명해 보임에도, 치료사의 제안을 완강히 거절하는 아이도 있게 마련이다. 실은 나도 아이가 돌아간 후 쓰레기통을 뒤져 작품을 다시 꺼냈던 적이 몇 차례 있었다. 물론 그렇게 수거한 작품은 치료하는 데 참고하기 위해 나만 볼 수 있는 안전한 장소에 보관했다.

따라서 미술치료사는 과업을 향한 아동의 두드러진 태도가 수치심인지, 자만심인지, 혐오인지, 즐거움인지, 아니면 상반되는 감정을 동시에 느끼는지 관찰할 필요가 있다. 이때 말로 표현되는 내용만큼이나 몸짓이나 표정 등의 비언어적 표현도 중요하다는 사실을 명심해야 한다.

6장에서 살펴본 것처럼, 미술 평가를 할 때 아이의 심리와 관련된 가장 중요한 내용은 작품에 대한 대화를 나누다가(작품을 완성한 직후나 만드는 도중) 나오는 경우가 많다. 이때 치료사는 아동이 보이는 비언어적 반응과 언어적 반응 모두

7.2 작품과 자존감

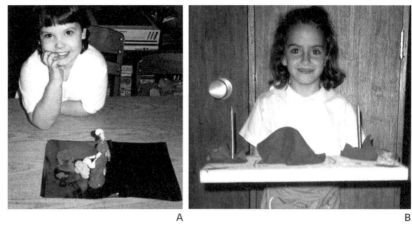

A. 소녀와 그녀의 점토 작품
B. 소녀와 그녀의 구성
C. 소년과 그의 드로잉

에 주목할 필요가 있다. 작품에 대한 아동의 태도나 반응 이외에도, 치료사가 던지는 질문에 아동이 어떤 반응을 보이는지 또한 유용한 정보를 제공해줄 수 있다. 따라서 아동이 과시적인 태도를 보이는지, 무엇인가를 숨기려 드는지, 망설이는지, 열심히 대답하는지 등을 유의해 관찰하라.

통합하기

미술치료 시간에 보인 아동의 전반적인 태도가 어떠했는지, 무엇을 어떻게 만들었는지 등을 퍼즐 조각 맞추듯 통합하면 진단을 내리는 데 도움되는 풍부한 정보를 얻을 수 있다. 볼프Wolff는 그러한 미술치료사의 과업에 대해 다음과 같이 말한 바 있다(1946, p.113).

"일련의 미술작품과, 그 작품들이 아이에게 어떤 의미를 지니는지 파악한 후에는 각 요소들의 공통분모를 찾기 위한 분석을 시작해야 한다. 모든 요소들을 결합하고 상호 연관시켜야 하는 것이다. 우리는 아이의 자아가 미술작품이라는 언어로 말한 문장을 재구성해야 할 수도 있다."

아동과의 만남이 끝나고 나서야 비로소 진정한 의미의 미술 검사가 시작된다고도 할 수 있다. 미술치료사는 아동이 표현한 작품들의 전반적인 주제와, 양상, 그리고 행동과 상징의 상호 관계를 검토해야 한다. 어떤 경우에는 한 가지 주제가 미술치료 과정 내내 지속되고, 여러 차례 반복되며, 위장하기 위한 겉껍질이 벗겨지면서 시간이 흐를수록 강렬하게 표현되기도 한다. 또 어떤 경우에는 핵심적인 주제들이 여러 가지 등장하기도 한다. 그 주제들은 한 주제에 대한 두려움이나 희망이 반영된 주제가 또 나타나는 식으로, 서로 연관된 경우가 많다.

말하자면, 여러 주제들은 서로 견제와 균형 관계에 있다. 아이가 말하는 내용이 실제 행동과 일치하는지 그렇지 않은지는 중요한 단서를 제공해줄 수 있다. 말할 때 위축된 모습을 보여주는 아이는 행동에서도 그림에서도 위축된 분위기를 보이기도 한다. 사실 비언어적 행동은 아이가 언어로 표현한 상징을 확인시켜주는 때가 많다. 미술치료사의 궁극적인 과제는 습득한 정보를 통합하고 연관시켜 아이의 내면을 이해하는 데 도움되는 종합적인 자료를 만드는 것이다.

미술 검사를 통해 얻을 수 있는 정보는 무척 다양하지만 그 중에서도 아동의 주요 관심사와 갈등이 무엇인지, 아동의 주된 해결방식이나 방어기제가 무엇인지, 그리고 아동이 어떤 발달 단계에 있는지에 특히 주목할 필요가 있다. 미술작품과 행동을 통해 전달되는 주제를 보면 아이가 가장 고민하는 것이 무엇인지 확인할 수 있다. 물론 이와 더불어 어떻게 속마음을 위장하는지, 미술작품을 어떻게 자각하는지 또한 방어기제를 파악하는 데 도움이 된다(A. Freud, 1936).

아이가 미술 검사 과정과 과업에 어떤 식으로 접근하는지를 보면, 평소 문제에 맞닥뜨렸을 때 어떤 식으로 대응할지 예측할 수 있다. 또한 앞에서 설명했듯, 아동의 발달 수준은 미술작품에 형태적인 면에서 또렷이 드러난다. 아동의 발달 단계는(그리고 특히 미술 발달 단계는) 대체로 예측 가능한 규칙을 따르기 때문이다. 미술작품에 표현되는 갈등요소나 방어기제 또한 일반적인 발달 기준에 맞추어 단계별로 변화하는 경향이 있다(Erikson, 1950; A. Freud, 1965; Levick, 1983).

반면, 아동의 창의성은 다른 분야에 비해 명확하게 진단내리기 어렵다. 아동의 창의성은 다양한 자아 기능으로 구성되어 있다. 창의성의 진단 기준에는 독창성뿐 아니라 융통성, 유창성, 그리고 무형의 재료를 가지고 질서를 창조하는 능력까지 포함된다. 이 중 무형의 재료로 질서를 창조한다는 것은 "감정에 형태를 입혀" 보는 이에게 정서적 울림을 전달하는 것을 의미한다(Langer, 1953).

미술 검사를 실시할 때 확인해보아야 할 중요한 문제 중 하나는 과연 아이가 미술치료를 통해 개선될 수 있을지, 그리고 답이 '그렇다'라면 그 성과는 어느 정도일지이다. 아이가 너무 혼란스러워하는 상태여서 미술 활동이 아이에게 지나치게 큰 자극을 주는 경우에는 미술치료를 받지 않는 편이 나을 수 있다. 혹은 미술치료를 받더라도 그 목적을 무의식적 충동을 밝히고 통찰을 얻는 데 두기보다는 통합 능력과 자존감을 키우는 데 두어야 할 것이다.

미술은 다양한 아이들의, 다양한 필요를, 다양한 방식으로 충족시켜줄 수 있는 유연한 도구다. 그렇다고 개별 아동에게 필요한 목적에 따라 특정 방식을 지정해줄 필요는 없다. 자유롭게 미술 활동을 할 수 있는 환경만 조성해주면, 아이들은 스스로의 필요와 능력에 걸맞은 활동을 그때그때 자연스레 찾아 함으로써 건강과 통합에 이른다.

보고서 작성

보고서를 작성할 때는 아이와 관련된 다른 정보들을 읽어보고, 미술 검사에서 얻은 결과가 다른 정보들과 일치하는지 확인하는 것이 좋다. 하지만 무엇보다도 중요한 것은 관찰을 통해 도출한 결과의 근거가 되는 정보들이다. 따라서 보고

서에서는 아동이 만든 작품과 미술치료 과정에서 보여준 행동에 집중해야 한다. 그래야만 탄탄한 근거 위에서 논리를 펼치고, 다른 사람들을 설득할 수 있다. 미술 검사와 관련된 다른 사람들과 회의를 실시해야 하는 경우라면, 아이가 만든 작품 자체가 매우 중요한 역할을 하기 때문에 반드시 사람들에게 직접 보여줄 필요가 있다. 서면으로만 보고해야 하는 상황이라면, 미술작품의 사진이나 복사본을 보고서에 첨부하는 것이 좋다.

많은 미술치료사들이 진단용 보고서를 작성할 때 참고할 만한 지침이 없는지 문의해왔다. 아쉽게도 모든 상황에 적용 가능한 단일한 양식은 없다. 내 경험상, 해당 상황과 맥락에 맞추어 융통성 있게 자료를 정리하는 편이 나았다. 진단용 보고서를 작성할 때 적용되는 유일한 원칙은 전문의가 문의한 내용에 적합한 답을 해줄 수 있는 방식이어야 한다는 것이다. 다시 말해, 이 장에서 언급한 내용들을 이용해 타당한 결론을 도출해내기만 한다면, 굳이 한 방식에 얽매일 필요는 없다.

예컨대 보고서를 요청한 곳이 교육기관이라면, 본문에서 발달 단계나 인지적 요인에 대한 내용을 강조하는 것이 좋을 것이다. 또 정신과 치료에 참고하기 위한 목적이라면, 정신역동적인 측면에 초점을 맞추는 것이 좋을 것이다. 어떤 경우든 보고서를 읽게 될 사람의 눈높이에 맞추어 그들에게 익숙하고 의미 있는 용어를 사용하려 노력하면 된다.

8장

사례 연구

일반적으로 미술을 통한 치료 과정은 4장에서 설명했던 단계를 따르지만, 세부적인 양상과 방식은 아동에 따라 다양하고 특색 있으며, 바로 이 점이 미술치료의 매력이라고 할 수 있다. 치료에 앞서 아동이 겪고 있는 문제에 대한 가설을 세우거나 치료 목표는 정할 수 있지만, 아동이 실제로 도움의 기회를 어떻게 활용할지에 대해서는 단지 짐작만 할 수 있을 뿐이다.

발달 그 자체와 마찬가지로, 치료를 받는 동안 나타나는 성장과 변화의 리듬은 매우 다양하며 재촉할 수 없다. 또한 아동의 상태가 진척될 때도 있지만 후퇴하는 때도 있다는 사실을 명심해야 한다. 아동은 솔직하고 열린 모습을 보이다가도 어느 순간 위축되어 마음을 닫을 수 있다. 모든 일이 순조롭게 흘러가는 경우도 있지만 시작부터 난조를 거듭하는 때도 있다.

모든 것이 안개에 휩싸인 듯 더 이상 미술치료를 진행할 수 없을 정도로 답답한 느낌이라면, 다른 치료사에게 자문을 받아보기를 강력히 권한다. 미술치료 분야에서 쌓아온 경험이 아무리 많더라도 누구나 이러한 교착 상태에 빠질 수 있다. 그러한 난관을 알아차린 후 자신의 부족함을 고백하고, 필요하다면 더 적합한 다른 치료사에게 인계하는 것은 성숙한 치료사의 자세라 할 수 있다(물론 아동을 다른 치료사에게 인계하는 것은 문제의 원인을 신중히 조사한 후 그것이 최선이라 생각되는 경우 선택해야 할 최후의 방책이다).

특정 아동을 대상으로 한 치료가 성공했는지 아니면 실패했는지는 수치화해서 나타내기 어려운 문제다. 치료사와 아동 모두의 합의를 통해 치료가 종료되면, 치료사는 당연히 앞으로도 계속 아이가 어떤 문제를 만나든 잘 대처하고 성장해나가길 바란다. 하지만 치료가 종료되었다고 해서 모든 문제가 영원히 사라지는 것은 아니다. 예전에 〈미술치료 실패로부터 배우는 교훈〉이라는 토론회에 전문 위원으로 참가했던 적이 있다. 나는 그 기회를 통해 미술치료를 실시하는 동안, 그리고 치료를 마치고 나서도 고통스러웠던 사례를 돌아볼 수 있어 감사했다. 과거의 경험을 다시 떠올리면서 그때 일이 완전한 실패는 아니었다는 사실을 처음으로 깨달았다. 그때의 실패 사례를 먼저 본 후 다른 성공 사례들을 살펴보는 것도 의미 있는 일일 것 같다. 선택적 함묵증이 있었던 엘렌의 이야기를 보자.

엘렌 : 선택적 함묵증

가슴 얼얼한 실패로 끝나버린 엘렌과 나의 만남은 긍정적인 결과를 기약하며 시작되었지만, 시간이 흐를수록 점차 고통스러워졌다. 선택적 함묵증이 있던 13세 소녀와 나의 첫 만남은 매우 희망적인 것 같았다. 나는 엘렌을 대면하기에 앞서 자료를 훑어보았다. 엘렌은 상담을 받기 위해 병원 앞까지 왔지만 안으로 들어가지 않겠다고 고집을 피워, 정신과 의사가 주차장으로 나와 자동차 안에서 면담을 시도했다고 한다. 하지만 그렇게까지 했음에도 엘렌은 등을 돌린 채 아무 말도 하지 않았다. 그 후 상태 관찰을 위해 한 달간 어린이 병원에 입원시켰지만 별다른 성과를 얻지 못했고, 퇴원할 때 집으로 돌아가기를 거부했다. 그래서 그나마 엘렌이 아직 완전히 말문을 닫지 않은 할머니의 집으로 보내졌다.

　엘렌은 오래전부터 상처와 분노 때문에 위축된 모습을 보여왔다. 가족과 친구들에게 말을 하지 않기 시작한 것은 대략 2년 전부터였다. 처음에는 청각장애가 있는 언니에게, 그 다음에는 알코올 중독자 어머니에게, 그 다음에는 아버지에게, 그리고 최근에는 친한 친구들에게 입을 닫았다. 아직 몇 명의 친구들과, 네 명의 동생, 할머니에게 조금씩이라도 말을 하는 게 그나마 다행이었다.

나는 엘렌이 내게도 마음을 쉽게 열지 않으리라 예상했다. 하지만 엘렌은 미술치료소를 처음 찾은 날 아무렇지도 않게 할머니에게서 떨어져 나를 따라 치료실로 들어왔다. 그런 후 내게 등을 보이고 앉아 점토를 조몰락대며 무엇인가를 만들기 시작했다. 시간이 흐르면서 차츰 내게 앞모습을 보여주었다. 나는 엘렌이 보여준 그러한 태도가 놀랍고도 기뻤다. 엘렌은 점토로 모형을 다 만들고 난 후 복잡하고 딱딱해 보이는 그림 몇 점을 연속으로 그렸다. 두 번째와 세 번째 그림을 그리면서는 여전히 침묵 속에 긴장된 모습을 보였지만, 의자를 내 쪽으로 점점 가까이 끌어당겨 앉았다.

우리의 첫 번째 위기는 예기치 못하게 찾아왔다. 미술치료가 거의 끝나갈 무렵이었다. 나는 엘렌에게 완성한 그림들을 전용 선반에 두고 가면 어떻겠느냐고 물었다. 나는 아이들의 양해를 구해 각자의 전용 선반에 미술작품들을 보관해두고 있었다. 물론 치료 과정이 모두 끝나면 그 중 원하는 작품들을 가져갈 수 있다는 설명도 잊지 않았다. 아이들은 대부분 내 말을 따라서 선반에 작품을 보관해두었다. 아이가 어떤 작품을 빨리 가져가고 싶다고 해도 1주일이 지난 후에 가져가도록 했다. 슬라이드를 제작하거나 복사해두기 위해서였다. 그런데 엘렌은 내 설명을 듣더니 그 날 처음으로 내게 입을 열었다. 잔뜩 화가 난 목소리였다. "그런 얘기 안 하셨잖아요!" 엘렌은 내 제안을 거절하고는 그림을 꼭 쥔 채 치료실 문을 나섰다(그림 8.1).

나는 엘렌이 화가 나서 더 이상 오지 않을까 봐 걱정했지만, 다행히 그 다음 주 미술치료 시간에도 나를 찾아왔으며, 완성한 작품을 집에 가져가겠다고 고집 피우지도 않았다. 엘렌은 체스판과 방패모양 그림에서 시작해 상징적인 그림들을 그렸다. 엘렌이 그린 그림은 절벽 위의 등대, 칵테일 잔과 주전자, 그리고 따뜻하게 빛나는 태양 아래에 있는 생기 있는 나무였다(8.1A).

내가 그림에 대해 묻자 엘렌은 조용하지만 분명하게 대답했다. 등대 아래의 물가에서 수영도 하고 싶지만, 둘 중 하나를 선택해야 한다면 쏟아지는 햇살 아래에 있는 나무 근처에 있는 것이 더 좋다고 했다. 칵테일 잔과 주전자에는 자신이 좋아하는 차가 담겨 있지만, 그것을 마시고 싶지는 않다고 했다. 엘렌은 종이 뒷면에 마지막으로 기타를 그리고는 예전에 기타를 치던 한 친구가 떠오른다고 했다. 시간이 흐를수록 그림은 긴장된 분위기에서 자유로운 분위기로 바뀌어갔다. 이는 엘렌의 심리 상태가 고립에서 따뜻한 관계로 변화되었음을 상징한다. 긍정적인 변화와 엘렌의 성실한 대답은 희망적인 결과에 대한 기대를 부풀어 오르게 만들기에 충분했다.

그 다음 주에도 엘렌이 내게 등을 보이기는 마찬가지였지만, 긍정적인 분위기는 계속 이어졌다. 그 날 엘렌이 처음 그린 것은 길가에서 공놀이를 하는 소녀의 그림이었다(8.1B). 그 다음으로는 종이를 뒤집더니 머리 없이 목부터 시작되는 한 소녀를 그렸다. 하지만 잠시 후 소녀의 머리가 없는 것이 마음에 걸렸는지 종이 왼쪽 모서리를 찢어 종이 위에 덧붙이고는 거기에 재빠르게 얼굴을 그려 넣었다(8.1C). 엘렌의 동작이나 태도는 여전히 긴장한 기색이 역력했지만, 마커를 사용했던 전 주에 비해 유동적인 재료(템페라 물감과 초크)를 사용하는 점은 고무적인 발전이었다.

나는 엘렌이 조금씩 마음을 열고 있다는 생각에 한껏 들떠, 함께 그림을 그려보자고 제안했다. 동작치료를 하는 친구에게 내담자의 행동이나 말을 따라 하는 '미러링mirroring' 기법을 적용해 자폐아를 치료하는 데 큰 효과를 보았다는 말을 듣고 영향받은 면도 있었다(Adler, 1970). 엘렌은 흔쾌히 내 제안에 응했고, 나는 더욱 흥분했다. 엘렌은 파란색 마커로 그림을 그리겠다고 했고, 나는 그와 대비되는 빨간색 마커를 골랐다. 그런 후 엘렌이 종이 오른쪽에 그리는 소용돌이선의 모양과 리듬을 흉내 내며 종이 왼쪽을 채웠다(8.1D). 엘렌이 공동 작업에 대해 딱히 어떤 말을 꺼냈던 것은 아니었지만, 작업을 하는 내내 그림에 푹 빠져 있었으며, 나는 엘렌과 나 사이에 오가는 강한 유대감을 느꼈다.

그 다음 주에는 그림을 통해 엘렌과 대화를 시도해보기로 했다. 나는 그림을 그리고 있는 엘렌의 모습을 그렸다(8.1E). 내가 그림을 그리는 동안 엘렌은 마커로 밝은색 옷을 입은 한 소녀를 그린 후, 무대 위에 있는 뚱뚱한 대머리 남자를 그렸다(8.1F). 내가 그 그림에 대해 묻자, 엘렌은 여전히 작고 조심스러운 목소리로 그 소녀는 어리고, 쇼핑하러 가는 중이며, 결혼을 하고 싶어하지 않는다고 대답했다. 대머리 남자는 40세 정도로 길에 멈추어 서버린 자동차 때문에 기름통을 들고 가는 중이라고 했다. 그 남자는 슬퍼하고 있으며, 말할 때 큰 소리로

8.1 엘렌 – 선택적 함묵증. 13세

A

B

C

D

A. 엘렌이 두 번째 시간에 그린 그림
B. 공을 가지고 노는 소녀
C. 종이를 찢어 머리를 붙인 소녀
D. 나와 엘렌이 함께 그린 드로잉
E. 내가 그린 엘렌
F. 무대 위의 소녀와 남자

E

F

G

H

G. 자동차 경주
H. 보통 암컷 새
I. 헤엄치는 백조 두 마리
J. 안대를 한 해적

I

J

말하는 경향이 있다고도 했다. 그 종이 뒷면에는 자동차 경주를 하기 위해 출발선에 서 있는 자동차 세 대를 그렸다. 세 자동차는 모양이 모두 달랐다(8.1G). 엘렌은 가운데에 있는 자동차를 운전하고 싶지만, 그 자동차가 우승할는지는 모르겠다고 말했다.

그 다음 주 치료 후에는 내가 휴가로 자리를 비워 3주간 만나지 못할 예정이었다. 그 전 주에 휴가에 대해 설명해두었지만 혹시 몰라 미술치료를 시작하기 전 다시 상기시켜주었다. 엘렌은 별다른 반응을 보이지 않았다. 여전히 말이 없기는 했지만, 예전과 달리 등을 비스듬히 보여주며 앉아 있었다. 그 날 엘렌은 처음으로 종이 한 면을 색채가 풍부한 상징적 그림으로 꽉 채웠다. 엘렌이 그린 것은 암컷 새 그림이었다(8.1H). 엘렌은 그 새가 심술궂은 성격이라 친구가 별로 없다고 설명했다. 그리고 못생겼지만 부자인 수컷 새와 결혼했는데, 남편 새는 지금 식량을 사러 가게에 가고 없다고 했다. 엘렌이 다음으로 그린 것은 절벽 옆에 있는 바다에서 헤엄치는 두 마리 백조가 있는 풍경이었다(8.1I). 두 번째 그림은 첫 번째에 비해 훨씬 더 따뜻하고 자유로워 보였다. 그리고 마지막으로 그린 것은 만화풍의 해적이었다. 안대를 한 해적은 한때 힘이 넘쳤지만 자만심에 빠져 싸우다 부상을 입고 지금은 약해졌다고 했다(8.1J).

그 날 이후 치료 중단 기간은 예상치 못하게 길어졌다. 엘렌이 다니는 학교의 가을학기 일정이 변경되면서 우리는 6주 동안이나 만나지 못했다. 나는 오랜 공백이 엘렌의 상태를 더욱 악화시키지는 않았을지 노심초사했다. 하지만 다행스럽게도 엘렌의 태도에서는 어떤 문제의 기미도 감지되지 않았다. 나는 예상치 못하게 오랫동안 공백기를 두었던 점에 대해 사과하고, 그것 때문에 속상하지는 않았는지 물었다. 엘렌은 아무 대꾸도 하지 않은 채, 종이와 마커를 들었다. 그러고는 종이 왼쪽 하단의 어항에서 시작해, 말 머리, 나무, 기하학적인 화병을 차례로 그렸다. 마지막으로 그린 것은 가운데에 있는 세 마리 생물이었다. 맨 오른쪽 생물은 화가 난 듯 입꼬리를 내린 채 혀를 내밀고 있었다(8.1K).

그림을 그리면서 엘렌이 점차 긴장을 풀고 편안한 자세를 취하는 것을 보고 나는 안심했다. 엘렌은 그림을 모두 마친 후 마지막으로 그린 생물 세 마리는 모두 암컷이라고 했다. 가장 왼쪽에 있는 것이 가장 나이가 많고, 가운데 있는 것이

K. 6주 공백 이후 엘렌이 처음 그린 그림

가장 나이가 어리다고 했다. 마지막으로 그린 맨 오른쪽 생물은 화가 잔뜩 나 있다고 덧붙였다. 내가 여러 그림들 중 자신이라고 생각되는 것이 있느냐고 묻자, 엘렌은 어항 속 물고기와 말을 가리켰다.

엘렌이 공격적이고 자극적인 상징을 표현한 것은 치료를 시작할 수 있는 계기가 될 것이 분명했다. 나는 기뻐서 앞으로 두서너 달 내에 눈에 띄는 진전이 있으리라 기대했다. 하지만 그 기대는 차츰 사그라졌다. 나는 오래 지나지 않아 치료가 난관에 봉착했다는 사실을 깨달았다. 엘렌은 그 다음 주에도 지난번과 마찬가지로 매우 기이해 보이는 두족류 생명체를 그리는 데 매우 몰입했다(8.1L).

엘렌이 이상해 보이는 캐릭터에 몰입하는 데에는 분명한 이유가 있을 것이라는 생각이 들었다. 그래서 나는 수채화 물감으로 엘렌이 그리는 그림과 비슷한 그림을 직접 그려보기로 했다. 엘렌의 반응을 살펴보고, 마커 이외에 다른 재료도 사용해보도록 자극하기 위해서였다. 내가 그린 것은 코가 길고 눈이 도드라져 보이는 소녀의 모습이었다. 내 그림은 엘렌이 그린 생명체와 비슷하면서도 달랐다. 그림 속 소녀는 어떻게 보느냐에 따라 슬픈 것 같기도, 화난 것 같기도 한 애매한 표정을 짓고 있었다(8.1M). 엘렌은 자신이 그린 그림 속 생명체에 대해서는 행복하면서도 슬퍼하고 있다고 했다. 그리고 내가 그린 그림에 대해서는 이런 말을 했다. "이 아이는 아파요. 왜냐하면 의사를 만나러 가야 하는데 그 의사가 이 아이를 더 아프고 괴롭게 할 거라서요." 이로써 엘렌이 미술치료를 두려워하고 있는 게 분명해졌다. 하지만 그 두려움이 어느 정도인지는 아직 가늠할 수 없는 상태였다.

나는 엘렌의 불안에 공감해주고, 엘렌이 하는 모든 행동을 수용하기 위해 신중하게 노력했지만, 그 이후 미술치료는 정체기에 빠져버렸다. 엘렌은 몇 가지 공통 특징 ― 분할된 얼굴, 다양한 색채, 강조된 머리카락 혹은 몸과 얼굴을 둘러싸고 있는 파편들 ― 이 확연히 드러나는 그림들을 그렸다.

엘렌은 내게 점점 등을 돌렸다. 내가 질문을 던져도 소리 내 대답하는 대신 조용히 고개를 끄덕이거나 가로저을 뿐이었다. 내 질문이 엘렌에게 부담을 주는 것은 아닌지 걱정되어, 나도 차츰 질문을 줄여갔다. 부담을 주지 않으면 엘렌이 먼저 내 쪽으로 다가와주지 않을까 하는 일말의 희망과, 지금 도대체 무슨 일이

L

L. 엘렌 자신을 상징하는 첫 번째
   '생명체' 그림, 1주 후
M. 내가 그린 고뇌에 찬 생물
N. 다양한 색
O. 다른 머리모양
P. 얼굴 주위의 껍질
Q. 마지막 생명체 중 하나

M

N

O

P

Q

벌어지고 있는 것인지에 대한 당혹감과 불안이 내 안에 공존했다.

엘렌은 매주 비슷해 보이는 그림을 그리면서 점점 움츠러들었다. 그럴수록 나의 무력감도 깊어갔다. 나는 구원자가 되고자 했지만 계속 이 상태라면 엘렌의 치료는 완전한 실패로 마감될 것이 뻔했다. 10월에서 12월까지, 무려 석 달 동안 엘렌은 말없이 잔뜩 긴장한 채 별다를 바 없는 똑같은 그림들만 그리다 치료실 문을 나섰다(8.1N). 나는 이제 때가 되었음을 직감했다.

나는 도움될 만한 모든 사람들에게 조언을 청했다. 그들은 엘렌이 반복해서 그리는 그림의 상징적 의미에 대한 다양한 해석을 내놓았다(8.1O). 또한 엘렌의 방어적인 태도를 해제시키기 위해 어떻게 하면 좋을지에 대해서도 다양한 의견을 주었다. 어떤 이는 완전히 침묵해보라고 했고, 어떤 이는 음악을 틀어보라고 했다. 약 한 달씩 그 처방들을 적용해보았지만 눈에 띄는 효과는 아무것도 얻지 못했다.

엘렌에게 손을 뻗어 도움을 주고 싶었지만 내 팔이 짧게만 느껴졌다. 나는 엘렌이 그리는 그림에 대해 더 솔직하게 직접적으로 평가해주는 것이 어떻겠냐는 조언을 따르기로 했다. 2월 중순쯤 그림에 대한 평가를 강화해보았다. 엘렌은 내 말을 경청하는 듯했으나, 그렇다고 별다른 반응을 보이지는 않았다.

3월 중순에 들어섰지만 엘렌이 미술치료 시간에 보여주는 행동이나 그리는 주제는 변함없었다. 특이점이라면 엘렌의 할머니가 엘렌의 그림들을 한데 모아 책으로 만들어 가져왔다는 것뿐이었다. 그 책의 제목은 "고립에서 참여로From Isolation to Involvement"였다. 사진과 글이 담긴 이 책에는 사람들과 관계 맺고 싶어하는 엘렌의 마음이 담긴 듯 보였다. 엘렌이 쓴 글귀 중에는 내가 미술치료 시간에 했던 말과 유사한 내용도 군데군데 눈에 띄었다. 나는 아무런 진전이 없는 것처럼 보이기는 했지만, 미술치료가 엘렌에게 긍정적인 영향을 미쳤는지도 모른다는 생각에 기분이 좋아졌다. 하지만 엘렌의 태도는 예전과 다름없었다. 엘렌은 똑같은 모양의 기이한 생명체만을 계속 그렸다(8.1P). 여전히 마음의 문을 굳게 닫은 채 등을 돌리고 앉아 눈 마주치기를 피했다.

엘렌과의 마지막은 예기치 못하게 찾아왔다. 늦은 4월의 어느 날이었다. 시작은 여느 날들과 크게 다르지 않았다. 엘렌은 치료실 문을 열고 들어와 자리에 앉더니 예의 기이한 모습의 생명체를 그렸다(8.1Q). 그런데 치료 시간이 거의 끝나가던 무렵 엘렌이 갑자기 그림 그리기를 멈추더니 겁에 질린 듯 얼어붙었다.

나는 엘렌이 얼마나 외롭고 힘들지 걱정되었다. 그래서 엘렌의 어깨에 손을 올려 엘렌을 진정시켜주고자 했다. 하지만 엘렌은 어떤 반응도 보이지 않은 채 계속 잔뜩 긴장해 얼어붙어 있었다. 잠시 후 엘렌은 그림을 모두 완성하고, 평소보다 훨씬 빠른 동작으로 치료실 문을 열고 나갔다.

치료실 밖에서 기다리던 할머니에게로 간 엘렌은 거의 1년 만에 처음으로 자신의 어머니에게 전화를 걸었다. 전화를 건 용건은 이제 더 이상 치료소에 오지 않겠다고 말하기 위해서였다. 엘렌은 전화기에 대고 이렇게 말했다. "전 루빈 선생님이 싫어요." 나는 그 다음 주에 엘렌에게 짧은 편지를 보냈지만, 엘렌은 그것을 뜯어보지 않았다. 그 이후 엘렌은 두 번 다시 나를 찾아오지 않았다. 엘렌의 부모는 엘렌이 그 이후부터 점차 나아지고 있다는 소식을 보내왔다. 집에 가서 하루 이틀 머무르기도 하고, 나중에는 몇 달씩 집에서 지내기도 했다고 전했다. 엘렌의 어머니가 들려준 소식에 따르면, 그렇게 1년 반 정도 지난 후 엘렌은 완전히 집으로 돌아와 가족들과 잘 어울리게 되었다고 한다. 학교에서도 나무랄 데 없는 성적을 받아 오고, 치어리더로 활동하는 모범생이 되었다고 했다.

엘렌의 가족들은 엘렌이 치료를 통해 나아졌다고 기뻐했지만, 나는 치료사로서 완전히 실패했다는 극도의 좌절감을 느꼈다. 그러한 좌절감을 해소하지 않고서는 치료사로서 타격을 입을 수도 있었다. 다행히 나는 엘렌과 함께하는 동안 정신분석을 받고 있었다. 그 과정을 통해 나를 거부한 엘렌에 대한 느낌과 생각들을 탐색하고 반추할 수 있었다.

나는 정신분석을 통해 내가 엘렌을 향해 과장되고 왜곡된 반응, 즉 역전이 counter transference 반응을 보인 것일지 모른다는 사실을 알게 되었다. 역전이는 내 안의 해결되지 못한 갈등에서 비롯된 것이었다. 따라서 엘렌은 결과적으로 나의 개인적 정신분석 과정을 도와준 셈이 되었다. 엘렌에 대한 내 반응이 미술 치료사로서의 행동에 영향을 끼쳤다는 사실을 자각한 후, 다른 아이들을 치료할 때 더욱 적절하게 개입하는 법을 알게 되었다.

나는 엘렌과 함께하는 동안 치료사로서 당혹감과 괴로움을 느꼈지만, 고통의 깊이만큼 귀중한 교훈도 얻었다. 나는 밖에서 답을 찾고자 했지만, 가장 중요한 해답은 내면을 탐색하고 나서야 — 내가 어째서 그리고 어떻게 엘렌에게 그런 반응을 보였는지 분석하고 나서야 — 얻을 수 있었다. 어찌할 줄 모르는 상황에 처한 치료사가 있다면, 외부의 도움을 구하는 것도 좋지만 스스로의 내면을 돌아보기를 권한다.

도로시 : 정신분열증을 앓았던 소녀

수년 전 도로시라는 이름의 소녀를 치료했던 적이 있다. 도로시는 어린 시절부터 계속된 정신분열증, 시각장애와 청각장애로 고통받던 소녀였다. 우리의 만남은 도로시가 입원해 있던 병원에서 도로시를 포함한 10명의 아이들에게 정신과 진료의 보조 수단으로 미술치료를 받도록 결정하면서 시작되었다. 도로시는 그해 11월부터 이듬해 3월까지 매주 내가 있는 치료소를 찾았다. 총 스물네 번의 세션이 진행되었으며, 한 세션당 소요시간은 1시간 정도였다.

우리가 처음 만났던 날 도로시의 교사는 나를 '미술 선생님'이라고 소개했다. 그래서인지 도로시는 내가 어떤 지시나 설명을 내려주기를 기대했다. 하지만 얼마 지나지 않아 무엇이든 자유롭게 할 수 있는 우리 방식을 받아들이고 신뢰하게 되었다. 도로시는 말을 할 수 있기는 했지만, 목소리가 뭉개져 다른 사람들이 이해하기 힘들어했기 때문에 말하기를 꺼려했다. 그러나 도로시는 훌륭한 화가였다. 치료소를 찾은 첫날부터 연필과 붓으로 자신의 생각을 분명하게 표현했다(그림 8.2).

처음 세 세션 동안 도로시가 그린 것은 새 그림들이었다(8.2A~C). 도로시는 새가 되고 싶다면서 새 소리를 내고 팔로 푸드득거리는 흉내를 내기도 했다. 도로시는 새라는 주제에 강박적으로 매달리는 듯했다(8.2D). 매시간 연필로 새를 그리면서 시작했다(8.2E).

네 번째 날, 도로시는 밑그림을 그린 후 템페라 물감으로 채색하려 했지만 작은 붓이 없어서인지 어려워했다. 나는 밑그림을 따로 그리지 말고 물감으로 바

8.2 도로시 – 정신분열증, 시각장애, 청각장애로 고통받던 소녀. 10세

A

B

C

D

E

A. 새
B. 또 다른 새
C. 새 그림
D. 새끼 새들을 먹이는 새
E. 도로시가 그린 여러 새 그림 중 하나

G

F. 자유로운 그림
G. 괴물

로 그려보는 것이 어떻겠느냐고 제안했다. 내 말을 따라 물감을 가지고 바로 그림을 그리기 시작한 도로시는 자유를 얻은 듯 신나했다. 환호성을 내지르며 밝은색 물감들을 마구 칠하다가 급기야는 춤을 추듯 붓질을 했다. 그렇게 첫 그림을 완성한 후(8.2F), 가장 큰 도화지를 달라고 하더니 흥에 겨운 목소리로 말했다. "저는 괴물을 그릴 거예요!" 도로시는 다양한 색상을 사용해 다리가 여러 개 달린 기이한 생명체를 그렸다(8.2G). "또 다른 괴물을 그려야지." 도로시는 이렇게 말한 후 이번에는 새와 비슷하게 생긴 괴물을 그렸다. 그 그림의 제목은 "으르렁!Growl!"이었다.

그 다음 주 시간에는 독수리 그림으로 시작했다. 독수리를 다 채색한 후 오른쪽에 마리오네트 인형처럼 줄에 매달린 소년을 그렸다. 도로시는 그 소년을 "꼭두각시"라고 불렀다. 그 소년은 사다리 위에 서 있었으며, 한 팔을 독수리에게 물린 상태였다(8.2H). 도로시는 그림의 제목을 "독수리와 꼭두각시The Eagle and

H

I

J

the Dummy"라고 붙인 후 "이제 다른 걸 그릴래요!"라고 말했다. 도로시가 연필로 그린 두 번째 그림에서는 독수리의 분노가 더욱 적나라하게 드러났다(8.21). 그림 속 사람의 팔은 독수리에 의해 뜯겨져 나갔으며, 눈은 이미 당한 공격으로 크게 상처 입어 붕대를 감고 있었다. 그림 왼쪽 상단에는 그림 해설자가 그려져 있었으며, 그림에 대한 설명이 말풍선에 담겨 있었다. "독수리. 독수리가 미쳤습니다. 독수리들은 사람을 죽이고, 잡아먹으려 합니다."

도로시가 가지고 있는 새에 대한 환상 중 공격적인 면이 그렇게 처음으로 드러났다. 그러한 공격성은 자기 주변 사람 그리고 아마도 도로시 자신을 향한 것으로 보였다. 그 다음 주에는 힘차게 날고 있는 새를 그렸다. 그런데 그림을 완성한 후 어두운 색 물감으로 그 위를 덮으면서 "집으로 가!"라는 말을 반복했다. 도로시가 그 다음으로 그린 것은 새장 속에 갇힌 채 흑흑 소리를 내며 우는 한 소녀의 그림이었다(아마도 병실에 갇혀 지내는 자기 자신을 상징한 것이 아니었을까?). 새장 오른쪽에는 "하하!" 소리를 내며 웃는 괴물이 있었다.

도로시는 큰 새와 작은 새 한 마리씩을 또 그렸다. 그리는 내내 팔을 푸드득거리며 "집으로 가! 집으로 가! 집으로 가!"라는 말을 리드미컬하게 반복했다. 그날의 마지막 작품은 사랑스러우면서도 당당해 보이는 큰 새 그림이었다(8.2J). 도로시는 그 작품을 매우 신중하게 완성했다.

아홉 번째 세션에 도로시의 그림은 완전히 다른 방향으로 바뀌었다. 그 날 이후 도로시는 병동에서 지내는 아이들의 모습을 그렸다. 첫 번째 그림은 열 맞추어 서서 전형적인 행동을 하는 아이들의 모습이었다(8.2K). 도로시는 인물들의 특징을 놀라우리만치 정확하게 포착해 그림으로 표현했다. 실제 인물을 아는 사람이라면 그림에 표현된 것이 누구인지 금세 알아차릴 수 있을 정도였다(8.2L). 도로시는 주로 마커를 사용해 이 그림들을 그렸다. 그림을 그리는 동안에는 그림 속 아이들과, 그 아이들과 자신의 관계에 대해 쉴 새 없이 이야기를 했다(8.2M). 총 6주 동안 같은 주제가 계속되었다. 시간이 흐를수록 도로시의 그림은 활동성이 두드러졌으며 극적인 상황을 담고 있는 것처럼 보였다(8.2N). 도로시는 그림에 누구를 그려 넣을지 선택하는 데 늘 신중했다. 하지만 결코 자기 자신을 그리는 일은 없었다. 어느 날 나는 도로시에게 이렇게 물었다. "그림에서 너는 어디에 있어?" 그러자 도로시는 싱긋 웃으며 사람들의 머리 위로 날고 있는 새를 가리켰다(8.2O).

열다섯 번째 세션에서 도로시는 또다시 상징을 변화시켰다. 이번에는 매우 정성들여 여러 벌의 옷을 그렸다. 나중에 설명하기를 그 옷들은 자신이 부러워

K

L

M

N

O

P

하는 5살 소년의 것이라고 했다. 도로시는 자신도 그 소년처럼 예쁜 옷을 가지고 싶으며, 자기에게는 예쁘지 않은 옷밖에 없다고 말했다. 그 다음 주 미술치료 시간에도 도로시가 처음 그린 것은 옷이었다. 옷 그림을 모두 완성한 후 이번에는 남자아이 두 명을 그렸다. 더 나이 많은 소년이 더 어린 소년의 인형을 내던지고, 어린 소년은 울고 있는 상황이었다(8.2P). 이러한 상황에는 아마도 도로시의 두려움과 질투심어린 바람이 반영된 것 같았다.

그 다음 주 세션부터 도로시는 또다시 새로운 주제에 몰입하기 시작했다. 이번에는 고양이였다(8.2Q). 도로시는 그 이후 7주 동안 다양한 고양이 그림을 그렸다(8.2R). 이를테면 고양이 가족(8.2U)이나 고양이 옷을 입고 싶은 바람을 표현한 그림(8.2S)을 그렸다. 고양이 옷을 입고 싶다는 바람은 새가 되는 것보다는 약간 더 현실적인 소망이라고 할 수 있었다(8.2T). 마지막을 앞두고 있던 스물세 번째 세션 날, 도로시는 한 소년과 그 소년의 옷 여러 벌을 그렸다. 그 후에는 자신이 가지고 있는 옷들도 그렸다. 도로시는 그림을 그리는 동안 '마지막'에 대해 많은 질문을 던졌다. 당시 도로시는 언어치료도 병행해왔기 때문에 처음에 비해 도로시의 말을 훨씬 알아듣기 쉬웠다.

마지막 날, 우리는 그림첩에 모아놓은 도로시의 작품들을 죽 훑어보았다. 도로시는 거의 말을 하지 않은 채 자신이 그린 그림들을 골똘히 살펴보았다. 적대감을 드러내놓고 표현했던 그림들이 나오면 종이를 빨리 넘기고, 병동에 있는 아이들 그림이 나오면 오랫동안 지긋이 바라보았다.

잠시 뒤에는 "얼룩 고양이 가족The Tortoise Shell Family of Cats" 그림을 부러운 듯 쳐다보더니, 불쑥 엄마 고양이와 아빠 고양이가 거기에 없다는 말을 했다. 하지만 예전에는 분명 큰 고양이 두 마리가 엄마와 아빠 고양이라고 말했다(8.2U). 또 고양이들이 사람들 품에 안기고 싶어하지 않는다는 말도 덧붙였다. 엄마 고양이와 아빠 고양이가 없다고 말을 바꾼 것은 의지하고 있던 나와 헤어져야 하고, 미술치료도 더 이상 받을 수 없다는 상실감이 반영된 것으로 보였다(8.2V). 그림첩을 다 본 도로시는 마지막으로 옷 그림을 하나 더 그렸다. 그런 후 내게 팔을 두르더니 "저는 선생님이 좋아요"라고 말하면서 나와의 작별을 아쉬워했다.

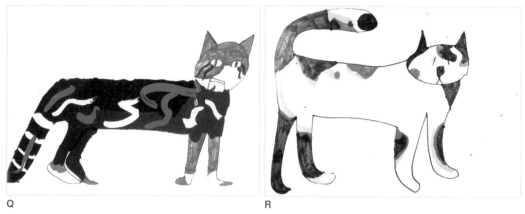

Q R

S

　도로시와의 이별은 이른 감이 있었다. 도로시는 아직 준비가 되지 않은 상태였지만 내가 임신을 했기 때문에 어쩔 수 없이 치료를 중단해야 했다(8.2W). 1960년대 초반만 해도 임신한 사실이 확연히 드러날 정도로 배가 부른 상태로는 아동 병동에서 일할 수 없는 분위기였다. 도로시는 내가 그렇게 떠나는 것에 대한 분노를 겉으로 표현하지는 않았다. 하지만 약 한 달 뒤, 공작 수업 중인 도로시를 잠깐 방문했을 때 도로시는 내게 "나쁜 짓을 저질러서 공격당하는 루빈

T

U

V

선생님Mrs. Rubin Attacked for Being Bad "이라는 그림을 보여주었다(8.2X).

그 병동의 아이들, 그리고 도로시와 함께한 시간은 내게 큰 영향을 주었다. 당시 나는 아동 미술치료에 대해 책으로만 읽어보았을 뿐 임상 현장에서 일해본 경험이 없었다. 그래서 아이들을 직접 대하는 것이 두렵고 조심스러웠다. 그리고 합리적인 한계를 정하고 유지해야 한다는 것 이외에는 어떤 뚜렷한 기준도 없었다. 미술치료를 하는 동안 정신장애가 있는 아동의 미술작품에 대한 문헌들을 찾아 읽으면서, 도로시처럼 동물을 표현해 자신의 생각과 감성을 상징적으로 표현하고 몇 가지 주제를 고집하는 경우가 흔하다는 사실을 알게 되었다 (Despert, 1938). 그리고 도로시의 작업 속도나 이동성 또한 정신장애 아동에게서 발견되는 전형적 특징들과 일치했다(Montague, 1951).

도로시에게 미술은 현실과의 접촉을 유지하기 위한 수단이었는지도 모른다. 또 병동의 아이들을 그렸던 것은 세상의 지도들 속에서 자신의 위치를 찾고자 하는 시도였는지도 모른다. 우리가 함께한 시간은 나뿐만 아니라 도로시에게도 귀중한 선물과도 같았음에 틀림없으리라 믿는다. 공상을 그림으로 표현하고 세상을 탐색해본 경험은 내면의 압박감을 해소하는 데 도움이 되었을 것이다. 그림은 두려워했던 환상들을 구체화해 외부로 드러내고 세상으로 눈을 돌리는 데

V. 루빈 선생님
W. 임신한 루빈 선생님
X. 나쁜 짓을 저질러서 공격
당하는 루빈 선생님

W

X

도움되는 훌륭한 방법이기 때문이다.

    도로시가 미술을 탈출구로 삼는 것 아니냐는 우려의 목소리도 있었지만, 나는 미술이 도로시에게 기분 좋은 은신처의 역할을 했다고 느꼈다. 도로시는 내면의 환상들을 묻어두기보다는 공중으로 날려버리면서, 감각을 통해 유쾌한 기분을 만끽한 후 현실로 돌아올 능력이 있었다. 1964년의 정신의학 컨퍼런스에서 심리학의 대가인 에릭 에릭슨 교수에게 도로시의 작품을 보여준 적이 있는데, 그는 미술치료가 도로시에게 굉장한 도움이 된 것 같다는 의견을 피력했다.

A. 얼룩말과 여우
B. 얼룩말
C. 학교
D. 남북전쟁
E. 디자인
F. 화성과 별자리

랜디 : 유분증이 있었던 소년

이번에는 도로시와 같은 병동에 있던 랜디라는 12세 소년의 사례를 보자. 랜디에게는 적절치 못한 장소에 반복적으로 대변을 보는 유분증이 있었으며, 도로시와 마찬가지로 정신분열증 진단을 받았다. 하지만 랜디는 매우 똑똑했으며, 도로시보다 명료하고 분명하게 말할 수 있었다. 랜디의 문제는 표면적으로는 현실과 더욱 잘 접촉하고 있는 것처럼 보이지만 내면적으로는 현실과 환상의 경계에 대해 확신하지 못한다는 사실이었다(그림 8.3).

    23주 동안 랜디는 다양한 재료를 이용해 여러 현실적인 주제를 놓고 미술작품들을 만들었다. 랜디는 얼룩말과 여우, 로켓, 학교, 불꽃, 남북전쟁, 음식, 무지개, 물속과 동물 풍경, 물결 모양의 추상화 등을 그렸다(8.3A~E).

    랜디는 일곱 번째 세션 날 다른 때와 다른 그림을 그리고 싶다고 했다. 랜디가 그린 것은 폭발한 작은 행성들과 붉은 화성이 있는 우주 공간의 모습이었다(8.3F). 랜디는 노란 별들을 "별자리"라고 불렀다.

    랜디는 이 그림을 완성한 후 그림책을 만들겠다고 선언했다. 책 제목은 "우주 공간으로의 여행Our Trip Through Outer Space"이라고 했다. 그 이후 5주 동안 화성인, 치료사(나), 우주 공간에 대한 그림들을 꾸준히 그렸다(8.3G). 그 다음 4주 동안에는 성, 해안가 풍경, 정글처럼 더 현실적인 주제들에 대한 그림을 그렸다(8.3H). 또 불붙은 학교 건물(8.3I), 학교에서 자신을 괴롭히는 "적들", 화산 근처

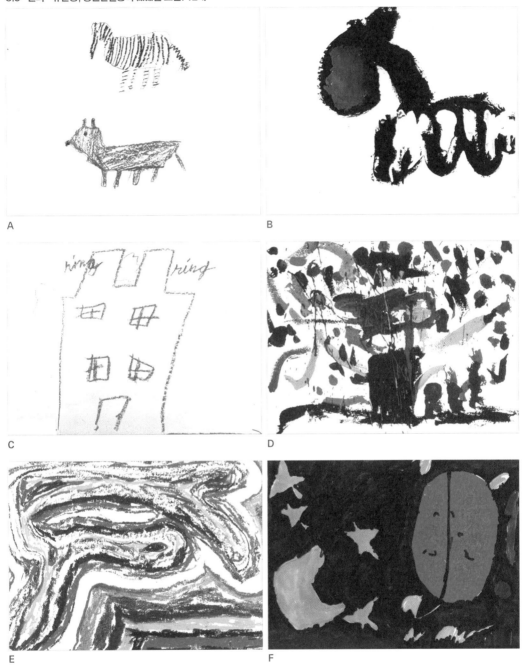

A

B

C

D

E

F

G. 루빈 선생님과 화성인
H. 성
I. 불길에 싸인 학교
J. 공룡과 화산
K. 책표지 - 우주 시리즈
L. 책표지 - 지구 시리즈

에 있는 공룡(8.3J)을 그리기도 했다.

열일곱 번째 세션에는 우주 공간에 대한 주제로 돌아와 "새로운 지구New Earth", "최신 우주 헤어스타일One of the Newest Space Hairdo", "오랜 친구 화성인 Old Pal, the Martian", "최신 유행 우주복The Newest Style in Space Suits" 등을 그렸다. 그런 후 책표지도 완성했다(8.3K). 그 다음 세션에 랜디는 꼭대기에 얼음이 덮여 있는 시에라네바다 산맥의 풍경을 상상해 그렸다. 그 다음 주부터는 4주에 걸친 프로젝트를 또 시작했다. 이번에는 우주 공간 프로젝트와 유사한 "지구 시리즈"였다(8.3L).

지구 프로젝트를 진행하는 동안 나와 낭만적인 관계를 맺고 싶어하는 랜디의 오이디푸스 콤플렉스가 점점 뚜렷이 나타났다. 랜디는 나와 자신이 이집트에 방

K

L

M

M. 치료사에게 선물을 주고
있는 랜디
N. 치료사의 허리띠를 잡고
있는 랜디
O. 벼랑 위의 여인

N

O

문한 그림을 그렸는데, 그림 속 나는 멋진 헤어스타일을 하고 속이 비치는 예쁜 옷을 입고 있었다. 반면 랜디는 땅 속에 묻혀 있던 보물을 찾아내 내게 선물을 건네고 있었다(8.3M). 그 다음으로 그린 스코틀랜드 그림에서는 오이디푸스 콤플렉스가 더욱 분명히 드러났다. 그림 속 랜디는 성인 남자처럼 묘사되었으며, 내 허리를 묶은 끈을 잡고 있었다(8.3N). 그림에는 나를 랜디 자신의 손아귀에서 벗어나지 못하게 하고 싶은 바람이 담겨 있는 듯했다.

랜디와 마지막으로 만났던 날에는 다른 아이들처럼 그동안 그린 작품들을 쭉 돌아보았다. 랜디는 그동안 잊고 있었던(혹은 억압해놓았던) 그림들을 보면서 간간이 놀라움을 표했다. 랜디가 가장 좋아했던 것은 가장 노력을 많이 들였던 두 시리즈(우주 시리즈와 지구 시리즈)였다. 특히 랜디는 자신이 그린 내 헤어스타일이나 옷 디자인을 보면서 뿌듯함을 감추지 못했다.

랜디가 마지막으로 그린 그림은 필리핀의 한 절벽 끝에 서 있는 여성의 모습이었다(8.3O). 랜디는 마지막 날 그 그림을 보면서 오이디푸스 콤플렉스가 드러나는 이야기를 꾸며내 들려주었다.

"바운티 호의 선원이 섬에 사는 소녀에게 뽀뽀를 하려고 했어요. 소녀가 선원을 피해 뒤로 물러서다가 산중턱으로 떨어졌어요. 그래서 전쟁이 벌어졌어요. 섬에 사는 소녀들이 선원들과 맞서 싸웠어요. 그리고 선원들도 섬에 사는 소녀들과 싸웠어요. 모든 사람이 싸웠어요!"

선원이 뽀뽀하려고 했을 때 왜 섬에 사는 소녀가 뒤로 물러섰는지 묻자, 랜디는 이렇게 대답했다. "소녀에게는 다른 남자친구가 있어서요." 랜디는 마지막으로 남은 10분 동안 독립전쟁이 벌어지는 광경을 그렸다.

결론

랜디와 도로시에게는 정신분열증이 있었다. 이는 두 아이 모두가 현실과 환상을 구별하기 힘든 혼란스러운 세상에 살고 있다는 것을 의미한다. 그러나 그런 아이들이라고 해도 역할극 놀이를 하면서 점점 현실과 환상을 구별하는 능력을 학습하고 키울 수 있다.

당장 증세가 호전된 것처럼 보이더라도, 이후 성장하면서 아직 내면에 남아 있는 환상과 걱정, 소망과 두려움 때문에 문제를 겪는 아이들도 많다. 다시 말해, 그러한 부정적인 감정들은 의식에서 벗어나 단지 억압되어 있는 것에 불과한 것이다. 이러한 숨겨진 감정들은 숨겨져 있던 결과를 낳기도 한다. 예컨대, 때로는 이유를 알 수 없는 막연한 불안감이 학습장애를 낳기도 한다. 따라서 미술치료의 목표 중 하나는 숨겨진 소망과 두려움을 표현하고, 그것에 직면해 효과적으로 대응하도록 돕는 것이다.

아이들은 미술치료를 통해 어렴풋하고 희미한 생각과 이미지들을 점점 또렷하고 분명하게 의식으로 떠올릴 수 있다. 알슐러Alschuler와 해트윅Hattwick은 미취학 아동을 대상으로 미술작품과 역할극의 주제 사이에 어떤 연관이 있는지 연구했다(1969, pp.140~141). 그들이 내린 결론은 다음과 같았다. "역할극에서 주제가 더욱 뚜렷하게 드러난다. 반면 그림은 비언어적이고 비표면적인 감정이나 갈등을 표현할 수 있게 해주는 가치 있는 수단이다. 그림은 의식할 수 있는 문제나 갈등보다는 긴장을 표현하는 데 더 유용하다."

또한 알슐러와 해트윅은 아이들이 그림을 그리거나 점토 모형을 만드는 모습을 관찰한 후 다음과 같은 말을 남겼다. "아이들이 자신의 감정을 알아차리거나 표현할 준비가 안 된 상태에서도, 그림 재료나 점토는 감정을 상징적으로 표현하도록 촉진하는 것 같아 보인다."(1969, p.137) 이제 겨우 의식으로 떠오르는 생각이 이미 오래전부터 미술을 통해 표현되었던 경우도 무척 많다. "특히 아이들은 언어로 솔직하게 표현하기에 앞서 그림을 통해 상징적으로 조금씩 생각을 전한다."(Hammer, 1958, p.582) 아이들은(그리고 성인도 마찬가지로) 특정 생각이나 감정을 언어로 표현하는 데 어려움을 겪기도 한다.

예전에 한 아동 정신병원과 협력해 어린아이들과 그 어머니들을 함께 치료했던 적이 있다. 치료는 의사와 미술치료사가 한 팀을 이루어, 45분 동안 의사가 어머니를 상담하면 미술치료사는 아동의 미술치료를 실시한 후, 다시 45분 동안 의사가 아동을 상담하고 미술치료사가 어머니의 미술치료를 실시하는 방식으로 진행되었다. 그렇게 몇 차례 치료를 실시하던 어느 날 나와 짝을 이루었던 의사가 "미술은 아직 의식으로 떠오르지 않은 생각이나 감정을 미리 보여주는 것 같다"는 말을 했다. 미술치료를 실시하는 동안 상징적으로 표현되었던 내용이 몇 주 후 그가 상담하는 과정에서 언어로 표현되는 경우가 많았기 때문이다. 나는 그 이후로도 가족치료나 자녀-부모 치료를 실시하면서 같은 현상이 수차례 반복되는 것을 목격했다. 역할극 놀이 같은 표현적인 치료 수단을 병행하는 경우에도 심리적 갈등이나 문제가 처음으로 드러나는 쪽은 늘 미술이었다.

랜디에게 우주 여행과 지구 여행을 주제로 다양한 미술작품을 만들었던 경험은 자신의 어머니를 상징하는 미술치료사를 향한 성적인 호기심과 환상을 수용 가능한 틀 내에서 상징적으로 탐색해볼 수 있는 좋은 기회였다(랜디가 남성 정신과 의사에게도 상담과 가족치료를 받았다는 사실을 상기해보면 이를 더욱 잘 알 수 있다).

도로시는 두려워하던 마음속 환상에 직면하기 위해 긴장을 풀고 자유롭게 그림을 그릴 필요가 있었던 반면, 랜디는 소망을 표현하기 위해 스스로와 손잡을 필요가 있었다. 랜디가 초기에 그렸던 그림들에서는 산만하고 부주의한 면이 두

드러졌지만, 우주 여행과 지구 여행을 주제로 그린 그림들은 심미적인 면에서 훨씬 개선되었다.

아이마다 욕구는 다양하며, 미술치료 시 아이들 모두가 안정감과 자유를 느낄 수 있는 틀을 제공해주어야 한다. 치료사가 할 수 있는 역할은 아이들을 절대적으로 지지하고 수용하는 것이다. 그러면 아이들은 랜디가 그랬던 것처럼 자신에게 필요한 것을 알아서 찾아나간다. 도로시에게 밑그림을 그리지 말고 물감으로 바로 그려보라고 제안했던 것은 심사숙고 끝에 생각해낸 의도적인 개입이었다. 내 개인적인 사정 때문에 치료 기간이 한정되긴 했지만, 도로시와 랜디 모두 미술치료를 통해 상태가 눈에 띄게 호전되었다.

다음 장에는 장기간에 걸친 한 소년의 미술치료 사례가 나온다. 어머니와의 면담을 통해 미술치료를 시작하기로 결정한 이래, 소년은 집단 미술치료에 참가했고, 이따금 어머니-아이 합동 미술치료를 받았다(12장). 그 이후 가족 미술 검사(10장)를 받고, 1년에 걸친 가족 미술치료도 받았다(11장). 팀이라는 소년의 사례를 통해 장기간에 걸친 치료 사례뿐 아니라 책의 3부인 '가족 및 집단'에서 더욱 자세히 설명할 집단 미술치료, 가족 미술치료 등에 대한 내용을 미리 맛볼 수 있을 것이다.

9장

사례 분석 : 이해와 도움

이 책에는 다양한 사례가 등장하지만 한 아동과 그 가족에게 초점을 맞추어, 그들이 미술을 통해 어떻게 서로를 이해하고 돕게 되었는지 깊이 있게 살펴보는 것도 의미 있을 것이다. 그래서 이 장에서는 팀이라는 소년이 치료받은 과정과 그 가족의 이야기를 자세히 소개하겠다. 팀은 유복한 가정에서 자랐다. 팀의 부모는 모두 대학을 졸업했으며, 경제적으로도 여유로운 편이었다. 팀이 치료소를 찾게 된 주된 문제는 말을 더듬는 습관이었다.

팀은 5살 되던 해, 어머니의 손에 이끌려 대학 부설 언어치료소를 찾았다. 팀의 어머니는 아들의 상태에 대해 이렇게 설명했다. "팀은 말을 처음 배우던 때부터 몇몇 단어의 시작하는 음절을 더듬거리는 버릇이 있었어요." 팀의 어머니는 아들의 상태가 "경미한 수준"이라고 덧붙였다. 팀은 언어치료소에서 두 차례의 검사와 여섯 차례의 치료를 받았다. 그 과정에서 팀의 부모는 수차례 치료사와 면담하며 팀의 상태에 대해 논의했다.

이후 언어치료소에서는 아동보호센터에서 막 시작할 예정이던 어머니-아이 집단 미술치료 프로그램을 받아보는 것이 어떻겠느냐고 권유했다. 언어치료사는 팀의 상태에 대해 다음과 같은 소견을 보내왔다. "팀은 때에 따라 경미한 말더듬을 보이지만, 시급하게 언어치료를 받을 정도는 아닙니다."

또한 다음과 같이 언급하기도 했다. "팀은 성인의 허락이나 동의에 지나치게 의존하며, 스스로 결정을 내리기 주저하는 경향이 있습니다." 그리고 팀의 언어

치료사는 집단치료가 팀의 독립성과 자율성을 기르는 데 도움되리라 생각한다며 다음 말도 덧붙였다. "팀과 말다툼이 잦은 4살짜리 여동생의 개입 없이, 팀과 어머니 단둘이 즐거운 활동을 하다 보면 팀의 증세가 호전될 것으로 보입니다."

그리하여 팀은 총 2년 6개월간 아동보호센터에서 치료를 받았다. 처음에는 집단 미술치료와 간헐적인 어머니-아이 미술치료를 병행했으며, 나중에는 가족 미술치료를 받았다. 각각의 치료를 시작하기에 앞서 팀의 상태를 면밀히 이해하기 위해 개별 미술 검사와, 어머니-아이 미술 검사, 가족 미술 검사를 모두 실시했다(가족 미술 검사를 받을 때는 팀, 팀의 부모, 팀의 여동생이 모두 참여했다).

개인 미술 검사

1시간 동안 실시한 미술 검사를 통해 팀의 주된 문제가 무엇인지, 그리고 팀이 어떤 방식으로 그 문제에 대응하는지 어렴풋이 파악할 수 있었다(그림 9.1). 팀은 처음에 선뜻 재료를 고르지 못한 채 주저했다. 오랜 망설임 끝에 결국 탁자 위에 온갖 재료를 가져다 늘어놓는 방법으로 궁지에서 벗어났지만, 그것이 끝은 아니었다. 팀은 재료를 사용할 때도 매우 신중한 모습을 보였다. 마커를 사용한 후 재빨리 뚜껑을 다시 닫는 데 집착했으며, 손을 씻기 위해 수시로 세면대를 왔다 갔다 했다.

팀은 무엇을 그릴지 결정하기도 힘들어했다. 내게 무엇을 그리면 좋을지 정해달라고 계속 애원했다. 나는 결정이 얼마나 힘들지 이해한다고 다독이면서, 조금만 더 인내심을 발휘하면 좋은 생각이 떠오를 것이라 격려해주었다. 결국 팀은 공룡을 그려보고 싶다고 했다. 하지만 그림을 그리기 시작하고도 무엇인가 불안한 듯 한 주제에 정착하지 못한 채 괴물을 그리겠다고 했다가 다시 프랑켄슈타인을 그리겠다고 했다. 하지만 공룡이나 괴물, 프랑켄슈타인이 위협적으로 느껴졌는지 결국에는 그림 9.1A에 나오는 크레인을 그렸다.

크레인의 형태는 팀이 처음 그리고자 했던 공룡과 유사해 보인다. 길게 뻗은 크레인 끝에는 삐죽삐죽한 모양의 톱니도 달려 있다. 팀은 그림을 그리면서 이

크레인이 땅에 U자 모양의 구멍을 파고 있다고 설명했다. '구멍'이라는 상징은 이후에도 팀의 그림에 또 나타난다. 이 그림에서는 구멍이 열린 채로 두면 위험한 일이라도 생기는 양 서둘러 덮은 것으로 표현되었다.

집처럼 보이는 크레인 조종실에 보이는 소녀는 3살쯤 되었다고 했다(팀의 여동생 나이와 비슷한 나이다). 팀은 그 소녀가 크레인을 조종하고 있다고 했다. 이러한 설명은 동생이 자신을 마음대로 휘두른다고 느끼는 팀의 마음이 반영된 것이 아닐까 추측하게 만든다. 이 추측은 검사가 진행되면서 점점 확고해졌다. 팀은 여동생을 자신보다 더 강한 존재라고 인식하는 듯했다. 팀은 이 그림에 "실패한 작업Ruined Work"이라는 제목을 붙였다(9.1A).

첫 번째 그림을 완성한 후, 이번에는 이젤에 앉아 물감으로 채색을 해보겠다고 했다. 팀은 손잡이가 가장 긴(그러니까 남근 형태와 가장 유사한) 붓을 선택했다. 하지만 이번에도 어떤 색의 물감을 고를지 고민하느라 시간을 허비했다. 결국 팀은 팔레트에 모든 물감을 짜놓고 시작했다. 팀은 우선 복숭아 빛이 도는 살색으로 사각형의 집 윤곽을 그렸다. 그런 후 가슴 모양으로 보이기도 하는 삼각형 지붕 두 개를 대칭이 되도록 사각형 위에 그렸다. 그림을 그리는 팀의 태도는 매우 꼼꼼하고 신중했다. 집의 테두리를 몇 번이고 고쳐 그릴 정도였다.

유동적인 재료인 템페라 물감을 가지고 그림을 그리는 동안 억제되지 않은 무의식적 분노가 서서히 드러나는 듯했다. 처음에는 윤곽선 안을 신중하게 채웠지만, 점차 자유롭게 색을 섞으며 붓질을 하다가, 마지막에는 긴 붓을 양손으로 쥐고 리드미컬하게 빙빙 돌리며 채색했다.

미술 검사를 시작했을 때는 약간 말을 더듬으며 긴장한 기색이 역력했지만, 색을 섞고 붓을 빙빙 돌리는 퇴행적 행동을 하면서 긴장이 풀린 듯 말도 더욱 매끄럽게 했다. 그림이 완성될 무렵 팀은 단호한 목소리로 "엉망진창"인 색들을 흰 물감으로 덮어야 한다고 말했다. "흰색은 문제를 해결해요." 팀은 그 그림에 "공룡의 집The Dinosaur House"이라는 제목을 붙이고는 다음과 같은 이야기를 들려주었다(9.1B). "세상이 시작되었을 때 벌어진 일이에요. 거대한 허리케인이 와서 공룡의 집을 날려버렸어요. 그게 그 공룡의 마지막이었어요."

팀이 만든 작품의 형태나 내용 그리고 작업 과정을 보면 팀의 상태를 짐작할

9.1 팀의 개인 미술 검사. 5세

A. 실패한 작업(크레인). 혼합 재료
B. 공룡의 집. 물감

A

B

수 있다. 팀은 처음에는 긴장했지만 점차 마음을 풀고 재료를 마음껏 사용했다. 그 과정에서 자신의 주된 문제가 무엇인지, 그 문제에 어떤 방식으로 대응하는지 보여주었다.

우선 팀의 여동생은 팀의 자율성과 힘을 위협하는 강력한 존재라는 점이 드러났다. 그림을 그리기 전 내게 도움을 요청했던 행위는 팀이 나약하고 의존적이며, 상처받기 쉬운 성향임을 보여준다. 집 그림에 등장하는 두꺼운 벽은 보호받고 싶은 욕구를, 사용할 색을 고르지 못해 모든 색을 늘어놓거나 수시로 손을 씻기 위해 왔다 갔다 했던 행동은 강박적인 성향을 나타낸다. 그리고 팀이 선택한 손잡이가 가장 길고 두꺼운 붓은 남근을 상징한다.

다양한 재료와 치료사의 조언에 대한 '갈망', 그리고 크레인 끝에 달려 있는 위험해 보이는 '톱니'가 상징하는 구강 공격적oral-aggressive 충동은 팀에게 구강 의존적oral-dependent 욕구와 소망이 있음을 보여준다. 그리고 팀이 크레인의 톱니를 통해 파놓은 구멍을 빨리 채워 넣어야 한다고 말했던 것이나, 공룡의 집을 흰 물감으로 덮었던 것에 주목해야 할 필요가 있다. 팀은 (특히 여성을 향한) 더럽고 분노에 찬 충동을 억제하지 못하면 공룡의 집처럼 '날아가 버릴' 수 있다고 느낀 것으로 보인다.

집단 미술치료

미술 검사 결과에 따라, 위축된 모습을 보이는 팀에게는 집단 미술치료가 적절할 것 같다는 결론을 내렸다. 팀은 중립적인 성인 치료사의 지도하에, 또래 친구들의 당당한 모습을 역할 모델 삼아 자율성과 독립성을 키울 필요가 있었다. 아동 집단 미술치료의 장점 중 하나는 소심했던 아이들이 활동성 넘치는 또래 아이들의 영향을 받아 대담해지는 경우가 많다는 것이다. 또 반대로 지나치게 활동적이거나 산만한 아이들은 조심스럽고 소심한 아이들의 영향으로 차분해지는 경향이 있다. 나와 한 남성 치료사의 공동 지도하에 5~6세 아동들과 함께 진행한 집단 미술치료는 예상대로 팀에게 매우 도움이 되었다(그림 9.2).

팀이 집단 내에서 상징적 방어물들을 통해 불안감을 표현한 방식은 미술 검사 때 보여주었던 양상과 유사했다. 팀은 점토와 나무토막으로 두꺼운 벽을 쌓아 올려 요새처럼 보이는 구조물을 만들었다(9.2A). 그림에서도 비슷한 모양이 계속 등장했다. 팀의 작품에서 두드러지는 특징은 안쪽에 구멍이 있는 경우가 많았다는 점이다(9.2B).

팀은 이따금 초크나 물감으로 도화지를 가득 채우는 강박적인 모습을 보이기도 했다(9.2C). 통제력을 잃을지도 모른다는 불안감이 여백이나 빈 공간, 구멍을 두려워하는 모습으로 나타난 것 같았다. 또 기분이 언짢을 때는 홀로 앉아 반복적인 추상화나, 차트, 숫자, 바둑판무늬를 그리거나(9.2D), 종이를 네모 모양으로 잘게 잘랐다.

하지만 팀이 집단 내에서 그런 모습을 보이는 경우는 드물었으며, 말을 더듬는 것도 마찬가지였다. 팀은 매우 짧은 시간 안에, 지켜보기만 하던 소심한 아이에서 적극적이고 활동적인 아이로 바뀌었다(9.2E). 팀은 생각과 감정을 거침없이 표현했으며 말도 곧잘 했다. 집단 미술치료는 부모를 상징하는 두 치료사, 형제를 상징하는 또래 친구들과 상호작용하면서 퇴행해보고, 공격성을 표출하고, 발달할 수 있는 기회를 제공했다.

팀보다 대범하고 활발한 아이들은 팀에게 무척 도움이 되었다. 팀은 그런 아이들과 어울리며 '부드러운' 손가락 물감을 가지고 마음껏 어지르면서 아기로 돌아간 듯 즐겁게 놀았다. 또 팀은 역할극 놀이에서 남성 치료사를 적대적으로 묘사하거나, 그림 속 나를 못생긴 마녀로 표현하는 식으로 공격성을 표출하기도 했다. 그리고 공중에 매달린 타이어를 타고 노는 등의 위험해 보이는 놀이를 하기도 하고(9.2F), 다양한 활동을 통해 다른 아이들과 경쟁하거나 협력해보기도 했다. 자신의 초상을 그릴 때면 늘 스스로를 강하고 능력 있는 존재로 표현했다. 팀이 그린 자신의 초상은 집단 내에서 상징적으로 보여지는 행동들과 일치했다(9.2G).

집단 미술치료는 단순히 다양한 재료를 가지고 미술 활동을 해볼 수 있는 기회뿐 아니라 안정, 허용, 지지, 자극, 보호를 체험할 수 있는 기회를 제공했다. 팀처럼 소심하고 위축된 아이들이 개별 미술치료를 받는 경우 긴장을 풀고 마음

A. 팀이 만든 집. 나무토막과 점토, 접착제
B. 점토 동굴
C. 초크 줄무늬
D. 차트
E. 그룹에서의 팀
F. 타이어그네
G. 자화상
H. 팀과 제이미

A

B

C

D

E

F

G

H

을 여는 데 훨씬 더 많은 시간이 소요될 가능성이 높다(물론 모든 경우 반드시 그런 것은 아니다). 어쨌든 팀은 집단 미술치료에 참여함으로써 상당한 도움을 받았으며, 팀과 친하게 지냈던 다른 아이(팀과 반대로 산만함이 문제되었던 제이미라는 소년)도 마찬가지로 상당한 발전을 보였다. 이는 참으로 멋진 '치료적 동맹therapeutic alliance'이었다. 두 아이는 우정을 나누면서 서로에게 필요했던 자유와 통제를 배웠다(9.2H).

어머니-아이 합동 미술치료

집단 미술치료가 시작된 지 6주가 지났을 때, 어머니-아이 합동 미술치료를 처음으로 실시했다. 우선, 진단을 내리기 위해 어머니와 아이들이 어떤 행동을 하는지 지켜본 후 각 쌍을 돕기 위한 최선의 방법을 모색하기로 했다(그림 9.3). 팀은 먼저 큰 종이에 끈적이는 물감으로 그림을 그려 자랑스레 어머니에게 보여주었다(9.3A). 그 후 팀의 어머니도 거대한 추상화를 한 점 그렸다(9.3B). 팀은 어머니 옆에서 같은 재료로 색상과 양식을 그대로 모방해 그렸다(9.3C). 그즈음 팀의 태도는 처음에 비해 눈에 띄게 차분히 가라앉았다.

팀은 (예전에도 그린 적이 있던) 3살 소녀가 거대한 크레인을 조종하는 그림을 그리기 시작했다(9.3D). 팀의 어머니는 그림을 보자마자 그 소녀가 팀보다 자신감 있고 자기주장이 강한 여동생을 상징하고 있음을 알아차렸다. 어머니-아이 합동 미술치료 시간이 끝날 무렵 팀은 처음 그린 큰 그림을 골라(9.3A), 나머지 사람들에게 "폭발하는 태양The Sun Blowing Up"이라는 제목으로 소개하며 다음과 같이 설명했다. "태양이 가는 길에 달이 있었는데, 달이 태양을 건드려서 태양이 폭발했어요." 태양과 달의 성별이 각각 어떻게 되느냐고 묻자, 팀은 단호하게 태양은 소년이고 달은 소녀라고 답했다. 어린 소녀에 대한 경쟁심은 몇 주 후 실시한 꼭두각시 놀이에서도 또다시 나타났다. 팀은 꼭두각시 놀이 도중 어린 여동생이 오빠를 죽였다는 이야기를 지어냈다. 그 여동생은 힘이 엄청나게 세서 사자도 이길 수 있을 정도라고 했다.

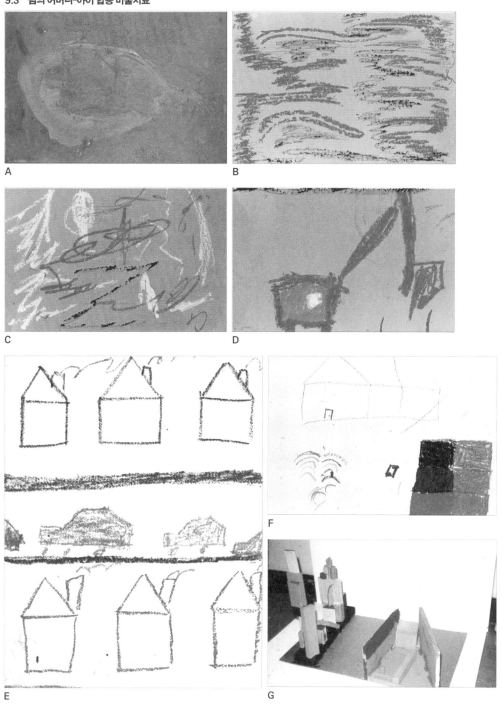

우리는 두 번째 어머니-아이 합동 미술치료 시간에도 진단을 내리는 데 집중하기로 했다. 단, 이번에는 통제와 권한에 대한 규칙을 정해주었다. 어머니와 아이 중 한쪽이 미술 활동에 대한 지시를 내리는 '대장' 역할을 맡도록 시켰다. 우선 팀이 대장을 하기로 했다. 팀은 어머니에게 양 옆쪽으로 집이 늘어서 있고 자동차들이 달리는 도로를 그리라고 지시했다(9.3E). 팀의 어머니는 시키지도 않은 인도를 그리는 식으로 팀의 지시에 복종하지 않는 모습을 종종 보였다. 두 번째 그림에서도 팀이 '대장'이 되었다. 하지만 어머니가 자신의 말을 정확히 따르지 않자 실망하고는, 그냥 혼자 그림을 그렸다(9.3F). 그 이후 팀의 어머니가 '대장'이 되어 나머지 그림들을 그렸다.

마지막 합동 미술치료는 특별한 규칙 없이 자유로운 방식으로 진행했다. 팀과 팀의 어머니는 특별히 어느 한쪽이 주도하기보다 둘이 협력해 해보겠다고 한 후, 나무토막으로 건축물을 만들었다. 팀은 (예전에 만들었던 요새와 비슷해 보이는) 비스듬한 벽으로 둘러싸인 차고를 만들었고, 팀의 어머니는 팀이 만든 차고 옆에 높은 구조물을 만들었다(9.3G).

팀은 총 14개월간 매주 1시간 30분씩 진행한 집단 미술치료에 거의 빠지는 일 없이 열심히 참여했다. 그 기간 동안 집단 내에서나 집에서나 학교에서 성격, 자아 개념, 사회성 면에서 두루두루 향상되었다. 하지만 팀의 부모가 가장 걱정했던 말더듬는 습관은 아직 완전히 고쳐지지 않았다(미술치료 집단 내에서는 전혀 말을 더듬지 않았으며, 집에서도 오랫동안 말을 더듬지 않기는 했지만).

말더듬는 습관을 고쳐야 한다는 부모의 강력한 요구와 팀의 미술작품, 역할극, 어머니-아이 합동 미술치료에서 드러난 문제를 바탕으로 부모, 팀, 여동생 모두가 참여하는 가족 미술 검사를 실시하기로 했다.

가족 미술 검사

2시간 동안 실시된 검사에서 팀의 가족 내 역동과 상호작용에 대한 가설을 세울 수 있었다(그림 9.4)(검사 방식은 10장에 소개된 내용을 따랐다.) 미술 검사에서 팀

의 어머니는 "권태와 우울의 바구니Basket for Boredom Blues"라는 그림을 그렸다
(9.4A). 이는 팀의 어머니가 불만족스러운 상태임을 나타낸다. 팀의 아버지는
"가부키 배우Kabuki Actor"라는 그림을 통해 정체성 갈등을 암시했다(9.4B).

나는 두 번째 과업으로 가족들에게 방 여기저기로 흩어져 각자 가족 그림을
그려 오라고 지시했다(9.4C). 우선 팀의 여동생은 가족 구성원 중 단 한 명, 어
머니의 그림을 그려 왔다. "멋지게 차려입고 파티에 가는 엄마Mommy Going to
a Party All Dressed Up"(9.4D). 팀은 무엇을 그리면 좋을지 고민하며 쩔쩔맸다. 몇
차례 그리다 말기를 반복한 끝에(9.4E), "공놀이를 하는 나와 아빠Me and Daddy
Playing Ball"를 그려 왔다(9.4F). 어머니와 아버지는 모두 둘씩 짝을 이루어 무엇
인가를 하는 가족의 그림을 그렸다. 팀의 어머니는 자신과 팀, 남편과 딸이 각각
짝을 맞추어 스퀘어 댄스를 추는 모습을 그렸다(9.4G). 팀의 아버지는 자신과
아내, 팀과 여동생이 각각 짝을 이루고 서 있는 모습을 그렸다(9.4H). 가족 전체
가 한 집단으로서 상호작용하는 모습을 표현한 사람은 아무도 없었다.

세 번째 과업으로 가족이 함께 벽화를 그려보라고 시켰다. 팀이 먼저 벽화에
대한 몇 가지 제안을 내놓았고 가족들이 모두 동의했지만, 정작 따르지는 않았
다. 벽화를 그리는 동안 아버지에게서 어머니 쪽으로 통제권이 넘어가는 듯 보
이긴 했으나, 둘 중 어느 쪽도 드러내놓고 앞장서서 지휘하지는 않았다. 가족 구
성원들은 나란히 서서 작업을 했다. 이따금 부모와 아이가 짝을 이루기도 했지
만, 대부분은 독립적으로 그림을 그렸다(9.4I). 공동 벽화의 주제는 해안가로 함
께 휴가를 떠났던 추억이었다(9.4J). 그런데 역설적이게도 팀의 가족들이 그림
주제로 삼은 추억 속의 일체감이나 연대감은 미술 검사를 실시한 2시간 동안 단
한 번도 찾아볼 수 없었다. 간혹 가족 구성원 간 상호작용이 일어나기도 했으나,
대개 두 명 사이에 대화나 협력이 오가는 정도에 그쳤을 뿐 전반적인 분위기는
경쟁적이었다.

함께 미술 검사를 실시한 마그누센Magnussen 박사와 나는 팀의 가족과 팀이
겪는 문제의 원인이 아버지에게서 비롯된 것 같다는 의견의 일치를 보았다.[1] 팀

---

[1] 마그누센 박사는 미술치료소의 아동 심리 분과장으로 다음 장에서 소개할 '가족 미술 검사 도구

9.4 팀의 가족 미술 검사

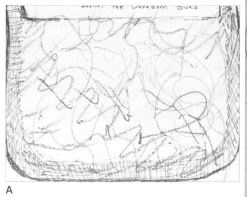

A

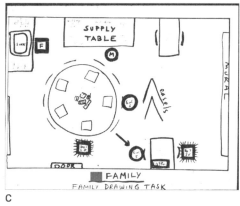

C

E

B

D

F

A. 어머니가 그린 권태와 우울의 바구니
B. 아버지가 그린 가부키 배우
C. 가족의 공간 이용
D. 팀의 여동생이 그린 파티에 가는 엄마
E. 팀이 그리다 만 가족 그림
F. 팀이 그린 공놀이하는 나와 아빠

G

H

I

G. 어머니가 그린 가족 스퀘어댄스
H. 아버지가 그린 두 번째 버전의 가족 그림
I. 가족이 함께 벽화 그리기
J. 가족이 그린 벽화의 부분

J

의 아버지는 검사를 받는 동안 대체적으로 자신감 없고 불안한 모습을 보였다. 팀에게는 효과적인 역할 모델이 되어줄 만한 사람이 없었던 것이다. 팀의 가족에서 주도권을 잡은 것은 여성들, 즉 어머니와 여동생이었다. 가족 구성원은 성에 따라 편이 나뉜 채 서로 화합하지 못했다. 말하자면, 팀은 가족 구성원들의 부정적인 관심을 받아내는 총알받이 역할을 하고 있었다. 가족들은 팀을 비판적인 언사와 태도로 대함으로써 어머니와 아버지 사이의 갈등을 흡수하는 완충지대로 이용했다. 다행히 팀의 부모는 모두 합리적이고 똑똑한 사람들이었다. 그들은 미술 검사를 통해 느끼고 깨달은 바를 수용하고 합리적인 대처방법을 찾고자 했다.

미술 검사를 통해 파악한 가족의 전반적인 역동과 분위기 그리고 예전에 팀의 어머니를 대상으로 실시한 상담 자료를 통해, 팀의 고쳐지지 않는 말더듬 증상은 가족 내에서 팀이 맡고 있는 역할에서 기인하는 것 같다는 확신을 얻었다. 확실한 진단을 내리기 위해 관련자들과 회의를 열어 팀의 증상을 없애려면 가족 미술치료를 통해 가족 내 역동에 변화를 가할 필요가 있다는 결론을 내렸다.

가족 미술치료를 추천한 이유는 다음과 같았다. 첫 번째, 온 가족이 함께하는 작업을 통해 관심의 초점을 팀의 말더듬는 증상에서 가족 내 역기능으로 옮겨가게 만들 필요가 있었다. 두 번째, 미술이라는 도구는 가족 구성원들의, 특히 부모의 부정적 언어 사용 습관을 방지해주는 효과적인 수단이 될 수 있었다. 미술 검사를 통해 가족 모두가 미술 활동을 즐겁게 여긴다는 사실을 확인했으며, 미술 활동을 통해 가족에 대해 새로 생각하게 되었다는 공통적 의견을 표했다. 요컨대, 팀의 가족에게는 가족 미술치료가 매우 적절한 처방이었으며 팀의 가족 모두 함께하는 미술 활동에 긍정적인 반응을 보였다.

Family Art Evaluation(FAE)'를 나와 함께 개발했다. 우리는 검사 도구를 개발하기 위해 미국 정신건강연구소National Institutes of Mental Health(NIMH)를 방문해 가족 미술치료법의 창시자인 해나 퀴아트코스카Hanna Kwiatkowska에게 자문을 구하기도 했다.

가족 미술치료

팀의 가족은 매주 한 차례씩 총 32회의 미술치료를 받았다. 그 중 절반은 1시간 동안, 나머지는 1시간 30분 동안 실시했다. 그들은 미술 활동과 토론을 통해 자신들의 문제가 무엇인지 확인하는 기회를 가졌다. 미술치료가 진행되면서 가족이 관심을 두는 부분도 점차 변화했다. 처음에 팀의 말더듬는 습관에 초점을 맞추던 가족은 차츰 팀의 성격에 대해, 그 후에는 여동생의 성격에 대해, 부부 간 결혼생활 문제에 대해, 그리고 마지막으로 양 부모의 문제에 대해 깊이 생각해 보았다(그림 9.5).

팀이 그리는 그림은 팀의 내면 변화를 드러내 보여주었다. 팀이 경쟁이나 분노에 대한 불안을 느낄 때면 한 가지 색상으로 그림을 덮어버리거나, 번호를 매기는 행동이 나타났다. 미술치료 초반기에는 여동생의 그림이 팀의 그림에 비해 색상이나 명암 면에서 훨씬 더 강렬했다. 하지만 시간이 흐르면서 점차 팀이 미술 활동을 주도적으로 이끌고 여동생이 오빠를 따르는 분위기로 바뀌었다. 한 번은 여동생이 팀에게 생일 케이크를 어떻게 그리는지 보여달라고 하기도 했다(9.5A). 여동생은 팀에게 감사를 표한 후 팀이 보여준 대로 따라 그렸다(9.5B).

팀은 여전히 불안감이나 분노를 느낄 때면 퇴행해서 그림을 엉망진창으로 만들곤 했다. 하지만 그 빈도는 또래들과 집단치료를 할 때에 비해 가족과 함께하면서 현저히 줄었다. 구멍과 열린 공간에 대한 집착 또한 여전히 이어졌다. 하지만 예전처럼 재빨리 구멍을 덮거나 막아버리지 않고 미로를 찾듯 시작과 끝을 탐색했다. 그러던 그 해 12월경, 팀은 전혀 방비되지 않은 형태의 "요새"를 만들었다(9.5C). 또 완전히 열린 "당구대"도 만들어 자랑스레 보여주며 공이 구멍으로 떨어질 때의 느낌이 얼마나 경쾌하고 즐거운지 이야기했다(9.5D). 또 비슷한 시기에 팀이 그린 집에는 창이 더 많아졌다(9.5E). 이는 예전과 비교했을 때 팀이 감정과 호기심을 더욱 자유롭게 표현할 수 있게 되었음을 시사한다.

팀은 또래들과 함께하는 동안 주로 힘차고 활달한 모습을 보였지만, 가족과 함께하는 치료에서는 상반되는 모습을 보였다. 가족들과 함께할 때는 비판받거나 성취에 대한 강요를 받으면 꼼짝 못한 채 휘둘리는 경우가 많았다. 그래서인

A

B

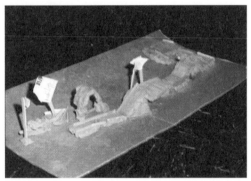

C

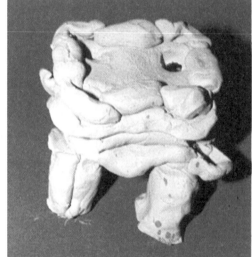

D

E

A. 팀이 그린 생일 케이크
B. 여동생이 그린 생일 케이크
C. 팀이 만든 요새
D. 팀이 만든 당구대
E. 팀이 그린 집
F. 팀이 그린 비를 맞는 나

F

지 가족 미술치료를 실시한 처음 여섯 달 동안 팀은 자신을 상처받거나 거절당한 모습으로 묘사했다. 이를테면 비를 맞으며 홀로 우두커니 있는 소년(9.5F), 썰매를 타는 얼굴 없는 소년(9.5G), 햇볕에 곧 녹을지도 모르는 눈사람(9.5H), "도와줘!"라고 외치는 소년 등은 모두 팀 자신을 상징했다. 여러 그림 가운데 단연 눈에 띄는 것은 그림 9.5I였다. 거기에서 입이 없는 소년은 뱀을 붙잡고 있다. 팀은 그 그림을 다 그린 후 뱀의 꼬리를 더 길게 그렸어야 했다는 의미심장한 말을 했다.

이와 상반되게 팀의 여동생과 어머니는 자신들을 중심적인 인물로 표현하는 경향이 있었다. 부유한 데다 예쁘고, 매력 있으며, 유력한 모습으로 말이다(9.5J). 어느 날 미술치료를 하다 자연스레 시작된 꼭두각시극에서 어머니는 인기 있는 여인, '아름다운 기셀라The Beautiful Gisela'의 역을 맡았다(9.5K). 반면 팀과 아버지는 각각 잘생겼지만 가난한 '잘생긴 해리Handsome Harry'와 멍청하지만 부유한 '도피Dopey'로 분해 기셀라를 두고 대결했다(9.5L). 한편 팀의 어머니는 가족치료를 받으며 느끼는 답답함을 빠져나갈 길이 없음을 암시하는 그림으로 표현하기도 했다.

팀은 점차 내면의 분노를 자유롭게 표현하기 시작했지만, 가족과 함께하는 동안 공격성을 직접적으로 표출하기까지는 오랜 시간이 걸렸다. 가족 미술 검사를 실시했을 때, 팀은 여동생의 '배Tummy'를 공격적인 화살표로 가리키는 그림을 그렸다(9.5M). 그로부터 6개월 후 여동생은 팀이 자신의 배를 꼬집는 그림을 그렸다(9.5N). 그리고 그로부터 3개월 후 이번에는 팀이 그와 유사한 그림을 그렸다. 그림을 통해 서로 공격을 주고받은 셈이다.

그 후 2개월이 지난 무렵부터, 팀은 15점의 "악당Meanies" 시리즈를 그리기 시작했다(9.5O). 그림 속 악당들은 팀 자신의 분노와 다른 가족 구성원을 향한 공격성을 상징했다. 팀은 "악당" 시리즈를 열성적으로 그린 후, "불을 뿜는 공룡Fire-Breathing Dinosaur"을 그렸다(9.5P). 이 그림은 팀이 분노를 언어로 표현하기 시작하는 기폭제가 되어주었다. 팀은 처음으로 가족들에게 공격적으로 소리를 질렀다. "언제 나한테 신경이나 썼어요? 나를 전혀 존중해주지 않잖아요!"

팀은 자신과 아버지와의 관계를 주로 협력적으로 표현했다(물론 이따금 경쟁적

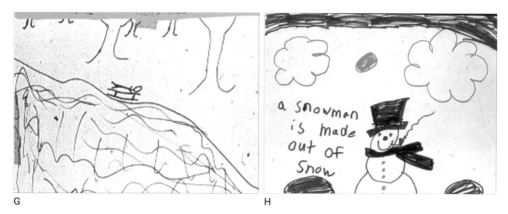

G

H

a snowman
is made
out of
snow

G. 팀이 그린 썰매를 타는 소년
H. 팀이 그린 녹을 눈사람
I. 팀이 그린 뱀을 쥐고 있는 소년
J. 여동생이 그린 나와 엄마

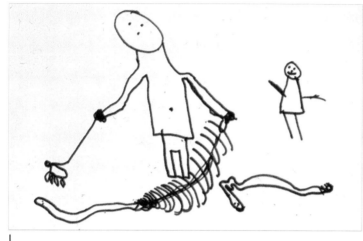

I

J

K

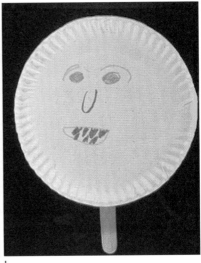

L

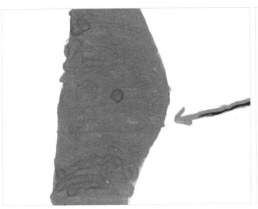

M

N

O

K. 어머니가 맡은 아름다운 기셀라 역
L. 아버지가 맡은 도피 역
M. 팀이 그린 여동생의 배
N. 여동생이 그린 나를 꼬집는 팀
O. 팀이 그린 악당

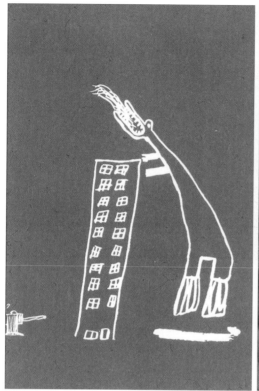

P

Q

P. 팀이 그린 불을 뿜는 공룡
Q. 팀이 그린 "테니스를 치는 나
와 아빠/물속으로 가라앉는 엄마"
R. 팀이 그린 공룡 두 마리

R

인 관계로 묘사할 때도 있었다). 사실 두 남성은 가족 내에서 여성들과 동등한 지위를 얻고자 한다면 경쟁을 그만두고 서로 도울 필요가 있었다. 같은 도화지 양쪽에 그린 "테니스를 치는 나와 아빠Me and Dad Playing Tennis"라는 그림과 "물속으로 가라앉는 엄마Mom Diving Down"라는 그림에는 그러한 소망이 담겨 있었다 (9.5Q). 또 어머니가 그려놓은 집을 파괴하려는 듯 옆으로 다가가는 공룡을 그린 것 또한 우위를 점하고 싶은 팀의 충동을 나타낸다(9.5R). 그림 속 공룡은 남근과 유사해 보이는 형태라는 점이 이를 더욱 뒷받침한다.

가족 미술치료를 할 때 구성원들은 그 가족만의 고유한 표현방식을 발전시켜 나간다. 그러한 표현방식은 구성원들의 다양한 생각과 감정들을 응축하고 있는 경우가 많다(그림 9.6). 팀의 가족들이 그리는 작품 속에서도 주제와 상징이 점차 뚜렷이 드러났다.

그러한 상징들 중 하나가 바로 '집'이었다. 가족 미술치료를 시작한 지 두 달 정도 지났을 무렵, 팀은 집 네 채를 정성들여 그렸다(9.6A). 이 그림이 일전에 팀의 어머니가 어머니-아이 합동 미술치료에서 그렸던 그림과 매우 유사하게 배치되어 있다는 사실에 주목할 필요가 있다(그림 9.3E 참조). 그로부터 한 달 후 팀이 그린 집에는 예전에 비해 창이 확연히 늘었다. 또 "모텔Motel"이라는 그림에 있는 뾰족한 탑 두 개는 팀이 열린 공간을 두려워하지 않게 되었다는 점을 보여준다(9.6B). 팀의 어머니는 이사 가고 싶은 새 집 바깥에 온 가족이 손을 잡고 서 있는 모습을 그리기도 했다(9.6C). 가족들은 그 집이 가족의 갈등을 해소해줄 해독제가 되어줄 것이라는 상상을 함께 나누었다. 팀의 어머니와 아버지는 예전에 함께 만나본 적 있는 '완벽해 보이는 모습의 가족'을 떠올리며 그들의 집은 "세상의 어떤 갈등이나 괴로움에서도 벗어난 안식처" 같을 것이라 말했다.

가족 미술치료 초기에 우리가 몇 가지 주제에 따라 그림을 그려보라고 지시했는데, 흥미롭게도 팀의 가족들은 모두 집 안에서 벌어지는 일을 그렸다. 우리가 지시한 첫 번째 주제는 '고치고 싶은 가족의 주요 문제The Main Problem in the Family that You Would Like to Work on'였다. 팀의 아버지는 저녁 식사 자리에서 자신과 소리 지르는 두 아이를 두고 떠나는 아내를 그린 후 "애들 엄마는 우리랑 함께하질 않아요"라고 불평했다(9.6D). 한편 팀의 어머니는 아이들이 싸우고 있

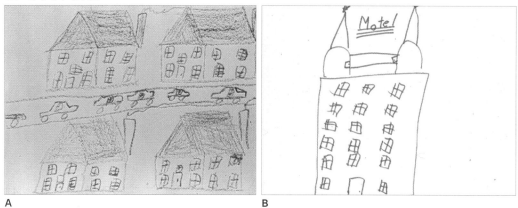

A

B

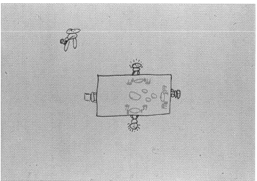

C

D

E

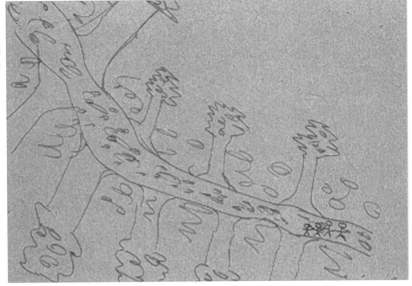

F

는 와중에도 아랑곳하지 않고 책을 읽는 남편과, 녹초가 된 상태로 설거지를 하면서 애들 좀 말려달라고 말하는 자신을 그렸다(9.6E). 우리는 그림을 다 완성할 때까지 상대의 그림을 보지 못하게 했는데, 팀의 어머니와 아버지는 나중에 서로의 그림을 보고는 유사한 점이 많다는 사실에 깜짝 놀랐다. 둘 모두 상대에게 버림받았다는 생각에 분노했던 것이다. 그 이후 둘은 무조건 방어적인 태도를 보이던 예전의 모습을 버리고 서로를 더욱 이해하게 되었다.

가족들은 문제에 대한 해결책을 집 이외의 다른 장소에서 찾고자 했다. 아버지는 가족들이 가을 숲길을 일렬로 걷는 모습을 그렸다(9.6F). 팀은 예전에 가족 미술 검사 때 그렸던 해변의 모습을 떠올리게 하는 구조물을 만들었다. 그림 제목은 "휴가 때 배를 타고 있는 아빠와 나Me and Dad on the Boat Vacation"였다(9.6G). 가족들은 아버지와 팀의 작품을 보며 모두 함께 여행을 갔을 때 얼마나 좋았는지 이야기했다.

그로부터 몇 달 후, 우리는 '가족에게 바라는 것'을 그려보라고 했다. 어머니는 자신과 남편이 소파에 앉아 아프리카로 떠날 여행 계획에 대해 의논하고 일전에 남편이 선물해준 꽃이 아름다웠다고 이야기하며 음료를 마시는 동안 부엌

G

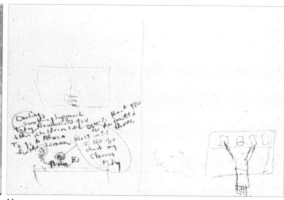

H

I

J

K

G. 팀이 그린 "휴가 때 배를 타고 있는 아빠와 나"
H. 어머니가 그린 "가족에게 바라는 것"
I. 아버지가 그린 "가족에게 바라는 것"
J. 아버지가 그린 "집에 전화 걸기"
K. 어머니가 그린 "주말 부부"
L. 아버지가 그린 "해변에 있는 자신의 모습"
M. 팀과 여동생이 만든 구조물

L

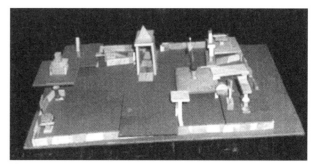

M

에서 가정부가 음식을 만들고 있는 모습을 그렸다. 그림 속에는 아이들이 등장하지 않았다(9.6H).

반면 아버지가 그린 그림은 상당히 달랐다. 그의 그림 속에서 아내는 행복한 표정으로 음식을 준비하고 있었고, 아이들은 어머니 옆에 있었다. 종이 오른쪽에는 출근하는 자신에게 키스를 해주는 아내와, 창문을 통해 손을 흔들며 인사하는 천사 같은 모습의(머리 위로 둥근 후광이 비치는) 아이들을 그렸다(9.6I). 팀의 어머니와 아버지는 이 그림들을 통해 자신들이 이상적인 상황에 대해 배치되는 이미지를 품고 있었기 때문에 서로를 불만족스러워했다는 사실을 깨닫고, 이에

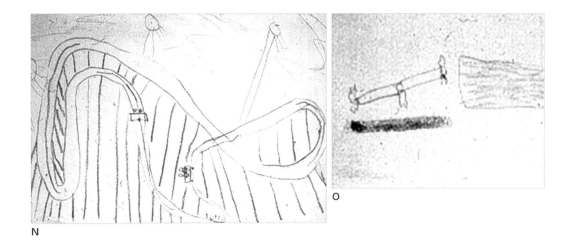

N

O

대해 터놓고 이야기하기 시작했다.

　얼마 후, 출장을 앞두고 있던 팀의 아버지는 해외에서 전화를 거는 자신의 모습을 그렸다. 그림을 완성한 후에는 자신이 편지를 보내도 아무도 답장을 보내주지도 않으며, 지난번 멀리서 전화를 걸었을 때는 말다툼까지 했다는 불평을 털어놓았다(9.6J). 그로부터 한 달 후, 팀의 어머니는 남편이 떠난 동안 느꼈던 외로움을 표현한 그림을 그렸다(9.6K). 하지만 2주간의 출장을 마치고 돌아온 남편은 신원을 알 수 없는 동행자 두 명과 해변의 안락의자에 앉아 있는 자신의 모습을 그렸다(9.6L). 팀의 어머니는 슬픈 목소리로 그 동행자 두 명이 여자였을 것이라 말했다. 약 3개월이 지난 무렵부터, 팀의 어머니와 아버지는 서로에게 받은 상처에 대해 주로 이야기했으며, 부모의 싸움에서 배제된 아이들은 조용히 힘을 합쳐 인상적인 구조물을 만들었다(9.6M).

　가족들의 미술작품에 자주 등장한 또 다른 흥미로운 상징은 롤러코스터와 시소였다. 롤러코스터는 흥분과 전율을 상징하는 동시에 아무것도 할 수 없는 무력감에 대한 두려움을 상징했다(9.6N). 팀의 가족은 에너지가 넘치는 편으로 늘 서두르는 경향이 있었다. 그러한 삶의 방식은 팀에게 불안을 유발했다. 느긋하고 신중한 성격을 타고난 팀은 다른 가족 구성원들과 속도가 맞지 않아 힘들어했다.

　시소는 가족 간 경쟁을 나타냈다(9.6O). 시소는 롤러코스터와 마찬가지로 오르락내리락하지만 양쪽이 동시에 위로 올라가거나 아래로 내려갈 수는 없다. 팀의 가족은 둘씩 짝을 이루어 경쟁하는 경향이 있었다. 한쪽이 위로 올라가기 위해서는 다른 쪽이 내려가야 하고, 한쪽이 이기기 위해서는 다른 쪽이 져야만 한다. 팀의 가족 내에서 시소가 균형을 이룬 경우는 거의 없었다. 팀의 어머니와 아버지는 상대에게 복종하기보다는 자신이 원하는 것을 얻는 데에만 신경 썼다.

팀의 여동생은 어머니와 아버지로부터 공격적인 성향을 물려받았다. 반면 팀은 성질 급한 나머지 가족들과 달리 느긋하고 신중한 성향이었기에 가족 내에서 벌어지는 경쟁에서 거의 항상 졌다. 가족들에게는 져줄 사람이 필요했다. 시소에서 아래로 내려갈 사람 말이다. 그게 바로 팀이 맡은 역할이었다. 그러한 가족의 압력에서 벗어나기 위한 팀의 방어기제는 조용히 뒤로 물러나 혼자 시간을 보내는 것이었다. 이는 처음 미술 검사를 실시했을 때 보여주었던 의존성과 현저하게 대조된다.

미술치료는 대개 내담자들이 어떤 재료나 주제든 마음대로 선택할 수 있도록 자유로운 방식으로 실시된다. 하지만 팀 가족의 경우처럼 특정한 방식이나 주제를 골라주는 때도 있다. 어떤 가족이 조금만 더 나가면 문제의 원인을 자각할 수 있겠다고 느껴질 때, 치료사는 창의적인 방식으로 개입해 깨달음을 얻도록 도울 수 있다.

침묵 속에 함께 그리기

팀의 어머니와 아버지는 합리화를 통해 자신들의 문제를 끊임없이 포장하는 경향이 있었다. 우리는 교묘하면서도 효과적인 합리화 기제를 깨버릴 필요가 있다는 결론을 내렸다. 그래서 가로 60cm, 세로 46cm 정도 되는 큰 종이 한 장에 모든 가족이 말없이 그림을 그려보는 게 어떻겠느냐고 제안했다(그림 9.7). 그리하여 팀의 가족들은 45분 동안이나 침묵 속에 그림을 그렸다. 가족이 사용한 공간의 크기는 제각각 달랐다. 팀의 어머니는 종이 이곳저곳을 오가며 그리다 결국에는 모든 가족의 공간에 자기 그림을 남겼다. 팀은 종이 중간에 집을 그리며

A

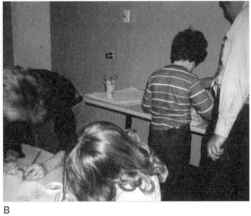

B

C

D

E

A. 말없이 작업하는 팀의 가족
B. 팀과 함께 작업하는 아버지
C. 아내와 딸과 다시 합류하는 아버지
D. 그림에 추가하는 팀
E. 혼자 점토로 저장소를 만드는 팀

시작했다. 하지만 양쪽에서 다른 가족이 공간을 침범해와 빈틈이 남질 않게 되자 다른 탁자로 가서 홀로 점토 모형을 만들었다(9.7A). 아버지와 함께 점토 모형을 만들고 싶어했던 팀의 바람대로, 아버지는 한동안 팀이 있는 곳으로 가서 함께 작업했다(9.7B). 하지만 얼마 지나지 않아 다시 아내와 딸이 있는 탁자로 돌아가 그림에 합류했다(9.7C).

45분 후, 모든 가족이 둘러앉아 그림에 대해 이야기를 나누기 시작했다. 팀의 어머니는 그림을 보면서 그동안 자신이 얼마나 가족의 영역에 강제로 침입하고 간섭했는지 인지하고 깨달았다. 팀은 그제야 안정감을 느끼고 그림 앞으로 가 집에 세부적인 표현들을 덧붙였다(9.7D). 또 팀은 점토로 만든 큰 구멍을 "저장소"라고 부르며, 그곳에 자신의 보물을 안전하게 보관할 수 있다고 했다(9.7E).

총 32회 동안 실시한 가족치료가 몇 차례 안 남았던 무렵, 팀은 점토로 구멍이 개방된 당구대를 만들었다(그림 9.5D 참조). 또 열려 있는 요새도 그렸다(9.5E 참조). 그동안 닫혀 있는 구조물만 숱하게 그리거나 만들었던 것을 생각하면 큰 변화였다. 팀의 부모는 부부 사이의 문제로 갈등이 고조될 때마다 팀의 말더듬는 습관을 끄집어내어 언어 검사를 받아보자고 했었다. 하지만 이제야 마침내 더 이상 그럴 필요가 없다는 사실을 깨달았다. 부모가 자신들의 문제를 인지하고 해결하려는 노력을 시작하자, 팀의 언어 문제는 눈에 띄게 개선되었다. 팀의 정서도 마찬가지였으며, 특히 가족들과의 관계가 훨씬 나아졌다.

마지막 2회는 그동안의 치료 과정을 돌아보기로 했다. 가족들은 자신들에게 긍정적인 변화가 있었다는 데 모두 동의했다. 마지막 시간에는 부모들만 참여했다. 그들은 아이들, 그 중에서도 특히 팀의 상태가 상당히 호전되었다는 사실에 만족감을 표한 후, 화제를 서로에 대한 이야기로 돌렸다. 둘은 지금까지 한 번도 보지 못한 솔직하고 거침없는 언쟁을 시작했다. 상대방에게 "정신과적 도움이 필요하다"고 격앙된 목소리로 말하는 모습은 언뜻 지나치게 공격성을 표출하는 것처럼 보일 수도 있었다. 하지만 우리는 그들이 결혼생활 문제와 각자의 문제에 직면해, 그것을 해소할 준비가 되어 있다는 사실을 알았기에 별다른 걱정을 하지는 않았다. 둘은 이제 자신들의 문제를 위해 상담이나 치료를 받을 필요가 있다는 사실을 받아들이게 되었다(우리는 개인적으로든 함께든 상담을 받아보라고 권유했다). 가족 미술치료를 통해 얻은 가장 큰 수확은 더 이상 팀의 증상에 초점을 맞추지 않게 된 점이었다. 그들은 미술의 상징성을 통해 가족 내 역동에 초점을 맞출 수 있게 되었다.

팀은 또래와 함께하는 집단치료에서나 가족 미술치료에서나 더 이상 말을 더듬지 않게 되었다. 치료 종료 1년 후 실시한 추적 조사에서도 팀은 6개월 넘게 말을 더듬은 일이 없다고 했다. 팀에게 말을 더듬는 것은 분노를 표현하는 간접적인 수단이었던 것으로 보인다. 말하자면, 부모에게 맞서고 불만을 전하기 위한 수단이었던 것이다. 팀의 부모는 아들의 성가신 습관을 고치고 싶어했지만, 그것은 팀과 가족 모두의 변화 없이는 불가능했다. 팀의 가족은 미술치료를 통해 모든 구성원 각자의 내부 문제와, 서로 간의 갈등에 초점 맞출 수 있었다. 팀은 처벌 받을지 모른다는 두려움을 극복하고 내면에 억눌러왔던 공격성을 드러낼 수 있었다. 이 모든 성과는 가족 모두가 미술치료에 즐거운 마음으로, 그리고 때로는 고통을 극복하고 동참했기에 얻을 수 있었다.

이후 팀은 고등학교에 다니는 동안 몇 차례 미술치료를 더 받았다. 시험을 앞두고 있을 때면 불안감에 말을 또 더듬게 될 것 같은 기분이 든다고 했다. 우리는 불안감이 엄습할 때 어떤 인지적 전략을 사용할 수 있을지 함께 논의했다. 우리가 찾아낸 방법들은 꽤 효과적이어서 팀은 더 이상 치료를 받지 않았다. 그 다음에는 팀이 대학에 들어간 후 개인적으로 한 번 더 만났던 게 전부다.

나는 그 후로도 오랜 기간 팀의 부모와 친분을 유지하며 팀과 팀의 여동생 소식을 전해 들었다. 팀의 여동생은 공부를 꽤 잘했고, 팀은 학위를 두 개나 딴 후 훌륭한 직장에 들어가 결혼도 하고 행복하게 살았다. 팀의 부모도 이후 쭉 행복한 결혼생활을 유지했다. 그들은 가족 미술치료가 모두에게 긍정적인 영향을 주었노라고 술회했다. 물론 나 또한 그렇게 믿는다.

3부

가족 및 집단

The
Family and
the Group

10장

가족 미술 검사

어린아이들은 자신을 돌봐주는 어른들에게 전적으로 의존할 수밖에 없다. 아이들은 주변 어른들과의 상호작용을 통해 한 인간이 되어간다고도 할 수 있다. 따라서 아이들을 치료할 때는 그 가족에 대해 파악해야 하며, 필요한 경우 가족을 만나보아야 한다. 조앤 필립스Joan Phillips가 25주년 기념판 서평에서 말했듯 '가족은 성장하는 아이에게 혹독한 시련'일 수 있다.

개인을 대상으로 미술치료를 실시하는 경우라 해도, 도중에 가족 전체가 참여하는 기회를 마련하는 것은 무척 큰 도움이 된다. 앞서 나온 팀의 사례에서도 모든 가족이 참여하기 전까지 치료는 반쪽짜리에 불과했다. 피츠버그 대학 웨스턴 심리센터 및 클리닉The Western Psychiatric Institute&Clinic(전 피츠버그 아동보호 센터The Pittsburgh Child Guidance Center)에서도 가족 미술 검사의 효용성을 인정하며 진단을 내릴 때 가족 미술 검사를 활용하고 있다.

선구적인 학자들이 가족을 대상으로 한 미술치료를 실시한 후 남긴 자료를 보면서 가족 미술치료라는 새로운 분야의 가닥을 잡을 수 있었다(Kwiatkowska, 1962/1967/1978). 하지만 우리 치료소에 찾아오는 아이들은 대개 무척 어렸기에, 그 아이들과 가족에게 적합한 방법을 새로 개발할 필요가 있었다. 아동 임상심리Clinical Child Psychology 학회 회장인 막스 마그누센 박사의 지원과 관심이 큰 도움이 되었다. 나는 마그누센 박사와 함께 가족 미술치료 기법의 설계, 개발, 수행을 함께했을 뿐 아니라 이 장의 바탕이 된 논문도 함께 작성했다

(Rubin&Magnussen, 1974).[1]

우리는 가족 미술치료에 적절한 기법을 찾기 위해 다양한 방식을 시도해보았다. 앞서 설명했듯, 내담자들이 자유롭게 미술 활동을 하도록 장려하는 열린 방식open-ended을 적용해보기도 했지만 그 방식을 불편하게 여기는 사람들도 있다는 사실을 알게 되었다. 특히 연령대가 높은 내담자일수록 불편해하는 정도가 더 높았는데, 이는 그들이 치료사에게 스스로의 내면을 드러내기 꺼리기 때문인 것으로 보였다. 정해진 규칙 없이 자유롭게 실시하는 방식으로는 가족 구성원끼리 서로를 어떻게 인지하는지 그리고 그들 사이의 관계가 어떠한지 알아내기 어려웠다. 우리는 다양한 과제를 여러 순서대로 조합해 실험한 끝에, 2시간 동안 세 가지 과제를 차례대로 실시할 때 가장 효과적인 검사 결과를 얻을 수 있음을 알아냈다.

우리는 대개 큰 원형 탁자, 그보다 더 작은 탁자 두 개, 이젤 두 개, 재료와 도구들이 놓인 탁자, 벽화를 그릴 수 있을 만큼 큰 벽이 갖추어진 방에서 미술 검사를 실시했다. 임상 현장에서 이 모든 조건을 갖출 수 있다면 이상적이겠지만, 그럴 수 없다면 모든 가족 구성원이 공동 작업과 개별 작업을 원활히 할 수 있는 공간만 갖추더라도 충분하다. 때로는 협소한 내 개인치료소에 가족들이 찾아와 검사를 받고 싶다고 청하기도 했다. 그럴 때마다 공간이나 재료 부족으로 절차를 간소화시켜 검사를 하곤 했지만, 여전히 훌륭한 결과를 얻을 수 있었다.

가족 미술 검사를 실시하는 시점은 처음 진단을 내릴 때든 치료 도중이든 상관없다. 검사 시간은 대부분 2시간이 적당했다. 가족 미술 검사를 할 때는 가능한 한 함께 사는 모든 구성원이 참석하는 것이 좋다. 단, 실질적으로 참여할 수 없는 영·유아의 경우는 예외로 한다. 가만히 앉아 재료를 가지고 미술 활동을 할 수 있는 3~4세 정도의 아이부터는 참여하기를 권장한다. 3~4세 이전 아이들의 참여를 권장하지 않는 것은, 그 연령대 아이들에게는 낙서나 그림을 통해 내면을 투사하는 능력이 부족하기 때문이다. 자유롭게 낙서하고 그림을 그릴 수

---

[1] 지난번 개정판 이래 여러 학자들이 임상적으로 유용하고 창의적인 방식으로 가족 미술 검사를 실시할 수 있는 방법을 개발했다(Landgarten, 1987; Linesch, 1993; Riley&Malchiodi, 2004; Sobol&Williams, 2001).

있는 아이라면 문제가 되지 않는다.

나는 검사를 실시하기 전 대상 가족에 대한 최소한의 정보만을 알아두는 편이다. 그래야 검사 기간 동안 더욱 객관적인 시각을 유지할 수 있기 때문이다. 앞서 말했듯, 이는 개인 미술 검사를 실시할 때도 마찬가지이다. 일단 검사를 마친 이후에 검사 대상자들에 대한 정보를 읽어보고 자신이 내린 진단과 일치하는지 확인하는 것이 좋다.

형식

나와 마그누센 박사가 고안한 형식은 다음과 같다(물론 이는 임상 현장 조건과 상황에 따라 수정할 수 있다).

개별 낙서

탁자에 둘러앉아(원형 탁자가 가장 이상적이다), 중앙에 놓인 재료 중 마음에 드는 것을 하나씩 고른다(재료는 색연필, 크레파스, 마커, 파스텔을 준비해놓는다). 그리고 가로 30cm, 세로 23cm 정도 크기의 흰 도화지에 선으로 된 낙서를 한다. 이때 참가자는 눈을 감아도 되고 떠도 된다. 이때 유일한 규칙은 일단 선을 긋기 시작하면 떼지 않고 끝까지 그림을 그리는 것이다.

모든 사람이 선 그림을 다 그렸으면, 도화지를 이리저리 돌리면서 낙서가 무엇처럼 보이는지 생각해보라고 한다. 그리고 그 중 하나 이상을 선택한 후 낙서를 조금 더 다듬어 그림으로 완성한 후 제목을 붙이도록 한다.

그런 식으로 모든 사람이 그림을 완성했으면, 이제 그림을 한 점씩 이젤이나 벽에 세워 걸어놓고 그림을 그린 사람이 그에 대해 설명하도록 한다. 다른 사람들은 그림에 대해 어떤 말이든 할 수 있다. 그림을 그린 사람은 전문 화가처럼 다른 사람들의 논평이나 질문에 대답을 한다(그림 10.1).

가족 초상

모두에게 2차원이나 3차원으로 된 가족 초상을 그리거나 만들도록 지시한다. 미술작품은 사실적이든 추상적이든 관계없다. 재료는 다음을 준비해둔다. 색연필, 크레파스, 마커, 파스텔, 수채화 물감, 템페라 마커, 템페라 물감, 점토, 나무토막, 접착제, 다양한 색상과 크기의 색종이. 각자가 원하는 자리에서 작업을 하도록 한다.

모두가 작품을 완성했으면, 이제 작품이 잘 보이도록 벽에 붙이거나 탁자에 놓아둔다. 한 명씩 자신의 작품에 대해 설명한다. 다른 사람들은 작품에 대해 논평하거나 질문할 수 있다.

합동 벽화

벽에 붙여놓은 큰 종이(가로 2m, 세로 1m)에 온 가족이 함께 두꺼운 초크로 벽화를 그리도록 지시한다. 그림을 시작하기 전 함께 무엇을 그릴지 논의한 후 시작하도록 한다.

벽화 그리기 과제도 다른 과제들과 마찬가지로 상황에 따라 여러 조건을 수정할 수 있다. 중요한 점은 먼저 함께 머리를 맞대고 무엇을 그릴지 계획한 후 가로 30cm, 세로 23cm 크기의 작은 종이에 미리 스케치하고 시작하도록 하는 것이다. 벽화를 완성한 후에는 작품과 가족이 함께한 경험이 어땠는지 이야기하도록 한다.

자유 작품

앞의 과제들을 다른 가족보다 빨리 완성한 사람이 있다면, 남는 시간에 재료와 주제를 마음대로 선택해 미술작품을 만들도록 한다.

가족 미술 검사에 참여하는 사춘기 아이들이나 성인은 미술에 소질이 없다며 자신감 없어하는 경우가 대부분이다. 따라서 미술치료사는 가족들이 처음 치료실에 들어와 탁자에 앉으면, 미술 검사의 목적과 특징을 설명해주는 것이 좋다. 미술 검사는 가족 전체와 구성원 각자에 대해 더 많은 것을 파악하기 위해 실시하는 것이라고 설명함으로써 그들을 안심시켜줄 필요가 있다.

미술치료사는 참가자들이 각 과제를 시작하기 전 어떤 질문이나 걱정이든 자유롭게 표현할 수 있도록 편안한 분위기를 만들어주어야 한다. 걱정, 불안, 혼란에 대해 뚜렷이 표현하다 보면 노출에 대한 저항을 더욱 쉽게 극복할 수 있기 때문이다. 예술적 기법이나 표현 능력은 중요하지 않으며 참가자들이 만든 작품의 의미를 탐색하고 설명하는 것이 더 중요하다는 사실을 주지시켜야 한다.

사람은 누구나 자신의 내면이 드러나는 것을 두려워한다. 이러한 두려움 때문에 자신의 작품에 대해 설명하면서 어느 정도 합리화나 정당화를 하게 마련이지만, 미술작품 속 상징의 의미를 가장 잘 설명할 수 있는 것은 그것을 만든 당사자이다. 미술작품의 전체적인 의미를 가장 잘 해석할 수 있는 것도 관찰자가 아닌 창조자 그 자신이다. 이상적으로는, 가족이 함께 작품에 대해 논의하면서 상징의 의미를 자연스레 떠올리게 되는 것이 가장 좋다.

치료사는 미술 검사를 종료하기에 앞서, 검사 과정 중 떠오른 근심이나 의문 등이 있으면 모두 이야기하도록 독려한다. 이를 위해 다음과 같은 질문을 하면 효과적이다. "가족 미술 검사를 해보니 어땠어요?" "예상하지 못했던 부분이 있었다면 이야기해볼까요?" "오늘 가족이 평소와 다름없었나요? 아니면 평소와 다른 점이 있었나요?" 30여 년간의 임상 경험을 돌아보건대, 검사를 받은 가족들은 대부분 이를 통해 스스로를 더욱 잘 이해하게 되었다.

처음 가족 미술 검사를 시작할 때는 참가자들이 이를 위협적으로 느끼지 않을까 우려했다. 하지만 우려와 달리 참여했던 가족들은 대부분 편안하게 검사를 마쳤다. 시간이 흐르면서 참가자들은 대부분 점점 긴장을 풀고 편안하게 검사에 임했다. 이는 부분적으로는 자아 동조적ego-syntonic인 재료의 선택과 과제의 특성에서 기인한 것으로 보인다. 이에 덧붙여 어른들은 대부분 자의식이 강해 스스로를 표현하는 데 주저했지만, 어린아이들은 미술 검사 과정을 자유롭게 즐기면서 다른 구성원들이 더욱 자발적으로 미술 활동에 참여하도록 촉진시키는 역할을 했다.

낙서

우리는 개인과 가족의 특성을 최대한 파악하면서 스트레스를 최소화하기 위해 과제의 순서를 정교하게 배치했다. 첫 과제를 '낙서'로 지정한 것은 미술에 조예가 없는 참가자라 하더라도 미술 검사에 편안함을 느끼도록 배려하기 위해서이다. 또한 낙서는 강력한 평가 도구이기도 하다. 일단 탁자에 둘러앉을 때의 태도나 분위기부터가 가족 구성원에 대해 많은 정보를 알려준다. 각 자리마다 도화지가 이미 배정되어 있기 때문에 참가자들은 자신이 사용할 재료만 선택할 수 있다. 예전부터 많은 학자와 임상 치료사들이 미술교육, 치료, 진단에 낙서를 활용해왔다(Cane, 1951; Naumburg, 1966; Ulman, 1965).

치료사는 아무 의미 없이 그은 낙서에서 시작해 그림을 그려보라는 요구를 통해 각 구성원이 모호한 자극을 어떤 식으로 받아들이고 해석하는지 알 수 있다. 이 과정은 투사적인 진단 도구인 로르샤흐 검사와도 유사하다. 투사는 그림을 그리는 과정뿐 아니라, 다른 가족 구성원이 그린 그림에 대해 어떤 반응을 보이는지에서도 나타난다. 예를 들어, 가족 미술 검사에 참여했던 6살짜리 꼬마는 자신의 어머니가 그린 "웃는 강아지A Smiling Doggie"라는 그림을 보고 다음과 같은 반응을 보였다. "사람들이 강아지 꼬리를 자를지도 몰라요!" 그림에 대해 논의하는 시간에 탁자에 둘러앉은 가족 구성원들이 서로 어떻게 상호작용하는지를 유심히 관찰하면 훌륭한 정보를 얻을 수 있다.

예컨대 A라는 여성은 낙서에서 어떤 형태나 모양도 찾기 어려워했다. 하지만 다시 한 번 유심히 보라고 격려해주자, "강제 수용소 같은 곳에서 볼 수 있는 철조망"이 떠오른다고 말했다(그림 10.2A). 그런 후 A는 다섯 명의 혈기왕성한 아이들을 홀로 돌보려면 얼마나 힘든지 이야기하기 시작했다. 사실 미술 검사 시간에도 아이들이 소란스럽게 제멋대로 구는 동안 A는 아이들을 통제하지 못한 채 수동적으로 앉아 있기만 했다.

10.2 낙서

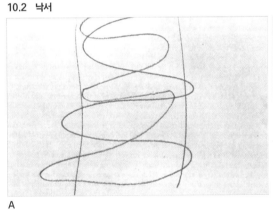

A

B

A. 철조망. 여성 A의 낙서
B. 광대. 남성 F의 낙서. 초크

C

C. 쌍둥이 칼이 그린 괴물. 8세
D. 쌍둥이 여동생 캐롤이 그
린 괴물. 8세

D

또 F라는 남성은 자신이 그린 낙서가 "게으름뱅이가 광대 분장을 한 것 같아 보인다"고 말했다가, 최종적으로 쾌활하고 낙천적인 제목이 더 어울리겠다며 그냥 "광대Bum-Clown"라는 제목을 붙였다(10.2B). F는 그림에 대해 설명하면서 자신에게 양면적인 자아상이 있는 것 같다고 말했다. 그는 자신이 여러 강력한 감정, 특히 우울함을 느낄 때마다 그것을 감추거나 억누르기 위해 농담을 던지는 경향이 있다고 했다.

8살 쌍둥이 칼과 캐롤은 모두 자신들의 낙서가 괴물처럼 보인다고 했다. 칼은 자신이 그린 괴물이 6살 된 소년이라면서 다음과 같이 설명했다(10.2C). "이 괴물은 멍청한 데다 뭐든 먹어치워요. 사람도 먹어요. 사람들은 이 괴물을 머리 큰 멍청이라고 불러요." 캐롤은 자신의 그림이 여자아이 괴물이라면서 다음과 같이 설명했다(10.2D). "이 괴물은 나가서 사람들의 창자를 먹기 좋아해요. 그리고 가끔은 자기를 괴롭히는 사람들도 먹어요." 처음에 치료를 받으러 온 것은 칼 혼자였지만, 캐롤의 그림에서도 무질서와 공격성이 나타났기 때문에 캐롤도 오빠와 함께 치료를 받게 되었다.

가족 표상

두 번째 과제는 작업할 자리와 재료를 자유롭게 선택해 가족의 초상을 그리거나 만드는 것이었다(그림 10.3). 퀴아트코스카는 가족 초상 대신 가족을 추상적으로 표현한 그림을 그리도록 한 바 있다. 우리는 특별한 규칙 없이 재료를 자유롭게 선택해 가족을 사실적 혹은 추상적으로 표현하도록 하는 방식을 적용했다.

참가자들이 내놓은 작품은 다양했다. 정적인 작품도 동적인 작품도 있었으며, 얼굴만 그린 경우도(10.3A) 몸 전체를 그린 경우도 있었다. 또 사실적인 그림을 그린 사람도 있었으며 점토나 나무토막으로 구조물을 만든 사람도 있었다(10.3B). 가족을 표현할 때 생략하거나 소홀하게 나타낸 부분이나 세심하게 정성을 들여 나타낸 부분에는 모두 중요한 의미가 담겨 있다고 보면 된다. 또 주목해야 할 점은 참가자들이 첫 번째 작품을 완성한 후 다른 재료를 가지고 그리거

10.3 가족 표상

A. 십대가 그린 "가족 초상화"
B. 조디가 표현한 가족
C. 잭의 드로잉 관찰하기

B

C

나 만든 두 번째 작품이 첫 번째에 비해 더 많은 의미와 정보를 담은 경우가 많았
다는 사실이다.

작품 속에 표현된 인물들의 상대적인 크기와 위치는 그 가족에 대한 많은 정
보를 제공해준다. 그 이외에도 가족 구성원들이 과제를 수행하는 동안 각자 어
떤 자리에서 작업하는지, 서로 어떻게 상호작용하는지를 보면 그 가족의 문제

D

D. E와 F 가족이 첫 번째 과제를 수행하는 모습
E. 아버지 E가 그린 가족 드로잉
F. 잭이 그린 가족 드로잉

E

F

H

G. 어머니 F가 그린 가족 그림
H. 모든 가족 그림을 바라보기

와 특징을 파악할 수 있다. 친자녀 둘과 입양한 자녀 둘을 합해, 총 네 명의 자녀를 두고 있던 E와 F 부부의 사례를 예로 들어보겠다. 이 부부는 입양한 딸 조디의 문제로 치료소를 찾아 가족 미술 검사를 받게 되었다(10.3C). E와 F는 첫 번째 과제(낙서)를 수행하는 동안 16살 난 친딸과는 같은 탁자에 앉아 끊임없이 대화를 주고받았다. 반면 입양한 자녀인 잭과 조디는 각각 부모와 떨어진 탁자에 앉아 홀로 조용히 과제를 수행했다(10.3D). 첫 번째 과제를 모두 마치고 서로의 작품에 대해 이야기할 때도 이 가족의 특징이 확연히 드러났다.

남편 E는 "그림을 통해 가족의 친밀감을 표현하려 했다"고 말했다(10.3E). 하지만 사실 E의 그림에는 자기 자신과 아내, 친자녀 둘만이 친밀한 듯 보이고, 입양한 자녀 둘은 약간 고립된 듯 표현되어 있었다. 그림 속 잭과 조디는 다른 가족들과 약간 떨어져 있었으며, 가장 마지막에 그려졌다. 하지만 E는 "아이들의 나이 순서대로 그렸을 뿐"이라고 설명했다.

입양된 아들인 잭은 자신과 같은 방을 쓰는 아기만을 그렸다(10.3F). 그림에 대해 설명하면서 자신은 "밖에서 안으로 들어가려고 애쓰고 있다"는 표현을 했다. 어머니 F가 그린 가족 초상에 대한 반응에서도 형제에 대한 잭의 경쟁심을 관찰할 수 있었다(10.3G). 잭은 어머니가 그린 그림을 보더니 성난 목소리로 아기가 "너무 크게 그려졌다"고 말했다.

어머니 F는 "다 같이 손을 잡고 있는 행복하고 친밀한 가족"을 그렸다고 설명했다. 하지만 나는 이 그림을 통해 잭과 조디가 가족에게서 배제당하고 있거나 적어도 가족 내에서 겉돌고 있다는 느낌을 재확인했다. E가 그린 그림, 잭이 그린 그림, 그리고 두 번째 과제를 수행하는 동안 구성원이 어떤 위치에서 작업하는지를 보면서도 동일한 느낌을 받았다. E와 F 부부는 가족 내에 갈등이 있다는 사실을 계속 부인했지만, 입양된 두 아이가 가족으로 완전히 받아들여지지 않았음을 알 수 있었다.

두 번째 과제에서는 구성원들이 어떤 재료를 선택하고, 어떤 방식으로 작업하는지 관찰함으로써 가족의 특징을 파악할 수 있었다. 각자가 어떤 재료를 선택하고 다루는지도 중요했지만, 그와 동일하게 다른 가족 구성원이 재료를 다루는 것에 대해 어떤 반응을 보이는지 또한 많은 정보를 주었다. 이를테면 아내 F는 아이가 손가락 그림물감과 점토를 만져 주변을 어지럽히는 것을 보고 질색하는 반응을 보였다.

각자 그리거나 만든 작품에 대해 논의하는 시간 또한 작품을 만드는 시간 못지않게 중요하다. 이때 치료사는 가족의 작품들을 한데 모아놓고 한꺼번에 보면서 이야기하도록 유도할 수도 있고(10.3H), 작품들을 하나씩 비교해보도록 유도할 수도 있다. 또 한 명씩 돌아가며 자신의 작품에 대해 설명하고 나머지 가족이 그에 대해 논평하도록 할 수도 있다. 작품에 대한 논의방식은 주어진 상황과 치료사의 재량에 따라 마음껏 조합해 적용할 수 있다.

가족 벽화

마지막 과제를 수행하기 위해서는 온 가족이 함께 결정을 내리고, 작업해야만 한다(그림 10.4). 여기서 중요한 것은 무엇을 그릴지 모두 함께 미리 결정해야 한다는 점이다. 어떤 형식의 구애도 받지 않고 자유롭게 그림의 내용과 주제에 대해 논의하는 과정에서, 그 가족의 습관적인 문제 해결방식이 자연스레 드러난다. 최종 결과물의 완성도는 그 가족이 한 단위로서 얼마나 잘 기능할 수 있는지를 반영해 보여준다. 이때 구성원들이 그 과정에서 얼마나 편하거나 불편하게 느꼈는지는 기능적인 단위라는 측면에서는 중요치 않다.

구성원들이 의사 결정과 과업 수행에 참여하는 방식을 보면 가족의 특징과 상호작용 유형을 파악할 수 있다(10.4A, 10.4B). 과제 완료 후 가족이 벽화에 대해 어떤 식으로 이야기하는지, 대화의 방식이 어떠한지, 누가 가장 책임감을 느끼는지 등을 관찰하는 것 또한 많은 정보를 제공해준다(10.4C).

앞서 설명한 예에 나온 E와 F 가족은 여러 가지 주제에 대해 논의한 끝에 별다

10.4 가족 벽화 그리기

A

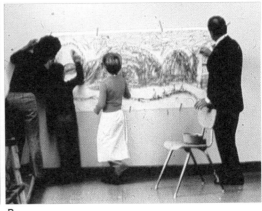

B

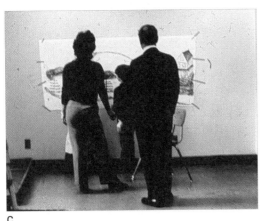

C

A. 함께 작업하기
B. 마무리하기
C. 벽화에 대해 논하기

D. E와 F 가족이 벽화를 그리는 모습. 포스터 초크
E. E와 F 가족의 벽화
F. 칼과 캐롤 가족이 그린 벽화

D

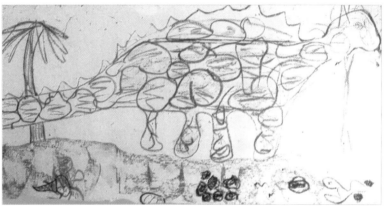

E

F

른 갈등 없이 공룡을 그리기로 합의했다(10.4D). 8살 잭은 자신이 낸 아이디어가 받아들여지지 않았다는 사실에 처음에 잠시 심통을 부리다가, 결국 동참해 즐겁게 그림을 그렸다. 그들 가족은 순탄하고 효율성 있게 그림을 완성했으며, 모두 그 과정을 즐기는 듯 보였다. 완성된 공룡 그림의 경쾌하고 명랑한 느낌은 이 가족의 발랄한 상상력과 잠재적 응집력을 보여주었다(10.4E).

　반면 쌍둥이 칼과 캐롤의 가족은 그림을 그리기 진 무엇을 그릴지 합의하는 데 실패하고, 각자 경쟁적으로 그림을 그리기 시작했다. 가족들의 이러한 태도는 첫 번째 과제인 낙서에서 나타난 공격적인 성향과 일맥상통했다(10.4F). 이들이 그린 벽화에는 가족의 정체성에 대한 공통적인 느낌과 바람이 '집'이라는 공통 주제를 통해 드러났지만, 조각조각 이어붙인 듯 일관성 없고 통일성 없는 벽화의 특징은 이 가족의 무질서와 혼란, 조급성을 반영했다.

자유 작품

이 과제를 꼭 해야 하는 것은 아니지만 개인별 작업 속도가 모두 다르기 때문에 대개 한 가족당 한 명 이상 자유 작품을 내놓는 편이다(그림 10.5). 앞장에서 소개했던 팀이라는 소년은 가족 미술 검사 시간에 자유 작품을 통해 "도와달라"는 애절한 호소를 했다(10.5A).

　6살 난 글렌도 다른 가족들이 가족 초상을 완성하는 동안 도움을 청하는 그림을 그렸다. 글렌은 낙하산을 탄 소년이 "도와줘"라고 소리치는 그림을 그렸다(10.5B). 그 낙하산은 더 나이 많은 소년이 아래에서 쏘아 올렸다고 했다. 글렌은 가족 미술 검사를 실시하는 내내 자신의 형에게 대들면서 지지 않으려 애쓰는 모습을 보였다. 하지만 글렌의 어머니는 형제의 갈등에 아무런 개입도 하지 않은 채 한 발 뒤로 물러서 있었다. 글렌은 자신이 보호받지 못하는 약한 존재라고 느끼는 듯했다. 그래서인지 자신의 그림에 대해 설명하면서 두 명의 치료사가 낙하산을 타고 있는 소년을 구해줄 것이라는 이야기를 만들어 들려주었다. 낙하산을 탄 소년은 자기 자신을 나타낸 것이 분명했다.

A

B

A. 팀의 자유 드로잉. 5세
B. 글렌의 자유 드로잉. 6세

C. 여성 Y가 그린 천막. 마커

Y라는 여성은 미술 검사 시간 내내 거의 말을 하지 않은 채 긴장되고 위축된 모습을 보였다. Y가 그린 그림 또한 강박적이고 단순했다. Y는 다른 가족들이 가족 초상을 완성하는 동안 인디언이 사는 원뿔형 천막을 그렸다(10.5C). Y는 이 그림에 대해 천막 안에 사는 인디언이 연기로 도와달라는 신호를 보내고 있다고 했다. 하지만 어떤 문제 때문에 도움을 청하는지에 대해서는 말하지 않았다. 이 설명은 Y 자신의 상태를 잘 반영했다. Y는 불편한 침묵 뒤에 숨어 치료사들이 도와주기만을 기다리고 있었다.

통합하기

앞서 나온 E와 F 가족의 사례를 다시 불러와 다양한 경로를 통해 얻은 자료들을 어떻게 통합하면 되는지 알아보자. E와 F 부부는 자신들이 입양한 두 아이에 대한 감정을 잘 다스리고 있으며, 그들을 가족 구성원으로 완전히 받아들였다고 생각했다.

하지만 가족 미술 검사를 통해 입양된 아이들이 가족 내에서 미묘하게 겉돌고 있음을 보여주는 증거들이 나왔다. 우선, 잭과 조디는 자신들이 만든 작품을 부모가 보면 노여워할지 모른다는 우려의 말을 했다. 또 두 번째 과제를 할 때 잭과 조디만 다른 가족에게서 떨어져 앉아 있었다. 잭이 방에 막내 아기만 누워 있고 자신은 밖에서 방으로 들어가지 못하는 상황을 그림으로 그렸다. 아버지 E는 아내와 친자식을 먼저 그리고 입양한 아이들은 나중에 그렸다. 또 그림 속에서 입양한 아이 둘을 가장자리에 배치했다. 애초에 E와 F 가족이 치료소를 찾아온 목적은 입양한 자녀인 조디의 학습 부진 때문이었다. 하지만 가족 미술 검사를 실시한 결과 조디의 문제는 가족 내에서 겉도는 상황 때문임이 분명해졌다. 따라서 가족 전체가 치료를 받을 필요가 있었다(Betts, 2003).

가족 미술 검사의 특징

가족 전체가 참여하는 어떤 심리 검사든 마찬가지겠지만, 미술 검사에는 특히 가족 간의 상호작용을 직접적으로 관찰할 수 있다는 장점이 있다. 미술 검사를 실시하는 동안에는 현장에서 발생하는 일들을 바로 관찰할 수 있으며, 구성원 모두가 그에 대해 논의해볼 수도 있다. 그리고 여러 구성원이 동시에 활동하는 모습을 관찰할 수도 있다.

또 비언어적 의사소통을 통한 심리 검사의 장점 중 하나는 내담자의 방어기제를 우회적으로 해제시킬 수 있다는 점이다. 집단 미술치료에서는 치료사나 가족 구성원 서로에 대해 초점을 맞추기보다는 미술작품에 초점을 맞추기 때문에 자신도 모르는 사이에 더욱 편안하게 내면을 드러낼 수 있다. 가족 미술 검사와 유사한 심리 검사로는 가족 인형극 면접법Family Puppet Interview(FPI)이 있다 (Irwin&Malloy, 1975) 가족 미술 검사와 가족 인형극 면접법 모두 투사적 특징을 이용한다는 공통점이 있다.

가족 미술 검사는 최소한의 시간 안에 풍부한 정보를 얻을 수 있는 검사법이다(Kwiatkowska, 1967, p.54). 가족 미술 검사와 언어적 가족 면접법을 비교해본 학자들은 미술을 통해 가족의 역동이나 문제를 더욱 심층적으로 이해할 수 있다는 일관성 있는 결론을 내렸다(Kwiatkowska, 1967/1978).

우리 치료소에서는 1970년대 초반 이후부터 전통적으로 실시해오던 진단 절차에 가족 미술 검사법을 추가했다. 그때부터 우리는 심층 면접이나 심리 검사 등의 다른 검사법들을 통해 얻은 결과와 미술 검사를 통해 얻은 결과를 비공식적으로 비교해보았다. 마그누센 박사와 나는 동일한 가족을 대상으로 여러 접근법을 적용해 실시한 검사에서 놀랍도록 유사한 결과를 얻었다. 가족 미술 검사 도구에는 견제와 균형을 통해 조화를 찾아가는 특성이 내재되어 있다. 세 가지 과제를 차례대로 실시하고 그에 대해 논의하는 과정에서 치료사는 각 가족 구성원의 다양한 행동 — 말, 비언어적 표현, 개별 행동, 상호작용 — 을 관찰할 수 있다. 그리고 미술작품을 만드는 방식, 작품의 내용, 형태 등에는 상당한 상징적 의미가 담겨 있다. 구성원 각자가 자기 자신과 타인의 작품에 표현된 상징에 어떤 식으로 반응하는지 지켜보는 것은 흥미로운 작업이다.

치료사는 가족 구성원들이 어떤 주제와 재료를 선택하는지, 서로 얼마나 가깝게 앉았는지, 서로 어떻게 상호작용하는지를 관찰함으로써 가족 전체의 역동과 개개인에 대한 광범위한 자료를 수집할 수 있다. 가족 구성원이 여럿일 경우 관찰해야 할 대상도 많아지므로 두 명의 치료사가 공동으로 참여하는 것이 좋으며 검사 과정을 녹화해놓는 것도 도움이 된다.

치료사는 이렇게 얻은 다양한 자료에서 도출한 결론들이 서로 얼마나 일치하는지 알아보아야 한다. 예컨대, 미술작품의 내용이 상징하는 바가 당사자의 행동과 일치할 경우 더욱 확실한 진단을 내릴 수 있다. 그렇게 내린 결론을 검사 대상 가족에게 알려준 후 그들의 반응을 지켜보면 또 다른 정보를 얻을 수 있다. 또한 이를 통해 검사 대상 가족이 작품, 상호작용, 말의 중요성을 솔직하게 터놓고 말할 수 있다는 장점도 있다.

마그누센 박사와 내가 가족 미술 검사법의 개발에 착수하겠다고 선언했을 때, 예상외로 많은 동료들의 반대에 부딪혔다. 물론 그들은 흥미를 보이기도 했지만 동시에 걱정과 불편한 감정을 표했다. 마찬가지로 임상 현장에 종사하는 사람들이 이 새로운 도구를 실제로 활용하기까지 상당한 시간이 걸렸다. 하지만 일단 그 효용성을 인정받고 익숙하게 받아들여진 후에는 미술을 통한 가족 검사법이 점차 인기를 얻었다.

내 생각에 검사 대상 내담자들이 이 검사법을 얼마나 편안하게 받아들이느냐를 결정하는 주된 요인은 치료사 자신의 태도인 것 같다. 앞서 말했듯, 검사 대상 가족들은 대부분 미술 검사에 별다른 거부감을 느끼지 않았으며 어떤 이들은 그 과정을 무척 즐겼다. 따라서 치료사가 거부감 없이 편안하게 느낀다면 내담자 또한 아무 스트레스 없이 편안함을 느낄 것이다.

수정

그래서 치료사들이 편안하게 느끼면 스트레스를 유발할 수 있는 상황에서도 모든 일이 무난하게 진행되곤 한다. 치료사의 긍정적인 기대가 좋은 효과를 낳았던 예로 정신과 의사와 사회복지사가 공동으로 다섯 명의 부모들에 대한 집단 치료를 실시했던 사례를 들 수 있다. 그들은 부모들만을 대상으로 매주 한 차례씩 한 달 동안 미술치료를 실시한 후, 각 내담자의 가족들 전부를 차례로 불러 가족 미술 검사를 받기로 했다.

서너 주 동안 다섯 가족이 차례로 미술 검사를 받았다. 각 검사는 1시간 동안 실시되었으며, 그 과정은 모두 녹화되었다. 두 명의 공동 치료사는 2주 동안 녹화 영상과 미술작품들을 다시 보면서 각 가족에게 어떤 문제가 있는지 진단을 내렸다. 그 후 부모들이 한 자리에 모여 치료사가 내린 결론을 듣고 그에 대해 논의하면서 자기 자신에 대해 성찰하고 건설적 변화를 꾀할 수 있었다.

자신들이 얻은 결과에 무척 흡족한 두 치료사는 가족 미술 검사 과정을 상세하게 적어 논문으로 남겼다(Henderson&Lowe, 1972). 후에 나는 그 두 치료사와 함께 작업하면서 미술과 관련된 경험이나 지식이 별로 없다고 해도 얼마간의 교육만 받으면 충분히 미술치료를 수행할 수 있다는 퀴아트코스카의 관찰 결과를 재확인했다(1967/1978).

이들은 목적에 따라 가족 미술 검사 방법을 수정할 수 있다는 가능성을 보여주었다. 그들은 집단치료 시간에 비디오 녹화 자료를 함께 보며 논의할 예정이었기 때문에 미술 검사 시간을 1시간으로 제한할 수밖에 없었다. 또한 가족 미술 검사에 참여하는 모든 구성원의 행동을 한 화면에 담아야 했기에 넓은 공간을 제공할 수도 없었다. 그리고 바닥에 깔린 양탄자 때문에 흐르는 물감이나 점토를 배제시켜야 한다는 제약도 있었다(단, 재료와 작업 위치를 각 구성원이 원하는 대로 선택할 수 있게 한다는 원칙만은 지켰다). 이들은 짧은 시간을 최대한 활용하기 위해 세 과제 중 두 번째와 세 번째만을 실시하기로 했다. 그리고 두 번째 과제인 '가족 벽화'를 위한 도화지 크기도 약간 줄이고, 재료도 다루기 쉬운 것만을 준비했다. 검사 결과는 고무적이었다. 여러 제약과 절차상의 수정에도 불구하고 검사의 기본적인 틀은 유지하면서 유용하고 타당성 있는 자료를 얻을 수 있었다.

검사 절차를 수정하더라도 훌륭한 결과를 얻을 수 있으며, 때로는 수정한 절차가 목적에 더 부합할 수도 있다. 여기서 설명한 가족 미술 검사 절차를 한 치의 벗어남도 없이 엄격하게 따를 필요는 없다. 단지 가족을 대상으로 검사할 때 가장 편안하고 효율적이었던 과제 세 가지와 그 순서를 찾아내 소개한 것에 불과했다. 만약 검사 시간이 부족하다면 과제 중 한두 가지만을 선택해 적용해도 괜찮다. 어떤 치료사는 가족 그림 검사를 간략화해 5분 동안 가족 벽화 그리기 과제만을 수행하도록 했다(Goldstein, Deeton&Barasch, 1975).

마그누센 박사와 나는 검사 도구를 개발하는 동안 다양한 시간, 순서, 과제, 환경을 조합해 실험했다. 각 방식마다 장단점이 있었기에, 어떤 시간 비율로 어떤 과제를 조합하면 좋을지 신중하게 통제를 가해 연구를 진행했다. 다양한 조합에 따라 실험해본 결과 첫 번째와 두 번째 과제에 너무 긴 시간을 쏟았을 경우(혹은 가족이 검사 시간에 늦었을 경우), 세 번째 과제에는 시간제한을 두는 편이 좋았다.

가족 미술 검사를 할 때도 개인 미술 검사를 할 때만큼이나 그림 속 상징의 의미를 파악하는 것이 중요하다. 생략된 부분, 크기왜곡, 각 인물과 사물의 위치가 무엇을 나타내는지에 대한 의견은 분분하다. 하지만 그 모든 해석은 단지 추측에 불과하며, 추가적인 자료를 통해 그 내용을 재확인할 필요가 있다.

1980년대 초반에 나는 한 아동 정신과 의사와 공동으로 어머니-아이가 그린 가족그림에 나타난 여러 특징의 상징적 의미를 체계적으로 정리해보려는 시도를 했다. 우리는 그림에 표현된 인물이나 사물의 상대적 크기와 위치를 관찰하고, 연구 대상인 어머니와 아이에게 다음과 같은 질문을 했다. "무서울 때는 누구에게 갑니까?" "주로 화를 내는 대상은 누구입니까?" 그런 후 그림에 대한 평가자들의 점수와 평가 대상의 질문에 대한 대답 간에 어떤 상관관계가 있는지 컴퓨터로 분석해보았다. 우리는 고심 끝에 나온 연구 내용을 발표하지 않기로 했다. 딱 잘라 말할 수 있는 결과가 나오지 않았기 때문에, 안 그래도 의견이 분분한 이 분야에 혼란만 더 가중시킬 것 같다는 판단에서였다.

우리가 도달한 유일한 결론은 미술작품에 나타난 특징이 무엇을 상징하는지 해석할 때 신중에 신중을 기해야 한다는 것이었다. 치료사가 어떤 느낌이나 생각을 떠올리든 그것은 가설에 불과하며, 추가 정보를 통해 그 가설을 입증하거나 파기해야만 한다. 그럼에도 불구하고 치료사는 개인 미술 검사에서와 마찬가지로 가족 미술 검사를 통해 상당히 가치 있고 귀중한 정보들을 얻을 수 있다. 또한 가족 미술 검사는 참가하는 이들에게 재미있고 즐거운 경험을 선사할 수도 있다.

11장

가족 미술치료

앞서 나온 팀의 경우처럼 구성원 전체가 참여하는 것이 일반적이기는 하지만 구성원 중 일부만 참여하는 가족 미술치료만으로도 도움될 때가 많다. 그래서 가족 합동치료에 대해 설명하기 전에 가족 구성원 중 두 명만이 함께하는 치료에 대해 이야기하고 넘어가겠다.

둘이 함께

한 아이의 생애에 가장 중요하고 심오한 영향을 끼치는 사람은 대부분 어머니이다. 그래서 아동 미술치료를 할 때 이따금씩 어머니-아이 치료를 병행하면 큰 효과를 보는 경우가 많다. 어머니와 아이가 함께하는 시간이 아이의 치료에 어떤 효과를 발휘할 수 있는지 보여주는 다음 사례들을 보자.

딸과 어머니

로드 부인과 5살 난 딸 로리는 매주 한 번씩 나와 다른 정신과 의사에게 45분씩 번갈아 상담과 치료를 받았다. 두 모녀는 남편(아버지)이 내연녀와 바람이 나 갑작스레 집을 떠난 이후 우울증에 시달려왔다. 상담을 시작한 지 5주차 되었을 때 정신과 의사에게 개인적인 사정이 생겨 한 주 상담을 쉬어야만 하게 되었다. 나는 그 주에 쉬는 대신 로드 부인과 로리가 함께 미술치료를 받아보는 것이 어떻겠느냐고 제안했다. 로드 부인과 로리는 시간과 공간, 그리고 치료사를 공유하는 것에 대해 양면적인 감정을 표현하기는 했지만 결국 내 제안을 받아들였다.

로리는 5주 동안 미술치료를 받으면서 처음에는 신중하고 강박적인 모습을 보였지만 조금씩 긴장을 풀어가며 자유롭게 그림을 그렸고 마침내 손가락 그림 물감을 문지르며 해방감을 만끽했다. 하지만 어머니-아이 미술치료를 앞두고는 어머니가 부정적인 반응을 보이지나 않을까 걱정했다. "엄마는 화를 낼 거예요… 물감으로 색칠하지 못하게 할 거예요… 분명 그렇게 말할 거예요. 저는 손가락 그림을 그리지 못할 거예요."

합동 미술치료 전 주에는 내게 옆에서 같이 손가락 그림을 그리자고 했다. 로리는 엄한 선생님이라도 된 양 이렇게 말했다. "여기서부터 시작해야지… 거기에 손을 넣는 거야." 마치 지저분한 놀이를 하도록 허락하는 어른이 되고 싶어하는 것 같았다. 또 로리는 다음 주에 있을 합동 미술치료에 대해 이렇게 이야기했다. "제가 엄마에게 어떻게 물감을 섞는지 방법을 다 보여줄 거예요. 우리는 오래오래 재미있게 놀 거예요. 물이 아주 아주 아주 많이 필요해요. 물감을 섞고 섞고 또 섞을 거니까요!"

한편, 로드 부인은 첫 번째 미술치료 시간에 자신의 미술적 재능에 대한 걱정을 표현했다. 그리고 아이들을 혼자 키우느라 늘 엄격하게 대했던 것에 대해 죄책감을 느낀다고 말했다. 로드 부인은 아이들이란 주변을 더럽히며 노는 법이라는 것을 알기는 했지만 늘 깔끔할 것을 강요했다. 로드 부인은 이런 말을 했다. "아이들에게는 틈을 보이면 안 돼요. 그러면 뭐든 자기들 마음대로 하려 들거든요."

로드 부인은 통제력을 잃을지도 모른다는 두려움과 아이들에게서 탈출하고 싶은 은밀한 욕망을 상징적으로 표현했다. 한 번은 자신과 로리를 무척 비슷하게 묘사한 그림을 그리고는 둘을 둥그렇게 묶는 선을 긋고 이렇게 말했다. "우리는 함께 있어야 해요." 로드 부인은 딸을 자신의 '복제품'이라 여겼다. 자신의 깊은 우울증을 딸에게 투사하며 과도하게 딸과 자신을 동일시했다. "로리와 저는 같아요." 로리는 합동 미술치료를 하기 전까지만 해도 여러 색의 손가락 그림물감들을 섞으며 노는 것이 재미있다고 했지만, 어머니와 함께하는 시간에는 다음처럼 말했다. "전 이게 싫어요. 끈적끈적하고 더러워요." 하지만 그렇게 말하면서도 계속 여러 물감을 섞으며 어머니 옆에서 계속 손가락 그림을 그렸다. 로드 부인은 옆에서 함께 손가락 그림을 그리자는 딸의 요청을 거절하고 깔끔한 그림을 그렸다.

로리는 또다시 어머니에게 함께 하자는 제안을 했다. 이번에는 점토를 가지고 무엇인가를 만들자고 했다. 로드 부인은 마지못해 딸의 요청을 수락하고는 딸이 만드는 것을 따라 했다. 로리는 점토로 지난 시간에 만들었던 것과 같은 눈사람 모양을 만들었다. 탁자 밑에 쭈그리고 앉아 있던 로리는 만든 눈사람 두 개를 가지고 인형 놀이하듯 역할극을 하자고 했다. 하지만 로드 부인은 불편한 기색을 보이며 딱 잘라 거절했다. 로리는 혼자서 역할극 놀이를 했는데, 어머니보다는 내게 보여주고 싶은 내용인 것 같았다.

로리는 자신이 만든 눈사람은 "5살 정도 된 소녀"이고 어머니가 만든 더 큰 눈사람은 "어머니"라고 했다. 역할극은 어머니 눈사람이 "더럽고, 나쁜 소녀 눈사람"을 점점 혼낸다는 이야기였다.

둘 중 합동 미술치료를 더 불편하게 느낀 쪽은 어머니였다. 하지만 로드 부인은 합동 미술치료를 통해 어지럽힌다고 혼내는 것에 대해 로리가 얼마나 스트레스를 받고 있는지 충분히 알게 되었다. 또한 자신이 통제력을 상실할까 두려워하고 있다는 사실도 깨달았다. 그리고 로리가 만든 눈사람을 똑같이 따라 만들었던 일에 대해 나중에 논의하면서 자기 자신과 로리를 그릇되게 동일시하고 있었다는 사실도 깨달았다. 합동 미술치료를 실시하던 도중 로리가 치료실에서 편안하고 자유롭게 행동하는 것처럼 보인다는 말을 여러 차례 했다. "로리가 여길 집처럼 편하게 느끼나 봐요. 여기서 어떻게 하면 되는지 잘 알고 있네요."

십대 아들과 어머니

13살 빌리는 반항적인 태도 때문에 어머니의 손에 끌려 치료소를 찾았다. 빌리의 아버지는 돌아가셨고, 누나가 있지만 집에서 함께 살지 않았다. 빌리의 문제를 진단하고 해결하기 위해 심리 검사와, 어머니 면담, 합동 미술치료를 실시했다(그림 11.1).

처음에 빌리와 어머니는 둘 사이에 문제가 있다고 시인했다. 그래서 나는 둘의 상호작용을 관찰하고자 그림을 함께 그려보라고 지시했다. 둘은 같이 그림을 그리기 위해 논의를 시작했지만 옥신각신하던 끝에 결국 종이를 반으로 잘라 각자 하나씩 놓고 그림을 그렸다. 그림의 주제 "우리 집"은 둘이 함께 선택했다. 둘은 그림을 다 완성한 후 서로 표현한 바가 확연히 차이 난다는 사실에 대단히 놀라워했다.

빌리가 그린 집 위에는 먹구름이 잔뜩 끼어 있었다(11.1A). 반면 빌리 어머니는 밝고 쾌적해 보이는 집을 그렸다(11.1B). 둘은 동일한 대상을 종종 다르게 인지하다 보니 문제가 생기는 것 같다고 입을 모아 말했다. 그래서 대화도 어렵고 함께 지내기도 힘들다고 했다. 빌리는 어머니가 자신을 오해하고 무시한다고 말하며 눈물을 떨구었다. 어머니는 그림을 그리는 동안 빌리가 하는 말을 알아듣기 힘들어했다.

두 번째 합동 미술치료 시간에는 해리엇 와드슨Harriet Wadeson이 고안한 과제를 반대로 적용해보았다. 나는 둘에게 이젤을 가운데 두고 마주 앉아 상대방의 초상화를 그려보라고 했다(11.1C). 그런 후 상대가 그린 자신의 모습을 원하는 대로 '수정'하도록 했다. 빌리는 어머니가 자신을 실제보다 크게 그린 것 같다고 말했다(11.1D). 어머니는 빌리가 어른처럼 군다고 불평하면서도 한편으로는 세상을 떠난 남편의 자리를 빌리가 대신해 집안의 남자로서 역할해주기를 은밀히 바라고 있었다.

어머니는 빌리가 자신의 눈과 입을 지나치게 크게 그렸다고 말했다(11.1E). 눈과 입의 크기를 줄인 후에는 '더 매력적'으로 보이게 하기 위해 헤어스타일을 고치고 귀걸이도 그려 넣었다. 어머니의 이러한 행동은 사춘기에 느끼는 오이디

A

B

C

D

E

A. 빌리가 그린 우리 집
B. 빌리 어머니가 그린 우리 집
C. 빌리와 어머니가 상대방의 초상을 그리는 모습
D. 어머니가 그린 빌리
E. 빌리가 그린 어머니

푸스 콤플렉스를 자극하면서도 독립적인 어른이 되어야 한다는 모순된 메시지를 빌리에게 전했다.

어머니는 빌리가 "둘 사이에 벽을 쌓고 있다"고 말했다. 반면 빌리는 어머니가 "자신을 속박한다"고 말했다. 미술치료를 진행하면서 그들의 그림, 말, 행동에서는 애증이 교차하는 상반되는 감정이 점차 뚜렷해졌다.

딸과 아버지

가족 내에 어머니와 자녀 사이에 가장 갈등이 첨예하게 대립되는 경우가 대부분이지만, 어머니 이외에 다른 가족 구성원을 미술치료에 참가시켜야 할 때도 있다. 로라의 부모는 최근 이혼했다. 로라의 아버지는 딸이 4년 동안이나 미술치료를 받도록 경제적으로는 뒷받침해주었지만 한 번도 치료소에 얼굴을 비추지 않았기에 한 번 만나볼 필요가 있다는 생각이 들었다.

둘의 합동 미술치료는 극적이었다. 로라의 아버지는 30분이나 늦게 나타났다. 그리고 미술치료를 하는 내내 딸이 만든 작품에 대해 비판적이고 주문이 많았다. 로라는 아버지를 기쁘게 해주기 위해 열심히 노력했지만 아버지의 인정을 얻기란 쉽지 않아 보였다. 로라는 아버지가 치료소에 와주었다는 것에는 기뻐했지만 지각 때문에 무척 화나고 상처받은 것 같았다. 이 짧은 합동 미술치료만으로 그동안 지지부진했던 4년 동안의 치료가 새로운 국면에 접어들었다. 치료 시간 동안 벌어진 상호작용을 관찰하고, 그 내용을 아버지에 대한 로라의 감정을 해석하기 위한 판단 기준으로 삼을 수 있었기 때문이다.

형제

대니는 형에게 함께 미술치료를 하자고 졸랐고, 형인 로스가 마침내 동생의 청을 들어주었다(그림 11.2). 함께 미술치료를 받는 동안 대니는 형에게 자신이 바라는 행동을 하게 하거나 형의 행동을 따라 하는 데 모든 신경을 쏟았다. 대니는 함께 그림을 그리자고 했지만, 독립적인 성향이 강한 로스는 거절했다. 거절당한 대니는 형의 그림을 따라 그렸지만, 자신이 만든 결과물에 실망했다.

1년 후, 대니는 또다시 미술치료 시간에 형이 와주면 좋겠다는 말을 했다. 나는 1년 전에 비해 달라진 점이 있는지 알아보는 것도 괜찮겠다는 생각을 했다. 관찰 결과 둘의 관계는 예전에 비해 상당히 달라졌다. 대니는 자율적으로 자기 일에만 집중했고, 자신이 만든 것을 보여주려 할 때에만 형에게 관심을 보였다. 더욱 놀라웠던 점은 로스가 대니의 행동을 따라 했다는 사실이었다. 대니는 철사를 구부려 촛대를 만들었는데 로스도 같은 재료를 가지고 같은 방식으로 조형물을 만들었다. 대니는 형이 자신을 따라 하는 것을 보고 기쁨을 감추지 못했다.

두 명의 치료사와 어머니와 아들

8살 데이비드와 어머니는 1년 가까이 따로 두 명의 치료사에게 미술치료를 받앗다. 둘은 지나치게 관계가 밀접해서 문제였다. 하지만 긴 치료 기간에도 불구하고 나와 또 다른 치료사는 둘의 관계를 느슨하게 하는 데 실패했다. 그래서 우리는 30분 동안 어머니-아이 합동 미술치료를 실시하고 나머지 30분 동안 개별 미술치료를 해보자는 결정을 했다(그림 11.3). 30분 동안 데이비드와 어머니는 거의 한 마디 말도 입 밖으로 내지 않고 묵묵히 함께 작업했다. 둘은 수채화 물감을 가지고 예전에 놀러 갔던 아름답고 평화로운 이리 호수의 풍경을 그렸다(11.3A).

작품 속 내용이 상징하는 의미도 중요했지만 그것을 그리는 동안 말하지 않아도 서로 다 통한다는 듯 침묵 속에 함께 작업했던 모자의 모습을 통해 나와 다른 치료사는 둘에 대해 더욱 많은 정보를 파악했다. 합동 미술치료가 끝나갈 무렵 둘은 상대가 무슨 생각을 하는지 훤히 다 알고 있다는 말을 했다. 서로가 서로의 마음을 읽을 수 있다고 믿는 듯했다. "저는 데이비드가 무슨 생각을 하고 있는지 다 알아요. 때로는 데이비드가 그 생각을 떠올리기도 전에 그걸 알아채지요." 어머니가 이렇게 말하는 동안 데이비드는 동의의 뜻으로 고개를 끄덕였다.

함께 그린 평화로운 풍경에 대해 이야기하고도 시간이 조금 남았는데 그때 어머니가 아들에 대한 불평을 꺼냈다. 아들이 지저분하고 쓰레기를 수집해놓아서 견디기 힘들다고 했다. 그 후 어머니는 개별치료를 받기 위해 자신의 치료사와 방을 나갔다. 데이비드는 광택 나는 물감으로 "아름다운 혼란Beautiful Mess"이라는 제목의 그림을 그렸다(11.3B, 11.3C). 그런 후 자신이 동일시하고, 자신과 그토록 가까운 어머니에게 화를 내기가 얼마나 어려운지 털어놓았다.

이렇듯 두 가족 구성원이 참여하는 합동 미술치료는 가족 내 상호작용을 명확히 관찰할 수 있는 기회뿐 아니라, 아이에게 상황을 어떻게 느끼고 보면 좋을지 생각해볼 수 있는 기회를 제공한다. 예를 들어 린은 미술치료에 자신의 동생이 동참했으면 좋겠다고 말했다. 하지만 막상 동생인 토미와 함께 미술치료를 시작하자 10분도 지나지 않아 이제 충분하다며, 동생에게 "오늘 네가 있을 시간이 다 끝났다"라고 말했다. 린은 동생을 대기실로 돌려보내고 돌아와 내게 "동생이 있으니 질투가 났다"라고 했다. 집에서 엄마의 사랑을 동생과 함께 나누어야 했던 때 느꼈던 것과 같은 분노가 일어났다고 했다. 이 경험을 통해 우리는 린이

A. 데이비드와 어머니가 그린 "이리 호수"
B. 데이비드가 그린 "아름다운 혼란"
C. 그림 그리는 데이비드

A

B

C

나를 만나는 다른 아이들과 동생에게 느끼는 질투심에 대해 더욱 깊이 생각해
보게 되었다.

개인, 집단, 가족치료의 일환으로 두 명이 참여하는 합동치료를 실시할 때는
목적에 따라 자유로운 방식이나 치료사가 지정한 방식을 사용할 수 있다. 그 중
어떤 방식을 선택하느냐는 치료사의 생각과 판단에 따르면 된다.

가족 합동치료

흥미롭게도 가족 합동치료는 상반된 두 특징을 보이는 가족들에게 훌륭한 효과를 발휘하는 경향이 있다. 첫 번째는 앞서 나온 팀의 가족처럼 말을 통해 문제에서 도망치거나 숨는 가족, 그리고 두 번째는 치료사가 '자신들의 마음을 가지고 놀지 모른다'는 두려움에 말을 거의 하지 않는 가족이다.

W가족은 아이의 치료에 대한 부모의 비협조적인 태도가 문제되어 가족 합동치료를 위해 온 가족이 불려나왔다. W부부는 5세에서 12세 사이의 네 자녀를 두고 있었는데, 그 중 세 명은 입양한 자녀였다. 입양한 자녀 중 두 아들이 문제를 일으켜 우리 치료소로 보내져 치료를 받고 있었다(Betts, 2003 참조).

부모는 약속한 면접 시간에 나타나지 않는 등 저항하는 태도를 보였다. 마지못해 우리를 만나러 온 자리에서도 정신건강 시설에 대한 불신을 노골적으로 표현했다. 교육 수준이 높지 않은 데다 나이가 많았던 W부부는 자신들이 형편없는 부모라는 사실이 드러날까 봐 두려워하는 기색이 역력했다. 하지만 가족이 변화하지 않는다면 두 아이는 건강하게 성장하지 못할 것이 분명했기에 개입이 불가피했다.

그런데 놀랍게도 막상 가족 미술 검사를 시작하자 W부부는 아이들과 함께하는 시간을 무척 즐겼다. 그들은 검사를 마친 후에 그 경험이 얼마나 즐겁고 좋았는지 몇 차례나 반복해 말했다. 그들은 자신감 넘치는 미술가는 아니었지만 내면을 분명하게 표현할 줄 알았다. 그래서 우리는 두 아이들에게 개별 심리 상담을 받게 하는 것과 더불어 온 가족이 매주 한 차례씩 가족 미술치료를 받아보는 것이 어떻겠느냐고 제안했다.

그 이후 W가족은 6개월가량 정기적으로 우리 치료소를 찾았다. 두 아들이 1시간 동안 개별치료를 받은 후 또 1시간 동안 가족이 미술치료를 받았다. 치료에는 나와 정신과 의사 위르겐 호만Juergen Homann 박사가 공동 참여했다. 비록 우리 생각에 W가족은 치료가 아직 덜 마무리된 상태로 치료를 종료하기는 했지만, 과거 그 어느 때보다 오랜 기간 열심히 치료를 받았다(그림 11.4).

치료 시간에는 재료를 준비해두고 각자 원하는 대로 자유롭게 미술 활동을

11.4 W가족의 합동 미술치료

A. 빨대로 물감을 부는 호만 박사와 어린아이
B. 그들의 작품에 대해 이야기하는 W가족
C. "담배 그림"을 그리기 시작하는 빌과 아버지
D. 그림 그리는 빌과 아버지
E. 함께 점토 모형을 만드는 조시와 W부인

A

B

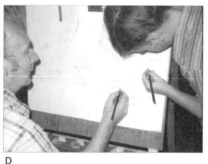

C

D

하도록 허락하는 것만으로도 가족 내 중요한 문제와 주제들이 저절로 떠올랐다 (11.4A). 호만 박사와 내가 특별히 신경 쓴 것은 미술작품을 모두 완성한 후 구성원 모두가 돌아가며 자신의 작품에 대해 이야기할 수 있는 5~20분가량의 시간을 마련한 것뿐이었다(11.4B). 때로 특정한 작업방식이나(예컨대 둘이 짝을 이루어 미술작품을 만들어보라거나), 주제(예컨대 바람을 그림으로 표현해보라는) 제안을 할 때도 있었지만 그런 경우는 매우 드물었다. 시간이 흐를수록 이 가족에게는 자유로운 방식이 가장 적합하다는 판단이 들었다.

미술치료 초반에 부모는 자녀와 함께 작업하려는 경향이 강했다. 그렇게 하면 혼자 작업할 때보다 자신이 덜 노출된다는 생각에 더 편안함을 느끼는 듯했다. 그래서 우리는 그들의 관심을 가족 내 스트레스의 원인이 되는 부모-자녀 문제, 특히 권한과 한계의 문제로 유도하기 쉬웠다. 예를 들어 빌과 아버지는 "담배 그림Smoking Picture"을 함께 그리면서, 담배를 피워야 하느냐 말아야 하느냐의 문제와 더불어 그 그림에 대한 책임이 누구에게 있는지에 대해 이야기했다

E

(11.4C, 11.4D).

한편 조시와 어머니는 농장 모형을 함께 만들었다. 조시는 웃음을 띠며 어머니가 몇 주 동안이나 함께 모형을 만들 정도로 자신을 좋아하는지 몰랐다고 말했다. 어머니는 늘 형을 더 좋아한다고 말했기 때문이었다(11.4E). 다른 두 동생들은 별다른 문제가 없었음에도 다른 가족들을 위해 꾸준히 치료에 참가했다.

놀랍게도 W부부는 총 2개월간 가족 미술치료 전에 1시간 동안 자발적으로 부부 상담을 받았다. 이를 통해 가족 미술치료를 통해 알게 된 자신들의 부부 문제를 더욱 깊이 있게 알아보았다. W가족은 생각보다 조금 성급하게 미술치료를 종료했지만, 그동안의 치료만으로도 중요한 교훈을 얻었고 변화했다. W가족과 함께한 경험을 통해 심리 상담이나 치료에 저항이 심한 이들에게 가족 미술치료가 좋은 처방이 될 수 있다는 사실을 알게 되었다.

W가족 사례는 미술치료를 통해 가족 내 문제를 어떤 식으로 해결할 수 있는지 분명히 보여준다. 집단치료를 할 때는 다양한 방식으로 구성원을 짝지우고 다양한 치료 절차를 적용해볼 수 있다. 가족 미술치료의 대상은 가족 구성원 전체여도 일부여도 상관없으며, 일시적으로 필요할 때만 적용하는 것도 괜찮다.

아이의 치료 도중 필요에 따라 부모-자녀 미술치료를 실시하는 것이 도움이 되듯, 일시적으로 모든 가족 구성원이 미술치료에 참여하면 문제의 원인에 대한 정보를 주거나 가족 내 대화를 촉진할 수 있다.

일시적인 가족 합동치료

로라는 개인 미술치료를 계속 받아왔다. 그리고 로라의 어머니는 개인 미술치료를 받다가 6개월간 편부모 집단치료에 참여했다. 우리는 로라와 어머니를 대상으로 어머니-아이 합동 미술치료를 몇 차례 실시한 후 가족 전체가 참여하는 미술치료도 실시했다.

　가족치료를 실시하던 어느 날, 나는 로라의 어머니가 스스로를 어떻게 격리시키고 있는지 깨달아야 한다는 생각이 들었다. 로라의 어머니는 끊임없이 보채는 네 아이를 돌보는 일에 지친 나머지 모든 것에서 손을 떼버렸다. 그래서 나는 모두가 참여할 수 있는 게임을 하나 제안했다. 그 게임을 통해 모든 상황을 명료히 볼 수 있게 되리라 기대했다(그림 11.5).

　게임은 다음과 같이 진행한다. 우선 각 가족 구성원이 점토로 자신을 상징하는 조형물을 만든다. 그런 후 아무 말도 하지 않고 탁자 위에 있는 그림판 위에 그것을 놓는다. 그 그림판은 말하자면 가족 공동 구역이다(11.5A). 가족이 모두 공동 구역에 자신의 상징물을 놓고 나면 마커로 그림판에 선을 그어 자신의 공간이 어디까지인지 명확히 표시한다. 이때도 아무 말도 해서는 안 된다.

　로라의 어머니는 자신의 상징물을 그림판 가운데에 놓은 후 누구도 접근할 수 없도록 주위를 선으로 둘러쌌다. 아이들은 각각 그림판 모서리에 자신의 상징물을 놓았다. 마치 큰 울타리로 스스로를 고립시켜 자신을 보호하려는 듯 보였다(11.5B). 이제 아이들은 혼자 힘으로 스스로를 돌보아야만 했을 때의 느낌이 어땠는지, 서로에게 그리고 어머니에서 관심을 받지 못해서 얼마나 힘들었는지 이야기했다.

　로라의 어머니는 아이들의 말을 듣고 깊이 공감한 후, 그림판에 그렸던 선을

A

B

A. 말없이 작품에 영역
을 표시하는 로라의 가족
B. 완성된 작품

고쳐서 자신의 공간으로 접근할 수 있는 길을 만들었다. 로라의 어머니는 아이들에게 관심과 사랑을 쏟고 싶어하는 것 같아 보였다. 이 한 차례의 가족 미술치료가 가족의 문제를 일시에 해결해준 것은 아니었지만, 문제를 수면 위로 끌어올려 해결할 수 있는 토대를 만들어주었다.

때로는 계획하지 않았던 합동 미술치료를 실시하게 되는 경우도 있다. 앤디의 사례가 그러했다. 앤디는 개인 미술치료를 마친 후 자기 어머니를 불러서 함께 미술치료를 받아보겠다고 했다. 또 슬로앤이라는 여자아이의 사례에서도 마찬가지로, 슬로앤이 개인 미술치료 시간에 그린 자신의 그림을 어머니에게 보여주겠다고 하는 과정에서 자연스레 어머니가 치료실로 오게 되었다. 이후 둘은 함께 그림을 그리며 합동 미술치료를 받았다.

이 책 초판을 쓴 이래 많은 미술치료사들이 아동과 그 가족들이 참여할 수 있는 다양한 미술치료 방식을 개발했다. 헬렌 란드가르텐Helen Landgarten(1981/1987), 데보라 리네쉬Deborah Linesch(1993), 거시 클로러Gussie Klorer(2000), 바바라 소벌 Barbara Sobol(1982; Sobol&Williams, 2001), 도리스 애링턴Doris Arrington(2001), 셜리 라일리Shirley Riley(2001a, 2003;Riley&Malchiodi, 2003/2004) 등.

나는 1980년에 아동보호센터에서 정신과 병원으로 직장을 옮겼다. 그 병원에서는 아동 치료 클리닉을 운영하고 있었는데 직원 대부분이 가족 미술 검사를 어떻게 실시하는지 배우고 싶어했으며 일부는 가족 미술치료를 실시하고 싶어했다. 그들은 가족 미술치료의 가치를 모든 임상의와 치료사들이 알 수 있도록 매달 발간하는 뉴스레터에 가족의 그림과 그에 대한 설명을 실을 것이라고도 했다.

나는 내 개인치료소와 병원에서 모든 연령대의 아이들을 치료하게 되었다. 하지만 당시에는 가족 미술치료에 대한 정식 수련을 받아본 적은 없었기에 공동 치료사 없이 홀로 가족 미술치료를 주관하기에는 역부족이라고 느꼈다.

하지만 곧 아이들을 치료하거나 진단하는 과정의 일환으로 합동 미술치료나 가족 미술치료를 실시하는 경우가 생각보다 굉장히 빈번하다는 사실을 깨달았다. 예전 치료소보다 훨씬 비좁은 공간에서도 가족 미술 검사나 치료를 통해 많은 정보를 얻고 도움받았다.

그렇게 경험을 쌓아가면서 가족 미술치료를 통해 다양한 가족 문제를 다룰 수 있다는 사실을 알게 되었다. 양육권 다툼 문제, 학대, 입양, 음주/마약 같은 십대 청소년 비행 문제, 식이장애, 자살 충동, 정체성 혼란, 외상후 스트레스 장애 등 가족 미술치료를 통해 해결할 수 있는 문제의 범위에는 한계가 없었다.

복합양식 가족치료

정신병원의 아동 및 청소년과에서 일하면서 연극치료Drama Therapy를 담당하던 동료와 복합양식 가족 검사를 개발했다. 우리는 앞장에서 설명한 가족 미술치료법과 동료가 개발한 인형극 치료법을 결합시켰다(Irwin&Malley, 1975).

우리가 개발한 절차에는 집단 벽화, 가족 표상 만들기와 같은 미술치료적 요소와 가족 인형극 같은 연극치료적 요소가 골고루 포함되어 있었다. 다양한 과제를 대상 가족의 특징과 성격에 맞추어 조합할 수 있었다. 복합양식 가족치료는 미술 검사처럼 진단을 내릴 때나 또 치료를 진행하던 도중 추가적인 도움이 필요할 때 두루 유용하게 실시할 수 있다.

나중에 그 동료와 나는 정신병원을 떠나 함께 사설 치료소를 차렸다. 우리는 둘 중 한 명이 부모와 면담하면 나머지 한 명이 아이를 진단내리거나 치료하는 식으로 상담이나 치료를 진행했기에, 필요할 때마다 쉽고 편하게 가족 미술치료를 실시할 수 있었다. 아이들만 치료하고 부모와는 가끔씩만 면담하는 경우에도 가족 미술치료는 큰 효과를 발휘했다. 그렇게 몇 년 동안 함께 일한 경험이 쌓이고서부터는 미술치료를 할지 연극치료를 할지 아니면 둘을 조합할지 빠르고 효율적으로 판단할 수 있었다.

복합양식 가족치료를 통해 성공적으로 문제를 해결한 예로는 거식증이 있던 릴라라는 소녀의 사례를 들 수 있다. 릴라를 처음 만난 것은 정신병원에서였다. 릴라는 체중 안정화를 위해 병원에 입원해 개인 및 집단 미술치료를 받았다. 릴라가 퇴원할 때쯤 나도 병원을 나와 사설 치료소를 시작했다. 릴라는 내게 계속 미술치료를 받고 싶다며 우리 치료소를 찾았다. 이후 1년 동안 1주일에 두 번씩 릴라를 치료했다(그림 11.6).

섭식장애가 있는 다른 환자들과 마찬가지로, 릴라의 증상은 통제된 환경인 병원을 떠나자마자 금세 예전으로 돌아가버렸다. 하지만 릴라는 그것을 극복하겠다는 의지가 강했다. 릴라는 생생하고 고통스러워 보이는 다양한 그림을 통해 내면의 공허함과, 사랑받고 싶다는 갈망을 표현했다(11.6A, 11.6B).

릴라는 매우 똑똑한 아이였지만 자신의 고통을 말보다는 그림으로 표현하는 데 더 능했다(11.6C). 자신이 표현한 이미지들을 발판으로 삼아 막연하고 명확하지 않았던 감정들에 이름을 붙이기 시작했다(11.6D).

릴라를 치료한 지 6개월가량 지나 동료 어윈 박사에게 릴라의 부모를 면담하도록 했다. 부모 면담 후 우리는 릴라의 치료를 위해 온 가족이 참여하는 복합양식 가족치료가 필요하다는 데 동의했다. 총 1시간 반 동안 낙서, 가족 표상, 합동 벽화 과제를 수행하도록 한 후 어윈 박사와 나는 릴라 가족이 얼마나 고통스럽게 서로 얽혀 있었는지 처음으로 이해하게 되었다(11.6E).

미술은 다양한 이론적 틀에 맞추어 적용할 수 있는 유연한 도구이다(Rubin, 2001). 이는 개인치료를 할 때도 가족 및 집단치료를 할 때도 마찬가지다 (Arrington, 2001; Riley, 2001a/2001b; Riley&Malchiodi, 2004; Sobol&Williams, 2001).

11.6 거식증이 있는 릴라와 그녀의 가족치료

A. 릴라가 그린 "머리뿐, 없는 심장"
B. 릴라가 그린 "굶주린 남자"
C. 릴라가 그린 "노바디 #1"
D. 릴라가 그린 "노바디 #2"
E. 릴라가 그린 가족 그림

A

B

C

D

E

12장

부모 미술치료

개인 미술치료

아동보호센터의 부모들은 자기 자신보다는 자녀를 치료하기 위해 상담을 받는 경우가 대부분이다. 그러나 사실 더 나은 부모가 되려면 부모 자신의 문제도 해결할 필요가 있는 경우가 많다.

브레이버 부인

브레이버 부인은 어렸을 때 신체적 · 정서적 학대로 고통받은 경험이 있다. 그로 인한 스트레스 때문에 얻은 병으로 수술을 받아야 하는 상태였음에도, 자신의 딸에게는 자신이 누리지 못했던 도움을 받을 수 있도록 해야겠다는 결단을 내렸다(그림 12.1). 그리고 딸을 치료하는 과정에서 미술 활동과 상담을 통해 자신의 문제를 돌아보고 정체성을 탐색할 기회를 얻게 되었다.

　브레이버 부인의 첫 작품은 자신을 상징하는 얼굴을 표현한 조형물이었다(12.1A). 완성한 후에는 무척 즐거워하며 작품을 집으로 가져가겠다고 했다(12.1B). 브레이버 부인이 만든 다음 작품은 힘들었던 시기에 느꼈던 정체성 분열을 표현한 그림이었다(12.1C). 브레이버 부인은 그 후 한 달 동안 집에서 자신

을 표현하는 콜라주 작품을 만들었다(12.1D). 그 작품이 꽤 마음에 들었는지 액자에 넣어 치료소로 가져와 내게 자랑스레 보여주기도 했다(12.1E).

실버 부인

남편을 잃고 홀로 딸을 키우던 실버 부인은 처음에 어머니-아이 합동 미술치료에 참여했다. 집단치료 프로그램이 모두 끝난 후 나는 실버 부인과 딸 모두 개인 치료를 받아보는 것이 어떻겠느냐고 권유했다(그림12.2). 내 조언에 따라 미술치료를 받기 시작한 실버 부인은 매우 독특하고 흥미로운 작품들을 만들었다 (12.2A, 12.2B).

개인 미술치료를 받는 동안 실버 부인은 손가락 그림에 대한 혐오감을 종종 표현했다. 손가락 그림물감에 관심을 표하는 일이 많았지만 결코 손대려고는 하지 않았다. 나는 그러한 불쾌감을 구체적으로 묘사해보라고 했지만, 실버 부인은 그 감정을 말로 표현하기 어렵다고 했다. 그래서 싫더라도 직접 손가락 그림을 그려보면 그 감정이 구체적으로 떠오를지 모른다고 제안했다. 실버 부인은 모험심을 발휘해 그렇게 해보겠다고 했다. 그 날의 미술치료는 무척 강렬한 반응을 이끌어냈다. 이후 몇 달간 그 날의 경험에 대해 자주 언급할 정도였다.

실버 부인은 처음에 혐오감을 표현했지만 점점 손가락 그림에 빠져들어 나중에는 환희에 찬 탄성을 내질렀다. "아! 엉망진창이지만 재밌어요!" 시작할 때는 조심스러워하는 눈치였지만 곧 물감을 가득 짜서 양손으로 마구 문지르며 자유를 만끽했다. 손가락 그림이 불쾌할 것이라 예상했지만 실은 무척 재미있다는 사실을 알게 되었노라고 고백하기도 했다. 실버 부인은 오전 치료를 받기 위해 딸을 학교에 보내지 않는 것에 대해 걱정했는데, 그 일을 손가락 그림을 그리면서 느낀 감정과 결부시켜 딸에게 해롭기는커녕 도움이 되는 일이었다고 말했다.

실버 부인은 자신이 그린 첫 번째 그림인 "길Roads"에 대해 자신을 여러 장소로 이끄는 길을 표현한 것이라고 설명했다(12.2C). 이제 어디로 가야 할지 결정해야 할 때가 온 것 같다는 말도 덧붙였다. 두 번째 그림의 제목은 "지옥과도 같

12.2 홀로 딸을 키우는 실버 부인의 미술치료

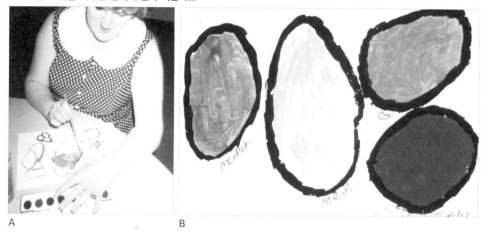
A

B

C

D

A. 그림을 그리는 실버 부인
B. 관계의 이미지
C. "길"
D. "지옥과도 같은, 휘몰아치는 폭풍과 번개"

은, 휘몰아치는 폭풍과 번개Like Hell, a Storm with Lightning and Turmoil"라고 지었다(12.2D). 실버 부인은 이 그림에 대해 설명하면서 외간 남자와 잠을 잔 것에 대해 느꼈던 죄책감에 대해 이야기했다. 손가락 그림물감의 특성과 추상적인 작품의 이미지가 '더러움'에 대한 감정과 수치심을 자극한 듯했다.

로드 부인

로드 부인이 치료소를 처음 찾은 것은 딸 때문이었다. 딸 로리는 평소 활달하고 명랑한 성격이었으나 아버지가 집을 나간 이후 무척 상심한 상태였다. 로드 부인의 남편은 얼마 전 별거하겠다고 선언한 후 집을 나갔다. 로리는 울음을 통해 슬픔을 겉으로 표현하는 편이었지만 로드 부인은 아무렇지 않은 척하며 괴로움을 속으로 삭혀왔다. 하지만 사실 로드 부인도 우울증으로 도움을 받아야 하는 상태였다.

이후 로드 부인은 5개월 동안 매주 한 차례씩 미술치료를 받았다(그림 12.3). 로드 부인은 매 치료 시간마다 그림을 그리면서 자신의 인생에 대해 이야기하기를 좋아했다(12.3A). 그림을 다 완성한 후에는 이젤에 그림을 놓고 그림을 쳐다보면서 나와 대화를 나누었다. 이러한 방식은 눈을 마주 보면서 이야기하는 것보다 자의식을 덜 느끼도록 해주기 때문에 치료 효과가 더 높았다(12.3C). 로드 부인은 그림을 보면서 떠오르는 이미지를 자유롭게 연상하는 법을 배웠다. 머릿속에 떠오르는 대로 이야기하면서 그것이 자신의 인생과 어떤 연관이 있는지 알아보기도 했다.

어느 날 로드 부인은 종잡을 수 없는 우울한 기분이 느껴지지만 그것을 말로 표현하기는 어렵다는 이야기를 했다. 그래서 나는 느낌을 언어로 표현하기보다는 그림으로 나타내보라고 제안했다.

로드 부인은 바로 가로 30cm, 세로 45cm 크기의 검은색 도화지와 초크를 골라 들었다(초크는 그 무렵 로드 부인이 가장 선호하던 재료였다). 로드 부인은 검은 도화지와 선명하게 대비되는 빨강, 노랑, 주황, 자홍, 흰색을 이용해 그림을 그렸다.

그런 후 다시 다른 검은 도화지에 다양한 색상의 선을 그었다.

로드 부인은 그렇게 완성한 그림 두 점을 이젤에 걸어놓은 후 이야기를 시작했다. 첫 번째 그림의 제목은 "충격Shock"(12.3E)이라고 했다. 그런데 늘 단정하고 빈틈없었던 로드 부인이 갑자기 흐느끼기 시작했다. "저는 완전히 무너졌어요. 눈물이 나네요. 모두 제가 미쳤다고 생각하겠죠. 남편은 이 자리에 있었어야만 해요!" 로드 부인은 남편이 오래전부터 바람을 피워왔다는 사실을 얼마 전에야 알게 되었다고 했다. 흥분을 주체하지 못한 채 계속 눈물 흘리며 그 사실을 알게 되었을 때 얼마나 충격을 받고 고통스러웠는지 이야기를 이어갔다.

두 번째 그림의 제목은 첫 번째보다 덜 분명했다(12.3F). 여러 단어를 더듬더듬 꺼내다가 드디어 제목을 지었다. "애증, 딜레마, 불확실성, 혼란Ambivalent, Dilemma, Uncertainty, and Confusion." 이 그림에 대해서는 설명하기도 어려워했다. 단지 자신의 감정을 표현할 수 있는 최대한이라고만 했다. 그 날 치료가 끝날 무렵이 되어서야 로드 부인은 냉정을 되찾았다. 여전히 슬퍼 보이기는 했지만 더 이상 긴장하거나 혼란스러워하지 않았다.

로드 부인은 미술을 통해 내면의 감정을 해방시킬 수 있었다. 그림은 어떤 말보다도 불안과 혼란을 표현할 수 있게 해주는 훌륭한 수단이었다. 로드 부인은 자신의 내면과 외부에서 어떤 일이 벌어지는지 차분히 정리한 후 자신의 인생에 벌어진 달갑지 않은 일에 어떻게 대처하면 좋을지 생각할 수 있게 되었다. 즉, 내면을 돌아봄으로써 외부 사건에 더욱 효과적으로 대응할 수 있게 된 것이다.

어머니-아이 집단 미술치료

집단 미술치료를 할 때 집단을 구성하는 방식에는 여러 가지가 있다. 그 중 하나는 앞장에서 설명했듯 부부와 자녀로 구성된 한 가족이나 구성원 일부가 치료에 참여하는 것이다. 또 다른 방식으로는 편모, 동일 연령대 아이들, 동일한 문제가 있는 부모들처럼 공통점이 있는 사람들을 집단치료에 참여시키는 것을 들 수 있다. 내 경험상 여러 가지 조합 중에서도 어머니와 아이들이 함께하는 집단

A. 그림을 그리는 로드 부인
B. "바다 안개"
C. 그림 바라보기
D. "충격"
E. "애증, 딜레마, 불확실성, 혼란"

치료가 매우 효과적이었다. 어머니-아이 집단 미술치료는 가족 미술치료와 집단 미술치료를 혼합한 방식이라 할 수 있다.

어머니-아이 집단 미술치료는 문제가 있는 아이와 그 어머니 사이의 관계에 주목하고, 그들의 상호작용을 개선시킬 수 있는 새로운 방법이 없을까 모색하다가 고안하게 되었다. 당시 어머니-아이 집단 미술치료에 적합한 대상을 찾기 위해 다음 기준을 적용했다. 첫째, 어머니-아이 사이의 관계에 문제가 있는 경우. 둘째, 합동 미술치료에 부적합한 병리적 문제가 없을 것. 셋째, 아동을 대상으로 매주 실시하는 집단 미술치료와 어머니를 대상으로 한 집단 토론 및 간헐적인 합동 미술치료를 통해 어머니와 아이 모두 도움을 받으리라 예상되는 경우.

선정을 위한 최종 관문으로 부모 집단을 담당하는 사회복지사가 어머니들을 개별 면접하고 아동은 내가 직접 미술 검사를 실시했다. 그 전에 치료소 직원들과 모여 진단을 내리기 위한 회의도 열었다. 첫 번째 어머니-아이 집단 미술치료에 참여한 어머니들과 아이들 중 두 쌍은 꾸준히 개별치료를 받아온 사람들이었다. 그리고 나머지 네 쌍은 집단치료를 받아왔다.

그렇게 최종 여섯 쌍이 선정되었고, 여섯 아이 중 넷은 남자아이, 둘은 여자아이였다. 아이들의 연령은 5세에서 6세 사이였으며 모두 미술치료 이외의 다른 치료는 받아본 경험이 없었다. 아이 여섯 중 넷은 아버지가 없었다(그 중 둘은 아버지가 죽었고, 둘은 부모가 이혼했다). 아버지가 있는 아이 둘 중 한 명은 아버지가 일 때문에 주중에는 떨어져 지내고 주말에만 집에서 지냈다. 나머지 한 아이는 부모와 함께 지내기는 했으나, 아버지가 알코올 중독자였다(그 아이의 어머니는 알코올 중독자인 남편과 별거 혹은 이혼하려는 상태였다). 그 밖에 자폐증세가 있던 5세 남자아이가 두 번째 세션부터 집단 미술치료에 참가했다(이로써 일곱 쌍이 첫 번째 어머니-아이 집단 미술치료에 참가했다).

어머니 미술치료

어머니들은 3주간 지도자의 지도하에 함께 만나 이야기를 나누었다. 나는 세 번째 세션에 처음으로 동석했다. 네 번째 세션에는 '가족 그림'과 각자의 '생활 공간'을 주제로 그림을 그리라는 과제를 내주었다. 일단 적당한 크기와 색상의 도화지를 선택하고 현재의 생활 공간에서 가장 중요한 요소들을 ─ 긍정적인 요소와 부정적인 요소 모두를 ─ 표현한 그림을 그려보라고 했다. 참가자들이 그림을 모두 완성한 후에는 둥글게 앉아 각자의 그림에 대해 토론하도록 했다. 두 과제는 모두 어머니들의 지각 속에 아이가 어느 위치를 차지하고 있는지 알아내기 위한 목적으로 내준 것이었다.

쉽게 예상할 수 있듯 어머니들이 그린 그림은 가족과 아이뿐 아니라 스스로를 어떻게 인식하고 있는지를 잘 보여주었다. 예를 들어 J부인(이하 J)은 남편을 먼저 그리고, 그 다음에 자기 자신, 자폐증을 앓고 있는 5살 난 아들, 마지막으로 전남편과의 사이에 낳은 두 아들을 순서대로 그렸다(그림 12.4A).

J의 그림을 놓고 이야기하던 도중 참가자 한 명이 J에게 질문했다. "그림에서처럼 남편의 키가 실제로 당신보다 작나요?" J는 약간 동요한 모습으로 주저하며 대답했다.

"저도 왜 제가 그림을 이렇게 그렸는지 잘 모르겠네요. 사실 남편이 저보다 더 커요. 하지만 왠지 남편과 함께 있으면 내가 더 큰 것 같은 느낌이 들어요. 그 이유는 저도 모르겠어요. 그런데 어쨌든 그런 느낌이 들어요. 음… 제 아버지나 오빠나 남동생 그리고 큰 아이는 무척 키가 크거든요. 아, 그리고 남편은 마른 체격이에요. 그래서인지 제가 남편을 억누르는 듯한, 남편을 압도하는 듯한 그런 느낌이 들어요. 왜 그런 생각이 드는지는 저도 모르겠네요. 어쨌든 그런 느낌이 들어요. 참, 저는 제가 체격이 크다는 생각을 항상 해왔거든요. 잘 모르겠네요. 저는 제가 남자 같다는 생각을 할 때가 있어요. 물론 남편이 저보다 힘이 세요. 하지만 왠지 항상 그런 생각이 들어요."

J의 그림에 표현된 느낌과 사실의 불일치에는 상징적 의미가 담겨 있다는 점이 점점 분명해졌다.

J가 '생활 공간'을 주제로 그린 그림은 더욱 많은 점을 시사했다. J는 자신을 그림 한가운데에 그려 넣었으며, 그림을 설명할 때도 자신에 대해 많은 이야기

를 했다. 우선 자신을 가운데 그린 이유에 대해 다음과 같이 설명했다. "저는 중년에 접어들었어요. 인생 중 절반을 살아온 거지요. 그래서 저를 빨간색으로 그렸어요." J는 자신의 그림 위에 있는 남편 또한 빨간색으로 그렸다. 그리고 남편과 자신을 이어주는 선을 그었다. J는 자신의 왼쪽으로도 선을 긋고 오빠를 그렸다. 오빠에 대해서는 "제 인생에 들락거리는 존재죠"라고 말했다. 16살 된 자신의 둘째 아들은 녹색 마커로 그렸다. "녹색은 희망의 색이에요." 19살 된 첫째 아들은 파란 마커로 그리고 "첫째는 파란색이에요. 첫째도 문제 없어요"라고 했다.

J의 머리에서 오른쪽으로 뻗어나간 선 끝에는 검은색으로 5살 된 막내 아들을 그렸다. 자폐증을 앓고 있는 아들에 대해서는 "이 색은 아들에 대한 제 걱정을 표현한 거예요"라고 설명했다. 또 J의 머리에서 뻗어나간 분홍색 점선 끝에는 시누이가 있었다. 시누이에 대해서는 다음과 같이 말했다. "시누이는 제게 여동생 같은 존재예요. 지금 캘리포니아에 살고 있지만 아주 가까이 있는 것처럼 느껴져요." J의 그림 밑에는 자신이 주로 하는 활동들을 표현한 네모가 세 개 있었다. 맨 왼쪽 네모는 "지겨운" 집안일이라고 했다. 가운데와 오른쪽 네모는 각각 "상사와 나누는 대화", "친구들과 나누는 대화"이며 둘 모두 자신을 무척 즐겁게 한다고 덧붙였다. 그림에 대한 설명을 마친 후 막내 아들에 대한 걱정을 털어놓으며 자신에게 정서적인 지지를 해줄 수 있는 사람이 주변에 별로 없다고 했다.

참가자들은 대부분 J와 마찬가지로 외로움을 느낀다고 호소했다. 그 중 한 여성은 자신과 아이들을 꽃으로 표현한 그림을 그렸다(12.4B). K부인(이하 K)은 자신을 표현한 꽃에 아이들을 상징하는 색상을 혼합해 그리고는 다음과 같이 설명했다. "아이들은 제 몸의 일부와도 같아요."

K가 그린 그림에서 가장 눈에 띄는 큰 꽃은 자신의 어머니라고 했다. K는 이 꽃에 대해 다음과 같이 설명했다. "우리 어머니예요. 이 못생긴 데이지 꽃이요. 이 꽃은 크기는 크지만 못생겼어요. 저는 어머니를 사랑해요. 하지만 그다지 좋아하지는 않아요. 어머니는 제 아이들을 손아귀에 넣고 싶어하시죠. 어머니는 너무 고압적이에요. 아이들 양육 방식을 놓고 어머니와 저 사이에 갈등이 있어요. 캘리포니아로 가서 좋은 남자도 만나고 어머니에게서 벗어나고 싶어요."

R이라는 여성 또한 그림에 대해 설명하던 도중 자신의 어머니에 대한 애증을

A

B

A. J부인이 그린 가족. 마커
B. K부인이 그린 "생활 공간". 마커

드러냈다. "어머니를 사랑하지만 어머니 행동 중에 마음에 들지 않는 부분도 있어요." 참여자 모두가 자녀를 향한 양면적인 감정을 온전히 인지하기까지는 수개월이 소요되었으나 그 후 자신들의 어머니에 대한 양면적인 감정을 공유하고 그것에 대해 토론하기는 훨씬 쉬웠다.

합동 미술치료 : 어머니들과 아이들

그 다음 주부터 아이들을 대상으로 한 미술치료도 시작했다. 치료 시간은 어머니 집단과 마찬가지로 1시간 30분이었다. 합동치료는 다양한 간격을 두고 실시되었다. 구체적인 날짜는 나와 어머니 집단을 이끄는 지도자가 의논해 결정했다. 나는 다른 공동 치료사와 함께 아동 집단 미술치료를 맡았다. 공동 치료사는 남성 아동심리학자로 네 번째 세션부터 치료에 참여했으며 합동 미술치료 시기에 대해 의논할 때도 참여했다.

첫 번째 합동 미술치료 : 자유 미술 활동

아이들이 집단 미술치료를 시작한 지 4주가 지난 시점에 첫 번째 어머니-아이 합동 미술치료를 실시했다. 정해진 규칙이나 특별한 과제가 없는 열린 방식이었다. 큰 방에 어머니와 아이들이 사용할 수 있는 다양한 미술 도구와 재료를 준비해두었다. 어머니와 아이들은 방에 들어와 원하는 자리를 선택해 원하는 어떤 미술 활동이든 할 수 있었다.

나와 공동 치료사는 어머니-아이 사이의 상호작용을 관찰했다. 각 어머니-아이 쌍은 방에 들어서는 순간부터 다양한 결정을 내리면서 바쁘거나, 쾌활하거나, 주변을 의식하는 모습을 보여주었다. 『치료 유치원*Therapeutic Nursery School*』이라는 책에도 쓰여 있듯, "아이와 그 어머니의 상호작용을 직접 관찰하면 해당 아동의 성격과 병리를 더욱 잘 이해할 수 있다"(Furman, 1969, p.98).

우리는 첫 번째 합동 미술치료 시간에 관찰한 내용을 바탕으로 각 어머니와 아동에 적합한 치료 방법을 계획할 수 있었다. 또한 녹화한 영상을 돌려보며 현장에서는 미처 알아차리지 못했던 미묘한 행동들도 눈여겨볼 수 있었다.

우리는 빈틈없는 관찰을 통해 그 상황에서 얻을 수 있는 다양한 행동적·상징적 자료를 얻으려 노력했다. 예컨대 한 모녀 쌍은 다른 참가자들에게는 등을 돌린 채 이젤에만 시선을 고정하고 자신들을 고립시켰다. 어머니는 많은 사람들에게 노출되는 것을 꺼리는 듯했으며, 딸 또한 어머니의 불편한 감정을 공유했다. 이 둘은 치료 시간 내내 꼭 붙어 앉아 함께 미술 활동을 했다.

반면 이와 정반대 모습을 보여준 모자 쌍도 있었다. 이들은 다른 사람들은 안중에 두지 않고 서로 멀찍이 떨어져 각자 하고 싶은 활동을 했다. 미술 활동을 끝내고 작품에 대해 이야기하는 시간에 그 어머니는 아들의 작품이 우스꽝스럽다며 비웃기까지 했다. 이들은 마치 경쟁하는 또래 친구 같아 보였다. 그 다음 주에 열린 어머니 집단치료 모임에서 한 참가자가 이 모자 쌍에 대해 떨어져 있으면서도 비슷한 행동을 한 것 같다고 지적하자, 이 여성은 아들에 대한 속내를 털어놓았다. 아들이 미술치료실에서 편안하고 느긋하게 즐기는 모습을 보자 왠지 모르게 질투가 났다고 했다.

미술치료 현장에서는 별다른 특이점을 관찰하지 못했지만 나중에 녹화 화면을 통해 어머니가 은연중에 냉담한 모습을 보였다는 사실을 알게 된 모자 쌍도 있었다. 비디오 화면에 나타난 이 어머니의 아이에 대한 눈빛과 행동은 쌀쌀맞기 그지없었다. 반면 아들은 가루 물감, 물, 붓을 가지고 큰 종이에 그림을 그리며 즐거워하는 듯했다. 하지만 어머니가 보내는 차가운 거절의 눈빛은 직접적인 분노의 표현보다 아이를 더욱 쩔쩔매게 했다. 이 어머니는 치료 시간 내내 아들 옆에 앉아 있기는 했지만 단 한마디 말도 하지 않았다. 그 다음 주에 열린 어머니 모임에서 그때 기분이 어떠했는지를 묻자 이 어머니는 이렇게 대답했다. "아들과 별다른 교감을 하지 못했어요. 아들이 무척 흥분한 상태였거든요. 아주 천방지축이더군요. 집에서는 전혀 그렇지 않은데 말이에요. 집에서는 단정하고 깔끔한 편이에요."

또 다른 어머니는 아들이 자유롭게 미술 활동을 하는 모습을 보면서 기뻤다고 털어놓았다. 이 어머니의 아이는 위에서 설명한 아이와 마찬가지로 모험심을 발휘하며 미술 활동을 했다. 앞서 아들에게 냉담한 태도를 보였던 어머니는 이 어머니의 말을 듣고 자신이 아들에 대한 통제력을 잃을지도 모른다는 두려움에 언짢아했다는 사실을 처음으로 인정하게 되었다.

어머니들은 합동 미술치료와 그 다음 주에 열린 토론 시간을 통해 서로를 도울 수 있었다. 예를 들어 한 어머니는 치료실에서 가장 작은 탁자를 고름으로써 자신과 딸을 다른 참가자들에게서 효과적으로 고립시켰다. 그 어머니는 아이가 그림을 그리는 동안 허리를 꼿꼿이 세우고 앉아 불안한 눈빛으로 주변을 두리번거렸다. 딸이 자신에게 관심을 보여달라고 청해도 무반응으로 일관하다가 나중에는 딸을 짜증 섞인 눈빛으로 바라보았다.

이들이 앉아 있던 작은 탁자에 아이 없이 홀로 참여한 어머니가 동석했는데, 이들의 상호작용 또한 의미 있었다. 말하자면 이 어머니는 스스로를 고립시키고자 하는 어머니-아이 쌍의 공간에 침입한 셈이었다(그림 12.5). 어머니의 따뜻한 관심을 받고자 했으나 거절당한 아이는 곧 이 홀로 참여한 다른 참가자와 그림으로 대화를 나누었다. 홀로 참여한 여성이 큰 동물을 그리자 아이가 그 옆에 "아기 고양이Baby Kitten"를 그렸다(12.5A). 그리고 나중에 이 여성이 그린 큰 동물에는 "엄마 고양이Mother Cat"라는 제목을 붙였다. 아이는 어머니가 아닌 다른 성인 여성과 맺은 긍정적인 관계가 좋았던지 또 다른 엄마 고양이 그림과 (12.5B) 자신이 키우는 애완동물 '트위기'의 그림을 연이어 그렸다(12.5C). 아이는 비록 어머니와는 함께 미술 활동을 하지 못했지만 다른 어머니와 함께 상호작용하면서 만족감을 느끼는 듯했다. 그동안 아이의 어머니는 딸과 다른 참가자가 함께 행복해하는 모습을 지켜보았다.

홀로 참여한 여성이 손가락 그림을 그리기 위해 자리를 비우자 경계심 어린 태도를 보이던 어머니와 딸은 비로소 서로 협력해 미술 활동을 하기 시작했다. 둘은 함께 점토로 새집 모양을 만들었다. 새집을 완성한 후에는 함께 손가락 그림을 그리며 즐거워했다. 아까의 긴장된 모습은 전혀 찾아볼 수 없었다. 다른 성인 여성과 딸이 오붓하게 함께하는 모습을 보며 느낀 경쟁심이 이 어머니의 변화를 유발한 것이 분명했다.

A

B

A. 다른 어머니가 그린 엄마 고양이＋아이가 그린 아기 고양이
B. 아이가 그린 엄마 고양이
C. 아이가 그린 '트위기'

C

두 번째 합동 미술치료 : 함께 하기

첫 번째 합동 미술치료를 실시하고 6주 뒤에 두 번째 세션을 실시했다. 이번에는 정해진 규칙과 과제가 있었다. 각 어머니-아이 쌍이 적어도 하나 이상의 미술작품을 함께 만들어야 했다. 미술 도구나 재료는 첫 번째 세션과 마찬가지로 마음대로 선택할 수 있었다. 단, 이번에는 반드시 어머니와 아이가 함께 어떤 도구와 재료를 사용하고, 어디에서 작업하고, 무엇을 그리거나 만들지 결정해야 한다는 점이 달랐다. 미술 작업을 완료한 후에는 다과를 나누며 어머니가 아이를 인터뷰하는 형식으로 작품에 대해 이야기하는 시간을 마련했다(12.5D)(첫 번째 세션에서는 치료사가 인터뷰를 실시했다).

6주의 시간 동안 각 어머니-아이 쌍의 상호작용이나 참가자 개인의 행동에는 많은 변화가 있었다. 첫 번째 세션 때 주변을 경계하며 스스로를 고립시켰던 어머니와 딸은 이번 시간에 다른 참가자들과 한 탁자에 앉아 대화에 적극적으로 참여했다.

지난 세션 때 상호의존적인 모습을 보였던 이 모녀는 상당히 변화된 모습을 보여주었다. 딸은 전에 비해 당당하고 자율적인 태도를 보였으며, 어머니는 더 자신감 있어 보였다. 이러한 태도 변화는 인터뷰를 할 때 더욱 두드러졌다. 딸은 자신을 인터뷰하던 어머니를 도리어 자신이 인터뷰하며 어머니가 점토로 만든 아이스크림콘에 대해 짓궂게 놀리기까지 했다.

D. 아들을 인터뷰하는 어머니
E. 함께 그림 그리는 어머니와 아들

D

E

첫 번째 세션 때 서로 멀찍이 떨어져 서로에게 신경 쓰지 않던 어머니-아이 쌍 또한 전과 현저히 다른 태도를 보였다. 둘은 함께 매우 편안하고 즐겁게 작업했다(12.5E). 다른 어머니-아이 쌍은 대부분 아이가 주도적으로 미술 활동을 이끌었던 반면 이 쌍은 주로 어머니가 그림의 착상이나 형태를 제시했다. 하지만 어머니와 아들 모두 함께하는 과정을 즐겼다는 점만은 분명했다. 무엇보다도 인터뷰를 할 때 어머니가 예상외로 아들에게 다정다감했던 점이 눈에 띄었다.

물론 문제 있다고 여겨지는 태도나 행동이 여전히 관찰되기는 했다. 첫 번째 세션 때 칠칠치 못하게 군다고 아들에게 화를 냈던 어머니는 두 번째 세션 때도 비슷한 모습을 보였다. 한 치료사가 그 어머니-아이 쌍 근처에 앉아 그들의 상호작용을 낱낱이 관찰했는데, 어머니는 아들에게 비판적인 언급을 계속 했다. 둘은 펜을 가지고 그림 세 점을 그렸다. 그림을 그리는 동안 어머니는 거의 말이 없었는데, 가끔 꺼내는 말이라고는 무엇을 하지 말라거나 무엇이 잘못되었다는 것뿐이었다. 어머니의 목소리와 태도는 무척 퉁명스러웠으며, 인터뷰 시간에도 짜증 섞인 어조로 아들을 대했다.

합동 미술치료는 진단을 내리기 위한 목적으로도 유용했지만, 더욱 가치 있는 점은 어머니들과 아이들이 다른 사람을 관찰함으로써 잠재적으로 학습을 할 수 있다는 사실이었다. 참가자들은 동일한 상황에서 다른 이들이 어떤 방식으로 대응하는지 관찰할 수 있었다. 즉, 예전에는 알지 못했던 대안적인 행동양식을 배울 수 있었던 것이다. 첫 번째 세션 때 다른 성인 여성과 고양이 그림을 그렸던 아이와 그 어머니는 어떻게 어머니와 딸이 함께할 수 있는지를 배웠다.

첫 번째 세션 때 다른 참가자들에게서 고립된 채 서로에게만 의지했던 어머니와 딸은 다른 참가자들이 서로 자유롭고 편안하게 상호작용하는 모습을 보고 두 번째 세션 때는 다른 사람들과 같은 탁자에 앉아 적극적인 모습을 보였다. 또 첫 번째 세션 때 서로 떨어져 각자의 관심사에만 집중했던 어머니와 아들은 다른 어머니와 아이들이 함께 미술 활동을 즐기는 모습을 보고 두 번째 세션 때는 협력했다.

이러한 변화는 어머니들이 합동 미술치료를 통해 자녀와 자녀의 행동을 새로운 시각으로 바라보게 된 것에서 초래되었는지도 모른다. 자녀와 자녀의 행동을 또래의 다른 아이들과 비교해볼 수 있는 기회를 통해 자신이 아이에게 무엇을 기대하고 있었는지 깨닫게 되기 때문이다. 아동에 대한 어른의 기대가 강력한 힘을 발휘한다는 사실은 이미 입증된 바 있다(Brousard, 2003). 자기 충족적 예언에 대한 연구에서도 어른의 기대가 아이들의 행동에 큰 영향을 끼친다는 점이 밝혀졌다(Rosenthal&Jacobson, 1968).

예를 들어 한 어머니는 첫 번째 합동 미술치료 이후에 실시한 어머니 토론 모임에서 아들의 활달하고 자유로운 태도와 행동에 "놀랍고도 기뻤다"라는 말을 했다. 이 어머니는 아들이 치료소를 처음 찾을 때만 해도 불안하고 강박적이며, 잔뜩 움츠러든 모습이었다고 했다. 그런데 집단 미술치료 시간에 예상외로 자유로운 태도로 자신과 상호작용해서 놀랐다고 말했다.

자폐증이 있는 아이를 둔 어머니는 두 번째 미술치료 세션에 참여시킬지에 대해 고민하고 걱정했다. 그런데 막상 참여하고 보니 자극이 많은 환경에서도 아이가 별다른 문제 행동을 보이지 않아 안심했다는 말을 했다. 이 어머니와 아들은 무척 즐거워하며 템페라 마커로 그림 두 점을 함께 그렸다.

이 어머니는 두 번째 합동 미술치료를 마친 후 실시한 토론 모임에서 다른 어머니들이 지적한 충고를 듣고 무척 고마워했다. 다른 어머니들은 이 어머니가 아들에 대해 왜곡된 생각을 가지고 있는 것 같다고 말해주었다. 이미 15주째 만나 서로 신뢰를 쌓은 상태였기에 그녀는 그들의 조언을 달갑게 받아들였다.

합동 미술치료에 참가한 어머니들은 아이들이 그림이나 조형물을 통해 표현한 상징의 의미를 점차 깨닫고 아이들의 내면에 대한 통찰을 얻어가는 듯했다. 그들은 "아이들이 그들 나름대로는 합리적"이라는 사실을 배워가고 있었다 (Buxbaum, 1949, p.51).

예컨대, 첫 번째 세션 때 한 여자아이가 점토로 만든 거북이 두 마리에 대해 설명하면서 5살 난 여자아이 거북이가 남동생 거북이를 이긴다는 내용의 이야기를 지어 들려주었다. 그 어머니는 그 이야기를 통해 딸이 남동생을 경쟁자로 여기고 있으며 이기고 싶어한다는 사실을 알게 되었다. 이 어머니는 두 번째 세션 때 딸이 점토로 만든 바구니 두 개에 대해 큰 쪽이 자기 것이고 작은 쪽은 남동생 것이라는 설명을 하자, 딸의 마음을 다 안다는 듯 미소 지었다.

두 번째 세션 인터뷰 말미에 이 여자아이는 입을 벌리고 있는 남자아이 가면에 대해 다음과 같이 이야기했다. "꼬마 남자아이가 바구니를 찾을 수 없어서 엉엉 울고 있는 거예요. 누나가 바구니를 몰래 가져갔거든요." 이때도 아이의 어머니는 이해한다는 뜻으로 고개를 끄덕였다. 그 이후 이 어머니는 딸이 학교나 집에서 만든 미술작품들을 가져와 아이가 표현하고자 하는 의미가 무엇인지에 대한 자신의 해석을 이야기하곤 했다.

또 다른 어머니는 아들과 그림에 대한 대화를 나누면서 이혼한 남편의 자리를 채우고자 하는 아들의 소망을 인식하게 되었다.

아 들 : 이 나무는 하늘 높이 뻗어서 비행기에 뽀뽀하려고 하는 거예요.

어머니 : 나무가 비행기까지 닿을 수 있을까?

아 들 : 열심히 노력하면 쭉 뻗어나갈 수 있어요!

어머니 : 비행기는 나무가 뻗어서 자기에게 뽀뽀해주는 걸 원할까?

아 들 : 그럼요! 나무는 그렇게 할 거예요.

어머니 : 그럴까?

아 들 : 그래서 나무랑 비행기는 결혼할 거예요.

어머니는 그 다음 주에 실시한 어머니 토론 모임에서 이 대화에 대해 자신의 태도와 바람이 아들의 그러한 환상을 자극하고 강화했는지도 모르겠다는 말을 꺼냈다. 사실 나와 다른 치료사들은 이 어머니가 아들에게 유혹적으로 굴었다가도 어느 순간 무시하고 거부하는 양면적인 태도를 보인다는 사실을 관찰을 통해 알고 있었다. 하지만 이 어머니가 스스로 이 사실을 인지하게 된 것은 처음이었다. 아들의 오이디푸스 콤플렉스와 이로 인한 내면의 갈등은 사실 어머니의 모순적인 태도가 초래한 것이었다.

우리는 집단치료를 실시한 지 5개월이 지난 시점에 부모 회의를 열어 각 아동의 치료가 어떻게 진전되고 있는지 논의했다. 이때 합동 미술치료를 통해 관찰하고 배운 내용들이 유용한 참고 자료로 활용되었다. 예를 들어 한 어머니는 딸의 문제를 해결하는 데 자신이 어느 선까지 책임져야 하는지 모르겠으며, 분노의 감정을 알아차리고 표현하는 데 어려움을 느낀다고 말했다. 이때 합동 미술치료 시간에 딸과 그림에 대해 나누었던 대화를 떠올린 것이 도움되었다. 아이가 그린 그림의 제목은 "점이 있는 나That's Me with Some Dots"였다.

어머니 : 여기 있는 큰 점은 무슨 의미야?

딸 : 행복.

어머니 : 뭐가 널 행복하게 하는데?

딸 : 엄마가 내 곁에 있는 거.

어머니 : 그러면 행복해? 전에는 내가 가까이 있으면 화가 난다며.

딸 : 지금은 행복해.

어머니 : 마음이 바뀌었구나.

치료사 : 누군가에게 때로는 화가 났다가도 또 때로는 같이 있는 게 행복하고 그러지 않나요?

딸 : 아니요!

아이는 다른 사람들의 그림에 대해 지나치다 싶을 정도로 칭찬을 했는데 어머니는 딸의 그러한 행동이 무엇을 의미하는지 깊이 생각한 끝에 그것이 아이의 문제와 어떤 연관이 있는지 알게 되었다. 어머니는 딸과 나눈 이 대화를 통해 집단치료의 효용성을 깨닫고 진심으로 참여하기 시작했다.

이후 합동 미술치료를 실시하면서 시간 경과에 따른 어머니-아이 쌍의 상호작용 변화와, 합동치료를 할 때와 어머니 토론 모임/아동 미술치료를 할 때 개인별 행동이 얼마나 다른지 평가할 수 있었다. 시간이 흐르면서 상황에 따른 행동이나 태도 차이는 줄어들었으며, 아이들은 갈등을 미술작품에 더욱 뚜렷하게 표현하는 경향이 있었다.

예를 들어 나중에 후반부에 실시한 합동 미술치료 때 조이라는 아이는 "고추달린 여자A Lady with a Weiner"라는 제목의 그림을 그렸다(12.5F). 조이에게는 심각한 거세 불안 증세가 있었다. 조이는 자신의 어머니 앞에서 눈이 다쳐 보이지 않고 남근이 있는 여성의 그림을 그린 후 다음과 같이 설명했다. "여자아이들

F

G

F. 조이가 그린 "고추 달린 검은 눈의 여자"
G. 조이가 그린 엉덩이 그림 "숙녀"

에게도 원래 고추가 달려 있었는데 잃어버린 게 분명해요. 나도 고추를 잃어버릴까 봐 무서워요."

조이의 설명을 들은 어머니는 웃음을 터뜨린 후 아들을 호되게 꾸짖었다. 조이는 어머니의 꾸짖음에 더 짓궂은 그림으로 응대했다. 이번에는 똥을 소재로 한 "숙녀Lady"라는 그림을 그렸는데 그림에는 항문에서 나오는 똥이 노골적으로 표현되어 있었다(12.5G). 조이의 어머니는 어째서 아들이 그렇게 '저속한' 그림을 그렸는지 의아해했다. 다른 어머니들은 조이 어머니의 웃음과 관심이 조이의 그런 행동을 강화했다는 지적을 했다. 합동 미술치료 다음 주에 실시한 어머니 모임에서 조이의 이러한 행동이 토론의 주제가 되었다. 조이의 어머니는 아들이 거세 불안을 노골적으로 표현하는 것에 대해 불편하다고 했다. 어머니 모임 지도자는 조이가 몸 밖으로 배출되는 배설물을 그림으로써 신체의 일부를 잃는 것에 대한 불안감을 표현한 것이며, 그러한 불안감의 표출은 정상적인 것이라고 설명해주었다.

주인–노예 놀이

합동 미술치료를 할 때 시도해볼 수 있는 놀이는 다양하다. 집단치료의 목적에 걸맞기만 하면 어떤 놀이든 괜찮다. 한 번은 아이들이 어머니에게 무엇을 그릴지 명령을 내리고 어머니는 무조건 그 말에 따르는 주인–노예 놀이를 한 적이 있다. 그 날 집단치료에는 세 쌍의 어머니–아이들이 참여했는데 그 중 두 소년은 어머니의 수행 능력에 썩 만족하지 못하는 듯했으나 주인 역할 하는 것은 아주 즐겼다.

놀이를 마친 후 어머니들은 다른 방으로 가고 아이들끼리 조금 전에 일어났던 일에 대해 토론하는 시간을 마련했는데, 한 소년이 어머니의 '실수'에 대해 불만에 찬 말들을 쏟아냈다. 다른 소년도 자신이 머릿속에 떠올렸던 건물을 어머니가 제대로 그리지 못했다며 그 소년의 말을 거들었다. "어떤 것을 머릿속으로 생각했는데, 다른 사람이 그 생각을 정확히 알 수 있을까? 나는 엄마가 내가 생각한 대로 똑같이 건물을 그릴 거라고는 생각하지 않았어." 어른들과 대화하는 것이 얼마나 어려운지에 대한 생산적인 대화가 이어졌다. 소년은 머릿속에 떠올린 이미지를 말로 표현하기란 특히 더 어렵다고 했다.

세 번째 소년은 기가 세고 비판적인 어머니에게 명령을 내리기 어렵다고 생각했는지 어머니에게 무엇을 할지 말해달라고 했다. 흥미롭게도 그 어머니가 아들에 대해 불평하던 점 중 하나는 자신이 말한 대로 잘 따르지 못한다는 것이었다. 그 어머니는 도화지 몇 장은 족히 채울 정도의 많은 것들을 그리라고 명령했다. 아들은 묵묵히 종이 한 장에 그 모든 그림들을 그렸고 더 이상 그릴 만한 공간이 남지 않게 되었다. 그러자 어머니는 명령 내리던 것을 멈추었다. 아들은 어머니의 까다로운 명령을 훌륭히 수행한 것을 뿌듯해했다.

이후에 실시한 어머니 토론에서 참가자들은 그 어머니가 아들에게 너무 많은 것을 요구하고 있으며, 반면 아들은 그 요구에 잘 대처하고 있다는 조언을 해주었다. 또 아이들끼리 나눈 토론에서는 어머니들과 교사들이 항상 아이들에게 무엇을 하라고 명령 내리길 좋아하고, 만족할 줄 모르며, 항상 더 많은 것을 요구한다는 말이 나왔다. 앞서 배설물 그림을 그렸던 소년은 들뜬 목소리로 다음과 같은 말을 했다. "우리 엄마가 만날 나한테 뭐라고 하는지 알아? '어서 가서 씻어! 안 그럼 엄마한테 끌려간다! 빨리 좀 가! 엄마가 아프게 씻겨주느니 좋은 말로 할 때 얼른 가서 씻는 게 좋을걸!'"

우리는 각자 따로 치료받던 어머니 집단과 아이 집단을 한자리에 모아 합동 미술치료를 실시하면 어머니들은 남의 이목을 의식해서 불편해하고, 아이들은 자신들의 공간에 어른들이 침입한 것을 싫어하리라 예상했다. 아이들이 아마 공간, 재료, 치료사를 어른들과 함께 공유하고 싶어하지 않을 것이라 생각했다. 하지만 두 집단 모두 예상과 다른 반응을 보였다. 어머니들과 아이들은 함께 하는 미술 활동을 무척 재미있어했다. 한 남자아이는 어머니가 치료실을 나간 후 다음과 같이 말했다. "엄마랑 같이 하니까 더 좋았어요." 다른 아이들도 모두 거기에 동의했다. "재밌었어요. 즐거운 시간이었어요."

우리는 크리스마스를 한 주 앞두고 아이들에게 파티 때 무엇이 있었으면 좋겠는지 물어보았다. 아이들은 "막대 사탕이요" 같은 대답을 했다. 그런데 갑자기

한 소년이 "엄마요"라고 말했고 아이들은 앞다투어 어머니가 왔으면 좋겠다고
했다. 그래서 크리스마스 파티 때 모두가 함께하는 자리를 마련하기로 했고, 아
이들은 미리 와서 열심히 치료실을 꾸몄다. 아이들은 마지막으로 힘을 모아 '모
두에게 사랑을… 어머니들을 환영합니다'라고 적은 현수막을 달았다.

어머니-아이 집단치료 시 간헐적으로 합동 미술치료를 실시하면 진단을 내
리거나 치료를 진행하는 데 큰 도움이 된다. 치료사는 유연성을 발휘해 다양한
형식을 시도함으로써 진단과 치료의 효과를 높일 수 있다.

단기 부모-아이 집단 미술치료

이 직업에 종사하면서 치료소와 지역 아동보호센터에서 단기 부모-아이 집단
미술치료 프로그램을 꽤 많이 이끌어보았다. 단기 집단 미술치료는 대개 45분
동안 합동 미술치료를 실시한 후 부모 집단과 아이 집단을 나누어 부모 집단은
조금 전의 활동에 대해 토론하고 아이 집단은 미술 활동을 조금 더 하는 식으로
진행했다. 단기 치료는 (짧게는 1회에서 길게는 6회 정도의) 시간적인 제한에도 불구
하고 많은 것을 배우고 성장할 수 있는 기회를 참가자들에게 제공했다.

16장에 시각장애 자녀를 둔 부모를 대상으로 한 6주 프로그램의 일환으로 실
시했던 어머니-아이 미술치료 세션에 대한 내용이 자세히 나온다. 18장에서는
다수의 지역 아동보호센터에서 실시했던 정상 아동 부모를 대상으로 한 단기
치료 프로그램에 대해 설명할 것이다. 미술은 실력이나 경험치와 상관없이 성인
과 아동이 함께할 수 있는 활동이라는 장점이 있다.

브리티시 컬럼비아에서 활동하는 미술치료사 루실 프룰Lucille Proulx은 취학
전 아동들을 대상으로 어머니, 아버지가 함께하는 유사한 미술치료 프로그램을
실시해왔다. 미술 활동 경험의 공유는 부모와 아이 모두가 '새로운 의사 소통 방
식'을 개발하도록 도울 수 있다(Ginott, 1965, p.25).

어머니 미술치료 집단

편모 집단

이 집단치료는 한 지역 시민센터에서 실시한 것으로 프로그램의 이름은 '부모교육'이었지만 사실은 참가자들을 위한 치료의 성격이 강했다. 참가자들에게 주어진 첫 과제는 자신의 생활 공간을 그림으로 표현하는 것이었다. 남편과 사별하고 홀로 자녀를 키우던 한 젊은 여성은 자신의 그림에 대해 온갖 집안일을 하고, 아이를 키우고, 공과금을 걱정해야 하는 부담을 개략적으로 표현한 것이라고 설명했다(12.6A). 교회에 나가고 취미생활을 하면서 즐거운 기분을 유지하려고 하지만 미래를 생각하면 앞이 깜깜한 느낌이라고 했다. 프로그램에 참여한 다른 참가자들은 이 여성에게 깊이 공감을 표하며 남편 없이 어떻게 지내고 있는지에 대한 자신들의 경험을 들려주었다.

A. 홀로 아이를 키우는 젊은 여성이 자신의 걱정거리들을 표현한 "생활 공간" 그림
B. 그림을 논하는 미혼모들

12.6 편모 집단 미술치료

A

B

헤드 스타트 프로그램 어머니 집단

피츠버그 아동보호센터에서는 심각한 정신장애가 있는 아동과 그 어머니들을 대상으로 한 헤드 스타트Head Start 프로그램을 실시했다. 처음에는 사회복지사와 아동 정신과 의사가 함께 집단 상담치료를 실시했는데, 이 여성들은 자신의 의사를 명료하게 표현하는 능력이 떨어졌기에 상담치료의 효용에 대한 의문이 제기되었다.

프로그램 지도자는 나와 동료에게 정기적으로 컨설팅을 받았는데, 어느 날 이 여성들을 대상으로 집단 미술치료를 실시해줄 수 있는지 청해왔다. 우리는 기꺼이 그렇게 해보겠다고 요청을 수락했고, 결과는 성공적이었다(그림 12.7). 이 어머니들은 관심, 인정, 도움에 목말라 있었다. 또한 중증 장애를 앓고 있는 아이들을 키우면서 그들에게 어떻게 해주는 것이 최선인지 몰라 괴로워하는 상태였다.

우리는 필요한 미술 도구와 재료를 제공해주고 참가자들의 긴장을 풀어주기 위해 스낵도 준비했다. 참가자들은 음료수와 프레첼을 먹으며 활기차게 자신을 위한 모자, 지갑, 보석 등을 만들었다(12.7A, 12.7B). 우리는 즐겁게 미술 활동을 하는 가운데 아이를 키우면서 겪는 어려움을 편안하게 털어놓도록 유도했다.

격의 없고 자연스러운 분위기 덕분인지 참가자들은 집단 상담치료를 실시했

12.7 헤드 스타트 어머니 집단치료

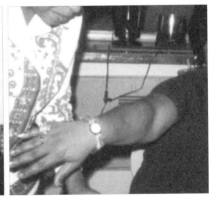

A. 한 여성이 만든 모자
B. 그녀가 만든 반지

A

B

을 때보다 훨씬 더 편안하고 허심탄회하게 서로 이야기 나누었다. 그리고 집단 미술치료를 받은 후 더욱 여유롭고 따뜻한 태도로 아이들을 대할 수 있었다.

마약 중독 문제가 있던 어머니 집단

몇 년 후, 내 동료인 연극치료사는 마약 중독과 싸우는 여성들을 위한 프로그램을 하나 진행했다. 그 프로그램은 마약 중독자 재활 기관 내에서 이루어졌으며, 부모교육과 관련된 내용도 상당 부분 포함되어 있었다(그림 12.8). 프로그램의 원래 목적은 부모교육이 아니었으나 치료를 진행하면서 아이들이 함께 참여하는 경우가 많아졌다. 헤드 스타트 프로그램 어머니 집단과 마찬가지로, 이 프로그램의 참여자들 역시 관심과 도움이 필요했다. 그들도 스낵과 음료수를 먹으며 주어진 재료로 사랑스러운 미술작품들을 만들었다(12.8A~D).

12.8 마약 중독 재활기관 집단치료

A

B

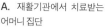

A. 재활기관에서 치료받는 어머니 집단
B. 그룹으로 작업하는 어머니들
C. 집중하기
D. 동물 만들기

C

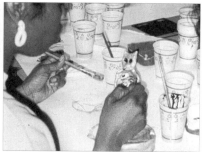

D

참가자들은 자기 자신에 대해 새로운 것들을 알아가면서 기쁨을 느꼈으며, 그러한 고양된 기분을 종종 말로 표현하곤 했다. 참가자들이 만들어낸 결과물은 그다지 빼어나다고는 할 수 없었지만, 그들은 그 과정을 즐겼으며 그 경험을 통해 성장했다. 기관 소속으로 매주 집단치료에 참여했던 사회복지사가 보고한 내용에 따르면 참가자들은 미술치료 프로그램을 통해 자녀들을 더욱 깊이 있게 이해하게 되었다고 했다. 또한 프로그램을 시작할 때 예상했던 대로 어머니들에 대한 교육과 보살핌은 그 자녀들에 대한 교육과 보살핌으로 이어졌다.

어머니 집단치료를 마치고 한 달 후에 우리는 참여자들의 자녀들과 함께하는 합동 미술치료를 진행해달라는 요청을 받았다. 우리는 요청을 흔쾌히 수락했고 합동 미술치료 프로그램을 끝낸 뒤에는 아이들만을 대상으로 하는 미술치료를 여러 차례 실시했다. 이번 치료와 예전에 실시했던 다른 미술치료와의 차이점은 여성들이 재활 치료를 받기 위해 자녀들과 함께 지내고 있던 마약 중독자 재활 기관 내에서 모든 프로그램을 운영했다는 점이다.

결론

미술치료가 (개인치료든 집단치료든 커플치료든 상관없이) 심리 문제로 치료를 받는 자녀를 둔 부모들에게 큰 도움을 줄 수 있다는 사실에는 의심의 여지가 없다. 자녀와 함께하는 합동 미술치료나 아동 혹은 어머니들을 대상으로 하는 집단치료의 경우도 마찬가지다. 또한 부모 집단치료에 미술 활동을 추가하면 치료 효과나 속도를 훨씬 더 높일 수 있다.

다음 장에서는 아동을 대상으로 한 집단 미술치료에 초점을 맞출 것이다(아동 집단 미술치료는 이 책이 처음 쓰인 30여 년 전이나 지금이나 가장 널리 행해지는 치료 방법이다). 집단치료는 비용이 효율적일 뿐만 아니라 여러 참여자들의 상호작용을 통해 시너지 효과를 낼 수 있는 훌륭한 치료법이다. 더욱이 집단치료에 미술 활동을 더하면 치료의 효과를 몇 배로 끌어올릴 수 있다.

13장

집단 미술치료

역사

가족은 상호의존 관계에 있는 개인들이 모인 집단이라고 할 수 있다. 그래서 가족을 검사할 때 사용했던 기법들은 집단에도 별다른 무리 없이 적용할 수 있다. 집단 구성원들에게 자신이 생각하는 집단의 모습을 그려보도록 하는 것은 개인이 그 집단을 어떻게 인지하고 있는지 손쉽게 알아볼 수 있는 유용한 도구이다 (Denny, 1972; Hare&Hare, 1956; Rubin&Levy, 1975). 또한 구성원들에게 벽화처럼 함께할 수 있는 프로젝트를 과제로 내줌으로써 그들이 어떻게 상호작용하고 어떤 방식으로 의사 결정을 내리는지 관찰할 수 있다.

집단 미술치료를 도입한 초창기에는 개인이 집단 상황에 놓였을 때 어떤 특성을 보이는지 관찰한 후 각 개인이 완성한 미술작품에 담긴 의미가 무엇인지 토론하는 것에 주력하는 경향이 강했다(Dunn&Semple, 1956). 집단 구성원들끼리 미술작품에 대해 이야기하는 과정을 통해 치료의 효과를 높일 수도 있겠다는 인식이 조금씩 등장하기는 했지만 치료사들과 학자들은 주로 통일체로서의 집단보다는 개인에 초점을 맞추었다(Kramer, 1958; Sinrod, 1964). 집단치료가 점점 널리 행해지면서 변화의 도구로서 집단 자체를 활용하고 이해하는 것이 중요하다는 인식이 퍼져나갔고 마침내 집단 내 역동이 관심의 초점으로 떠올랐다 (Riley, 2001h; Sobol&Williams, 2001; Waller, 1993).

개인치료를 받는 내담자들을 대상으로 이따금씩 합동 프로젝트를 실시하면 타인과의 관계를 경험하고 실험해볼 기회를 제공해줄 수 있다는 이점이 있다. 이러한 합동 프로젝트는 대개 대화와 토론을 수반하는 경우가 많지만, 때로는 집단이나 커플끼리 아무 말 없이 조용히 미술 활동만 수행하기도 한다(Wadeson, 1973; Rhyne, 1995). 집단치료에 대한 학술적인 보고는 게슈탈트 심리학(Oaklander, 1988), 인본주의 심리학(Denny, 1972), 프로이트학파 심리학(Kramer, 1958), 이야기 치료(Riley, 2001h) 등 다양한 심리학 분야에서 찾아볼 수 있다. 가족 미술 검사나 치료를 할 때와 마찬가지로, 집단 참가자들에게 집단을 그림으로 표현해보도록 함으로써 각 개인이 집단을 한 단위로 어떻게 인식하고 있는지 알아볼 수 있다(Hare&Hare, 1956).

　때로 참가자들은 자신이 집단을 어떻게 생각하는지 자연스레 미술작품으로 표현하기도 한다. 예를 들어 사춘기 아이들을 대상으로 1주일에 한 번씩 집단 미술치료를 진행하던 중, 여섯 달째 들어선 어느 날 해나라는 아이가 현란한 색으로 그린 추상화에 "싫어, 싫어, 싫어!Hate, Hate, Hate!"라는 제목을 붙였다. 그 날의 치료를 마무리하기 위해 간단한 다과를 나누며 실시한 토의 시간에 해나는 그림 속 각 색상이 집단에 속한 아이들을 대표한다고 말했다. "왼편에 있는 이 기다란 회색은 비집고 들어오려는 매트야. 그리고 그 옆은 짐이고."

　해나의 발언은 매우 의미심장했다. 집단 참여자들 중 매트와 짐만이 흑인이었기 때문이다. 해나가 무심결에 흘린 이 말을 계기로 차별에 대한 열띤 토론이 이어졌다. 한 아이가 말했다. "나는 유색 인종을 위해 차별 발언을 해서는 안 된다고 생각해…." 짐이 화난 목소리로 대꾸했다. "흑인들을 '위해'가 아니라 흑인들에 '대한'이라고 말했어야지." 사실 집단 내에서 두 소년은 완전히 받아들여지거나 신뢰받지 못하는 상태였다. 또 해나는 지도자를 나타낸 색 바로 옆에 자신이 있다고 말하기도 했는데, 이는 친밀감을 느끼고 싶은 소망을 반영했다.

　집단 미술치료에 대한 대부분의 학술 문헌이 성인들을 대상으로 한 연구 결과를 담고 있기는 하지만 아동과 청소년들을 대상으로 한 연구 결과를 담은 문헌도 몇몇 있다(Bender, 1952; Dunn&Semple, 1956; Kramer, 1958/1971/1979; Landgarten, 1981; Linesch, 1988; Namer&Martinez, 1967; Oaklander,1978; Riley,

1999; Safran, 2002; Sinrod, 1964). 집단 연극치료와(Axline, 1947; Ginott, 1961; M. Lowenfeld, 1971; Schiffer,1969) 활동-면접 집단치료(Activity-interview groups, Konopka, 1963; Slavson&Schiffer, 1975)에 대한 연구 자료들 또한 아동을 대상으로 한 집단 미술치료와 밀접하게 연관되어 있다.

집단 미술치료는 미술과 집단의 효용을 이용할 수 있다는 장점이 있다. 비치 Vich와 리인Rhyne은 성인을 대상으로 한 자조 집단self-awareness group에 대해 설명하면서 다음과 같은 말을 남겼다. "소규모 집단 활동에는 인간의 자각을 넓은 범위까지 확대시킬 수 있는 힘이 있다. 거기에 시각적·촉각적·운동감각적인 표현과 의사소통 수단을 제공해주면 자각의 범위를 더욱 확장시킬 수 있다." (1967, p.1)

이와 유사하면서도 약간 다른 관점을 취하는 학자들은 집단 미술치료에 새로운 특질을 도입하면 표현과 치유가 촉진되는 사람이 있는 반면 더욱 위축되는 사람도 있을지 모른다고 여긴다. 예를 들어 어떤 아이들은 어른과 단둘이 있을 때 매우 소극적이고 수줍어하는 모습을 보이기도 한다. 성인을 신뢰하지 못하는 아이들이 대개 이러한 반응을 보이며, 이러한 아이들은 또래와 함께 있을 때는 전혀 다른 태도를 보여주는 경향이 있다. 이러한 아이들에게 또래 집단은 훨씬 더 안정적이고, 의지할 수 있으며, 편안한 맥락을 제공해준다.

무엇을 할지 결정하기

나는 특별한 규칙을 정하지 않고 열린 방식을 적용할 때 집단 미술치료의 최대효과를 이끌어낼 수 있다고 믿는다. 개인 미술치료를 할 때와 마찬가지로 '자유를 위한 틀'을 적용할 때에만 내담자들은 편안하고 자연스럽게 스스로의 내면을 드러낼 것이다. 자유로운 방식을 적용하면 참가자들은 적극적으로 참가할지 아니면 남들을 관찰할지, 말을 할지 아니면 조용히 있을지, 혼자 있을지 남들과 어울릴지, 독립적으로 작업할지 아니면 다른 참가자와 협력해 작업할지 등을 스스로 선택할 수 있다. 아이들은 다른 참가자들과 관계 맺기 시작하면서 자극을 받고 아이디어를 얻으며, 용기를 낼 수 있게 된다. 또 때로는 다른 아이를 돕기도 하며 자연스레 함께 작업하기도 한다. 하지만 물론 집단치료를 이끄는 지도자가 특정한 규칙이나 방향을 정해주는 것이 더 나은 경우도 있다.

치료의 목적과 진전 정도에 맞추어 선택할 수 있는 규칙이나 과제는 다양하다. 집단 미술치료 초기에 치료사는 모임의 성격과 치료 단계 등에 대해 참가자들에게 명확히 설명해줄 필요가 있다. 그래야 참가자들이 치료 환경과 다른 참가자들을 안전하고 편안하게 느낄 것이기 때문이다. 아주 어린 아이들을 대상으로 할 때는 특별한 규칙이나 제한 없이 주어진 미술 도구와 재료 중 원하는 것을 마음대로 선택하고 원하는 미술 활동을 하도록 하는 열린 방식으로 시작하는 것이 가장 좋다.

워밍업(해빙, Unfreezing)[2]

그러나 아주 어리지 않은 아이들을 대상으로 한다면 낯선 공간과 사람들에게 쉽게 적응할 수 있도록 특별한 과제를 내주는 것도 도움이 된다. 예를 들어 5세에서 6세 사이의 아동들을 대상으로 미술치료를 시작한다면, 탁자에 둘러앉아 '필리 밀리 게임Feely-Meely Game'을 해보는 것도 좋다. 필리 밀리 게임은 안이 보이지 않는 상자에 여러 가지 물체를 넣고 한 명씩 손을 넣어 촉각만으로 그 물체가 무엇인지 맞히는 놀이이다. 치료사는 이 놀이를 하는 아이들을 관찰함으로써 집단의 성향과 특징을 파악할 수 있다. 게임을 하는 동안 아이들이 돌아가며 각자의 이름과 학년을 다 말하도록 한다. 이렇게 워밍업을 마친 후에는 주어진 미술 도구와 재료를 마음껏 선택해 1시간 동안 미술 활동을 하도록 지시한다. 1시간 후, 다과를 즐기며 미술작품과 미술 활동을 하는 동안 느꼈던 점 등에 대해 토론하는 시간을 마련한다. 이렇게 하면 총 90분간의 1회 세션이 끝나게 된다.

청소년이나 성인을 대상으로 할 때는 그림에 대한 자연스러운 충동을 봉인

---

2 해빙Unfreezing은 아니나 누코Anina Nucho가 워밍업 활동을 지칭하기 위해 고안한 용어이다.

13.1 워밍업

A

B

C

A. 눈을 감으면 불안을 줄일 수 있다
B. 말없이 바닥에 그림 그리기
C. 말없이 탁자에서 함께 작업하기

한 채 '나는 미술에 소질이 없어'라고 생각하는 학습된 제한을 극복하기 위한 방법을 찾는 것이 필수적이다(McKim, 1972, p.49). 워밍업의 목적은 주변의 이목을 의식하지 않고 개인의 창의성을 마음껏 발휘할 수 있는 분위기를 만들어주는 것이다(그림 13.1). 어떤 학자들은 워밍업 시 감정을 추상적인 그림으로 표현하는 것 같은 표상 활동을 필수적으로 포함시켜야 할 필요는 없다는 견해를 표명하기도 했다(Culbert&Fisher, 1969). 또 워밍업 때 시간 제한을 두면 자발성을 촉진할 수 있으며 완성된 미술작품을 만들어야 한다는 압박감과 불안도 줄여줄 수 있다.

때로는 눈을 감고 그림을 그려보도록 하는 것도 도움이 된다. 그러면 자신의 그림에 대해 어떤 판단도 하지 않고 자유롭게 표현력을 발휘할 수 있기 때문이다(13.1A). 또한 무엇을 그리면 좋을지 몰라 주저하는 사람들에게는 낙서, 선, 종이 조각, 사진, 떨어진 물감 자국 등에서 시작해 그림을 그려보도록 하는 것도 도움이 된다. 그런 보조적인 도움을 통해 내담자들은 그림을 쉽게 시작할 수 있으며 더욱 개인적인 심상을 표현할 수 있다. 미술치료사 린다 간트Linda Gantt는 스승인 퀴아트코스카의 방식을 따라서 '점토 덩어리'에서 시작해 원하는 이미지를 만들도록 하곤 했다.

워밍업 시에는 참가자들의 자의식을 줄이기 위해 즐겁고 쾌활한 분위기를 조성하는 것이 좋다. 편안하고 유쾌한 분위기를 만들어주는 방법 중 하나는 재료를 '만지작거리며 장난쳐보도록' 하는 것이다. 특히 세공용 점토 같은 경우 마음껏 주무르며 재료와 친숙해질 수 있는 시간을 주면 좋다.

참가자들끼리 협력하고 책임을 나눔으로써 작품을 꼭 완성해야 한다는 압박감을 줄여주고 서로 친숙해지도록 유도하는 것도 좋은 방법이다. 모든 참가자들이 바닥, 탁자, 벽에 있는 커다란 종이에 말없이 벽화를 그리도록 하는 것도 그러한 '놓아버림'을 촉진할 수 있는 방법이다(13.1B, 13.1C). 또 한 사람씩 돌아가며 점토 덩어리를 붙여 조형물을 만들거나, 한 사람씩 순서대로 종이에 그림을 그리는 식의 활동을 통해 작품의 완성도에 대한 걱정을 줄이면서 즐겁게 미술 활동을 하도록 촉진할 수도 있다. 참가자들은 이러한 공동 활동을 통해 적개심을 누그러뜨리고 연대의식을 느낄 수 있다.

서로에 대해 알아가기

집단 미술치료 초기에는 워밍업을 통해 편안한 분위기를 조성하는 것도 중요하지만 그에 못지않게 참가자들이 서로를 알아갈 수 있는 기회를 제공하는 것도 중요하다. 시간이 흐르다 보면 자연스레 서로에 대해 알아가게 되기는 할 테지만 모임을 지도하는 치료사가 특별한 과제를 부과해 그 과정을 촉진시킬 수도 있다. 십대를 대상으로 한 집단 미술치료라면 점토로 자신을 표현하는 상징물을 만들게 한 후 그것에 대해 설명하고 이야기하는 시간을 마련하는 것도 좋다. 또는 함께 다리를 만드는 과제를 내주어 상호작용을 촉진시킬 수도 있다.

사춘기 청소년을 대상으로 하는 집단 미술치료라면 집단치료를 통해 얻어가고 싶은 것을 미술 재료를 통해 표현해보도록 하는 시간을 마련하는 것도 괜찮다. 그림과 조형물은 표현과 의사소통을 위한 훌륭한 수단이 될 수 있다. 또 다른 자기소개 방법은 자기 이름의 머리글자를 이용해 그린 그림을 통해 각자 돌아가며 자신에 대해 설명하는 시간을 마련하는 것이다.

참가자들에게 적당한 과제를 내주고 서로 알아가도록 촉진하는 것도 좋지만 미술적 자극을 이용해 참가자들의 반응을 이끌어내는 방법 또한 유용할 수 있다. 예를 들어 예전에 나는 장애가 있는 자녀를 둔 어머니들을 대상으로 한 미술치료를 실시할 때, 참가자들에게 여러 사진들 중 자신의 아이를 가장 잘 떠올리게 하는 것을 고르도록 한 적이 있다. 또 초등학생을 대상으로 한 미술치료에서는 여러 그림들 중 가장 마음에 드는 것과 가장 마음에 들지 않는 것을 선택하고 왜 그런지 설명하도록 하는 시간을 마련하기도 했다.

여러 활동들을 마친 후, 토론 시간에는 그 날 벌어졌던 치료 과정이나 완성된 미술작품, 혹은 둘 다에 대해 이야기할 수 있다. 토론을 할 때 참가자들은 그림과 관련된 이야기를 해도 좋고, 그림 속 인물이 어떤 기분을 느끼는지에 대해 이야기해도 좋다. 또 그림과 관련된 다른 이야기를 할 수도 있고 어떻게 그러한 선택을 내렸고, 왜 그 주제나 소재를 선택했는지를 이야기할 수도 있다.

집단 미술치료 활동

특정한 문제나 주제에 초점을 맞춘 집단의 경우 치료 기간이 짧거나 치료 범위가 좁기 때문에 '특정 주제를 중점적으로 다루는' 방식이 가장 적절할 수 있다 (그림 13.2)(Cohn, 1969~70). 그러한 예로는 다이앤 사프란Dian Safran이 이끈 ADHD 아동을 대상으로 한 미술치료 집단을 들 수 있다(Safran, 2002). 또 청소년들을 대상으로 한 '미술 자각art-awareness' 집단에서도 특정 주제나 과업에 집중하고 간헐적으로 자유 형식 세션을 진행하는 것이 효율적이었다(Rubin&Levy, 1975). 이 집단의 외적인 목적은 십대 청소년들이 자기 자신을 받아들이고, 표현

13.2 집단치료 활동

A

B

A. 같은 주제, 다른 재료
B. 같은 재료, 다른 주제

하고, 정의할 수 있도록 돕는 것이었기 때문에 주제는 정체성 문제에 집중되었다. 자아를 탐색해볼 수 있도록 생활 공간, 미래의 목표, 과거를 표현하는 그래프 그리기 등의 과제를 내주었다. 또한 '나의 가장 큰 두려움My Worst Fear', '내가 바라는 내 모습Myself as I Wish to Be' 등의 주제를 통해 각자의 소망, 환상, 꿈, 두려움 등을 생각해보도록 했다.

이와 유사한 과제를 우크라이나 출신 고아들을 대상으로 한 집단 미술치료에도 적용하기도 했다. 그들에게는 내면의 감정을 나타내는 가면을 만드는 과제를 내주었다. 어떤 때는 지시에 따라 모두가 똑같은 방식으로 그림을 그리도록 한 적도 있다. 또 때로는 모두 힘을 합쳐 섬을 만드는 특별 과제를 내주기도 했다. 그렇게 집단치료를 진행하다 보면 계획하지 않더라도 참가자들끼리 그림 그리는 공간을 공유하게 되는 일이 종종 벌어진다. 특별한 과제를 내주는 경우라 해도 어떤 재료로 무엇을 그릴지 자유롭게 선택하도록 할 수 있다. 반대로 모든 참가자들이 동일한 주제를 놓고 다른 재료를 사용해 그림을 그려보도록 하거나(13.2A), 같은 재료를 가지고 각자 원하는 주제의 그림을 그려보도록 할 수도 있다(13.2B). 집단 미술치료를 할 때는 비영리 아동 미술 기관 RAW Art Works(www.rawart.org)에서 운영하는 프로그램처럼 특정 과제나 주제를 제시하면서도 자유로운 선택권을 주는 조합을 다양하게 만들어낼 수 있다.

2인 이상이 참여하는 집단 활동에서는 영역, 권한, 통제 등과 같은 개인 사이의 문제들이 언제든 발생하게 마련이다. 그러한 문제는 특히 두 사람이 아무런 사전 논의 없이 침묵 속에 함께 그림을 그리는 과제에서 전면으로 드러난다.

어머니-아이 집단치료 시 실시했던 주인-노예 놀이처럼 둘 사이의 상호 교류를 지켜볼 수 있는 과제나 주제를 선택할 수도 있다. 집단 내에서 둘씩 짝을 지어준 후 한쪽이 재료와 그 사용 방법을 다른 한쪽에게 지시하도록 하는 것이다. 일정 시간 후 역할을 바꾸어 똑같은 과정을 반복하게 한다. 마무리 시간에 모두 모여 지시 내리거나 지시 받을 때의 느낌이 어땠는지 이야기해보도록 한다.

집단 내에서 각 개인의 위치를 알아보기 위해 각자 점토나 나무토막으로 자신을 상징하는 조형물을 만든 후 종이 한 장을 탁자 위에 깔고 각자의 작품을 원하는 자리에 놓도록 한다. 이때 서로 아무 말도 하지 못하게 하면 모든 참가자들이 각자의 자리를 찾을 때까지 집단 내에 상당한 긴장감이 감도는 모습을 관찰할 수 있다(그림 11.5A 참조).

모두가 자리를 찾았으면 이제 마커로 자신의 작품 주변에 선을 그어 영역을 표시하게 한다. 그런 후 각자의 상징물을 만들고 말없이 서로의 위치를 정하는 과정에서 느꼈던 느낌이나 갈등에 대해 논의하도록 한다. 참가자들은 이 경험을 통해 자신이 집단 내에서 어떤 역할을 맡고 있는지 — 예를 들면 침입자, 조정자, 외부자, 촉진자, 분열자 등 — 깨달을 수 있다(11.5B).

미술치료의 재료, 주제, 규칙, 참가자 수, 공간, 시간, 논의의 초점, 지도자 역할 등의 구체적인 기법이나 형식은 집단의 목적과 구성원들이 편안하게 느끼는 수준에 맞추어 유연하게 적용할 수 있다. 집단 미술 참여자들의 개방성은 개인별로 다르게 마련이다. 자기 자신을 드러내거나 다른 이들에게 평가받는 것을 꺼리는 사람도 있고, 집단을 좌우하려 드는 이도 있을 것이다. 또 어떤 이들은 통제력을 잃거나, 용납되기 어려운 충동이 일어날까 봐 걱정할 것이다.

이렇듯 다양한 걱정과 염려를 덜어주려면 참가자들에게 선택권을 제공하는 것이 좋다. 특정 과제나 활동에 참여할지 말지 결정하는 것을 각 참가자들의 몫으로 남겨두는 것이다. 또한 미술 도구나 재료, 도화지, 자리 등도 마음대로 선택할 수 있도록 하는 것이 좋다.

단, 집단 내에서 다른 사람의 작품에 대한 부정적인 평가는(언어적인 평가든 상징적인 평가든) 제한하는 지침을 정하는 것이 좋다. 그렇게 할 때에만 참가자들이 어떤 위협도 느끼지 않고 마음을 쉽게 열 수 있다. 또한 작품에 대해 가장 잘 아는 사람은 그것을 만든 당사자라는 사실을 명확히 할 필요가 있다. 자기 작품의 의미를 해석하고 설명할 권한은 그 누구보다도 작품을 만든 당사자에게 있다. 다른 참가자의 작품에 대해 반응을 보이고 그 반응을 투사적인 자극으로 사용해 이야기를 나누어볼 수도 있지만, 해당 작품의 의미에 대한 해석은 오로지 그 창조자 본인에게 달려 있다는 사실을 모두가 명심해야 한다.

치료사는 위와 같은 기본적인 지침하에 지도자의 역할, 공간, 시간, 재료, 규칙, 과제 등을 재량껏 사용할 수 있다. 그때그때의 상황에 따라 집단의 필요에 적합한 방식을 고안하면 된다. 지도자의 역할 또한 치료 진행 경과에 따라 수동적인 관찰자에서 적극적인 참가자, 토론 지휘자, 교사에 이르기까지 다양하게 변화할 수 있다.

치료사는 자신이 맡은 미술치료 집단의 목적에 맞추어 위에서 제시한 다양한 과제들을 적용해볼 수 있다. 그러나 '자각을 위한 집단 미술치료'처럼 목적이 분명한 경우라 해도 참가자들이 자율성과 창의성을 발휘할 수 있도록 무엇이든 자유롭게 할 수 있는 시간을 어느 정도 이상 마련하는 것이 꼭 필요하다.

사실 집단 미술치료 시 일정한 규칙을 정해놓느냐 정해놓지 않느냐는 그다지 중요한 문제가 아니다. 치료를 진행해나가면서 끊임없이 효과적인 방법을 찾아나가려는 노력이 중요하다. 대부분의 경우 열린 방식을 적용했다가 때에 따라 정해진 과제를 수행하도록 하는 조합적인 형식이 유용했다.

집단과 집단의 성장

집단은 단순한 개인의 집합이라고만은 할 수 없다. 여러 사람이 모여 생긴 집단은 단순한 개인의 합과 질적으로 다르다. 집단은 건축물이나 콜라주와도 같다. 최종 결과물에는 부분을 이루는 구성 요소의 형태들이 모두 담겨 있다. 그러면서도 부분의 합이 완전히 새로운 게슈탈트, 즉 통일성 있는 전체를 이룬다. 각 요소들은 전체 작품 속에서 홀로 떨어져 있을 때와 전혀 다른 모습으로 보인다.

그런데 집단에는 콜라주나 건축물과 다른 점도 있다. 구성원들이 서로를 대하는 방식과 지도자가 각 시기별로 중대한 문제들을 다루는 방식이 시간의 흐름에 맞추어 변화함에 따라 집단의 외향이나 형식도 유기적으로 변화한다. 집단 내에서는 친밀감, 신뢰, 경쟁, 또래 압력, 권한 등의 문제가 때때로 불거질 수 있다. 이러한 문제들은 개인치료에서도 어느 정도 나타나지만, 구성원들 간의 권력이나 협력과 관련된 문제들은 집단치료에서만 나타나는 독특한 현상이다. 바로 이러한 구성원들 간의 역학적인 문제에서 집단치료의 효능이 발생한다. 새로운 집단 미술치료를 시작하는 것은 새로운 모험을 떠나는 것과 같다. 집단 미술치료의 묘미는 저 언덕 너머에 어떤 길이 펼쳐져 있을지 예측하기 어렵다는 점에 있다.

하지만 집단의 성장과 관련해서는 거의 모든 집단이 동일한 패턴을 따르는 경향이 있다. 어떤 연령대의 참가자들로 구성된 집단이든 그 속도는 다를 수 있지만 성장의 순서는 대개 예측 가능하다. 집단은 초기에 단순한 개인의 합에서 시작한다. 그러나 곧 각 개인이 지도자와 개별적인 관계를 형성하고, 지도자의 관심과 인정을 얻기 위해 구성원들끼리 경쟁하기 시작한다.

시간이 흘러 구성원들 간에 서로를 시험하고 지도자를 시험하는 단계가 지나고 나면, 구성원들은 그 안에서 무리(그룹)를 형성하기 시작한다. 무리는 대개 둘 사이에 이루어지며 거기에 한두 명이 더 끼기도 한다. 그러다 연령, 성별, 정신병리 등에 따른 하위집단들이 생겨나게 된다. 소집단 내에서 벌어지는 역동에 대해 연구한 학자들에 따르면 어떤 연령대의 사람들로 구성된 집단에서든 상당히 공통적인 역동이 발견된다고 한다(Cartwright&Zander, 1981; Freud, 1922; Yalom, 1995).

미술치료 집단에서는 대개 위협적이지 않고 편안한 방식으로 개인 간 상호작용이 자연스레 발생한다. 참가자들은 작업을 하면서 자신의 미술작품에 대해 다른 참가자나 지도자와 편안하게 이야기할 수 있다. 또 각자의 선택에 따라 각 세션 마지막에 마련된 토론 시간에 자신의 작품에 대해 모두에게 설명할 수도 있다. 참가자들은 다른 사람들을 관찰함으로써 학습할 수 있으며, 다른 이들과 협력하고 나누는 법을 연습함으로써 자신감을 얻고 서로의 차이를 존중하는 법을 배울 수 있다.

치료사에게는 집단 미술치료가 또래 집단 내에서의 상호작용을 생생하게 관찰할 수 있는 기회를 제공해준다. 치료사는 그러한 관찰을 통해 아동의 왜곡된 행동과 현실을 더욱 깊이 있게 이해할 수 있다. 어떤 아이들은 또래 친구가 있을 때 자신의 미술작품에 대해 설명하기 더 어려워하는 경향이 있는 반면 어떤 아이들은 친구들의 인정을 추구한다. 또 또래 집단 내에서 일어나는 자연스러운 경쟁은 다른 때라면 억압으로 인해 꺼내기 힘들었을 내용들을 이야기할 수 있게 해준다.

집단 구성원들은 자신이 만든 미술작품뿐 아니라 다른 참가자들이 만든 작품들을 투사적 자극으로 활용할 수 있다. 예를 들어 셰리라는 이름의 17세 소녀는 어느 날 한 세션 내내 실물 크기의 인물 조형을 만드는 데 집중했다. 그 조형물은 아버지를 본뜬 것이었다. 셰리는 그것을 아버지라고 생각하고 대신 혼쭐을 내줄 것이라고 했다. 그런데 셰리가 미처 완성하지 못한 그 조형물을 보고 샘이라는 아이가 이런 말을 했다. "이거 꼭 좌절감을 분출시키기 위해 싸우는 사람 같아 보인다." 당시 샘의 심리 상태를 그대로 반영하는 말이었다. 반면 또 다른 아이는 미묘한 표정을 짓고 있는 이 조각 작품에 장난스럽게 뽀뽀를 했다.

1년 후 샘은 내가 그린 추상화를 분석하면서 자신이 억눌린 분노를 나에게 전이시키고 있었다는 사실을 조금씩 자각하는 듯했다. "그림 속 이 여자는 죽음을 두려워하고 있어요. 밖에서 거대한 폭풍이 몰려오고 있어요. 그 폭풍은 여자를 절벽으로 날려버릴 거예요…. 여자는 숲에 떨어져 목이 부러지겠죠. 그리고 누구도 여자를 기억해주지 않을 거예요. 여자의 시체는 들짐승에게 먹혀 흔적도 없이 사라질 거예요. 모두가 여자를 잊어버리고, 누구도 여자를 기억하지 않을 거예요. 아무것도 남지 않을 거예요. 한때 좋았던 일들도 모두 물거품처럼 사라질 거예요. 여자의 영혼은 바다 깊이 잠겨버릴 거예요."

셰리는 샘이 보았던 것과 같은 그림을 보고 불안감을 드러내는 말을 했다. "이 여자는 모험을 좋아하면서도 두려워해요. 여자는 길을 잘 잃어버리기 때문에 혼자 가는 걸 두려워하고 있어요. 그리고 특히 숲에서 길을 잃을까 봐 무서워하고 있어요. 사자 무리의 공격을 받을까 봐요."

샘은 그림 속 여자로 상징되는 나에게 어떤 일이 벌어졌는지 더 말하고 싶은 충동을 참지 못하고 다시 이야기를 꺼냈다. "어떤 음모 때문에 누구도 여자가 어디에 있는지 알아낼 수 없을 거예요. 때때로 우리는 여자에게 벌레를 던져 여자의 시체를 갉아먹게 할 거예요. 여자가 잠잠해지면 모두가 여자에게 토할 거예요. 여자의 무덤 위에 소똥도 던질 거예요. 그러고 나서 모두 행복하게 잘 살 거예요. 누구도 여자가 사라졌다는 것에 개의치 않고 즐겁게 살아갈 거예요." 샘은 이야기하는 동안 계속 흥겨워했다. 당시 나는 휴가 때문에 한 달 정도 자리를 비울 예정이었는데, 누군가 샘에게 이런 말을 했다. "너 선생님을 한 달 동안 못 보게 되어서 화난 것 같은데?" 그 말을 들은 샘은 격렬하게 부정했다. 하지만 샘의 행동은 그러한 해석이 맞다는 것을 보여주었다. 샘은 그 날 세션이 끝났는데도 쉽게 문을 나서지 못하고 주저하는 모습이 역력했다.

미술치료가 진행됨에 따라 공통되는 문제가 있는 아이들끼리 하위집단을 형성하는 경향이 있다. 그러한 아이들은 근심이나 걱정을 공공연하게 또는 상징적으로 서로 나눈다. 예전에 5세에서 6세 사이의 아동 네 명을 대상으로 한 집단 미술치료를 실시한 적이 있다. 8번째 세션까지 아이들은 치료사인 나에게만 관심을 주로 집중한 채 홀로 작업했다. 그런데 9번째 세션 날, 아이들은 처음으로 둘씩 짝을 이루었다. 제니와 리사는 탁자에 나란히 앉아 점토로 조형물을 만들었다. 나머지 두 소년도 짝을 이루어 경쟁적으로 나무토막으로 도시 모형을 만들고 나중에는 서로 협력해 나무토막에 채색을 했다.

제니에게 "고층 빌딩" 그림에 대해 이야기해달라고 하자 이런 답을 했다. "저는 여기에 살아요. 리사도 여기에 살아요. 저는 아빠랑 같이 살았었는데 아빠가 죽었어요."(제니와 리사의 아버지는 모두 죽었다. 제니의 아버지는 자살했다.) 제니에게 아버지가 어떻게 죽었는지 묻자 제니는 이렇게 답했다. "아빠는 약을 너무 많이 먹었어요. 왜냐하면 아파서요. 약을 많이 먹으면 나아질 줄 알고 그런 거예요." 제니는 잠시 뒤 격앙된 목소리로 덧붙여 말했다. "그런데 다른 아빠를 구할 수 있어요. 가게에 가서 데려오면 돼요. 한 명 잡아와야 해요… 예쁜 남자를 보면 잡아오는 거죠… 잘생긴 남자요."

리사는 옆에서 조용히 제니의 말을 듣고 있었다. 제니가 낸 아이디어에 대해 어떻게 생각하는지 리사에게 묻자 이런 답을 내놓았다. "저는 그렇게 하고 싶지 않아요." 리사는 아버지를 어딘가에서 잡아오기보다는 고층 건물 안에서 나와 같이 살고 싶다고 했다. 나는 제니에게 다시 물어보았다. "리사는 아버지를 잡아오고 싶지 않다는구나. 나와 이 고층 건물 안에서 살고 싶대. 그런데 너는 아버지를 찾고 싶다는 거니? 아버지와 함께 지내다 아버지가 돌아가셨을 때…" 이때 제니가 불쑥 끼어들었다. "아빠는 죽었어요!" 리사도 연이어 말했다. "아빠는 죽었어요." 내가 말을 이어갔다. "그래, 리사와 제니 모두 아빠가 돌아가셨지? 너의 둘 모두 아빠가 돌아가셨어. 그런데 리사는 다른 아빠가 또 필요하다고는 생각하지 않는 거고, 제니는 다른 아빠가 있었으면 좋겠다는 거지? 둘의 생각이 다른 거야." 아버지의 죽음에 대해 화가 나 있던 리사는 남은 시간 동안 점토를 가지고 "괴물 얼굴들"을 만들었다. 내가 괴물 얼굴들에 대해 설명해달라고 하자 "무지 화가 나 있다"는 것 빼고는 할 말이 없다고 했다.

자유로운 방식을 주로 하다 특별한 때에만 규칙이나 과제 정하기

대부분의 세션을 자유로운 방식으로 진행하면서 특별한 문제가 발생할 때만 정해진 과제나 규칙을 정하는 것이 도움될 수도 있다. 예전에 어린아이들을 대상으로 6개월 정도 집단 미술치료를 진행하던 어느 날 아이들 한둘이 깜깜한 곳에 있으면 무엇인가가 보인 것 같고 어둠이 무섭다는 말을 했다. 나는 아이들의 말에서 착안해 빛과 그림자를 이용한 놀이를 해보기로 했다. 이를 위해 영사기를 준비한 후 방을 어둡게 하고 한쪽 벽에 스포트라이트를 비추었다.

나는 우선 아이들에게 방을 자유롭게 오가며 벽에 비치는 자신의 그림자를 관찰해보라고 했다. 다음으로 벽에 붙여놓은 커다란 흰 종이 앞에서 원하는 자세를 취하고 그대로 멈추어 서게 했다. 아이들이 동작을 취하고 있는 동안 나와 함께 집단을 이끌던 공동 치료사가 종이에 비친 아이들의 그림자를 따라 선을 그었다. 자기 차례가 아닌 아이들은 탁자에 앉아 영사기 뒤쪽에서 나오는 불빛에 의지해 점토를 가지고 원하는 것을 만들도록 했다. 아이들은 으스스한 그 분위기를 무척 좋아했다. 그림자 그림을 그린 후에는 원하는 경우 자신의 그림자 그림 안쪽에 색칠을 할 수 있게 했다. 어떤 아이들은 그림자 안을 색으로 채웠고 어떤 아이들은 외곽선만을 그대로 두었다. 나는 어둠 속에서 자신의 그림자를 관찰하고, 그것을 잡아서 그림으로 남기고, 원하는 대로 꾸며보는 경험이 아이들에게 중요하리라 여겼다.

또 한 번은 정신병원에 입원 중인 9세에서 12세 사이의 아이들을 대상으로 미술치료를 실시한 적이 있는데, 아이들은 종종 입원해 있는 게 얼마나 괴로운지 이야기했다. 하지만 한편으로는 치료를 모두 마치고 집으로 돌아가는 것에 대한 불안감을 드러내곤 했다. 그래서 나는 자유로운 방식으로 몇 차례의 세션을 진행한 후 하루를 잡아 '나는 지금 어디에 있고 싶은가'라는 주제에 대한 미술작품을 만들게 했다.

에시는 호수와 산을 끼고 있는 평화로워 보이는 집을 그렸다. 그 안에는 동물들만 산다고 했다. 어머니에게 버림받은 벤은 거대한 성을 그렸다. 성 주변을 가지와 잎이 무성한 나무들이 둘러싸고 있고, 하늘에는 밝게 빛나는 태양이 떠 있었다. 롭은 나무토막으로 집과 건물들을 만들었다. 처음에는 그것을 병원이라고 했다가 나중에 폐차장이라고 말을 바꾸었다.

글렌은 커다란 종이에 자신이 바라는 행복해 보이는 가족의 모습을 정성스레 그렸다. 그림 속에는 좋은 집과 그네가 있는 마당이 있었다. 그 집은 글렌이 결코 돌아갈 수 없는 혼란스럽고 엉망진창인 집과 전혀 달랐다. 아이들은 각자의 미술작품을 완성한 후 자신들이 현재 지내는 곳이나 언젠가는 돌아가야 할 곳보다 훨씬 더 좋은 공간에서 지내고 싶다는 바람을 함께 나누었다.

치료사는 집단 미술치료 참가자들에게서 공통적으로 관찰되는 걱정거리나 근심을 함께 나눌 수 있도록 특별한 과제나 주제를 정해 세션을 진행할 수 있다. 예를 들어 5세에서 6세 사이의 아동을 대상으로 집단 미술치료를 실시하는 중이라면 팔과 다리가 구부러지는 인형과 나무토막으로 만든 인형 집을 가지고 각자 돌아가며 이야기를 만들어보도록 할 수 있다. 나도 이러한 방법을 실시해보았는데 리사라는 아이는 인형을 가지고 다음과 같은 이야기를 만들었다. "이 소녀는 못된 언니, 남동생과 살고 있어요. 못된 남동생은 나를 때려요. 그리고 못된 언니도 나를 때려요." 리사는 자신의 상황을 대입해 인형의 이야기를 만들었다. 스티브는 인형으로 다음과 같은 이야기를 만들었다. "이 남자아이는 새 집으로 이사갈 거예요. 새 집은 정말 멋져요." 완전히 새로운 생활방식으로 새로운 인생을 살아가자고 자주 약속했던 스티브의 어머니가 이 이야기에 영향을 준 것 같았다. 제이미는 자신의 인형을 "곰돌이 스모키"라고 부르며 나를 향한 애정을 드러냈다. "루빈 선생님은 곰돌이 스모키랑 같이 살고 있어요." 제이미의 이런 말은 오이디푸스 콤플렉스를 반영했다. 제니는 자신의 인형이 작은 집에 강아지 인형과 함께 살고 있다고 했다. 강아지 인형은 약해서 계속 열을 재야만 한다고도 했다.

집단 주제와 관심사

바로 앞에 나온 아이들을 대상으로 집단 미술치료를 하는 동안 자주 등장하는 주제가 하나 더 있었다. 아이들은 남성 치료사를 무서운 괴물로 묘사하는 이야기를 만들곤 했다. 이야기 속에서 그 괴물은 칼에 찔려 죽임을 당하곤 했다. 괴물 이야기가 등장하기 시작한 것은 어느 날 다과 시간에 한 아이가 젤리와 이쑤시개로 괴물 모양을 만들고 나서였다. 아이들은 자연스레 괴물 놀이를 시작했다.

　여자아이 둘은 아버지를 상징하는 괴물 편(남성 치료사)을 하기로 했고 남자아이 넷은 어머니를 상징하는 나와 함께 큰 작업대 밑에 숨겠다고 했다. 아이들은 작업대 밑을 '안전한 장소'라고 불렀다. 아이들은 괴물 역을 맡은 남성 치료사에게 점토 한 덩이를 주었다. 그것이 '황금'이라고 했다. 그런 후 괴물에게 "우리가 보물을 훔칠 수 있게 어서 잠들어"라고 했다. 남자아이들에게 강력한 아버지-괴물에게 대항하는 것은 흥분되면서도 한편으로는 두렵고 떨리는 엄청난 모험이었다. 반면 여자아이들은 괴물을 돕게 되어 만족하는 듯했다. 아이들에게 이 가장하기 놀이는 굉장히 심각하고 강렬한 인상을 주었던 것 같았다. 그 다음 주에 팀은 주머니가 많이 달린 옷을 입고 왔다. 주머니 속에는 괴물을 죽이기 위한 종이 칼들이 들어 있었다.

　이후 아이들은 다과 시간이 끝날 때마다 괴물 놀이를 또 하자고 했다. 괴물을 겁주거나 괴물을 도와주려 한다며 얼굴에 물감을 칠하기도 했다. 아이들은 놀이를 할 때마다 다양한 상황을 꾸며냈다. 그러다 결국에는 교화시켜 친구가 되는 이야기를 만들었다. 서로 죽이거나 죽임을 당하는 일은 끝이 났다. 괴물이라는 주제가 각 아이에게 의미하는 바는 달랐을지 모르지만, 약 6개월 동안 매주 괴물 놀이를 하면서 아이들은 저마다 필요한 것을 얻었다. 아이들이 오이디푸스 콤플렉스나 공격성과 관련된 문제들을 각자의 방식으로 해소했으리라 가정해본다.

음식 활용 놀이

젤리와 이쑤시개로 만든 괴물처럼 창의성을 발휘해 공상을 실현시킬 수 있는 방법은 다양하다. 예를 들어 9세에서 11세 사이의 남자아이들로 구성된 집단을 치료할 때 아이들은 마시멜로와 이쑤시개를 이용해 여러 가지 모양을 만들었다. 매트는 비행기를 만들고는 그것이 "폭격기"라고 했다. 폭격기로 학교에 폭탄을 날려 학교를 모두 없애버릴 것이라고 했다. 토미는 사람 모양을 만들고는 "뚱뚱하고 못된 사람"이라 부르더니 구워서 먹어버렸다. 아이들은 또 어느 날 쿠키 위에 얼굴 모양을 만든 후 인형 놀이하듯 서로 이야기하고 나서 먹어치웠다.

　위에서 언급했던 5세에서 6세 사이의 아이들로 구성된 집단에서도 비슷한 일이 있었다. 아이들은 마시멜로와 이쑤시개로 원하는 모양을 만들어 역할극 놀이를 했다. 늘 신경질적으로 킬킬대기만 했던 잭은 뇌출혈로 사망한 형에 대한 미묘한 감정을 이 놀이를 통해 처음으로 드러냈다. 잭은 마시멜로 인형 두 개를 만든 후, 둘 모두 남자아이라고 했다. 두 인형을 손에 들고 있던 잭은 하나를 바닥에 내려놓더니 이렇게 말했다. "이 애 형이 죽었어요." 내가 "그래서 그 애가 어떻게 했니?"라고 묻자 잭이 답했다. "아버지가 울었어요. 그래서 이 남자애도 슬펐어요. 그래서 웃었어요." 내가 "어째서 슬픈데 웃었지?"라고 묻자 잭이 다시 답했다. "사고 때문이에요. 이 아이의 엄마도 함께 사고를 당했는데 엄마는 죽지 않았거든요… 얘 아빠가 '죽지 마'라고 말했어요."

내가 다시 물었다. "여하튼 그 애 형이 죽었다는 거지?" 잭이 답했다. "네, 죽었어요." 나는 형이 죽었을 때 남자아이의 기분이 어땠는지 물었다. 잭은 감정이 복받치는 목소리로 심각하게 대답했다. "슬퍼요, 슬퍼요, 슬퍼요… 형이 죽었을 때 저는 슬펐어요." 잭은 한동안 말을 잇지 못했다. "그래, 그랬을 거야." 내가 한마디 하자 비로소 다시 말을 이어갔다. "네, 우리 형은 죽었어요. 형 머릿속에 있는 혈관이 터졌대요. 혈관에서 피가 나왔대요. 형은 사고로 죽은 게 아니에요. 형은 혈관이 터져서 죽었어요."

역할극

잭은 자신이 만든 마시멜로 인형으로 역할극을 하면서 자신에게 벌어졌던 사건을 한 발자국 떨어져 볼 수 있었고, 비로소 자신의 감정을 솔직히 털어놓게 되었다. 이처럼 아이들은 역할극 속에서 특정 역할을 맡아 연기하면서 스스로를 편안하게 표현하는 경우가 많다. 12살 프레드도 마찬가지였다. 어느 날 프레드는 한 남성의 그림을 그리고 "조 프레지어"라는 제목을 붙였다(그림 13.3). 다른 아이들은 이 그림에 대해 프레드에게 질문을 했다. 프레드는 이 "멍청한 남자"는 권투선수로, 카시우스 클레이와 싸워 엄청나게 두드려 맞은 상태라고 답했다.

아이들은 프레드의 그림이 재미있어 보였는지 계속해서 질문 공세를 펼쳤다. 그러자 프레드가 "아, 그런 건 그냥 카시우스 클레이한테 물어봐!"라고 했다. 그때 내가 "그럼 네가 카시우스가 되었다고 생각하고 이야기를 들려줄래?"라고 물었다. 그 말을 들은 프레드는 목소리를 낮추더니 다음과 같이 말했다. "음, 1라운드에서 프레지어가 저한테 덤벼들었죠. 제 코에 펀치를 날렸거든요. 그래서 제가 손 좀 봐줬죠. 프레지어가 절 화나게 해서… 제가 프레지어 이빨을 걷어찼어요. 그랬더니 프레지어가 잔뜩 겁을 먹더라고요. 프레지어 이빨이 오렌지색으로 변했어요. 몸도 온통 울긋불긋해지고요. 병원에서 프레지어가 위독하다고 했어요!"

내가 물었다. "회복이 어려울 정도로 프레지어를 때리게 될까 봐 걱정스러운 거니, 카시우스?" 프레드가 답했다. "그럼요!" 나는 프레드를 안심시키기 위해 "권투 경기에는 규칙이 있어서 선수들끼리 아주 심하게 치고받으면 심판이 중재를 해준다"라고 말했다. 하지만 프레드는 고개를 세차게 젓더니 슬픈 목소리로 말했다. "하지만 심판은 프레지어의 새어머니인걸요." 프레드는 프레지어와 카시우스라는 가상의 인물을 내세워 자신의 이야기를 한 것이었다. 프레드의 어머니는 학대성향이 있는 아버지에 대한 프레드의 공격 욕구를 막지 못할 것이었다. 사실 이러한 프레드의 충동은 지극히 위험했다.

13.3 프레드가 그린 "조 프레지어" 혹은 "멍청한 남자", 두드려 맞은 권투 선수. 마커. 12세

서로를 인터뷰하기

아이들은 인터뷰를 하듯 다른 아이에게 미술작품에 대해 질문함으로써 '관찰하는 자아'를 발달시킬 수 있다. 아래는 빅터가 제리를 인터뷰한 내용이다. 빅터와 제리는 10살 남자아이들로 구성된 집단 미술치료에 함께 참가했다. 빅터는 효과적인 질문을 던짐으로써 제리가 작품의 의미를 더욱 명확히 깨달을 수 있도록 도와주었다.

제리 : 제가 만든 만든 산에는 연못도 있고 흐르는 개울도 있습니다. 판자 위에다 점토로 만들지요. 산꼭대기에 있는 연못에 아교 칠을 해서 물을 넣어놓았습니다. 진짜 물이죠. 제가 만든 산에 대한 질문 있으십니까?

빅터 : 산에는 사람도 사나요?

제리 : 아니요, 이 산은 아무도 살지 않는 황무지입니다.

빅터 : 물이 샐 수도 있지 않을까요?

제리 : 지금은 아닐 겁니다. 하지만 그렇게 될 수도 있습니다. 배수 시스템을 만들어 넣어야 할 것 같습니다. 음, 일종의 순환 시스템 같은 것을요.

빅터 : 산에 동물이 사나요?

제리 : 아니, 동물도 없습니다. 하지만 육로나 해로로 쥐가 들어올 수도 있습니다. 이 호수로 흘러 들어오는 개울이 있으니까요.

빅터 : 호수 물이 강이나 바다로 흘러 들어가나요?

제리 : 호수 물은 바다로 흘러갑니다. 지하를 통해서요. 또 다른 질문 있으신가요? 이상입니다. 감사합니다.

빅터는 토론 시간마다 소심하고 내성적인 모습을 보여왔다. 그런데 비디오 카메라와 마이크를 잡는 것에는 유난히 흥미를 보였다. 그래서 빅터에게 다른 친구들을 인터뷰하는 역할을 맡게 했고, 빅터는 몇 차례 다른 아이들의 작품에 대해 인터뷰하고 난 후 자신의 미술작품에 대해서도 더욱 자유롭게 이야기하기 시작했다.

집단을 돌아보기

일정 기간 이상 치료를 진행한 후 치료 경과가 어떠했는지 알아보기 위한 효과적인 방법 중 하나는 그동안의 미술작품들을 돌아보는 것이다. 그 밖에 미술작품이나 활동 장면을 담은 슬라이드나, 동영상, 비디오테이프 등을 보는 것도 도움이 된다.

위에 나왔던 5세에서 6세 사이의 아이들로 구성된 집단을 치료할 때 하루 날을 잡아 아이들이 나무토막으로 만든 집들을 쭉 살펴보았던 적이 있다. 나는 그 시간을 통해 아이들이 만든 구조물들이 상징하는 바가 무엇인지 더욱 명확하게 짚고 넘어가고자 했다. 또 어머니-아이 합동 미술치료 때 찍어놓은 슬라이드를 보면서 당시 기분이 어땠었는지 이야기 나눌 수 있는 시간을 마련하기도 했다.

청소년 집단을 대상으로 1년 정도 치료를 진행했을 무렵 8mm 카메라로 찍어놓은 그간의 활동 모습을 함께 보면서 이야기하는 시간을 마련한 적도 있다. 아이들은 화면에 보이는 자신들의 얼굴을 손가락으로 가리키며 무척 즐거워했다. 그리고 모두 그간의 치료를 통해 긍정적으로 변화했음을 확인했다. 그 중에서도 가장 극적인 변화는 치료사들을 바라보는 아이들의 시각이 달라졌다는 사실이었다. 처음 치료를 시작했을 때 아이들은 부모에 대한 실망감이나 환멸과 대비시켜 우리 치료사들을 이상적인 부모상에 가까운 존재로 보려는 경향이 강했다. 하지만 치료를 진행하면서 점점 우리를 있는 그대로 받아들이게 되었다.

집단 내 개인 성장 : 돈의 사례

집단 참여자들 간에 신뢰가 쌓이고, 집단이 단순한 개개인의 집합이 아닌 응집성 있는 진정한 의미의 집단이 되어가면서 집단 내에는 여러 가지 변화가 생겨난다. 그리고 집단이 변화하면 그 집단에 속한 개인들도 변화한다. 개인들은 미술을 활용하고 서로 함께 작업하며 각자의 갈등을 해소해간다.

예를 들어 돈이라는 남자아이는 치료를 처음 시작했을 때 홀로 작업하기를 좋아했다. 당시 돈은 답답한 느낌을 주는 추상적인 그림을 그리는 데에만 몰두했다(그림 13.4A). 하지만 시간이 흐르면서 다른 아이들과도 대화를 나누고 미술 활동도 점차 즐기게 되었다. 이를 보여주는 첫 번째 징후는 다른 아이들 가까이에 앉는 것이었다. 여전히 말이 없기는 했지만 예전에 비해 훨씬 더 자유로운 느낌을 주는 추상화를 그렸다.

이후 돈은 점토처럼 촉각적인 자극을 주는 재료들을 가지고 미술 활동을 하기 시작했다(아마도 다른 아이들의 영향을 받은 것 같았다). 점토를 가지고 처음 만든 것은 개나 고양이처럼 길들여진 동물들이었다. 그러다 점점 사자나 공룡처럼 크고 공격적인 동물들을 만들었다. 마지막에는 남자아이 모형을 만든 후 빨간 물감을 칠했다. 크게 상처 입어 피를 흘리는 것이라고 했다(13.4B).

돈은 피 흘리는 그 소년이 누구인지 말하기를 거절했다. 하지만 그 다음 주에 내게 와서 그 소년이 누구인지 알지만, 다른 사람들에게는 말하기가 무섭다고

A. 답답해 보이는 그림
B. 피 흘리는 남자아이 모형

조용히 속삭였다. 내게만 조용히 말해달라고 청하자 돈이 귀에 대고 "제 동생이요"라고 말했다. 그래서 나는 형이나 동생에게 화가 나 있는 아이들이 많으니 그 이야기를 하면 다른 아이들이 자기 혼자만 그랬던 게 아니었음을 알고 안도할 수 있을 것이라고 말했다.

돈은 그 날 집단 토론 시간에 자신이 만든 피투성이 남자아이에 대한 말을 꺼냈다. "나보다 어린 애야. 그 애 얼굴을 보면 뭐라도 집어 던지고 싶어. 사실 내가 만든 건 내 동생이야." 다른 아이들은 안도의 반응을 보이며, 저마다 동생에게 화 났었던 일들을 속사포로 쏘아대듯 말했다. 아이들의 그러한 반응은 동생이 힘을 얻어 자신들에게 위협적인 존재가 되지 않을까 하는 두려움이 반영된 것이었다.

돈은 다른 아이들의 그러한 반응에 무척 기뻐했다. 그리고 다음 주에는 다른 소년과 템페라 물감을 뒤섞고 문지르며 즐겁게 미술 활동을 했다. 돈이 다른 아이들과 함께 미술 활동을 한 것은 그 날이 처음이었다. 그 후 2주 동안 돈이 만든 미술작품은 엉망진창이라고 부를 수 있을 정도였다. 하지만 마음껏 퇴행하며 자유롭게 만드는 행위는 치유로 가기 위해 필수적으로 거쳐야 할 과정이었다.

돈은 색이 마구 섞이고, 경계가 엄격하지 않은 무질서한 미술작품들을 만들면서 공격적이고도 퇴행적인 시기를 거치고 있는 것이었다. 돈은 나중에 이때 만든 작품 중 하나를 그의 개인치료사에게 선물로 주기도 했다.

집단 성장 : 새로운 구성원과 종결

집단치료를 할 때는 그 구성원에 변화를 가하지 않는 것이 가장 안정적이고 효과적이다. 하지만 인원이 빠져나가 구성원 숫자가 지나치게 적어질 때는 새로운 구성원을 영입할 필요가 있다. 이때 기존의 집단에 새로운 구성원을 처음 소개하는 것은 한 가정에 아기가 새로 태어나는 것과도 같다. 집단 구성원들에게 집단은 상징적인 가족과도 같기 때문이다. 집단치료에 참여하는 아이들은 지도자를 부모로, 다른 아이들을 형제나 자매로 여긴다. 따라서 새로운 구성원을 소개할 때는 기존 구성원들이 마음의 준비를 할 수 있도록 해주어야 한다. 새로운 구성원이 들어왔을 때 아이들이 어떠한 반응을 나타내느냐는 집에서 부모나 형제자매를 어떻게 여기는지를 반영해 보여준다.

예를 들어 샐리가 집단치료에 처음 참여했던 날 제이미는 동요하는 반응을 보였다. 계속 샐리에게 공격적인 말을 던졌고, 샐리가 그린 그림에 자신의 머리글자를 써넣는 공격 행동을 보이기도 했다. 반면 제니는 새로운 여자아이가 등장한 것이 좋았던지 샐리에게 약간 집착하는 모습을 보였다. 제니는 벽화를 그릴 때는 샐리 옆에 서도 되냐고 물었고, 나중에는 샐리의 그림을 베껴 그리기까지 했다.

집단 미술치료를 종결할 때 아이들이 보이는 반응은 개인 미술치료를 종결할 때와 다르지 않다. 치료 기간이 길었든 짧았든 아이들은 이별에 민감한 반응을 보인다. 아이들은 슬퍼하며 때로는 격렬하게 저항하기도 한다. 아이들이 마지막을 받아들이기까지는 시간이 필요하다.

오랜 기간 함께한 아이들은 대부분 치료 종료에 대한 이야기를 꺼냈을 때 퇴행과 공격 반응을 나타낸다. 버려진다는 느낌에 사로잡힌 아이들은 지도자를 공격하거나 죽이는 내용의 미술작품을 통해 분노를 표현한다. 그런 후 슬픔과 애도의 표현이 나타난다. 아이들에게 치료 관계의 종결은 상징적이면서도 실제적인 상실이라고 할 수 있다. 작별 인사를 할 때까지 아이들이 그러한 상실을 받아들이고, 모든 감정을 표출할 수 있도록 충분한 시간을 들여 이별 준비를 하는 것이 좋다.

결론

집단 미술치료는 다른 집단치료와 다르다. 특히 청소년이나 성인을 대상으로 한 토론 형식의 집단치료와 비교하면 크게 차이 난다. 미술치료는 놀이적 접근법을 취하기 때문에 미술 작업을 하는 동안 집단 구성원 간에 자연스러운 의사소통이 이루어질 수 있다. 다른 아이들 앞에서 말하기 힘들어하는 수줍거나 내성적인 아이들이라 해도 미술 활동을 하는 동안에는 주목받는다는 느낌 없이 자연스레 다른 아이들과 상호작용할 수 있다.

게임이나 공예와 달리 미술은 내면의 감정, 환상, 두려움 등을 상징적으로 표현할 수 있는 기회를 제공해준다. 미술 재료와 도구는 다양하며, 아이들은 그 중 선호하는 재료와 도구를 찾아나가게 된다. 그 과정에서 개인의 정체성을 확립해나갈 수 있으며, 집단 내에서 서로 존중하는 법을 배울 수도 있다. 개인치료와 마찬가지로 집단치료에서도 아이들은 표현과 투사를 통해 스스로를 치유해나가며, 이때 집단이라는 환경이 그 표현과 투사 과정을 강화하고, 자극하고, 촉진하기도 한다.

14장

복합양식 집단치료

예술 간의 관계

나는 오랜 기간 미술 교사와 미술치료사로 일하면서도 물감이나 점토 같은 재료를 가지고 하는 미술 활동이 다른 예술 형태와 의미 있게 결합될 수 있다는 사실을 생각해보지 못했다. 문학, 음악, 영화, 무용, 연극 등을 즐기면서도 각각이 본질적으로 상이한 분야라고 여겼다. 그런데 어느 순간 예술의 각 분야는 어떤 면에서는 서로 다르지만 또 어떤 면에서는 그렇지 않다는 사실을 깨닫게 되었다. 모든 예술은 일종의 사고방식, 즉 메시지를 전달하고 받는 방식이며 각 분야가 유기적으로 상호연관되어 있다는 사실을 인지하게 된 것이다.

이 자각은 어머니가 되고 나서부터 시작되었다. 나는 아이들이 모든 감각을 동원해 세상을 탐색하는 모습을 관찰했다. 아이들이 자라면서 그 사실은 점점 더 분명해졌다. 아이들은 옹알거리고, 구르고, 만지고, 움직이며 모든 방식을 동원해 의미를 전달했다. 예를 들면 몸을 움직이며 옹알거리는 식이었다.

나도 아이들처럼 다양한 표현방식을 동원해 의사를 전달해보려고 했다. 만지고, 구르고, 소리를 내고, 동작도 취하고, 말을 하기도 하고, 때로는 시각적 자극을 이용해 아이들의 관심을 다른 곳으로 돌리기도 했다. 그렇게 아이들과 내가 사용했던 표현양식들을 발전시키면 바로 우리가 '예술'이라 부르는 것이 된다.

아이들은 유치원에 다닐 나이가 되어서도 복합적인 양식의 놀이를 했다. 모래성을 만들며 머리를 흔들고, 괴물 놀이를 하면서 으르렁 소리를 내고, 그림을 그리면서 노래를 했다. 유치원에서는 이렇듯 유연하게 혼합된 표현양식들을 항상 관찰할 수 있다. 어린아이들이 노는 모습을 관찰해본 사람이라면 누구나 알겠지만, 아이들은 블록, 모래, 초크를 가지고 놀다가 자연스레 인형 놀이하듯 역할극 놀이를 시작한다.

마찬가지로 악기를 사용할 때만 음악이 나오는 것은 아니다. 아이들은 그림을 그리거나 점토를 가지고 놀다가 자연스레 자작곡한 콧노래를 부른다. 예전에 치료했던 정신분열증이 있던 아이는 그림을 그릴 때마다 춤을 추었다. 그 아이와 함께 있는 사람은 문자 그대로 '멀티미디어 예술'이 눈앞에서 생생히 벌어지는 것을 목격할 수 있었다. 그래서 나는 그 아이와 함께하는 시간이 정말 즐거웠다. 또 어떤 아이는 이젤 앞에 앉아 위 아래로 붓질을 하는 동안 몸을 좌우로 흔들면서 허밍을 했다. 그 모습은 깊은 최면 상태에 빠진 사람을 떠올리게 했다.

나는 '미술'이라는 도구를 가지고 아이들을 치료하기 시작했지만, 실제로 치료실에서 벌어지는 일들은 마치 연극과도 같다는 사실을 깨달았다. 그러한 연극은 붓을 경쾌하게 움직이거나, 점토를 어루만지는 것 같은 동작극이 주를 이루었다. 하지만 때로 아이들은 손가락 그림을 그리거나, 그림을 그리거나, 조각작품을 만들면서 서사 형식의 내용이 있는 이야기를 들려주기도 했다. 자신이 만든 조각상을 들고 인형 놀이하듯 인형의 입장이 되어 말하는 것은 조각상에 대해 설명해주는 것과는 분명히 다르다. 아이들은 그림을 그리면서 폭발음 등의 다양한 효과음을 냄으로써 표현하려는 내용을 더욱 생생히 부각시켰다.

아이들은 얼굴에 물감을 칠해 다른 인물이나 동물로 변신한다(그림 14.1). 또 가면을 만들다가 자연스레 그 가면을 쓰고 역할극을 할 수도 있다. 누군가를 해치거나 죽이는 내용에 대해 설명하면서 점토를 잘게 자르거나, 손가락 그림물감으로 그려놓은 형태를 싹 지울 수도 있다. 이러한 행동에는 강력한 서사적 요소가 담겨 있다.

나는 인간의 다양한 표현양식들이 엄격하게 구별되어 있는 것은 아니라는 사실을 내 아이들과 어린 내담자들에게서 배웠다. 몸짓, 소리, 언어, 음악, 춤, 미술, 연극은 모두 예술이라는 연속선상에 위치한 한 점에 불과하다. 나는 또한 어린

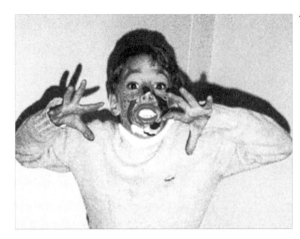

내담자들에게서 마음이 이끄는 대로 한 표현양식에서 다른 표현양식으로 유연하게 이동하는 법을 배웠다. 나탈리 로저스Natalie Rogers는 이를 '창조적 연결the Creative Connection'이라 불렀다.

예를 들어 카를라는 꿈 속에 나왔던 괴물을 종이에다 그리고는 괴물 부분만 종이에서 오려내 우리에 가두어버렸다. 그런 후 무서운 괴물과 겁먹은 아이가 등장하는 역할극 놀이를 했다(그림 4.1 및 4.5 참조).

나는 그러한 아이들의 모습을 보면서 미술만으로는 충분하지 않을지 모른다는 생각을 했다. 그리고 치료를 다른 방향으로 확장할 필요가 있지 않을까 하는 의문이 생겼다. 아이들이 자신의 기질이나 성격에 잘 맞는 표현방식을 추구하는 것은 자연스러운 일이며, 아이들이 사용할 수 있는 창조적 표현 도구를 제한하는 것은 부자연스러운 일이다. 카를라가 괴물을 우리에 가두기만 하고 나와 함께 역할극 놀이를 하지 않았다면, 아마도 자신 안에 잠재된 공격적인 성향을 깨닫지 못했을 것이다. 카를라는 역할극에서 괴물 역을 맡음으로써 자신의 분노를 온전히 체험했다. 그런 후에야 꿈에서 보았던 화난 괴물이 실은 내면에 숨겨진 분노와 두려움이 투사된 존재라는 사실을 알게 되었다.

미술치료사의 주된 도구는 '미술'이지만 아이가 자연스레 다른 표현방식을 사용한다면 그것을 허용할 필요가 있다. 특히 다양한 환경, 모든 연령대의 내담자들에게서 공통적으로 등장하는 표현방식으로 역할극을 들 수 있다.

때로 아이들은 사용하는 도구에 자극받아 역할극을 시작한다. 예를 들어 앞이 보이지 않았던 래리는 면봉을 사용하다가 초를 떠올리고는 생일 파티를 하고 있는 상황을 가정했다. 또 주어진 재료의 특성에서 역할극이 비롯되기도 한다. 예컨대 카렌은 점토 덩어리를 두드리며 말썽꾸러기 아이를 혼내는 엄한 어머니 흉내를 냈다. 카렌이 원하는 메시지를 전하기 위해서는 행동과 언어가 수반되는 연기를 할 필요가 있었던 것이다. 개인 미술치료에서뿐 아니라 집단 미술치료를 할 때도 무척 자주 역할극이 자연스레 등장하곤 한다. 한 번은 12살 아동들을 대상으로 집단 미술치료를 하고 있던 시기에 다리를 다친 적이 있었다. 나는 다리 살이 찢어져 꿰매는 수술을 받고 붕대를 감은 채 치료소에 가야 했다. 아이들이 내 다친 다리에 지대한 관심을 보일 것이 분명했기에, 그 날 붕대와 석고를 준비해 갔다.

예상대로 아이들은 팔, 손목, 손가락 등에 석고로 깁스를 하며 놀았다(그림 14.2A, 14.2B). 한 남자아이는 양팔과 한쪽 다리에 깁스를 한 채 다리를 절뚝거렸다. 토론 시간이 되자 그 아이는 자신이 심각한 사고의 '피해자'라고 했다. "모두 부러져서 피가 났어요."

이때 갑자기 다른 아이가 나서서 자신이 의사라며 이렇게 말했다. "이 분은 제 환자입니다. 음, 이 환자는 자동차에 부딪혔습니다. 그래서 팔과 다리가 부러졌어요. 여기, 팔에 구멍이 나서 혈관이 다 보여요. 다리는 아직 조금 더 치료해야 합니다. 보시다시피 상태가 좋지 않습니다." 의사가 환자를 치료해줄 것이라고 말하자, 피해자는 석고 붕대를 확 떼버린 후 의기양양한 목소리로 외쳤다. "난 다

14.2 석고붕대로 놀기

A. 주형 만들기
B. 그것을 팔에 올려놓기

A   B

나왔어!"

때로는 순서가 바뀌어 이야기를 먼저 시작한 후 미술 재료를 이용해 내용을 전개시키기도 한다. 6살 칩은 불강하 고환 때문에 수술을 받은 후 거세 불안에 시달렸다. 그러던 어느 날 다리가 부러진 아기의 이야기를 불쑥 꺼냈다. 아기 다리가 부러지자 그 어머니는 무척 화를 냈다고 한다. 칩은 이야기를 풀어가기 위해 점토를 가지고 한 다리가 없는 아기 모형을 만들었다.

그러고는 자신이 의사 역할을 할 테니 내게 어머니 역할을 맡아달라고 했다. "모든 아기는 여분의 다리를 가지고 태어나지 않습니다! 이런 멍청한!" 내 남편 역할을 맡은 다른 아이와 나는 슬퍼하는 척했다. 칩은 아기 다리에 다른 다리를 붙여보려는 시늉을 했다. 마찬가지로 거세 불안이 있던 '남편' 역을 맡은 아이는 칩이 새로운 다리를 붙일 때마다 제대로 고쳐지지 않았다며 장난스레 다리를 떼어버렸다. 칩은 어쩔 수 없다는 듯 더 이상 해볼 도리가 없다고 말했다.

이때 남성 공동 치료사가 역할극에 끼어들었다. 남성 치료사는 자신도 외과 의사라고 했다. 그는 칩을 도와 아기 다리를 고친 후, 아버지가 다리를 다시 떼지 못하도록 막았다. 그래서 어머니인 내가 아기를 안전하게 집으로 데리고 갈 수 있었다. 점토로 만들어진 아기는 꽤 견고하고 훌륭했지만 그것만으로는 충분하지 않았다. 칩에게는 한쪽 다리의 손상과 그로 인해 벌어지는 이야기들이 더욱 의미 있고 중요했다.

첫 번째 미술-역할극 집단치료 : 잠복기 소년들

나는 위와 같은 경험들을 통해 미술치료에 다른 표현방식들을 결합시켜보는 것이 좋겠다는 결론을 내렸다. 그 첫 번째 시도로 동료 연극치료사인 엘렌 어윈과 공동으로 미술-역할극 집단치료를 시도해보았다(Irwin, Rubin&Shapiro, 1975). 우리는 공동 작업에 착수하면서 수잔 랭거Susanne Langer가 했던 말을 떠올렸다. "예술에 행복한 결혼은 없다. 한쪽의 일방적인 강간만이 있을 뿐이다."(1958, p.86) 우리는 어느 한쪽이 전문가로서의 정체성을 잃는 상황을 원치 않았다. 어느 쪽도 강간하거나 강간당하는 일은 없어야 했다. 우리는 미술치료와 연극치료라는 각기 다른 분야에 몸담고 있었기에 공동 작업에 대한 두려움이 있었다. 또 함께 일하다 보면 서로 경쟁하게 될지도 모른다는 걱정도 있었다. 무엇보다도 가장 우려되었던 점은 각 기법의 본래 특성이 흐려질지 모른다는 점이었다. 이러한 걱정 속에 우리는 첫 번째 프로젝트를 시작했다.

우리는 9세에서 11세 사이의 남자아이 여섯 명을 대상으로 미술-역할극 집단치료를 시작했다. 집단치료를 시작하기에 앞서 여러 아이들을 대상으로 미술 검사와 역할극 검사를 실시했다. 미술 검사는 특별히 정해진 규칙 없이 자유롭게 미술 활동을 하도록 둔 후 옆에서 관찰하는 방식으로 실시했다(6장 참조). 역할극 검사를 실시할 때도 인형과 인형 옷, 소도구 등만 준비해놓고 아이가 원하는 대로 할 수 있도록 해주었다(Irwin&Shapiro, 1975). 검사를 받는 아이는 주어진 도구들을 가지고 이야기를 꾸몄다.

검사에서 얻은 자료를 분석해 미술-역할극 집단치료를 통해 긍정적으로 개선될 여지가 보이고, 어느 정도의 퇴행을 참아낼 수 있는 남자아이들로 집단 구성원을 추렸다. 검사는 우리에게 아이들에 대해 파악할 수 있는 기회를 제공한 동시에, 아이들에게도 우리에 대해 파악할 수 있는 기회를 주었다. 또 우리는 검사를 통해 집단치료를 시작하고 나서 어떤 방식들을 적용하면 좋을지 시험해볼 수 있었다.

집단치료를 시작할 때는 나와 동료가 번갈아 세션을 실시하려고 계획했었다. 첫 번째 주에 미술치료를 했으면 그 다음 주에 연극치료를 하는 식으로 말이다. 그러나 얼마 지나지 않아 아이들에게는 그러한 인공적인 경계가 별다른 의미가 없다는 점이 명확해졌다. 매 세션마다 아이들은 양쪽 방식을 자유롭게 사용해 스스로를 표현했다. 우리는 매주 한 번, 1시간 반 동안 세션을 진행했다(그림 14.3).

첫 번째 세션 날 아이들은 새로운 방식에 대한 불안감을 표현했다. 아이들은 탁자에 둘러앉아 손가락 그림을 그리면서 피를 빨아먹는 마녀와 흡혈귀 이야기, 배가 뒤집힌 이야기, 갑자기 폭탄이 날아와 터진 이야기 등을 했다(14.3A). 아이들이 이런 이야기를 하고 있을 때 한 아이가 화를 내며 자리에서 일어나 구석으

14.3 잠복기 소년들의 미술-역할극 치료. 9~11세. 남. 6명

A

로 갔다. 그러고는 나를 그리기 시작했다. 아이가 그린 내 모습은 우스꽝스럽고 볼품없었다. 아이는 그림을 그리다 말고 다시 자기 자리로 돌아왔다. 아이의 집 게손가락에는 빨간 물감이 묻어 있었는데 그것을 가리키며 이렇게 말했다. "병원에 가야겠어요. 손가락을 베었어요."

이때 동료 연극치료사가 의사 역할로 아이들의 역할극에 끼어들었다. "고양이를 해부하느라 손이 피투성이가 되었습니다." 이 말에 자극받은 아이들은 상처와 부상에 대한 이야기들을 꾸며내기 시작했다. 조금 전 무덤 위에서 괴물이 자신을 짓누르고 있는 모습을 그린 다른 아이도 자기 손에 빨간 물감을 칠하고는 이렇게 말했다. "이 피는 내 동생 피야. 내가 방금 동생을 죽였거든. 동생은 지금 관에 누워 있어."

아이들이 이렇게 빠르게 역할극에 빠져들 수 있었던 것은 검사를 하기 위해 나와 동료 치료사를 이미 만나보았기 때문이라고 생각했다. 그때의 만남을 통해 나와 동료를 신뢰하게 된 아이들은 내면의 불안과 공포를 거리낌 없이 표현했다. 쉽게 그렸다 지울 수 있는 손가락 그림물감의 특성 또한 아이들의 반응을 촉진했다. 그렇게 아이들은 거세-살인-의사라는 공통된 관심 주제를 역할극으로 풀어나갔다.

미술치료와 연극치료라는 두 방식은 서로 단단히 얽혀 우리가 하는 치료를 순수한 미술치료라고도 순수한 연극치료라고도 할 수 없는 상태가 되었다. 아이들은 미술과 연극에서 사용하는 다양한 도구들로 상징적 표현의 범위를 확장시켰다. 미술 쪽에서 사용할 수 있는 도구로는 그림, 채색, 조소, 조각용 재료들이 있었다. 연극 쪽에서 사용할 수 있는 도구로는 꼭두각시 인형, 가면, 무대 의상, 소도구, 다양한 크기와 질감의 천, 무대 조명 등이 있었다.

치료를 시작하면서 고심했던 부분 중 하나는 미술이나 역할극 활동을 계획해두되 아이들이 자발적으로 시작할 수 있도록 최대한 노력하자는 것이었다. 그래서 치료 초기 단계에는 아이들이 미술 활동과 역할극 활동을 원활히 할 수 있도록 다양한 미술과 역할극 기법을 결합해 의도적으로 소개해주었다.

가장 단순한 방식은 아이들이 그린 그림에 대한 이야기를 들려달라고 청하는 것이었다. 예를 들어 토미는 그림에 대해 묻자 분노와 관련된 문제를 털어놓기 시작했다. 토미는 전쟁과 살인에 대해 걱정하고 있었다. 내가 평화란 무엇이라고 생각하는지 묻자 토미는 다음과 같이 답했다. "저에게 평화는 매우 중요해요… 제 생각에 평화란 사람들이 함께 이야기하고, 아이들이 함께 노는 거예요. 주먹으로 싸우는 대신에요." 분노를 평화롭게 해소하려 노력하는 토미의 말을 듣자니 척추갈림증이 있던 아이 대니가 떠올랐다. 대니도 토미와 유사한 걱정에 사로잡혀 있었다.

또 어떤 때는 미술작품 내용을 극화해서 보여달라고 청하기도 했다. 예를 들어 우리는 매트가 그린 "미국 요새로 가는 프랑스 병사A French Soldier Going to an American Fort" 그림에 대한 이야기를 연기로 보여주면 어떻겠느냐고 격려했다. 매트는 그 병사가 인디언과의 전투에 병력을 보강해달라고 부탁하기 위해 조지 워싱턴을 찾아가는 것이라고 했다. 병사는 조지 워싱턴이 '부탁을 들어주는 때도 있고 그렇지 않은 때도 있기' 때문에 긍정적인 답변을 들을 수 있을지 걱정하고 있다고 했다. 역할극에서 조지 워싱턴 역은 매트가 맡았다. 조지 워싱턴 장군을 만나러 가는 프랑스 병사 역은 딕이 맡았다. 워싱턴으로 분한 매트는 프랑스 병사의 청을 수락하고 200명의 군사를 전방으로 보내주겠다고 약속했다. 병력 손실은 있겠지만 인디언들이 쏘는 화살에 맞서 대포를 쏘면 전쟁에서 승리할 수 있을 것이라는 말을 덧붙였다.

그 밖에 아이들이 꾸며낸 이야기를 바탕으로 미술작품을 만들어볼 것을 제안한 적도 있었다. 예를 들어 치료 후반부 어느 날 아이들은 스파이극을 꾸며 놀았다. 우리는 그 역할극을 하면서 느꼈던 기분을 그림으로 표현해보면 어떻겠느냐고 아이들에게 제안했다. 그래서 아이들은 저마다 그림을 그렸는데, 그 중에서도 매트는 한 여자에게 총을 겨누고 있는 남자의 그림을 그렸다(14.3B). 그림을 완성한 후 매트는 나를 보고 씩 웃으며 "이 여자가 선생님을 닮았는데요!"라고 말했다. 매트의 그림에는 치료사인 나를 공격하고 싶은 충동이 담겨 있는 것이 분명했다.

아이들은 종종 미술 재료를 이용해 꼭두각시 인형이나 가면, 무대 의상, 소도구 등을 만들었다(14.3C). 우리는 아이들이 만든 작품들을 역할극에서 사용하도록 권장했다. 또 때로는 인터뷰 놀이를 하면서 아이들에게 이야기 속 인물의 입장이 되어 답하도록 유도했다(14.3D). 예를 들어 제리는 드라큘라 가면을 만들고 무척 자랑스러워했다. 그래서 나중에 드라큘라 복장까지 만들어 입은 후 마치 드라큘라라도 된 양 낮은 목소리로 말했다. "나는 피를 빨아먹지. 어떤 사람 피는 다른 사람들 피보다 훨씬 더 맛있어." 완벽한 드라큘라가 되기 위해서는 드라큘라 이야기에 등장하는 말뚝이 필요했는데, 제리는 마분지로 정성들여 말뚝 모양까지 만들었다.

우리가 세션 초기에 가르쳐주었던 여러 가지 미술-역할극 기법은 분명 치료를 진행하는 데 어느 정도 도움이 되었다. 하지만 얼마 지나지 않아 아이들은 가르쳐주지 않아도 스스로 상상력을 발휘해 다양한 작품을 만들고, 그것들을 이용해 이야기를 꾸미고, 역할극 놀이를 했다. 아이들은 참으로 독창적인 창조자들이었으며, 굳이 우리 치료사들이 개입하지 않아도 스스로 자연스럽고 역동적인 흐름을 만들어갔다.

예컨대 종이 상자 하나를 가지고 벤은 배로, 매트는 집으로, 딕은 인형 놀이 무대로 사용했다. 또 비누 크레용을 가지고 얼굴에 그림을 그려 내면의 환상을 구

B. 매트가 그린 "한 여자에게 총을 겨누고 있는 남자". 마커. 9세
C. 매트가 만든 해적 가면
D. 해적으로 변한 매트

B

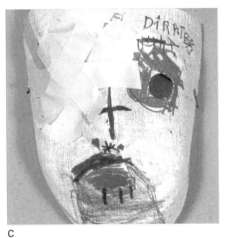

C

D

체적으로 시각화하기도 했다(14.3E). 잭은 얼굴과 손에 크레용을 바르고는 프랑켄슈타인이 된 양 으르렁거리며 나를 잡아먹겠다고 했다. 어느 날은 콜라주 작업을 위해 솜과 뜨개실을 준비해놓았는데, 아이들은 그것으로 수염과 가발을 만들어 놀았다.

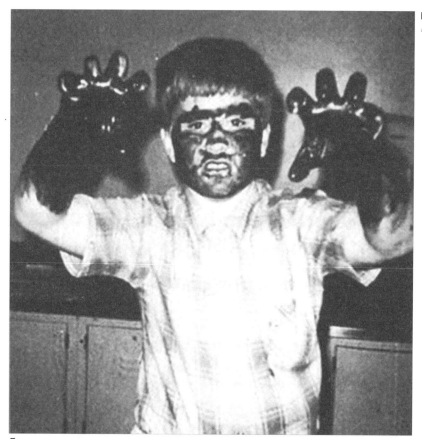

E

아이들은 미술작품을 만든 후 그것을 가지고 역할극 놀이를 했다. 그렇게 미술과 역할극은 자연스럽게 통합되었다. 하루는 아이들 몇 명이 스티로폼, 종이, 수수깡으로 근사한 '왕'과 '여왕'의 배를 만들었다. 그런 후 빈 모래 상자에 배 두 척을 놓고 경주, 전쟁, 공격, 승리, 패배 등의 내용이 담긴 이야기를 만들며 놀았다.

우리는 아이들이 마음속에 품고 있는 공상이나 환상을 더욱 명확하게 표현할 수 있도록 돕기 위해 라디오나 텔레비전에서 인터뷰하듯 아이들에게 질문을 하기도 했다. 그러한 인터뷰는 아이가 역할극을 하는 동안이나 역할극을 끝내고 난 후 실시했다. 아이들이 역할극에서 한 발 떨어져 현실과 환상의 경계를 확인할 수 있도록 도우려는 의도에서였다.

우리는 처음 치료를 시작하면서 아이들이 저마다 미술과 역할극 중 한쪽을 더 선호하게 되리라 예상했다. 치료 초반에는 우리의 예상이 맞는 듯했지만, 몇 달이 지나자 아이마다 선호하는 쪽을 구별하기가 어려워졌다. 예를 들어 아이들 중 두 명은 치료 초반에 주로 꼭두각시 인형 놀이를 하면서 감정을 표현했지만, 시간이 흐르면서 미술작품을 통해서도 감정을 표현하게 되었다. 두 명을 제외한 다른 아이들은 처음에 미술에 집중하다가 점차 역할극도 즐기게 되었다. 종합해보면, 역할극을 선호하는 집단과 미술을 선호하는 집단 사이에 상호작용이 일어나 결국 아이들은 두 표현방식 모두를 이용해 갈등을 표현하고 해소하게 되었다.

예컨대 매트는 치료 초반에 주로 이젤 앞에 앉아 조지 워싱턴의 그림을 그렸다. 매트는 조지 워싱턴을 '미국 건국의 아버지'라고 불렀다. 즉, 조지 워싱턴은 매트의 마음속에서 이상적인 아버지를 상징했다. 매트가 그리기 좋아했던 또 다른 상징은 해적이었다. 해적은 권력이 있는 인물을 향한 사악하고 공격적인 충동을 나타냈다. 매트는 해적을 그릴 때 항상 애꾸눈이나 한쪽 다리가 없는 것으로 묘사했다(14.3D 참조) 처음에 미술 검사를 실시했을 때 그린 그림 두 점도 조지 워싱턴이 독립전쟁을 치렀던 밸리포지에 있는 집과 후크 선장의 배였다. 두 번째 그림에 대해 이야기해달라고 했을 때 매트는 후크 선장의 다리가 상어에게 거의 먹힐 뻔했다고 말했다.

집단치료를 시작하고 석 달이 지났을 무렵 매트는 불타고 있는 교회를 그렸다. 그 첨탑은 불에 타 파괴되어 있었다. 그 후 얼마 지나 격렬히 전투 중인 것으로 보이는 비행기 두 대를 처음으로 그렸다. 비행기 그림에 대해 매트가 들려준 이야기를 분석해보면, 강력한 부모에 대해 분노를 품고 있음을 알 수 있었다. 매트는 경찰관인 아버지와 자신을 동일시하고 싶으면서도 한편으로 아버지를 공격하고 싶은 충동을 느꼈다. 자신의 그러한 충동 때문에 아버지에게 보복이나 처벌을 당하지 않을지 두려워하고 있었다.

시간이 흐르면서 매트는 마음속 갈등을 그림만으로 표현하는 데 그치지 않고 점점 직접적으로 드러내기 시작했다. 매트는 반복해서 강력한 부모의 힘을 상징적으로 공격했다. 이를테면 치료사인 나와 동료를 '마녀'라고 놀린다든가, 역할극에서 우리에게 '노예' 역을 맡기는 식이었다. 역할극에서 자신은 권력 있고 건방진 역을 주로 맡았다. 그러한 과정을 통해 매트는 점차 자신감과 용기를 얻는 듯했다. 처음과 달리 다른 아이들과 말다툼을 벌이기도 했고, 어느 날인가는 한 친구와 말싸움에서 그치지 않고 몸싸움을 벌이기도 했다.

동료 치료사와 나는 싸움을 벌인 두 아이를 말린 후 싸우고 싶은 마음을 종이 위에다 표현해보라고 했다. 그래서 둘은 함께 커다란 벽화를 그렸다(14.3F). 벽화에는 공중전을 벌이는 일본, 독일, 미국 비행기들이 그려져 있었다(14.3G). 둘은 나란히 서서 전쟁터에서 들릴 법한 비명 소리와 폭발음 등도 적어 넣었다. 둘이 벽화를 완성한 후(14.3H), 모든 아이들과 점토로 '총알'을 만들었다. 그러고는 전쟁과 관련된 공상과 환상을 왁자지껄하게 이야기하다가 벽화에 총알 세례를 퍼부으며 마음껏 즐겼다.

아이들은 전투를 마치고 탁자로 돌아와 앉아 지친 몸을 다과로 달랬다. 아이들은 여전히 흥분 상태였다. 마치 끔찍한 전장에서 살아남은 '유일한 생존자'인 양 온갖 이야기를 쏟아냈다. 이때 매트는 당연히 자신을 조지 워싱턴이라고 했다. 그때 갑자기 치료실 밖에서 둔탁한 소음이 들려왔다. 아이들은 즉시 탁자 밑으로 몸을 숨겼다. 한 아이는 "피해!"라고 소리 질렀다. 또 한 아이는 "아직 적의 전투기 한 대가 남아 있다. 우리에게 폭탄을 날리고 있어!"라고 말했다. 이 보복으로 한 아이는 다리를 잃었고, 다른 아이는 목을, 매트는 팔을 다쳤다.

연극치료사가 즉시 위생병 역을 맡아 다친 곳을 마법처럼 싹 고쳐주었다. 치료받은 아이들은 다시 전투로 돌아가 적에게 폭탄을 날렸다. "적의 마지막 전투기를 격추시켜야 해." 전투가 모두 끝난 후 우리는 용감무쌍한 승리를 축하하기 위해 급조해 만든 '훈장'을 아이들에게 달아주었다. 아이들은 방금 벌였던 역할극에서 느낀 감정을 이야기했다. 이렇듯 미술과 역할극이 어우러져 치료가 계속 진행되었다. 어떻게 보면 이전까지의 역할극들은 모두 치료 후반부에 자주 등장했던 병원을 주제로 한 역할극의 준비였는지도 모른다. 치료 후기에 이르러 아이들은 병원이라는 배경에서 벌어지는 역할극을 통해 저마다의 갈등을 풀어나갔다.

예를 들어 한 아이는 버려질지 모른다는 두려움을 '목말라 죽어가는 상태'로

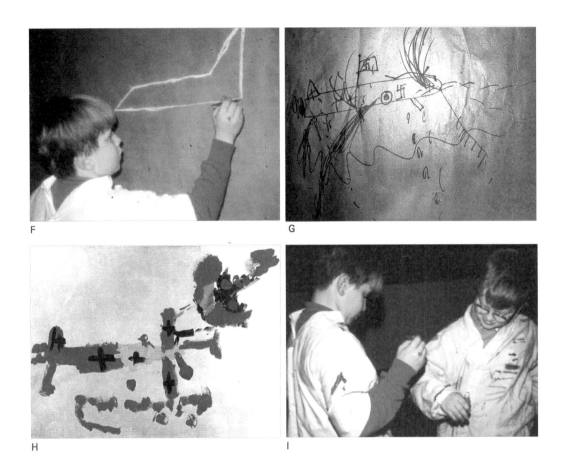

F. 벽화 속 종이에 싸움 장면 넣기
G. 공중전을 벌이는 독일 비행기(벽화)
H. 집단의 전쟁 벽화
I. 물감으로 서로에게 '장군' 분장을 해주고 있는 두 소년

표현했다. 또 다른 아이는 극심한 혼란 속에 내면이 분열되어 미쳐가는 환자의 역할을 연기했다. 이 시기에 매트는 병원 역할극에서 친절하고 자상한 의사 역할을 자주 맡아 다른 아이들의 부상을 치료해주었다. 그 과정에서 부모에 대한 분노와 상처받을지 모른다는 두려움은 점점 엷어져갔다. 집단치료 경험은 매트를 비롯한 모든 아이들에게 내적·사회적 갈등을 표현하고, 이해하고, 해결해 갈 수 있는 다양한 기회를 제공했다.

집단이라는 구조 속에서 각 구성원은 공통의 관심사를 놓고 함께 풀어나가기도 하고, 저마다의 문제를 집중적으로 파고들기도 했다. 90분의 치료 시간 동안 아이들은 원하는 것은 무엇이든 할 수 있었다. 혼자 그림을 그릴 수도, 혼자 역할극을 하기도, 둘이 짝을 지어 하는 활동이나 여럿이 함께하는 활동에 참여할 수도 있었다. 우리는 아이들이 저마다의 갈등을 명확히 인지하고 해결할 수 있도록 돕기 위해 가능한 한 자유롭고 유연한 환경을 제공하려 노력했다.

우리는 미술과 역할극의 본질적인 특성을 고려할 때, 아이들이 미술 활동을 할 때는 혼자 작업하고 역할극을 할 때는 다른 아이들과 함께 하는 경향이 있을 것이라 예상했다. 하지만 우리의 예상은 빗나갔다. 아이들은 양 분야 모두에서 혼자 놀두하거나, 둘이 짝을 이루거나, 여럿이 함께 했다. 아마도 두 가지 방식을 동시에 적용할 수 있는 환경이 제공되었기 때문인 것으로 보였다.

아이들이 홀로 한 가지 활동에 몰입하는 것은 주로 미술 활동을 할 때이긴 했지만, 혼자 꼭두각시 인형을 가지고 극에 몰입하는 경우도 있었다. 한편 둘이 짝을 이루어 협력하는 경우는 미술 활동을 할 때나 역할극을 할 때나 자주 있었다. 또 때로는 모든 아이들이 협력해 벽화를 그리거나 서로를 꾸며주기도 했다 (14.31). 자연스럽게 시작되는 역할극들의 내용에는 집단 전체의 관심사나 욕구뿐 아니라 개인의 관심사와 욕구 역시 반영되었다.

아이들은 집단에 속한 또래 친구들뿐 아니라 치료사인 우리와 다양하게 상호작용했다. 아이들에게 함께하는 친구들은 동료, 조력자, 관찰자, 역할극의 주인공 등으로 여겨졌다. 집단 내에서 나와 동료 치료사는 관찰자, 교사, 동료, 역할극의 연기자, 규칙 제정자, 해설자 등의 역할을 맡았다. 집단치료의 특성상 아이들은 우리 둘에게 다양한 소망과 두려움을 투사했다. 아이들은 다양한 감정과 충동을 우리와의 관계에 전이시켜 극화함으로써 마음속 소망을 체험하고 탐색했다.

예를 들어 매트는 전능한 역할극에서 장군 역을 맡음으로써 권력의 달콤함을 맛보았다. 장군인 매트는 내게 이렇게 명령했다. "넌 노예야. 어서 테이프를 가져와!" "냉큼 이리로 오지 못할까!" 어떤 날에는 자신이 산타클로스라며 내게 인형 역할을 맡으라고 했다. 내가 자신의 인형이므로 자기가 명령하는 것은 무엇이든 따라야 한다고 했다. 매트는 부모를 마음대로 좌지우지하고 싶은 바람을 나를 통해 충족시키려는 것이 분명했다. 학대 기질이 있는 아버지 때문에 느끼는 좌절감과 무력감을 보상받으려는 것이었다.

아이들은 자신들의 욕구를 충족시키고자 우리들을 역할극에 끌어들이기 좋아했다. 아이들이 그러한 요청을 할 때마다 우리는 기꺼이 참여했다. 그렇게 하면 맡은 역할을 통해 아이들의 치유에 도움되는 방향으로 반응할 수도 있고, 나중에 토론을 이끌어내기도 쉬울 것이기 때문이었다. 이를테면 역할극을 끝낸 후 아이에게 다음과 같은 질문을 하는 것이다. "너는 나에게 이래라저래라 명령 내릴 때 기분이 좋았던 것 같아, 그렇지?" "네가 정말로 그런 힘 있는 대장이 된다면 나에게 또 어떤 명령을 내리고 싶어?" 아이들은 가능한 모든 자원을 활용해 미술 활동과 역할극 활동을 오가며 감정적 갈등을 탐색할 기회를 누렸다.

거기에 덧붙여 매 세션 마지막에 실시했던 토론이 치유 효과를 더욱 강화해주는 역할을 했다. 아이들은 미술 및 역할극 활동을 마친 후 탁자에 둘러앉아 다과를 즐기며 조금 전의 경험이 어떠했는지 이야기 나누고 그 의미를 통합하는 시간을 보냈다. 전반부 1시간 동안 자유로운 활동을 통해 감정을 풍부하게 표현했다면, 후반부 30분 동안에는 그 의미가 무엇인지 파악하고, 1시간 동안의 경험에 대한 이해와 감상을 언어화하는 데 집중했다.

아이들이 미술 활동을 할 때면 군중 심리 때문인지 퇴행의 잠재력이 확장되곤 했다. 퇴행은 팀이나 돈처럼 소심한 아이들에게는 도움되기도 했지만, 조이나 피트처럼 통제력이 약한 아이들에게는 오히려 혼란이 초래될 수 있었다. 미술은 퇴행을 유발할 수 있는 강력한 도구였기에 때로는 치료사들이 개입해 상황을 통제할 필요가 있었다. 예를 들자면 잠시 하던 일을 멈추고 뒤로 물러서서 어떤 상황이 벌어졌는지 돌아보자고 제안함으로써 과열 상황을 진화하는 것이다.

미술은 갈등의 덮개를 벗겨 드러내는 강력한 도구이기는 하지만 치유 과정을 완성하기 위해서는 토론을 통해 그 의미를 파악할 수 있는 시간을 마련할 필요가 있다. 이 시간 동안 아이들은 자신이 만든 미술작품이나 역할극에서 자신이 했던 행동을 매개체로 삼아 언어로 표현하고, 통찰을 얻고, 변화할 수 있다. 이런 식으로, 표현 도구로서 서로 보충해주는 관계라고 할 수 있는 미술과 역할극은 언어에 의해 더욱 치유의 힘을 강화한다. 미술 활동이나 역할극을 하는 동안 현실의 법칙은 중지되고 대신 아동의 과거, 현재, 미래 현실의 관점이 전면으로 등장한다. 아이들은 불안, 소망, 두려움을 함께 나눔으로써 잘못된 생각을 버릴 수 있으며, 현실과 환상을 분리함으로써 자신의 충동을 조절할 수 있게 된다.

두 번째 미술-역할극 집단치료 : 사춘기 아이들

어윈 박사와 나는 위에 나온 남자아이들을 대상으로 한 미술-역할극 치료를 1년가량 실시한 후 치료를 마무리해도 좋겠다고 판단하고 아이들과 작별했다(Irwin, Rubin&Shapiro, 1975). 이후 우리는 아동 정신과 의사인 기예르모 보레로 Gillermo Borrero 박사와 함께 15세에서 18세 사이의 청소년 집단을 대상으로 2년 동안 미술-역할극 집단치료를 실시했다(Rubin&Irwin, 1984). 치료는 1주일에 한 차례, 2시간 동안 진행했다. 집단 구성원은 모두 심리 문제로 정신과적 진단을 받은 경험이 있는 아이들로 구성했다. 우리는 아이들이 자신을 마음껏 표현할 수 있도록 미술, 역할극, 시, 음악, 동작, 사진 등 다양한 도구와 방식을 제공했다. 위에 나왔던 아동 집단에서와 마찬가지로 아이들은 다양한 활동을 동시에 하면서 감정과 생각을 표현했다.

이 집단의 아이들 중 눈에 띄는 한 아이로 폴라를 들 수 있었다. 폴라는 몇 차례 세션이 진행될 때까지도 다른 아이들에게서 떨어져 홀로 조용히 앉아만 있었다. 그 날도 다른 아이들과 함께 탁자에 앉아 있기는 했지만 우울한 표정으로 여전히 아무 말도 하지 않고 있었다. 폴라는 조용히 종이에 무언가 적기 시작했다. 글을 다 쓰고는 다른 아이들에게 그것을 보여주었다.

"나는 여기 앉아서 이 외로운 방에 왜 이렇게 슬픔이 많은지 생각하고 있어. 여기에는 사람이 꽉 차 있지만, 나는 세상이 무너지는 것만 같아. 내가 왜 이런지 나도 모르겠어. 이 슬픔의 감정은 나를 아프게 해. 하지만 누구도 이해할 수 없을 거야. 세상 모두가 내게 등지고 있는 것만 같아. 나는 나만의 세상에 있는 것 같아… 나는 외로워, 아파. 제발 누가 날 좀 도와줘!"

다른 아이들은 종이에 적힌 폴라의 번민에 찬 절규를 들어주었다. 모두 따뜻한 애정으로 폴라를 감싸주었다.

그 후 폴라는 흑인으로서의 자기 정체성 찾기에 몰두했다. 하루는 무언가를 열심히 쓰더니 아이들 앞에서 "나는 누구인가?"라는 시를 자랑스레 낭독했다.

"나는 그 남자의 아이다.

그 남자의 아이

더 이상 살고 싶지 않은 남자.

그 남자의 아이

자신이 왜 남자일까 생각하는

그래 나는 아이다.

나는 그 남자의 자랑인 아이.

나는 흑인 남자의 자랑인 아이.

나는 자유를 위해 싸우는 아이.

나는 자유를 위해 헌신하는 아이.

나는 자유가 없는 아이.

나는 가난한 세상에 사는 아이.

나는 백인의 지배를 받으며 사는 아이.

나는 인생이 어떤지 알고 싶어 세상에 나온 아이…"

폴라처럼 말로 자신을 표현하기 힘들어했던 또 다른 여자아이도 시를 인용해 성추행을 당한 후 느꼈던 분노와 여자로서의 소망을 드러냈다.

여자는 남자의 갈비뼈로 창조되었네.

여자는 남자의 머리로 창조되지 않았기에 남자 위에 있지 않네.

남자의 다리로 창조되지 않았기에 남자 아래에 있지도 않네.

여자는 남자의 옆구리에서 창조되었기에 남자와 동등하네.

그래서 남자의 심장과 가깝기에 남자의 사랑을 받네.

앞의 두 여자아이보다 말이 더 없었던 매튜는 음악과 동작을 통해 감정과 생각을 표현하기 좋아했다. 샘은 말로 의사를 명료하게 전달하기는 했지만 미술을 통해 스스로를 표현하는 것을 가장 편안하게 느꼈다. 하루는 짐이 우울해하며 말없이 있자 샘은 말없이 짐의 초상화를 그려 보여줌으로써 짐에게 마음을 쓰고 있음을 보여주었다.

어떤 날은 이런 일도 있었다. 그 날은 다른 때와 달리 공동 치료사 두 명이 출장으로 자리를 비웠다. 나는 남자아이 세 명, 여자아이 한 명과 탁자에 앉아 있었다. 매튜가 음반 한 장을 가지고 와 틀더니 내게 그 가사를 받아 적어달라고 했다. 가사가 자신의 마음을 표현해준다고 했다. 우리는 모두 흘러나오는 노래의 가사에 귀를 기울였다. "누군가에게 속하고 싶어… 어머니 없는 아이가 된 기분."(사실 매튜는 어머니에게 버림받았다.) 매튜가 들려준 또 다른 노래는 다음과 같은 가사로 끝났다. "모든 게 엄마 아빠에게로 거슬러 올라가. 만나보지조차 못한 두 사람에게로. 내가 왜 엄마 아빠를 그리워하는지 나도 잘 모르겠어. 어머니의 손길을 느껴본 적도 아버지의 손을 잡아본 적도 없는데."

매튜 옆에 앉아 있던 샘은 독일어와 러시아어로 된 쪽지를 적어 내게 주었다. 그러고는 점토로 머리가 크고, 슬퍼 보이는 남자의 조형물을 만들었다(그림 14.4B). 작품의 제목은 "필요Need"라고 했다. 짐은 비교적 조용히 앉아 낙서를 하다가 마약을 할 때 기분이 어떤지에 대해 이야기하면서 술이 센 한 남자의 그림을 그렸다. 셰리는 "아이들과 함께 있는 장소"라는 제목의 귀여운 풍경화를 그렸다. 지난 주 자신과 남동생이 집에서 도망쳐 나온 후 보내졌던 아동복지시설의 모습을 그린 것이라고 했다. 셰리는 복지시설의 한가롭고 아름다운 풍경을 '달아나고 싶은' 소망과 연결시켰다.

어느 순간부터인가 아이들은 내게 이것저것을 요구하기 시작했다. 내가 관심 보여주기를 바라고 이런저런 재료와 도구를 가져다달라고 계속 재촉했다. 다른 두 치료사의 빈자리가 더욱 크게 느껴졌다. 나는 기지를 발휘해 웨이트리스가 되어 아이들이 원하는 것을 말하면 주문을 받듯 적은 후 가져다주겠다고 했다. 그런데 아이들이 주문한 것들은 터무니없이 많은 돈과 음식이었다. 단 한 명의 치료사에게만 모든 관심과 욕구가 집중되면서 경쟁심리가 발동한 결과였다. 하지만 한편으로 아이들은 부모를 상징하는 두 치료자의 빈자리를 채우기라도 하려는 듯 전보다 서로 더 끈끈하게 뭉쳐 서로를 지지하고 도와주기도 했다.

보통 한 세션이 진행되는 2시간 동안 아이들은 한 장소에 모여 가만히 있지 않는다. 아이들은 각자의 필요와 욕구에 따라 이리저리 움직인다. 그러다 보면 예측하지 못한 방식으로 자연스레 역할극 활동이나 음악 활동이 벌어지기도 한다. 우리는 모두 그런 상황을 즐겼다. 한 명이 역할극을 시작하면 나머지도 기꺼이 이야기를 꾸며나가거나 극중 역할을 맡아 자연스레 참여했다.

어떤 날은 셰리가 간밤에 꾼 꿈에 대한 이야기를 꺼냈는데, 거기에서 시작해 한 명씩 돌아가며 줄거리를 덧붙여 하나의 완성된 이야기를 만들어냈다.

> 셰리 : 만화나 영화로 만들어도 될 만큼 생생한 꿈이었어. 나는 바다를 건너는 배를 타고 있었어. 누군가 나를 떠밀었는데 정신을 차려보니 신비로운 친구의 지하실에 와 있는 거야.
>
> 샘 : 네 친구는 펭귄이었어. 펭귄이 이렇게 말했지. "이리 와서 날 좀 도와줘. 우리는 함께 싸워야 해…"
>
> 신디 : 그때 펭귄의 등에 날개가 돋아나 펭귄이 날아가버렸어. 그러고는 사방에 도도새들이 나타났어.
>
> 짐 : 그때 내가 도도새 한 마리를 잡아 집으로 가져갔어. 그리고 그걸 플랩잭으로 사용했지!

아이들은 이런 식으로 협력하며 상호작용했다. 한 명이 다른 아이에게 기술을 가르쳐주는 경우도 있었으며, 둘 이상의 아이들이 협력해 조형물을 만들거나 그림을 그리는 경우도 있었다. 시간이 흐르면서 아이들의 상징도 점차 발전되어 갔다. 우리는 아이들이 만든 창조물에서 의미를 찾을 수 있도록 돕기 위해 애썼다. 아이들은 모두에게 의미 있는 공통의 주제를 놓고 꼭두각시 인형이나 가면을 활용해 역할극을 꾸몄다. 역할극에서 아이들은 다양한 역할을 맡았다.

샘의 이야기

덩치가 크고(키 210cm) 뚱뚱했던 샘은 무척 밝고 명랑한 성격이었다. 그런데 퇴학을 당한 이후 자신의 방에서 한 발자국도 나오려 하지 않았다. 그래서 우리 치료소로 와 몇 달간 개인 및 가족치료를 받았다. 우리는 샘의 뛰어난 미술적 재능을 고려해 샘을 집단치료에 합류시키기로 했다. 잔뜩 위축되어 있던 샘이 또래들과 함께하면 도움받을 수 있을지 모른다는 기대도 우리의 결정에 영향을 미쳤다. 집단치료를 받으며 샘은 점차 나아지는 모습을 보여주었다. 샘의 진전은 미술작품을 통해 확연히 드러났다.

치료 초반에 샘은 치료실 구석에 놓인 이젤 앞에 혼자 앉아 관능적인 느낌이 나는 밝은 색감의 그림들을 그렸다. 샘의 그림은 주로 곡선들로 이루어져 있었다. 초기 몇 달간 만든 점토 작품들도 그림과 비슷한 느낌이었다. 대부분이 부드럽고 유동적인 물결 모양이었다(14.4A). 그러다 집단치료를 시작한지 4개월 정도 지났을 때 처음으로 역할극에 참여했다. 역할극에서 샘은 변호사가 되어 공격적이고 경쟁적인 논쟁을 벌였다.

이 무렵부터 샘의 작품이 점진적으로 변화하기 시작했다. 먼저 예전에는 점토로 둥글둥글한 모양만을 만들었다면 이제는 불룩 튀어나온 모양도 빚었다. 그림도 바뀌었다. 색상과 형태가 다양화되고 차별화되었다. 또 샘은 나무토막 같은 다른 재료로도 작품을 만들기 시작했다. 그 덕분에 샘의 작품은 형태와 안정성, 힘을 갖추게 되었다. 샘은 아직 수줍어하는 모습에서 완전히 벗어난 것은 아니었지만 억눌러왔던 분노를 조금씩 장난스럽게 표현했다. 그렇게 1년 정도 지난 후에는 활기차고 강력한 역할극을 스스로 꾸며냈다. 이는 샘이 자신의 경험을 심리적으로 자각했음을 나타낸다.

역할극에서 샘은 미친 사람을 연기했다. 두려움에 떠는 듯 커다란 나무 상자 속에 들어가 몸을 웅크리고 있었다(그 상자는 어머니의 자궁을 상징했다). 그러다가 완전히 다른 사람이 된 것처럼 물을 벌컥 열고 걸어 나와 시끄럽게 발을 구르며 성난 목소리로 말했다. "그 친구 어디 갔어? 허구한 날 겁에 질려 있던 그 친구 말이야. 그 친구를 만나거든 여기서 당장 나가라고 전해줘!"

샘은 그 다음 주 세션을 시작하기 전, 자신의 그림을 25달러 받고 한 은행에 팔았다며 자랑했다. 그러고는 지난 주에 했던 역할극을 반복했다. 이번에는 다른 두 치료사도 역할극에 가담했다. 샘은 독단적으로 어윈 박사에게 마녀 복장을, 보레로 박사에게 왕 복장을 입혔다. 그런 후 부모를 상징하는 이 두 인물과

14.4 사춘기 아이들의 집단치료에서 샘이 만든 세 가지 작품. 16세

A. 치료 초기의 물결 모양 반죽
B. 슬퍼 보이는 남자 "필요 Need"
C. 치료 후기에 만든 왕의 머리

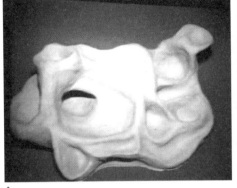

A

B

C

싸움을 벌이는 내용의 무언극을 펼쳤다. 샘은 어머니를 상징하는 마녀에게는 이겼지만, 아버지를 상징하는 왕 앞에서는 기를 펴지 못했다. 샘은 남성 치료사에게 분노를 느꼈지만, 무언극을 하기로 했기 때문에 말을 사용해 그 분노를 표현할 수 없었다. 그래서 대신 숫자를 사용하겠다고 했다. 그러고는 극적인 어조와 감정을 담아 숫자만으로 분노를 표현해냈다. 그 결과 제3의 샘이 탄생했다. 분노에 찬 샘도 아니고 겁을 집어먹은 채 위축된 샘도 아닌 강하고 합리적이며 성격이 원만한 자아가 나타난 것이다.

그와 동시에 샘의 미술작품도 변화하기 시작했다. 이전까지 주로 추상적인 작품을 만들었다면 그때부터 사실적인 작품들을 창조하기 시작했다(14.4B). 때

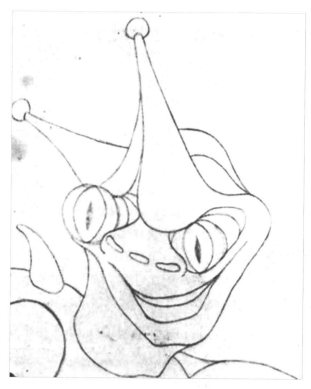

D. 샘이 그린 왜곡된 생김새의 얼굴. 연필

로 기괴해 보이거나 왜곡된 사람 모형을 만들기도 했다. 그것은 아마도 오랫동안 억눌려 있던 감정을 나타내는 듯했다(14.4D). 샘이 몇 달 전 입원한 후에 들려주었던 이야기 속에 등장한 손상된 자아가 그렇게 표현된 것 같았다. 화성인의 침략에 대한 그 이야기에 등장한 희망을 잃은 지구인의 모습에는 샘의 감정이 투사되어 있었다.

"지구의 가장 원시적인 생명체들이 배 한쪽을 어슬렁거려요. 그러다가 오도 가도 못하게 되고 돌아가지 못해요. 이번에는 화성인들의 분석기가 지구 생명체에 충분한 생명지원 시스템이 없다고 판단해요. 지구인은 죽게 될 거예요. 화성인들이 개입해 구해줘야만 살 수 있을 거예요… 화성인들이 리프트의 수압 승강타를 들어 올렸어요. 죽어가는 원시 지구인들을 구하기 위해 화성인 세 명이 밖으로 나가요. 화성인들에게는 이것이 위대한 승리예요. 이제 지구인들을 검사하고 개량할 수 있으니까요. 지구인들의 행

동 패턴도 가까이에서 관찰할 수 있어요. 지구인들에게 유일한 불이익은 모든 것을 간파당할 것이라는 사실뿐이에요… 그리고 두개골에 강한 통증도 느끼게 될 거예요… 지구인들은 무척 약한 생명체니까요. 지구인들은 화성인들이 전능하다는 사실을 깨달아야 해요. 화성인들은 우월할 뿐 아니라 전능해요. 그럼에도 화성인들은 지구인들에게 정보 습득력이 있다는 사실을 존중해주고 있어요. 지구인들도 지성이 있는 생명체로 진화할 여지가 있어요. 끝."

이야기를 다 들은 어윈 박사가 샘에게 물었다. "지구인들에게 아직 희망이 있다는 뜻이니?" 샘이 천천히 답했다. "음, 희망이라… 아직 먼 이야기이긴 하죠. 때때로 희망이 없는 것처럼 보이지만, 그래도 약간은 희망이 있어요." 샘의 이야기에는 치료를 통해 변화될 자신의 모

E. 샘이 그려서 보내준 대학교 창 너머로 보이는 풍경. 연필

습에 대한 두려움과 희망이 동시에 반영되어 있었다.

누구에게나 그렇듯, 샘의 변화도 천천히 진행되었다. 샘의 치유는 전진과 후퇴를 반복했다. 샘은 기쁨과 슬픔을 비롯한 스스로의 감정을 지각하게 되었다. 그리고 그 새로운 지각을 내면에 통합시키고자 애썼다. 샘은 심리적인 건강을 되찾으면서 점점 타인들과 관계 맺기 시작했고 대학에 들어가서는 진정한 우정을 쌓을 수 있었다. 샘이 가장 마음에 들어하던 작품 중 하나는 길쭉한 모양의 왕 두상이었다. 강력해 보이는 왕의 두상은 더 이상 두려움을 느끼지 않게 된 샘 자신의 강건함을 상징했다(14.4C). 나중에 샘이 대학에서 보낸 편지에는 재치 있는 말이 가득했다. 이따금 샘은 편지에 그림을 동봉해 보냈다. 그림 14.4E에 나오는 창밖에 보이는 풍경 같은 그림이었다. 샘이 보내준 그림들은 예전에 비해 훨씬 더 사실적이었으며 건강했다.

짐의 이야기

우울증에 시달리던 짐은 집단 내에서 자신을 표현하기 어려워했다(그림 14.5).
미술을 통해서만 생각과 감정을 드러낼 뿐이었다. 처음에 그린 그림들은 영웅들
을 주제로 한 것이 많았으며 대부분 끝까지 완성하지 못했다(그림 14.5A). 짐이
그린 운동선수들은 대부분 한쪽 팔이나 한쪽 다리가 없었다. 그리고 도화지 한
귀퉁이를 미세하게 잘라놓은 적도 많았다. 짐은 치료 초기에 한동안 만화 주인
공인 슈퍼 영웅 그린 랜턴과 그린 애로우를 그리는 데 열중했다. 집단 속에서 위
축되는 느낌을 그런 그림으로 만회해보고자 노력하는 것 같았다.

짐의 무력감은 역할극에서도 여실히 드러났다. 짐이 꾸미는 역할극에서 짐은
어떤 역할로 시작하든 항상 상처받거나 다친 희생자로 끝이 났다. 예를 들어 한
번은 치과 치료를 받으러 간 환자 연기를 했는데, 그 환자는 너무 소심하고 불안
정해서 계속 넘어졌다. 그리고 아기처럼 남의 도움 없이는 제대로 일어나 앉지
도 못했다. 사실 처음에 짐이 맡은 역은 치과 의사였다. 하지만 당당한 태도를 연
기하지 못해 곧 나약한 환자 역할로 바꾼 것이었다. 역할극에서 짐은 결국 계속
바닥에 넘어지지 않도록 의자에 묶여 있어야 했다.

어느 날은 터프한 경찰 역을 맡겠노라고 자진해 경찰차를 운전하는 연기를
했다. 하지만 얼마 되지 않아 차 사고를 당하는 내용으로 각본을 바꾸었다. 짐은
또다시 부상당한 환자가 되었다. 다른 아이가 의사 역을 맡아 짐을 구해주었는
데, 짐은 수술대 위에 꼼짝 않고 누워 있으면서도 수동적인 환자가 된 것에 만족
하는 듯했다. 의사가 마취를 하겠다며 나무 숟가락으로 머리를 때리는데도 아무
소리 내지 않고 가만히 있었다. 또 언젠가는 비서까지 있는 우두머리 역을 맡아
이것저것 명령을 내릴 수 있었지만, 화난 남자 직원이 불을 지르겠다고 하자 맞
서지 못하고 우물쭈물대다가 그 직원이 방을 나간 후에야 비로소 뻐기는 듯한
몸짓을 했다. 하지만 짐도 샘과 마찬가지로 집단치료를 통해 점차 확연히 나아
졌다.

짐이 역할극에서 처음으로 분노를 표현한 이후 짐의 그림도 달라지기 시작
했다. 우선 그림 속 운동선수들의 신체 일부가 빠져 있는 경우가 점점 줄어갔다

(14.5B). 그리고 그림을 끝까지 완성하는 경우도 많아졌다. 짐은 다른 재료들도 사용하기 시작했다. 점토로 길쭉한 검이나 단도를 만들기도 했다. 하루는 '무거운' 의자를 천천히 드는 척하면서 "이거 적어도 2만 킬로그램은 되겠는걸"이라고 말하며 슈퍼 영웅이라도 된 듯한 장난을 치기도 했다.

짐은 스스로의 분노를 점차 편하게 느끼는 듯했다. 어느 날은 권위적인 남편의 역할을 연기하며 아내에게 특별 요리를 만들어 오라는 등 이래라저래라 명

14.5 우울증이 있었던 짐의 집단치료 그림

A. 미술치료 초기에 짐이 그린 운동선수 그림
B. 치료를 받으며 점차 나아진 운동선수 그림
C. 운동선수를 그리는 짐
D. 거물 같은 짐

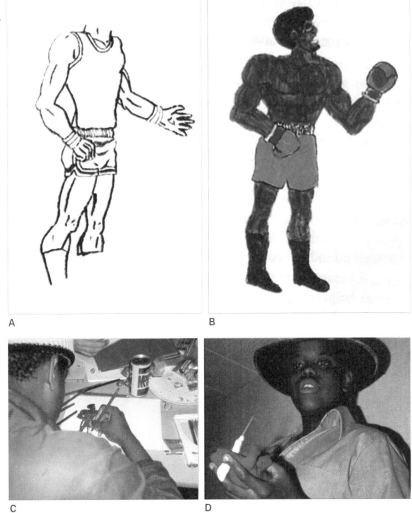

A

B

C

D

령을 내렸다. 짐은 아내에게 노예처럼 명령을 따라야 한다고 역설했다. 짐은 분노를 안으로 삭이는 대신 밖으로 표출하는 법을 배웠다. 그리고 그 이후 역할극을 통해 다양한 상황들을 실험해보았다. 때로는 장난감 총으로 적을 공격하는 시늉을 하기도 했다.

그러던 어느 날에는 배짱 좋게도 남성 치료사에게 서로의 몸짓을 흉내 내는 판토마임 결투를 하자고 제안했다. 보레로 박사가 그에게 슬로모션으로 싸우는 몸짓을 보여주자, 짐은 통제력을 발휘해 마찬가지로 싸우는 시늉을 했다. 그렇게 반복해서 슬로모션으로 치고받는 동작을 하면서 짐은 자신의 분노가 잘못된 결과를 낳지 않을까 두려워했던 마음을 떨칠 수 있었다. 그리고 판토마임 결투를 마치고 나서 보레로 박사와 함께 앉아 그 경험에 대해 이야기했다.

치료사의 역할

위의 사례들에서 볼 수 있듯, 집단을 이끄는 치료사들은 항상 다양한 역할과 임무를 맡기 위한 준비 태세를 갖추고 있어야만 한다. 우선, 치료사는 무대를 준비하고, 관찰하고, 경청하고, 공감해야 한다. 또 만들기를 도와야 할 때도, 미술 기법을 가르쳐야 할 때도, 악기를 연주해야 할 때도, 아이들과 함께 움직여야 할 때도 있다.

그리고 때로는 역할극에 참여하거나, 이야기를 만들거나, 아이들이 이야기를 만들 수 있도록 개입해 도와야 할 수도 있다. 이를테면 사건이나 정황을 제시해주거나 아이들이 생각해볼 수 있는 시간을 마련해주는 식으로 말이다. 또 치료사는 다양한 연극 기법을 제안해야 할 때도 있다. 이를테면 빈 의자에 누군가 앉아 있는 것처럼 가정하고 하고 싶은 말을 하도록 하는 방법이나 역할 바꾸기, 1인 2역 맡기 등의 기법을 사용해보자고 제안하는 것이다. 요컨대, 치료사는 항상 촉각을 곤두세우고 아이들이 하는 이야기나 활동에 재빠르게 반응해야 한다.

한 예로, 어느 날에는 짐이 감자튀김을 게걸스럽게 먹어치우기 시작했다. 한 치료사가 왜 그러는지를 묻자 짐은 감자튀김이 온도계이며, 그것을 먹으면 자기가 강해질 것이기 때문이라고 대답했다. 어윈 박사와 보레로 박사는 즉시 그러한 짐의 공상을 이용해 치료 효과를 높일 수 있는 방법을 생각해냈다. 우선 뱃속의 온도계가 보이는 X-ray 그림을 그려서 보여주고, 자로 짐을 측정해 그가 강해졌다는 것을 확인시켜주었다. 두 치료사는 짐의 얼토당토않은 역할극에 참여해 창의적인 방식으로 짐의 공상을 해결해주었다. 앞에 나왔던 첫 번째 집단과 마찬가지로 이 집단에 참여한 아이들도 집단치료 과정을 즐기면서 서로를 도와가며 진정한 자기 자신의 모습을 찾아갔다.

결론

위에서 소개한 두 집단을 포함해 다양한 집단을 대상으로 복합양식 집단치료를 실시하면서 둘 이상의 예술양식을 결합함으로써 훨씬 풍성하고 효과적인 결과를 얻을 수 있다는 사실을 알게 되었다. 특히 연극치료를 하는 동료와 함께 일하면서 참으로 많은 것을 배웠다.

집단치료 참여자들이 사용할 수 있는 가능성의 범위를 넓혀주면 치료 목적과 각 개인 취향에 맞는 방식을 제공할 수 있다. 사실 예술이란 경계를 나눌 수 없는 것이다. 인공적으로 경계를 구분하는 것은 치유의 효과를 제한할 뿐이다. 집단치료를 할 때도 개인치료를 할 때와 마찬가지로 각 참여자들이 마음 내키는 대로 하고 싶은 활동을 할 수 있도록 두는 것이 가장 옳고 자연스러운 방법이다(cf. Lewis, 1993; Oaklander, 1988; N. Rogers, 1993).

"미술치료 같은 표현적인 접근법은 아주 어린 아이들을 대상으로 할 때 가장 효과가 높다"는 의견을 펼치는 학자들도 있다(Rabin&Haworth, 1960, p.10). 하지만 청소년기 아이들을 대상으로 집단치료를 실시하면서 나이가 아주 어리지 않은 내담자라도 미술치료나 연극치료 같은 표현적인 기법을 이용해 충분히 치유될 수 있음을 확인했다. 내 경험은 "내면의 환상이나 공상에는 모두 의미가 담겨 있다"는 다른 학자들의 말과 일맥상통하는 면이 있다(Davidson&Fay, 1964, p.506).

"아이들이 다양한 것들을 보고, 듣고, 맛보고, 냄새 맡을 수 있도록 도와주면, 아이들은 미술 활동에서 시, 연극, 음악, 노래, 동작 등의 다양한 활동을 하다가 다시 미술로 돌아온다. 아이들이 그러한 경험을 하는 동안 그 내면에는 여러 관계가 발생한다. 모든 예술 활동에 적극적으로 즐겁게 참여하다 보면 각 예술의 형식 내에서 창조하는 능력과 매 시기에 적절한 형태의 예술을 선택할 수 있는 통찰을 발달시킬 수 있다."(Snow, 1968, p.20; Levine&Levine, 1999; Knill, Levine&Levine, 2004)

그렇다고 해서 미술치료사들이 모든 예술 분야에 통달한 사람이 되어야 한다는 뜻은 아니다. 인간의 내면에는 다양한 표현양식이 잠재해 있기는 하지만 한 분야의 전문가가 되는 데만도 수년에 걸친 학습과 노력이 필요하다. 특히 예술을 활용해 다른 이를 돕고자 한다면 더욱 그러하다. 여기서 말하고자 하는 바는 우리가 아이들을 치유할 때 열린 마음가짐으로 여러 접근법을 시도해볼 필요가 있다는 것이다. 지금도 나는 미술을 주요한 치료 도구로 삼고 있지만 때에 따라 꼭두각시 인형이나 미니어처 장난감을 사용하기도 한다. 그 밖에 연극, 동작, 음악, 글쓰기 등 어떤 기법이나 방식이든 필요하다면 수용하려고 노력한다.

아동 정신과 의사인 마빈 샤피로Marvin Shapiro 박사는 복합양식 치료의 유용성을 주장하며 다음과 같은 말을 남겼다.

"다채로운 경험은 여러 가지 면에서 성장하는 아이와 유사하다. 세상에 대해 배우는 아이는 입에 넣어도 보고 손으로 꾹 눌러도 보면서 가능한 모든 감각을 이용해 사물에 대한 개념을 통합시킨다. 마찬가지 방식으로 아이는 자기 주변의 세상에 대해 배워가고 관심과 호기심을 표현한다. 따라서 우리도 주변의 혼란스럽고 어지러운 세상 속에서 심리치료의 효과를 최대한 끌어올리려면 하나 이상의 양식을 사용할 필요가 있다. 복합적인 양식의 치료법을 적용하면 다양한 감각을 자극할 수 있고 그에 따라 치유 효과를 높이고 아이의 변화를 촉진시킬 수 있다."(Irwin, Rubin&Shapiro, 1975, p.116)

4부

장애 아동 미술치료

Art Therapy
for Disabled
Children

15장

장애 아동 치료를 위한 수단으로서의 미술

창의성의 보편성

인류학자 데즈먼드 모리스는 인류의 가장 가까운 친척인 원숭이나 침팬지도 그림을 그릴 수 있다는 내용이 담긴 책『미술의 생물학 *The Biology of Art*』을 썼다. 데즈먼드 모리스에 따르면 원숭이나 침팬지도 그림에 흥미를 보인다고 한다(그림 15.1). 또 심지어 식욕이나 성욕처럼 매우 우세한 욕구들까지 잊은 채 그림에 열중하는 경우도 있다고 한다. 모리스는 그러한 관찰을 통해 유인원에게 그림 그리기란 타고난 '탐색 충동'을 충족시켜주는 '자동적 활동'이라는 결론을 이끌어냈다.

모리스의 책은 여러 동물들이 창조한 미술작품에 각기 다른 개성이 담겨 있다는 사실을 시각적으로 분명하게 보여준다. 오랑우탄인 알렉산더가 그린 그림은 침팬지인 콩고가 그린 그림과 명백히 구별된다. 그리고 모리스는 몇 가지 실험을 근거로 유인원들이 구도에 대한 직관적인 감각이 있는 것 같다고 결론내렸다.

유인원이 그린 그림을 '미술'이라 칭하는 것은 적절치 못하다고 생각하는 사람이 있을지 모른다. 하지만 인기 있는 갤러리에 전시된 신원미상 화가(유인원)의 작품에 대한 칭찬 글을 썼다가 망신당한 비평가들도 있다는 사실을 잊지 말아야 한다. 유인원의 예를 소개한 것은 장애 아동과 유인원 사이에 유사성이 있

다고 말하기 위해서가 아니다. 탐색 또는 '창작' 충동의 보편성과 질서에 대한 감각이나 예술적 개성에 생물학적 뿌리가 있다는 점을 강조하기 위해서이다.

모리스도 처음에는 원숭이나 침팬지가 그림을 그리도록 만들 방법을 찾기 위해 고심해야 했다. 하지만 어떻게 하면 유인원에게 그림 그리는 법을 가르칠 수 있는지 알아내고 난 후에는 약간의 교육과 훈련만으로도 유인원들은 자연스럽게, 그리고 자발적으로 그림을 그렸다. 더욱 놀라운 점은 돌고래나 코끼리를 대상으로 한 실험에서도 마찬가지 결과가 나왔다는 사실이다.

장애 아동을 대상으로 치료할 때도 자연스럽게 미술 활동을 할 수 있도록 도우려면 상당한 창의성과 상상력을 동원해야만 한다(cf. Aach-Feldman&Kunkle-Miller, 2001; Anderson, 1992/1994; Henley, 1992). "인간의 정신에는 반짝이는 불씨가 있다. 교사, 교육자, 인간은 그 불씨가 아무리 미약하더라도 숨을 불어넣어 그것을 타오르는 불꽃으로 만들 의무가 있다. 그 의무는 신성하다. 우리는 모두 고유의 자질을 타고났다. 그리고 따뜻한 관심 속에 성장할 자와 그러한 관심을 받을 가치가 없는 자를 분류할 권리는 그 누구에게도 없다. 모든 인간에게 본래부

터 있는 자질 중 하나는 바로 창의적인 정신이다."(Lowenfeld, 1957, p.430)

나 또한 "모든 인간이 창의적인 정신을 타고났다"는 말을 굳게 믿는다. 그렇지만 어떤 사람들은 특정한 장애가 있는 아이들은 미술 도구를 이용해 생산적이거나 창의적인 결과물을 만들 수 없다고 말한다. 하지만 아이들은 그런 사람들의 말이 틀렸다는 것을 몇 번이고 증명해주며, 때로는 가장 희망적으로 보았던 사람들의 기대까지도 뛰어넘는 놀라운 성과를 보여주기도 한다.

정신병동에서 만난 아이들

나는 1963년에 한 정신병동에서 가장 심각한 형태의 정신과 질병이라고 할 수 있는 정신분열증을 앓고 있는 아이들을 만났다.[1] 아이들은 모두 정신지체 판정을 받았으며 발달 수준은 또래와 비교했을 때 전반적으로 낮았다. 그 아이들에 대해 알고 있던 몇몇 전문가들은 미술치료를 실시하면 아이들이 미술 재료를 먹거나 문질러 더럽힐 것이며, 자폐 증세가 더욱 악화되거나 파괴적인 행동을 할지도 모른다는 우려를 표하기도 했다.

하지만 아동 발달 담당 부서장과 나는 개인 자원봉사자 자격으로 미술치료를 허락받고 1주일에 한 차례씩 총 8개월간 치료를 진행할 수 있었다. 그 병원에 입원해 있던 소아 정신분열증 아이들은 총 10명이었다. 미술치료 장소는 정신병동 6층의 작은 방에 마련되었다. 내가 가서 준비를 해놓고 있으면 아이들이 차례로 한 명씩 들어왔다. 나는 아이들이 원하는 재료를 골라 원하는 자리에서 원하는 것을 만들도록 했다.

유인원과 마찬가지로 아이들의 작업방식과 그림 양식은 개인별로 상이했다 (그림 15.2). 예를 들어, 댄은 이젤 앞에 의자를 당겨 앉아 팔레트에 짜놓은 물감을 붓으로 찍은 후, 마치 서예가처럼 붓을 느슨하게 쥐고 팔을 리드미컬하게 위

---

1 이 책에 소개된 다른 아이들처럼, 이 아이들의 구체적인 진단명은 자폐증, 발달장애 등으로 모두 달랐다.

15.2 정신분열증 아동들이 그린 그림

A

A. 카렌이 춤추며 그린 그림들 가운데 한 점
B. 마이크가 그린 사람 중 하나
C. 마이크가 그린 또 다른 사람
D. 마이크가 그린 소년 윤곽
E. 바비가 그린 삼촌의 농장 (템페라)
F. 바비가 그린 삼촌의 농장 (수채화)

B

C

D

E

F

아래로 움직이며 그림을 그렸다. 셀마도 댄처럼 이젤 앞에 앉아 비슷한 동작으로 그림을 그렸다. 댄과 차이가 있다면 셀마는 반복적으로 몸을 둥글게 움직이며 그리기 좋아했다. 카렌도 이젤 앞에 앉아 그리는 것을 선호했는데, 주로 밝은 색상의 점으로 된 그림을 그렸다. 그리고 그림 그리는 동안 활동적으로 움직이며 대화하기를 좋아했다. 잠시 멈추고 춤을 추었다가 다시 돌아와 대담하고 풍부한 색상의 물감을 가볍게 문질러 칠하거나 소용돌이 모양을 그렸다(15.2A).

아이들은 모두 각자의 방식으로 성장했다. 댄은 그림을 완성했다는 뜻으로 도화지에다 물감을 문질러 닦은 후 다음 그림을 시작하게 되었다. 셀마는 처음에 단색으로 된 원 모양을 주로 그렸지만 점점 다양한 색조의 선 모양도 그리게 되었다. 4살 꼬마 조니의 그림도 시간의 흐름에 따라 점차 변화했다. 처음에는 물감통의 색을 찍어 작은 점들을 찍는 데 그쳤지만 점차 여러 가지 색상을 섞어 사랑스러운 색조로 만든 후 시원하게 붓질을 하게 되었다.

마이크는 선으로 된 사물, 동물, 사람을 그리는 데 집중했다. 특히 수개월 동안 다양한 사람 그림을 그렸다(그림 2.5 참조). 인간의 신체를 다양하게 표현하는 데 굉장한 관심이 있는 듯했다(15.2B, 15.2C). 그러다 마침내 한 가지 안정적인 상징(도식, schema)을 찾았다. 그 도식은 소년의 모습이었다(15.2D). 한편 바비는 그림을 그리면서 그에 대한 이야기를 들려주기 좋아했다. 바비가 즐겨 그리던 주제 중 하나는 삼촌의 농장 풍경이었다(15.2E). 바비는 다양한 버전의 농장 그림을 그렸다(15.2F). 그 밖에도 "휴가", "건강을 유지하는 법", "씨앗에서 어떻게 호박이 자라는가" 같은 주제로 도표를 그렸다(그림 2.3B 참조). 그리고 8장에서 설명했듯 도로시와 랜디도 미술치료 시간에 각자의 개성을 마음껏 발휘했다(그림 8.2, 그림 8.3 참조).

알다시피, 이 아이들은 모두 소아 정신분열증이라는 동일한 진단을 받았다. 관련 문헌에는 소아 정신분열증을 앓는 아이들에게서 획일적인 특징들을 발견할 수 있다고 적혀 있었지만, 아이들이 창조한 미술작품들에는 저마다의 개성이 담겨 있었다(물론 아이들의 묘사력은 유사했다). 어떤 아이들은 손을 사용해 그림을 섬세하게 묘사하는 데 치중했고, 어떤 아이들은 현실적이거나 환상적인 개념들을 명확히 표현하는 데 집중했다. 또 어떤 아이들은 자신이 말한 내용을 잘 정리해 그림으로 표현하는 것을 즐겼다. 아이들이 그린 그림은 다양하고 개인적이었으며, 정상 아동이 그린 그림이라고 해도 손색이 없는 경우가 많았다. 바꾸어 말하자면, 아이들의 그림에는 결핍된 부분보다는 재능과 능력이 반영되어 있었다.

나는 이 아이들과 함께한 경험에 영향받아 한 가지 실험을 고안했다. 소아 정신분열증이 있는 아동 집단과 정상 아동 집단이 그린 그림을 임의로 섞어 평가자들에게 보여주고 정상 아동과 정신분열증 아동 중 어느 쪽이 그린 그림이라고 생각하는지 고르도록 했다. 실험 결과 평가자들은 두 집단을 판별하지 못했다(Rubin&Schachter, 1972; 그림 21.3 참조). 이 실험 결과는 소아 정신분열증 같은 진단 범주가 유용할 때도 있지만, 그 진단명만으로는 한 개인의 정체성이나 창의성을 충분히 설명할 수 없다는 사실을 보여준다. 아이들이 그린 그림을 하나의 범주로 묶어 설명하는 것은 지나친 일반화라고 할 수 있다. 소아 정신분열증 아이들은 정신질환으로 인해 어느 정도 자아와 세상으로부터 분리되는 경향이 있기는 하지만, 보통 아이들과 마찬가지로 미술을 통해 각자의 본질적인 자아를 드러낸다.

아동이 만든 미술작품을 통해 풍부한 정보를 얻을 수는 있으나 그 상징이나 형태, 과정을 하나의 진단명으로 표현하기란 불가능하다. 나는 이 아이들과 함께한 경험을 통해 동일한 진단 범주에 속하는 아이들이라 할지라도, 보통 사람과 마찬가지로 서로 다르게 사고하고, 느끼고, 그린다는 사실을 새삼 깨달았다. "모든 인간은 태어나는 순간부터 이전까지 존재했던 어떤 누구와도 같지 않은 유일무이한 존재다"라는 점을 명심해야 한다(Moustakas, 1959, p.66).

집단 거주 시설에서 만난 장애 아동들

나에게 인간의 성장 잠재력과 능력에 대해 가르쳐준 아이들이 또 있다. 정신분열증이 있는 아이들을 대상으로 미술치료를 실시한 지 꼭 4년이 지나서였다. 1967년에 복합적인 외과적 장애가 있는 아이들을 대상으로 한 미술치료 프로그램을 맡아달라는 의뢰를 받았다(그림 15.3).

뇌성마비가 있는 아이들을 돌보던 시설 직원들과 처음으로 만났던 날이 눈에 선하다. 그들은 내게 아이 10명의 신상이 적힌 목록을 보여주었다. 하지만 나중에 다양한 이유로 제외된 아이들이 네 배나 된다는 사실을 알게 되었다. 나는 제외시킨 아이들도 모두 포함해 일일이 검사를 실시한 후 적당한 치료 방법을 찾아보는 것이 어떻겠느냐고 제안했다. 검사 결과, 아이들 중 그 누구도 제외시킬 필요 없이 모두 미술치료를 받게 하는 것이 좋겠다는 결론을 내렸다.

가장 놀라웠던 점은 경련이나 사지마비 같은 심각한 장애가 있는 아이들도 가능한 자원을 동원해 저마다 독립적으로 창의성을 발휘했던 일이었다(15.3A~D). 또 신경 손상으로 지나치게 활동이 과다한 아이들이 치료실에서 파괴적인 행동을 보이지 않을까 우려했으나, 토큰을 활용한 행동 교정 프로그램을 통해 효과를 보았다.

듣지 못하고 말하지도 못하는 10살 소녀 클레어 같은 아이들은 우리에게 큰 가르침을 주었다. 직원들은 클레어에게 발달지체가 있다고 생각했었다. 하지만 그들은 생각과 감정을 명확히 표현한 클레어의 그림을 본 후 그 생각을 바꾸게 되었다(그림 15.4). 클레어는 이전까지 말을 할 수도 동작으로 의사를 표현할 수도 없었는데, 미술치료를 시작한 이후 그림으로 스스로를 표현할 수 있게 되었다. 하루는 치과에 갔을 때의 고통을 그림으로 선명히 표현하기도 했다. 클레어

A. 테이블에서
B. 휠체어에서
C. 구르는 침대 위에서
D. 휠체어에 앉은 소년이 자기가 만든 도자기 그릇에 물감을 칠하고 있는 모습

15.3 복합적인 외과적 장애가 있는 아동들의 미술치료

A

B

C

D

15.4 듣지도 말하지도 못하는 클레어. 10세

A

B

A. 미술치료사 루빈 선생님. 크레용
B. 클레어가 치과에 다녀온 직후 그
린 그림. 마커
C. 말하는 책 그림

C

는 휠체어를 타고 탁자로 가서 마커와 종이를 집어 들고, 치과의사에게 공격받는 듯한 느낌을 어떤 말보다도 풍부하고 뚜렷하게 그림으로 그렸다. 그림 속에서 클레어는 입을 크게 벌린 채 무기력하게 누워 있었고, 치과의사는 도구를 들고 입속을 마구 침범했다(15.4B). 클레어는 언어치료를 할 때도 미술치료 시간에 그린 그림을 활용해 개념을 배웠다. 클레어가 그린 그림은 "말하는 책"이 되어주었다(15.4C).

사립학교에서 만난 청각장애 아동들

1983년에 한 사립학교에서 청각장애 아동들을 대상으로 미술치료를 실시했던 경험은 언어 사용이 불편한 아이들에게 미술이 강력한 의사소통 도구가 될 수 있음을 재확인한 소중한 기회였다. 이전까지 나는 미술치료를 할 때 발달심리학적 접근법을 취할 것인지(Aach&Kunkle-Miller, 2001; Malchiodi, Kim&Choi, 2003; Uhlin, 1972; Williams&Wood, 1977), 행동주의적 접근법을 취할 것인지(Anderson, 1992/1994; Rozum&Malchiodi, 2003), 아니면 인지주의적 접근법을 취하는 것이 좋을지(Silver, 1978/1986/2001), 아니면 정신 역동적 치료법을 적용하는 것이 나을지(Henley,1992; Kramer, 2000) 갈등하고 있었다. 클레어를 비롯한 여러 아이들을 치료하면서 미술이 언어를 대신할 표현 수단이 될 수도 있음을 깨달았지만 구체적으로 어떤 종류의 시각적 소통방식이 가장 유용할지는 확신하지 못했다.

그러던 중 학교 소개로 미술 검사를 받으러 온 16명의 아이들을 만나면서 그 답을 얻게 되었다. 아이들은 미술치료를 통해 감정을 표현하고 해소하고 싶다는 점을 분명하게 드러냈다(그림 15.5). 아이들은 이미 미술교육 프로그램을 통해 인지 발달이나 창의력 발달을 꾀할 수 있었다. 따라서 가장 적합한 접근법은 정신역동적 치료라는 결론을 내렸다. 다시 말해, 아이들은 미술치료나 역할극을 통해 내면의 혼란스럽고 모순된 감정과 환상을 표현하고 해소할 필요가 있었다(15.5A). 나는 수화를 거의 할 줄 몰랐기 때문에 아이들과 의사소통하기가 어려웠음에도 아이들은 나와 충분히 대화할 수 있었다. 이 사실은 감정을 표현하고

A

B

A. 자신의 미술작품에 몹시 기뻐한 소년
B. 손가락으로 그리는 것을 즐기는 소녀

해소하고 싶은 아이들의 욕구가 그만큼 컸음을 반영해준다. 나는 아이들이 수화로 전하는 말을 거의 이해할 수 없었지만 미술, 손짓, 표정, 몸짓 등의 비언어적 수단을 이용하거나 그것도 부족하면 글로 쓰는 식으로 충분히 의사소통했다 (15.5B).

아이들이 미술을 통해 스스로를 표현하고자 하는 욕구가 얼마나 강했는지는 엘리너라는 십대 소녀의 사례를 보면 잘 알 수 있을 것이다. 앞서 5장에서 미술검사에 대해 설명하면서 엘리너의 사례를 간략하게 이야기하고 넘어갔었다. 엘리너는 네 번째 미술치료를 앞둔 밤에 자살 충동을 느끼고 스스로 손목을 긋는 소동을 벌였다. 다음 날 엘리너는 전날의 일에 대해 내게 이야기하면서 자살 소동이 실은 자신을 화나게 한 사람에 대한 분노를 스스로에게 돌려서 벌어진 일이라는 사실을 깨달았다. 그래서 나는 엘리너를 화나게 한 그 어른에게 어떻게 하고 싶은지를 그림으로 표현해보라고 했다.

엘리너는 치아를 드러낸 덩치 큰 사람이 커다란 칼을 쥐고 작은 사람을 위협하는 그림을 그렸다(그림 15.6). 엘리너는 속이 후련한 듯한 표정으로 큰 괴물은 자신이고 겁에 질려 있는 작은 사람은 자신을 화나게 한 어른이라고 말했다. 하지만 잠시 뒤, 현실에서는 강해 보이는 사람을 대할 때 두려움과 무력감을 느낀다고 했다. 나는 그림 속 어른에게 화가 나서 제어할 수 없을 정도의 일을 저지르게 될까 봐 엘리너가 두려워하고 있는지도 모른다는 말을 해주었다. 즉, 그 어른

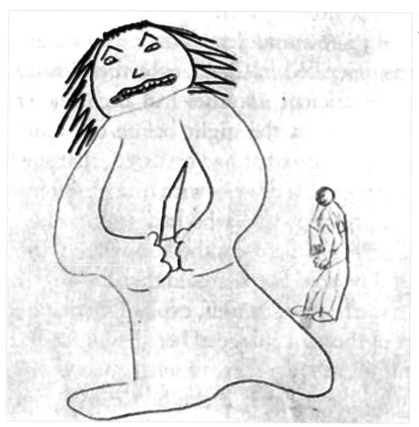

을 보호하고자 분노를 자기 자신에게 돌리고 벌을 준 것일지도 모른다는 의문을 제기했다.

엘리너는 첫 번째 그림에 표현된 무시무시한 이미지를 걸러내고 싶은 듯 남은 시간 동안 배구 네트를 그렸다. 그러고는 손가락 그림물감으로 알록달록한 풍선 네 개가 한데 묶여 있는 모습을 그렸다. 엘리너는 두려워하던 내면의 충동을 처음으로 표현하고, 그에 대한 방어를 시도했다. 그리고 그러한 과정을 통해 자기 인식과 자기 통제에 조금씩 가까워져갔다.

나는 학교 관계자에게 엘리너의 첫 번째 그림에 나타난 자살 충동에 대해 보고했다. 아이들은 그림을 통해 위험한 충동이나 생각을 표현하는 경우가 많다. 아이들이 그 충동을 실행으로 옮길지도 모르는 일이므로 미술치료사들은 권한

이 있는 사람들에게 그러한 정보를 보고할 법적·윤리적 의무가 있다. 또 아이들의 미술작품에 신체적으로나 정신적으로 학대받고 있음을 암시하는 내용이 표현된 경우에도 마찬가지로 관련자에게 보고해야 한다.

아이들이 표현한 폭력적이거나 도발적인 이미지에 어떻게 대응할지 판단하기란 무척 까다로운 문제이다. 치료사는 환경이나 개인적 변인 같은 여러 가지 문제를 고려해야 한다. 이와 관련해 미술치료사 마르타 해슬러Martha Haeseler는 『검열 혹은 개입 : 하지만 우리가 원하는 것은 무엇이든 그릴 수 있다고 했잖아요!Censorship or Intervention: 'But You Said We Could Draw Whatever We Wanted!'』라는 제목의 책에서 집단치료에 참여하는 십대 청소년이 그린 그림들의 의미와 그것을 다른 내담자들에게 보여주는 것의 영향을 근거로 어느 범위까지 개입하면 좋을지에 대해 설명하기도 했다.

1주일에 한 번씩 만나던 엘리너와 다른 아이들 몇 명에 대한 준비 조사를 마친 후, 비상근 미술치료사를 고용해 이후 몇 년간 아이들을 치료하도록 했다. 그리고 나는 고문으로서 아이들에 대한 치료 프로그램을 설계하고 결과를 평가하는 것을 도왔다. 기쁘게도, 아이들은 지속적으로 개인 및 집단 미술치료로 모두 긍정적으로 변화했다(Kunkle-Miller, 1982).

유치원에서 만난 발달지체 아이들

한 유치원에 다니던 발달지체 아동들 그리고 그 교사들과 몇 년간 함께 집단치료에 참여했던 경험 또한 내게 깊은 감동을 주었다(그림 15.7). 아이들은 시작할 때 어른의 보조와 도움을 받아야 했지만 점차 스스로 재료와 도구를 선택해 독립적으로 작업해갔다. 고백컨대, 나는 지적 능력이 떨어지던 아이들의 그러한 능력에 적잖이 놀랐으며 또한 기뻤다(15.7A). 아이들은 모두 즐거워하며 열심히 미술치료에 참여했으며, 그 중 일부는 예상치 못했던 집중력과 구성력을 보여주었다(15.7B).

집단은 비슷한 연령대의, 비슷한 증상을 보이는 아이들로 구성되어 있었지만

A

B

아이들이 보여주는 능력의 범위는 꽤 다양했다. 예컨대 사람을 그려보라고 하면 어떤 아이는 낙서 같은 그림을 그려놓고 "아이A Kid"라는 제목을 붙였지만, 또 어떤 아이는 "괴물A Monster"이라는 제목의 꽤 잘 구성된 그림을 그렸다. 둘은 같은 연령(4세)에 비슷한 정신지체 증상을 보였다. 그런데 한 명은 제 또래보다 나은 수준의 그림을 그리고 나머지 한 명은 그 또래의 일반적인 수준에 해당하는 그림을 그린 것이었다.

A. 관찰하는 교사
B. 작업하는 아동들

아이들이 미술 재료와 도구를 가지고 상상력을 발휘해 노는 모습을 보면서 우리는 아이들의 표현 능력이 얼마나 대단한지를 새삼 깨달았다. 그래서 프로그램을 시작할 때는 주로 시각적인 미술 활동에 치중했지만, 점차 창의성을 발휘할 수 있는 다양한 놀이들을 프로그램에 포함시켰다. 이를테면 모래, 물, 블록, 악기, 인형, 꼭두각시, 각종 의상, 소도구, 가정용품들을 이용해 여러 가지 놀이를 했다. 이러한 확장은 아이들이 다른 도구나 양식을 통해 표현하는 데 흥미를 보이면서 자연스레 이루어졌다.

기숙학교에서 만난 시각장애 아동들

비교적 최근에는 기숙학교에서 지내는 시각장애 아동들을 대상으로 집단 미술치료를 실시했다(그림 15.8). 아이들은 앞이 전혀 보이지 않거나 거의 보이지 않는 상태였으며, 정도의 차이는 있었지만 대부분 발달지체가 있었다(평균 IQ 65). 그리고 시각장애 외에도 뇌성마비, 언어장애, 난청, 뇌 손상, 정서 불안 등의 장애를 복합적으로 앓고 있는 아이들이 대부분이었다(cf. Rubin&Klineman, 1974).

앞서 소개한 다른 장애 아동 집단과 마찬가지로, 이 아이들을 아는 전문가들은 미술치료에 대해 회의적인 반응을 보였다. 시각장애 아동에게 오랫동안 미술을 가르쳐온 한 교사는 일일이 지시하지 않으면 아이들이 점토를 바닥과 천장에 짓이기고 문질러 난장판을 만들 것이라는 말까지 했다. 하지만 아이들은 장애가 아무리 심하더라도 즐겁게 미술 활동을 할 수 있다는 사실을 다시 한 번 증명해주었다. 나는 그런 아이들의 모습을 필름에 담아 "우리가 무엇을 할 수 있는지 보여줄게요!"라는 제목의 DVD를 제작했다(Rubin, 1972).

아이들에게 미술 활동이 생소하게 느껴질 수도 있다는 점을 감안해 개인별 미술 검사를 실시했다. 미술 검사에서는 다양한 감각 자극과 여러 가지 미술 도구를 제공한 후, 각 아동이 어떤 반응을 보이는지 알아보았다. 프로그램 관리자인 재닛 클리네만Janet Klineman과 나는 시각장애 정도, 지적 수준, 행동적 특징이 유사한 아이들끼리 묶어 집단을 나누었다. 각 집단은 2~5명의 아이들로 구성되었다. 그리고 집단별로 매주 30분씩 총 7주간 미술치료를 실시했다. 우리는 아이들이 자유롭게 도구와 재료를 선택해 미술 활동을 함으로써 잠재적인 창의성을 키울 수 있기를 바랐다.

이 예비 미술치료 프로그램은 아이들의 세상을 더욱 확장시켜주었고, 닫혀 있던 우리의 눈을 뜨게 해주는 계기를 제공했다. 우리는 잠재되어 있던 아이들의 창의력과 발달 능력을 깨달았다. 우리가 두려워했던 난장판은 결코 벌어지지 않았다. 아이들은 매우 건설적으로 그리고 열정적으로 미술치료에 임했다. 몇몇 아이들은 미술 도구와 재료를 접하는 것이 처음이었음에도 놀라울 정도로 아름답고 뛰어난 작품을 창조하기도 했다.

처음에는 자유로운 선택권을 불편하게 여기는 듯도 했지만, 곧 아이들은 스스로 재료와 주제, 작업 장소를 골라 미술 활동을 하는 데 익숙해졌다. 그리고 나중에는 자신들에게 주어진 새로운 특권을 신나게 즐겼다. 아이들의 이러한 모습은 "장애가 있는 사람은 모사하거나 베껴 그리는 등의 모방 활동을 통해서만 안정감과 자신감을 느낄 수 있다"는 기존 주장과 배치된다(Lowenfeld, 1957, p.431).

우리는 미술치료를 통해 숨겨져 있던 아이들의 능력을 볼 수 있게 되었다. 예를 들어 지미는 색에 매우 의미 있는 반응을 보였다. 우리는 지미의 반응을 토대로 개인별 시각 자극 프로그램을 개발했다. 칼은 나무토막으로 구조물을 만드는 데 뛰어난 재능을 보여주었다. 이후 학교에서는 칼과 같은 아이들을 위해 방과 후 목공 클럽을 개설했다(15.8C). 자유롭게 선택할 수 있는 환경을 제공해주자 아이들은 자율적으로 미술 활동을 할 수 있다는 것을 보여주었고, 그 일은 이듬해에 '열린 교실'을 만드는 계기가 되었다.

그 밖에도 우리는 장애 아동을 대상으로 한 미술치료 프로그램을 통해 새로운 가치를 깨달았다. 바로 사물을 인지하고 알아가는 방식의 차이가 얼마나 아름답고 개성 있는지를 새삼 느낀 것이다. 우리 사회는 장애를 '다름' 혹은 '개성'으로 여기기보다는 '결점'으로 인지하는 경향이 있다(Moustakas, 1959, p.247). 하지만 우리는 이 아이들과 함께하면서 장애는 결함이나 단점이 아니라 '다름'에 불과하다는 사실을 깨달았다.

물론 아이들이 장애가 있다는 사실이나 그 장애가 유발하는 고통스러운 감정을 부인할 수는 없다. 솔직히 이 아이들이 앞이 완전히 보이는 사람들 못지않은 미술작품을 만들 수 있다고 말한다면 그것은 거짓이나 과장이다(Freund, 1969). 하지만 앞이 보이지 않기 때문에 오히려 독창적인 작품을 만들 수 있는 경우도 있다(Lowenfeld, 1957, p.446). 또 앞이 보이지 않는 사람들은 보이는 사람들에 비해 시각 이외의 다른 감각을 매우 뛰어나게 발휘할 수 있다(Haupt, 1969, p.42).

이 아이들만의 독특한 존재방식에 눈뜬 우리는 '다름'을 가치 있게 보고 아이들을 통해 알게 된 여러 감각적 정보들을 소중히 여기게 되었다. 예를 들어 아이들은 "점토에서 사탕 냄새가 나요", "에테르 향이 나는 마커", "종이가 부드러워요" 등의 말을 통해 우리의 감각 인식을 확장시켜주었다. 또 아이들은 우리가 이전에 미처 관심 두지 못했던 소리에 귀 기울이게 만들기도 했다. 예를 들어 빌리는 "마커에서 끽끽 소리가 나요. 시끄러운 마커예요"라고 말하면서 즐겁게 그림을 그렸다. 우리는 아이들의 그러한 모습을 보면서 장애가 있는 아동에게 어떤 재료나 도구를 제공하면 좋을지 결정할 때 선입관이나 편견을 버려야 한다는

A

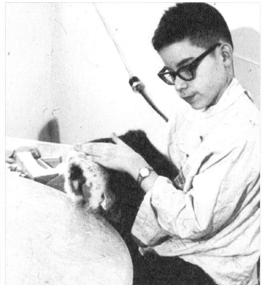

B

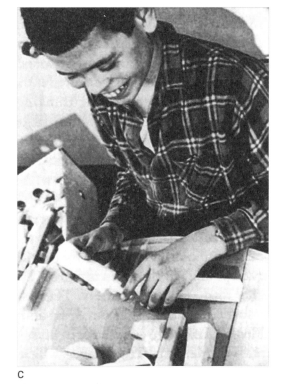

C

A. 테리의 미술 검사
B. 피터의 미술 검사
C. 나무토막으로 구조물을 만들고 있는 칼

점을 배웠다. 굳이 우리가 어떤 재료나 도구가 가장 좋을지 결정해주지 않더라도 아이들은 주어진 재료와 도구 중 선호하는 것들을 스스로 선택했다.

앞을 보지 못하는 아이들은 손의 촉각을 통해 재료의 형태나 질감을 매우 민감하게 받아들였으며, 그러한 정보를 가지고 무엇을 어디에 배치시켜야 할지 결정했다. 아이들이 나무토막으로 만든 조형물에는 시각적 미와는 다른 '촉각적 미'가 담겨 있었다. 나는 나중에 이에 대해 조금 더 깊이 있게 연구하기도 했다 (Rubin, 1976). 아이들이 만든 조형물을 시각적으로 보는 것과 눈을 가린 채 만져 보는 것에는 큰 차이가 있다(그림 21.2 참조). 우리는 '시각적 사고visual thinking'와 유사한 '촉각적 사고tactile thinking'가 존재할지 궁금했다(Arnheim, 1969).

또 시력이 매우 떨어지는 아이들도 미술 활동을 통해 자극과 충격을 경험했다. 예를 들어 피터는 템페라 물감의 여러 가지 색상에 강한 반응을 보였다. 시각장애와 청각장애가 복합적으로 있던 테리는 흰 도화지에 점토를 꾹 누르면 시각적인 자욱이 생긴다는 사실을 우연히 발견하고는 팔딱팔딱 뛰며 즐거워했다.

아이들의 순진한 개방성은 주어진 재료와 도구를 자유롭고 기발한 방식으로 사용할 수 있게 해주었다. 데이비드는 담배 파이프 청소용 브러시와 폼튜브로 '빗자루'를 만들어 방을 쓸며 돌아다녔다. 그 쓱싹쓱싹하는 소리가 재미있는 모양이었다. 사실 데이비드는 공격성을 통제하지 못해 문제를 일으키곤 했는데 미술치료 시간에는 그 충동을 미술 활동으로 승화시킴으로써 문제에서 벗어날 수 있었다.

피터는 그림 제목을 지을 때 시적 재능을 발휘했다. "서쪽으로 뻗은 언덕과 보름달 밑에서 울부짖는 코요테." 그리고 나무토막으로 만든 조형물에 대해 물활론적인 설명을 덧붙였던 점도 무척 매력적이었다. "이건 메모리얼 유료 다리예요. 자신의 위를 사람들이 걷게 해주고, 차도 달리게 해주지요". 이 아이들은 또래와 비교했을 때 스스로에 대해 훨씬 덜 비판적이었으며(부분적으로는 또래에 비해 미성숙했기 때문에), 그래서인지 자기를 의식하지 않은 채 자랑스레 자신의 창조물에 대해 "멋진 작품이에요!"라고 말했다.

아이들은 또한 앞이 보이지 않는 느낌이 어떠한지, 그리고 표현하고 싶은 욕구가 얼마나 강렬한지를 우리에게 보여주었다. 하루는 시각 기능을 상실한 아

D

E

D. 그룹에서의 래리
E. 시각장애에 관해 말하
는 래리

이 네 명이 탁자에 둘러앉아 각자 하고 싶은 미술 활동을 하고 있었다. 그러다 갑자기 장애 ― 건강이 안 좋은 사람들, 듣지 못하는 사람들, 지적 능력이 떨어지는 사람들 ― 에 대한 이야기가 시작되었다. 아이들은 주변의 다치거나 아팠던 사람들에 대한 기억을 떠올렸다. 래리는 이런 말을 했다(15,8D, 15,8E).

"진짜 진짜 중요한 이야기야. 모두 잘 들어봐! 너희들에게도 일어날 수 있는 일이니까. 사람이 무척 아프면 듣지 못하거나 보지 못하게 될 수도 있어. 나도 귀가 아프고 나서 거의 듣지 못하게 되었어… 그리고 잠을 안 자고 깨어 있으면 몸이 약해지고 건강에 좋지 않다고! 병에 걸리는 거지! 그러니까 조심해야 해."

5살 때 눈을 적출한 래리는 아버지가 담석 수술을 받았던 일에 대해서도 다음과 같이 말했다. "우리 아빠는 아직 하나도 잃지 않고 다 가지고 있어."

아이들은 미술 활동을 하면서 자신들에게 벌어질지 모르는 무서운 일들에 대해 큰 소리로 계속 이야기 나누었다. 래리가 말을 이어갔다. "만약에 자동차에 치이면 나는 죽을 거야. 죽을 거라고." 마지막으로 태미가 "듣지도 못하고 보지도 못하는" 사람에 대한 이야기를 했다. 나는 아이들에게 그런 이야기를 하니 어떤 기분이 드는지 물었다. 래리가 답했다. "지금 바로 내가 그렇다고요. 나는 앞이 보이지 않아요… 그래서 슬퍼요."

빌에게도 기분이 어떤지 물었다. 빌은 한참을 망설이다가 더듬더듬 답했다. "저는 신경 쓰지 않아요. 볼 수 없다고 해도 볼 수 있는 것처럼, 음, 볼 수 있다고, 음, 아시잖아요." "볼 수 있는 체한다는 거니?" "네, 저는 싫어요. 저는, 저는 그런 말 하기도 싫어요. 그냥 볼 수 있는 것처럼 하는 게 좋아요!" 이때 래리가 잽싸게 대화에 끼어들었다. "저도 똑같이 해요… 제가 밤에 어떻게 하는지 아세요? 매일 밤 잠잘 때 앞이 안 보이지 않는 것처럼 해요! 그게 다예요." 아이들은 이제 안도한 듯 앞을 볼 수 없게 되었을 때 얼마나 슬프고 화가 났는지, 그리고 다시 볼 수 있기를 얼마나 간절히 바랐는지 이야기했다.

아이들이 통제된 자유 속에 자기 자신에 대해 긍정적인 감정을 느끼게 되면서, 미술작품의 형태가 눈에 띄게 나아졌다. 아이들은 점점 개인적이고 복잡한 미술작품을 창조하면서 스스로의 개성을 발견하고 정의해나갔다. 그리고 그 과정에서 아이들은 우리에게 가르침을 주었다. 아이들은 앞이 보이지 않았지만 우리의 눈을 뜨게 해주었다.

우리는 "아이들이 성취할 수 있는 최종 수준은 아이들 본래의 한계뿐 아니라 어른들이 부과하는 제한에 의해 낮아진다"는 사실을 배웠다(Weiner, 1967, p.7). 또한 "유일하게 의미 있는 준비는 아이들을 있는 그대로 만날 의지와 유연성, 그리고 아이들을 측정할 수 없는 잠재력이 있는 온전한 인간으로서 믿는 것"이라는 사실을 배웠다(Moustakas,1959, pp.217~218).

초판 발행 이후 변화

1960년대와 70년대에 팽배해 있던 장애 아동의 창의력에 대한 회의적인 시각은 이제 많이 사라졌다. 이는 모두 1975년에 창립된 장애 아동을 위한 미술(현 VSA, Very Special Arts) 같은 국립 위원회나 로웬펠드, 쉐퍼 짐메른Schaeffer-Simmern 같은 선구적 학자들의 연구 결과, 도널드 울린Donald Uhlin, 롤리 실버Rawley Silver, 프랜시스 앤더슨Frances Anderson, 샐리 스미스Sally Smith, 클레어Claire와 로버트 클레먼츠Robert Clements 같은 미술치료사들의 노력 덕분에 가능했다.

현재 많은 미술치료사들이 정서적 문제로 학습에 어려움을 겪는 아이들을 돕기 위해 공립학교에서 일하고 있다. 25년 전 재닛 부시Janet Bush는 플로리다 데이드 카운티에서 수많은 미술치료사들을 동원해 모든 연령대의 아이들을 대상으로 하는 프로그램을 시작했다. 이제는 장애 아동을 위한 특수학교에서 미술치료를 실시하는 것이 훨씬 일반화되었다. 그래서 학습장애, 신경장애, 신체장애, 시각장애, 청각장애가 있거나 다양한 종류의 사회적·정서적 문제가 있는 아이들이 미술치료를 받을 수 있게 되었다. 학교에서는 아이들의 필요에 따라 집단 미술치료나 개인 미술치료를 제공하고 있다.

특수교육, 재활, 미술치료 분야에서 경험을 쌓은 캐롤 컨클 밀러Carole Kunkle-Miller는 신체적, 인지적, 감각적 장애가 있는 내담자들을 치료할 때 특별한 능력이 요구된다는 점을 1985년에 밝힌 바 있다. 장애가 일시적이든 영구적이든 개인의 자아 개념, 기분, 인생에 영향을 미치기 때문이다. 장애인을 대상으로 일하는 사람들은 의학적으로 세심한 주의를 기울일 필요가 있다. 또한 미술치료를 성공적으로 실시하는 데 필수적인 조건들을 충분히 이해하고 있어야 한다.

장애 아동을 대상으로 한 미술치료에서 고려해야 할 점

가장 중요하고 필수적인 조건은 아래에 나오는 로웬펠드의 말을 진정으로 믿는 것이다. "모든 인간은 창의적인 정신을 타고났다."(1957, p.430) 그러한 믿음은 배워서 얻을 수 있는 것이 아니다. 하지만 진실한 믿음이 아이들에게 전해질 때 헤아릴 수 없는 긍정적 효과를 낼 수 있다. 또한 모든 인간에게 성장, 질서, 통합을 지향하는 타고난 경향성이 있다고 믿는 것도 마찬가지로 중요하다. 미술치료라는 틀 안에서 자유를 허락하려면 치료사는 아이들에게 스스로 무엇을 할지 선택하고 결정할 수 있는 능력이 있다고 믿어야 한다.

그러기 위해서는 '미술'의 개념을 확장시켜야 한다. 팔이 없는 아이가 발로 여러 가지 물건을 붙여 만든 것도, 정신질환이 있는 아이가 물감을 쓱쓱 문질러 바른 것도 모두 미술작품으로 볼 수 있어야 한다. 종잡을 수 없는 소리나 재잘거림을 말로 이해하듯이 그러한 활동도 미술로 이해해야 하는 것이다. 그러한 활동은 보통 아이들이 글자를 배우며 읽기 준비를 하는 것과 마찬가지로 장애 아동들이 정식 미술 표현을 준비하는 것이라 할 수 있다.

　심각한 장애가 있는 아이들의 경우 미술 재료를 가지고 어떤 형태도 만들지 못하고 감각적인 놀이를 하는 게 전부일 수도 있다. 하지만 그렇다고 해서 그러한 즐거움을 차단해야 할 이유는 없다. 그런 아이들에게 이해하기 쉬운 미술작품을 만들라고 강요하는 것은 부당하다. 이를테면 어떤 이들은 장애아들에게 이미 외곽선이 그려져 있는 그림을 주고 그 안을 색칠하도록 시킨다. 그러한 활동은 발달 수준이 낮은 아이들에게 아무런 소용이 없다. 아이가 미술 재료로 자유롭게 하고 싶은 활동을 하는 것보다 누군가 미리 그려놓은 경계선 안쪽을 색칠하는 것이 더욱 올바른 미술로 여겨지는 풍토는 모순적이기 짝이 없다. 전통적인 방식의 색칠하기는 장애 아동에게 별다른 도움이 되지 않는다. 아이들이 가능한 모든 범위의 미술 재료와 도구를 스스로 통제하며 다룰 수 있는 기회를 제공해야 한다.

장애 아동을 위한 미술의 가치

다른 모든 아이들을 대상으로 할 때도 마찬가지겠지만, 특히 장애 아동을 대상으로 할 때는 미술의 목표와 가치를 명확히 밝힐 필요가 있다. 미술이라는 훌륭한 도구의 가치를 인식하지 못한 채 그저 시간 때우기 식으로만 미술 활동을 시키는 경우도 있기 때문이다. 그렇다고 해서 미술 시간에 배운 내용을 함께 나누며 즐거운 시간을 보내는 것이 전혀 무의미하다는 말은 아니다. 하지만 장애 아동들에게 미술은 더욱 중요한 가치를 제공해줄 수 있다.

　미술 활동을 통해 기쁨과 즐거움을 누린다는 것이 장애 아동들에게는 사치로 여겨지는 경우가 많다. 하지만 장애 아동들은 마음껏 어지르면서 오감과 운동신경을 사용해 기쁨을 누리는 경험을 해볼 필요가 있다. 처음에 생기 없이 풀 죽은 듯 보였던 시각장애 아동들도 미술 활동을 통해 활기를 되찾았다. 아이들은 미술작품을 만들면서 웃고 떠들고 활발하게 움직이며 진정한 기쁨을 느꼈다. 놀이에 대한 욕구는 사랑에 대한 욕구만큼이나 근본적이라고 말한 학자들도 있다 (Curry, 1971). "상호작용의 반대는 죽음이다."(Erikson, 1972, p.13) "즐거운 장난이 야말로 인생을 살맛나게 만들어준다."(Sutton-Smith, 1971, p.21)

평소 다른 사람들에게 기댈 수밖에 없는 이 아이들에게 미술은 독립적으로 기능할 수 있는 중요한 기회를 제공한다. 아이들은 독립적으로 선택하고 결정함으로써 스스로를 상징적·생산적으로 정의하는 기회를 누릴 수 있다. 그리고 그 기회를 통해 개인적인 취향과 양식을 발달시킬 수 있다. 어떤 학습 표현의 통로는 막혀 있을 수 있다. 하지만 아이들은 미술 활동을 통해 사용가능한 감각적 통로를 더욱 발달시킬 수 있다. 예를 들면 시각장애 아동이라면 촉각을, 청각장애 아동이라면 시각을, 하반신 마비 아동이라면 손재주를 더욱 발달시킬 수 있다.

장애 아동이라 해도 연습만 하면 미술 도구와 재료를 능숙하게 다룰 수 있다. 그 과정을 통해 기술을 습득하는 기쁨과 즐거움을 배울 수 있으며 온전히 자기의 힘만으로 만든 결과물을 뿌듯하게 여길 것이다. 장애 아동은 신체적으로나 심리적으로 스스로를 통제할 수 없다는 좌절감에 사로잡히기 쉽다. 그래서 재료나 도구를 마음대로 통제해보는 경험은(즉, 왕이 되어 무엇이든 마음대로 해보는 경험은) 그들에게 큰 영향을 끼친다.

장애 아동들이 도구와 재료를 가지고 적극적으로 무엇인가 해볼 수 있다는 데 미술의 주된 가치가 있다. 이전까지 이 아이들은 누군가 입혀주고, 치료해주고, 이끌어주는 대로 수동적으로 따를 수밖에 없었기 때문이다. 또 아이들은 미술 재료를 활용한 역할극을 통해 점점 적극적이 되어간다. 역할극을 할 때 처음에는 대개 무력한 역할을 연기한다. 하지만 외상적인 경험을 다시 체험해가면서 점점 강하고 통제적인 역할을 연기하는 경향이 있다.

아동학대 피해자였던 카렌의 경우 역할극에서 우는 아이에게 화를 내며 벌하는 어머니를 연기하기도 했다. "어서 가서 자! 이제 너 먹을 건 없어. 오늘 쫄쫄 굶을 줄 알아!" 탈장 수술을 받았던 피터처럼 장애 아동들은 엄청난 스트레스와 외상에 어떻게 대처해야 하는지 모르는 경우가 많다.

아이들은 미술 활동을 통해 스트레스와 외상을 안전하게 놓아버리는 연습을 할 수 있다. 이를테면 유동적인 재료를 사용할 때 그릇이나 쟁반처럼 물리적 경계가 있는 도구를 사용함으로써 불안감을 경감시킬 수 있다. 또한 미술작품을 통해 분노나 두려움처럼 직접적으로 표현하기 어려웠던 감정을 상징적으로 놓아버릴 수 있다. 이러한 방법은 자신의 나약함이나 다른 사람에게 의존해야만 하는 상황에 대해 느끼는 강력한 감정을 놓아버릴 때 유용하다.

아이들은 재료를 직접 만지면서 내면을 상징적으로 표현함으로써 감정을 불러일으키고 해방시킬 수 있다. 예컨대 마커 냄새가 촉발한 자극은 래리가 의사 역할극을 하도록 이끌었다. 그리고 점토로 로켓을 만들도록 했다(그림 16.5B). 요컨대, 장애가 있는 아이들은 미적인 형태를 창조하는 행위를 통해 감정을 표현하고 내면의 긴장을 해소시킬 수 있다.

따라서 장애 아동을 대상으로 미술치료를 할 때는 아이 개개인의 필요에 맞추어 응용력을 발휘해야 한다. 이를테면 손가락을 빠는 버릇이 있는 아이가 있다면 초콜릿 푸딩으로 손가락 그림을 그리게 해 행동을 교정하도록 해주거나, 뇌성마비 장애가 있는 아이가 있다면 탁자에 테이프를 감는 과제를 내주어 도구를 통제하는 데 에너지를 집중하도록 해주는 것이다.

기껏해야 몇 분 동안만 집중력을 발휘할 수 있는 미취학 장애 아동이 있다면 미술치료사는 시간을 주의 깊게 분배해야 한다. 또 과잉 행동 장애가 있는 아이가 있다면 공간과 집단 구성을 적절히 조절해 그 아이가 주의 산만한 행동을 하지 않게 만들어야 한다. 다시 말해, 열린 마음으로 가능한 모든 상상력을 동원해 아이들을 관리하고 통제해야 한다(Anderson, 1992/1994).

아이들이 선호하는 재료와 도구를 찾기 위해서는 먼저 충분히 탐색하고 선택할 기회를 누려야 한다. 그래야 비로소 자신에게 가장 잘 맞는 방법을 찾을 수 있다. 따라서 미술치료사는 폭넓은 재료를 준비해주고, 다른 표현 도구들도 자유롭게 이용할 수 있는 환경을 만들어야 한다. 이러한 환경을 조성할 때에만 자아 정의와 독립적인 기능이란 장애 아동을 위한 미술치료의 주요 목적을 달성할 수 있다. 그러기 위해서는 앞이 보이지 않는 아이도 독립적으로 재료를 골라 사용할 수 있을 정도로 안정적이고 일관된 방식으로 재료와 도구를 정리해두어야 한다. 또한 장애가 있더라도 사용할 수 있도록 바로 반응이 나타나는 재료들을

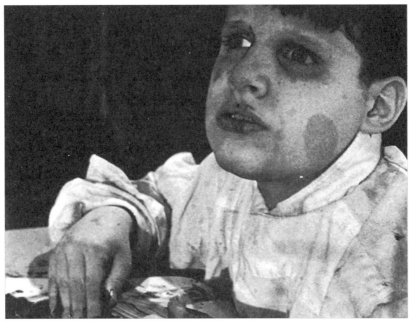

준비해두어야 한다.

시각장애나 신체장애가 있는 아이들에게는 그릇이나 쟁반처럼 물리적 경계선이나 테두리가 있는 재료를 제공해주면 도움이 된다(Lindsay, 1972). 그릇이나 쟁반을 사용하면 아이들이 더욱 마음 편하게 장난치고 어지를 수 있으며 미술 작품을 망칠 확률을 줄일 수도 있다. 앞이 보이지 않는 아이들은 점토나 손가락 그림물감 같은 재료를 처음 접하면 대개 불안감을 표현한다(그림 15.9). 하지만 그릇이나 쟁반을 사용하게 해줌으로써 불안감을 극복하도록 도울 수 있다.

물리적 경계선을 제공하는 것만큼 중요한 것이 하나 더 있다. 바로 진정한 자유와 탐색을 허용하는 심리적 틀을 제공하는 것이다. 즉, 미술치료사는 아동이 미술 활동을 통해 얻는 의미를 이해하고 수용해야 한다.

장애 아동에게 열린 마음으로 공감하기란 말처럼 쉬운 일이 아니다. 아이가 갑작스럽거나, 기괴하거나, 지저분한 행동을 하더라도 그것이 해를 끼치지 않는 한 순수하게 받아들여야 하기 때문이다. 예컨대, 아이들은 새로운 재료를 접하면 탐색하는 행동을 할 것이다. 즉, 냄새 맡고, 맛보고, 두드리고, 쥐어짜고, 문지르며 장난치기만 하고 완성된 작품을 만들지 않을 수도 있다. 빌리처럼 마커로 삑삑 소리 내는 것을 좋아하더라도 이를 수용해야 한다. 장애 아동들의 발달이 아무리 더딘 것처럼 보이더라도, 그 모든 과정은 통합으로 가는 눈물겨운 노력일 수 있다.

아이들이 처음 미술 활동을 시작할 때는 치료사의 개입이 필요할 수도 있다. 특히 자발적으로 놀이에 참여하는 방법을 모르는 아이가 있다면 로웬펠드가 고안한 '폐쇄' 기법을 적용하는 것이 좋다(1957, p.435). 폐쇄 기법이란 시각장애 아동의 어머니들에게 "아동의 보조 자아로서 아이가 시각의 도움 없이도 자신의 세계를 체계화할 수 있도록 돕게" 하는 방식을 말한다(1965, p.363).

치료사는 아이가 누구의 도움도 받지 않고 혼자 힘으로 만든 작품의 가치를 높게 쳐주어야 한다. 어떤 이들에게는 중증 장애 아동이 만든 미술작품이 추하게 보일 수도 있다. 그러나 나는 로웬펠드의 다음 말에 동의한다. "앞이 보이지 않는 사람들의 마음속에서 태어나고 그 손에 의해 창조된 원시적인 미술작품은 어떤 인상적인 모방작보다도 가치 있다."(1957, p.446)

아이가 독립적으로 만든 작품의 가치를 인정해주는 것만큼 중요한 것이 또 있다. 바로 아이가 상징적 · 언어적으로 표현한 감정이나 공상을 있는 그대로 받아주는 것이다. 아이가 미술작품을 만들면서 솔직하게 표현한 감정과 생각을 조용히 인정해줄 때 그 과정은 진정한 치유 효과를 발휘할 수 있다. 미술치료사라면 내면의 생각이나 미술에 옳거나 그른 것은 없다는 사실을 명심해야 한다.

하지만 조용하고 유순해 보이는 아이들의 내면에 숨겨져 있던 폭력성을 받아들이기란 쉽지 않을 수 있다. 어른들에게 전적으로 의지할 수밖에 없는 장애 아동들은 감히 대항하지 못하는 대상에 대한 분노를 꾹꾹 쌓아두는 경우가 많다. 아이들은 미술 활동과 상징적인 놀이를 통해 해방되기를 기다리던 그 분노를 자연스레 드러낸다. 예를 들어 아이는 미술작품을 박살냄으로써 다른 사람을 파멸시키고 싶은 바람을 나타낼 수 있다. 또는 자신이 만든 작품을 놓고 유혈이 낭자한 무시무시한 이야기를 만들어 들려줄 수도 있다.

테리의 경우 맹인학교에서 미술 검사를 받을 때부터 강렬한 분노 반응을 나타냈다. 테리는 점토를 짓이긴 후 사정없이 두들기며 분노의 말을 내뱉었다. "언니… 언니가 저기 앉아서 나를 비웃고 있어요. 하나도 안 웃기다고! 안 웃겨! 언니가 날 비웃어요. 그래서 내가 언니를 두들겨 패서 반쯤 죽여놨어요. 반쯤 죽여놨다고요! 제가 언니를 때렸어요!" 테리는 점토를 두드리면서 안전하게 가상의 복수를 하고 있었다. 미술에 내재된 상징적인 특성은 위험한 충동을 안전하게 해소할 수 있도록 해준다.

하지만 아이들을 돕고, 수용하고, 공감하기 위한 마음의 준비를 아무리 단단히 했더라도, 장애 아동을 치료하는 동안 스스로 느끼는 강렬하고 비합리적인 감정들 때문에 당황하게 될 수 있다. 따라서 미술치료사는 치료에 방해가 될지도 모르는 자기 자신의 감정, 충동, 소망을 명확히 인지하고 있어야 한다. 예를 들어 미술치료사는 자신도 모르게 아동을 지나치게 의존적으로 만들 수 있다. 이는 치료사 자신의 주고자 하는 욕구나 아동의 장애를 보상해주고픈 욕구에서 비롯된다. 또 반대로 자신도 모르게 필요한 수준의 의존도 거부할 수 있다. 이는 아동이 자신에게 지나치게 애착을 형성하게 될까 봐 불안해하는 데서 비롯된다. 미술치료사는 아동에 대한 기대를 지나치게 높지도 낮지도 않게 유지할 필요가 있다. 또한 성급한 개입이나 과도한 제약을 가해 아동의 발달을 저해하는 일이 없어야 한다. 그리고 원하는 바를 이루기 위해 부모나 동료 같은 어른들에게 하는 방식으로 아동을 부추기거나 압박해서도 안 된다.

미술치료사는 아동이 장애라는 현실을 부정하려고 시도할 때 거기에 동참해서는 안 된다. 예를 들어 빌은 다음과 같이 말하며 현실을 부정하려 했다. "장애가 없는 척하고 싶어요." 물론 치료사는 아동이 욕구나 소망을 표현할 때 귀 기울여 들어주고 반응을 보여주어야 한다. 하지만 그 표현은 현실을 파악하는 과정이어야만 한다. 아이들이 장애라는 현실과 그에 대한 감정과 소망을 받아들이도록 돕는 것은 고통스럽지만 필수적인 과정이다. 아이들은 그것을 받아들일 때에야 비로소 나머지 건강한 부분을 온전하게 성장시키고 발전시킬 수 있다.

장애가 있는 아동들과 함께 미술 활동을 하는 것은 쉬운 일이 아니다. 하지만 그 보상은 크다. 아이들은 어른들의 도움을 필요로 한다. 그 도움은 무엇을 어떻게 해야 하는지 가르쳐주는 것이 아닌, 창의성을 발휘할 수 있도록 이해하고 돕는 것을 의미한다. 세상 그 누구와도 같지 않은 아이를 이해하고, 공감을 표하려면 생각보다 많은 에너지가 필요할지 모른다. 아이들이 미술을 통해 스스로를 정의내리고, 독립심을 발휘하도록 돕기 위한 방법을 찾으려면 생각보다 많은 상상력을 동원해야 할지 모른다. 학습의 성과가 나타나기까지는 많은 시간과 인내심이 필요할지 모른다. 하지만 아이들이 진정한 자기 자신의 모습을 찾도록 돕는 것은 아이를 어르거나, 꾀거나, 일방적으로 이끌어 천편일률적인 틀에 맞추는 것보다(그 틀이 아무리 매력적이라 해도) 훨씬 더 아름다운 경험이다. 그것은 또한 훨씬 더 흥분되는 일이다. 그 과정을 결코 예측할 수 없기 때문이다.

미술은 앞이 보이지 않는 아이에게 시력을 되찾아주지 못한다. 지능이 낮은 아이에게 분명한 이해를 가져다주지 못한다. 지체부자유 아이가 몸을 자유롭게 움직이도록 해주지 못한다. 하지만 미술은 아이들에게 감각 세상을 즐기고 탐색하는 기쁨과 자극을 줄 수 있다. 미술은 아이들의 바람대로 재료와 도구를 통제해볼 수 있는 기회를 제공한다. 미술은 연습을 통해 기술을 습득하는 기쁨을 준다. 미술은 마음껏 문지르고 어지르고 두들기면서 몸의 긴장을 해소할 수 있는 기회를 제공한다. 또한 두려운 감정을 상징적으로나 언어적으로 표현할 수 있는 기회를 준다.

아이들은 미술을 통해 시간, 공간, 환경, 몸에 대한 혼란스러운 감각을 정리할 수 있다. 또 아이들은 자신만의 선택과 결정을 내려 창조물을 만듦으로써 진정한 자신을 찾고 정의내릴 수 있다. 아이들은 자랑스럽게 여기는 작품을 만들어 누군가에게 선물할 수도 있으며, 이를 통해 세상을 더욱 아름답게 만들 수 있다 (cf. Selfe, 1977). 그 무엇보다도, 아이들은 창의성을 발휘하는 경험을 통해 자신의 삶에(환상의 세계뿐 아니라 현실에도) 참된 의미를 부여할 수 있다.

장애 아동을 위한 미술은 단순히 시간을 때우거나, 신체 조절 능력을 개선시키는 것 이상의 중요한 가치를 지닌다. 모든 인간에게, 그리고 특히 장애가 있는 사람에게 "미술은 신체적으로 불가능한 정신 활동을 수행할 수 있는 방법이 될 수 있다"(Alkema, 1971, p.3).

"인간은 치명적인 상처 속에서 창조한다"는 말이 진실이라면, 돌이킬 수 없는 상처를 입은 장애 아동들은 더더욱 미술을 통해 창의성을 발휘해야 할 필요가 있다(Meerloo, 1968, p.22). 장애 아동은 '온전히 기능하는 사람들이, 온전히 기능하는 사람들을 위해 만든 세상에서 사는 법'을 배워야만 한다. 따라서 미술은 '상징적 세상이 장애 아동의 욕구에 맞추어진, 그리고 자신의 경험과 세상을 자유롭게 말할 수 있을 뿐 아니라 그렇게 하도록 기대되는 분야'이기 때문에 특히 중요하다. 장애 아동들은 "스스로의 독특한 경험을 형태로 표상함으로써 우리에게 이해의 실마리를 제공해준다"(Kramer, 1983). 로웬펠드는 1939년에 시각장애 아동에 대한 책『창의적인 활동의 본질 *The Nature of Creative Activity*』을 쓸 때 이를 알고 있었음이 분명하다.

16장

장애 아동과 그 부모의 미술치료

차이점과 유사점

장애 아동을 대상으로 한 미술치료는 정상적으로 행동하되 정서적인 문제가 있는 일반인을 대상으로 한 치료와 근본적으로 동일하다. 물론 신체적 장애가 있는 아이, 혹은 정신지체처럼 겉으로 드러나지 않는 장애가 있는 아이는 보통 아이들과 다르게 보인다. 그러나 장애가 있는 아이라 해도 미술 재료에 보이는 흥미, 독립성에 대한 욕구, 두려움, 질투, 분노, 능숙하게 미술 활동을 하고 싶은 마음 등은 보통 아이들과 다르지 않다.

다만 장애가 세상과의 관계 그리고 세상에 대한 인지에 큰 영향을 미친다는 점이 장애 아동과 보통 아동 사이의 차이라고 할 수 있다. 장애 아동은 여러 가지 면에서 결핍되어 있기 때문에 정서적인 경험이나 감각 자극, 창의성 발휘 경험에 대한 '갈망'이 더욱 큰 편이다. 그래서 앞이 보이지 않는 아이는 듣고자 하는 욕구가 앞이 보이는 아이에 비해 더 크다. 사물이 어디에 놓여 있는지, 그 중 어떤 것을 사용할 수 있는지, 그리고 치료사가 옆에 있는지 끊임없이 확인시켜주어야 한다.

장애는 그들에게 현실이다. 장애 아동이 장애에 대한 감정과 소망에 대처하는 것은 신체적인 손상을 당해본 적이 없는 보통 아동이 공상이나 두려움에 대처하는 것과 다르다. 특히 장애 아동은 어째서, 어떻게 그런 일이 자신에게 벌어졌으며, 앞으로 어떤 식으로 대처해나가야 할지에 대한 의문에 답을 찾아야 한다. 아래에서 우리 치료소에 찾아왔던 시각장애 아동들의 사례를 통해 그들이 감각 손상에 어떻게 대처했는지 알아보겠다.

첫 번째는 캔디라는 소녀의 사례이다. 캔디는 두 차례 개인 미술 검사를 받은 후 부모와 함께 미술치료를 받았다. 처음 캔디를 만났을 때, 나는 아이를 치료소라는 환경과 미술 재료에 어떻게 적응시킬 수 있을지, 나와의 관계를 어떤 식으로 발전시켜가야 할지 확신하지 못했다. 그래서 두 번의 개인 미술 검사와 한 번의 가족 미술 검사를 실시하자고 제안했다.

캔디 : 개인 미술 검사

시각장애 아동을 대상으로 미술 검사를 실시할 때 가장 신경 써야 할 부분은 아이가 사용할 수 있는 미술 재료를 준비해두는 것이다. 또한 미술 활동을 해본 경험이 있는 보통 아동을 대상으로 할 때처럼 단순히 지시 사항을 전달하고 시범을 보이는 것만으로는 검사를 시작하기 어려울 수 있다. 하지만 그 점만 제외하면 시각장애 아동을 대상으로 한 미술 검사도 앞이 보이는 아이들을 대상으로 한 미술 검사와 그다지 다르지 않다.

신체의 일부가 제대로 기능하지 않는다는 사실은 모든 시각장애 아동이 극복해야 할 큰 문제다. 장애가 있는 아이들이 흔히 품고 있는 환상은 어머니가 자신에게 적당한 몸을 주지 않았다는 생각이나, 자신의 '잘못' 때문에 신체를 빼앗아갔다는 믿음이다.

10살 캔디는 첫 미술 평가 때부터 이러한 환상을 드러냈다. 캔디는 앞이 보이지 않는 뇌성마비 환자였다. 그런 캔디가 미술 평가 날 처음으로 만든 것은 점토로 된 '강아지'였다(사실 그것은 형태를 알아볼 수 없는 점토 덩어리에 불과했지만 캔디가 그렇게 이름 붙였다). 캔디는 강아지를 만든 후 누군가 엄마 개를 어딘가로 보내버리는 이야기를 만들어 들려주었다. 앞이 보이지 않는 아이들은 부모에 대한 분노가 있어도 그를 쉽게 표현하지 않으려는 경향이 있다. 현실적으로 부모에게 의존할 수밖에 없는 아이들은 그 때문에 부모에게서 떨어진다는 생각만 해도 무력감과 나약함을 나타낸다.

캔디는 자신이 강아지를 "지하실에 놓았다"고 했다. 강아지가 소리쳤다. "캔디가 날 여기에 두었어!" 이야기가 계속 이어졌다. "자, 이 개가 엄마 개라고 해봐요. 엄마 개랑 아기 강아지가 바싹 붙어 잠자고 있어요."(이 말을 하면서 작은 점토 덩어리를 큰 덩어리 옆에 놓았다.) "이게 엄마 개예요. 그리고 이게 아기 강아지예요… 아기 강아지는 엄마 바로 뒤에 있어요. 그런데 그들이 엄마 개를 다른 곳으로 보내버렸어요!"

"누가 그런 짓을 했니?" 내가 묻자 캔디가 답했다. "어떤 소년이 그렇게 했어요. 소년이 엄마 개를 개 보호소로 보내버렸어요." 캔디가 다른 점토 덩어리를 세게 치면서 분노에 찬 목소리로 말했다. "나쁜 소년이에요! 개들을 개 보호소에 보내버리다니! 어서 개들을 다시 돌려놔!" 캔디는 소년 점토 덩어리를 공예용 나무 막대로 쑤시며 말했다. "죽어! 죽어라 나쁜 놈! 넌 죽을 거야! 이 막대기는 칼이에요. 내가 소년을 죽였어요." 캔디는 한 아버지에 대한 다른 이야기도 만들어 들려주었다. "아빠는 늙어서 죽었어요… 누구도 아빠를 죽이지 않았어요. 제가 아빠를 죽인 게 아니에요."

캔디는 점토를 가지고 계속 미술작품을 만들었다. 그러다 미술치료가 끝날 때쯤 다치고 상처받는 것에 대한 불안감을 드러냈다. "날 죽이지 마세요! 아악! 나쁜 사람들이 날 죽일 거예요! 전 잘못한 게 없어요. 도와주세요! 전 잘못한 게 없어요. 전 잘못한 게 없어요!" 내가 "이야기 속에서 너는 어떤 인물이야?"라고 묻자 캔디가 대답했다. "저는 엄마예요."

그런 후 캔디는 새엄마인 자신과, 딸인 내가 등장하는 이야기를 꾸며 들려주었다. "너한테는 새엄마가 필요해. 이번에는 괜찮은 새엄마가 생기게 될 거야… 내가 팬케이크를 만들어줄게. 내가 이제 네 친엄마 대신 엄마가 될 거야. 엄마가 죽었거든… 아이들이 나를 꼬집고 내 머리를 잡아당겼어." 캔디는 어머니가 되는 것과, 분노의 대상이 되는 것에 대해 큰 소리로 걱정하더니, 어머니를 죽이고 그 자리를 대신하려던 공상을 취소하기로 마음먹었다. "네 엄마가 돌아올 거야! 네 엄마는 천국에서 정말 잘 지냈어. 네 엄마는… 네 엄마는 아팠지만 이제 내

일이면 돌아올 거야."

어머니를 죽이고픈 소망 이외에 시각장애 아동들이 자주 표현하는 소망으로는 무엇인가를 훔치는 행위를 들 수 있다.

이러한 소망에는 시력을 도둑맞았다는 생각과, 정당한 자신의 것을 잃어버렸다는 생각, 그리고 그것을 되찾을 권리가 있다는 생각이 반영되어 있다. 캔디는 두 번째 미술 검사 때 도둑과 경찰이 등장하는 이야기를 들려주었다. "난 네 돈을 훔칠 거야… 왜냐하면 돈이 갖고 싶으니까."

이번에는 매우 엄한 경찰이 되어 도둑을 붙잡아 감옥에 가두었다. 하지만 끈질긴 도둑은 다시 나타났고, 경찰관이 말했다. "다시 오다니! 뭐가 문제야?" 그런데 이 질문이 캔디의 아픈 부분을 찔렀는지 이야기를 돌연 중단하고 다른 역할극을 시작했다.

캔디는 나무토막 한 개와 점토 한 덩어리를 서로 붙였다 떼었다 했다. 이는 캔디 내면의 접근-회피 갈등을 드러냈다. "나무토막이 와서 나가 놀자고 했어요. 그래서 둘은 나가서 놀았어요. 그런데 놀다가 서로 때렸어요. '네가 잘못했어!' '아니야 네가 잘못했어!' 나무토막이 말했어요. '이제 너랑 안 놀 거야!' 그러고는 둘 다 말했어요. '나 갈 거야!' '아니야, 내가 먼저 갈 거야!' 나무토막이 소리를 지르며 점토 덩어리를 때렸어요. 그러다 둘 다 죽어버렸어요. '이런! 내가 죽다니! 왜 날 죽였어? 너 잘못한 거야!' '아니야, 네가 잘못한 거야!' '아니야, 네가 잘못했어!'" 캔디는 어머니가 잘못한 것인지 아니면 자기가 잘못해서 그 벌로 장애를 얻게 된 것인지 판단하기 어려운 딜레마에 빠진 듯 보였다.

다음으로 캔디는 손가락 그림물감을 가지고 놀기 시작했다. 부드러운 느낌을 즐기며 우스운 이야기를 만들었다가, 유령과 마법 약에 대한 무서운 이야기를 시작했다. "마법 약을 먹으면 아프게 될 거예요. 숨 쉬기가 힘들어진다고요… 마녀는 정말 무서워요. 마녀는 나쁜 짓을 할 수 있어요… 마녀가 내게 마법 약을 줘서, 내가 마녀를 공격했어요. 마녀는 사라졌어요." 어머니(마녀)가 준 나쁜 음식(마법 약) 때문에 장애를 얻게 되었다는 내용은 장애 아동들이 흔하게 드러내는 공상이다.

캔디는 물감이 묻은 자신의 손을 보며 자신이 "오염되었다"고 말했다. 자신이 더럽혀졌다는 불안감 또한 장애 아동들이 흔하게 표현하는 공상 중 하나이다. 캔디가 내게 말했다. "우스꽝스럽게 걷는 척해보세요.[2] 누가 더러운 걸 닦아줄까요? 아픈 척해보세요. 내가 선생님 웃음에다가 더러운 걸 묻힐 거예요. 나는, 나는 선생님 눈에다 더러운 걸 묻힐 거예요… 내가 선생님 양말을 더럽혔다고 쳐요. 내가 선생님 팔에 더러운 걸 묻혀서 선생님이 아프다고 해봐요… 내가 선생님 그릇에 더러운 걸 묻힐 거예요. 선생님은 그걸 먹고, 그리고 죽는 거예요!"

캔디는 내 눈을 멀게 하고 나를 죽이는 공상을 펼쳤다. 하지만 그런 행동에 대해 불안감을 느꼈는지 갑자기 이야기 내용을 전환했다. 분노에 찬 복수의 충동 때문에 벌어진 일들을 원상태로 돌리려 시도했다. "이제 다시는 더럽혀지는 일이 없을 거예요. 더러운 것은 다 사라졌어요. 저는 더럽히는 사람이 되지 않을 거예요!" 그런 후 캔디는 작은 점토 덩이를 자신의 손에 붙이고는 미술치료 시간이 끝날 때까지 떼지 않고 있었다.

캔디 : 가족 미술 검사

두 차례에 걸쳐 개인 미술 검사를 실시한 후, 캔디의 가족을 불러 가족 미술 검사를 실시했다(그림 16.1). 가족 미술 검사에는 캔디와 양부모, 14살 오빠, 6살 여동생이 참여했다. 나는 캔디가 처한 상황에 맞추어 검사 절차를 약간 수정했다. 다른 때라면 자유 그림이나 집단 벽화를 그려보라고 했을 테지만, 이번에는 캔디도 참여할 수 있도록 가족이 함께 이야기를 만들어보라고 했다(16.1A).

나는 다음으로 치료실 내의 미술 도구와 재료를 이용해 가족 표상을 만들어보라는 과제를 내주었다. 치료실 안에는 일반적인 미술 도구와 재료 외에도 접착제, 마분지, 다양한 크기의 얇고 판판한 나무토막들이 있었다. 캔디는 다섯 명의 가족 구성원을 상징하는 나무토막 다섯 개를 골라 접착제로 마분지에 붙였

---

2 캔디는 앞이 보이지 않을 뿐 아니라 뇌성마비가 있었다. 그래서 내게 자신처럼 우스꽝스럽게 걸어보라고 했던 것이다.

16.1 캔디 가족의 미술치료. 10세

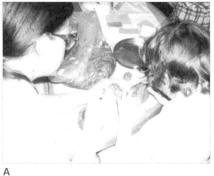

A

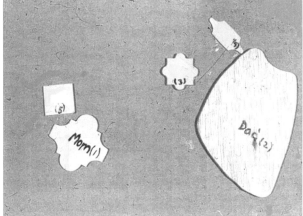

B

C

A. 가족 미술 검사
B. 캔디가 만든 가족 표상
C. 캔디 오빠가 만든 가족 표상

다(16.1B).

   캔디는 어머니를 상징하는 나무토막을 왼쪽에 붙였다. 그런 후 아버지를 상
징하는 나무토막을 오른쪽에 붙였다(아버지 나무토막은 다른 것들에 비해 확연히 컸다).
오빠를 상징하는 나무토막은 중앙에 '홀로 떨어져 있도록' 붙였다. 그러고는 자
신을 상징하는 나무토막(가장 작고 얇은 나무토막)을 아버지 오른쪽 옆자리에, 여동
생을 상징하는 나무토막을 어머니 근처에 붙였다. 캔디는 나무토막의 크기, 형
태, 두께뿐 아니라 위치도 신중하게 선택했는데, 여기에는 가족 구성원 간의 관

계를 캔디가 어떻게 인식하고 있는지가 반영되어 있었다.

캔디의 오빠는 그 자리에 있는 것이 못마땅한 듯 자기는 가족 표상을 만들 수 없다고 말한 후 부루퉁해 있었다. 하지만 잠시 뒤 동생들에게 자극받아 경쟁심을 느꼈는지 나무토막을 가지고 가족 표상을 만들었다(16.1C). 우선 자신을 상징하는 나무토막을 가운데에 놓은 후, 네 구석에 놓여 있는 나머지 네 가족을 향해 미사일을 발사하는 모습을 표현했다. 당시 자기의 심경을 그대로 표현한 듯 보였다.

캔디 : 부모/부부 미술치료

치료 대상 아동의 부모 각각을 치료하거나 상담할 때뿐 아니라 부부 상담을 할 때도 미술치료를 활용할 수 있다(Wadeson, 1973; Riley, 2003). 캔디에 대한 미술 검사를 실시한 후 그 부모를 1주일에 한 번씩 만나기로 했다(미술 검사는 미술치료 방법을 배우고자 하는 아동 정신과 레지던트와 함께 실시했다. 캔디의 개인 미술치료를 그 레지던트가 맡기로 했으며 나는 관리 · 감독을 하기로 했다).

처음에는 미술이 부부 상담의 주된 수단이 아니었다. 하지만 부부관계 문제의 핵심에 접근해가면서 미술이 점점 중요한 역할을 하게 되었다(그 문제는 캔디의 문제를 야기한 주요 요인이었다). 심각한 장애가 있는 자녀를 둔 여느 아버지들처럼 캔디의 아버지도 일을 탈출구로 삼아 캔디의 양육을 전적으로 아내에게 미루어두고 있었다.

어느 날 부부는 각자의 충족되지 못한 욕구와 서로에 대한 실망으로 은근하고 간접적인 적대감을 쏟아냈다. 나는 다툼의 근원이 서로에 대한 지각 차이라는 진단을 내리고, 서로가 보는 상대방의 모습을 그려보는 게 좋겠다고 제안했다. 둘은 이젤을 가운데 두고 마주 앉아 그림을 그렸다. 그러고는 서로의 그림을 보면서 의견을 나누었고, 그 일을 계기로 치료는 급물살을 타게 되었다.

캔디의 아버지는 아내를 "지브롤터의 바위The Rock of Gibraltar"라는 그림으로 표현했다(16.1D). 삶의 파고 속에 단단하고 굳세게 서 있는 바위를 그린 그림이

D

E

D. 캔디 아버지가 그린 아내의 모습 –
"지브롤터의 바위". 마커
E. 캔디 어머니가 그린 남편의 모습. 마커

었다. 캔디 아버지는 그것이 현재 자기 아내의 모습을 나타낸다고 말했다. 하지만 그림 설명을 들은 캔디 어머니는 자신에 대한 남편의 그러한 비현실적인 기대 때문에 화가 나고 때로는 상처받기도 한다고 말했다. 그 말을 들은 캔디 아버지는 아내가 어떤 상황이 닥치더라도 굴하거나 상처받지 않는 강한 모습만 보여주기를 바랐지만 그렇지 못해 실망한 적이 있다고 인정했다.

반면 캔디 어머니는 남편을 기쁘게 해주기가 얼마나 힘든지, 도움이 필요할 때 남편의 공감과 관심을 얻기가 얼마나 힘들었는지 이야기하며 눈물을 떨구었다. 그리고 취미 생활과 일에만 열중하느라 가족을 위한 시간을 조금도 내주지 않는 남편에 대한 분노를 그림을 통해 드러냈다(16.1E). 캔디 어머니가 그린 그림 속 남편은 기타를 치며 자신이 관심 있는 것들에 대한 공상을 펼치고 있었다. 그 공상 속에 아이들이나 자신(아내)의 자리는 없었다.

캔디 아버지는 처음에 아내의 그림이 부당하다는 방어적인 반응을 보였다. 하지만 결국 아내의 말에 일리가 있다는 데 동의했다. 그러고는 가족에게 소홀했던 자신을 돌아보았다.

부부 미술치료를 받은 지 6개월 정도 지났을 때 3주 동안 말없이 둘이 함께 그림을 그리는 과제를 수행했다. 이 과제를 통해 둘 사이에 의사소통 문제가 있다는 점을 느끼고 감정을 터놓고 대화를 나누었다. 남편과 아내 모두 논리적으로만 대화하려고 들었기 때문에 미술을 이용해 그들의 감정을 이끌어내곤 했다.

토미 : 시력 상실에 대한 두려움

토미의 시력은 급속히 나빠지고 있었기 때문에 나중을 대비해 점자나 이동하는 법을 배워야 했다. 하지만 점자 배우기를 거부하고 이동성 훈련도 하지 않겠다고 해서 치료를 받게 되었다(그림 16.2). 토미는 안구를 적출한 래리와 유사하게 점토를 가지고 큰 손을 만든다든가(16.2A), 여섯 번째 손가락을 만든다든가 하는 식으로 사물을 확장시키거나 연장해 표현하는 일이 많았다(16.2B).

그러한 표현은 더 이상 기능하지 못하는 신체 부위를 보상받고픈 욕구에서 비롯된 것으로 보였다. 또한 추가적인 상처나 위해의 위협에 대항해 스스로를 보호하고픈 마음을 나타낸 것이었다. 토미가 자주 그린 또 다른 소재는 슈퍼 영웅이었다. 토미는 자신이 만든 작품의 이름을 "바이오닉 서스쿼시Bionic Susquash"라고 지었다(16.2C). 이 영웅은 보고 듣고 완벽하게 기능할 수 있다고 했다.

토미는 돌이킬 수 없는 시각 손상에 대한 솔직한 마음을 "화성인 토미Tommy Martian"라는 그림으로 표현했다. 작품 제목에서도 드러나듯, 토미는 이제 자신의 감정에 대면할 준비가 거의 된 듯 보였다. 첫 번째 그림에는 광선 팔과 촉수가 있는 소년과 그 소년이 타고 있는 비행선이 그려져 있었다(16.2D). 소년의 신체는 모두 온전하게 그려져 있었지만 토미는 다음과 같이 말했다. "소년은 완전히 찌그러졌어요. 비행접시에 부딪혔어요. 그들이 소년을 뒤쫓고 있어요." 토미는 소년이 잘못을 저질렀음을 암시하는 말을 했다. 이 말은 토미의 무의식적인 죄책감을 나타낸다.

토미는 두 번째 그림을 그리면서 비극적인 이야기를 계속 이어갔다(16.2E). "소년은 비행기에 부딪혔지만 죽지는 않았어요. 그들이 소년을 죽이려고 해요. 광선처럼 생긴 비행선이 반 정도 따라잡았어요. 그들은 소년을 죽이려고 해요. 소년은 자기 비행선을 타고 날아가고 있어요. 비행선이 소년 바로 옆까지 따라붙었어요. 그리고 칼을 뽑아 소년에게 휘둘러요. 이제 소년은 죽었어요… 소년의 시체는 바닥에 누워 있어요. 소년의 머리는 이쪽으로 날아갔어요. 목은 이쪽에 있어요. 다리는 하나는 저쪽에 다른 하나는 이쪽에 있어요. 소년은 엉망진창이 되었어요!"

토미는 점점 약해지는 시력에 대한 분노를 말로 표현할 수 없었다. 아마도 앞이 전혀 보이지 않게 될 것에 대한 걱정이 무척 컸기 때문일 것이다. 토미는 점토로 인형을 만들어 내게 소리 지르도록 함으로써 위험한 감정을 처음 드러냈다(16.2F). 그리고는 북과 실로폰을 두드리며 감정을 발산했다. 그 과정에서 우리는 토미에게 놀라운 음악적 재능과 리듬감이 있다는 사실을 알게 되었다. 그래서 토미가 연주하며 작곡한 음악을 테이프에 녹음해놓았다.

토미는 몇 달간의 치료를 통해 자신의 병에 대한 복잡한 감정과 소망을 풀 수

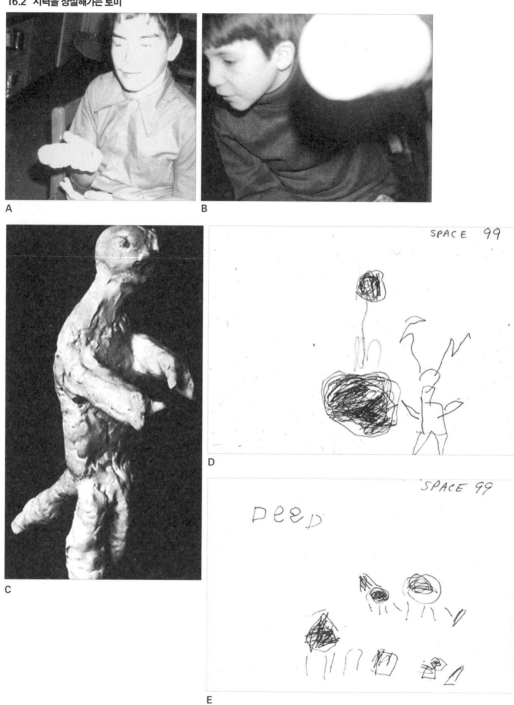

A

B

C

D

E

F

A. 래리와 큰 손가락
B. 토미와 큰 손
C. 토미가 만든 슈퍼 영
웅 : "바이오닉 서스퀘시"
D. 토미가 그린 "우주 공
간 속의 화성인 토미"
E. 토미가 그린 "우주 공
간 속의 죽음"
F. 토미가 만든 성난 점
토 인형

있었다. 그 후 비로소 분노에 찬 두려움에서 벗어나 점자를 배우고 이동성 훈련
도 받기 시작했다. 후수정체 섬유증식증이라는 병에 걸렸지만 토미는 기본적으
로 심신이 건강한 아이였기에 짧은 기간 내에 치료를 완료할 수 있었다.

줄리 : 복합양식 단기 치료

줄리가 치료소를 처음 찾았을 때부터 치료 기간을 짧게 계획했던 것은 아니었
으나, 줄리의 아버지가 치료를 중도에 그만두겠다고 하면서 단기 치료로 끝나버
렸다. 캔디의 부모와 달리 줄리의 부모는 어느 쪽도 치료에 참여하지 않았다. 하
지만 학교 직원이 이동을 책임져주기만 한다면 줄리를 치료소에 계속 보내기는
하겠다고 동의했다. 줄리가 치료소에 온 계기는 토미처럼 점자 배우기를 거부했
기 때문이었다. 줄리의 시력은 약한 빛과 색만 인지할 수 있을 정도로 매우 안 좋
은 상태였다.

세션 1∼3

9살이었던 줄리는 첫날 치료실에 온갖 미술 재료와 싱크대가 갖추어져 있는 것
을 보고 놀라움을 표시했다. "그냥 사무실 같을 줄 알았어요." 그러고는 손가락
그림물감을 고른 후 이렇게 말했다. "집에서 손가락 그림을 그려본 적 있어요. 그
런데 여동생이 잃어버렸어요." 다른 사람 때문에 물건을 잃어버린 일에 대해 언
급하고 나서 학교의 미술 수업 시간에 대해 이야기했다. 그리고 치료실이 조용
하다고 느꼈는지 학교 미술실은 무척 "복잡하고 붐빈다"는 말도 덧붙였다.

줄리는 처음에 약간 주저하는 듯했지만 이내 긴장을 풀고 양손에 손가락 그
림물감을 묻힌 채 자유롭게 그림을 그렸다. 리드미컬하게 몸을 흔들고 물감을
문지르면서 자신이 싫어하는 것들에 대해 이야기하기 시작했다. "저는 주사기
랑, 검사… 결핵 검사가 싫어요… 저는 수술을 받았어요. 무서웠어요. 잘 기억나
지는 않지만요." 줄리는 그 이야기가 불편했는지 주제를 전환해 집에서 두 여동

생과 싸웠던 일에 대해 이야기했다. 그러고는 싱크대로 가서 손을 씻고 마커와 크레용을 사용해도 되는지 물었다. 그렇게 하라고 하자 크레용으로 짧고 불규칙한 곡선을 그렸다. '점자 쓰기'가 생각난다고 했다.

줄리는 첫 번째 세션과 두 번째 세션 때 주로 두 여동생을 향한 분노를 표현했다. 그리고 세 번째 세션 때는 사포에다 그림을 그리며(그래야 내가 느낄 수 있다며) 자신을 학교에서 치료소까지 데려다주는 "늙고 까다로운" 여성에 대해 이야기했다. 그런 후 자신을 무서운 버스에 태워 학교로 보내는 부모에 대한 분노를 잠시 드러냈다. 하지만 줄리는 부모, 그 중에서도 어머니를 향한 분노를 두 여동생이나 교직원에게 돌려 표현하는 경향이 강했다. 세 번째 세션이 끝날 무렵 점토 덩어리를 세게 두드리며 어머니에 대해 이렇게 말했다. "어떤 애들은 내가 사감 선생님을 싫어한대요. 그 여자 사감은 예민한 데다, 고집 세고, 치사하고, 못됐어요."

세션 4

줄리는 마커로 자유롭게 낙서하며 다른 아이들의 장애와 두려움에 대해 이야기했다. 그리고 자신의 소망과 감정을 털어놓으며 치료소에서 계속 미술치료를 받으면 눈이 기적처럼 나을 수 있을지 궁금하게 여겼다. "아동복지기관에서 선생님에게 안경을 주고, 선생님 시력을 검사할 거라고 생각했어요."

줄리는 치료소에 오는 것이 좋지만 내가 학교에 컨설턴트로 방문하는 것은 그만두었으면 좋겠다고 말했다. "선생님이 학교에 오지 말았으면 좋겠어요." 내가 학교에 가서 다른 아이들과 함께 있는 것이 질투 나서 그러는 것인지 묻자 줄리는 낙서하면서 고개를 세차게 끄덕였다. 줄리는 크레용 색을 맞춰보겠다고 했다. 하지만 제대로 맞추지 못하자 슬픈 기색을 비쳤지만 곧 평정을 되찾았다. 그러고는 실제보다 더 잘 보이는 척해야만 할 때가 있다고 말했다.

줄리는 영화를 만들고 싶다고 선언하고는 자신이 만든 블록과 점토 인형을 바닥에 가지런히 놓고 거실에서 벌어지는 무서운 이야기를 꾸몄다(그림 16.3).

　이야기에는 7살 소녀와 9살 소년이 등장했다. 소녀와 소년이 블록으로 만든 무대 가까이 앉아 있는데 밖에서 누군가 문을 두드렸다. 아이들이 "누구세요?"라고 물었다. 밖에서 낮고 으스스한 목소리가 들려왔다. "드라큘라다!" 그 말을 들은 아이들은 "들어오세요"라고 했다. 거실에 들어온 드라큘라에게 아이들이 물었다. "원하는 게 뭐예요?" 드라큘라는 여전히 으르렁거리는 위협적인 목소리로 말했다. "너희들을 죽이고 싶어. 너희들을 죽일 거야!" 소녀가 대담하게 대꾸했다. "날 죽이겠다고? 어서 해봐!" 드라큘라가 아이들에게 달려들다가 블록으로 만든 무대 위쪽이 무너지고 말았다. 소녀가 화난 목소리로 말했다. "이게 무슨 짓이야! 내 무대를 무너뜨렸잖아!" 그러자 드라큘라가 답했다. "무슨 짓이긴. 난 아무것도 무너뜨리지 않았어. 무대 아래쪽은 아직 멀쩡하잖아."

　그때 소년이 물었다. "어떻게 하고 싶은데?" 드라큘라가 대답했다. "너희들을 먹어치울 거야. 너희들을 죽이겠다." 소년은 고분고분하게 말했다. "그럼 얼른 해." 드라큘라는 두 아이를 죽이고 약한 신음소리를 냈다. "오오, 난 죽었어. 나는 한 여자아이를 죽였어. 이제 그 피를 빨아야 해." 이때 다른 드라큘라 괴물이 와서 함께 피를 빨았다. 드라큘라인 줄리는 물이 담긴 젖병을 빨았다.

　내가 아이들을 죽인 동기가 무엇인지 묻자 줄리는 이렇게 답했다. "드라큘라는 아이들에게 화가 나 있었어요, 어, 여자에게요. 왜냐하면 여자가 드라큘라에게 형편없는 음식을 주었거든요." 두려움에 떨고 있지만 용감한 아이에서부터 화난 괴물에 이르기까지, 모든 등장인물에는 줄리의 여러 가지 면이 반영되어 있었다. 윗부분이 무너져 내린 무대 또한 줄리 자신을 상징했다. 줄리의 위쪽 감각기관(눈)은 손상당했지만 아래쪽 무대(몸)는 여전히 건강하다.

그 다음 주 시간에 줄리는 점토를 주무르면서 유치원에 다닐 때까지 젖병 빼는 것을 좋아했지만 어머니가 싫어할까 봐 두려워했던 일을 떠올렸다. 그리고 지난 주 미술치료 시간에 젖병 빨았던 것을 어머니에게 알릴까 봐 걱정했다. "우리가 미술치료 시간에 한 건 아무한테도 얘기 안 할 거죠? 그죠?" 나는 아이들이 어른들의 말을 믿는 건 쉽지 않은 일이라고 답했다. 그 말을 들은 줄리가 진지한 목소리로 말했다. "맞아요. 아이들에게는 쉽지 않은 일이에요. 그런데 아이들은 영화를 보고, 무척 겁을 먹어요…."

"선생님, 제가 무서워하는 게 뭔지 아세요? 제가 자동차를 운전해서 차가 움직이는 거예요. 자동차에 나랑 다른 사람이 타고 차가 움직이는 거예요. 음, 제 여동생이나 다른 사람이 함께 타고요. 이때 어떻게 하는 게 최선일까요?" 줄리는 내게 다급한 듯 질문을 던졌다. 그러고는 오랫동안 두려워했던 걱정을 들려주었다. "자동차가 움직이기 시작하고, 혼자 있는데 멈출 수 없는 거예요." 줄리는 그런 '악몽'을 꾼 적도 있다고 했다. 나는 실제로 그런 일이 벌어졌던 적도 없는데 어째서 그런 상황이 벌어질까 봐 걱정하는지 물어보았다. 줄리가 화나서 참을 수 없는 듯한 목소리로 대답했다. "왜냐하면 사람들이 죽어간다는 말을 들었기 때문이에요!!" 줄리는 계속 말을 이어갔다. "왜 그런 걱정이 들기 시작했는지 아세요? 제가 자동차를 탄 꿈을 꾸었어요. 기어가 어긋나는 소리가 들리고 핸들도 고장이 났어요. 그리고 자동차가 움직이기 시작했어요. 저는 차 밖으로 뛰어 나와 울었어요." 줄리는 그런 꿈을 여러 차례 꾸었다고 했다. 가장 최근 꾼 것은 부활절 휴가가 끝나고 학교에 다시 나갔을 때라고 했다. 줄리는 불안한 듯 젖병에서 물을 세차게 빨면서 이야기를 이어나갔다. "여자아이들이 나오는 꿈도 꾸었어요. 여자아이들이 문을 열어서 자동차가 멈췄어요. 아시겠죠? 다른 사람과 함께 있으면 그 사람이 어떤 행동을 해요. 세 여자아이는 문을 열었어요… 또 루스 고모가 날 자동차에 남겨두고 간 꿈도 꾸었어요. 자동차가 앞뒤로 흔들려서 제가 멈췄어요. 동생에게 기어 가지고 장난치지 말라고 말하기까지 했어요. 동생이 자동차에 함께 탈 때마다 저는 예민해져요… 그런 꿈을 집에서도 학교

16.3 드라마를 상연하는 줄리, 9세

에서도 꿔요."

무엇이 위험하다고 생각하는지 묻자 줄리가 답했다. "짓이겨질까 봐요." 줄리는 계속 물을 빨면서 천둥과 전기도 무섭다는 말을 했다. 예전에 전기 울타리를 만져 다칠 뻔한 적이 있다고 했다. "전기 울타리를 만지면 어떻게 되는지 궁금했어요. 그냥 호기심이었어요. 그래서 손가락으로 살짝 만졌어요. 손가락이 부르르 떨리는데 느낌이 좋았어요." 줄리는 사포로 나무를 문지르며 움직이는 자동차에 다칠지도 모른다는 걱정에 대해 계속 이야기했다. 그러던 중 나무를 사포로 문지르는 소리가 재미있었는지 다양한 속도로 문지르며 리듬을 만들었다. "혹시 '사포 발레'라는 노래 들어본 적 있어요? 이게 그 노래예요!"

세션 7

그 다음 주 치료는 치료 비용 때문에 화가 난 줄리의 아버지가 취소시켰다. 하지만 나중에 알고 보니 지불하지 않은 총액을 보고 오해한 것이었다. 그래서 2주가 지난 후에야 줄리를 만날 수 있었다. 줄리는 아버지가 갑자기 치료를 중단시킬 수도 있다는 사실을 알고 있었다. 나는 점토를 주무르고 있는 줄리에게 그 소동을 어떻게 느끼는지 물었다. "우울해요. 아버지가 가난하다는 생각이 들어요⋯ 어른이 되고 싶어요." 치료소에 오는 것에 대해서는 어떻게 생각하는지 묻자 줄리는 양가감정을 드러냈다. "치료소에 오기 위해 학교 클럽 모임에 못 나갔어요. 그래도 지난 주에는 못 와서 섭섭했어요. 음, 기분이 복잡한걸요." 줄리는 치료소에 올지 말지에 대해서는 자신이 선택권 없이 휘둘리는 느낌이라고 말했다. 그리고 학교에서 하는 연극에 참여하기로 했다는 이야기도 했다. "저는 사람들이 이래라저래라 하는 게 정말 싫어요." 그런 일이 벌어질 때 어떻게 대응하는지 묻자 줄리가 슬픈 목소리로 대답했다. "그냥 화를 내요. 내 방으로 가서 고개를 숙이고 있어요. 저는 벌 받을지 몰라요. 사람들이 나한테 더 큰 소리로 말하라고 할 때도 화가 나요. 저는 크게 말한다고요! 머리가 아플 때는 간호사에게 말해요. 저는 걱정돼요. 여기 못 오게 될까 봐요. 선생님이 화낼까 봐 무서워요."

나는 왜 내가 화낼지 모른다고 생각하는지 물었다. 줄리가 대답했다. "선생님은 화내는 게 무섭지 않으세요? 복도에서 화내는 게 무섭지 않아요?" 나는 줄리에게 이런 말을 해주었다. "화를 내는 게 너를 무섭게 하나 보다. 네가 화내면 내가 받아주지 않을까 봐 걱정돼?" 줄리는 내게 큰 소리로 화를 내면 어떨까 생각해보기도 했지만 곧 그러지 않기로 했다고 말했다. "내가 화내며 말했다고 해봐요. 그럼 선생님은 곤란해질 거예요." 내가 물어보았다. "네가 화내면 내가 어떻게 반응할 것 같아?" 줄리는 이렇게 대답했다. "저는 선생님을 걱정할 거예요. 내 앞에 있는 게 선생님이 아니라 '남자'라면 나는 정말 화를 낼 거예요. 때로는 내가 앞을 볼 수 있었으면 좋겠어요. 하지만 선생님의 부모님이 볼 수 있다고 해도 점자를 배울 수 있을 거예요." 줄리는 앞이 보이지 않는 기분이 어떤지 사람들이 더 이해해주기를 바라는 듯 해안가에 있는 것이 얼마나 힘든지 설명하기 시작했다. "조약돌 때문에 발이 아파요. 그리고 큰 파도도 쳐요. 그래서 저는 무서워요. 저는 사람들에게 그것이 사실이 아니라고 말할 거예요." 줄리는 사람들에게 하고 싶은 말이 많은 듯했다. "앞을 볼 수 있었으면 좋겠어요. 저는 아무것도 볼 수 없어요. 저는 점자를 읽을 수 있어요. 저는 설거지를 할 수 있어요. 저는 바닥을 청소할 수 있어요. 손으로요. 손으로요! 앞이 보이지 않는 어떤 아이들은 치료받아서 나을 수도 있어요. 나을 수 있다고요. 하지만 아마 태어날 때부터 원래 나을 수 있었던 거겠죠."

나는 줄리에게 어째서 태어날 때 그렇지 않았던 아이들이 앞이 보이지 않게 된다고 생각하는지 물었다. 그러자 줄리는 확신에 찬 목소리로 대답했다. "부모들이 아이들을 때려서 그럴 거예요. 그리고 이 남자도 이 소년을 때려요. 그래서 저는 부모에게 총을 쏘고 싶어요. 신문에서 그런 아이들에 대한 기사를 읽어본 적 있어요? 부모들이 아이들을 벽에다 몰아세우고 배를 발로 차요. 그래서 죽이게 되는 거예요!" 내가 말했다. "부모가 아이들에게 화를 내거나 반대로 아이들이 부모에게 화내는 상황이 걱정되나 보구나." 그러자 줄리는 어머니가 자신에게 무엇인가 해줄 때 화가 나기도 하며, 자기 스스로 할 수 있었으면 좋겠다는 말을 했다. "혼자 신발을 신는다든가, 그런 건 쉽지 않아요. 그래서 엄마가 해줘요. 음, 저도 혼자 해보려고 해요. 우리가 어디 나가야 할 때는 엄마가 바쁘기 때문에 저는 혼자서 하지 않아요."

줄리는 점토로 그릇 모양을 만들고 있었다. "음, 이건 그릇, 컵, 접시, 아니면 바구니예요. 선생님은 이런 거에 색칠할 수 있어요?" 내가 대답했다. "네가 원한다면 다음 주에 와서 거기에 색칠해도 돼." 내 대답을 들은 줄리는 열정적으로 말했다. "다음 주에 와서 그렇게 할래요. 다음 주에 제가 자동차에 탄 척할 수 있어요?" 나는 들어가서 앉을 수도 있는 커다란 손수레가 있다고 말해주었다. 그러나 줄리가 말을 계속했다. "우리 자동차는 흔들릴 거예요. 자동차가 정말로 움직이면 무서울 거예요. 우리 차고 문은 정말 무서워요." 내가 바구니에 대해 묻자 줄리는 미소 지으며 대답했다. "이 바구니는 선생님 줄게요. 다음 주에 와서 제가 색칠할 거예요." 이때 나는 줄리가 마음속에 품었던 두려움과 환상을 내게 쏟아붓고 있음을 감지했다. 말하자면 줄리는 나를 그릇으로 사용하고 있었다. 더 이상 치료를 받지 못하게 될지도 모른다는 위협이 무서운 꿈을 이야기하도록 촉발한 듯 보였다. 줄리는 내가 도와주기를 원했다.

세션 8

줄리는 그 다음 주에 치료실에 들어서자마자 역할극을 꾸미기 시작했다. "큰 자동차 사고가 벌어졌다고 해봐요. 그리고 사람들이 자살을 해요. 이 일은 쇼핑센터에서 벌어져요. 등장하는 사람은 경찰관, 간호사, 여자 사감, 의사, 학교 선생님, 그리고 줄리 ─ 저예요." 줄리는 이야기를 시작하기에 앞서 짜증 섞인 목소리로 누구든 아침에 자신을 재촉하면 화가 난다며 얼마 전 사감이 서두르라고 잔소리해서 미치는 줄 알았다는 말을 했다. "거들먹거리며 날 마음대로 휘두르려고 하는 사람도 있어요. 어제는 정말 화가 났어요. 사감이 저한테 그러더라고요. 학교에서 놀고 있는데요. 다른 사람들은 다 놀고 있는데 저만 청소를 해야 했어요. 그래서 또 화가 났어요. 정말 기분 나빠요. 정말 질렸어요!" 줄리는 사감에 대한 분노를 직접적으로 표출한 후 자기가 앞을 보지 못하게 된 원인에 대한 공상을 늘어놓기 시작했다. 수잔 아치 펠드만Susan Aach Feldman은 아이들이 장애의 유래와 원인에 대한 공상을 역할극으로 풀어내는 것을 '창세기극genesis drama' 이라고 불렀다.

"자동차 사고에 대한 이야기예요. 저는 로비에서 간호사를 기다리고 있어요. 엄마는 아이를 집에다 두고 왔어요. 우리 엄마는 혼자서 다른 차를 타고 쇼핑하러 갔어요. 날 가두어놓고요. 자동차가 움직이기 시작했어요. 그러다 갑자기 기어가 고장 났어요. 그리고…" 줄리가 갑자기 말을 멈추었다. 이야기를 계속 진행시키는 게 망설여지는 듯했다. 그래서 내가 등장인물들을 인터뷰해도 좋겠느냐고 묻자 줄리는 좋다고 대답했다. 먼저 극 속 어머니에게 그 상황에 대해 물어보자 줄리가 대답했다. "우리 딸은 자동차 안에 있었어요. 저는 딸이 싫어요. 딸아이는 맞아 죽을 거예요. 왜냐하면 제가 딸을 싫어하니까요. 딸아이는 뒹굴거리기만 하고 어떤 일도 하지 않아요. 밖으로 나가려고도 하지 않아요. 날씨가 화창했는데도요… 그래서 딸아이가 아픈 건 아닌가 했죠. 딸애는 아픈 척하고 있어요. 꾀병을 부렸다고요! 집안일하기 싫어서요!" 나는 극 속 어머니에게 다른 자녀도 있는지 물었다. 그러자 줄리는 자신의 실제 여동생 이름을 댔다. "하지만 집안일을 안 하는 건 첫째 딸이에요." 그러더니 갑자기 심술궂은 목소리로 소리쳤다. "어서 이리 와, 이것아! 여기 오라고! 맞을 줄 알아!"

인터뷰하는 역을 맡은 나는 첫째 딸이 앞이 보이지 않기 때문에 집안일을 못하는 것 아니냐는 질문과 함께 딸이 어쩌다가 앞을 보지 못하게 되었느냐는 질문을 던졌다. 그러자 답이 돌아왔다. "제가 딸아이 눈에 돌을 던져서 그렇게 된 것 같네요!" 줄리는 딸 쪽으로 몸을 돌리더니 소리쳤다. "이것아! 얼른 의자에서 일어나! 집에 가서 널 자동차에 가두어놓을 거야. 아무 데도 못 갈 줄 알아." 그때 내가 경찰 역을 해도 괜찮겠는지 줄리에게 물었다. 경찰이 되어 어머니가 아이에게 그런 끔찍한 짓을 저지르지 못하게 만들겠다고 말했다. 이때 줄리는 점토로 둥근 폭탄을 만들었다. 그러고는 그 폭탄으로 나쁜 어머니를 죽였다. 우리는 그 날 치료 시간이 끝날 무렵 이 역할극의 내용에 대해 다시 이야기했다.

세션 9

줄리는 지난 주에 했던 역할극을 다시 하고 싶다며 모든 내용을 처음부터 이야기했다. 그런데 줄리가 들려준 내용은 지난 주와 약간 달랐다.

"사고가 났어요. 옛날에 내가 자동차를 탔어요. 음, 먼로빌 쇼핑몰에 가고 있었다고 쳐요. 그런데 어떤 늙은 여자가 나를 자동차에다 가두었어요. 그러다 자동차 사고가 나는 바람에 제 다리를 다쳤어요. 그래서 병원에 갔어요. 경찰을 불렀어요. 경찰이 나를 자동차에다 가둔 그 늙은 여자를 데려왔어요. 그래서 법정에 가게 되었어요. 저는 목격자였어요. 저는 법정에 점토로 만든 시한폭탄을 가져갔어요. 그래서 그걸로 마녀를 폭파시켜버렸어요. 마녀는 죽었어요. 그리고 사감인 척하는 간호사가 있었어요. 아니, 제 말은 사감이 간호사인 척했어요. 그래서 그, 그, 그 사감도 폭파시켜버렸어요. 그리고 또 다른 간호사가 있었어요. 그 간호사는 정말 좋은 간호사였어요. 간호사는 내 붕대를 풀어주고 병원 밖으로 나가게 해주었어요. 이게 끝이에요."

줄리는 새로운 이야기를 시작했다. 이번 이야기는 지난번 것보다 더 폭력적이고 끔찍했다.

"이번 주에는 자동차 사고와 자살하는 사람들 이야기를 할 거예요. 이번에는 쇼핑센터에서 일이 벌어졌어요. 등장인물은 경찰관, 간호사, 사감, 의사, 학교 선생님, 그리고 저예요. 저는 차 사고를 당해요. 저는 큰 언덕을 내려가다가 무엇인가와 충돌해요. 쾅!"

두 이야기 모두에서 여자아이가 자동차 사고로 부상을 입었다. 그리고 그 사고는 모두 아이를 자동차에 둔 채 브레이크 거는 것을 '깜빡하고' 가버린 어머니 때문에 일어났다. 이야기 속에는 어머니가 고의로 딸의 눈을 멀게 했다는 내용이 은연중에 함축되어 있었다. 그리고 두 이야기 모두에서 여자아이는 폭탄을 터뜨려 어머니를 죽임으로써 분노를 표현했다. 그 과정에서 경찰관, 판사, 간호사가 여자아이 편이 되어주었다. 내가 두 이야기의 교훈이 무엇인지 묻자 줄리는 이렇게 답했다. "어머니는 아이를 세게 때려서는 안 돼요." 아동을 대상으로 한 미술치료에서는 아이들이 분노를 드러내도록 도와주는 것도 중요하지만 그러한 분노를 적절한 방식으로 표출하도록 돕는 것 또한 중요하다.

줄리의 아버지가 계속 치료 비용에 대한 불만을 표하며 이번까지만 딸을 보내겠다고 했다. 그래서 마지막이 되어버린 이 날, 줄리와 나는 치료를 받는 것조차 어른들 뜻대로 따를 수밖에 없는 어린아이의 괴로움에 대해 이야기 나누었다. 줄리는 이렇게 치료를 더 받을 수 있도록 막아주지 못한 (나를 포함한) 어른들에게 화가 난다고 했다. 하지만 다행스럽게도 그동안의 치료만으로도 줄리에게 중대한 진전이 있었다. 줄리는 이제 더욱 당당하게 자기 주장을 펼칠 수 있게 되었으며, 손을 이용해 점자도 배우고 있었다. 아직 내면의 여러 갈등을 모두 해소한 것은 아니었지만, 줄리는 자신의 분노와 무력감을 인지하게 되었다. 그리고 사랑하는 사람들에게 상처주지 않으면서 자신의 목소리를 내는 법을 배웠다.

시각장애를 받아들이기

모든 시각장애 아동은 심리치료를 받든 그렇지 않든 자신의 장애를 받아들이는 과정에 맞닥뜨리게 된다. 그 과정은 대개 부정, 의심, 희망, 분노, 애도, 그리고 마지막으로 수용의 단계를 거친다. 아이들은 처음에 현실을 부정하려고 한다. 캔디도 첫 세션에서 다음과 같은 말을 했다. "나는 색을 알아요. 녹색, 빨간색, 분홍색, 노란색, 파란색, 흰색, 주황색 같은 색을 맞힐 수 있어요. 저는 보라색이 좋아요. 제가 제일 좋아하는 색이에요."

하지만 나는 캔디가 색이나 빛을 전혀 인지할 수 없다는 사실을 알고 있었기에 그냥 색의 이름만 말하는 것이 아니냐고 물었다. 그러자 캔디는 여러 가지 색을 볼 수 있다고 주장했다. 의안을 하고 있던 래리는 자신이 학교에서 '진짜 장님'이 아닌 유일한 아이라고 주장했다. 이는 모두 장애라는 현실을 부정하는 표현이다.

자신이 남들과 다르며 남들에게 없는 약점이 있다는 자각이 항상 말로 표현되는 것은 아니다. 하지만 미술을 통해 강력하게 전달되는 경우가 많다. 처음 미

술 검사를 받던 날 재니스는 자신의 분노와 좌절감을 상징적으로 말했다. 그 날
"눈사람 가족"을 그렸는데 내가 세 명의 눈사람이 누구인지 묻자 재니스는 세 눈
사람 밑에 각각 자기 이름과 어머니, 아버지 이름을 적었다. 그러고는 부모는 싸
우지 않지만 "내가 제일 화를 내요"라고 말했다. 내가 무엇 때문에 화를 내는지
묻자 재니스가 거센 목소리로 대답했다. "해가 나오지 말았으면 좋겠어요!"
나는 해가 나오면 눈사람이 녹기 때문에 그런 것이냐고 물었다. 그러자 재니스
는 "네"라고 대답했다. 내가 다시 물었다. "그럼 엄마 아빠 눈사람도 녹는 건 마찬
가지지 않아?" 그러나 재니스는 씁쓸한 표정으로 대꾸했다. "아니요, 엄마 아빠
눈사람은 절대 녹지 않아요!"

재니스는 그 후 몇 달 동안 미술치료를 받으면서 앞이 보이는 사람들, 특히 자
기가 의지하는 사람들에 대한 적개심과 분노를 계속 드러냈다. 자신이 그린 한
건물에 대해서는 다음과 같은 이야기를 했다. "이 건물은 병원이에요. 이 병원에
는… 환자가 딱 한 명밖에 없어요. 그 환자는 바로 루빈 여사예요… 루빈 여사는
사고를 당했어요. 어떤 여자가 모는 자동차에 뛰어들었어요. 그래서 눈에 상처
가 났어요."(그림 16.4)

그래서 어떻게 되었는지 묻자 재니스는 씩 웃으며 말했다. "루빈 여사는 그것 때문에 앞을 보지 못하게 될 거예요." 이어 재니스는 루빈 여사가 앞을 볼 수 없어서 미술치료도 할 수 없게 되었다고 했다. 나는 앞을 보지 못하게 된 루빈 여사의 기분이 어떤지 물었다. 내 질문에 재니스는 음흉한 웃음을 지으며 대답했다. "잘 모르겠는데요. 나는 시력을 되찾았거든요!" 마음속 소망을 표현하고 난 재니스는 자신의 장애를 부정하기 시작했다. "나는 보통 사람처럼 볼 수 있어요!"

래리 : 기나긴 치료

앞이 보이지 않거나 그 밖의 장애가 있는 아이들을 치료하기란 쉬운 일이 아니다. 하지만 힘든 만큼 많은 것을 배울 수 있다. 때로 치료 과정은 고통스러울 정도로 느리다. 래리의 경우 학교에서 자기만 "진짜 장님이 아니다"라고 말하던 상태에서 "진짜 래리는 사실 맹인학교에 다니고 있어요"라고 덤덤하게 인정하기까지 장장 6년이 걸렸다. 래리는 그 6년간 부정, 의심, 희망, 분노, 애도의 단계를 모두 거쳤다. 그리고 유리창을 깨고 싶은 충동을 행동으로 옮기지 않고 말할 수 있게 되기까지도 6년이 걸렸다. "래리는 여동생이 자기를 장님 병신이라고 부를 때마다 창문을 깨버리고 싶다는 생각이 들어요."(그림 16.5)

처음 치료를 시작했을 때 래리는 상처받기 쉬운 나약한 상태였다. 미술 검사를 실시했던 날에는 점토 덩어리에 구멍 여러 개를 뚫은 후 "이 구멍에 빠지면 나오지 못할 수도 있어요!"라고 말했다(16.5A). 그리고는 다른 아이들처럼 로켓을 만들거나(16.5B) 우주 비행사에 대한 이야기를 지어냈다(16.5C).

아이들은 소망을 담은 이야기를 통해 현실을 부정하려 든다. "우주여행을 하면 재미있을 거예요. 왜냐하면 다 볼 수 있으니까요. 그리고 달 위를 걸을 수도 있어요." 그러나 래리는 지어낸 이야기 속에서조차 위험에서 벗어나지 못했다. "달 위를 혼자 걷다가 넘어질까 봐 무서워요." 하지만 많은 장애 아동이 그렇듯 래리도 자신을 '우주의 왕'이라든가 '국가의 대통령' 등의 전지전능한 인물로 포장함으로써 장애를 보상받고 싶은 바람을 표현했다.

제약이 많은 래리의 세상에서 미술치료는 점차 중심적인 사건이 되어갔다. 래리는 미술치료를 통해 마음속 소망을 표현할 뿐 아니라 강력하고 긍정적인 전이를 발달시켜갔다. 이를테면 치료를 시작한 지 두 달 정도 지났을 때 내게 이렇게 물었다. "선생님은 집에 가서도 항상 내 생각 해요?" 이러한 바람은 장애 유무와 상관없이 아이들에게서 공통적으로 나타난다. 하지만 생활이 매우 제약된 장애 아동의 경우 강렬한 감정 표현이 위험해 보일 수도 있다.

래리는 앞을 볼 수 없었기 때문에 미술 재료뿐 아니라 소리, 음악, 역할극 등에 의존했다. 이때 녹음기를 자주 활용했는데, 앞이 보이는 아이들이 그동안 만든 작품들을 쭉 돌아보듯 녹음기를 이용해 이전까지 무엇을 했는지 돌아보거나 노래를 녹음하곤 했다. 래리는 미술치료를 받는 동안 죽은 여동생에 대한 죄책감을 종종 표현했다. 래리의 여동생은 낭포성 섬유증으로 죽었는데 래리는 동생의 죽음 때문에 자신이 수술을 받게 되었다는 환상을 품고 있었다(래리는 사실 녹내장 때문에 수술을 받았다).

앞에서도 소개했듯, 래리는 미술과 역할극을 통해 자신의 문제를 풀어갔다. 래리는 '착한 래리'와 '나쁜 래리'라는 두 개의 분열된 자아상을 가지고 있었다. '착한 래리'는 현실에서 탈출하고자 하는 자신, '나쁜 래리'는 공격적인 성향이 있는 자신을 상징했다. 나는 래리가 이 두 자아상을 통합시키도록 돕기 위해 온갖 노력을 다했다. 학교 교사, 사감 교사와 래리에 대해 의논하고, 시각장애인인 사회복지사와 함께 래리의 부모를 상담하기도 했다.

래리는 긍정적 전이와 부정적 전이를 모두 경험한 후 분열된 자아상을 통합하고 내면의 문제를 해결했다(타인에 대한 이러한 긍정적 감정과 부정적 감정은 스스로에 대한 시각을 반영한 것이었다). 하지만 그런 후에도 언제 미술치료를 끝내야 할지 결정하기까지 힘든 시간을 보냈다. 미술치료가 래리의 인생에서 큰 부분을 차지했기 때문이다. 그러나 마침내 결단을 내렸다.

래리는 치료 마지막 날 아동보호센터에 더 이상 나오지 않겠다고 선언하는 연설을 하겠다고 했다. 이 연설은 래리가 얼마나 나아졌는지 보여주는 좋은 증거였다.

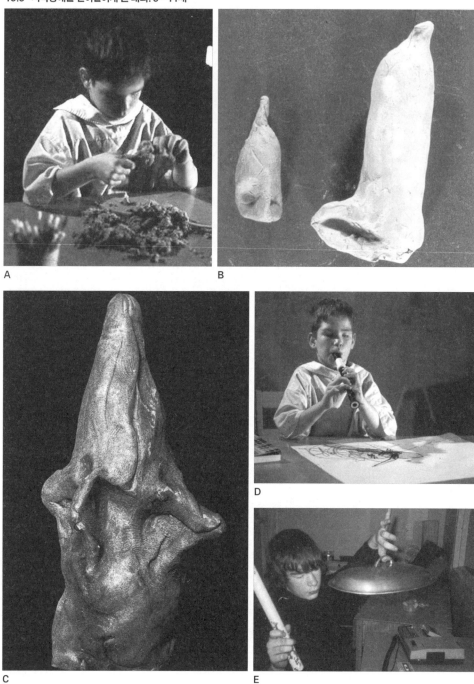

A

B

C

D

E

A. 점토를 사용하는 래리
B. 래리가 우주여행에 대한 이야기를 지어내는 데 사용한 점토로 만든 로켓
C. 래리가 만든 로켓
D. 리코더를 불고 있는 래리
E. 징을 연주하는 래리

"피츠버그 아동보호센터와의 작별에 대해 여러분께 말씀드리려 합니다. 지난 몇 주간 치료 중단 계획에 대해 계속 고심했습니다. 그리고 2주 전 제 치료사에게 결심을 굳혔다고 말했습니다. 비록 치료를 그만두지만, 이는 기분 좋은 작별입니다. 지난 몇 년 동안 우리는 함께 여러 문제를 해결했습니다. 화가 날 때 어떻게 하면 좋은지 등의 여러 가지 문제를 처리했습니다.

저는 그 모든 과정을 거쳐왔습니다. 달성해야 할 일들이 많습니다… 물론 힘들겠지요. 하지만 저는 해야만 합니다. 이제 작별 인사를 나누어야 할 시간이 왔다고 믿기 때문입니다. 모든 일이 잘되기를 바랍니다. 이제 저는 집으로 돌아가 여러 문제를 직접 해결할 것입니다. 쉽지 않은 일이겠지요…. 저는 어떤 비통함도 느끼지 않습니다. 수년 동안의 치료를 마치고 이제 돌아가려 합니다. 때로 우리는 싸우고 화낼지도 모릅니다. 하지만 또 때로는 모든 일이 괜찮을 것입니다.

이곳으로 돌아와 내 상황을 보고드릴 일도 있을지 모르겠습니다…. 그러면 여러분께서 과거를 기억하고 미래에 대해 생각해줄 것이라 믿습니다. 이곳의 모든 분께 인사를 전합니다. 루빈 선생님, 드리번 선생님(시각장애가 있는 사회복지사) 그리고 대기실에 계신 선생님들 모두에게요. 이곳에 처음 발을 들인 것이 1969년인데 1975년인 지금 이렇게 인사드리게 되었네요. 몇몇 학교 친구들에게 아동보호센터에 그만 나갈 것이라고 이야기했는데, 모두 잘됐다고 하더군요. 제 여자친구는 저만큼이나 이 일을 자랑스러워하고 있습니다.

맹인학교에서도 끝까지 잘 해나가기를 바랍니다. 학교를 졸업하고 나면 엘리베이터 기사가 될 수 있을지도 모르지요. 비행기 조종사는 될 수 없을지라도…. 라디오 기자가 되고 싶기도 합니다…. 저는 학교에서 열심히 공부하고 있습니다. 특히 사회랑 수학 과목을요. 이제 마무리를 할까 합니다. 여기 계신 모든 분들이 늘 변치 않고 건강하시기를 바랍니다. 그리고 여러분을 기억할 것입니다. 여러분들 하시는 모든 일이 잘되기를 바랍니다. 그럼, 모두 안녕히. 지난 몇 년 동안 우리는 집과 학교에서 힘겨운 문제와 씨름했습니다. 그럼 안녕히."

래리는 엄숙하게 녹음된 연설 내용을 다시 돌려 들었다. 자신의 결정을 확신하는 표정이었다. 사실 그렇게 오랜 기간 받아온 치료를 그만두기로 결정하기란

쉽지 않은 일이다. 그렇게 치료를 종료한 후 몇 달에 한 번씩 안부를 묻는 전화를 걸어왔다. 그리고 6개월 뒤에는 "지나던 길에 들렀다"며 치료소에 찾아와 새해 계획을 이야기하고 가기도 했다.

그 후 맹인학교에 다니는 몇 년 동안 래리와 나는 계속 전화로 연락을 하며 지냈다. 래리는 여전히 로켓을 즐겨 만들었다(로켓은 시각장애라는 제약으로부터 탈출하고픈 바람을 상징한다). 하지만 더 이상 우주 비행사나 조종사가 될 수 있다고 믿지는 않았다.

대신 학생으로서 열심히 공부해 우수한 학업 성적을 받았다. 학교를 졸업한 후에는 시각장애인 연합Guild for the Blind에 취직해 버스를 타고 전국으로 출장을 다녔다. 또 이야기 짓는 재주를 살려 나이트클럽에서 아마추어 코미디언으로 무대에 서기도 했다. 래리는 내게 전화를 걸어 시간이 나면 공연을 보러 오라고 자랑하기도 했다.

나는 전화 통화를 통해 래리가 시각장애인으로서 사회 적응에 성공했을 뿐 아니라 상당히 행복하게 지내고 있다는 것을 알 수 있었다. 한 번은 길에서 래리를 우연히 만나기도 했다. 치료 이후 15년 만이었다. 래리는 내 목소리를 바로 알아차리고 반갑게 인사했다.

자신이 어떻게 살아왔는지 — 친구들, 시각장애인 연합에서의 일, 지역 나이트클럽에서의 공연 등에 대해 — 자랑스레 이야기했다(래리는 성대모사에 무척 뛰어났다). 그리고 우리가 함께했던 시간들을 회상하며 "전 더 이상 정신과 환자가 아니에요"라는 농담도 던졌다.

2004년 여름에는 래리에게 한 번 만나자는 연락을 받고 약속을 잡았다. 그 사이 래리의 어머니는 돌아가셨으며 현재 아버지, 여동생과 함께 지내고 있다며 그간의 소식을 전해주었다. 래리의 붉은 머리와 유머 감각은 여전했다. 우리는 시간 가는 줄도 모르고 거리에서 우연히 만났던 날 이후 서로 어떻게 지냈는지 이야기했다.

래리는 치료받았던 때의 이야기를 하며 다시 한 번 자신이 더 이상 정신과 환자가 아니라고 강조했다. 당시 심리치료를 받을 때 어떤 기분이었는지 묻자 래리는 특이하지만 좋은 경험이었다고 대답했다. 그 날의 만남 이후 래리는 전화를 걸어 1972년에 치료 과정을 녹화해놓은 비디오테이프를 보내줄 수 있는지 물어왔다. 그때의 자기 모습을 즉흥 재즈 노래를 할 때 틀고 싶다고 했다. 나는 테이프를 복사해 보내주었다.

래리는 또 치료할 때 녹음해놓은 테이프도 보내달라고 했다. 나는 테이프를 몇 개 찾아 빌려주었고 래리가 복사한 후 치료소로 돌려보냈다. 우리는 이듬해 쯤 다시 만나기로 약속했다. 그 해 가을 유대교 휴일에는 독실한 천주교 신자가 된 래리가 내 자동 응답기에 따뜻한 인사말을 남겨두기도 했다.

나는 래리를 치료하는 동안 여름 학교 프로그램의 일환으로 15장에서 설명한 집단 미술치료를 하기도 했다. 이 프로그램에는 아동을 위한 집단치료뿐 아니라 어머니를 위한 집단 미술치료도 포함되어 있었다.

어머니 집단 미술치료 : 맹인학교

나는 래리를 치료하는 동안 6주짜리 여름 학교 프로그램을 진행한 적이 있었는데, 여기서 실시했던 어머니 집단 미술치료에 래리의 어머니도 참가했다. 이때 미술 및 연극치료에 참여하는 아이들의 어머니 여덟 명을 대상으로 별개의 어머니 집단 미술치료를 실시했다(그림 16.6). 총 6주간의 치료 중 한 주에는 아이들과 어머니들이 함께하는 합동 미술치료를 실시했다(16.6A). 어머니 집단 미술치료의 목적은 부모들이 스스로의 감정에 직면하도록 돕는 것이었다. 장애가 있는 아이들을 더욱 잘 이해하려면 먼저 자기 자신의 감정을 잘 파악해야만 하기 때문이다. 치료는 1주일에 한 차례, 90분 동안 실시했다.

어머니들은 자기 자신과 아이들의 마음을 이해하는 데 도움되도록 설계된 다양한 미술 활동을 했다. 그러한 활동으로는 눈감고 만들기, 가족 그림 그리기, 생활 공간 그리기, 낙서하기, 자유 그림 그리기 등이 있었다(16.6B).

래리의 어머니는 가족 그림을 그려보라는 과제를 수행하면서 아들과 남편을 구불구불한 선으로 그렸다. 그래서 래리와 래리의 아버지는 그림 속 다른 사람들보다 약해 보였다. 그림을 다 그린 래리의 어머니는 맹인 아들을 돌보는 것이 얼마나 힘들고 괴로운지 이야기하기 시작했다. "아들의 오른팔이 되고 싶어요. 그게 제가 바라는 거예요. 아들의 친구가 되어주고 싶어요. 아들의 좋은 어머니 이자 좋은 친구가요. 하지만 그렇게 못하고 있어요!"

3주 뒤 실시한 합동 미술치료 시간에 래리의 어머니는 아들과 함께 그림을 완성했다. 둘은 집에서 미리 "피자"를 그리기로 계획하고 왔다. 피자는 둘 모두에게 매우 의미 있는 주제였다(16.6C). 래리의 어머니는 아들에 대한 사랑을 표현하기 위해 피자를 만들어주곤 했다. 하지만 피자 그림 이후로는 양쪽 모두 만족한 공동 작품을 그리지 못했다.

래리의 어머니는 래리를 이젤 앞에 끌어다 앉혀놓고 함께 물감으로 색칠을 하자고 했다(16.6D). 하지만 래리는 같이 하기 싫다며 저항했다(16.6E). 혼자 무엇인가 해보고 싶은 눈치였지만 어머니는 계속 같이 그림을 그리자고 했다. 결국 둘은 나란히 앉아 따로 작업했다(16.6F). 래리는 흡족해한 반면 어머니는 슬퍼했다(16.6G).

래리 어머니는 다음과 같이 말했다. "래리 때문에 신경질 나요! 제 말을 도통 들으려고 하지를 않아요. 고집이 어찌나 센지. 정말 고집쟁이라니까요… 정말 실망이에요. 같이 하려고 그렇게 노력했는데 혼자 하겠다고 고집을 부리니. 제가 아무리 노력해도 싫어한다니까요. 피자 그림은 없던 걸로 해주세요! 그게 끝이었어요! 도와주겠다고 해도 거부하니, 원. 제가 뭘 돌봐주게도 못한다니까요. 래리는 자기 혼자 할 수 있대요. 하지만 내가 어떻게 하는지 보여주면 더 나을 텐데 말이에요. 기분이 엉망이네요. 내가 뭘 해주질 못하게 군다니까요!"

많은 어머니들이 장애를 보상해주기 위해 자녀를 과보호해서 자신에게 의존하도록 만들고픈 래리 어머니의 욕구에 감정이입했다. 하지만 몇몇 어머니들은 래리 어머니의 하소연에 위로의 말을 해주면서도, 아이가 독립심을 키워가는 것이 좋지 않으냐는 의견을 비추었다. 한 어머니는 평소 소심했던 아들이 자신에게 이것저것을 지시했다며 자랑스레 이야기하기도 했다. "아들이 내게 자기 하는 대로 따라 그리라고 하더군요. 그래서 따라 그려봤는데 썩 마음에 들지 않았어요. 그래서 점토를 가지고 뭘 만들었죠."

또 다른 어머니는 뇌종양이 있는 딸, 테리에 대해 칭찬의 말을 했다. "테리는 생각이 많아요. 그래서 자기가 하고 싶은 걸 하고, 저도 제가 하고 싶은 걸 하죠. 안 그래도 학교에서 이것저것 시키는 걸 하느라 힘들 텐데 나까지 거기에 더할 필요는 없잖아요?"(16.6H).

다른 어머니들의 말을 들은 래리 어머니는 자신이 아들을 과보호하고 있었다는 사실을 깨달은 듯 다음과 같은 이야기를 했다. "제가 죄책감을 느끼고 있는지도 모르겠어요. 아들이 앞을 보지 못하게 된 데 내 책임도 있는 게 아닐까 하는 생각을 했던 것 같아요. 말도 안 되게 들릴지 모르지만, 제가 아이를 때렸었거든요. 그런데 그 다음 날 의사가 아들 시력이 상실되었다는 소식을 전해준 거예요. 그래서 나 때문에 그렇게 된 것은 아닐까 괴로웠어요."

래리 어머니의 무의식적 행동에서 아들이 의안을 하고 있다는 현실을 부정하고 싶은 마음이 통렬히 드러났다. 래리 어머니는 피자를 그리던 도중 아들에게 빨간 크레용을 건네달라고 무심코 말했다. 자신과 함께 물감으로 색칠을 하자는 요구 또한 래리가 하기에 역부족인 일이었다(16.6E 참조). 합동 미술치료를 실시한 후 어머니들만 모아 토론한 자리에서 자녀에게 시각장애가 있다는 사실을 어떻게 받아들일 것인지에 대한 솔직하고 열띤 토론이 벌어졌다. 그 다음 주 치료 시간에 래리 어머니는 다음과 같은 말을 하며 안도의 기색을 나타냈다. "이제 다 끝났어요. 래리는 새로운 사람이 됐어요. 선생님께서 래리와 장애에 대해 이야기해보라고 하셨죠? 그래서 우리는 그렇게 했어요. 대화를 나눈 후 래리도 무엇인가를 깨달은 모양이에요. 오늘 아침 버스 기사에게 '저는 앞을 볼 수 없어요'라고 말하더라고요. 전에는 그런 말을 한 적이 없었거든요."

몇몇 어머니들은 합동 미술치료 이후 자녀를 새로운 시각으로 볼 수 있게 되었다. 한 아이는 미술에 흥미를 보이고 심지어 손가락 그림물감 같은 유동적인 재료를 즐겁게 사용해 어머니와 다른 참가자들을 놀라게 하기도 했다.

미술가인 한 어머니는 뇌성마비와 약시가 있는 아들이 미술 활동 하는 모습을 보고 깜짝 놀랐다고 했다. "아들은 정말 마음 편해 보였어요. 색칠하기를 그렇게 좋아하다니! 손이 더러워지는 걸 무척 싫어하는 앤데. 그런데 물감이 묻는 것은 전혀 개의치 않더라고요. 정말 놀랐어요."

그러나 이 어머니의 어투에는 아들에 대한 비판이 담겨 있었다. 이 어머니는

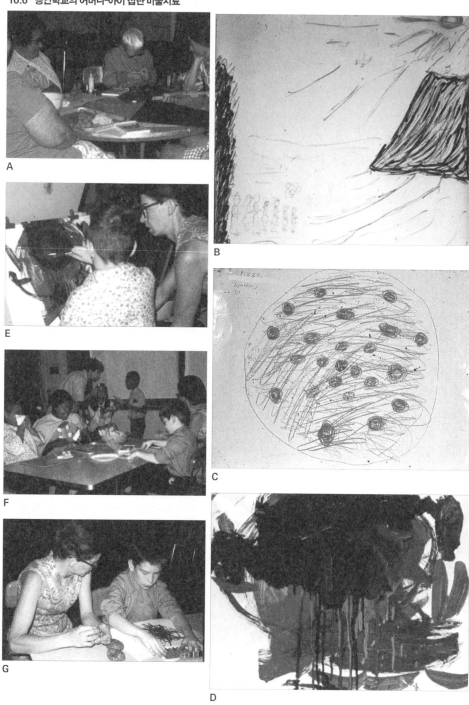

A

E

F

G

B

C

D

H

I

J

K

A. 어머니-아이 미술치료
B. 테리 어머니가 그린 생활 공간 그림
C. 래리와 어머니가 그린 피자
D. 래리와 어머니가 그린 회화
E. 그림을 그리는 래리
F. 래리, 테리, 그리고 그들의 어머니
G. 각자 작업하는 래리와 어머니
H. 함께 작업하는 테리와 어머니
I. 피터 어머니의 그림
J. 시각장애 아이가 더욱 잘 그리도록 미술가인 어머니가 '돕고' 있는 모습
K. 지미와 어머니

아들이 그림을 너무 빨리 그렸다며 다음처럼 말했다. "그림을 다 그렸다는데, 그게 뭔지! 1초도 안 돼서 휘리릭 그려놓고는. 양보다는 질이죠! 그래도 우리 애는 언어 쪽보다 미술 쪽에 더 재능 있는 것 같아요." 이 어머니의 비언어적 행동 또한 아들의 미술적 재능에 대한 시각이 어떠한지 여실히 드러냈다. 이 어머니는 합동 벽화를 그리는 동안 아들 손 위에 자기 손을 얹어 자기 뜻대로 아들 손을 움직였다(16.6J).

어머니 대부분은 합동 미술치료가 조금 당혹스럽고 불편하기도 했다는 언급을 했다. 한 어머니는 솔직하게 다음과 같이 말했다. "아들과 함께 미술 작업하는 게 제일 힘들었어요. 둘이 무엇인가를 함께 해본다는 게 중요하다는 건 알지만 그래도 쉽지 않더군요… 하지만 이번 경험을 바탕으로 더 많은 것을 함께 해봐

야겠다고 생각했어요."(16,6K)

또 다른 어머니는 주위를 의식하는 발언을 했다. "부모가 자녀와 함께하려고 노력할수록 관계가 개선되는 것 같아요. 비록 1시간 반 동안이었지만 좋은 경험을 했어요. 부모가 행복하면 아이들도 행복해하고 장애에 더욱 잘 적응하는 것 같아요."

외래환자 어머니 집단치료 : 지원과 지지

정신병원에서 일하다가 개인치료소를 시작한 이후, 병원에서 환자들의 미술치료를 의뢰하곤 했다. 병원에서 소개해준 환자들은 대부분 신체적, 감각적, 인지적 문제가 있는 아동들이었으며, 나는 종종 그 부모들과 면담했다. 동료인 어윈 박사가 맡고 있는 아동의 어머니를 면담한 일이 있었는데, 그 어머니가 대기실에서 다른 어머니를 만나 이런저런 정보를 교환하다가 어머니 집단치료에 대한 이야기를 했던 모양이다. 두 어머니는 내게 집단치료를 받고 싶다고 해왔다. 이일을 계기로 다른 두 어머니를 더 모아 집단치료를 시작하게 되었다.

첫 시간에는 미술을 통해 자신을 소개하고 장애가 있는 자녀를 어떻게 생각하는지 돌아가며 이야기했다. 미술치료를 진행하면서 참가자들은 점차 솔직하고 허심탄회한 토론을 벌였고, 장애가 있는 자녀를 평생 동안 돌봐야만 하는 같은 처지의 어머니들끼리 서로를 보듬어주었다. 나는 그들에게서 내가 준 것보다 훨씬 더 많은 것을 배웠다. 이렇듯 미술치료는 항상 참가자들 모두가 성장하는 기회를 제공해준다.

5부

모든 이를 위한
치료 수단으로서의 미술

Art as Therapy
for Everyone

17장

미술을 통해 정상 아동 돕기

아이들에게 미술을 통해 솔직하게 자신을 표현할 수 있는 기회를 제공하는 것은 정기 건강검진을 받게 하거나 매일 비타민을 먹이는 것과 같다고 할 수 있다.

1966년에 나는 배우 프레드 로저스가 진행하던 어린이 교육 프로그램인 〈로저스 아저씨의 이웃〉에 '미술 선생님'으로 출연해달라는 요청을 받았다. 그의 제의를 수락한 후 프로그램에 참여했던 3년 동안 자존감, 자아 정의, 감정 표현을 북돋아주는 미술의 가치를 알리고자 노력했다.

미술교육의 치유적 가치

미술이 교과 과정에 포함된 이후 미술 교사들은 미술에 아이들의 성장을 촉진하고 치유하는 잠재력이 있다는 사실을 깨달았다. 학생의 능력과 개성을 살리는 진보주의 교육이 유행하던 시기에 미술은 감정을 다스리고 스스로를 표현하는 유용한 수단으로 여겨졌다(cf. Petrie, 1946; Schaeffer-Simmern, 1961; Shaw, 1938). 마거릿 나움버그는 그러한 이념을 바탕으로 1914년에 월든 학교Walden School를 설립했다. 설립 이래 마거릿 나움버그의 여동생이자 미술치료의 선구자인 플로렌스 케인Florence Cane이 미술을 가르쳤다.

『인간을 위한 미술교육*Creative and Mental Growth*』의 저자인 로웬펠드는

'미술교육 치료'라는 말을 제안했다. 로웬펠드는 미술을 통해 창의성을 발휘하는 과정 자체가 심리적 통합에 기여한다는 에디스 크레이머의 의견에 동조했다. "사고, 감정, 인지 체제가 무질서에서 통합으로 갈 때 우리는 더욱 조화로운 사람이 될 수 있다. 바로 그것이 미술치료의 목표다. 따라서 미적 경험은 우리 자신의 조화로운 감정과 밀접하게 연관되어 있다."(1982, p.30)

사실 미술은 아이들이 열린 눈으로 사물을 바라보고, 두려움 없이 세상에 맞서고, 경험을 통합시킬 수 있는 지각적 표현 수단을 획득하게 해준다. 아이들은 미술을 통해 변화(색의 혼합)와 안정성(구성) 같은 개념을 학습할 수 있다. 이렇게 학습된 개념은 미술뿐 아니라 아이의 인생 전체에 영향을 미친다. 미술은 아이들이 발산적 사고를 하고, 문제의 대안을 탐색하고, 위험을 감수하고, 상황에 유연하게 대처할 수 있도록 돕는다.

아이들은 미술 활동을 통해 도구와 재료 다루는 법을 배운다. 그리고 이를 통해 무엇인가를 능숙하게 할 수 있게 되었다는 자신감을 느끼고, 자신의 목소리를 더욱 분명하게 낼 수 있게 된다. 아이들은 무엇인가를 창조함으로써, 즉 형태가 없는 재료로 형태를 만들고, 자신만의 스타일을 발전시키고, 종국에는 자신의 정체성을 찾음으로써 자기 자신과 자신의 경험을 정의내린다.

미술은 또한 아이들이 사회적 환경 속에서 서로를 존중하고 공존하는 법을 배울 수 있도록 돕는다. 또한 아이들은 미술을 통해 말로 표현하기 불가능하거나 어려운 감정들을 형태가 있는 작품으로 만들어낼 수 있다. 철학자 수잔 랭거는 다음과 같이 말하기도 했다. "매우 중요한 진실의 어떤 부분은 언어로 표현하기 어렵다. 그 부분은 바로 '내면의 경험', 즉 느낌과 감정의 영역이다."(p.4) "미술의 주된 기능은 감정을 구체화해 우리가 그것을 관찰하고 이해할 수 있도록 해주는 것이다."(p.5)

물론 치료와 관련해서는 랭거가 이야기한 가치가 가장 중요하겠지만, 조금 더 넓은 관점으로 보면 미술에 내재된 모든 가치는 치유의 힘을 발휘할 수 있다고 본다. 다시 말해 미술은 아이들이 어린 시절에 누구나 겪는 삶의 장애물들에 맞닥뜨리더라도 헤쳐 나갈 수 있게 해주는 자신감을 준다. 또한 미술은 장애가 있거나 불우한 아이들이 자기 자신과 타인을 향해 긍정적인 태도를 키울 수 있도록 도와준다. 초등학교 3학년 아이들을 가르치는 한 교사는 다음과 같이 말하기도 했다. "저는 미술이 아이들의 인생 전반에 긍정적인 영향을 끼치는 사례를 수없이 목격했습니다. 수줍음 타고 소심했던 아이가 자신감 있는 아이가 되고, 학습 능력이 떨어지던 아이가 열정적으로 공부하는 아이가 되기도 했습니다. 아이들은 여느 때와 다른 것들을 창조하면서 자신의 가치를 발견해갑니다." (Lehman, 1969, p.46)

미술 교사가 교실에서 할 수 있는 최선은 아이들이 자기 자신이 될 수 있는 환경을 제공해주는 것이다. 이를 위해서는 첫째, 아이들을 면밀히 관찰하고 아이의 말에 귀 기울여주며, 아이 각각을 이해해주며, 아이의 현재 상태가 어떠한지 그리고 아이가 바라는 바가 무엇인지 파악해야 한다. 그런 후 아이 각각의 가치를 인정해줌으로써 아이들이 원하는 것을 이룰 수 있도록 도와주어야 한다. 미술 교사는 이해와 적절한 조건을 제공하고 갈등에 초점 맞춤으로써 문제를 예방하고 아이가 최대의 능력을 발휘하며 성장하도록 도울 수 있다.

점점 많은 미술치료사들이 학교에서 일하며(Cohen, 1974), 학습장애가 있거나 정서적 문제가 있는 아이들을 돕고 있다(Smith, 1979; Wolf, 1973). 그들은 모든 연령대 아이들이 '학습'과 관련된 문제들을 극복하는 데 도움을 주고 있다(Allan, 1988; Allan&Bertoia, 1992; Bush, 1997; Case&Dalley, 1990; Henley, 1992, 2001; Moriya, 2000; Ross, 1997; Stepney, 2001).

미술을 통해 정상적인 스트레스에 대처하기

단순히 '학습'을 촉진시키는 것 이외에도 미술 교사가 해줄 수 있는 치료적 역할이 있다. 미술 교사는 여러 가지 감정적 · 정서적 문제가 치료를 요할 정도의 더 큰 문제로 커지는 것을 막을 수 있다. 아이들은 어른으로 성장하는 과정에서 여러 가지 스트레스를 겪게 마련이다. 그러한 스트레스는 정상적인 것으로 집을 비롯한 사회적 공동체에서 비롯된다. 스트레스로 급격한 감정의 동요를 겪는 아이들에게 미술은 감정에 대처하는 수단이 될 수 있다. 아이들은 때로 풍부한 감정이 담겨 있는 미술작품을 자연스레 내놓는다. 하지만 섬세한 교사나 치료사는 때로 그러한 표현을 일부러 유도한다.

교사나 부모만큼 아이들의 상황을 민감하게 파악하고 도울 수 있는 위치에 있는 사람도 없다. 치료사들과 달리 교사나 부모는 아이의 여러 가지 면을 오랜 시간에 걸쳐 지켜볼 수 있기 때문이다. 따라서 아동의 변화를 감지해 어떤 스트레스를 받고 있는지 쉽게 파악할 수 있다. 예를 들어 리사의 어머니가 아이를 낳으러 병원에 갔을 때 리사의 그림은 평소와 비교해 확연히 퇴보했다. 평소에는 잘 통제된 장식적인 그림을 잘 그렸는데(그림 3.10A), 이때 그린 그림은 훨씬 혼란스러워 보였다(3.10B). 교사는 리사가 극도로 괴로워하고 있는 상태라는 사실을 알아차렸다.

평소 사회성이 매우 높았던 조앤은 어느 날 방과 후 워크숍에 이상할 정도로 조용하게 들어섰다. 조앤은 가장 친한 친구에게 기계적인 목소리로 인사를 하고 코트를 벗어 의자에 던져놓더니 바로 이젤 앞으로 가 앉았다. 그러고는 붓에 검은 물감을 묻혀 격렬한 손놀림으로 울고 있는 한 소년의 그림을 그렸다. 소년의 뒤에는 자전거가 그려져 있었다(그림 17.1A). 조앤은 그림을 완성한 후 한숨을 내쉬고 한 발짝 뒤로 물러나 그림을 물끄러미 바라보았다.

워크숍 지도자이던 나는 조앤에게 그림과 관련해 할 말이 있는지 물어보았다. 그러자 조앤은 "그냥 남자아이 그림이에요"라고 대답했다. 하지만 잠시 뜸을 들이더니 속내를 털어놓았다. "남자아이가 자전거를 잃어버려서 울고 있는 거예요. 이 남자아이는 자전거를 잃어버렸다고 말하면 엄마가 화를 낼까 봐 두려워하고 있어요." 나는 주변에 그런 일을 겪은 사람이 있느냐고 물어보았다. 그러자 조앤이 눈물을 떨구며 대답했다. "저요. 오늘 오후에요. 자전거가 어디로 갔는지 못 찾겠어요. 엄마에게 뭐라고 말하면 좋을지 무서워요!" 조앤은 자신에게 벌어진 일을 그림으로 표현함으로써 감정과 사건의 결과를 찬찬히 생각해볼 수 있었다.

모든 아이들은 이러한 스트레스를 겪으며 성장한다. 그리고 성장함에 따라 스트레스에 대처하는 능력도 나아진다. 노나는 3살 때 가게에서 미아가 되었던 경험 때문에 집 밖으로 나가는 것을 두려워했다. 하지만 그 사건을 그림으로 표

17.1 정상적인 스트레스를 표현한 그림

A

A. 조앤이 그린 "잃어버린 자전거 때문에 울고 있는 남자아이". 템페라 물감. 10세.
B. 노나가 그린 "어둠을 겁내는 남자". 3세

B

현하고 내게 이야기한 후 더 이상 불안해하지 않게 되었다. "이 그림은 엄마를 찾으며 울고 있는 남자예요. 어둠 속에서 길을 잃어버려서 울고 있는 거예요. 너무 어두워서 집으로 가는 길을 찾지 못하고 있어요. 그래서 무서워하고 있어요." (17.1B)

비올라는 악몽을 꾸는 자녀를 둔 한 어머니에 대한 이야기를 한 적이 있다. "그 어머니는 직감적으로 아들에게 밤마다 괴롭히는 악몽에 대한 그림을 그려보라고 했습니다. 그렇게 한 후 악몽은 저절로 사라졌대요."(1944, p.59)

노나의 악몽 그림처럼(그림 1.2), 두려워하던 대상에 상징성을 부여해 형태로 표현하면 도움되는 경우가 많다. 루스 쇼Ruth Shaw가 가르치던 학생이 '두려운 것들'을 그렸을 때나 나탈리 로빈슨 콜Natalie Robinson Cole의 학생들이 '비밀스러운 범죄'에 대한 그림을 그리고 글을 썼을 때도 마찬가지였다.

분리 불안

아이들은 이따금 부모가 자신을 떠날지 모른다는 불안을 느낀다. 노나의 경우 12살 때 새로운 학교로 전학 가기 전 자신을 상징하는 여자아이 그림을 그린 후 이런 말을 했다(17.2). "아버지가 딸을 학교에 데려다주고 있어요. 여자아이는 그 학교에 처음 가는 것이기 때문에 떨고 있어요… 아는 사람이 하나도 없는 데다 학교가 커서 더 두렵게 만들어요."

그림 속 여자아이가 어째서 그렇게 겁에 질려 있는지 내가 다시 묻자 노나가 대답했다. "왜냐하면 선생님들이 어떨지 몰라서요. 선생님들이 무서울지 착할

17.2 분리 불안 : 노나가 그린 "새 학교에 가기"

지 모르잖아요. 그리고 여자아이는 아빠가 자기랑 같이 학교에 있어주었으면 좋겠다고 생각하고 있어요." 노나는 그 말을 한 후 예전의 기억을 떠올린 듯했다. "전에 제가 엄마가 가지 말았으면 좋겠다고 했는데, 엄마가 그럴 수 없다고 해서 당황했던 일이 생각나요. 그래서 엄마한테 '그냥 가버리세요'라고 했었는데." 나는 노나의 그림을 통해 새 학교로 전학 가는 것이 어린 시절에 느꼈던 분리 불안을 다시 일깨웠다는 사실을 알 수 있었다.

형제 간의 경쟁

동생의 출생, 어머니로부터의 분리, 새로운 경쟁자의 등장은 거의 모든 아이들이 한번씩은 거쳐야 할 통과의례라고 할 수 있다. 어머니의 임신 기간 동안 아이들은 뱃속에서 무엇이 자라고 있는지에 대한 호기심에 사로잡혀 있으며, 때로는 뱃속에 음식이나 동물이 있다고 상상하기도 한다. 임신 중인 어머니를 둔 아이들이 많았던 한 유치원에서는 임신에 대한 질문들이 한가득 쏟아져 나왔다. 그래서 유치원 교사는 아이들에게 어머니 뱃속의 아기를 그려보라고 했다. 그런 후 환상과 실제 사실에 대해 이야기하는 시간을 마련해 교육 효과를 거두었다 (17.3A).

한편, 새미라는 아이가 유치원에서 그린 그림에는 새로 태어난 동생에 대한 분노가 표현되어 있었다(17.3B). 새미의 어머니가 아기를 안고 집에 왔을 때 모든 가족이 야단법석하며 환영했다. 새미도 처음에는 여동생을 환영했다. 어머니가 기저귀 가는 것을 돕기도 하고, 아기에게 뽀뽀를 하기도 하고, 친구와 친척들에게 여동생을 사랑한다고 말하기도 했다. 하지만 새미는 동생에게 질투심도 느꼈다. 전에는 어머니가 자기와 늘 함께해주었지만, 이제 어머니는 늘 동생 때문에 바쁘고 피곤해했다. 새미는 어머니의 관심이 줄어든 것 같다는 느낌을 받았다. 그래서 하루는 학교에서 둥지에 내려앉고 있는 새 한 마리를 그린 후 교사에게 이렇게 말했다. "이 소년 새는 둥지에 있는 다른 새를 때려눕힐 거예요. 둥지에는 두 마리가 다 앉아 있을 자리가 없거든요!" 현실의 새미는 여동생을 없앨

A. 엄마 속에 있는 아기들
B. 새미가 그린 "둥지에 있는 다른 새를 때려눕히려고 하는 새". 마커. 5세
C. 노나가 그린 "동생이 인형을 망가뜨려 울고 있는 여자아이". 크레용. 5세

A

B

c

수 없었으며, 항상 그렇게 하고 싶은 것도 아니었다. 하지만 상징적인 그림을 통해 그러한 소망을 안전하게 표현할 수 있었다.

토미는 새미보다 동생을 약간 더 수월하게 받아들였다. 하루는 집에서 그림을 그린 후 어머니에게 이렇게 말했다. "이건 유모차를 밀고 있는 한 엄마의 그림이에요. 유모차에는 갓난아기가 탔는데 울고 있어요. 으앙! 으앙! 비가 오고 있어요. 엄마와 아기는 집에 돌아가려고 해요." 토미는 새로운 형제의 등장뿐 아니라 어머니가 아기에게 더 많은 관심을 쏟을 수밖에 없다는 사실까지 받아들인 것으로 보인다. 아기가 울고 있으며 비가 와서 젖을지 모른다는 내용에만 적대감이 드러나 있다.

하지만 아직 갓난아기에 불과한 동생들이 더 크면 문제가 더 심각해질 수 있다. 큰 아이들이 동생에게 놀이 공간을 침범당할 것이기 때문이다. 노나는 5살 때 울고 있는 여자아이의 그림을 그린 후 다음과 같이 설명했다(17.3C). "이 여자아이는 슬퍼하고 있어요. 남동생이 테디 베어 머리를 떼어버렸기 때문이에요." 실제로 노나의 남동생이 노나의 테디 베어 인형을 망가뜨렸다. 노나에게 테디 베어 인형은 밤에 늘 안고 자는 '이행 대상transitional object'이었다(Winnicott, 1971a). 이행 대상이란 아이와 엄마의 정서적 유대관계를 대체하는 사물을 지칭하는 용어다.

미술이 없었더라면 노나는 방에 들어가 혼자 울거나, 저녁 먹기를 거부했을 수 있다. 또 동생에 대한 자신의 분노에 죄책감을 느꼈을 수도 있으며 동생이나 동생의 장난감에 물리적인 방식으로 분노를 표출했을 수도 있다. 혹은 전혀 상관없는 다른 사람에게 분노를 돌렸을 수도 있다. 아니면 슬픔과 분노의 감정을 부정하고 억압하다가 나중에 왜곡된 방식으로 발산되는 상황을 만들었을 수도 있다. 하지만 노나는 자신의 슬픔에 파괴적인 방식으로 대응하는 대신 크레용과 종이를 가지고 감정을 솔직하게 표현했다.

막내이자 외아들이었던 존은 분노와 관련된 문제 때문에 괴로워했다. 4살 때는 괴물이 나오는 꿈을 그림으로 그림으로써 두려움에 맞섰다(17.4A, 17.4B). 조금 더 자라서는 가족 구성원을 공격하는 그림을 그림으로써 부정적인 충동을 다스렸다. 그보다 더 나이 먹어서는 무장한 배와 비행기, 군인, 슈퍼 영웅을 즐겨 그렸다. 그러다 사춘기에 이르러서는 공상과학 소설을 읽고 익살스러운 인물들을 창조했다(17.4C).

5살 빈스의 아버지는 성직자였다. 빈스의 아버지는 내면의 두려움과 소망을 말이나 그림으로 표현하도록 권했다. 어느 날 빈스의 아버지가 아들이 그린 그림 몇 장을 들고 나를 찾아왔다. 하나는 동생에 대한 파괴적 소망을 표현한 그림이었고 다른 하나는 처벌에 대한 두려움을 나타낸 그림이었다. 첫 번째 그림에는 동생의 큰 코를 자르려고 하는 "나쁜 가위"가 그려져 있었다(17.5A). 빈스는 아버지에게 그림 오른쪽에 있는 형이 가위를 막아서 동생을 다치지 않게 해줄 거라며 아버지를 안심시켰다.

어린아이들은 자신의 분노 때문에 처벌받을지도 모른다는 걱정을 흔히 한다. 빈스는 "이런 일이 벌어지지 않았으면 좋겠어I Hope This Didn't Happen"라는 제목의 두 번째 그림에서 나쁜 짓에 대한 벌로 산에서 던져지는 사람을 그렸다(17.5B). 산 밑에는 구조대원들과 안전매트도 그려져 있었다.

아이들이 나이를 먹는다고 해서 형제 간의 경쟁이 꼭 줄어드는 것은 아니다.

17.4 분노를 표현하는 존의 그림

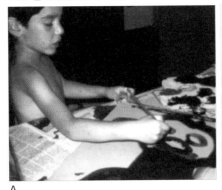

A

B

A. 괴물을 그리는 존
B. 존의 괴물 그림
C. 존의 상상의 창조물

C

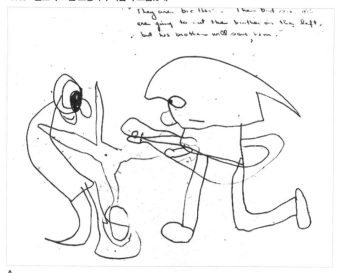

A

B

A. 동생의 코를 자르려고 하는 "나쁜 가위". 연필
B. "이런 일이 벌어지지 않았으면 좋겠어". 연필

A. 노나가 그린 못생긴 언니, 제니. 8세. 크레용

B. 존이 그린 못생긴 누나, 노나. 7세. 연필

C. 제니가 그린 못생긴 부모. 5세. 크레용

D. 제니가 그린 가족 드로잉
E. 제니가 1년 후에 그린 가족 드로잉

D

E

노나는 8살 때 언니인 제니와 싸운 후 언니를 아주 '못생기게' 그린 그림을 그렸다(17.6A). 4년 후에는 남동생 존 또한 누나인 노나와 싸운 후 노나를 턱수염이 있고 코가 긴 못생긴 사람으로 그렸다(17.6B).

한편 세 남매 중 맏이인 제니는 막내 존이 태어난 이후 형제들뿐 아니라 부모들에 대한 공격성을 드러냈다. 겉보기에 제니는 나무랄 데 없는 언니이자 누나였다. 하지만 나는 제니의 방에서 눈, 머리카락, 팔과 다리가 없는 "못생긴 엄마"와 "못생긴 아빠" 그림을 발견했다. 반면 그 옆에 있는 자신은 예쁘게 그려놓았다(17.6C). 그림에 대해 제니가 설명하기를 "엄마와 아빠는 아이를 너무 많이 낳았기 때문에 못생겨졌다"고 했다. 몇 달 후 제니가 다시 그린 가족 그림에는 부모, 동생들, 자기 자신 모두가 포함되어 있었다. 하지만 남성들은 작게 그려져 있었다(17.6D). 1년 후 제니는 가족 전체를 조금 더 현실적으로 표현할 수 있게 되었다(17.6E).

어른들을 향한 분노

분노는 가장 대처하기 힘든 감정이다. 특히 그 대상이 우리가 가장 사랑하는 사람일 때 더욱 그러하다. 사실 '폭력violence'과 '활력vitality'이라는 단어는 둘 다 '힘'이라는 뜻의 라틴어 'vis'에서 유래했다. 이 두 단어는 서로 비슷하면서도 다르다. "폭력은 부정적이고 파괴적인 방향으로 향하는 생명력이다. 반면 활력은 창의적이고 건설적인 방향으로 향하는 생명력이다."(Barron, 1970) 바꿔 말하자면 사랑과 증오는 동전의 양면과도 같다.

아이들이 분노의 감정을 편안하게 표현하도록 해주려면 성인들이 그 감정을 수용해야 할 필요가 있다. 워크숍 진행자는 아동이 분노가 담긴 생각을 안심하고 표현할 수 있는 분위기를 만들어주어야 한다. 그렇지 않았다면 8살 소녀가 "변덕스러운 선생님Jerky Teacher" 그림을 통해 위트 있게 어른을 공격했던 것도, 존이 내 의자에 분노를 표현한 그림을 남겨두고 가는 것도 불가능했을 것이다 (17.7A)(존은 나를 게걸스럽게 먹어치우고 있는 "식인 상어Killer Shark" 그림을 그렸다).

A

A. 존이 그린 "못된 어머니를 먹어치우고 있는 식인 상어". 8세. 연필
B. 노나가 그린 "긴 머리 소녀와 차고에 갇혀 있는 엄마"
C. 노나가 그린 "열쇠를 갖고 있는 소녀"

B

C

아이들은 또한 미술을 통해 자신이 강하다는 환상을 표현하고 분노의 대상인 어른에게 복수를 할 수 있다. 노나는 4살 때 긴 머리를 빗지 않으려고 해서 내게 꾸중을 들었다. 나는 노나에게 빗질을 못하게 할 거면 짧게 잘라버리겠다고 말했다. 노나는 그 일로 화가 나서 지금까지도 나나 남편이 머리를 빗겨주지 못하게 하고 있다.

머리를 자르고 온 다음 날 노나는 유치원에서 그림 두 점을 그려서 가지고 왔다. 첫 번째 그림은 "긴 머리 소녀와 차고에 갇혀 있는 엄마"라는 제목이었다

(17.7B). 두 번째는 차고 위에 의기양양하게 앉아 있는 여자아이를 그린 그림이었다. 작게 그려진 엄마(나)는 여전히 차고 안에 있었고 "소녀가 열쇠를 들고 있었다"(17.7C). 현실에서는 나를 통제할 수 없었지만 그림에서만은 모든 권력을 쥘 수 있었다.

분노의 표현은 애정의 표현과 혼합되어 나타나는 경우가 많다. 특히 아이가 오이디푸스 콤플렉스의 영향을 받는 시기라면 더욱 그렇다. 이 시기의 아이는 부모 중 한쪽이 자신의 상대가 되기를 바라지만 동시에 경쟁자인 다른 쪽 부모를 두려워한다. 캐롤이 4살 때 그린 가족 그림에는 이러한 바람이 잘 표현되어 있다.

캐롤은 어머니 그림을 그린 후 다음과 같이 설명했다. "엄마는 어떤 사람의 손을 잡고 있어요. 이제 제가 아버지가 될 거예요. 이 남자는 밖으로 나가요. 왜냐하면 누군가의 손을 잡고 있거든요." 캐롤은 마지막으로 종이 왼쪽에 자신을 그렸다. 그런 후 자신도 엄마처럼 귀와 머리가 예쁘다고 말했다.

"엄마는 남자 손을 잡고 있어요. 그리고 그 남자는 내 손을 잡고 있어요. 이 사람들은 비키의 결혼식에 갈 거예요. 내 결혼식이 아니에요!" 그런 후 어머니를 떠나려고 하는 아버지 그림을 화난 눈길로 쳐다보더니 그 위에 수직선을 죽 그었다. "이런! 선이 그어졌네!" 캐롤은 상징적 복수에 성공한 것이 기뻤는지 낄낄대며 웃었다.

존은 8살 때 '재미있는 가족 그림'을 그려보라는 말에 서커스를 하고 있는 세 명의 광대를 그렸다(17.8A). "제일 큰 사람이 아버지예요. 그리고 가운데 있는 작은 사람은 아들이에요. 매우 호기심이 많은 아이죠. 이 아이는 끝이 뾰족한 막대로 엄마 배를 찌르면 엄마가 아파할지 궁금해하고 있어요. 엄마는 뾰족한 막대에 찔려 소리를 지르고 있어요. 그리고 아버지는 아내를 찌른 아들을 발로 차며 고함치고 있어요."

내가 어머니의 몸이 이상하게 그려진 것 같다고 하자 존이 낄낄대며 대답했다. "처음에는 가슴을 그리려고 선을 그렸는데 대신 팔을 그렸어요." 존의 그림에 표현된 것과 같은 위장된 오이디푸스 콤플렉스와 아버지로부터의 처벌을 상징하는 내용은 어린 소년들의 그림에서 흔히 찾아볼 수 있다(존의 항문 공격적 유머

A. 웃기는 광대 가족. 8
세 때

B. 존이 그린 우스꽝스
러워 보이는 아버지. 펜. 9
세 때.

C. 남자를 쏘는 소년

D. 배트맨

E. 잘 무장된 전함

도 마찬가지다).

존은 9살 때 아버지와 말다툼을 한 후 아버지를 우스꽝스럽게 그렸다(17.8B). 그 다음 날에는 작은 개가 큰 개를 위협하는 그림, 소년이 성인 남자에게 총을 쏘는 그림을 그렸다(17.8C).

도화지 뒷면에는 경주 우승 기념으로 받은 트로피를 들고 멋진 레이싱카 안에 타고 있는 남자의 모습을 그린 그림이 있었다. 이 그림에는 승리와 권력을 얻고 싶은 존의 바람이 담겨 있었다. 모든 연령대 아이들이 자주 그리는 그림 중 하나는 배트맨 같은 슈퍼 영웅의 그림이다(17.8D). 이러한 그림은 현실의 나약한 자신과 반대로 강해지고 싶은 바람을 나타낸다. 남근 모양을 상징하는 자동차, 탱크, 배, 비행기, 로켓에 무기가 가득 차 있는 모습 또한 어린 남자아이들이 자주 그리는 그림들이다(17.8E). 이러한 그림들은 스스로를 보호하고 싶은 바람과 공격성을 동시에 나타낸다.

별거 및 이혼

별거하거나 이혼하는 부부가 늘어나면서 점차 많은 아이들이 고통스러운 상황에 놓이고 있다(cf. Betts, 2003). 5살 마이클은 부모가 별거를 시작한 이후 부쩍 하늘을 나는 슈퍼맨이나 스파이더맨 같은 슈퍼 영웅이 등장하는 그림을 많이 그리기 시작했다(17.9). 이러한 그림은 집을 떠나 주말에만 만나는 아버지와 함께하고 싶은 마이클의 바람을 상징했다.

앞에서 등장했던 4살 난 로리는 미술치료 시간에 부모의 별거와 예정된 이혼에 대한 그림을 그리곤 했다. 로리는 함께 살지 않는 아버지를 자주 만나지 못했다. 그래서인지 로리가 처음 그렸던 가족 그림에는 아버지가 없었다. 하지만 나중에 그린 가족 소풍 그림에는 아버지가 크게 그려져 있었다. "저는 아빠가 좋아요. 아빠는 잘생겼어요. 하지만 집에 같이 사는 아빠는 아니에요."

몇 달 후 로리는 슬픈 표정의 소녀를 그린 후 다음과 같이 말했다(그림 4.8D). "이 여자아이는 울고 있어요… 집이 산산조각 났기 때문이에요… 왜냐하면 아

주 큰 폭풍이 불고 번개가 쳐서 집이 반으로 갈라졌기 때문이에요." 조각난 집은 조각난 로리 자신의 삶을 상징하는 것이었다. 로리에게 부모의 이혼은 청천벽력 같은 일이었다.

정신적 외상에 대한 미술치료

감당하기 힘들 정도의 충격을 경험한 후 겪는 정신적 장애를 트라우마trauma, 즉 정신적 외상이라고 한다. 어린아이의 경우 길을 잃어버리는 경험 같은 작은 사건도 트라우마가 될 수 있다. 하지만 때로 아이들은 설사 성인이라 해도 엄청난 충격을 받을 만한 사건에 노출되기도 한다(그림 17.10). 그런 경우 미술이 훌륭한 치유 도구가 될 수 있다. 테레진 나치 수용소에 있던 아이들은(17.10A, 17.10B) 운 좋게도 프리들 디커 브란다이스Friedl Dicker Brandeis에게 미술을

17.10 테레진 수용소 어린이들의 미술작품

A

A. 나는 또 다른 나비를 본 적이 없다 – 시와 드로잉
이 있는 책
B. 악몽 – 수용소의 참사

B

배울 수 있었다(Jewish Museumof Prague, 1993; Makarova&Seidman-Miller, 1999; Volavkova, 1962). 프리들 디커 브란다이스가 열었던 미술 교실은 실로 절망의 바다 위에 떠 있는 희망의 섬과도 같았다.

캘리포니아 오클랜드에서도 화마가 휩쓸고 간 후 미술치료사들이 지역 학교에 방문해 정신적 충격을 받은 아이들과 그 가족들을 치료한 적이 있다. 극단적인 스트레스 상황에 놓여 있는 아이들에게 그 경험을 그림으로 그리거나 글로 써보도록 하는 것은 도움이 된다. 이는 이스라엘과 아랍 연합 사이에 벌어졌던 6일 전쟁 이후 이스라엘 청소년들을 대상으로 실시한 미술치료에서도 증명되었다(Kovner, 1968). 크로아티아 청소년을 대상으로 한 미술치료에서도, 911테러 이후 미국 내에서 실시된 수많은 미술치료에서도 마찬가지였다.

1968년 마틴 루터 킹Martin Luther King의 죽음 이후 폭력에 시달리며 빈민 지역에 살던 아이들도 미술의 도움을 받았다. 같은 해 아이들이 공포와 소란 그리고 더 평화로운 미래에 대한 희망을 담아 그린 그림들을 한데 묶어 책으로 내기도 했다.

급성 및 만성 질환으로 인한 스트레스

당뇨병이나 천식 같은 만성 질환으로 고통받는 아이들도 미술치료의 도움을 받을 수 있다. 단기 입원에서 중증 화상이나 사지마비 같은 장기 치료에 이르기까지 미술치료가 활용될 수 있는 범위는 무척 넓다.

에디는 사고로 사지를 사용하지 못하게 되었다. 그래서 에디가 말로 설명하면 미술치료사인 아이린 로스너Irene Rosner가 옆에서 그림을 그리는 식으로 미술치료를 받기 시작했다. 이후 에디는 입으로 연필이나 붓을 물고 스스로 그림을 그리기도 했다. 치료사인 아이린 로스너는 '보조 자아' 역할을 해주며 에디가 창조에 대한 갈증을 해소할 수 있도록 도와주었다.

학대 및 외상후 스트레스 장애

여느 미술치료사들과 마찬가지로 나는 학대당한 경험이 있는 아동들을 대상으로 오랜 기간 미술치료를 실시해왔다(Gil, 1991; Klorer, 2000/2003; Malchiodi, 1997). 내 환자 중 하나였던 재키는 아버지에게 성적 학대를 당했을 뿐 아니라 끔찍한 사건을 목격한 경험이 있었다. 그 충격이 어찌나 컸던지 두 사건 모두에 대해 결코 입을 열려고 하지 않았다. 이는 외상후 스트레스 장애PTSD(Post Traumatic Stress Disorder)의 징후가 분명했다.

재키는 악몽을 자주 꾸었다. 게다가 까다로운 태도와 행동 때문에 주위 사람들에게서 소외당하는 외톨이였다. 재키를 담당하던 복지사에 따르면 재키는 1년 가까이 놀이치료를 받았지만 별다른 차도가 없었다고 했다. 그 복지사는 내가 열었던 워크숍을 듣고 미술치료가 재키에게 도움될까 싶어 먼 거리에도 불

17.11 학대당한 재키가 그린 "못생긴 루빈 선생님의 얼굴". 마커. 7세

구하고 재키를 데리고 나를 찾아왔다.

고작 5살밖에 안 된 재키는 아버지에게 성적 학대를 당한 경험이 있었다. 게다가 어머니가 남동생을 총으로 쏘아 죽인 사건을 목격했다. 학대 성향이 있는 부모를 둔 대부분의 아이들과 마찬가지로 재키는 어머니를 향한 자신의 분노를 인지하지 못했다. 비정기적으로 감옥에 있는 어머니를 방문할 때 느끼는 좋은 감정을 잃어버릴까 봐 두려워하는 상태였다. 재키는 아주 못생긴 얼굴을 그린 후 그 그림에 "못생긴 루빈 선생님의 얼굴Ugly Picture of Dr. Rubins Face"이라는 제목을 붙이는 식으로 어머니에 대한 분노를 나에게로 돌렸다(그림 17.11). 그 편이 더 안전했기 때문이다.

또 한동안은 내 사무실 문에 내가 하는 말을 절대로 믿어서는 안 된다는 경고문을 붙여놓기도 했다. 이러한 행동은 나를 독점하고 싶은 욕구와 다른 아이들에 대한 질투에서 비롯된 것이었다. 그러나 재키는 미술을 통해 자기 자신과 다른 사람들에 대한 감정을 다스릴 수 있게 되었다. 그리고 결국 나와 자신의 장단점을 받아들이게 되었다. 그렇게 재키는 나와 긍정적 애착관계를 형성한 후 성공적으로 치료를 마무리했다.

부모(혹은 부모를 대신하는 인물의) 상실

아이들은 성장하면서 애완동물의 죽음 같은 상실을 경험하게 마련이다. 아이들에게 그 어떤 상실보다도 가장 큰 충격과 고통을 주는 경험은 아마도 부모나 부모를 대신하는 인물의 죽음일 것이다. 그러한 상실을 겪은 아이들은 고통에 대해 쉽게 털어놓지 못한 채 파괴적인 행동으로 심적 괴로움을 표출하곤 한다. 그런 청소년이 있다면 미술이 트라우마를 극복하는 데 도움될 수 있다.

상실의 원인은 사고, 싸움, 질병, 911 같은 테러공격에 이르기까지 다양할 수 있다. 어떤 원인으로 인생의 중요한 인물을 잃었건, 아이들은 창조하는 경험을 통해 치유될 수 있다.

부모의 자살만큼 아이에게 큰 충격을 주는 사건은 없을 것이다. 사랑하던 사람의 자살은 성인에게도 감당하기 어려운 사건이다. 하물며 아이들은 그러한 죽음을 이해하기조차 버거워하는 경우가 많다.

빌리 아버지의 죽음

빌리의 아버지는 자살로 생을 마감했다. 당시 고작 2살이었던 빌리는 미술치료를 받기 시작한 이후 수주에 걸쳐 물방울 모양 점 하나를 그리고 나서 그 위를 물감으로 덮어버리는 행동을 강박적으로 반복했다. 그렇게 몇 주를 보낸 후 어느 날 모래판으로 가 처음에는 물을 가지고 놀다가 플라스틱 동물 모형들을 가지고 전쟁놀이를 했다. 그런 후 이번에는 어린 남자아이와 성인 남자 모양의 모형 두 개를 가지고 놀았다.

아이와 남자는 서로 싸웠다. 그러고 나서 빌리가 성인 모형을 모래에 파묻어버렸다. 나는 아버지가 갑자기 떠나버려서 정말 화가 났겠다고 말해주었다. 이일이 있은 지 몇 달 후 아들이 전에 비해 나아졌다며 빌리 어머니가 소식을 전해왔다. 빌리가 더 이상 반항적이지도 않고 어머니에게 매달리지도 않으며 예전의 명랑하고 활달한 성격을 되찾았다고 했다. 빌리는 예전처럼 물방울 모양 점을 그리기는 했지만 이제는 그 위를 물감으로 덮어버리지 않았다. 또 더 이상 자신을 아버지의 모습으로 그리지도 않았다.

크리스토퍼 어머니의 자살

7살 크리스토퍼는 내가 미술을 이용해 아이들을 도와준다는 사실을 알고 있었다. 크리스토퍼 어머니가 자살을 기도한 후 처음 가정 방문을 했을 때 크리스토퍼는 손수 만든 훌륭한 작품을 내게 보여주었다. 작품은 종이와 풀로 만든 깃대와 깃발이었다. 깃발 앞쪽에는 "문제trouble"라는 말이 뒤쪽에는 "날 구해주세요 Save Me"라는 말이 적혀 있었다. 그리고 깃대 안에 마분지로 만든 도끼와 칼을 숨겨놓았다. 크리스토퍼는 어머니가 스스로를 망가뜨리지 않도록 지켜주려 했던 것이다.

하지만 크리스토퍼의 간절한 마음에도 불구하고 크리스토퍼의 어머니는 죽음을 선택했다. 장례식이 끝난 후 크리스토퍼가 자청해 미술치료를 받겠다고 했다. 그렇게 몇 주 뒤부터 치료가 시작되었다. 크리스토퍼는 초크나 손가락 그림물감으로 더럽혀지는 것을 질색했다. "지저분해지면 엄마가 나한테 소리 지를 거예요." 또 언젠가는 낙서하듯 '강아지' 그림을 그린 후 강아지를 정말 키우고 싶었지만 엄마의 우울증 때문에 그러지 못했다고 말했다.

크리스토퍼는 그러고 나서 어두운 분위기의 손가락 그림을 그리면서 어머니가 자신을 본다면 분명 걱정할 것이라고 말했다. "내가 장난을 치거나 강아지처럼 나쁜 걸 가지고 싶다고 하면 엄마가 화를 낼까요?"

크리스토퍼는 손가락 그림물감으로 선을 그리며 계속 재잘재잘 이야기를 했다. "이건 길이에요. 하지만 나가는 길을 찾지 못할 거예요… 누구도 저를 멈출 수 없어요… 누구도 나가는 길을 찾지 못할 거예요. 사람들이 슬퍼 보여요… 거기에 영원히 갇혀 있을 것이기 때문이에요." 나는 "그들이 무엇을 할까?"라고 물어보았다. 크리스토퍼는 손에 검은 물감을 묻히더니 도화지를 세게 쳐 물감을 흩뿌렸다.

1년 후 크리스토퍼가 다시 미술치료를 받으러 오겠다고 했다. 이번에는 어머니의 자살을 상징적으로 표현한 그림을 그렸다. 크리스토퍼의 그림에는 길에서 '떨어지는' 사람이 그려져 있었다(크리스토퍼의 어머니는 다리에서 뛰어내렸다). 어느 날은 점토를 가지고 충돌 사고에 대한 이야기를 만들어냈다. 크리스토퍼는 자기가 응급실에서 일하는 의사라고 했다. 이야기 속에서 크리스토퍼는 충돌 사고로 실려 온 환자를 살리려 노력했지만 환자는 결국 죽었다. 이러한 역할극은 크리스토퍼의 분노와 좌절감을 해소하게 해주는 통로였다. 크리스토퍼는 역할극을 통해 과거를 돌아보고 비로소 고통스러운 현실을 받아들일 수 있게 되었다.

결론

여러 사례에서 보았듯 미술은 장애가 없는 정상 아동들에게도 큰 도움을 줄 수 있다. 미술은 아이들이 성장하면서 겪게 되는 질투, 분노, 두려움 등의 복잡한 감정을 표현하고 대처할 수 있도록 해주는 수단이다. 아이들이 경험하는 감정 중에는 말로 표현하기 어려운 것들도 있다. 게다가 미술은 빈스가 그린 "나쁜 가위" 그림처럼 실제로 누군가를 해치지 않고도 분노를 표현할 수 있게 해준다. 미술은 마음속 소망이나 공상을 안전한 방식으로 표현하는 상징적 수단이다. 더 많은 아이들에게 미술을 통해 감정을 표현할 수 있는 기회가 주어진다면 아이들의 정서적인 문제도 더욱 줄어들 것이다. 말하자면 미술은 예방약이라고 할 수 있다.

미술을 통한 감정의 표현만큼이나 중요한 것이 기술을 습득해가며 자신감과 스스로에 대한 긍정적 감정을 키우는 것이다. 미술은 스스로를 정의내릴 수 있는 기회를 제공한다. 아이들은 미술에 능숙해져 가면서 기쁨을 경험할 뿐 아니라 자신이 무엇인가를 이루어낼 수 있다는 사실을 배운다. 완성된 작품에 대한 주위 사람의 찬사는 그러한 자신감을 더욱 북돋아준다. 따라서 미술을 통해 아동이 기술을 습득하고, 감정을 표현하며, 자기 자신과 타인을 존중하도록 돕는 것은 교육적 가치와 치료적 가치를 동시에 지닌다고 할 수 있다.

18장

미술과 놀이를 통해 부모 돕기

정상적인 성인을 위한 치료 도구로서의 미술

미술은 어린아이뿐 아니라 모든 연령대의 사람들에게 치유 효과를 발휘할 수 있다. 취미로 그림을 그렸던 윈스턴 처칠은 (2차 세계대전 같은) 스트레스 상황에서 미술이 엄청난 도움이 된다는 사실을 알았다.

플로렌스 케인은 1930년부터 1940년까지 뉴욕에서 미술 교실을 열어 많은 사람들이 창의성을 표현할 수 있도록 도와주었다(그림 18.1A, 18.1B). 이처럼 일반인이라 해도 미술 교실에 참여함으로써 치유를 경험할 수 있다. 미술치료사 엘리너 울만Elinor Ulman은 워싱턴 박물관에서 성인들에게 미술을 가르치면서 미술이 지닌 치유 효과를 목격했다고 말하기도 했다(1972). 메닝거 치료소에서 18년 동안 일한 미술치료사 로버트 올트Robert Ault 역시 미술 교실을 열었다(18.1C). 그는 『정체불명 환자와 함께한 미술치료Art Therapy with the Unidentified Patient』(1989)라는 책에서 모든 연령대 사람들에게 미술이 치유적 효과를 줄 수 있다고 언급했다.

또한 제이니 라인Janie Rhyne은 에살렌 연구소와 자신의 작업실에서 일한 경험을 토대로 보통 성인에게도 창의적인 미술 활동이 치유의 경험을 줄 수 있다고 말했다(1973/1995; Vich&Rhyne, 1967). 오메가 같은 성장 워크숍 센터에서도 미술을 활용한 자기계발 강좌를 활발히 진행하고 있다.

A. 케인 미술학교
B. 나이를 불문하고 모두에게 열린 교실 – 케인 미술학교
C. 로버트 올트와 학생

좋은 일과 나쁜 일을 번갈아 경험하며 살아가는 보통 사람이라면 누구나 미술을 통해 도움받고 성장할 수 있다. 사람들은 미술작품을 만듦으로써 문제를 창의적으로 해결하는 방법을 연습할 수 있다. 그렇게 키워진 창의성은 삶의 모든 부분에 도움을 준다. 또한 사람들은 자신만의 개성이 담긴 작품을 만듦으로써 자신을 더욱 분명하게 지각할 수 있다.

지역 공동체 교육

나는 미술이 모든 사람들 — 아이들뿐 아니라 그 부모들 — 에게 긍정적인 영향을 준다고 믿는다. 그래서 가족을 대상으로 미술치료를 할 때 무척 만족감을 느낀다. 피츠버그 아동보호센터에서 일할 때 내가 맡은 업무 중 절반은 지역 공동체 교육과 상담이었다. 나는 다양한 환경에서 건강한 아이들과 그 부모들을 만났다.

쓰리 리버스 아트 페스티벌 : 가족 창의성 아트 센터

피츠버그에서는 매년 쓰리 리버스 아트 페스티벌Three Rivers Arts Festival이 열린다. 많은 미술치료사들이 3주 동안 열리는 이 야외 페스티벌에 참여해 행사를 기획하고 돕는다. 우리 치료소도 가족 창의성 아트 센터Family Creative Arts Center라는 이름으로 페스티벌에 참가해 아이와 부모들이 물감, 점토, 나무토막 등으로 그림을 그리거나 모형을 만들도록 도왔다. 페스티벌 참가자들은 스티로폼으로 배를 만들어 근처 호수에 띄우기도 했다. 페스티벌 장소 한 켠에는 모빌과 스태빌을 만드는 곳과 애니메이션을 상영하는 곳도 있었다.

　우리 치료소에는 연극치료사, 무용치료사, 음악치료사도 있었기에 페스티벌 참가 가족들에게 간단한 악기 연주나 인형 놀이, 율동 배우기 같은 다양한 서비스를 제공할 수 있었다. 여러 미술 교사와 치료사들의 자원봉사 덕에 첫 번째 페스티벌은 성공적으로 끝이 났으며 이후 우리 치료소는 매년 페스티벌에 참여해 수천 명의 아동과 그 부모에게 신나는 경험을 제공했다(그림 18.2).

　처음 페스티벌을 준비할 때는 부모들이 자녀에게 이래라저래라 간섭할지 모른다는 우려가 있었다. 하지만 로웬펠드도 말했듯 "다양한 연령의 아이들이 서로의 표현방식을 존중하며 즐겁게 미술 활동을 하는 것처럼 부모도 아이의 생각이나 행동에 간섭하지 않고 미술 활동에 참가할 수 있다"고 믿었다(1954, p.44). 로웬펠드는 또 다음과 같은 말도 했다. "나는 부모들이 매주 하루를 정해 아이들과 함께 창의성을 발휘하는 시간을 보내면 세상이 지금과 다른 모습일 것이라 믿는다… 부모들은 자녀와 자기 자신, 그리고 자녀와의 관계에 대해 더 많은 것을 배워야 할 필요가 있다."(p.46) 맞벌이 부부가 점점 증가하고, 학교와

학원을 오가느라 아이들의 부담이 점점 커지고 있는 요즘 로웬펠드의 말이 더욱 의미 있게 다가온다.

나는 아동보호센터에서 일하면서 유치원, 주민 센터, 교회 등을 찾아가 미술의 치료적 효과를 널리 알렸다. 부모들을 대상으로 집단 미술치료를 실시함으로써 아이들에게 미술이 얼마나 긍정적인 영향을 줄 수 있는지 직접 확인토록 했다. 또 가족 미술치료나 어머니-아이 합동 미술치료를 통해 관계를 돌아보고 개선시킬 수 있는 기회를 제공하기도 했다.

가족 미술 워크숍 : 초등학교

어느 여름에 나는 한 학부형이 운영하는 여름 레크리에이션 프로그램에 참가하는 아동들을 위해 애니메이션 만들기 강좌를 맡아달라는 요청을 받았다(그림 18.3A~C). 참가 아동의 부모에게는 가족 미술 워크숍에 참여하기를 권했다(그

A

B

C

A. 애니메이션 구성하기
B. 애니메이션 만들기
C. 애니메이션 촬영하기

림 18.4). 그래서 최종적으로 4세에서 12세 사이의 아동 30명과 그 어머니 20명
이 여름 내내 열린 가족 미술 워크숍에 나왔다.

　워크숍은 부모와 아이들이 자유롭게 미술 활동을 할 수 있도록 넓은 유치원
교실에서 실시했다. 그곳에서 참가자들은 물감, 크레용, 점토를 이용해 다양한
미술 활동을 했다. 가족이 함께 공동 미술 작업을 하도록 권했지만 필수적인 것
은 아니었다. 참가 가족의 면면은 다양했다. 한 어머니가 아이 셋을 데리고 참가
한 경우도 있었으며 삼대가 함께 참가한 가족도 있었다.

　참가자들은 45분간 미술 작업을 했다. 시간이 그다지 넉넉한 편은 아니었지
만 참가자의 수를 고려하면 놀라울 정도로 편안한 분위기 속에서 진행되었다.

A

B

C

D

무엇보다도 놀라운 점은 거의 모든 참가자들이 워크숍을 무척 즐겼다는 사실이다. 45분 내내 불안한 태도로 주위를 두리번거렸던 한 어머니를 제외하면 부모들도 아이들 못지않게 미술 활동을 재미있어했다. 대부분의 가족은 하나 이상의 공동 작품을 만들었고, 개인 작품도 많이 만들었다.

미술 활동 시간이 끝난 후 어머니들은 10명씩 따로 모여 사회복지사의 지도하에 조금 아까의 경험에 대한 토론을 했다. 어머니들은 합동 미술치료를 하면서 떠오른 생각이나 감정을 서로 나누었다. 한 어머니는 낳은 지 얼마 안 된 막내 없이 아들과 둘만 함께해서 좋았다고 말했다. "데이비드와 단둘이 특별한 시간을 내서 특별한 장소에 왔다는 사실만으로도 의미 있었어요. 아기를 낳은 이후 데이비드에게 많은 관심을 쏟을 수 없었거든요. 어딜 가든 늘 아기와 함께 해야 했죠."

또 다른 어머니는 9살 딸과 함께한 경험이 깊은 감명을 주었다고 말했다. "저와 딸아이 모두 성장한 느낌이에요. 딸아이와 함께하고 싶고 딸에게 하고 싶은 말도 있었지만 그 방법을 찾지 못했었죠. 딸아이가 마음 편하게 하고 싶은 대로 하는 것을 지켜보는 게 좋았어요. 우리는 함께 여러 장의 그림을 그렸죠. 정말 소중한 시간이었어요."

또 몇몇은 집이 아닌 특별한 장소에서 자녀와 특별한 활동을 공유했다는 점이외에도 합동 작업을 통해 아이에 대해 더욱 잘 이해할 수 있어 좋았다고 말했다. "아이가 그림 그리는 과정에 대해 어떻게 생각하는지 알 수 있었어요. 특정 색을 왜 칠하려고 하는지, 왜 특정 방식을 사용하려고 하는지 딸아이가 하나하나 설명해주었어요."

학교 내 부모 미술 워크숍

그 해 가을에는 여름 워크숍에 참여했던 어머니들과 그 남편, 자녀들을 대상으로 또 다른 미술 워크숍을 진행해달라는 요청을 받았다. 그런데 부모들이 자녀들은 제외하고 자신들만 참여하는 시간을 마련했으면 좋겠다고 제안했다(그림 18.5).

A. 점토작품을 만드는 부모
B. 모빌을 조립하는 부모

18.5 부모 미술 워크숍

A   B

참가자 수가 늘어났기에 큰 교실에 각종 미술 재료를 준비해야 했다. 매 워크숍은 1시간 반 동안 실시했다. 참가자들은 모두 즐거운 시간을 보냈다. 하지만 여름 워크숍에도 참여했던 어머니들은 남편과 함께하는 것이 자녀와 함께하는 것에 비해 훨씬 힘들다는 사실을 깨닫고 놀라워했다. 여름 워크숍 당시에는 몰랐지만, 사실 아이들은 부모에게 생각보다 훨씬 큰 도움과 지지를 준 것이었다.

교회 공동체를 활용한 어머니-자녀 교육

한 교회에서는 '어머니의 아침'이라는 모임을 한 달에 한 번씩 열었다. 모임에 참가하는 어머니들은 아이들을 데려와 교회에 맡긴 채 커피를 마시며 강연을 듣고, 토론을 했다. 나는 예전에도 두 차례 강연을 하러 이 모임에 간 적이 있었다. 그런데 모임 참가자 중 한 명이 내가 학교에서 실시한 미술 워크숍에 대한 이야기를 듣고 교회에서도 그런 워크숍을 열어달라고 요청했다(그림 18.6).

그래서 오전 시간에 어머니 25명과 그 자녀 22명이 참여하는 합동 미술치료를 실시하게 되었다. 참여 아동의 나이는 5세에서 19세까지 다양했다. 1시간 동안 미술 활동을 한 후 어머니들만 따로 모여 이야기할 수 있도록 자리를 마련했다. 어머니들은 조금 전 만든 미술작품들을 벽에 붙여놓고 둥글게 앉아 집단 토론을 벌였다. 이들은 자기 자신과 자녀의 창의성 및 예술성과 더불어 자녀와 함께 미술 작업을 하면서 느낀 점들에 대해 이야기 나누었다.

많은 이들이 자녀가 자유롭게 미술 활동을 하는 모습에 질투를 느꼈다고 말했다. 그리고 몇몇은 자신의 창의성이 부족한 것 같다며 걱정했다. "그림을 그려보니 제 수준이 어느 정도인지 알겠더라고요. 엄격한 부모님 밑에서 자라서 그런지 창의성이 떨어져요. 보세요. 저는 그냥 평범한 크리스마스 트리와 산타클로스를 그렸는데 제 딸은 계절도 바꾸고 나무도 환상적으로 그렸어요. 상상력을 마음껏 발휘하는 딸아이가 부러워요."

또 다른 어머니는 학교 다닐 때 미술 시간이 괴로웠다는 말을 했다. 누구도 그림에 대해 칭찬해주지 않았다는 것이다. "학창 시절을 생각하니 눈물이 나네요… 정말 그림을 못 그렸어요. 미술 점수도 형편없었죠. 아이와 함께 앉아 그림을 그리려는데 예전의 열등감이 되살아나면서 괴로웠어요."

또 한 어머니는 자신이 무능력하다는 생각이 들었다고 했다. "어떻게 하면 좋을지 모르겠더라고요. 점토를 집었는데 그걸로 무엇을 만들면 좋을지 아무 생각도 떠오르지 않았어요! 그래서 그냥 앉아 점토를 주무르기만 했죠. 하지만 결국 무엇도 만들지 못했어요." 다른 사람들에게 평가받는 것에 대한 두려움을 고백한 어머니도 있었다. "저는 특별히 하고 싶은 게 없었어요. 그림을 다 그리고 한데 모아 벽에 걸었는데 제 옆자리 참가자가 이렇게 말했어요. '이것 좀 봐. 5살짜리 애가 그린 것 같네.' 그런데 그 그림은 제가 그린 것이었어요!"

어떤 참가자들은 미술 실력이 부족한 자신을 닮아 아이도 미술을 못할까 봐 진심으로 걱정했다. 설사 자기를 닮지 않았다고 해도 아이를 제대로 가르쳐주지 못할 것이라 생각했다. "제가 그다지 창의적인 사람이 아니라는 걸 알고 있어요. 오늘 아침에 제 아들도 절 닮아 그렇다는 사실을 깨달았어요. 제 주변에 있던 사람들은 모두 창의적으로 그림을 잘 그리더라고요. 아이가 절 닮아 창의력이 떨어져서 걱정이에요." 또 다른 어머니는 아들에 대해 다음과 같이 말했다. "아들이 저처럼 미술을 두려워하지 않기를 바라요."

토론을 마칠 시간이 가까워오자 내내 조용히 있던 한 참가자가 모두에게 의미 있는 발언을 했다. "부모들이 자식을 자신의 분신인 양 여기며 이야기할 때마다 듣기 거슬리더라고요. '나는 창의력이 부족한데 조니는 어쩜 그렇게 창의적인지 모르겠어' 같은 말을 수도 없이 들었어요. 그럴 때마다 머리카락이 쭈뼛 서는 느낌이에요. 그런 생각은 불공평해요. 우리는 아이들만큼 많은 기회를 누리지도 훌륭한 경험을 하지도 못했잖아요."

참가자들은 이 문제에 대한 토론을 계속 이어갔다. "준비되어 있는 미술 재료를 보니 흥분되었어요. 저는 미술을 싫어하는데도요! 크레용을 가지고 그림을 그리면서 정말 즐거운 시간을 보냈어요. 여러 가지 아름다운 색을 칠했죠. 그림은 잘 그리지 못하지만 색칠하는 게 재미있었어요! 놀라운 경험이었어요. 딸아이는 내가 그리는 그림에 그다지 관심은 없었지만 그래도 내 옆에서 함께해주었죠. 둘이 함께한다는 것 자체가 좋았어요."

어머니들은 자녀가 얼마나 의존적인지 혹은 독립적인지, 또 자녀의 행동이 집에 있을 때와 어떻게 다른지에 대해서도 이야기했다. "우리 집 3살 꼬마는 보육원에 가면 그림은 안 그리고 물감을 문지르기만 해요. 하지만 집에서는 그림을 그려요."

또 그들은 아이들에게 과중한 기대를 거는 것이 최선이 아닐지도 모른다는 이야기도 나누었다. "오늘 저도 모르게 아이에게 '되는 대로 막 낙서하지 말고 제대로 된 그림을 그려!'라고 말하고 있더라고요. 하지만 곧 아들이 집이나 사람을 그리고 싶으면 그렇게 하도록 내버려두고, 낙서를 하고 싶으면 낙서를 하게 내버려두어야 한다는 사실을 깨달았어요. 아들은 붓으로 그림을 그리며 즐거운 시간을 보내고 있는데, 제대로 된 무엇인가를 그리라고 말하고 싶은 충동을 참지 못했죠!"

이때 다른 참가자가 재미있는 농담을 던져 모두 웃게 만들었다. "아이들과 함께 미술 워크숍을 하면서 저는 계속 아이들에게 다가가 이런 질문을 했어요. '지금 그리는 게 뭐니?' 그러면 이젤 앞에 앉은 아이가 — 사실 그 아이가 누구인지 잘 알지도 못해요 — 올려다보며 이런 대답을 해요. '저도 몰라요!'"

참가자들은 다음으로 어떻게 하면 아이들이 집에서 미술 활동을 하도록 도울 수 있을지에 대한 실용적인 토론을 했다. 그들은 연령대가 비슷한 어머니들끼리 돌아가며 미술 교실을 연다든가, 아이들이 더럽히더라도 걱정 없도록 지하실에서 모이는 것이 좋겠다는 등의 의견을 냈다. 참가자들은 또 아이들이 집에서 마음껏 그림을 그릴 수 있는 환경을 제공해주려면 어떻게 해야 할지에 대해서도 의견을 나누었다. "우리 집은 모든 게 잘 정돈되어 있어서 아이가 오늘 미술 워크숍에서 한 것처럼 자유롭게 그림을 그릴 수 있도록 해주려면 따로 방을 마련해야 할 것 같아요. 그런데 그림들을 벽에다 모두 걸어두려면 복도와 침실도 모자랄 거예요. 여기서처럼 온 벽에 그림을 붙여놓으면 집이 엉망이 될 것 같아요."

어떤 참가자는 아이가 이것저것 참견하려 해서 성가셨다고 말하기도 했다. "아이가 옆에 와서 어찌나 재잘재잘 참견하는지. 아이가 없었으면 내 그림에 더 집중할 수 있었을 거예요." 하지만 대다수의 어머니들은 아이가 옆에 있어 훨씬 더 편안하게 미술 활동을 할 수 있었다고 말했다.

"스타이켄이 '다행스럽게도 어린이만이 성장할 수 있는 것은 아니다'라고 했던 말이 떠올랐어요. 이런 경험을 하다니 우리는 모두 운이 좋은 거예요. 그리고 우리는 아이들이 물감을 가지고 색칠하고 여기저기를 더럽히며 놀 수 있도록 해줘야 해요. 그렇게 재미있게 놀면서 아이들은 크는 거예요." 또 새로운 관점을 제시한 참가자도 있었다. "우리가 그림 그리는 모습을 아이들에게 보여주는 것도 도움이 된다고 생각해요. 보통 우리는 집안일하는 모습밖에 보여주지 않잖아요. 아이들과 눈높이를 맞추고 앉아 그림을 그리고 점토로 모형을 만드는 경험을 함께 하는 건 소중한 경험인 것 같아요. 아이들은 우리가 실수를 저지르기도 한다는 걸 보면서 우리가 자신들과 다르지 않다는 걸 배울 수 있을 거예요."

이 미술 워크숍은 12월 중반에 열렸는데 한 어머니가 이에 대해 언급했다. "요즘 들어 네 아이들 챙기랴, 다가오는 크리스마스 준비하랴 정신없이 바빴는데 오늘 오전에 이렇게 여유롭게 아이들과 함께하니 정말 좋았어요." 12월은 한 해를 마무리하는 바쁜 시기였기 때문에 많은 참가자들이 가족과 함께 시간을 보내지 못하고 있었다고 했다. "저에게는 아이들과 무엇인가를 함께했다는 것만으로도 가치 있었어요."

"아이들이 조금 더 자라면 이렇게 함께할 수 있는 시간이 줄어들 거예요. 더 이상 부모를 끼워주지 않으려고 하겠죠. 그러니 아이가 아직 어릴 때 함께하기 위해 노력해야 해요. 따로 시간을 내서라도요."

많은 이들이 이 의견에 공감했다. 그리고 가까운 시일 내에 또 미술 워크숍을 열었으면 좋겠다는 말로 토론을 마무리했다. "일회성에 그치는 것보다는 장기간에 걸쳐 어머니와 아이들이 함께하는 시간을 마련했으면 좋겠어요. 어머니와 아이가 무엇인가를 함께하는 것만으로도 가치 있는 일이니까요. 집에서는 여러 가지 일 때문에 바빠서 한자리에 앉아 있기도 힘든 게 사실이에요. 시간 내서 아이와 함께해야겠다는 마음이 있어도요."

미술 활동과 이후의 토론은 부모교육에 분명 도움을 준다. 물론 집단의 특성을 미리 파악하고 그에 알맞은 목적을 결정해야만 한다. 이때 중요한 것은 참가 아이들의 연령에 따른 발달 단계를 고려하는 것이다. 부모들에게 자녀에 대한 정보를 제공해주면 토론이 훨씬 풍부해지고 유익해진다.

부모 놀이 집단

가족 전체가 함께하든, 부부만 참여하든, 어머니들만 참여하든 관계없이 미술 활동은 훌륭한 부모교육 도구가 될 수 있다. 정신분석학자 토비아스 브로셔 Tobias Brocher는 1950년대에 독일 바덴뷔르템베르크 주 울름에서 '부모 학교 Parents Schools'를 열었다(Brocher, 1971).

부모 학교에서 부모들은 미술을 포함한 다양한 놀이 활동에 참여할 수 있다. 토비아스 브로셔는 그러한 놀이 활동을 통해 어릴 때의 행동을 되풀이해봄으로써 아이들을 더욱 잘 이해할 수 있다고 보았다(Smart, 1970, p.14). 그는 미술 재료 등을 가지고 놀이에 참여해보는 과정 및 그 경험 자체를 강조하며 다음과 같은 말을 했다. "놀이 활동은 어린 시절을 재경험하기 위해 꼭 건너야 할 다리이다. 부모들은 어린 시절의 감정을 다시 경험함으로써 아이들에게 더욱 직접적으로

쉽게 다가설 수 있다."(Brocher, 1971, p.1)

브로셔는 "부모의 또래 집단은 다른 부모들이다"라는 신념 아래(Smart, 1970, p.15), 정신분석적인 이론을 기반으로 유아기, 유년기, 청소년기의 감정과 소망을 불러일으키도록 세심하게 고안한 커리큘럼을 마련했다(Erikson, 1959). 각 놀이 활동에 참여한 후에는 집단 토론을 통해 어린 시절의 기억과 감정을 나눈 후 그것들을 어떻게 자녀 양육에 적용할 수 있을지 토론해보는 시간이 마련되어 있었다. 부모들은 놀이를 통해 직접적인 경험을 하고 토론 시간에 '떠오른 생각과 감정을 표현함으로써' 서로에게 도움 줄 수 있으며 과거를 현재로 불러올 수 있다(Brocher, 1971, p.4).

피츠버그에서 브로셔 박사와 몇 년간 함께 일하면서 그의 철학에 영감을 받은 나와 동료들은 각 발달 단계에 따른 '부모 놀이 집단' 활동들을 개발했다(Rubin, Irwin&Bernstein, 1975). 이 책 3장 뒷부분에 소개한 발달 단계에 따라 우리가 개발한 '부모 놀이 집단' 활동 몇 가지를 소개하겠다.

발달 단계별 부모 놀이 집단 활동

유아기 : 핵심 문제

신뢰 대 불신, 감각-운동 탐색, 자아와 비자아 분화, 입과 혀를 통한 자극과 욕구 충족.

신체 자각 참가자 모두 어두운 방에 눈을 가린 채 바닥에 앉는다. 지도자는 낮고 부드러운 목소리로 몸의 긴장을 풀도록 유도한다. 참가자들은 몸의 감각을 이용해 주위 환경과 하나가 되었다고 상상한다. 각 신체 부위 하나하나에 관심을 집중한다. 각 신체 부위의 관계에 대해 생각해본다. 소리, 기온, 그림자 같은 환경 자극에도 관심을 집중한다.

감각 인식 어두운 방 안에 말없이 둥글게 둘러앉는다. 조용한 음악이 흘러나오는 가운데 지도자가 다양한 크기와 질감의 천, 스펀지, 모피, 종이, 쇠수세미 등을 나누어준다. 참가자들은 촉각을 이용해 물건들이 주는 감각을 구석구석 음미한다. 촉각 이외에 다른 감각을 자극해볼 수도 있다. 이를테면 다양한 향이 배어 있는 면봉을 나누어줄 수도 있고 과일, 사탕, 치즈, 각종 음료 등 다양한 색과 맛의 음식을 나누어줄 수도 있다. 단, 이때 지도자가 냄새를 맡게 해주거나 음식을 먹여주는 식으로 참가자 모두가 감각을 수동적으로 받아들이는 환경을 만들어야 한다.

입과 혀의 감각

1. 빨기 : 다양한 굵기의 빨대로 음료를 마시거나, 입 안에 단 음식을 머금어보거나, 베개나 담요처럼 부드럽고 따뜻한 물건에 입을 대거나, 물건을 빨아보는 등의 구순-협응적oral-incorporative 활동.

2. 물기 : 물거나, 씹거나, 껌이나 사탕을 뱉는 등의 구순-공격적oral-sadistic 활

동. 빨대 물고 비눗방울 불기(18.7), 종이 위에 물감 불기.

타인과의 상호작용 참가자들이 둘씩 짝지어 서로 등을 대고 앉아 서로의 동작을 따라 한다. 또 한쪽이 자기 짝을 리드미컬하게 흔들어보게 한다. 이번에는 한쪽이 상대방에게 음식을 먹여준다. 음식을 받아먹는 쪽은 감각적 자극에 집중한다. 그런 식으로 다양한 자극을 활용해 둘이 상호작용하도록 한다. 경쟁적으로 사과를 무는 게임을 한다. 기다란 감초를 양쪽에 물고 누가 빨리 먹는지 시합하는 것도 좋다.

걸음마기

충동 조절, 자율성, 어머니와의 권력 싸움과 이에 따른 어머니에 대한 모순되는 감정과 태도, 운동 신경 통제.

유동적 재료 가지고 놀기 참가자들은 손가락 그림물감처럼 유동적인 재료를 가지고 쟁반이나 종이, 벽, 얼굴에 마음껏 그림을 그리며 논다. 또 모래, 밀가루 반죽, 점토 등을 가지고 논다. 또 방수 옷을 입고 물을 섞고, 붓고, 장난감을 띄우면서 자유롭게 논다. 물총을 쏘며 노는 것도 좋다.

놓기 vs 잡기 밧줄이나 탄성 있는 천을 가지고 줄다리기를 한다. 둘씩 짝지어 수건 맞추기 놀이를 한다. 수건을 쥔 쪽이 안 쥔 쪽을 수건으로 맞추는 놀이이다.

자기 주장하기 게임 이번에도 둘씩 짝을 지어 한쪽은 아이 역을, 다른 쪽은 부모 역을 맡는다. 부모는 아이에게 가서 자라거나, 밥을 먹으라거나, 장난감을 치우라고 명령한다. 아이는 다리를 구르면서 "싫어!"라고 외친다.

취학 전 아동기

호기심, 포함/배제, 라이벌 및 경쟁, 환상 놀이, 보복과 처벌에 대한 걱정, 성역할 동일시.

포함/배제 한 명의 술래를 정한다. 술래 이외 다른 참가자들은 둥그렇게 원을 그리고 손을 잡아 술래가 안으로 들어오거나 밖으로 나가지 못하게 막는다. 또 셋씩 짝지어 한 명의 술래를 정한 후 그 술래를 빼고 둘만 무엇인가를 함께한다. 술래는 그 활동에 끼기 위해 노력한다.

구조물 만들기 나무토막과 접착제, 블록으로 3차원 구조물을 만들거나 여러 가지 재료로 2차원 콜라주를 만든다. 나무, 망치, 톱, 못 등을 이용해도 좋다.

환상 놀이 참가자들은 각자 미니어처 장난감으로 꾸미고 싶은 장소를 만든다. 그 안에서 인형을 가지고 마음껏 논다. 짝을 짓거나 소집단으로 나누어 인형 놀이를 해도 좋고, 여러 가지 소품과 의상을 활용해 역할극 놀이를 해도 좋다.

동작 놀이 껑충 뛰거나 돌진하는 등의 남성적인 동작을 해본다. 물결을 연상케 하는 동작이나 발레 동작 같은 여성스러운 동작을 해본다.

학령기

학습을 통한 지식과 능력 습득, 또래 집단 상호작용 및 수용, 동성 집단, 규칙과 기준 확립.

여러 기술을 요하는 창의적 활동. 새로운 도구와 재료로 신중을 기해 그림을 그리거나 조형물 등을 만들어본다. 이때 중요한 것은 결과물을 '잘' 만들어내는 것이다. 뜨개질, 대규모 구조물 만들기, 바느질 등을 하는 것도 좋다.

또래 집단 상호작용 남성 집단과 여성 집단으로 나누어 동성끼리만 위의 활동들을 함께 해본다. 또 여러 가지 재료를 이용해 클럽하우스를 꾸며본다. 남성 집단과 여성 집단이 각각 '생일 파티' 용 무대를 꾸미고 게임, 선물, 다과를 준비한다.

규칙이 있는 게임 참가자들은 개별 혹은 집단별로 다트, 공기 놀이, 돌차기 놀이, 주사위 놀이, 보드 게임, 카드 게임 등을 한다. 또는 팀을 나누어 서로 경쟁하는 게임을 하는 것도 좋다. 집단별로 새로운 게임을 만들어보는 것도 좋다. 이때 다른 사람들도 그대로 따라 해볼 수 있도록 게임의 규칙 등을 종이에 적어둔다.

사춘기 오이디푸스 콤플렉스 재생, 의존성/독립성, 자율성 및 통제, 사생활 침해에 대한 경계, 미래와 직업 선택, 성역할 방향 확립, 정체성에 대한 관심, 자의식, 자아 정의, 자존감.

사생활과 통제 두 사람이 역할극 놀이를 한다. 부모 역할을 맡은 쪽이 아이 방에서 문제가 될 만한 물건을 하나 발견한다. 자녀 역할을 맡은 쪽이 자기 방을 뒤진 부모에게 반감을 표하며 서로 대립한다. 두 명이 서로 역할을 바꾸어 다시 해본다. 역할극 놀이를 마친 후 서로의 느낌에 대해 이야기한다.

삼자간 힘겨루기 어머니-아버지-십대 자녀 간의 힘겨루기 상황을 가정해 역할극을 한다. 부모 중 한쪽이 십대에게 무엇인가를 명령하고 자녀는 반항한다. 나머지 부모는 그저 관찰만 해도 좋고 둘의 싸움에 개입해도 좋다. 모두 한 차례씩 각 역할을 경험해볼 수 있도록 역할극을 세 번 반복한다.

정체성 문제 참가자들은 '지금 나는 누구인가', '나 자신의 싫은 점, 좋은 점', '나의 이상형', '5년 후 내가 되고 싶은 모습' 등의 주제에 대해 그림으로 그리거나, 글로 적거나, 연극으로 표현한다. 이때 각자 선호하는 방식에 따라 자유롭게 표현하도록 한다. 시를 쓰는 것도 좋다.

그 밖에 도움되는 방법들

집단 미술치료와 마찬가지로 부모 놀이 집단 활동은 기간이나 참가자 수 등을 달리해 다양한 환경과 목적에 맞게 변형시켜 적용할 수 있다. 우리는 보통 한 세션당 2시간씩 놀이와 토론을 결합해 진행했다.

학생이나 전문가들을 대상으로 아동 발달 단계를 가르치는 경우라면 유아기에서부터 시작해 정상적인 발달 단계 순으로 진행하는 것이 좋다. 부모들을 대상으로 한 경우라면, 자녀들의 연령대에 맞는 발달 단계나 참가자들이 편안하게 느끼는 단계부터 시작할 수도 있다.

어떤 집단을 대상으로 하든 긴장하지 않고 편안하게 참여할 수 있는 환경과 분위기를 만들어주는 것이 중요하다. 어린 시절로 돌아가 지저분하게 놀아도 좋을지 '허락'을 필요로 하는 사람들을 위해 시작하기 전에 놀이 집단 활동의 의미와 목적에 대해 간단하게 설명하도록 한다. 시작 전에 참가자들에게 아이의 자아가 되어 마음의 문을 열고 마음껏 즐기되 관찰하는 자아가 그 과정을 모두 지켜보도록 하라고 제안하는 것도 좋다. 그렇게 하면 나중에 토론이 더욱 풍부해질 것이다.

다른 집단치료에서와 마찬가지로 여기에서도 진행자는 관찰자, 동료 참여자, 지도자, 역할 모델, 교사 등의 다양한 역할을 수행해야 한다. 때로 자신을 지지해주고 안심시켜주길 원하는 참가자들도 있을 수 있다. 또 어떤 참가자들은 진행자가 '좋은 부모'를 상징하는 인물이나 교사가 되어주길 원하기도 한다. 가끔 어떤 참가자는 진행자에게 나쁜 아이를 통제하는 권위적 부모 역할을 맡아달라고 청하기도 한다. 특히 손가락 그림물감이나 물을 가지고 놀 때 그런 경향이 있다. 이러한 요청과 바람은 토론 시간에 다룰 만한 좋은 이야깃거리이다.

예를 들어 카렌이라는 어머니는 물장난을 하고 있는 다른 참가자들을 보며 겁에 질린 듯 이렇게 물었다. "이거 못하게 해야 하는 거 아니에요?" 토론 시간에 그녀는 "그러다 누가 다칠지도 모른다는 생각에 물장난을 그만두게 해야 할 것 같은데 진행자가 그냥 놓아두어서 화가 났다"는 말을 했다. 카렌의 이러한 생각은 아이들이 다칠까 봐 과격하게 놀거나 뛰지 못하도록 했던 어린 시절 어머니의 영향에서 비롯된 것이었다. 카렌은 그러한 자각을 한 후 자기도 모르게 자녀를 똑같이 과보호하고 있었다는 점을 인정했다.

토론 시간에는 모든 참가자들이 대화에 참여할 수 있도록 진행자는 촉진자 역할을 해줄 필요가 있다. 또한 필요한 경우 의견을 제시함으로써 집단의 공통 주제에 대한 대화가 이어지도록 신경 쓸 필요가 있다. 그리고 참가자들의 경험을 합리적으로 설명해줌으로써 토론의 주도권을 쥐어야 할 때도 종종 있다. 무엇보다도 중요한 것은 참가자들이 집단 활동을 배움의 기회로 인지할 수 있도록 돕는 것이다.

부모 놀이 집단 활동의 주안점은 창의성을 발휘해보는 경험을 통해 어린 시절의 기억과 감정을 불러내는 것이다. 미술 활동의 질적·상징적 특징도 중요하지만 결과물 자체보다는 그 과정과 토론에 초점을 맞추는 편이 좋다. 어린아이였던 과거와 부모가 된 현재를 이어줌으로써 참가자들에게 도움을 주는 것이 부모 놀이 집단 활동의 주된 목적이다.

전통적인 방식의 미술치료나 부모교육을 선호하는 치료사라고 해도 결과물의 형태나 내용에 초점 맞추어야 할지 과정의 의식적·무의식적 역동에 초점 맞추어야 할지 매 순간 선택해야 한다. 참가자들은 그러한 집단에 참여하면서 아동 발달 단계에 대해 배울 수 있으며, 그 배움은 자기 자신의 충동, 환상, 감정, 생각, 소망에 대한 깨달음으로 이어진다. 참가자들은 또한 아이들과 함께하는 미술, 놀이, 창작의 기쁨을 배울 수 있다.

일에 지쳐 있던 부모들은 굳이 전문가 수준의 성취를 이루지 않더라도 그림을 그리고, 드럼을 치고, 역할극을 하고, 점토로 모형을 만들면서 즐거운 시간을 보내고 행복한 기분을 느낄 수 있다는 사실을 깨닫는다. 많은 부모들이 창의성을 마음껏 펼칠 수 있는 놀이에 참여한 후 자신이 완전히 새로운 사람이 된 것 같은 기분을 느꼈다고 말했다(18.8).

다시 태어난 것 같은 기분은 인간 자아의 깊은 부분, 활력의 원천을 건드렸을 때 나온다. 이를 통해 참가자들은 자신의 잠재력을 마음껏 펼치고 더욱 창의적인 사람이 되어, 훌륭한 부모가 될 수 있다. 이런 점에서 한 철학자의 말은 진정으로 옳다. "인간은 즐겁게 놀 때 비로소 진정한 인간이 된다."(Schiler, 1875)

6부

일반적인 문제들

General
Issues

19장

아동 미술치료와 미술치료사

지금까지 책의 상당 부분을 할애해 정상 아동과 장애 아동, 그 부모들에게 미술이 어떤 치유적 효과를 발휘할 수 있는지 설명했다. 이제부터는 치유적 맥락에서의 미술과 일반적인 맥락에서의 미술이 어떤 차이가 있는지 알아보고자 한다. 사람들은 흔히 미술치료란 정상 범주에서 벗어난 사람들을 대상으로 한다고 오해한다.

하지만 미술치료의 정의는 특정 집단만을 대상으로 하는지에 따라 좌우되지 않으며, 특정 환경에서 실시되느냐에 좌우되지도 않는다. 장애 아동을 대상으로 한다 해도 치료가 아닌 교육이나 여가 활동을 목적으로 하는 미술 활동을 하도록 할 수 있다. 여가 시간을 건설적으로 보내려는 목적으로 미술을 가르친다면, 그것은 치료라고 할 수 없다. 또 정신병원이나 치료소에서 미술 활동을 한다 해도, 그 목적이 즐거운 시간을 보내거나 미술을 배우는 것이라면 그것 또한 미술치료라고 할 수 없다(cf. Rubin, 1981b).

미술치료의 핵심 요소가 무엇인지는 그 이름이 말해준다. 즉, 미술치료는 미술과 치료 모두를 포함하는 활동이어야 한다. 말하자면, 미술 활동의 목표가 치료여야만 한다. 물론 여기에는 진단을 목적으로 하는 미술 활동도 포함된다. 치료하고 있는 대상이 누구인지 분명히 이해할 때에만 치료 효과를 높일 수 있지 않겠는가. 요컨대, 훌륭한 미술치료사가 되기 위해서는 이 분야를 떠받치는 두 개의 기둥을 잘 알고 있어야 한다.

미술치료사는 우선 미술에 대해 잘 알아야 한다. 미술 재료, 다양한 기법, 미술의 특성, 잠재력 등에 대해 알아야 한다. 또한 미술의 언어, 즉 상징·형태·내용의 특징에 대해 알아야 한다. 그리고 발달, 역동, 대인 관계의 측면에서 자기 자신과 타인을 볼 줄 알아야 한다. 마지막으로, 다른 이들이 변화하도록 돕기 위한 메커니즘이 무엇인지, 치료 관계의 특성은 무엇인지 알아야 한다.

미술치료와 미술교육

다른 이가 무엇인가를 창조하도록 돕는 것 또한 미술치료 과정의 일환이기 때문에 미술치료에는 교육적 요소도 포함된다. 그러나 미술치료에서의 교육은 진단내리거나 치료하는 주된 목적 뒤에 따라오는 부차적인 목표이다. 바꾸어 말하자면 미술치료사가 미술 기법을 가르치더라도 그것은 기법 그 자체를 가르치기 위해서가 아니라 내담자의 자존감을 북돋기 위해서이다.

반대로 (앞장에서도 언급했듯) 미술교육에도 치료적인 특성이 내재되어 있을 수 있다. 사실 훌륭한 미술 교사는 학생의 자아 감각이나 능력을 키워주어 성장을 촉진한다. 이는 넓은 시각에서 보았을 때 치유나 치료라고 할 수 있다. 보통의 학교 교실에서 정상적인 아동을 대상으로 하는 미술 활동이 사회적·정서적 발달을 촉진시킬 수 있다는 사실에는 의문의 여지가 없다. 미술은 긴장을 완화시키고, 금지된 생각과 감정을 사회적으로 용인되는 방식으로 표출할 수 있도록 해주는 수단이기 때문에 여러 가지 면에서 치유적이라 할 수 있다.

하지만 나는 치유적 요소를 약간 지니고 있는 미술 활동과 치료를 목적으로 하는 미술치료를 구별할 필요가 있다고 믿는다. 심리치료는 발달이나 적응에 어려움을 겪는 사람들을 돕고, 인간을 이해하는 다양한 방법을 연구하고 적용하는 분야다. 미술을 통해 치료의 효과를 내기 위해서는 치료사로서 해야 할 일이 무엇인지 명확히 알아야 한다. 아무리 훌륭한 미술 교사나 감수성이 뛰어난 미술가라 해도 자동으로 학생을 치료할 수는 없다.

미술 전문가가 되려면 수년간의 훈련과 교육이 필요한 것과 마찬가지로, 심리적 변화나 정신 역동과 관련된 지식을 모두 배우려면 상당한 노력과 꽤 긴 시간이 필요하다. 미술에 대한 지식과 심리치료에 대한 지식 모두를 배워 알고 있더라도, 그 둘을 통합하려면 스승의 관리와 지도하에 수백 시간 이상 내담자를 접해보는 특별 수련도 받아야 한다. 사실 그 과정은 평생 동안 계속된다 해도 과언이 아니다. 미술치료사가 되려면 경험을 쌓고 임상 지도를 받아야 한다. 이는 외래 진료소나 정신병원에서 일하는 경우에도, 미술치료를 담당하는 특수 교사로서 학교에서 일하는 경우에도 마찬가지로 적용된다.

단순한 미술교육과 치료를 목적으로 하는 미술치료를 명확히 구별해야 하는 중요한 이유 중 하나는 훈련받지 않는 일반인이 보기에 둘 사이의 차이가 분명해 보이지 않을 수도 있다는 것이다. 미술 검사를 받는 아이나 성인은 그 경험이 미술 교실과 다를 바 없다고 느낄 수 있다. 또 집단치료 참가자들은 자신들이 미술 수업을 듣고 있다고 생각할 수도 있다.

사실 그 차이는 표면적으로 잘 드러나지 않는다. 자유로운 방식을 택하든 정해진 틀을 고수하든 상관없이 미술치료에서 사용하는 미술 재료와 접근법은 미술교육과 크게 달라 보이지 않을 수 있다. 심지어 미술치료사들이 사용하는 용어도 자상한 미술 교사가 사용할 법한 용어들과 크게 차이 나지 않는 때도 있다 (이는 치료 대상 집단의 연령대와 환경에 따라 다를 수 있다). 미술치료와 미술교육의 주된 차이는 보이지 않는 곳, 바로 치료사와 환자들의 내면에 있다.

예를 들어, 미술 검사를 할 때 나는 임상적으로 훈련받은 눈과 귀로 내담자에게 어떤 일이 벌어지고 있는지 보고 듣는다. 내담자의 미술 활동을 지켜보며 어떤 발달 단계에 놓여 있는지, 주된 갈등 요소가 무엇인지, 그러한 갈등에 어떻게 대처하고 있는지 날카롭게 관찰한다. 그런 후 문제 해결을 돕기 위해 내담자를 다양한 차원을 지닌 한 인간이라는 관점에서 바라보며 그들이 보낸 메시지를 해석한다.

마찬가지로 가족 미술치료를 할 때도 그 가족이 무엇을 만드는지, 어떻게 만드는지를 집중적으로 본다. 또한 가족이 한 집단으로서 서로 어떠한 관계를 유지하고 있는지, 가장 문제가 있다고 지목된 내담자의 특정 문제에 가족 간의 상호작용이 어떤 역할을 하는지 유심히 본다. 가족 미술 검사에 참여하는 가족들은 개인별로 혹은 합동으로 무엇인가를 그리거나 만들면서 그에 대한 대화를 나눈다. 그 과정을 편안하게 느끼는 가족이라면 그 미술 검사를 단순히 가족이 함께 즐거운 여가 시간을 보내는 것이라고 여길 수 있다. 그렇더라도 미술치료사의 주된 목적은 행동의 맥락 내에서 미술이라는 상징적 매개를 통해 가족 역동을 이해하는 것이다.

그래서 결국에는 미술치료에 참여하는 개인들도 미술치료에 단순히 즐거운 시간을 보내거나 미술 활동을 하는 것 이상의 의미가 있음을 깨닫게 된다. 미술치료의 목적을 명시적으로 알려주지 않더라도 말이다. 물론 미술 활동의 진단적·치료적 목적을 미리 설명해주는 것이 일반적이다. 하지만 언제나 사전 설명을 할 수 있는 것은 아니며 설명하더라도 이해가 불가능한 경우도 있다. 그런데 신기한 점은 의사소통 장애가 있는 어린아이들이라 해도 미술치료의 특별한 목적과 특성에 대해 금세 깨닫는 경우가 많다는 사실이다. 영국에서 활동하는 미술치료사 로저 아귈Roger Arguile은 특수학교에서 일한 경험을 통해 아이들이 단순한 미술교육과 미술치료의 차이를 분명히 알고 있다는 말을 했다.

나 또한 아이들이 미술교육과 미술치료의 차이를 분명히 인지하고 있음을 느낀 경험이 많다. 예전에 농아 특수학교에 다니는 아이들을 대상으로 미술치료를 실시한 적이 있다. 세션이 끝난 후 특수학교 교사 두 명이 아이들에게 치료 시간에 무엇을 했느냐고 물었다. 아이들은 교사들에게 치료 시간에 한 일을 말하기 꺼려하는 눈치가 역력했다. 치료 시간에 무엇을 했는지 비밀로 부쳐야 한다고 말해준 적이 없음에도 아이들은 그 내용을 발설해서는 안 된다는 것을 직감적으로 아는 듯했다. 치료 시간에 미술 재료를 가지고 지저분하게 놀았던 일이나, 폭력적인 내용의 그림을 그린 것을 남들에게 알리고 싶지 않은 것은 어찌 보면 당연했다. 아이들은 아무리 미술의 형태로 표현된 것이라 해도 그 안에 표현된 공격성이나 퇴행을 교사들이 이해하거나 수용하기 어려워할 수도 있다고 생각했을지 모른다. 또 어느 날은 한 십대 아이가 창 밖에 있는 친구에게 수화로 우리가 무엇을 하고 있는지 말하는 장면을 목격했다. "미술치료 선생님이 지금 나를 치료해주고 있는 거야." 놀라운 점은 내가 미술치료의 목적에 대해 설명해준 적이 없다는 사실이다. 나는 이와 같은 여러 경험을 할 때마다 '치료'라는 단어를 직접적으로 사용하지 않더라도 치료 현장에서 미술이 어떤 효과를 발휘할 수 있는지 새삼 깨달았다.

미술교육과 미술치료는 분명 다르지만 그 차이가 항상 드러나는 것은 아니며 설명하기 어려울 때도 있다. 물론 미술치료를 하는 도중에도 교육이나 오락에 치중하는 순간이 있다. 마찬가지로 미술교육을 하는 도중 치유나 치료가 발생하는 순간이 있다. 하지만 주된 목표는 여전히 다르며 미술교육과 미술치료를 구별하려면 그 차이에 주목해야만 한다.

미술치료와 놀이치료

미술치료와 미술교육만큼이나 아동을 대상으로 한 미술치료와 놀이치료의 차이를 분명히 알지 못하는 사람이 많다. 그리고 미술치료와 미술교육의 차이와 마찬가지로 미술치료와 놀이치료의 차이도 비전문가의 눈에는 확연히 드러나지 않을 수 있다. 아동 개인이나 집단을 대상으로 하는 미술치료 세션은 놀이치료와 상당히 유사해 보일 수 있다. 특히 미술 재료를 가지고 감각을 자극하는 놀이를 하거나 역할극 놀이를 할 때 더욱 그래해 보인다. 게다가 미술과 놀이 사이에는 밀접한 관계가 있는 것도 사실이다. 놀이와 장난은 창의성을 발휘하도록 촉진하는 치료법의 일부라고 할 수 있다. 한편 훌륭한 놀이치료에는 예술적 특성이 담겨 있다. 미술교육과 미술치료의 관계와 마찬가지로 놀이치료와 미술치료에는 중복되는 부분이 있다. 하지만 또한 마찬가지로 차이 나는 부분도 있다.

미술교육과 미술치료의 경우 미술이라는 양식을 공통분모로 가지지만 치료와 교육이라는 상이한 목표를 추구한다. 마찬가지로 놀이치료와 미술치료는 치료라는 동일한 목표를 추구하지만 사용하는 양식은 다르다. 놀이치료와 미술치료 모두 다양한 심리 기법을 사용한다는 점에서 이론적 방향성은 유사하다고 볼 수 있다.

예를 들어, 놀이치료에서나 미술치료에서는 아이들이 자신의 문제를 털어놓을 수 있도록 치료사들이 편안한 환경을 제공하고, 아이들의 행동에 예민하게 반응해준다(Axline, 1947; Moustakas, 1953). 또한 창의성을 발휘하는 경험과 과정 자체가 아동의 치료를 돕는 요소라고 본다(Kramer, 1958; Lowenfeld, 1957).

반면, 놀이치료에서는 아동이 놀이를 통해 무의식적 갈등을 드러낸다고 여기며 놀이 행동을 이해하고 해석함으로써 변화하도록 도울 수 있다고 본다(A. Freud, 1946; Klein, 1932). 한편 미술치료에서는 아동이 미술 활동을 하면서 자신의 내면을 상징적으로 표현한다고 여긴다(Naumburg, 1947/1966; Ude-Pestel, 1977).

나는 미술치료를 할 때도 필요하다면 다른 여러 표현양식을 사용하는 것이 좋다는 데 동의하지만, 미술치료와 놀이치료에는 분명 차이가 있다고 생각한다. 그 차이는 치료사의 전문 분야와 아동에게 제공하는 치료의 내용이다. 놀이치료사들도 미술 재료를 사용하지만 그 범위와 다양성에는 한계가 있다.

반면 미술치료사들은 훨씬 다양한 미술 재료와 도구를 제공하며, 그 사용법을 가르칠 수 있다. 이는 대부분의 놀이치료사가 할 수 없는 일이다. 미술치료에서는 창의성을 발휘해보는 경험 자체가 중요하기 때문에 그 과정을 촉진해주는 치료사의 역할이 치료의 성공 요인이라 할 수 있다. 그리고 아동이 창작한 미술 작품의 상징적 의미를 파악하는 것 또한 중요하다.

이 책에서 놀이 이외에도 다양한 표현양식을 언급했다. 놀이는 미술만큼이나 유용한 치료 도구이고 놀이와 치료는 서로 밀접한 연관이 있지만 그렇다고 놀이치료와 미술치료가 동일한 것은 아니다. 미술치료사가 아동의 표현을 촉진하기 위해 이용할 수 있는 표현양식으로는 연극, 동작, 글쓰기, 음악 등이 있다. 하지만 해당 분야를 전공한 전문가와 함께 하지 않는다면 미술치료사 혼자 제공할 수 있는 표현양식의 범위는 제한된다(그래서 나는 연극치료를 전문으로 하는 어윈 박사와 함께 하곤 했다). 마찬가지로 놀이치료사가 제공할 수 있는 미술 활동의 범위도 제한된다. 게다가 놀이치료의 대상은 미술치료의 대상이 되는 아이들에 비하면 연령 폭이 훨씬 좁다. 일반적으로 미술치료는 거의 모든 연령대의 아동을 대상으로 실시될 수 있지만, 놀이치료는 아주 어린 아이들만을 대상으로 한다.

훌륭한 아동 미술치료사의 자질

아동을 대상으로 하는 놀이치료사와 미술치료사는 성인을 대상으로 하는 치료사들에 비해 특별한 자질을 갖추어야 할 필요가 있다. 무엇보다도 중요한 자질은 아이들을 사랑하는 마음일 것이다. 사실 아이들을 상대하기란 쉽지 않을 수 있다. 따라서 일하면서 겪게 될지 모르는 스트레스와 피로를 진심으로 즐기고 웃어넘길 수 있는 태도가 필수적이다. 아이들을 진정 사랑할 때, 치료하는 힘든 순간을 넘길 수 있을 뿐 아니라 점진적이고 창의적인 방식으로 아이들의 치유와 성장을 촉진시킬 수 있다. 아이들을 존중하지 않는 치료사는 치료에 필요한 여러 가지 새로운 기법을 시도조차 하지 않을 수 있다. 그런 치료사는 부정적인 결과를 초래하고 말 것이다.

아이들이 미술치료를 즐길 수 있도록 만들기 위해서는 치료사가 아이들의 내면을 있는 그대로 사랑해야 한다. 다시 말해 아이들이 표현하는 생각, 충동, 감정을 편안하게 받아들여야 한다. 유치할 수도 있고 아직 미성숙할 수도 있는 아이들의 자아를 치료사가 편안하게 수용할 때에만 아이들 자신도 '내면의 설익은 자아'를 받아들일 수 있다. 때로는 미술작품에 표현된 사랑과 증오, 통합과 파괴의 설익고 미숙한 충동이 너무 강력해서 치료사도 대처하는 데 버거움을 느낄 수 있다.

강렬한 감정은 대개 특정 행동을 촉발하는 충동과 함께 나타나므로 치료사는 다양한 상황에 알맞은 대처 방법을 미리 알고 있어야 한다. 이때 아동의 행동을 어디까지 허용하고, 어디서부터 금지해야 하는지 한계를 명확히 하는 것이 중요하다. 미술 도구나 치료실을 파괴하거나 치료사를 때리고 싶어하는 아이도 있을 수 있다. 이때 치료사는 조용하면서도 단호하게 아이의 무질서하고 혼돈스러운 감정을 억제해야 할 필요가 있다. 그러한 파괴적인 충동을 억제하고 조절할 수 있는 능력이 있는 치료사만이 이 책 앞부분에서 설명한 '자유를 위한 틀'을 제공할 수 있다.

응급 상황에서 적절하게 아동을 억제하려면, 아동의 내면에 성장 잠재력이 내재되어 있다고 믿어야 하며 미술치료의 효과에 대한 자신감이 있어야만 한다.

이러한 긍정적인 태도는 맹목적인 믿음을 기반으로 하지 않는다. 그러한 태도를 키우려면 치료사 자신과 아동의 내면에서 어떤 일이 벌어지고 있는지, 자신과 아이 사이에 어떠한 교감이 오가고 있는지에 대한 분명한 준거 기준을 갖추어야 한다. 치료사는 그러한 이론적 토대를 세우기 위해 아동 발달에 대한 지식과 정신 역동에 대한 지식을 습득해야 한다.

내 경우, 상황에 어떻게 개입해야 하는지 결정하고, 아동의 내면에 무슨 일이 벌어지고 있는지 파악하기 위해 정신분석적 틀을 사용했다. 정신분석적 틀 이외에도 명쾌하고 일관적인 성격 이론이나 치료 이론을 준거 기준으로 삼는다면 어디로 나아가야 할지, 어떤 방법을 적용하면 좋을지 결정할 때 도움이 될 것이다. 아이들을 대상으로 하는 미술치료에서는 무엇보다도 일관성이 중요하다. 아이들은 안정적으로 기댈 수 있는 대상을 필요로 하기 때문이다.

또한 아이들은 성인에 비해 언어로 의사소통하는 능력이 떨어진다. 따라서 치료사는 아이들이 다양한 비언어적 수단으로 전하는 메시지에 귀 기울일 줄 알아야 한다. 동작, 상상력, 소리는 미술과 놀이의 기본 표현양식이다. 치료사는 상상력을 발휘해 아이들이 다양한 차원을 오가며 내면의 생각과 감정을 표현할 수 있도록 촉진해야 한다. 아이들이 편안하고 자연스럽게 스스로를 표현하도록 만들기 위해서는 비언어적 표현양식을 포함한 모든 형태의 의사소통 방식에 익숙해야 하며, 적절한 때에 그 방식을 바꿀 줄 알아야 한다.

다시 말해, 아동 미술치료사는 표현의 유창성과 유연성을 갖추어야 한다. 따라서 훌륭한 미술치료사가 되려면 그 자신이 창의적인 사람이어야 한다. 미술치료사는 아동의 자유로운 행동을 촉진하는 동시에 스스로 어린아이로 돌아가 아이들에게 공감할 수 있어야 한다. 그렇게 하면 전이 상황이나 역할극 상황에서 아이가 치료사에게 부여하는 역할을 온전히 경험할 수 있다. 어린아이로 돌아가 내담자와 눈높이를 맞추는 것은 아동을 대상으로 한 미술치료에서 표현을 불러일으키고 갈등을 해소할 수 있게 해주는 강력한 도구다. 그러나 모든 직접적인 개입과 마찬가지로 이 방법은 위험을 내포하고 있으므로 치료 과정과 아동에게 어떤 영향과 의미를 가져다줄지 명확히 인지한 상태에서만 사용해야 한다.

사실 지금까지 언급한 모든 요소는 양날의 검처럼 신중을 기해 적용해야 한다. 여기서 설명한 방법들은 신중히 사용하면 강력한 효과를 발휘할 수 있지만, 역전이 상태에서나 상황을 완벽히 인지하지 못한 상태에서 사용하면 위험할 수 있다. 다음과 같은 의문을 품는 사람도 있을지 모르겠다. 어떻게 그런 일이 있을 수 있을까? 아이들을 사랑하거나 도와주는 데 지나침이라는 게 있을 수 있을까?

그 의문에 대한 답은 '그렇다'이다. 한때는 아이를 무릎이나 요람에 앉히고 꼭 안아주는 것이 치료사의 적절한 행동이라 여겼지만, 이제는 그러한 신체적 접촉이 지나치게 위협적이거나 혹은 유혹적이라는 의견을 내놓는 사람들도 있다. 또한 작품에 대한 칭찬이 아이들의 불안정한 자존감에 도움된다는 학자들도 있지만(cf. Lachman-Chapin, 2001), 지나친 칭찬은 타인의 반응에 대한 의존성과 해로운 자기애narcissism를 키우기만 할 뿐이라고 주장하는 학자들도 있다.

약을 올리거나 정말 사랑스럽지 못한 아이에게도 사랑을 주어야 마땅하지만, 파괴적인 행동에 보상을 주거나 치료사와 가학-피학적 관계를 맺는 일이 있어서는 안 된다. 훌륭한 아동 미술치료사라면 자기 내면의 어린아이 같은 충동을 인정하고 받아들여야 하겠지만, 일하는 동안 자신의 어린아이 같은 자아가 제멋대로 굴도록 내버려두었다가는 치료 대상 아동에게 해를 끼칠 수 있다. 또 치료사의 장난스러운 태도가 자유로운 분위기를 조성하는 데 도움되는 경우도 있지만, 소심한 아이에게는 위협적으로 느껴질 수도 있으며 충동적인 아이에게는 지나친 자극을 줄 수도 있다. 게다가 장난스러운 분위기 때문에 진지하고 정중한 반응을 요하는 문제를 무심결에 넘겨버리게 될 수도 있다.

아무리 원색적인 내용의 생각이나 미술작품이라 해도 받아주는 것이 중요하지만, 제멋대로의 충동을 환영하거나 칭찬하는 것은 좋지 않다. 공격성을 부추기는 것은 그것을 억누르는 것만큼이나 이롭지 못하다. 반면 너무 많은 제약을 가하는 것 또한 해로울 수 있다. 특히 치료사 자신의 불안 때문에 지나치게 엄격하거나 때 이른 제약을 가한다면 최선의 결과를 내지 못할 수 있다. 더 나은 방법은 충동의 유해한 힘을 사용했을 때 얼마나 가책을 느끼게 될지 아이에게 확인시켜주는 것이다. 그리고 행동이 아닌 생각이나 감정의 상징적 표현에 제한을 가하는 것이 얼마나 슬픈 일인지 알려주는 것이다.

지나친 낙관주의는 위험할 수 있다. 다시 말해, 아이를 치료하거나 보호하려는 바람이 너무 강할 경우 치료사는 치료 과정, 대상 아동, 자신에게 있는 문제를 보지 못하게 될 수 있다. 또한 일관적인 이론적 틀 또한 지나치게 엄격하게 이해되고 적용될 경우 부정적인 영향을 미칠 수 있다. 사건을 명확히 바라볼 수 없도록 시야를 흐릴 수 있기 때문이다. 내가 아는 최고의 의사와 치료사들은 (전통적인 방식을 고수하는 이들조차) 자신이 틀릴 수도 있다는 생각으로 겸손하고 열린 자세를 취한다. 그러한 열린 자세는 지각뿐 아니라 행동에도 필요하다. 바꾸어 말하자면 일관성과 예측가능성이라는 개념을 엄격성으로 잘못 이해해서는 안 된다.

하지만 지나친 유연성 또한 좋지 않다. 미술치료의 흐름이 재료의 특성에 따라 좌우되도록 내버려두는 것은 아동을 대상으로 한 미술치료에서 최선의 결과를 낳지 못한다. 치료사가 활동을 잠시 멈추게 하고, 한 발 물러서서 관찰하고, 상황을 정리하는 것이 치료에 가장 도움될 때도 많다. 상담이나 검사를 할 때 기발하거나 새로운 방식을 적용해보는 것은 일반적으로 괜찮지만, 그러한 시도가 아이의 치료가 아닌 치료사 자신의 과시적이거나 자기애적인 욕구에서 비롯된 것이라면 바람직하지 못하다.

위에서 설명한 특징을 갖추었다고 해서 당장 훌륭한 미술치료사가 될 수 있는 것은 아니다. 그러한 특징은 필수 조건이기는 하지만 그것만으로는 — 이를테면 사랑 혹은 미술만으로는 — 충분하지 않다. 예를 들어 비언어적·상징적 의사소통을 할 수 있다고 해도 그 교감의 의미를 이해하지 못하면 아무 소용이 없다. 마찬가지로 치료의 전반적인 방향을 뚜렷이 인지하고 있지 못한 상태에서는 아이에 대한 사랑이 아무리 크고 모호한 상황에 대한 인내심이 아무리 대단하다 해도 별다른 소용이 없다. 치료사 자신과 대상 아동과 치료 과정에 대한 확신이 필수적이기는 하지만 그렇다고 해서 치료의 과학적인 부분을 무시해서는 안 된다. 치료사는 자신의 능력을 과신하지 않을 때에만 아이의 상태를 이해하기 위한 탐색을 계속할 수 있다.

과학과 미술 중 어느 한쪽에만 치중한 미술치료는 없겠지만 둘을 적절히 통합했을 때 최선의 결과를 낼 수 있다고 믿는다. 과학적이고 창의적인 사고는 새로운 발견의 원천이며 미술에는 기술이나 기법과 관련된 요소들이 필요하다. 따라서 아동 미술치료사는 전반적인 방향을 정할 때는 신중하고 과학적인 태도를 견지하되 실제로 미술치료를 행하는 동안에는 예술성과 자발적이고 자연스러운 행동의 가치를 인정해야 한다. 모든 인간이 그러하듯 아이들에게도 나름의 생각과 감정이 있다. 따라서 아이를 돕고자 한다면 사고와 정서를 두루 살펴야 한다. 또한 아동이 표현하는 생각과 감정 모두에 귀를 기울여야 한다.

생각과 감정 모두를 다루는 데 능숙한 미술치료사가 되려면 좌뇌와 우뇌의 영향을 받는 일차 사고 과정primary process과 이차 사고 과정secondary process에 대해 잘 알고 있어야 한다. 일차 사고 과정이란 무의식을 지배하는 비언어적이고 비현실적인 사고를 뜻하며, 이차 사고 과정이란 의식을 지배하는 언어적이고 이성적이며 현실적인 사고를 뜻한다. 정신이 건강한 사람만이 한 자아의 대비되는 이러한 특성을 건설적인 방식으로 통합할 수 있다. 따라서 (성인을 대상으로 하든 아동을 대상으로 하든) 미술치료의 목적은 한 개인의 열정이나 사고 중 어느 한쪽에 전적으로 지배받지 않는 능력을 발전시키는 것이라 할 수 있다.

아이들이 그러한 목표를 이룰 수 있도록 도우려면 치료사는 그 내면을 꿰뚫어 볼 수 있어야 한다. 창의성과 열정으로 무장하고, 타인의 성장을 돕기 위해 따뜻한 마음과 이성 모두를 사용할 줄 아는 치료사를 만나는 것은 어느 내담자에게든 행운일 것이다.

훌륭한 미술치료사가 갖추어야 할 요건들을 암시하고 있는 아래 글을 보자. "훌륭한 치료사의 자질은 천부적인 교사가 갖추어야 할 자질과 비슷하다. (…) 치료사를 직업으로 삼고 있든 아니든 어떠한 사람들은 치유자적 성향을 타고난다. 그런 사람들과 만나면 유쾌하고 좋은 일이 생긴다."(Hammer&Kaplan, 1967, pp.35~36) 아이들에게 민감하게 대처할 줄 아는 교사, 치료사, 부모는 인간의 발전을 촉진하는 환경을 제공한다. "아이들은 그러한 환경에 놓일 때 변화하고 성장할 수 있다."(p.36)

우리는 모두 아동 미술치료 분야를 개척한 학자들에게 빚을 지고 있다. 그들 중 일부가 남긴 영상이나 음성 자료를 보는 것만으로 가치 있는 일이다. 그러한 자료 덕분에 이 책의 기틀을 마련할 수 있었다.

나는 1975년에 마거릿 나움버그를 만나 아동을 대상으로 한 미술치료를 어떻게 시작하게 되었는지 자세히 들을 수 있었다. 마거릿 나움버그는 뉴욕 주립 정신과 연구소New York State Psychiatric Institute에서 놀란 D. C. 루이스Nolan D. C. Lewis 박사와 에디스 크레이머 박사의 후원을 받아 시범 세션을 실시했다고 한다(Naumburg, 1947; Kramer, 1958). 그 이후 아동 미술치료 분야를 다룬 말라 베텐스키Mala Betensky의 첫 책이 1973년에 출간되었고, 바이올렛 오클랜더Violet Oaklander의 책이 1978년에, 헬렌 란드가르텐의 책이 1981년에 나왔다.

20장

미술치료사가 어떻게 도움될 수 있는가

창조의 능력과 필요성

미술을 통해 아이들과 그 가족을 이해하고 도우려면 다음의 가정과 신념이 필요하다. "모든 인간은 원래부터 창조하는 존재다."(Moustakas, 1969, p.1) 창조의 잠재력이 아직 잠자고 있더라도 충분한 관심과 지원만 주어진다면 언제든 그 불꽃은 활활 타오를 수 있다. 나는 모든 인간의 내면에 성장과 창조를 추구하는 경향이 있다고 믿는다. 또한 개인마다 선호하는 재료, 양식, 주제가 있으며 잠재력을 최대한 펼치려면 그것이 무엇인지 알아내야 한다.

나는 모든 인간에게 형태를 창조하려는 내면의 욕구가 있다고 여긴다. 모래장난을 하는 어린아이의 놀이에서도 만지고, 접촉하고, 주물러 형상을 만들고자 하는 충동을 발견할 수 있다. 아이들은 또한 말랑말랑한 점토, 선명한 색상의 템페라 물감, 새로 산 크레용을 보면 거부할 수 없는 충동을 느낀다. 심지어 원숭이와 침팬지도 미술 재료를 보면 자연스레 집어 든다. 배가 고파도 그림을 먼저 완성한 후 음식을 먹는 원숭이도 있다. 이러한 사례를 보면 창조하고픈 충동과 욕구가 기본적이며 보편적임을 알 수 있다(Morris, 1962).

철학자 마틴 부버Martin Buber는 다음과 같이 말한 바 있다. "인간, 인간의 자손은 무엇인가를 만들고 싶어한다. 다른 어디에서도 유래하지 않은 자율적인 본능, '창조자 본능'이라는 이름이 어울리는 (…) 인간은 형태 없는 물질에서 형태를 찾으면서 기쁨을 느낀다. 아이들은 그 과정에 자신도 한몫을 하고 싶어한다. (…) 이전에 존재하지 않았던 무엇인가가 새로 생겨나도록 하는 데 일정 역할을 하는 것이 중요하다."(1965, p.85)

프로이트는 건강한 사람이라면 사랑하고 일할 수 있다고 말했다. 또한 에릭슨은 인간이라면 놀 수 있어야 한다고 주장했다. 놀이와 미술에는 공통분모가 있으며, 따라서 모든 아이들은 미술을 통해 자아를 창조할 권리가 있다. 그리고 그러한 욕구가 충족되지 않는다면 (쉽게 눈에 띄지는 않더라도) 결핍을 초래할 수도 있다.

창조력의 발휘를 통해 흔적을 남기고자 하는 욕구는 매력적인 재료에 대한 감각적 반응과 형태가 없는 것에 형태를 부여하거나 조작 가능한 환경과 상호작용하고픈 욕구에서 나온 것인지 모른다. 혹은 자신의 경험에 조화와 질서를 부여하고 통합시키고자 하는 조금 더 복잡한 심리적 욕구에서 비롯된 것인지도 모른다. 인간은 사물이 꼭 들어맞지 않을 때 불편함을 느낀다. 최적 수준의 편안함을 재확립하기 위해 인지적이고 정서적인 불협화음과 갈등을 줄일 필요가 있는 것이다.

인간에게는 건설적인 행동과 파괴적인 행동 모두를 향한 내면의 압력이 있는 듯 보인다. 이는 미술 재료를 보았을 때 사람들이 나타내는 반응을 관찰하면 알 수 있다. 점진적이고 통합적인 경향성이 지배권을 얻으려면 내면의 갈등을 감소시켜야 한다. 그렇게 할 때 에너지를 해방시킬 수 있다. 불안에 대한 자극은 내부와 외부 혹은 그 둘의 조합에서 비롯될 수 있다. 아이는 내면의 감정, 공상, 생각을 이해하고 싶어할 뿐 아니라 혼란스러운 현실을 정리하고 바로잡고 싶어한다. 성장하기 위해 내부와 외부를 통합시키는 동시에 분리시키고 둘 모두와 접촉할 수 있어야 하는 것이다.

바로 이 부분에 미술이 도움될 수 있다. 엘리너 울만은 다음처럼 말하기도 했다. "미술은 외부 세계와 내면이 만나는 장이다."(1971, p.93) "미술의 원동력은 개성에서 나온다. 미술은 혼란에 — 내면의 혼란스러운 감정과 충동, 당혹스러운 느낌에 — 질서를 가져다준다. 미술은 자아와 세상을 발견하고, 그 둘의 관계를 확립하는 수단이다. 창조 과정이 완성되면 내면과 외부 현실은 새로운 실체로

통합된다."(1961, p.20)

학습 경험으로서의 창의성 발휘 과정

아무리 나이가 어린 아이라 해도 미술 활동을 통해 매슬로가 '지고의 체험peak experience'이라 부른 황홀한 느낌을 경험할 수 있다. 또 울만이 '살아가며 느끼는 최고의 순간a momentary sample of living at its best'이라고 부른 활기와 고양된 의식을 느낄 수도 있다(1971, p.93).

아이들은 미술을 통해 과잉 에너지를 배출함으로써 순간적으로 긴장을 해소할 수 있을 뿐 아니라 예전에는 그냥 흘려보냈던 자원인 갈등을 승화시키고 해결해 평화로운 에너지로 만듦으로써 건설적으로 사용할 수 있다.

인간은 미술 활동을 통해 의식의 구석구석을 건드리고(Kubie, 1958), 외부 자극을 통해 지각을 넓히고, 확장시키고, 깊게 하고, 날카롭게 할 수 있다. "경험에 대한 이러한 개방성은 그 자체로 경험된다. 첫째, 감정으로서, 둘째, 이해로서, 셋째 표현으로서."(Kaelin, 1966, p.8)

창의적인 활동을 하다 보면 잠시 멈추고 관찰하면서 결과물, 과정, 경험을 성찰하고 생각하는 순간을 경험하게 된다. 창조적인 활동에 완전히 몰입하는 중일 때 이러한 관조적인 태도가 나타난다. 아이들은 형태가 있는 미적 표현을 창조하는 동안 한발 뒤로 물러서기도 하고 몰입하기도 하며, 사고하기도 하고 행동하기도 하면서 자신의 에너지를 어떻게 사용해야 하는지 배운다.

아이들은 미술을 통해 자율성과 독립심을 키울 수 있으며, 과정과 결과물에 대해 책임지는 법을 배운다. 아이들은 또한 선택하고, 만들고, 행동하고, 결정을 수정하고, 인지하고, 평가하며, 과거의 경험으로부터 교훈을 얻는 법을 배울 수 있다. 아이들은 상징적 실험을 통해 생각과 감정을 현실로 만드는 법을 배울 수 있다.

어떠한 위험도 없고 말대꾸하지도 않는 재료를 만지고 주무르는 경험은 일종의 지배와 권력을 체험하게 해준다. 아이들은 미술 기법과 도구에 능숙해져 감에 따라 자신감을 느끼게 된다. 아이들은 퇴행적/공격적인 자아의 상징을 받아들이고 자신의 창의적/생산적인 자아를 가치 있게 여김으로써 자아존중감을 키울 수 있다. 아이들은 미술을 통해 각자의 개성을 발견하고, 키워가며, 정의내림으로써 자신이 특별한 존재라고 느낄 수 있다. 아이들은 심미적으로 뛰어난 작품을 만드는 즐거움, 그것을 사랑하는 사람들에게 선물하는 기쁨, 타인에게서 칭찬받는 자신감을 얻을 수 있다.

젠들린Gendlin은 다음과 같이 말했다. "상징 없는 느낌은 안목 부족이다. 느낌 없는 상징은 공허하다."(1962, p.5) 미술의 상징은 막연하고, 비언어적이며, 본래 말로 표현할 수 없는 감정과 경험을 전달할 수 있게 해주는 수단이다. "이 사실은 아이 혹은 성인 화가가 원을 그리든, 삼각형을 그리든, 동물을 그리든, 나무를 그리든 기본적으로 달라지지 않는다. 두 방식 모두 내면의 세상과 외부 세상을 표상하며 심리학이나 미술 모두 그 둘을 떼어놓지 못한다."(Arnheim, 1967, p.341) 표현된 내용에 대한 자각은 말로 표현되지 않을 것이며, 그럴 필요도 없다. 표현된 내용은 대개 지각적-정서적 영향력의 수준에 머무른다. 이따금 "개인의 자아의 지각적 수준을 아는 것이 가장 유효한 앎"인 것 같아 보이는 경우도 있다(Rhyne, 1971, p.274).

비언어적인 방식으로 정신 내에서 벌어지는 사건뿐 아니라 사람과 사람 사이에 벌어지는 사건을 상징화할 수 있다는 점에 미술 고유의 힘이 있다. 그리고 다양한 수준의 연속적인 사건들을 단일한 시각적 표현에 담을 수 있다는 점도 미술의 강점이다. 미술적 상징은 응축적이다. 다시 말해, 다양한 의미와 양극적인 내용을 통합시킬 수 있다. 이를테면 현실과 환상, 의식과 무의식, 질서와 무질서, 관념과 정서를 한데 담는다.

미술치료는 복잡한 감정에 형태를 부여할 수 있는 기회를 제공해 내담자들을 돕는다. 프랭클Frankle도 주장했듯 창조자는 미술을 통해 혼란에 대한 통제감을 느낄 수 있다. "우리가 고통스러운 감정을 분명하고 정확한 형태로 표현할 때 그 고통은 즉시 멈춘다."(1959, p.117) 미술 경험의 이러한 가치는 '인간'이라는 실을 꿴다. 에너지, 잠재력, 탐구, 표현, 기술 숙달, 자율성, 해방, 자각, 수용, 기호, 기쁨, 성장은 부수적인 원인과 결과다. 나는 과정과 결과물을 분리시켜 보는 이분법은 그릇되었다고 생각한다. 내게 가장 중요한 것은 언제나 '사람'이다. 사람이 없다면 과정도 결과물도 없으며 미술 그 자체도 없다.

따라서 미술의 가치는 인간의 가치이다. 내가 미술 역사와 도상학을 공부하다 미술교육을 하고 마지막에 미술치료 분야로 자리를 옮겨 곤경에 빠져 있거나 성장의 어려움을 겪고 있는 사람들을 돕는 일을 하게 된 이유도 그것인지 모른다. 따라서 내게는 어떤 맥락에서든 '미술을 위한 미술'이나 '치료를 위한 미술'이 아닌 '인간을 위한 미술'이라는 표현만이 이치에 맞는다.

전이의 문제

치료사와 내담자 사이의 관계가 중요하다는 맥락에서 미술치료는 미술과 다르다. 치료적 관계하에서 미술 활동을 하는 것은 혼자서 그림을 그리거나 교실에서 미술을 배우는 것과 같지 않다. 미술치료를 통해 한 개인은(또는 다수의 내담자는) 특별히 보호받는 환경에서 미술을 통해 스스로를 탐색하고, 확장시키고, 이해할 수 있다.

치료사-내담자 관계 속에, 아동은 타인에게 스스로를 자발적으로 드러내고, 자신의 창조적 결과물을 타인과 함께 보는 법을 배운다. 미술치료를 하는 동안에는 말을 거의 하지 않은 채 과정과 결과를 치료사와 내담자가 공유할 수 있다. 이러한 환경 덕에 아동은 보호받으며, 치료 효과를 얻는다. 그런 환경이 제공되지 않는다면 아이는 상처입거나 무너지기 쉬울 것이다.

미술치료사들과 아동 내담자의 만남은 여러 면에서 실제 사람 대 사람의 만남이라 할 수 있다. 하지만 치료 현장이라는 배경은 매우 중요한 상징적 역할을 부과하기도 한다. 그런데 때로 이 관계는 왜곡된 상징적 방식, 즉 전이로 나타나기도 한다. 전이는 내담자와 치료사 모두에게 나타날 수 있다. 내담자의 전이와 치료사의 전이는 서로 밀접하게 연관되어 있다. 미술치료사의 행동은 불가피하게 전이에 영향을 끼치게 되며 전이를 세대로 이해하고 사용하면 변화를 위한 수단이 될 수도 있다.

미술치료사는 전이의 개념을 알고 있어야 한다. 전이는 미술적 상징의 의미에 대해 미리 짐작하고 있던 범위의 연장이기 때문이다(그림 20.1). 개인에게 특정 색이나 주제는 과거의 어떤 특정한 것을 상징할 수 있다. 마찬가지로 사람은 타인에게 유사한 의미와 감정을 투사할 수 있다.

일반적으로, 인간은 항상 주어지는 자극에 대해 합리적으로 설명하고픈 욕구를 느낀다. 그래서 머릿속으로 새로 만난 사람의 알지 못하는 부분을 채우려 한다. 게슈탈트 이론이 여기에도 적용되는 것이다. 우리는 새로운 사람을 만나면 과거에 만났던 유사한 사람에 대한 경험을 근거로 그를 지각하는 경향이 있다. 그리고 자신의 해결되지 않은 갈등과 소망으로 그 지각에 색을 입힌다.

치료사는 지각된 것을 왜곡하는 인간의 성향을 유익하게 활용할 수 있다. 여러 가지 면에서 전이를 촉진하는 조건은 미술에서 의미 있는 내용을 표현하도록 부추기는 조건과 크게 다르지 않다. 치료사는 자유로운 분위기 속에 여러 가지 재료를 제공함으로써 내담자가 자신의 심상을 찾고 표현하도록 장려한다.

마찬가지로 치료사는 중립적인 태도를 유지함으로써 내담자가 내면의 갈등과 관련 있는 생각과 감정을 치료사에게 투사하도록 만들 수 있다. 아동은 중립적이고 무비판적인 치료사에게 평소 성인에 대해 품고 있던 감정과 환상을 투사한다.

이러한 지각의 왜곡은 시간의 흐름에 따라 점점 분명해진다. 아동이 어떤 자극에 대해 부적절하거나 과장된 방식으로 반응한다면, 이는 그 아이가 내면의 문제 때문에 치료사를 색안경 낀 시각으로 보고 있음을 나타낸다. 왜곡된 지각의 의미가 즉시 분명히 드러나는 것도 첫눈에 상징의 의미를 확신할 수 있는 것도 아니지만 지속적으로 나타나는 비합리적인 반응을 확인했을 경우 이를 탐색할 수 있다.

때로 전이는 미술작품이나 미술 활동과 관련되어 나타나기도 한다. 이를테면 아동은 손가락 그림물감으로 치료실을 더럽힌 것 때문에 치료사가 화낼지 모른다는 불안감을 표출하거나 치료사가 그림을 보고 비판할 것이라 예상할 수도 있다. 또 어떤 아이들은 관계에 대해 주로 이야기한다. 래리는 치료를 시작한 지두 달 정도 지났을 때 이런 말을 했다. "선생님은 집에 가서도 항상 제 생각 하세

20.1 전이 – 치료사에게 감정과 환상을 투사함

A. 항상 관심받고
싶어한 래리

요?"(20.1A). 이러한 생각은 자신이 치료사의 '외동 아들'이었으면 좋겠다는 바람을 나타낸다. 다섯 형제자매 사이에서 경쟁해야만 하는 래리의 상황을 생각하면 이러한 생각은 놀랍지 않다.

하지만 어떤 미술치료사도 완전히 중립적인 태도를 유지할 수는 없다. 치료사라는 역할이 특정 행동을 요구하며, 그러한 행동들이 상징적 의미를 전달해 전이에 영향을 주기 때문이다. 예를 들어 치료사는 아동에게 미술 재료를 제공해주어야 하는데, 이 때문에 아이는 치료사를 '제공자' 혹은 '양육자'로 여길 수 있다.

한편, 주변을 지저분하게 만들 수도 있는 미술 재료를 제공해주는 치료사가 자신을 꾀어 금지된 '나쁜 짓'을 하도록 유혹한다고 여기는 아이도 있을 수 있다. 또 여러 가지 질문을 던지고, 미술 도구와 재료를 부수거나 망가뜨리지 않도록 제한을 가하는 치료사를 심술궂거나 엄격하다고 여기는 아이도 있을지 모른다.

결과물을 내놓아야 한다는 암묵적인 압박을 느끼는 아이는 미술치료사가 지나친 요구를 한다고 여길지 모른다. 또 관찰을 위해 내면을 드러내도록 유도하

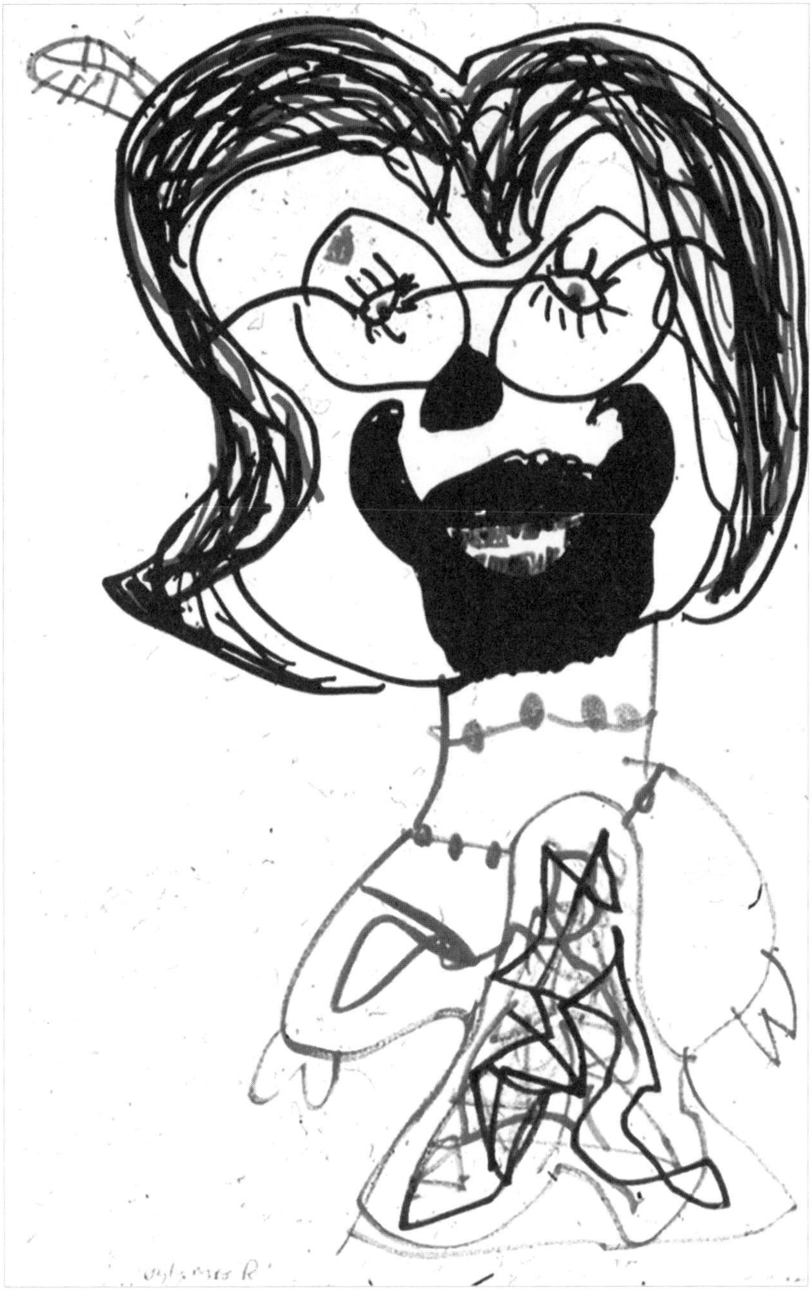

B. 치료사를 못생기게 그림으로써 분노를 나타낸 그림

는 치료사의 행위를 부담스럽게 느끼는 아이도 있을 수 있다. 아동은 여러 질문을 던지는 치료사를 강제로 침입해 이것저것 탐색하는 사람으로 여길 수도 있으며, 결과물에 대해 판단을 내리는 사람으로 느낄 수도 있다. 또 미술 기법과 재료에 대해 가르쳐주는 치료사의 행동은 무엇인가를 제공하는 것으로 여겨질 수도 있으며, 반대로 이런저런 참견을 하는 것으로 여겨질 수도 있다. 아동은 이러한 여러 가지 기능과 역할을 해야 하는 치료사에게 다양한 반응을 보인다.

아이들이 미술 재료를 다루는 방식에는 전이 반응이 반영되는 경우가 많다. 때로 아이들은 재료 사용을 거부한다. 이는 분노를 수동적인 방식으로 표출하는 것이라 할 수 있다. 때로 아이들은 미술 재료를 파괴적이거나, 공격적이거나, 퇴행적인 방식으로 사용함으로써 치료사에게 분노를 나타낸다. 또 어떤 때는 점토로 부모의 모습을 빚은 후 잘게 자름으로써 분노를 직접적으로 드러내기도 한다. 치료사를 우스꽝스럽거나 추하게 그리는 것 또한 분노의 표현일 수 있다 (20.1B).

반대로 상징적으로나 직접적으로 치료사를 전지전능하며 자애로운 존재로 표현하는 경우도 있다. 예를 들어 테리는 아기 인형을 내게 줌으로써 나를 향한 애정을 표현했다. 이런 경우 치료사-아동의 관계는 긍정적으로 표현된다. 치료사는 시간의 흐름에 따른 치료사, 관계, 치료 의미의 상징적 변화를 면밀히 주시하면서 아동이 여러 감정을 어떤 식으로 지각하고 거기에 어떻게 대처하는지 이해하도록 노력해야 한다(cf. Rubin, 1982b).

미술치료사는 미술가이기도 하기 때문에 내담자와의 상징적 교류에서 특별히 유의해야 할 점이 있다. 예를 들어 미술치료사는 아동이 복합적이거나 기술적으로 뛰어난 작품을 창조했을 경우 작품 그 자체에 대한 과대평가를 하지 않도록 주의해야 한다. 미술치료의 초점은 작품이 내담자에게 어떤 의미를 지니는지에 전적으로 집중되어야 한다. 또한 미술치료사는 내담자의 표현방식을 촉진하거나 평가할 때 자신이 선호하는 재료, 내용, 방식이 은연중에라도 개입되는 일이 없도록 해야 한다. 치료사의 통제하고자 하는 욕구는 무의식중에 아동이 수행하는 기법이나 과제에 영향을 끼칠 수 있다.

타인에게 무엇인가를 주고자 하는 욕구가 큰 치료사는 아동에게 필요 이상의 다과를 제공하거나 교육을 함으로써 아동의 자율성 발달을 저해할 수 있다. 지나치게 호기심 많은 치료사가 무심코 던진 필요 이상의 직접적인 질문은 아동을 더욱 위축되게 만들 수 있다. 따라서 치료사는 아동의 내면뿐 아니라 자기 자신의 내면에서 어떤 일이 벌어지는지 늘 경계해 자신의 갈등이 아동의 치료를 방해하는 일이 없도록 해야 한다.

미술가와 치료사

미술치료사는 창조자(미술가)와 촉진자(치료사)의 미덕을 고루 갖출 때 아동에게 최대의 도움을 줄 수 있다. 이 두 가지 역할과 관점은 서로 반대되는 듯 보일 수 있지만, 사실 둘은 그다지 차이나지 않는다. 예를 들어 미술가와 심리학자는 모두 인간의 경험을 합리적으로 설명하고(평가), 인간의 영혼을 고양시키고자(치유) 한다. 또한 미술가와 심리학자는 보이지 않는 에너지에 접촉해 그것을 이해하고 표현하려 한다.

심리학자 샨도르 로랜드Sandor Lorand는 미술가에 대해 다음과 같이 적었다. "미술가는 정신분석적 지식과 미술적 직관을 결합한다. 미술가는 자기 자신의 통찰에 이끌린다. 그 결과는 영감을 받아 이룬 성취."(1967, p.24)

미술가는 심리학자처럼 "내부 관점의 정당성을 확언한다"(Shahn, 1960, p.50). 하지만 벤 샨Ben Shahn 같은 화가도 말했듯 그 관점은 다르다. "나는 의식의 경계를 무한한 이미지와 상징으로 확장시켜주는 내면의 거대한 관점을 받아들이지만, 그 이미지의 의미는 심리학자와 화가에게 각각 다르게 수용된다."(p.51) 미술치료사는 — 미술가, 교육가, 의사는(Kramer, 1971) — 그러한 차이와 화해하고 보완될 수 있는 부분을 찾아야 한다.

그런 점에서 미술치료사는 직관적이고 영감적인 접근법과 합리적이고 분석적인 접근법을 결합하고 상황에 따라 적절히 번갈아 사용해야 한다. 언어와 이미지를 편안하게 받아들이는 치료사는 내담자가 표현과 이해를 사용하도록 도울 수 있다.

자유 연상과 규칙, 능동적 태도와 수동적 태도, 만드는 것과 관찰하는 것 모두에 능한 미술치료사는 내담자와의 교류 범위를 넓힐 수 있다. 그런 치료사와 함께하는 내담자는 최고의 창의성을 발휘하고, 상상력을 동원해 내면의 자원을 마음껏 사용할 수 있다. 다양한 방식의 사고를 할 수 있기 때문이다. 때로는 말이 방해가 되는 경우도 있지만, 때로는 말이 위안, 질서, 평안을 가져다주기도 한다. 중요한 것은 이를 지각하고 선택할 수 있느냐이다.

변화를 이끌어내는 주체로서의 미술치료사

진단 전문의, 치료사, 교사, 집단 지도자, 감독자, 상담사, 공공 교육가, 미술가, 연구자, 미술치료사는 모두 타인의 성장을 돕기 위해 인간과 미술에 대해 이해하고 느끼는 바를 이용한다. 그런데 개인, 가족, 집단, 학급, 기관, 지역 공동체의 성장을 목표로 한다면 공통적으로 밟아야 하는 단계가 있다.

개인, 가족, 기관이 장점과 능력을 활용해 성장하도록 도우려면 우선 그 사람 혹은 시스템이 일반적인 상황과 특정한 상황을 마주했을 때 어떤 식으로 기능하는지 알아야 한다. 따라서 개인을 대상으로 할 때는 개인의 심리 현상 및 발달에 대한 지식을 준거 기준으로 삼아야 하며, 집단이나 시스템을 대상으로 할 때는 집단 및 시스템 현상에 대한 이해가 필요하다.

특정 개인, 가족, 공동체의 역사와 특징을 아는 것 또한 중요하다. 역사와 특징을 알 때만 현재의 상태를 분석하고 앞으로의 전망을 예측할 수 있기 때문이다. 따라서 치료를 할 때뿐 아니라 교육을 하거나 자문을 할 때도 우선 특정 개인, 집단, 장소에 대해 가능한 한 많은 정보를 관찰하고, 듣고, 습득해야 한다.

그렇게 할 때 상황과 배경에 대한 이해와 관점을 이용해 그 대상이 되는 개인, 집단, 장소와 협력해 목표를 정하고, 변화를 위한 계획을 세울 수 있다. 종합적인 목표를 세우고 나면 이제 더 치유 효과가 높은 미술 프로그램을 개발하려면 어떻게 해야 할지, 아동의 성장을 돕기 위해 무엇이 필요할지 구체적으로 생각해 볼 수 있다. 이때 치료사는 늘 여러 가능성을 열어두어야 한다. 변화는 늘 계획대로 진행되지 않는다. 성장은 유기적이고, 한결같이 않으며, 예측할 수도 없다.

치료사는 시시때때로 멈추어 서서 한 발 뒤로 물러나 치료가 어디까지 진전되었는지 평가하고, 목표를 수정하고, 가정을 시험해보아야 할지 모른다. 그리고 치료 대상 개인, 가족, 기관이 독립적으로 기능할 준비가 된 것처럼 보인다면 치료 종료와 이별에 대한 감정에 어떻게 대처할지 계획해야 한다. 이제 작별 인사를 하고 서로 놓아주어야 할 시간이 다가온다. 마지막을 준비하면서 지난 시간을 돌아보고, 비평도 하고, 그동안 만든 작품의 사진을 한데 모아 책으로 엮거나 전시하는 것도 좋다(물론 그렇게 하기 위해서는 내담자의 동의를 얻어야 한다).

미술치료 자문

치유적인 면에서 미술 활동이 아이들에게 얼마나 중요한지 아는 사람은 아이들에게 미술 활동 경험을 제공하기 위해 타인에게 영향력을 행사하기도 한다. 그래서 정신건강 상담이나 진찰을 할 때 미술치료를 기본 토대로 삼는 경우가 많다. 특히 의료기관이 아닌 교육, 오락, 보호 관련 기관에서 도움을 청하는 경우 특히 그러하다.

보통 학교, 지역 주민 센터, 발달지체 아동을 위한 기관은 여러 미술 활동 프로그램을(아니면 적어도 그와 유사한 프로그램을) 이미 제공한다. 본격적인 미술 프로그램이 없더라도 크레용과 색칠공부 책은 갖추어놓았을 가능성이 높다(하지만 색칠공부는 아무런 도움이 되지 않는다!). 많은 기관이 치유적인 미술 프로그램이 일반적이거나 정상적인 범주를 넘어서는 특별한 것이라 생각한다. 미술치료는 장애가 있는 아동이나 일시적으로 큰 스트레스를 받고 있는 정상 아동만을 대상으로 한다고 여기기 때문이다.

어떤 경우든 미술치료사는 정신건강 자문에 닫혀 있거나, 협소하고 제한된 조건하에만 열려 있는 여러 문을 열기 위한 쐐기로 미술을 사용할 수 있다. 미술은 '정신과 의사'를 두려워하거나 적대적으로 여기는 사람들의 마음을 여는 다리가 될 수 있다. 이런 점에서 미술에 대한 자문은 심리치료에 대해 저항을 보이는 기관이나 단체의 마음을 안전하고 의미 있는 방식으로 여는 도구이다.

　때로 미술은 감정적 자각이라는 쓴 약을 쉽게 먹을 수 있도록 겉에 입힌 설탕의 역할을 하기도 한다. 병을 치료하기 위해서는 환자가 약을 삼키고 소화시켜야만 한다. 이전까지 심리치료에 대해 저항적인 태도를 보였던 직원이나 관료들이 미술치료를 통해 심리치료의 이점을 경험하게 함으로써 흥미를 돋울 수 있다. 미술은 상호존중 관계 속에 더욱 프로그램을 개선하고 싶다는 욕구를 불러일으켜 두려워하던 영역에 발을 들여놓게 만든다.

　예를 들어 예전에 장애 아동을 위한 기관에서 1년 동안 어떤 프로그램들을 실시하면 좋을지에 대해 자문을 요청받은 적이 있다. 나는 미술 및 공작 활동과 함께 미술치료를 프로그램에 넣을 것을 조언했지만 기관은 미술치료는 빼고 미술 및 공작 활동만을 프로그램에 넣었다. 하지만 1년 후 미술이 장애 아동에게 도움될 수 있다는 잠재력을 관찰하고 이해한 그 기관에서는 기존 프로그램에 미술치료까지 포함시키기로 했다. 이처럼 미술치료사는 심리치료를 회피하거나 부정하는 기관과 사람들을 대상으로 미술을 쐐기, 다리, 도구로 사용할 수 있는 유리한 위치에 있다.

　미술과 치료라는 상이한 분야를 결합시켜 작업을 하는 특수한 정체성 덕에 미술치료사가 영향력을 발휘할 수 있는 범위는 더 넓어진다. 다시 말해, 미술치료사는 카멜레온처럼 자신을 변화시켜 치료와 관련된 교육, 감독, 자문을 할 수 있다. 미술치료사의 심리치료에 대한 이해는 미술에 대한 감각만큼이나 깊고 풍부하기 때문에 상황이 요구하는 조건에 맞추어 유연성을 발휘할 수 있다.

　자문을 하려면 치료를 할 때와 마찬가지로 상대에게 공감할 줄 아는 기술이 필요하다. 처음 인사를 나누고 마지막으로 작별 인사를 할 때까지 치료사는 신중하고 사려 깊은 태도로 자문을 청하는 사람이 궁금하게 여기는 점, 희망하는 점, 두려워하는 점을 알아내야 한다. 그런 후 기관, 프로그램, 개인이 자연스럽고 유기적인 방식으로 성장할 수 있도록 여러 가지 가능성을 염두에 두고 도와야 한다.

　미술치료 자문은 실용적 정보를 제공하는 수단의 역할을 할 수 있다. 이를테면 어떤 설비·재료·도구를 갖추어야 하는지, 그것들을 어느 경로를 통해 입수

할 수 있으며, 어떻게 사용하는지 등의 정보를 제공해주어야 한다. 또한 미술치료 자문을 통해 관련 읽기 자료, 유사한 미술 프로그램, 미술치료 수련 등과 관련된 정보를 제공할 수도 있다.

이론적인 정보를 요청받은 경우 상대의 이해 수준과 학습 능력에 맞추어 정보를 전달할 필요가 있다. 지나친 정보는 오히려 모자란 것만 못한 때도 있다. 특히 상대가 기존의 상점을 더욱 키우기 위해 약간의 정보, 지도, 허락만을 요구하는 경우 최소한의 정보를 제공해줄 때 최대의 결과를 얻을 수 있다.

미술치료 자문을 할 때는, 말로 전달할 경우 잘못 이해하거나 시각화하기 어려울 수 있어 직접 시범을 보이는 것이 나은 편이다. 실제로 나는 다양한 기관에서 미술치료 자문 요청을 받을 때마다 사전 프로그램으로 미술 검사를 실시함으로써 아동의 잠재적인 상태를 평가했을 뿐 아니라 해당 기관 직원들에게 아동 중심의 미술 활동이라는 새로운 방식을 관찰할 수 있는 기회를 제공했다. 또한 상대 직원들이 새로운 방식을 익히도록 도와주려면, 그들과 만나 대화를 나누는 것도 도움되지만 현장에서 그들이 작업하는 방식을 관찰하고 그에 대해 의견을 제공하는 것이 더 효과적일 때가 많았다.

어떤 기관이나 개인이 아동에게 건강한 미술 경험을 제공할 수 있도록 돕는 것은 어렵지만 보람되고 흥분되는 일이다. 미술치료사가 컨설턴트로서 행해야 하는 일의 형태는 시간의 흐름에 따라 변화한다. 예를 들어, 신체장애가 있는 아동들을 위한 기관을 대상으로 컨설턴트 역할을 했을 때 나는 재료를 주문하고, 설비를 배열하고, 스케줄을 조정하고, 기관 직원들을 교육하고, 관리인들과 회의 및 협상하고, 미술치료 프로그램 개발을 감독하는 등의 다양한 일을 했다.

미술 수업 하나로 시작한 일은 공예 프로그램 신설, 몸을 사용하지 못하는 아이들을 위한 미술교육, 아이들이 만든 작품 전시로 계속 이어졌다. 눈에 잘 띄지는 않았지만 아이들을 향한 직원들의 시각도 크게 변화했다. 그들은 장애 아동의 창조 능력과 미술의 치료적 가치에 눈을 떴다.

가끔 자문을 계기로 한 기관과 오랜 인연을 이어나가기도 한다. 웨스턴 펜실베이니아 맹인학교가 그런 경우다. 처음에 나는 아동을 위한 미술 및 미술치료 프로그램을 개발하고 키워나가기 위한 학교의 노력에 동참했으며, 자문을 해준 이후에도 학교가 발전하는 모습을 지켜보았다. 웨스턴 펜실베이니아 맹인학교에서는 12주짜리 방과 후 프로그램을 실험적으로 실시한 후, 아이들과 그 부모를 위한 6주짜리 여름 미술-연극 프로그램을 신설했고, 지속적인 어머니 미술치료 모임도 이어나갔다. 나중에는 그 어머니들 중 집단을 계속 이끌어나갈 지도자를 내가 직접 교육하기도 했다. 그 어머니는 비정규로 일하다가 나중에 전임 미술 전문가로서 학교 아이들 및 직원들과 함께하며 지속적인 프로그램 개발을 이끌었다.

자문을 해주는 위치에 있는 사람으로서 아동, 부모, 직원, 관리직 등을 상대하는 내 역할은 긴 세월에 걸쳐 변화했다. 학교는 더 커지면서 더욱 안정적인 환경에서 미술 활동 및 심리치료 프로그램을 제공할 수 있게 되었다. 또한 학교 당국은 아이들이 감정을 표현하고, 창의성을 발휘해야 할 필요가 있음을 더욱 깊게 이해하게 되었다. 그리고 여러 집단 및 개인과 함께하는 경험이 쌓여가면서 나 또한 많은 것을 배우며 더욱 현명해졌다.

21장

지속적인 연구 및 조사

들어가기

이 책에 소개된 많은 사례에서 변화하고 성장한 것은 내담자와 기관들뿐만이 아니었다. 미술치료는 지독히 복잡한 작업이며, 나는 많은 것을 경험하고 배울수록 내가 모르는 것이 얼마나 많은지를 절감했다. 그러한 자각은 더 많이 공부해야겠다는 동기를 제공했으며, 그러한 동기는 '연구'라고 알려진 체계적인 탐구의 방법으로 나를 이끌었다.

　책 앞부분에서 개인과 그 가족을 대상으로 한 미술 검사에 대해 설명했다. 그러나 정밀한 평가 절차와 결과 분석은 여러 가지 변수에 따라 달라지며, 특히 미술 검사 시 치료사가 던지는 질문이 매우 중요하다. 이때 미술치료사는 어떤 접근법을 사용할지에 앞서 목표를 명확히 할 필요가 있다. 이 논리는 검사나 진단을 내릴 때뿐 아니라 실제 치료를 실시할 때도, 치료할 때뿐 아니라 연구를 진행할 때도 적용된다.

　과거 미술치료 현장에서 일해온 이들은 연구에 적대적인 태도를 보이기도 한다. 이는 현장에서 중요한 것들을 쉽게 정량화하거나 측정하기 힘들고, 때로는 겉으로 드러나지 않기 때문이다. 그래서 한 교육학자는 통계 분석과 정량화를 강조하던 접근법에서 벗어나 한 개인의 내면에서 벌어지는 일의 주관적인 자기관찰에 초점을 맞춘 연구를 실시했다(Beittel, 1973). 그 후 많은 미술치료사들이 그 접근법을 지지하며 그 뒤를 따랐다(McNiff, 2000).

그러나 미술치료 연구에서 중요한 것은 과정 대 결과물이냐, 혹은 정서 대 인지냐의 문제가 아니다. 그러한 시각은 지나치게 이분법적이다. 중요한 것은 논제를 설정하고 그 논제에 적합한 질문과 답을 찾아 실질적이면서도 신뢰할 수 있는 접근법을 찾는 것이다.

주어진 조건들 — 공간, 시간, 재료, 주제, 작업방식 — 을 활용해 다양한 구조를 평가해볼 수 있는 환경을 조성할 수도 있다. 예를 들자면 아동에게 둘 이상의 대안을 제시하고 그 중 하나를 선택할 수 있게 한다든가, 다양한 재료 중 하나를 고르도록 한다든가, 특정 재료를 지정해 사용하도록 지시해보는 것이다. 또 개인 미술 검사를 할 때처럼 주제를 마음대로 선택할 수 있게 한다든지, 가족 미술 검사 때 가족 표상을 그려보도록 하는 것처럼 주제를 어느 정도 구체적으로 지정해줄 수도 있다. 과제 수행 방식은 피검사자의 자유에 맡길 수도 있고, 구체적으로 정해줄 수도 있다. 그리고 그림 그리는 시간에 제한을 둔다든가, 둘이 합동 그림을 그리도록 지시할 수도 있다.

피검사자의 행동이나 결과물을 어떻게 관찰하는지 또한 미술 검사의 목적에 따라 달라진다. 예를 들어, '가족 벽화 그리기' 과제를 수행하도록 지시한 후 가족의 의사 결정 과정을 집중해 관찰하거나, 결과물의 응집성을 주로 보거나, 그림의 주제를 집중적으로 파헤칠 수 있다. 나는 연구, 검사, 평가, 진단을 수행하려 한다면 단순히 피검사자를 이해하기 위한 목적일 때보다 넓게 생각해야 한다고 본다. 같은 검사를 하더라도 아동의 발달 수준을 이해하는 것에 초점 맞출수도, 아동의 문제를 파악하는 데 초점 맞출 수도, 가족 내에서 아동의 역할이 무엇인지 알아내는 데 집중할 수도 있다. 가장 문제되는 행동을 알아내기 위한 방법을 찾아낸 것이 유용할 때도 있지만, 문제 행동을 가능한 한 객관적으로 지시하고 평가할 수 있는 수단을 찾는 것이 유용할 때도 있다.

연구를 할 때는 갖추어야 할 형식적 요건이 있다는 사실을 잊지 말아야 한다. 일단 연구 주제를 정했으면 특정 논제와 관련된 환경을 설정하거나 입수 가능한 자료를 조사해야 한다. 때로 약식 조사는 체계적인 연구의 동기를 감소시키기도 한다. 또 때로는 형식적 요건을 갖추기 위해 가설을 다듬어야 한다. 평가나 연구를 할 때는 행동이나 미술작품의 설명에 있어 일정 수준의 객관성을 확보해야만 하기 때문에, 나는 더욱 날카로운 관찰자가 되기 위해 피험자들을 돕는 방식을 설명하는 것으로 시작하곤 한다.

객관적인 관찰

수련 중인 치료사라면 하틀리Hartley, 프랭크Frank, 골든슨Goldenson 등이 사용한 '관찰 지침Observation Guides'을 참고하면 도움받을 수 있다(1952, pp.346~350). 나 또한 나름의 관찰 지침을 개발해 사용했다. 아무리 초심자라 해도 이러한 지침의 도움을 받으면 미술치료 과정 중 어떤 행동에 주목해야 하는지 잘 알 수 있을 것이다. 관찰 지침 없이 자신의 경험에만 기초해 관찰한다면 어느 부분에 집중해야 하는지 몰라 혼란스러움을 피하기 어려울 것이다.

지금껏 미술치료에 대한 워크숍을 수차례 진행하면서 아무리 숙련된 치료사라 해도 자신의 경험만 믿었다가는 객관적 시각을 유지하기 어렵다는 사실을 알게 되었다. 정확한 관찰을 하려면 연습이 필수적이다. 인쇄된 관찰 지침을 참고한다 해도 마찬가지다.

주관적인 임상 평가

지침을 활용하면 어느 부분에 집중해야 하는지 참고할 수 있지만 평가를 위한 관찰 내용이 포괄적이거나 주관적인 경우도 있다. 예를 들어 나와 동료 연구자들은 '정신분열증 아동 어머니들을 위한 센터'에 다니는 아이들을 대상으로 후속 연구를 수행할 때 아이들이 집단 놀이를 하는 동안 자발적으로 그리는 미술작품들의 표본을 수집해 관찰하기로 결정했다. 아이들이 자유로운 분위기 속에 집단 놀이 활동을 할 수 있는 환경을 제공하기 위해 우리는 어떤 통제도 가하지 않았다. 나는 총 여섯 차례의 세션 중 첫 번째 세션과 마지막 세션에 동석해 아이들이 미술 재료를 가지고 어떤 행동을 하는지 관찰하기로 했다. 첫 번째 세션에 참가해 아이들을 관찰한 후 여섯 번째 세션에 함께했던 날, 나는 아이들의 행동에 확연한 변화가 있음을 알아차렸다. 한 여자아이는 첫 번째 세션 때 '활동적이며 자유로운 모습'을 보여주었다. 하지만 여섯 번째 세션 때는 미술 재료를 가지고 그림 그리는 활동을 관찰당하고 있다는 사실을 의식하는 듯한 모습을 보였다. 또 다른 아이는 첫 번째 세션 때에 비해 확연히 그림을 그리는 데 집중했다. 따라서 동일한 집단을 대상으로 각기 다른 둘 이상의 시기에 실시하는 임상적 평가는 정량화된 기법의 보조적인 수단으로 사용하는 편이 낫다.

집단 배정 및 목표 설정

예전에 발달지체 미취학 아동을 대상으로 미술치료를 실시했던 적이 있다. 이를 위해 우선 '미술 놀이방'을 만든 후, 대상 아동 집단을 어떤 식으로 배정하고, 각 개인별 목표를 어떻게 세우면 좋을지 고민했다. 담당 교사와 나는 다양한 놀이 재료를 이용해 검사를 실시하기로 했다(우리는 그림 그리기, 색칠하기, 블록 쌓기, 모래 놀이, 미니어처 장난감, 역할극을 할 수 있는 재료와 도구를 준비해놓았다). 검사를 할 때는 우선 '한 사람을 그려보라'는 지정 과제를 내준 후 나머지는 준비된 재료와 도구를 이용해 아이들이 마음껏 놀 수 있도록 해주었다. 재료와 도구를 마음껏 가지고 놀아도 좋다는 말을 해주어도 아이가 자발적으로 놀이를 시작하지 않는 경우에만 어떻게 하면 되는지 시범을 보여주었다.

담당 교사는 30명의 아이들을 검사한 후 아이들이 어떤 놀이 행동을 주로 하는지 파악했으며 각 행동 유형을 짧게 녹화해두었다. 그런 후 대략적인 발달 기준에 따라 각 결과물이나 놀이 행동의 순위를 매겼다(표 21.1). '독립성 대 자발성' 같은 놀이 행동의 질 또한 평가했다. 우리는 이 평가를 기준으로 아이들을 여러 집단으로 나누고, 각 아동을 위한 임시 목표도 세웠다. 우리는 바람직한 행동들을 선택적으로 강화하는 식으로 각 아동을 위한 목표를 달성하기로 했다.

표 21.1 미술 및 놀이 발달 단계 평가표 : 미취학 아동

이름				
나이(연령)	1.0-1.5	1.5-2.0	2.0-2.5	2.5-3.0
나이(개월 수)	12-18	18-24	24-30	30-36
DRAWING 그림 그리기	무질서한 낙서	좌우 혹은 상하로 오가는 낙서	원형 낙서	형태-지평선 및 수직선
CLAY 점토 만들기	쥐어짜거나 두드리기	둘둘 말기	공 모양 만들기	이름 붙이기
BLOCK PLAY 블록 쌓기 놀이	날라서 쏟아 붓기	열 지어 늘어놓기	탑 쌓기	다리 만들기
DRAMATIC PLAY 역할극 놀이	분명한 역할극 놀이 없음	단독 역할극	정교한 단독 역할극	병행 놀이(다른 사람 옆에서 함께 노는 듯 보이지만 상호작용은 하지 않음)

날짜	_____			
3.0-3.5	3.5-4.0	4.0-4.5	4.5-5.0	의견
36-42	42-48	48-54	54-60	
정리된 형태를 암시하는 그림	뚜렷이 정리된 형태	원시적 상징 표상	더욱 세부적인 형태	
표면 장식하기	뚜렷이 알아볼 수 있는 형태	원시적 형태	세부적인 형태	
울타리 만들기	알아볼 수 있는 단순한 형태	알아볼 수 있는 정교한 형태	블록을 쌓은 후 이를 이용해 이야기 만들기	
타인과 상호작용하며 역할극 놀이	타인과 협동해 역할극 놀이	역할극 내 역할 고정	협동해 다양한 역할과 이야기 만들며 놀기	

시각장애 아동들의 변화 평가 I

한 번은 시각장애 아동들을 위한 미술 프로그램을 실시한 적이 있는데 이때도 집단을 분류하기 위해 개별적으로 미술 검사를 먼저 실시했다(그림 21.1). 나는 시각장애라는 아이들의 특수한 상황을 고려해 다양한 감각 자극물들을 제공하기로 했다(21.1A). 그래서 맛보거나 냄새 맡을 수 있는 음식, 소리가 나는 아기, 만질 수 있는 다양한 크기와 질감, 농도의 물건들을 준비했다(21.1B). 또 아이들에게 미술 재료를 전달해 줄 때는 어떤 것들이 있는지 이야기해준 후 그 중 선택할 수 있게 했다. 준비된 미술 재료는 나무토막과 접착제, 점토, 손가락 그림물감, 그림 도구였다.

A.B. 치료 이전의 평가
C.D. 치료 이후의 평가

21.1 시각장애 아동들의 변화 평가

A

B

C

D

두 명의 관찰자들이 자리에 함께해 24항목으로 구성된 9점 척도 검사지를 들고 각 아동의 행동을 평가한 후 그 결과를 집단을 나누는 데 사용했다. 24개 항목 중 아동의 전반적인 행동을 묘사하는 항목으로는 '수동적인/적극적인, 긴장한/긴장을 푼, 산만한/몰입한, 의기소침한/기민한'이 있었다. 아동이 성인과 상호작용하는 태도의 특성을 평가하는 항목으로는 '의존적인/독립적인, 의심하는/신뢰하는, 위축된/외향적인'이 있었다. 재료 사용과 관련된 항목으로는 '서투른/능숙한, 충동적인/신중한, 전형적인/기발한'이 있고 결과물에 대한 태도와 관련된 항목으로 '비판적인/만족하는'이 있었다. 사고의 창의성과 관련된 항목으로 '빈약한/유창한'이 있었다. 집단을 배정할 때는 각 항목에 대해 두 관찰자가 평가한 점수를 합산한 후 평균 내서 사용했다(두 평가자의 평가 결과는 90%에 가까울 정도로 일치했다).

그렇게 집단을 나누어 7주간 미술치료를 실시한 후 대상 아동들이 어떻게, 얼마나 변화했는지 알아보기로 했다. 이번에도 사전 검사할 때와 동일한 평가 척도를 사용해 개인별 검사를 실시했다(21.1C). 그리고 또 마찬가지로 각 항목별로 두 평가자가 평가한 결과를 합산해 나눈 평균 점수를 냈다(21.1D). 분석 결과 미술치료 실시 후, 모든 항목에서 긍정적인 변화가 있는 것으로 나타났다. 그 중에서도 '독립성, 유연성, 몰입, 기발함' 항목에서 특히 유의미한 변화가 있었다. 이러한 객관적인 평가 도구는 개인과 집단의 변화에 대한 주관적인 느낌을 보충해주는 도구로 유용하며, 특히 그 결과가 상호 일관적이라는 점에서 더욱 의미 있다(Rubin&Klineman, 1974).

발달지체 아동을 위한 유치원에서 사용한 발달 척도에서는 개별 아동이 각놀이 분야에서 무엇을 할 수 있는지를 주로 평가했다. 시각장애 아이들을 위한 학교에서 사용한 행동 척도에서는 아이들이 미술 재료와 창작 활동에 어떤 식으로 반응하는지를 주로 평가했다. 같은 학교에서 실시한 또 다른 연구에서는 (미술 프로그램을 통한 변화의 여지가 많다고 생각되는) 발달 및 정서와 관련된 항목들을 평가하기 위해 기존 악기와 직접 제작한 악기를 사용했다. 이에 대한 내용은 다음에서 더 자세히 설명하겠다.

시각장애 아동들의 변화 평가 II

위에서 언급한 시각장애 아동을 대상으로 한 연구는 미술 전문가인 수잔 아치 Susan Aach와 공동으로 실시했다. 이 연구에서 우리는 미술 프로그램 참가 이후 아이들이 얼마나 변화했는지 알아보기 위한 평가 도구를 개발했다. 우리가 특히 관심 둔 부분은 창의성, 신체 이미지 표상, 독립성, 감정 지각이었다.

다행히도 시각장애 아동들에게 적합한 기존의 검사 도구가 있었다(Halpin, Halpin&Torrance, 1973). 우선 우리는 토란스 창의력 검사Torrance Creativity Tests 의 유창성, 유연성, 독창성 항목을 통해 언어적인 창의성을 측정했다. 점토로 사람의 모습을 얼마나 잘 표상화할 수 있는지 측정하기 위해서는 위트킨Witkin이 개발한 시각장애 아동을 위한 5점 신체 개념 척도를 사용했다(Witkin, Birnbaum, Lomonaco, Lehr&Herman, 1968).

그러나 독립성과 감정 지각을 측정하기 위한 도구는 없었기 때문에 우리가 직접 개발해야 했다. 우선 독립성은 아이가 점토로 모형을 만드는 동안 치료사 혹은 진행자에게 도움이나 확인을 청한 횟수를 통해 측정했다. 횟수가 적을수록 독립성이 높고 많을수록 독립성이 낮은 것으로 계산했다. 감정 지각은 아이들에게 점토로 만든 모형에 대한 이야기를 들려달라고 요청한 후, 아이들이 이야기하는 동안 사용한 감정 묘사 단어(슬픈, 행복한, 화난 등)의 숫자를 통해 측정했다. 총 12명의 아동을 1년 동안 매주 1차례씩 미술, 역할극, 동작, 음악 활동에 참여시킨 후 위의 네 항목에 대한 검사를 실시했다. 검사 결과 아이들은 모든 항목에서 예상했던 방향으로 변화했다. 그러나 모든 항목이 통계적으로 유의미한 것은 아니었다. 창의성(판지로 된 상자를 얼마나 다양하고 기발한 방식으로 사용하는지 시험하는 과제를 통해 측정, $p < .01$), 독립성($p < .01$), 감정 지각($p < .10$) 항목만 통계적으로 유의미했다. 신체 이미지 점수는 개선되었지만, 위트킨이 개발한 척도로는 장애가 있는 데다 나이가 어린 아이들의 작품을 평가하기는 역부족이었다. 우리는 신체 이미지 표상 항목에 대해서는 평가 대상에 맞는 더 차별화된 척도 개발이 필요하다는 결론을 내렸다.

그로부터 몇 년 후에는 널리 사용되는 자아존중감 척도Self-Esteem Inventory를 이용해 미술치료가 아동의 자아존중감에 미치는 영향에 대해 연구했지만 좋은 결과를 얻지 못했다(Coopersmith, 1967). 연구를 진행한 교사들은 아동의 변화를 평가하기 위해 미술치료 실시 전후에 자아존중감 척도에 따라 검사를 했다.

미술치료 담당자는 아이들이 미술치료를 통해 여러 가지 면에서 성장했으며, 특히 자아존중감이 높아진 것으로 보인다는 보고서를 제출했다. 그러나 자아존중감 척도를 이용한 검사 결과에는 별다른 변화가 없었다. 사실 창의성이나 자아존중감 같은 특성은 정량화해 평가하기 매우 까다로울 수 있다. 게다가 자아존중감 척도가 정상 아동을 대상으로 사용하기 위해 설계된 검사 도구라는 점도 연구 실패에 영향을 미쳤다.

하지만 연구 실패를 통해 배운 점도 있었다. 연구를 설계할 때는 우선 무엇을 평가하고자 하는지 명확히 규정해야 한다. 그런 후 연구 대상으로 삼고자 하는 집단의 특수한 상황에 적합한 도구가 있는지 찾아보아야 한다. 만약 적합한 도구가 없다면 기존의 도구를 수정하거나 완전히 새로운 검사 도구를 개발할 필요가 있다. 마지막으로 잘 통제된 상황하에 검사를 실시함으로써 그 결과를 연구하고자 하는 행동의 지표로 삼아야 한다.

시각장애 아동을 대상으로 한 연구의 경우 대조 집단을 정해 그 결과를 비교하기 힘들다는 단점이 있다. 일단 장애가 있는 아동 표본을 수집하기가 쉽지 않으며, 그런 아이들이 있다 해도 미술 프로그램에 참여할 수 있는 여건이 안 되는 경우가 많기 때문이다. 따라서 동일 집단의 아동을 대상으로 미술치료 참여 전과 후에 검사를 실시해 그 결과를 비교함으로써 변화가 일어났는지 알아보는 수밖에 없다.

현상학적 고찰

아동과 미술에 대한 의문에 대해 연구할 때는 귀중한 정보를 제외하는 일이 없도록 열린 마음과 열린 구성으로 접근해야 한다. 최근 나는 쌍체 비교법paired comparison을 통해 시각장애 아동들의 미적 반응에 대한 연구를 실시했다. 미적

A

B

C

D

E

F

A. 시각장애가 있는 아동의 조각
B. 부분적인 시각장애가 있는 아동의 조각
C. 정상 아동의 조각
D. 시각장애가 있는 평가자의 반응
E. 부분적인 시각장애가 있는 평가자의 반응
F. 정상 평가자의 반응
G. 눈가리개로 눈을 가린 정상 평가자의 비교

G

정서 연구에 일가견이 있는 심리학자 잭 매튜스Jack Matthews의 조언을 받아 연구 설계 시 과제 두 개만을 포함시키기로 했다(그림 21.2).

우선, 나는 평가자들을 세 집단으로 분류했다. 시각장애가 있는 아동, 부분적인 시각장애가 있는 아동, 시각장애가 없는 아동들의 동일한 3차원 미술작품들을 평가했다(21.2A~G). 평가자들에게 제시한 미술작품은 이들이 만든 작품들을 모은 것이었다. 각 평가자 집단에게 어느 작품이 가장 마음에 들고, 어느 작품이 가장 마음에 들지 않는지 고른 후 그 이유를 설명하도록 했다. 이러한 절차를 통해 평가자들이 무엇을 선택했는지와 더불어 평가자들이 어떤 작품에 관심을 보였는지(만지거나, 이야기했는지)에 대한 정보를 얻을 수 있었다. 실험을 통해 평가자들이 자기와 비슷한 조건의 아이들이 많든 작품을 선호할 것이라는 가설을 지지해주는 결과를 얻었다(p <.05).

그러나 이 실험에서 더 주목해야 할 점이 있다. 세 집단의 평가자들이 보인 각기 다른 반응은 시각장애 아동들이 보통 사람과 다른 미적 감각을 지니고 있다는 점을 시사한다. 보통 아이들은 대부분 정돈된 느낌이 있으면서도 다양성이 있는 작품을 선호한다.

그러나 시각장애 아동들은 정상 아동과 다른 반응을 보인다. 시각장애 아동들은 미술작품의 추상적인 특성을 볼 수 없으며 사실적으로 표현된 작품, 즉 구상주의적인 작품을 더 선호한다. 또한 돌출부, 구멍, 울타리 같은 구조에 강한 반응을 보인다(보통 돌출 부위는 싫어하는 반면 구멍과 울타리는 좋아한다).

시각장애가 없는 평가자들은 객관적인 반응을 보이는 경향이 강했던 반면, 시각장애가 있는 평가자들은 미술작품과 자신을 연관시키며 주관적인 반응을 보이는 경향이 컸다. 또한 시각장애 아동들은 위험하거나 불안정하다고 여겨지는 형태에 대해 불안감을 나타냈다. 한 시각장애 아동은 두 개의 작품 중 한쪽이 더 좋은 이유에 대해 다음과 같이 설명하기도 했다. "왜냐하면 이건 저것처럼 쉽게 쓰러지지 않을 것 같아서 이게 더 좋아요. 잘 넘어지는 건 불안해서 싫어요." 이 아이의 말에서 시각장애 아동들이 장애라는 특수한 상황 때문에 정상 아동과 다른 미적 감각을 지니게 되었음을 알 수 있다(Rubin, 1976).

미술작품의 자기 평가

그런데 본질적으로 주관적이기 때문에, 주관적인 방식으로 답할 수밖에 없는 문제들도 있다. 예를 들어 아이 50명을 대상으로 6주 동안 매주 1시간씩 집단 미술치료를 실시한 후 프로그램의 성과를 측정하기 위해 개별 면접을 실시한 적이 있다. 면접 시에는 아이가 6주 동안 만든 미술작품들을 한눈에 볼 수 있도록 전시해놓았다. 처음에는 생각과 느낌을 자유롭게 말할 수 있도록 열린 질문을 던졌다. 그런 후 가장 마음에 드는 작품과 마음에 들지 않는 작품은 무엇인지 물어보았다. 면접을 통해 아이들은 6주 동안 자신이 무엇을 했는지 돌아보고 평가할 수 있었으며, 치료사는 아이가 어떤 일을 떠올리는지, 억압하는지, 가치 있게 여기는지, 거부하는지 등을 관찰할 수 있었다.

13장에 소개하기도 했던 돈은 자기가 만든 작품들을 보았다. 약간 강박적인 느낌을 주는 첫 번째 그림은 자기 스스로 만족하지 못해 디자인을 바꾸어 다시 그린 것이었다(그림 13.4A). 당시 10살이었던 돈은 여러 작품 중 가장 마음에 드는 것으로 "누군가Somebody"라는 이름의 점토 작품을 골랐다. 이 작품은 다쳐서 피투성이가 된 소년의 모형이었다(13.4B).

네 번째 세션에 만든 이 조각상은 돈이 경쟁의식을 느끼던 남동생을 형상화한 것이었다. 돈은 이 작품을 계기로 속삭이듯 작은 소리로 말하고, 위축되고, 긴장한 모습을 보이던 태도에서 벗어나 자유롭게 행동하고 큰 목소리로 자기 의견을 펼칠 수 있게 되었다. 그 날 이후 죄책감과 통제력을 잃을지 모른다는 불안을 떨치고 물감을 문지르고 어지럽히며 즐거운 시간을 보냈다. 미술치료가 끝날 무렵에는 균형 잡힌 그림을 그려 미술치료사에게 선물로 주기도 했다.

재료 인기도 측정

다양한 재료를 가지고 하는 미술 활동의 주관적인 특성을 조사하려면 모든 표현 행동을 샅샅이 기록하고 관찰해야 하겠지만, 가장 손쉽게 하려면 각 재료가 사용되는 횟수를 세는 방법이 있다. 이를테면 나는 예전에 한 아동보호센터에서 다양한 연령대의 아동 50명을 대상으로 미술 검사를 실시한 적이 있는데, 이때 아이들에게 동일한 미술 재료들을 제공한 후 어떤 재료가 가장 빈번하게 사용되었는지 조사했다. 조사 결과 가장 인기 있는 재료는 점토였다(24.1%). 그리고 템페라 물감(22.4%), 크레용·초크·연필 같은 드로잉 재료(20.5%), 수성 마커(15.1%), 손가락 그림물감(8.9%), 나무토막과 접착제(8.0%) 순으로 자주 사용되었다.

이렇게 얻은 자료를 어떤 식으로 체계화하는지에 따라 결과는 달라질 수 있다. 예를 들어 점토와 손가락 그림물감을 '접촉성 재료'로 묶는다거나, 점토와 나무토막을 '조각 재료'로 묶거나, 템페라 물감과 손가락 그림물감을 '유동성 재료'로 묶으면 결과는 모두 달라진다.

마찬가지로 자료를 성별, 연령, 진단 항목 등의 다양한 기준에 따라 분류할 수도 있다. 반복되는 패턴이 있는지 알아보기 위해 일정 시간 동안 연속적으로 어떤 선택을 하는지 주의 깊게 관찰할 수도 있다. 하지만 이러한 의문이나 문제는 기록된 사실을 조사함으로써 비교적 간단하게 파악할 수 있지만, 어떤 의문이나 문제는 수치화된 자료만으로는 파악하기 어렵다. 예를 들어 피험자가 어째서, 어떻게 다양한 종류의 재료를 사용하는지와 같은 의문은 기록된 내용만으로 답을 찾기 힘들다.

집단 그림과 집단 역동

동료 심리학자들과 나는 벽화를 그리는 동안의 상호작용에 대한 구성원들의 인식과 집단 벽화의 특징 간에 어떠한 관계가 있는지 알아보기 위한 연구를 실시한 적이 있다. 미술작품에서 어떤 것들을 유추할 수 있는지 이해하기 위한 시도였다. 우리는 필요한 자료를 수집하기 위해 아이들이 입원해 있는 병동 직원들에게 예비 교육도 시켰다.

본격적으로 연구에 들어가 우리는 피험자들을 5~6명으로 구성된 집단 셋으로 나누었다. 피험자들에게 주어진 과제는 집단별로 탁자에 둘러앉아 각기 다른 색의 초크를 가지고 함께 그림을 그리는 것이었다. 그림을 그리는 동안에는 서로 대화를 나누지 않도록 했다. 다음 과제는 벽에 걸린 큰 종이에 마커로 집단 벽화를 그리는 것이었다. 그림을 시작하기 전 무엇을 그릴지 토론할 수 있는 시간이 주어졌다. 마지막 과제는 각 구성원이 셀로판지로 자신의 집단을 표현하는 것이었다. 이때 각 구성원을 각기 다른 색의(초크로 그림을 그릴 때 사용한 색상의) 셀로판지로 표현하도록 했다. 한 달 후 각 참가자에게 집단 과제를 수행하는 동안 가장 지배적이었던 사람과 가장 덜 지배적이었던 사람을 하나씩 지목하도록 했다. 또 참여한 매 과제를 수행할 때마다 집단의 응집도, 질서, 자유, 분열도가 어느 정도였는지 평가하도록 했다.

평가자들에게도 응집도, 질서, 자유, 분열도의 네 기준에 따라 각 집단이 그린 벽화 두 점의 점수를 매기도록 했다. 평가자들은 또한 초크로 그린 그림에서 어떤 색이 가장 지배적인지, 셀로판지로 표현된 집단 표상에서 어떤 색이 가장 지배적인지 골랐다.

이 과정을 통해 수집한 자료를 분석할 때는 평가자들이 매긴 점수(집단 작품의 특성과 색 지배도)가 피험자들의 지배도 및 집단 상호작용 평가 결과와 얼마나 상관관계가 있는지에 집중했다. 분석 결과 집단과 과업별로 매우 다양한 범위의 상관관계가 나타났다. 이 중 유의미한 상관관계도 있었지만, 상관관계가 낮거나 부정적인 경우도 있었다. 이는 집단 구성원들이 직접 과제를 수행하는 동안 느끼는 바가 그림의 특성에 반영되지 않는다는 점을 시사한다(Rubin&Rosenblum, 1977).

아동 미술에 대한 진단

미술치료 분야에 발을 들여놓았던 초기에 정신분열증이 있던 아이들을 대상으로 미술치료를 했던 적이 있다. 그 아이들이 입원해 있던 정신병동의 담당자가 어느 날 정신분열증 아이들이 그린 그림이 정상 아동이 그린 그림에 비해 거칠고 불안한지, 만약 그렇다면 그 차이가 어느 정도인지 알고 싶다는 질문을 던졌다. 당시 나는 1주일에 한 번씩 정상 아동을 대상으로 방과 후 프로그램도 함께 진행하던 터였다. 하지만 정신분열증 아동과 정상 아동이 그린 미술작품의 차이를 정확히 말로 표현하기란 쉽지 않았다. 물론 정신분열증 아동이 재료를 다루는 행동이나 나를 대하는 태도는 보통 아이들과 확연히 달랐다. 정신분열증 아동들의 행동에는 확실히 기이한 구석이 있었다. 하지만 미술작품의 차이에 대해 설명하는 것은 까다로운 문제였다.

그래서 정신분열증 아동이 그린 그림의 차이가 있는지, 있다면 그 차이는 무엇인지에 대한 질문에 체계적인 답을 하기 위해 연구를 실시하기로 했다. 우선 동일한 성별과 연령으로 구성된 정상 아동 집단과 정신분열증 아동 집단을 대상으로 동일한 형식의 개인 미술 검사를 실시했다. 두 집단의 아이들이 검사 시간 동안 그린 그림을 무작위로 선택한 후 슬라이드를 제작했다. 그러고는 아동 미술, 병리학 분야의 경험이 있는 평가자들에게 그 슬라이드를 보여주었다.

평가에 앞서 평가자들에게 정신분열증 아동과 정상 아동이 그린 작품을 구별할 수 있을 것이라 생각하는지 질문했다. 대부분이 '그렇다'는 대답을 했다. 그 후 정신분열증 아동이 그린 그림 20점과 정상 아동이 그린 그림 20점을 섞어, 총 40점의 그림을 무작위 순서로 평가자들에게 보여주었다. 평가자들은 그림이 어느 집단에 속할 것이라 생각하는지 선택하고, 선택의 이유와, 선택을 얼마나 확신하는지(확신 없음, 꽤 확신함, 완전히 확신함)를 표기했다.

표본이 많을수록 더욱 정확하게 판단할 수 있을 것이라는 생각에 동일한 평가자들에게 두 집단 아이들이 한 세션 동안 그린 그림을 시간 순서에 따라 보여주고 똑같은 평가를 하도록 했다. 나는 병원 관계자가 무심코 던진 질문에 대한 답을 찾기 위해 이 연구를 시작하면서 정신분열증 아동이 그린 그림과 정상 아동이 그린 그림 간의 차이를 구별하기 어려울 것이라는 회의적인 가정을 했다. 실험 결과 우연한 확률을 뛰어넘어 정확한 판단을 한 평가자는 총 40명 중 3명뿐이었다. 그런데 놀랍게도 그 3명 중 2명은 아동 미술이나 병리학과 전혀 관계 없는 10명으로 구성한 평가자 집단에 속해 있었다!

그림을 그린 아동의 성별과 연령에 대한 정보를 제공했을 때도 정확도는 나아지지 않았다. 그러나 그림의 미적 가치에 대한 판단과 정상 아동이 그린 것이라는 판단 사이에는 유의미한 상관관계가 있는 것으로 나타났다. 이는 대부분의 평가자들이 '좋아 보이는' 그림을 '정상 아동이 그린' 그림으로 판단했음을 의미한다(Rubin&Schachter, 1972). 비교 결과 중 일부를 그림 21.3에 실었다.

이 연구를 통해 얻은 교훈 중 하나는 통제된 조건에서 실험을 할 때는 우선 연구 문제를 정하고, 답을 찾기 위한 방법을 수정하고, 주요 변수들과 관련된 부차적인 문제들을 정해야 한다는 점이다(부차적인 문제들로는 그림 하나하나에 대한 평가를 할 것인지 아니면 그림 여러 개를 한데 묶어 평가할 것인지, 성별과 연령에 대한 정보를 제공할 것인지, 평가자는 어떤 사람들로 정할 것인지 등이 있다).

나는 정신분열증이 있는 어머니와 그 자녀들을 대상으로 한 연구를 실시한 적도 있다. 이 연구를 통해 그림과 병리학 사이의 측정 가능한 관계를 알아볼 수 있었다(Rubin, Ragins, Schachter&Wimberly, 1979). 이 연구에서는 정신분열증이 있는 어머니 집단과 정상 어머니 집단이 그린 그림들을 비교하고, 각 집단의 자녀들이 그린 그림들도 비교했다. 우리는 유의미한 차이를 찾을 가능성을 최대한 높이기 위해 다양한 그림 과제를 내주었다. 아이들에게는 재료를 자유롭게 선택해 자유로운 그림을 그리도록 지시한 과제와 더불어 표준화된 평가방법인 '사람 그리기', '자기 그리기', '가족 그림 그리기', '동적 가족화 그리기' 과제를 내주었다. 어머니들에게는 자유로운 그림 그리기와 더불어 '사람 그리기', '자기 그리기', '가족 그림 그리기'를 과제로 내주었다.

우선 모든 '사람 그림'과 '자기 그림'에 대한 발달 점수를 매겼다(Harris, 1963). 처음 그린 사람 그림 두 점에 대해서는 '정서 지수'를 평가했다(Koppitz, 1968). '자기 그림'에 대해서는 자아 개념 점수를 매겼다(Bodwin&Bruck, 1960; Porter, 1971). '사람 그림'과 '자기 그림'에서는 인물의 키를 측정했으며, 아이들이 그린 '가족 그림'에서 어머니와 아동의 거리가 얼마나 떨어져 있는지도 측정했다.

우리는 그림의 내용 분석도 시도했다. 그려진 인물의 성별, 아동 대 성인 그림 빈도, 자유 그림에서 구상화와 비구상화 빈도 같은 수치화할 수 있는 특징을 이용했다. 마지막으로 미술치료를 공부하는 대학원생들에게 미술작품 중 일부의 병리학 평가를 하도록 했다(앞서 소개한 연구에서처럼 정신분열증 환자가 그린 그림인지 정상인이 그린 그림인지 판단하도록 했다). 가족 그림에서는 분노나 조직성이 얼마나 나타나는지를 평가했다.

그런 후 두 어머니 집단과 두 아동 집단을 비교했다. 그러나 어떤 평가 방법으로도 유의미한 차이를 찾아내지 못했다. 두 아동 집단이 그린 그림의 내용 분석에서 유의미한 차이가 몇 가지 나타났을 뿐이다. 환상 속 인물의 등장 빈도, '사람 그림'에서 가족 구성원 포함, 자유 그림에서 비구상화 빈도에서 유의미한 차이가 있었다. 앞선 연구에서와 마찬가지로 평가자들은 두 어머니 집단의 그림에서 어떤 유의미한 병리학적 구분도 하지 못했다.

정신분열증이 있는 어머니 집단이 그린 가족 그림에서는 어떤 특성도 두드러지게 나타나지 않았다. 요컨대, 미술작품에 나타난 특성을 통해 정신분열증의 초기 신호를 잡아내는 것은 불가능한 일이었다.

아동 미술의 변산도

위의 두 차례 연구 모두에서 미술작품의 특징을 통해 창조 집단을 가려내지 못했다. 하지만 아동이 그린 그림을 통해 정확한 진단명을 파악할 수 있는 경우도 있었기에 나와 동료 연구자들은 이에 대한 새로운 연구를 계획했다. 동일한 아동들이 그린 그림에 자주 발생하는 변산도Variability를 알아보기로 한 것이다.

나는 임상 현장에서 일하는 동안 그러한 현상을 자주 목격했지만 아동이 어떤 연령대에 속할 때, 혹은 어떤 장애일 때 그런 일이 일어나는지 확신하지 못했다. 발달 현상으로서 변산도를 연구하기 위해 '사람 그림 그리기'를 과제로 사용하기로 했다. 이 과제의 평가 신뢰도가 가장 높았기 때문이다. 이를 위해 4세에서 12세까지 아동 20명(남자아이 10명, 여자아이 10명)이 그린 그림들을 수집했다. 당시 나와 함께 일하던 공립 초등학교 미술 교사들이 도움을 주었다. 교사들은 아이들이 미술 시간에 그린 그림을 모아주었으며, 이때 정서 불안이나 지적 장애가 있는 아동들의 그림은 제외했다(Rubin, Schachter&Ragins, 1983).

실험 대상 아이들에게는 가로 23cm, 세로 30cm 크기의 종이에 연필로 '사람' 그림 네 장씩을 그리도록 했다(그림 21.4). 아이들이 그린 그림은 훈련받은 평가

21.3 정신병리학 – 쌍체 비교(정신분열증 아동)

L1

R1

L11

R11

L15

R15

L19

R19

슬라이드 양쪽에 정신분열증 아동
의 그림과 정상 아동의 그림을 짝지
어 평가자들에게 제시(예 : L1, R1
등)

자들이 '구디너프 척도Goodenough scale'에 따라 점수를 매겼다(Harris, 1963). 그림 네 점의 점수 표준편차를 이용해 변산도를 평가했다(21.4A). 점수 변산도를 평가하는 것과 더불어(21.4B, C, D, E), 내용 변산도(남성, 여성, 남자아이, 여자아이)와 시각 변산도(네 그림이 얼마나 같아 보이거나 달라 보이는지)도 평가했다(21.4F, G, H, I).

각 변산도 쌍의 상관관계는 유의미했다. 이는 점수 변산도, 내용 변산도, 시각 변산도 모두에 동일한 현상의 특징이 반영된다는 사실을 시사한다. 그런데 분석 결과 중 주목할 만한 점이 있었다. 발달 정도를 그래프로 나타낸 선이 연령 증가에 따라 낮아지는 하향 직선일 것이라 생각했는데, 예상과 달리 5세와 10세 때 가장 낮고 4세와 8세 때 가장 높은 'W' 형태의 곡선이었다(21.4A).

이는 하나 혹은 두 점의 인물 그림에 근거해 점수를 매길 경우 특정 연령대 아이들을 대상으로 한 결과가 다른 연령대 아이들을 대상으로 한 결과보다 더 신뢰도가 높다는 사실을 보여준다. 발달 요인 외에도 창의성(변산도를 유연성으로 본다면) 혹은 정서 불안(변산도를 불안정성으로 본다면)처럼 상관관계가 존재할 수도 있는 다른 요인들도 고려해야 할 필요가 있었다.

이 연구는 미술치료를 실시하다 보면 어떤 연구 주제들이 생겨날 수 있는지 보여주는 좋은 예라고 생각한다. 인간이 생각과 감정을 그림으로 표현할 때 그 정신이 어떻게 작동하는지 이해할 수 있는 문을 열어주는 이러한 연구들은 아직 시작에 불과하며 체계적으로 탐구할 여지가 아직 많이 남아 있다.

미술 심상의 자유 연상

인간의 심상 과정을 이해하고자 하는 동기는 또 다른 연구를 낳았다. 나는 정신분석 치료에서 언어를 통해 하는 자유 연상의 매력에 푹 빠졌다. 그래서 미술에서도 비슷한 방식으로 하나의 그림에서 다른 그림을(또는 하나의 조형물에서 다른 조형물을) 자유롭게 연상해 창조하도록 하면 어떨까 하는 생각을 하게 되었다.

한 정신분석 연구소에서 자유 연상을 활용한 미술 강좌를 열기로 했다. 심리

치료와 미술을 접해본 경험이 있는 10명을 대상으로 총 5주 동안 매주 2시간씩 모임을 열기로 했다. 강좌 내용은 2시간 동안 연상 기법을 적용해 그림 그리기, 점토로 모형 만들기, 색칠하기, 콜라주 만들기 등의 활동을 자유롭게 하는 것이었다(마지막 주에는 하나의 이미지를 골라 완성된 작품을 만들도록 했다).

총 6명의 참가자들이 강좌를 들었으며, 5주가 지난 후 각자 만든 작품들과 지난 활동을 돌아보는 면담 시간을 마련했다. 나는 이를 통해 참가자들이 강좌를 통해 무엇을 얻었는지 더욱 잘 이해할 수 있게 되었다. 다행스럽게도 자유 연상 기법을 활용한 미술작품 만들기 과정은 비교적 순탄하게 진행되었다. 면담 시간에 알게 된 더욱 놀라운 점은 참가자들 중 상당수가 이 프로그램에 참여하는 동안 극적인 치유를 경험했다는 사실이었다(이를테면 어떤 참가자는 오랫동안 시달려왔던 슬럼프에서 벗어나 창의성을 발휘할 수 있게 되었다). 애초에 예상하지도, 목표로 삼지도 않은 일이었다.

그 과정 자체는 생각보다 복잡했다. 개인별 패턴은 모두 달랐으며, 어떤 재료를 사용하느냐에 따라서도 패턴이 달랐다. 이를테면 끝부분에 가서야 절정에 다다르는 패턴이 있었는가 하면, 리드미컬하게 오르락내리락하거나 전진·후진하는 흐름을 보이는 패턴도 있었고, 중간 지점에서 정점에 오르는 패턴도 있었다. 참가자들은 자유 연상 과정에 감정적으로 깊이 몰두했다고 보고했다. 자신이 아닌 외부에서 나오는 듯한 급속한 이미지의 흐름이 이어지는 느낌을 받은 때도 있다고 했다.

심상mental imagery에 대한 연구들은 생각보다 훨씬 많은 시각적 이미지들이 인간의 정신 작용에 영향을 미친다는 점을 밝히고 있다(Nucho, 1995). 심상은 조직적인 문제 해결을 할 때도 사용되지만, 창의적 사고를 포함한 무의식적 정신 작용에도 엄청난 역할을 한다. 이러한 연구들은 미술치료가 이용하는 내면 세계의 빗장을 열어주며 현장에서의 적용뿐 아니라 추가적인 연구 가능성을 높여준다(Rubin, 1981a).

A. 연령별 개인 내 편차
B. 사람, 4월 1일
C. 사람, 4월 2일
D. 사람, 4월 3일
E. 사람, 4월 4일
F. "괴짜", 12월 2일
G. "화성인", 12월 2일
H. "나의 사촌", 12월 3일
I. "나의 친구", 12월 4일

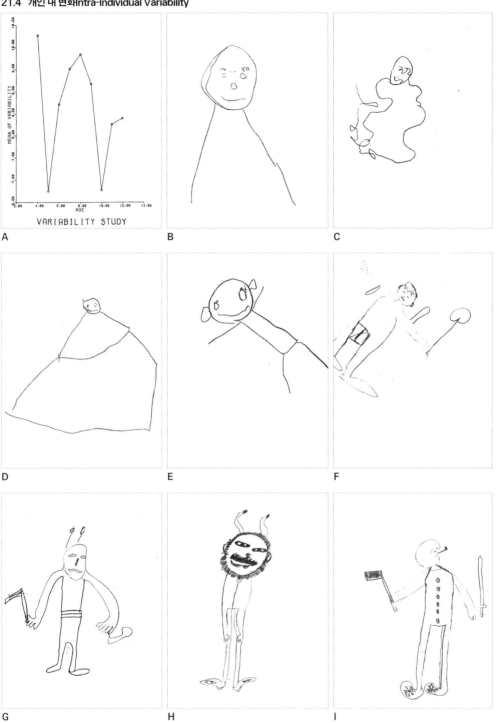

창의성과 정신건강 간의 상관관계

나는 교생 실습 중인 학생들을 대상으로 한 연구에서 창의성과 정신건강 사이의 관계를 알아보고자 했다. 창의성과 정신건강의 관계는 미술치료에서 매우 중요한 의미를 지닌다. 양 변수 모두에 대한 신뢰도 높고 타당한 측정 방법을 찾기는 어려웠지만 최종적으로 '월러치-코건Wallach&Kogan 창의성 검사 도구'를 바탕으로 개발한 창의성 검사 도구와 표준화된 성격 검사 도구(EPPS)를 이용하기로 했다(Edwards Personal Preference Schedule — Edwards, 1959).

우선 학생 8명에게 10주 동안 '자율 학습 과정SDLP(Self-Designed Learning Process)'을 듣도록 했다. 임상심리학자가 지도한 이 모임은 연습과 토론을 통해 신뢰, 표현, 보살핌, 분리, 공감을 배우기 위한 자리였다. 또 무작위로 선택된 10명의 학생들에게 10주 동안 '창의성 워크숍'을 듣도록 했다. 내가 직접 지도한 이 워크숍은 매주 2시간씩 모여 초등학교 교과 과정에 미술을 통해 창의성을 함양시킬 수 있는 수업을 포함시키기 위한 방법을 탐색하려는 목적으로 진행되었다. 마지막으로 통제 집단 학생 10명을 대상으로 실험 집단 학생들과 마찬가지로 동일한 10주 기간 전·후로 EPPS 검사와 창의성 검사를 받게 했다.

우리는 창의성 워크숍이나 SDLP에 참여한 두 집단 모두 창의성 검사 결과와 성격 검사 결과에 변화가 있을 것이라는 가설을 세웠다. 모든 피험자는 지각적 경직성perceptual rigidity과 창의성 검사를 받았다(Breskin, 1968).

실험 결과 10주라는 짧은 기간의 개입에도 불구하고 창의성 검사와 EPPS 검사 모두에서 프로그램 참가 후에 통계적으로 유의미한 차이가 나타났다. 예상했던 방향으로의 변화는 가설이 옳았음을 지지해주었다. 두 실험 집단 모두 EPPS의 '자유' 항목 점수와 창의성 검사 점수가 확연히 증가했다. 그리고 통제 집단은 두 검사 모두에서 별다른 차이를 보이지 않았다. 10주라는 짧은 기간을 고려하면, 확인 가능한 변화가 나타났다는 사실은 놀라웠다. 그래서 프로그램 적용 기간이 더 길었다면 검사 결과에 더 큰 변화가 있었을 것이라는 긍정적인 추측을 했다(Rubin, 1982a).

이 연구를 진행하는 동안 창의성과 정신건강 사이의 관계라는 분야가 아직 추측만 무성하다는 사실을 알게 되었다. 실험적 연구는 거의 없으며, 몇 편 안 되는 연구들에는 서로 모순되는 결론을 내리고 있는 것들도 있다. 그러나 일정 기간 동안의 창의적인 활동이 정신건강에 도움된다는 이 실험의 결과는 미술 활동이 치료에 이바지할 수 있으며, 그 변화를 측정할 수도 있음을 보여주었다.

창의성 워크숍에 참가한 피험자들은 직접적으로 창의성을 발휘하는 활동과 그에 대한 토론 활동을 했다. 둘 중 어떤 쪽이 창의성 신장에 더 이바지했는지는 알 수 없다. 이 문제는 미술치료에서도 오랫동안 논란이 되어왔다. 창의성을 발휘해보는 경험 그 자체가 창의성에 이바지하는 부분은 어느 정도이며, 그 경험에 대해 돌아보고 토론하는 것이 창의성에 이바지하는 부분은 어느 정도일까. 미술에 치유의 가치가 있을까, 아니면 미술은 단순한 치료의 일환일 뿐일까. 내가 아는 한 이 문제는 아직 실험적으로 다루어져 본 적이 없다.

미술치료와 심리극 치료의 상관관계

동료 연극치료사인 엘렌 어윈과 나는 우연한 계기에 미술치료와 심리극 치료의 상관관계에 대한 연구를 시작하게 되었다. 어느 날 우리는 경험이 풍부한 임상의 5명에게 남자아이 10명의 미술 검사 결과와 심리극 검사 결과를 읽어본 후 서로 짝을 맞추어보라는 요청을 했다(cf. Rubin&Irwin, 1975). 모두 같은 날 실시한 검사 결과였다. 그런데 놀랍게도 임상의들은 25%만 맞추고 나머지는 모두 틀렸다. 예상치 못한 결과에 놀란 우리는 그 후 몇 년 동안 그 자료를 수차례 다시 읽고 검토하면서 의미 있는 분석을 하기 위해 노력했다.

우리는 동일한 아동을 대상으로 같은 날 미술 검사와 심리극 검사를 모두 할 수 있는 환경에서 일했기에 실험 조건을 동일하게 유지할 수 있었으며, 결론을 일반화하기에 충분한 피험자(24명)도 확보할 수 있었다. 우리는 14장에서 설명했던 치료 집단을 분류하기 위해 실시한 사전 검사를 통해 자료를 모았다.

자료를 분석하기 위해 우선 두 예술 양식의 어떤 특질을 비교하면 적절할지 찾아야 했다. 이를 위해 오랜 기간 자료를 조사하고 토론한 끝에 형태와 내용 요소를 찾아냈다.

우리는 생산성, 특정한 형태 요소, 다양한 내용 특성을 고려해 다음 요소들을 비교하기로 했다. 주제, 발달 단계, 위장의 특성과 정도, 치료 시간 및 공간. 여기에 자신이 창조한 작품에 대한 아동의 태도도 포함시켰다. 어떤 양식이냐에 따라 아동의 태도가 꽤 상이했기 때문이었다. 우리는 미술에서 가장 뚜렷이 나타나는 요소는 '형태'인 반면, 심리극에서 가장 두드러지는 요소는 '내용'이라는 사실을 알게 되었다. 그리고 아이가 불안감을 느낄 경우, 미술 검사에서는 불안이 형태의 퇴보로 나타났지만 심리극 검사에서는 이야기의 내용으로 나타났다.

결론

미술치료와 관련된 연구는 탐구 대상이 되는 모든 요소들이 복잡하고 측정하기 어렵다는 문제가 있다. 이 장에서 소개한 연구들을 보면 알 수 있듯 미술작품을 통해 정신병리 추이를 타당하고, 신뢰할 수 있으며, 적절한 방식으로 평가하기란 무척 힘들다. 또한 미술 활동 과정을 객관적으로 관찰하는 동시에 공감적인 태도를 유지하기도 어렵다. 이는 정상 아동을 대상으로 하는 경우라 해도 마찬가지다(Brittain, 1979; Gardner, 1980).

그렇다면 장애가 있는 아동을 대상으로 미술치료를 실시하기란 얼마나 더 어렵겠는가. 사람들이 일반적으로 자기 자신과 타인의 공통점을 찾으려는 경향이 있다는 점을 고려하면 더욱 그렇다. 장애가 있는 아이들의 왜곡된 지각을 부정적으로 받아들이는 경우도 문제지만, (미술 활동을 비롯한) 장애 아동의 경험이 정상 아동과 차이난다는 점을 인지하거나 수용하지 못하는 경우도 마찬가지로 문제다(Rubin, 1981c).

이런 연구를 할 때 가장 어려우면서도 가장 중요한 부분은 진전이 얼마나 되었는지 파악하는 것이다. 즉, 미술치료가 아이들에게 어떤 영향을 주었는지 측정하는 것 말이다. 여기에서 또다시 어려운 문제가 발생한다. 우리의 연구 대상은 정상적인 평가 방식이 소용없는 집단이고, 미술치료에서 기대하는 변화의 종류도 너무 다양하며, 그 효과가 측정할 수 있을 정도로 외부에 드러나지 않는 경우가 많다. 게다가 아동을 대상으로 연구할 때는 발달로 인한 변인과 우리가 측정코자 하는 미술치료의 효과 변인을 서로 분리시키기 어렵다. 미술치료사이자 유리 공예가인 제임스 민슨James Minson은 다양한 방법의 접근을 통해 과테말라 아이들에게 긍정적인 변화를 이끌어냈음을 보여주었다.

그러나 미술치료에 대한 연구는 어렵고 힘들지만 그만큼 또 즐겁고 재미있다. 주제를 정하고 방법을 찾는 것은 연구를 시작하기 위해 밟아야 할 표면적인 단계다. 그러나 연구 동기는 다양한 원천에서 나온다. 이 장에서 소개한 연구 대부분이 연구소의 필요에 의해 시작되기보다는 연구자들의 필요에서 비롯되었다는 사실은 우연이 아니다.

어떤 연구에서든 관찰된 현상을 이해하고자 하는 바람, 미지의 영역을 탐색하고 싶은 소망, 널리 퍼진 가정에 의문을 제기하려는 마음이 가장 중요하다. 미술 활동과 마찬가지로 연구에 대한 동기가 무의식적으로 결정된다는 사실은 어째서 학문적 탐구가 우리에게 깊은 만족감을 주는지 이해할 수 있게 해준다. 또한 학문적 탐구는 예술작품을 감상하는 것과 마찬가지로 허용되는 방식으로 우리의 호기심을 충족시켜준다. 그리고 예술작품을 창조하는 것과 마찬가지로 학문적 탐구는 세상을 보는 시각에 질서를 가져다주며 통제되는 범위 안에서 새로운 영역을 탐험할 수 있게 해준다. 학문적 연구에서 중요한 것은 연구를 시작하게 된 개인적 동기를 늘 마음에 품고, 연구를 진행하는 동안 방해하거나 왜곡하는 일이 없도록 하는 것이다. 내 경우 연구 문제를 정하고 그에 대한 답을 찾는 동안 미술치료를 통해 다른 이들을 도울 때만큼이나 마음속 깊은 곳에서 솟아나는 충만감을 느꼈다.

주의 사항

이 책에서 설명한 아동 미술치료 방법과 절차가 간단해 보일 수도 있다. 하지만 그것은 그릇된 생각이다. 미술은 강력한 도구이며 미술치료사는 외과 의사처럼 신중하고 섬세하게 살갗 아래를 꿰뚫어 보아야 한다. 신체장애나 정신장애가 있는 아동을 대상으로 일하기 위해서는 미술뿐 아니라 장애에 대한 이해가 필요하다. 미술을 이용해 아동 및 그 가족과 상징적으로 대화하는 것은 무척 힘든 일이다. 미술치료사는 이 일을 통해 엄청난 변화를 불러일으킬 수 있으며, 그만큼 큰 책임도 져야만 한다.

임상 수련을 받지 않은 부모나 교사라 해도 미술을 통해 아이들에게 진정한 의미의 도움과 치유 경험을 줄 수 있다. 그러나 아이 내면의 심리적 문제를 더욱 깊이 이해하고 개선하기 위해서는 주의해야 할 필요가 있다. 미술 검사를 할 때나 치료할 때 모두 초기 단계에는 임상적인 감독이 바람직한 것을 넘어 필수적이다.

쉽게 다칠 수 있는 아이의 내면을 여는 일은 도움이 될 수도 있지만 해가 되기도 한다. 미술을 통해 아이에게 도움 줄 수 있는 훌륭하고 의미 있는 방법들을 시도할 때 두려워할 필요는 없다. 하지만 이때 감정의 중요성과 개성을 항상 존중해야 한다는 사실을 잊어서는 안 된다. 미술치료를 통해 촉진되는 특별한 인간관계라는 맥락 속에서 미술치료사는 겸손한 태도로 미술의 힘을 경외하고 존중하게 된다.

미술치료사는 아이들과 함께 일할 때 항상 그 가족과의 관계에 신경 써야 한다. 이 책에 소개된 사례들을 보면 의미 있는 사람들에 대한 억압된 적개심을 표현하도록 돕는 것만으로 아이들의 문제가 해결되는 것처럼 느껴질지 모른다.

그러나 미술치료사는 아이가 과도하게 죄책감을 느끼거나, 적개심 표출에 따른 보복을 당하지 않도록 보호하기 위해 항상 섬세한 균형을 유지해야 한다. 이것이 미술치료를 하는 동안 수시로 아이의 부모와 함께 의논하고 상담해야 하는 이유다. 가족이 준비되지 않은 상태라면 아이들의 해방된 행동이 가족에게 위협처럼 느껴질 수 있다. 가족이 치료를 전적으로 지지하는 경우라 해도, 치료사는 가족들에게서 아이를 충분히 보호해주어야 하며 금지된 충동의 표현을 충분히 용인해주어야 한다.

이 글을 쓰는 이유는 다음과 같이 요약할 수 있다. 두려워하지 말되 열린 눈으로 전진하라. 그리고 미술의 힘과 아이의 가치를 존중하라. 아직 이 분야에 첫발을 들여놓은 단계라면 미술 검사와 치료를 훨씬 더 깊이 있게 이해하고 당신을 이끌어줄 수 있는 누군가가 분명 있을 것이다. 그 사람이 미술에 대해서도 알고 있다면 훨씬 더 좋다. 아무리 '타고난' 치료사라 하더라도 앞서 이 길을 걸은 사람들에게 배움으로써 직관을 더욱 깊이 있게 만들 수 있다. 타인을 돕는 멋진 일을 하는 사람에게는 자신의 감수성과 역량을 최대한 발전시켜가야 할 책임이 있다고 믿는다. 따라서 이 책을 읽은 이들 모두가 그 책임을 완수하기를, 그 과정에 신중을 기하기를 바라면서 이만 마친다.

역자 후기

지나고 보면 모든 일이 미리부터 계획되어 있던 것처럼 하나의 목표를 향해 수렴해가는 경우가 있다. 전혀 관계없던 두 사건이 만나 예상치 못한 성과를 낳고, 쓸모를 가늠할 수 없던 퍼즐 조각들이 하나 둘 만나 거대한 퍼즐을 형성한다. 조각을 하나하나 맞추어가는 동안에는 완성되었을 때 어떤 그림이 나올지 전혀 예측할 수 없다. 하지만 퍼즐을 완성하고 나면 어쩌면 그렇게 남거나 모자라는 조각 하나 없이 딱딱 맞아 떨어져왔는지 감탄하게 된다. 미술치료라는 비교적 새로운 분야의 기틀을 마련한 이 책의 저자 주디스 아론 루빈의 경험이 이를 잘 보여준다.

주디스 아론 루빈은 어린 시절부터 미술에 남다른 흥미와 관심이 있었다. 그리고 친구의 죽음과 어머니의 죽음이라는 비극적 사건 이후 본능적으로 미술을 통해 스스로를 치유했다. 물론 당시에는 그 일상의 퍼즐 조각들이 어떤 큰 그림으로 탄생할지 전혀 인식하지 못한 상태였다. 이후 대학에서 미술을 전공하고, 미술 교사로 재직했던 일 또한 현재의 저자가 있게 하기 위한 중요한 퍼즐 조각들 중 하나였다. 저자는 미술 치료라는 분야가 있다는 사실을 처음 알았을 때 미운 오리 새끼에서 백조가 된 듯한 기분을 느꼈다고 했다. 아마 그 기분은 이제껏 자신이 맞추어온 퍼즐들이 어떤 큰 그림의 일부였는지 깨달은 데서 나왔을 것이다.

이 책을 모두 번역하고 보니 나도 크지는 않지만 작은 퍼즐 하나를 완성한 기분이다. 심리학을 전공했지만 지금은 엉뚱하게도 번역을 하고 있는 점, 그리고 2년 전쯤부터는 취미로 그림을 그려온 일. 이 세 가지의 교집합이 바로 이 책이다.

어렸을 때 미술 시간을 좋아하기는 했지만 미술은 재능을 타고난 소수만이 할 수 있는 불가침의 영역이라 느끼고 일치감치 포기했던 터였다. 하지만 우연한 계기에 친구를 따라 들어선 화실에서 어렸을 때 이후 잊고 있었던 미술의 즐거움을 보았다. 그림을 그리다 보면 걱정하던 모든 일이 머릿속에서 사라지고 캔버스 위에 내가 그리는 형상과 그 형상을 계속 바꾸어가며 붓질하는 나의 팔만이 남는다. 알게 모르게 미술이 지닌 치유의 힘을 경험하고 있었던 셈이다.

이 책을 번역하는 동안 내가 느낀 미술의 즐거움이 어디에서 비롯되었는지 새삼 다시 깨닫고 확인할 수 있어 기뻤다. 물론 취미나 작품 활동을 위해 그리는 그림과 전문 미술 치료사의 지도에 따른 미술 활동은 분명 차이가 있을 것이다. 하지만 어떤 취지와 목적에서 비롯되든 미술에 치유의 힘이 있다는 점만은 확실하다.

주디스 아론 루빈은 아동 미술 치료 분야의 고전이라 할 수 있는 이 책의 출간 25주년을 기념하여 내용과 자료를 더욱 충실하게 다듬고 보강해 선보였다. 한국어판에서는 편집의 묘를 발휘해 DVD에 담겨 있던 다양한 사진과 그림까지 본문에 포함시켜 더욱 다채롭고 보기 좋은 책을 탄생시켰다. 미술 치료를 배우는 학생, 미술 치료 현장에서 일하는 전문가, 자녀를 키우는 부모에 이르기까지 아동 미술 치료에 관심 있는 사람이라면 누구에게나 이 책이 친절한 안내서가 되어줄 것이다.

고빛샘

참고문헌

Aach-Feldman, S., & Kunkle-Miller, C. (2001). Developmental art therapy. In J. A. Rubin (Ed.), *Approaches to art therapy* (2nd ed., pp. 226-240). New York: Brunner-Routledge.

Adler, J. (1970). *Looking for me.* [Motion picture]. Pittsburgh, PA: Maurice Falk Medical Fund.

Alkema, C. J. (1971). *Art for the exceptional.* Boulder, CO: Pruett Publishing Co.

Allan, J. (1988). *Inscapes of the child's world.* Dallas, TX: Spring Publications.

Allan, J., & Bertoia, J. (1992). *Written paths to healing.* Dallas, TX: Spring Publications.

Allen, P. B. (1995). *Arc is a way of knowing.* Boston: Shambhala.

Alschuler, R., & Hattwick, L. W. (1969). *Painting and personality* (Rev. ed.) Chicago: University of Chicago Press.

Anderson, F. E. (1992). *Art for all the children* (2nd ed.) Springfield, IL: Charles C. Thomas.

Anderson, F. E. (1994). *Art-centered education and therapy for children with disabilities.* Springfield, IL: Charles C. Thomas.

Appel, K. E. (1931). Drawings by children as aids in personality studies. *American Journal of Orthopsychiatry, 1,* 129-144.

Arnheim, R. (1954). *Art and visual perception.* Berkeley, CA: University of California Press.

Arnheim, R. (1967). *Toward a psychology of art.* Berkeley, CA: University of California Press.

Arnheim, R. (1969). *Visual thinking.* Berkeley, CA: University of California Press.

Arrington, D. B. (2001). *Home is where the art is.* Springfield, IL: Thomas.

Ault, R. E. (1989). Art therapy with the unidentified patient. In H. Wadeson, J. Durkin, & D. Perach (Eds.), *Advances in art therapy* (pp. 222-239). New York: Wiley.

Axline, V. M. (1947). *Play therapy.* New York: Ballantine Books.

Axline, V. M. (1964). *Dibs: In search of self.* New York: Ballantine Books.

Bach, S. (1990). *Life paints its own span: On the significance of spontaneous pictures by seriously ill children.* Zurich: Daimon.

Barron, F. (1966). Creativity in children. In H. P. Lewis (Ed.), *Child art: The beginnings of self-affirmation* (pp. 75-91). Berkeley, CA: Diablo Press.

Barron, F. (1970). Commentary for *No war toys.* Los Angeles: No War Toys.

Barron, F. (1972). *Artists in the making.* New York: Seminar Press.

Baruch, D. W., & Miller, H. (1952). Developmental needs and conflicts revealed in children's art. *American Journal of Orthopsychiatry, 22,* 186-203.

Beittel, K. E. (1973). *Alternatives for art education research.* Dubuque, IA: Wm. C. Brown.

Bender, L. (Ed.). (1952). *Child psychiatric techniques.* Springfield, Illinois: Charles C. Thomas.

Berlyne, D. E. (1971). *Aesthetics and psychobiology.* New York: Meredith Corporation.

Bertoia, J. (1993). *Drawings from a dying child: Insights into death from a Jungian per-spective.* New York: Routledge.

Betensky, M. G. (1973). *Self-discovery through self-expression.* Springfield, IL: Charles C. Thomas.

Betensky, M. G. (1995). *What do you see?* London: Jessica Kingsley.

Betensky, M. G. (2001). A phenomenological approach to art therapy. In J. A. Rubin (Ed.), *Approaches to art therapy* (2nd ed., pp. 121-133). New York: Brunner-Routledge.

Bettelheim, B. (1950). *Love is not enough.* Glencoe, IL: The Free Press.

Bettelheim, B. (1964). Art: A personal vision. In *Art: The measure of man* (pp. 41- 64). New York: The Museum of Modern Art.

Betts, D.J. (2003). *Creative arts therapies approaches in adoption and foster care.* Springfield, IL: Charles C. Thomas.

Bios, P. (1962). *On adolescence.* New York: The Free Press.

Bodwin, R. F., & Bruck, M. (1960). The adaptation and validation of the Draw - A Person Test as a measure of self-concept. *Journal of Clinical Psychology, 16,* 414-416.

Boenheim, C., & Stone, B. (1969). Pictorial dialogues: Notes on a technique. *Bulletin of Art Therapy, 8,* 67-69.

Breskin, S. (1968). Measurement of rigidity: A non-verbal test. *Perceptual and Motor Skills, 27,* 1203-1206.

Brittain, W. L. (1979). *Creativity, art, and the young child.* New York: Macmillan.

Brocher, T. (1971). Parents' schools. *Psychiatric Communication (WPIC), 13,* 1-9.

Brooke, S. (2004). *Tools of the trade: A therapist's guide to art therapy assessments.* (2nd ed.). Springfield, IL: Charles C. Thomas.

Brown, E. V. (1975). Developmental characteristics of clay figures made by children from age three through age eleven. *Studies in Art Education, 16,* 45-53.

Buber, M. (1965). *Between man and man.* New York: Macmillan.

Buck, J. N. (1948). The H-T-P Test. *Journal of Clinical Psychology, 4,* 151-159.

Burns, R. C. (1987). *Kinetic house-tree-person drawings.* New York: Brunner/ Mazel.

Burns, R. C., & Kaufman, S. H. (1970). *Kinetic family drawings.* New York: Brunner/ Mazel.

Bush, J. (1997). *The handbook of school art therapy.* Springfield, IL: Charles C. Thomas.

Buxbaum, E. (1949). *Your child makes sense.* New York: International Universities Press.

Cane, F. (1951). *The artist in each of us.* Craftsbury Common, VT: Art Therapy Publications.

Carey, L. (1999). *Sandplay therapy with children and families.* Northvale, NJ: Jason Aronson.

Cartwright, D., & Zander, A. (Eds.). (1981). *Group dynamics: Research and theory.* (3rd ed.).

New York: Harper & Row.

Case, C., & Dalley, T. (Eds.). (1990). *Working with children in art therapy.* London: Tavistock.

Cassidy, J., & Shaver, P. (Eds.). (1999). *Handbook of attachment theory.* New York: Guilford.

Chazan, S. (2002). *Profiles of play.* London: Jessica Kingsley.

Children of Cardozo . . . Tell it like it is. (1968). Cambridge, MA: Education Development Center.

Clements, C. B., & Clements, R. D. (1984). *Art and mainstreaming.* Springfield, IL: Charles C. Thomas.

Cohen, B. M., Hammer, J. S., Singer, S. (1988). The Diagnostic Drawing Series. *The Arts in Psychotherapy, 15,*11-21.

Cohen, F. (1974). Introducing art therapy into a school system: Some problems. *Art Psychotherapy, 2,* 121-136.

Cohen-Liebman, M. S. (2003). Drawings in forensic investigation of childhood sexual abuse. In C. A. Malchiodi (Ed.), *Handbook of art therapy* (pp. 167-180). New York: Guilford.

Cohn, R. C. (1969-1970). The theme-centered interactional method: Group therapists as group educators. *Journal of Group Psychoanalysis and Process, 2,* 19-36.

Colarusso, C. A. (1992). *Child and adult development.* New York: Plenum.

Cole, N. R. (1966). *Children's arts from deep down inside.* New York: John Day.

Coles, R. (1992). In M. Sartor (Ed.), *Their eyes meeting the world: The drawings and paintings of children.* New York: Houghton Mifflin.

Comins, J. (1969). Art motivation for ghetto children. *School Arts, 69,* 6-7.

Coopersmith, S. (1967). *The antecedents of self-esteem.* San Francisco: W. H. Freeman.

Corcoran, A. L. (1954). Color usage in nursery school painting. *Child Developmerit, 25,* 107-113.

Councill, T. (1999). Art therapy with pediatric cancer patients. Physiological effects of creating mandalas. In C. Malchiodi (Ed.), *Medical art therapy with children* (pp. 75-94). London: Jessica Kingsley.

Cox, M. V. (1992). *Children's drawings.* London: Penguin Books.

Cox, M. V. (1993). *Children's drawings of the human figure.* Hillsdale, NJ: Erlbaum.

Cox, M. V. (1997). *Drawings of people by the under-5's.* London: Folmer.

Culbert, S. A., & Fisher, G. (1969). The medium of art as an adjunct to learning in sensitivity training. *Journal of Creative Behavior, 3,* 26-40.

Curry, N. E. (1971). Consideration of current basic issues in play. In N. E. Curry (Ed.), *Play: The child strives toward self-realization* (pp. 51-61). Washington, DC: National Association for the Education of Young Children.

Davidson, A., & Fay, J. (1964). Fantasy in middle childhood. In M. R. Haworth (Ed.), *Child psychotherapy* (pp. 401-406). New York: Basic Books.

Denny, J. M. (1972). Techniques for individual and group art therapy. *American Journal of Art Therapy, 11,* 117-134.

Despert, J. L. (1938). Technical approaches used in the study and treatment of emotional problems in children II. *The Psychiatric Quarterly, 12,* 176-194.

Dewdney, S., Dewdney, I. M., & Metcalfe, E. V. (1967). The art-oriented interview as a tool in psychotherapy. *Bulletin of Art Therapy, 7,* 4-19.

Dewey, J. (1934). *Art as experience.* New York: Capricorn Books.

Di Leo, J. H. (1970). *Young children and their drawings.* New York: Brunner/Mazel.

Di Leo, J. H. (1974). *Children's drawings as diagnostic aids.* New York: Brunner/ Mazel.

Di Leo, J. H. (1977). *Child development: Analysis and synthesis.* New York: Brunner/ Mazel.

Di Leo, J. H. (1983). *Interpreting children's drawings.* New York: Brunner/Mazel.

Drachnik, C. (1995). *Interpreting metaphors in children's drawings: A manual.* Burlingame, CA: Abbeygate Press.

Dubowski, J. K. (1984)- Alternative models for describing the development of children's graphic work: Some implications for art therapy. In T. Dalley (Ed.), *Art as therapy* (pp. 45-61). New York: Routledge.

Dunn, M. D., & Semple, R. A. (1956). *"But still it grows": A use of spontaneous art in a group situation.* Devon, Pennsylvania: Devereux Foundation.

Edwards, A. L. (1959). *Edwards Personal Preference Schedule.* New York: The Psy-chological Corporation.

Edwards, B. (1979). *Drawing on the right side of the brain.* Los Angeles: Jeremy Tarcher.

Edwards, B. (1986). *Drawing on the artist within.* New York: Simon Schuster.

Ehrenzweig, A. (1967). *The hidden order of art.* London: Weidenfeld and Nicholson.

Elkisch, P. (1945). Children's drawings in a projective technique. *Psychological Monographs, 58,* No. 1.

Elkisch, P. (1948). The 'Scribbling Game' - a projective method. *Nervous Child, 7,* 247-256.

Erikson, E. H. (1950). *Childhood and society.* New York: W. W. Norton.

Erikson, E. H. (1959). Growth and crises of the healthy personality. *Identity and the Life Cycle, Psychological Issues, 1,* 50-100.

Erikson, E. H. (1972). Play and Vision. *Harvard Today,* May, p. 13.

Erikson, J. M. (1988). *Wisdom and the senses.* New York: Norton.

Evans, K., & Dubowski, J. (2001). *Art therapy with children on the autistic spectrum.* London: Jessica Kingsley.

Finley, P. (1975). Dialogue drawing: An image-evoking communication between analyst and analysand. *Art Psychotherapy, 2,* 87-99.

Fraiberg, S. M. (1955). *The magic years: Understanding and handling the problems of early childhood.* New York: Scribner's.

Frankl, V. E. (1959). *Mans search for meaning.* New York: Pocket Books.

Freud, A. (1936). *The ego and the mechanisms of defense.* New York: International Universities Press.

Freud, A. (1946). *The psychoanalytical treatment of children.* New York: Schocken.

Freud, A. (1965). *Normality and pathology in childhood: Assessments of development.* New York: International Universities Press.

Freud, S. (1908). Creative writers and day-dreaming. In J. Strachey (Ed. & Trans.), *The standard edition of the complete psychological works of Sigmund Freud* (Vol. 9, pp. 141-156). London: Hogarth Press.

Freud, S. (1910). Leonardo da Vinci and a Memory of his Childhood. In J. Strachey (Ed. & Trans.), *The standard edition of the complete psychological works of Sigmund Freud* (Vol. 2, pp. 63-138). London: Hogarth Press.

Freud, S. (1921). Group psychology and the analysis of the ego. In J. Strachey (Ed. & Trans.), *The standard edition of the complete psychological works of Sigmund Freud* (Vol. 18, pp. 67-145). London: Hogarth Press.

Freund, C. (1969). Teaching art to the blind child integrated with sighted children. *New Outlook for the Blind, 63,* 205-210.

Furman, E. (1969). Treatment via the mother. In R. A. Furman & A. Katan (Eds.), *The therapeutic nursery school* (pp. 64-123). New York: International Universities Press.

Furth, G. M. (1988). *The secret world of drawings.* Boston: Sigo.

Gantt, L., & Schmal, M. (Eds.). (1974). *Art therapy: A bibliography.* Rockville, MD: National Institutes of Mental Health.

Gantt, L., & Tabone, C. (1998). *The rating manual.* Morgantown, WV: Gargoyle Press.

Gantt, L., & Tabone, C. (2003). The Formal Elements Art Therapy Scale and "Draw a person picking an apple from a tree." In C. A. Malchiodi (Ed.), *Handbook of art therapy* (pp. 420-427). New York: Guilford.

Gardner, H. (1980). *Artful scribbles: The significance of children's drawings.* New York: Basic Books.

Gardner, H. (1982). *Art, mind, and brain.* New York: Basic Books.

Gendlin, E. T. (1962). *Experiencing and the creation of meaning.* New York: Free Press.

Gerber, N. (1996). *The brief art therapy screening evaluation.* Philadelphia: Author.

Gil, E. (1991). *The healing power of play.* New York: Guilford.

Gillespie, J. (1994). *The projective use of mother-and-child drawings.* New York: Brunner/ Mazel.

Giriott, H. G. (1961). *Group psychotherapy with children.* New York: McGraw-Hill.

Ginott, H. G. (1965). *Between parent and child.* New York: Macmillan.

Goldstein, S. B., Deeton, K. D., & Barasch, J. (1975, March). *The family joint mural: Family evaluation technique.* Paper presented at the California State Psychological Association Convention, Anaheim, CA.

Golomb, C. (1974). *Young children's sculpture and drawing.* Cambridge, MA: Harvard University Press.

Golomb, C. (1992). *The child's creation of a pictorial world.* Berkeley, CA: University of California Press.

Golomb, C. (2002). *Child art in context: A cultural and comparative perspective.* Washington, DC: American Psychological Association.

Goodnow, J. (1977). *Children drawing.* Cambridge, MA: Harvard University Press.

Grozinger, W. (1955). *Scribbling, drawing, painting.* New York: Humanities Press.

Gussak, D., Virshup, E. (Eds.). (1997). Drawing time: *Art therapy in prisons and forensic settings.* Chicago: Magnolia Street Publishers.

Haeseler, M. (1987). Censorship or intervention: "But you said we could draw whatever we wanted!" *American Journal of Art Therapy, 26,* 11-16.

Hagood, M. (2000). *The use of art in counseling child and adult survivors of childhood sexual abuse.* London: Jessica Kingsley.

Halpin, G., Halpin, E., & Torrance, E. P. (1973). Effects of blindness on creative thinking abilities of children. *Developmental Psychology, 9,* 268-274.

Hammer, E. F. (Ed.). (1958). *The clinical application of projective drawings.* Springfield, IL: Charles C. Thomas.

Hammer, E. F. (Ed.). (1997). *Advances in projective drawing interpretation.* Springfield, IL: Charles C. Thomas.

Hammer, M., & Kaplan, A. M. (1967). *The practice of psychotherapy with children.* Homewood, IL: Dorsey Press.

Hanes, K. M. (1982). *Art therapy and group work: An annotated bibliography.* West- port, CT: Greenwood Press.

Hare, A. P.,&Hare,R. P. (1956). The Draw-A-Group Test. *Journal of Genetic Psychology, 89,* 51-59.

Harms, E. (1948). Play diagnosis. *Nervous Child, 7,* 233-246.

Harris, D. B. (1963). *Children's drawings as measures of intellectual maturity.* New York: Harcourt, Brace, and World.

Hartley, R., Frank, L., & Goldenson, R. (1952). *Understanding children's play.* New York: Columbia University Press.

Haupt, C. (1969). Creative expression through art. *Education of the Visually Handicapped, 1,* 41-43.

Haworth, M. R. (Ed.). (1964). *Child psychotherapy.* New York: Basic Books.

Hays, R., & Lyons, S. (1987). The bridge drawing: A projective technique for as-sessment in art therapy. *The Arts in Psychotherapy, 8,* 207-217.

Hedges, L. E. (1983). *Listening perspectives in psychotherapy.* New York: Jason Aronson.

Henderson, R, & Lowe, K. (1972, November). *Reducing focus on the patient via family videotape playback.* Paper presented at the annual meeting of the American Association of Psychiatric Services for Children, Washington, DC.

Henley, D. (1992). *Exceptional children, exceptional art.* Worcester, MA: Davis Pub-lications.

Henley, D. (2001). Images in the lessons: Art therapy in creative education. In J. A. Rubin (Ed.), *Approaches to art therapy* (2nd ed., pp. 326-339). New York: Brunner-Routledge.

Hill, A. (1945). *Art versus illness.* London: George Allen and Unwin.

Hill, A. (1951). *Painting out illness.* London: George Allen and Unwin.

Horovitz-Darby, E. (1988). Art therapy assessment of a minimally language skilled deaf child. In *Mental health assessment of deaf clients: Special conditions* (pp. 115- 127). Proceedings from the 1988 University of California's Center on Deafness Conference. Little Rock, AK: ADARA.

Horowitz, M.J. (1983). *Image formation and psychotherapy.* New York: Jason Aronson.

Howard, M. (1964). An art therapist looks at her professional history. *Bulletin of Art Therapy, 4,* 153-156.

Hulse, W. C. (1952). Childhood conflict expressed through family drawings. *Journal of Projective Techniques, 16,* 66-79.

Irwin, E. C. (1983). The diagnostic and therapeutic use of pretend play. In C. E. Schaefer & K.J. O'Conner, (Eds.), *Handbook of play therapy* (pp. 148-173). New York: Wiley.

Irwin, E. C., & Malloy, E. S. (1975). Family puppet interview. *Family Process, 14,* 179-191.

Irwin, E. C., Rubin, J. A. (1976). Art and drama interviews: Decoding symbolic messages. *Art Psychotherapy, 3,* 169-175.

Irwin, E. C., Rubin, J. A., &. Shapiro, M. I. (1975). Art and Drama: Partners in Therapy. *American Journal of Psychotherapy, 29,* 107-116.

Irwin, E. C., & Shapiro, M. I. (1975). Puppetry as a diagnostic and therapeutic technique. In I. Jakab (Ed.), *Psychiatry and art, vol. 4* (pp. 86-94). New York: S. Karger.

Jakab, I. (1956/1998). *Pictorial expression in psychiatry: Psychiatric and artistic analysis.* Budapest: Akademiai Kiado.

Jewish Museum of Prague. (1993). *I have not seen a butterfly around here.* Prague: The Jewish Museum.

Jung, C. G. (1964). *Man and his symbols.* New York: Doubleday.

Kaelin, E. F. (1966). The existential ground for aesthetic education. *Studies in Art Education, 8,* 3-12.

Kalff, D. M. (1980). *Sandplay.* Boston: Sigo Press.

Kaplan, F. (2003). Art-based assessments. In C. Malchiodi (Ed.), *Handbook of art therapy* (pp. 25-35). New York: Guilford.

Kaye, G. (1968). Color education in art. *Color Engineering, 7,* 15-20.

Kellogg, J. (1978). *Mandala: Path of beauty.* Clearwater, FL: Association for Teachers of Mandala Assessment.

Kellogg, R. (1969). *Analyzing children's art.* Palo Alto, CA: National Press Books.

Kinget, G. M. (1952). *The drawing completion test: A projective technique for the in-vestigation of personality.* New York: Grune and Stratton.

Klein, M. (1932). *The psycho-analysis of children.* London: Hogarth.

Klepsch, M., & Logie, L. (1982). *Children draw and tell: An introduction to the projective uses of children's human figure drawings.* New York: Brunner/Mazel.

Klorer, P. G. (2000). *Expressive therapy with troubled children.* Northvale, NJ: Jason Aronson.

Klorer, P. G. (2003). Sexually abused children: Group approaches. In C. A. Malchiodi (Ed.), *Handbook of art therapy* (pp. 339-350). New York: Guilford.

Knill, P., Levine, E. G., & Levine, S. K. (2004). *Principles and practice of expressive arts therapy.* London: Jessica Kingsley.

Konopka, G. (1963). *Social group work: A helping process.* Englewood Cliffs, NJ: Prentice Hall.

Koppitz, E. M. (1968). *Psychological evaluation of children's human figure drawings.* New York: Grune and Stratton.

Koppitz, E. M. (1984). *Psychological evaluation of HFD's by middle-school pupils.* New York: Grune & Stratton.

Kovner, A. (Ed). (1968). *Childhood under fire: Stories, poems and drawings by children during the Six Days War.* Israel: Sifriat Poalim.

Kramer, E. (1958). *Art therapy in a children's community.* Springfield, IL: Charles C. Thomas.

Kramer, E. (1971). *Art as therapy with children.* New York: Schocken Books.

Kramer, E. (1979). *Childhood and art therapy.* New York: Schocken Books.

Kramer, E. (2000). L. A. Gerity (Ed.), *Art as therapy: Collected papers.* London: Jessica Kingsley.

Kramer, E. (2001). Sublimation and art therapy. In J. A. Rubin (Ed.), *Approaches to art therapy* (2nd ed., pp. 28-39). New York: Brunner-Routledge.

Kramer, E., &. Schehr, J. (2000). An art therapy evaluation session for children. In L. A. Gerity (Ed.), *Art as therapy: Collected papers* (pp. 73-93). London: Jessica Kingsley.

Kris, E. (1952). *Psychoanalytic explorations in art.* New York: Schocken Books.

Kubie, L. (1958). *Neurotic distortion of the creative process.* New York: Noonday Press.

Kunkle-Miller, C. (1982). Research study: The effects of individual art therapy on emotionally disturbed deaf children and adolescents. Proceedings, 13th Annual A ATA Conference.

Kunkle-Miller, C. (1985). *Competencies for art therapists whose clients have physical, cognitive or sensory disabilities.* Unpublished doctoral dissertation, University of Pittsburgh.

Kwiatkowska, H. Y. (1962). Family art therapy: Experiments with a new technique. *Bulletin of Art Therapy, 1,* 3-15.

Kwiatkowska, H. Y. (1967). The use of families' art productions for psychiatric evaluation. *Bulletin of Art Therapy, 6,* 52-69.

Kwiatkowska, H. Y. (1978). *Family therapy and evaluation through art.* Springfield, IL: Charles C. Thomas.

Lachman-Chapin, M. (2001). Self psychology and art therapy. In J. A. Rubin (Ed.), *Approaches to art therapy* (2nd ed., pp. 66-78). New York: Brunner-Routledge.

Landgarten, H. B. (1981). *Clinical art therapy.* New York: Brunner/Mazel.

Landgarten, H. B. (1987). *Family art psychotherapy: A clinical guide and casebook.* New York: Brunner/Mazel.

Langer, S. K. (1953). *Feeling and form.* New York: Charles Scribner's Sons.

Langer, S. K. (1957). Deceptive analogies: Specious and real relationships among the arts. In *Problems of art.* New York: Charles Scribner's Sons.

Langer, S. K. (1958). The cultural importance of the arts. In M. E. Andrews (Ed.), *Aesthetic form and education* (pp. 1-8). Syracuse, NY: Syracuse University Press.

Lantz, B. (1955). *Easel Age Scale.* Los Angeles: Test Bureau.

Lehman, L. (1969). Let there be art! *School Arts, 68,* 46.

Levick, M. F. (1983). *They could not talk and so they drew: Children's styles of coping and thinking.* Springfield, IL: Charles C. Thomas.

Levick, M. F. (2001). *The Levick cognitive and emotional art therapy assessment* (LECATA).

Boca Raton, FL: Author.

Levine, S., & Levine, E. (1999). *Foundations of expressive arts therapy: Theoretical and clinical perspectives.* London: Jessica Kingsley Publisher.

Levy, S., & Levy, R. A. (1958). Symbolism in animal drawings. In E. F. Hammer (Ed.), *The clinical application of projective drawings* (pp. 311-343). Springfield, IL: Charles C. Thomas.

Lewis, J., & Blotcky, M. (1997). *Child therapy: Concepts, strategies, and decisionmaking.* New York: Brunner/Mazel.

Lewis, P. B. (1993). *Creative transformation.* Wilmette, IL: Chiron Publications.

Lindsay, Z. (1972). *Art and the handicapped child.* New York: Van Nostrand Rein- hold.

Linesch, D. G. (1988). *Adolescent art therapy.* New York: Brunner/Mazel.

Linesch, D. G. (Ed.). (1993). *Art therapy with families in crisis.* New York: Brunner/ Mazel.

Lorand, S. (1967). Preface. In A. Zaidenberg (Ed.), *The emotional self* (p. 24). New York: Bell Publishing Company.

Lowenfeld, M. (1971). *Play in childhood* (2nd ed.). New York: Wiley.

Lowenfeld, M. (1979). *The world technique.* London: Allen &. Unwin.

Lowenfeld, V. (1952). *The nature of creative activity* (2nd ed.). London: Routledge and Kegan Paul.

Lowenfeld, V. (1954). *Your child and his art.* New York: Macmillan.

Lowenfeld, V. (1957). *Creative and mental growth* (3rd ed.). New York: Macmillan.

Lüscher, M. (1969). *The Lüscher Color Test.* New York: Random House.

Lusebrink, V. B. (1990). *Imagery and visual expression in therapy.* New York: Plenum Press.

MacGregor, J. M. (1989). *The discovery of the art of the insane.* Princeton, NJ: Princeton University Press.

Machover, K. (1949). *Personality projection in the drawing of the human figure.* Springfield, IL: Charles C. Thomas.

Makarova, E., & Seidman-Miller, R. (1999). *Friedl Deicker-Brandeis, Vienna 1891- Auschwitz 1944.* Los Angeles: Tallfellow Press.

Malchiodi, C. A. (1997). *Breaking the silence: Art therapy with children from violent homes* (2nd ed.). New York: Brunner-Routledge.

Malchiodi, C. A. (1998). *Understanding children's drawings.* New York: Guilford.

Malchiodi, C. A. (Ed.). (1999). *Medical art therapy with children.* London: Jessica Kingsley.

Malchiodi, C. A. (Ed.). (2004). *Expressive therapies.* New York: Guilford.

Malchiodi, C. A., Kim, D., Choi, W. S. (2003). Developmental art therapy. In C. A. Malchiodi (Ed.), *Handbook of art therapy* (pp. 93-105). New York: Guilford.

Malraux, A. (1978). *The voices of silence.* Princeton, NJ: Princeton University Press.

Manning, T. M. (1987). Aggression depicted in abused children's drawings. *The Arts in Psychotherapy, 14,* 15-24.

Maslow, A. (1959). Creativity in self-actualizing people. In H. H. Anderson (Ed.), *Creativity and its cultivation* (pp. 83-95). New York: Harper & Row.

Mattil, E. L. (1972). *The self in art education. Research Monograph 5,* Washington, DC:

National Art Education Association.

McFarland, M. B. (1978). Reality as a source of creativity. In E. A. Roth & J. A. Rubin (Eds.), *Perspectives on art therapy* (pp. 5-6). Pittsburgh, PA: Pittsburgh Child Guidance Center.

McKim, R. H. (1972). *Experiences in visual thinking.* Belmont, CA: Wadsworth.

McNiff, S. (1981). *The arts and psychotherapy.* Springfield, IL: Charles C. Thomas.

McNiff, S. (1998). *Art-based research.* London: Jessica Kingsley.

Meerloo, J. A. M. (1968). *Creativity and eternization.* New York: Humanities Press.

Michael, J. A. (Ed.). (1982). *The Lowenfeld lectures.* University Park, PA: Pennsylvania State University Press.

Mills, A. (2003). The Diagnostic Drawing Series. InC. A. Malchiodi (Ed.), *Handbook of art therapy* (pp. 401-409). New York: Guilford.

Milner, M. (1957). *On not being able to paint.* New York: International Universities Press.

Milner, M. (1969). *The hands of the living god.* New York: International Universities Press.

Montague, J. A. (1951). Spontaneous drawings of the human form in childhood schizophrenia. In H. H. Anderson G. L. Anderson (Eds.), *An introduction to projective techniques* (pp. 370-385). Englewood Cliffs, NJ: Prentice Hall.

Moon, B. L. (1998). *The dynamics of art as therapy with adolescents.* Springfield, IL: Charles C. Thomas.

Moon, C. H. (2001). *Art therapy: Cultivating the artist identity in the art therapist.* Philadelphia: Jessica Kingsley.

Moriya, D. (2000). *Art therapy in schools.* Boca Raton, FL: Author.

Morris, D. (1962). *The biology of art.* New York: Alfred A. Knopf.

Mortensen, K. V. (1991). *Form and content in children's human figure drawings.* New York: New York University Press.

Moustakas, C. E. (1953). *Children in play therapy.* New York: Ballantine Books.

Moustakas, C. E. (1959). *Psychotherapy with children.* New York: Ballantine Books.

Moustakas, C. E. (1969). *Personal growth.* Cambridge, MA: Howard A. Doyle.

Murphy, J. (Ed.). (2001). *Art therapy with young survivors of sexual abuse.* Philadelphia: Taylor & Francis.

Namer, A., (Si Martinez, Y. (1967). The use of painting in group psychotherapy with children. *Bulletin of Art Therapy, 6,* 71-78.

Napoli, P. J. (1951). Finger Painting. In H. H. Anderson & G. L. Anderson (Eds.), *An introduction to projective techniques* (pp. 386-415). Englewood Cliffs, NJ: Prentice Hall.

Naumburg, M. (1928). *The child and the world.* New York: Harcourt, Brace.

Naumburg, M. (1947). Studies of the free art expression of behavior problem children and adolescents as a means of diagnosis and therapy. *Nervous and Mental Disease Monograph, 71.* (reprinted as *An introduction to art therapy.* New York: Teachers College Press, 1973)

Naumburg, M. (1950). *Schizophrenic art: Its meaning in psychotherapy.* New York: Grune and Stratton.

Naumburg, M. (1953). *Psychoneurotic art: Its function in psychotherapy.* New York: Grune and Stratton.

Naumburg, M. (1966). *Dynamically oriented art therapy: Its principles and practices.* New York: Grune and Stratton.

Neumann, E. (1971). *Art and the creative unconscious.* Princeton, NJ: Princeton University Press.

Nixon, A. (1969). A child's right to the expressive arts. *Childhood Education, 299-* 310.

Nucho, A. O. (1995). *Spontaneous creative imagery.* Springfield, IL: Charles C. Thomas.

Nucho, A. O. (2003). *Psychocybernetic model of art therapy* (2nd ed.) Springfield, IL: Charles C. Thomas.

Oaklander, V. (1978). *Windows to our children: A Gestalt therapy approach to children and adolescents.* Utah: Real People Press.

Oster, G. D., & Crone, P. G. (2004). *Using drawings in assessment and therapy* (2nd ed.). New York: Brunner-Routledge.

Oster, G. D., & Montgomery, S. (1996). *Clinical uses of drawings.* Northvale, NJ: Jason Aronson.

Pasto, T., & Runkle, P. R. (1955). A tentative and general guide to the procedure for administering the diagnostic graphic-expression technique to children. *Ars Gratia Hominis, 2,* 30-31.

Peckham, M. (1965). *Man's rage for chaos.* New York: Schocken Books.

Peller, L. E. (1955). Libidinal development as reflected in play. *Psychoanalysis, 3,* 3-11.

Petrie, M. (1946). *Art and regeneration.* London: Paul Elek.

Piaget, J. (1950). *The psychology of intelligence.* New York: Harcourt Brace.

Piaget, J., &. Inhelder, B. (1956). *The child's conception of space.* London: Routledge & Kegan Paul.

Piaget, J., & Inhelder, B. (1971). *Mental imagery in the child.* New York: Basic Books.

Play Schools for Parents. (1971, January 11). *Time,* p. 55.

Porter, J. D. R. (1971). *Black child, white child. Cambridge,* MA: Harvard University Press.

Prinzhorn, H. (1972). *Artistry of the mentally ill.* New York: Springer-Verlag.

Proulx, L. (2002). *Strengthening emotional ties through parent-child-dyad art therapy: Interventions with infants and preschoolers.* London: Jessica Kingsley.

Rabin, A. I., & Haworth, M. R. (Eds.). (1960). *Projective techniques with children.* New York: Grune and Stratton.

Rhyne, J. (1971). The Gestalt art experience. In J. Fagan &. I. L. Shepherd (Eds.), *Gestalt therapy now* (pp. 274-284). New York: Harper Colophon Books.

Rhyne, J. (1995). *The gestalt art experience* (2nd ed.). Chicago: Magnolia Street Publishers.

Riley, S. (1999). *Contemporary art therapy with adolescents.* London: Jessica Kings- ley.

Riley, S. (2001a). Commentary: Systemic thinking and the influence of postmodern theories on art therapy. In J. A. Rubin (Ed.), *Approaches to art therapy* (2nd ed., pp. 134-148). New York: Brunner-Routledge.

Riley, S. (2001b). *Group process made visible.* New York: Brunner-Routledge.

Riley, S. (2003). Art therapy with couples. In C. A. Malchiodi (Ed.), *Handbook of art therapy* (pp. 387-398). New York: Guilford.

Riley, S., & Malchiodi, C. A. (2003). Solution-focused and narrative approaches. In C. A. Malchiodi (Ed.), *Handbook of art therapy* (pp. 82-92). New York: Guilford.

Riley, S., & Malchiodi, C. A. (2004). *Integrative approaches to family art therapy* (2nd ed.). Chicago: Magnolia Street Publishers.

Robertson, S. (1963). *Rosegarden and labyrinth.* London: Routledge & Kegan Paul.

Rogers, N. (1993). *The creative connection: Expressive arts as healing.* Palo Alto, CA: Science &. Behavior Books.

Rosal, M. (1996). *Approaches to art therapy with children.* Burlingame, CA: Abbey- gate Press.

Rosenthal, R., & Jacobson, L. (1968). *Pygmalion in the classroom.* New York: Holt, Rinehart and Winston.

Ross, C. (1997). *Something to draw on.* London: Jessica Kingsley.

Roth, E. (2001). Behavioral art therapy. In J. A. Rubin (Ed.), *Approaches to art therapy* (2nd ed., pp. 195-209). New York: Brunner-Routledge.

Rozum, A. L., &. Malchiodi, C. A. (2003). Cognitive-behavioral approaches. In C. A. Malchiodi (Ed.), *Handbook of art therapy* (pp. 72-81). New York: Guilford.

Rubin, J. A. (1972). *"We'll show you what we're gonna do!" Art for multiply handicapped blind children.* [Motion picture]. Pittsburgh, PA: Expressive Media.

Rubin, J. A. (1973). *Children and the arts: A film about growing.* [Motion picture]. Pittsburgh: PA: Expressive Media, Inc.

Rubin, J. A. (1976). The exploration of a 'tactile aesthetic'. *New Outlook for the Blind, 70,* 369-375.

Rubin, J. A. (1981a). Art and imagery: Free association with media. *Proceedings of the Twelfth Annual Conference of the American Art Therapy Association,* Baltimore: American Art Therapy Association.

Rubin, J. A. (1981b). Art for the special person: Roles and responsibilities of art therapists. In J. Rogers &. J. Kahlmann (Eds.), *Art in the lives of persons with Special Needs* (pp. 15-19). Washington, DC: National Committee, Arts for the Handicapped.

Rubin, J. A. (1981c). Research in art with the handicapped: Problems and promises. *Studies in Art Education, 23,* 7-13.

Rubin, J. A. (1982a). Creating creative teachers: An experimental study. *The Arts in Psychotherapy, 9,* 101-111.

Rubin, J. A. (1982b). Transference and countertransference in art therapy. *American Journal of Art Therapy, 21,* 10-12.

Rubin, J. A. (1984). *The art of art therapy.* New York: Brunner/Mazel.

Rubin, J. A. (1999). *Art therapy: An introduction.* New York: Brunner/Mazel.

Rubin, J. A. (Ed.). (2001). *Approaches to art therapy: Theory & technique* (2nd ed.). New York: Brunner-Routledge.

Rubin, J. A. (2002). *My mom and dad don't live together anymore.* Washington, DC: Magination Press (American Psychological Association).

Rubin, J. A. (Producer). (2004). *Art therapy has many faces.* [Motion picture]. Pittsburgh, PA: Expressive Media.

Rubin, J. A. (2005). *Artful therapy.* New York: Wiley.

Rubin, J. A., & Irwin, E. C. (1975). Art and drama: Parts of a puzzle. In I. Jakab (Ed.), *Psychiatry and art* (pp. 193-200). New York: S. Karger.

Rubin, J. A., & Irwin, E. C. (1984). *The green creature within: Art and drama in adolescent group psychotherapy.* [Motion picture]. Pittsburgh, PA: Expressive Media.

Rubin, J. A., Irwin, E. C., & Bernstein, P. (1975). Play, parenting and the arts: A therapeutic approach to primary prevention. *Proceedings of the American Dance Therapy Association,* 60-78.

Rubin, J. A., & Klineman, J. (1974). They opened our eyes: An exploratory art program for visually-impaired multiply-handicapped children. *Education of the Visually Handicapped, 6,* 106-113.

Rubin, J. A., & Levy, P. (1975). Art-awareness: A method for working with groups. *Group Psychotherapy and psychodrama, 28,* 108-117.

Rubin, J. A., & Magnussen, M. G. (1974), A family art evaluation. *Family Process, 13,* 185-200.

Rubin, J. A., Magnussenm, M. G., & Bar, A. (1975). Stuttering: Symptom-system-symbol (Art therapy in the treatment of a case of disfluency). In I. jakab (Ed.), *Psychiatry and Art* (pp. 201-215). New York: S. Karger.

Rubin, J. A., Ragins, N., Schachter, J., & Wimberly, F. (1979). Drawings by schizophrenic and non-schizophrenic mothers and their children. *Art Psychotherapy, 6,* 163-175.

Rubin, J. A., & Rosenblum, N. (1977). Group art and group dynamics: An experimental study. *Art Psychotherapy, 4,* 185-193.

Rubin, J. A., & Schachter, J. (1972). Judgements of psychopathology from art productions of children. *Confinia Psychiartica, 15,* 237-252.

Rubin, J. A., Schachter, J., & Ragins, N. (1983). Intra-indivisual variability in human figure drawings: A developmental study. *American Journal of Orthopsychiatry, 53,* 654-667.

Rutten-Sarris, M. J. (2002). *The R-S Index: A diagnostic instrument for the assessment of interaction structures in drawings.* Unpublished doctoral dissertation, University of Hertfordshire, UK.

Safran, D. (2002). *Art therapy and AD/HD: Diagnostic and therapeutic approaches.* London: Jessica Kingsley.

Salant, E. G. (1975). Preventive art therapy with a preschool child. *American Journal of Art Therapy, 14,* 67-74.

Sarnoff, C. A. (1976). *Latency.* New York: Jason Aronson.

Schaefer, C. E., & O'Connor, K. J. (Eds.). (1983). *Handbook of paly therapy.* New York: Wiley.

Schaeffer-Simmern, H. (1961). *The unfolding of artistic activity.* Berkeley, CA: University of California Press.

Schiffer, M. (1969). *The therapeutic play group.* New York: Grune and Stratton.

Schilder, P. (1950). *The image and appearance of the human body.* New York: Wiley.

Schildkrout, M. S., Shenker, I.R., & Sonnenbilck, M. (1972). *Human figure drawings in adolescence.* New York: Brunner/Mazel.

Schiller, F. (1875). *Essays, aesthetical and philosophical.* London: George Bell.

Schmidi-Waehner, T. R. (1942). Formal criteria for the analysis of children's drawings and paintings. *American Journal of Orthopsychiatry, 17,* 95-104.

Schmidl-Waehner, T. R. (1946). Interpretation of spoontaneous drawings and paintings. *Genetic Psychology Monographs, 33,* 3-70.

Slfe, L. (1977). *Nadia: A case study of extraordinary drawing ability in an autistic child.* New York: Academic Press.

Shahn, B. (1960). *The shape of content.* New York: Vintage Books.

Shaw, R. F. (1938). *Finger painting.* Boston: Little, Brown and Company.

Silver, R. A. (1978). *Developing cognitive and creative skills in art.* Baltimore: University Park Press.

Silver, R. A. (2001). *Art as language: Access to thoughts and feelings through stimulus drawings.* New York: Brunner-Routledge.

Silver, R. A. (2002). *Three art assessments: Silver drawing test of cognition & emotion; Draw a story: Screening for depression; & Stimulus drawings and techniques.* New York: Brunner-Routledge.

Simon, R. (1992). *The symbolism of style.* NY: Routledge.

Sinrod, H. (1964). Communication through paintings in a therapy group. *Bulletin of Art Therapy, 3,* 133-147.

Site, M. (1964). Art and the slow learner. *Bulletin of Art Therapy, 4,* 3-19.

Slavson, S. R. & Schiffer, M. (1975). *Group psychotherapies for children.* New York: International Universities Press.

Smart, A. (1970). Play therapy schools for parents. *Menninger Perspective,* Aug. Sept., 12-15.

Smith, N. (1981, Winter). Developmental origins of graphic symbolization in the paintings of children three to five. *Review of Research in Visual Arts Education, 13.*

Smith, S. L. (1979). *No easy answers.* Cambridge, MA: Winthrop.

Snow, A. C. (1968). *Growing with children through art.* New York: Reinhold Book Corp.

Sobol, B. (1982). Art therapy and strategic family therapy. *American Journal of Art Therapy, 21,* 23-31.

Sobol, B., & Williams, K. (2001). Family and group art therapy. In J. A. Rubin (Ed.), *Approaches to art therapy* (2nd ed.). New York: Brunner-Routledge.

Steele, W. (2003). Using drawing in short-term trauma resolution. In C. A. Malchiodi (Ed.), *Handbook of art therapy* (pp. 139-151). New York: Guilford.

Stepney, S. A. (2001). *Art therapy with students at risk: Introducing art therapy into an alternative learning environment for adolescents.* Springfield, IL: Charles C. Thomas.

Sutton-Smith, B. (1971). The playful modes of knowing. In N. E. Curry (Ed.), *Play: The child strives toward self-realization* (pp. 13-25). Washington, DC: National Association for Education of Young Children.

Swenson, C. H. (1968). Empirical evaluations of human figure drawings: 1957-1966. *Psychological Bulletin, 70*:20-44.

Thomas, G. V., & Silk, A. M. K. (1990). *An introduction to the psychology of children's drawings.* New York: New York University Press.

Torrance, E. P. (1966). *Torrance Tests of Creative Thinking.* Princeton, NJ: Personnel Press.

Tyson, P., &. Tyson, R. L. (1990). *Psychoanalytic theories of development: An integration.* New Haven, CT: Yale University Press.

Ude-Pestel, A. (1977). *Betty: History and art of a child in therapy.* Palo Alto, CA: Science & Behavior Books.

Uhlin, D. M. (1972). *Art for exceptional children.* Dubuque, IA: William C. Brown.

Ulman, E. (1961). Art therapy: Problems of definition. *Bulletin of Art Therapy, 1,* 10-20.

Ulman, E. (1965). A new use of art in psychiatric diagnosis. *Bulletin of Art Therapy, 4,* 91-116.

Ulman, E. (1971). The power of art in therapy. In I. Jakab (Ed.), *Psychiatry and Art* (pp. 93-102). New York: S. Karger.

Ulman, E. (1972). Art classes as therapy. *Journal of the American Association of Uni-versity Women.*

Van Sommers, P. (1984). *Drawing and cognition.* Cambridge: Cambridge University Press.

Vich, M. A., & Rhyne, J. (1967). Psychological growth and the use of art materials: Small group experiments with adults. *Journal of Humanistic Psychology,* Fall issue.

Viola, W. (1944). *Child art.* (2nd ed.). London: University of London Press.

Volavkova, H. (Ed.). (1962). *I never saw another butterfly . . . children's drawings and poems from Terezin concentration camp, 1942-1944.* New York: McGraw-Hill.

Wadeson, H. S. (1973). Art techniques used in conjoint marital therapy. *American Journal of Art Therapy, 12,* 147-164.

Wadeson, H. (1980). *Art psychotherapy.* New York: Wiley.

Wadeson, H., Durkin, J. & Perach, D. (Eds.). (1989). *Advances in art therapy.* New York: Wiley.

Wadeson, H. W. (2000). *Art therapy practice: Innovative approaches with diverse pop-ulations.* New York: Wiley.

Wallach, M. A., & Kogan, N. (1965). *Modes of thinking in young children.* New York: Holt, Rinehart &. Winston.

Waller, D. (1993). *Group interactive art therapy.* New York: Routledge.

Weiner, B. B. (1967). Arts and crafts for the mentally retarded: Some hypotheses. In D. Gingland (Ed.), *Expressive arts for the mentally retarded* (pp. 5-8). New York: National Association for Retarded Children.

Wiggin, R. G. (1962). Teaching mentally handicapped children through art. *Art Education Bulletin, 19,* 20-24.

Williams, G. H., &. Wood, M. M. (1977). *Developmental art therapy.* Baltimore: University Park Press.

Wills, D. M. (1965). Some observations on blind nursery school children's under-standing of their world. *Psychoanalytic Study of the Child, 20,* 344-364.

Wilson, L. (1977). Theory and practice of art therapy with the mentally retarded. *American*

Journal of Art Therapy, 16, 87-97.

Wilson, L. (2001). Symbolism and art therapy. In J. A. Rubin (Ed.), *Approaches to art therapy* (2nd ed., pp. 40-53). New York: Brunner-Routledge.

Wilson, B., & Wilson, M. (1978). Recycling symbols: A basic cognitive process in the arts. In S. Madega (Ed.), *The arts, cognition and basic skills* (pp. 89-109). St. Louis, MO: Cemrel.

Winner, E. (1982). *Invented worlds.* Cambridge, MA: Harvard University Press.

Winnicott, D. W. (1964, 1968). The squiggle game. In C. Winnicott, R. Shepherd, & M. David (Eds.), *Psycho-analytic explorations/ D. W. Winnicott* (pp. 299- 317). Cambridge, MA: Harvard University Press.

Winnicott, D. W. (1971a). *Playing and reality.* New York: Basic Books.

Winnicott, D. W. (1971b). *Therapeutic consultations in child psychiatry.* New York: Basic Books.

Witkin, H. A., Birnbaum, J., Lomonaco, S., Lehr, S., Herman, J. L. (1968). Cognitive patterning in congenitally totally blind children. *Child Development, 39,* 767-786.

Wolf, R. (1973). Art therapy in a public school. *American Journal of Art Therapy, 12,* 119-127.

Wolff, W. (1946). *The personality of the preschool child.* New York: Grune & Stratton.

Woltmann, A. G. (1964a). Diagnostic and therapeutic considerations of nonverbal projective activities with children. In M. Haworth (Ed.), *Child Psychotherapy* (pp. 322-337). New York: Basic Books.

Woltmann, A. G. (1964b). Mud and clay, their functions as developmental aids and as media of projection. In M. Haworth (Ed.), *Child psychotherapy* (pp. 349- 371). New York: Basic Books,

Yalom, I. D. (1995). *The theory and practice of group psychotherapy* (4th ed.). New York: Basic Books.

Zambelli, G., Clark, E., & Heegaard, M. (1989). Art therapy for bereaved children. In H. Wadeson, J. Durkin, & D. Perach (Eds.), *Advances in art therapy* (pp. 60-80). New York: Wiley.

Zierer, E., Sternberg, D., & Finn, R. (1966). The role of family creative analysis in family treatment. *Bulletin of Art Therapy, 5,* 47-63; 87-104.

도판 목록

9장 사례 분석 : 이해와 도움

3부 가족 및 집단

10장 가족 미술 검사

4부 장애 아동 미술치료

15장 장애 아동 치료를 위한 수단으로서의 미술

16장 장애 아동과 그 부모의 미술치료

6부 일반적인 문제들

19장 아동 미술치료와 미술치료사

20장 미술치료사가 어떻게 도움될 수 있는가

21장 지속적인 연구 및 조사

사항색인

인명색인

※ 저자로부터 미술치료를 받은 상담아동들을 인명색인에
포함시켰습니다. 아이들은 성 없이 이름만 기재되었고 동
명이인은 따로 구분하지 않았습니다.